THE BARBOUR COLLECTION OF CONNECTICUT TOWN VITAL RECORDS

THE BARBOUR COLLECTION OF CONNECTICUT TOWN VITAL RECORDS

PLYMOUTH 1795–1850

POMFRET 1705–1850

Compiled by
Marie Schlumbrecht Crossley

General Editor
Lorraine Cook White

Copyright © 2000
Genealogical Publishing Co., Inc.
Baltimore, Maryland
All Rights Reserved
Library of Congress Catalogue Card Number 94-76197
International Standard Book Number 0-8063-1649-7
Made in the United States of America

INTRODUCTION

As early as 1640 the Connecticut Court of Election ordered all magistrates to keep a record of the marriages they performed. In 1644 the registration of births and marriages became the official responsibility of town clerks and registrars, with deaths added to their duties in 1650. From 1660 until the close of the Revolutionary War these vital records of birth, marriage, and death were generally well kept, but then for a period of about two generations until the mid-nineteenth century, the faithful recording of vital records declined in some towns.

General Lucius Barnes Barbour was the Connecticut Examiner of Public Records from 1911 to 1934 and in that capacity directed a project in which the vital records kept by the towns up to about 1850 were copied and abstracted. Barbour previously had directed the publication of the Bolton and Vernon vital records for the Connecticut Historical Society. For this new project he hired several individuals who were experienced in copying old records and familiar with the old script.

Barbour presented the completed transcriptions of town vital records to the Connecticut State Library where the information was typed onto printed forms. The form sheets were then cut, producing twelve small slips from each sheet. The slips for most towns were then alphabetized and the information was then typed a second time on large sheets of rag paper, which were subsequently bound into separate volumes for each town. The slips for all towns were then interfiled, forming a statewide alphabetized slip index for most surviving town vital records.

The dates of coverage vary from town to town, and of course the records of some towns are more complete than others. There are many cases in which an entry may appear two or three times, apparently because that entry was entered by one or more persons. Altogether the entire Barbour Collection--one of the great genealogical manuscript collections and one of the last to be published--covers 137 towns and comprises 14,333 typed pages.

TABLE OF CONTENTS

PLYMOUTH 1

POMFRET 71

ABBREVIATIONS

ae.--------------age
b.--------------born, both
bd.-------------buried
B. G.----------Burying Ground
d.--------------died, day, or daughter
decd.----------deceased
f.---------------father
h.---------------hour
J. P.------------Justice of Peace
m.--------------married or month
res.-------------resident
s.----------------son
st.---------------stillborn
w.---------------wife
wid.-------------widow
wk.--------------week
y.----------------year

THE BARBOUR COLLECTION OF CONNECTICUT TOWN VITAL RECORDS

PLYMOUTH VITAL RECORDS
1795 - 1850

	Vol.	Page
ABBOTT, Henry, of Middlebury, m. Emily **CURRTISS**, July 26, 1835, by Rev. Daniel Burhans	1	202
ADAMS, Susan S., of Terryville, m. Horace **JOHNSON**, of Plainville, May 28, 1848, in Terryville, by Rev. Henry Steele Clark	2	111
William, of Waterbury, m. Rosetta **CARRINGTON**, of Plymouth, Feb. 12, 1843, by Rev. W[illia]m Watson	1	226
ADKINS, Amelia, m. Randal **MATTHEWS**, Aug. 2, 1809	1	65
Andrus Camp, [s. David & Asenath), b. Nov. 14,1817	1	73
Anna, of Plymouth, m. John H. **BRYAN**, of Watertown, Mar. 22, 1846, by Rev. H. D. Ketchell	2	101
Daniel, s. [David & Cornelia], b. Apr. 2, 1798	1	2
Daniel, m. Nancy A. **BARNES**, Nov.30, 1820, by Luther Hart	1	180
David, s. Joseph, m. Cornelia **CLEAVER**, Feb. 12, 1784	1	2
David, s. [David & Cornelia], b. Aug. 18, 1794]	1	2
David, m. Asenath **CAMP**, Nov. 14, 1816	1	73
Ezra, [s. David & Asenath], b. Dec. 5, 1824	1	73
Gany, m. Nancy Melvina **WELTON**, June 10, 1822, by Rodney Rossetter	1	183
Henry R., [s. Munson & Amanda], b. Jan. 30, 1815	1	52
Homer, [s. David & Asenath], b. May 21, 1822	1	73
John, m. Marylinda **SCOVIL**, Oct. 3, 1821, by Luther Hart	1	183
John Cleaver, s. [David & Cornelia], b. Aug. 26, 1796	1	2
Jonathan, s. [David & Cornelisa], b. Apr. 23, 1790	1	2
Levina, d. [David & Cornelia], b. Aug. 5, 1792	1	2
Levina, m. Amos **ROYCE**, Jan. 20, 1822, by Luther Hart	1	183
Lucy Ann, 1st child [Ransom & Roxy], b. Mar. 25, 1814	1	24
Lydia Butler, [d. David & Asenath], b. Jan. 30, 1820	1	73
Maretta, twin with Marilla, d. [David & Cornelia], b. Jan. 31, 1800	1	2
Maria, d. [David & Cornelia], b. Sept. 8, 1802	1	2
Maria, m. Lemuel **SCOVILL**, Oct. 20, 1824, by Luther Hart	1	187
Marilla, twin with Maretta, d. [David & Cornelia], b. Jan. 31, 1800	1	2
Marilla, m. Richard C. **GROSS**, Nov. 8, 1821, by Luther Hart	1	183
Munson, s. [David & Cornelia], b. Jan. 29, 1788	1	2
Munson, m. Amanda **WEED**, May 4, 1814	1	52
Nancy, d. David & Cornelia, b. Jan. 18, 1785	1	2
Nancy, m. Andrews Starrs **DARROW**, Dec. 16, 1812	1	22
Randal, s. [David & Cornelia], b. May 26, 1786	1	2
Ransom, m. Roxy **HALL**, Dec. 22, 1812	1	24
ALCOTT, Clarissa, m. George M. **HARD**, b. Of Wolcott, Nov. 24, 1842, by Rev. Ephraim Lyman	1	217
ALCOX, Addison, [s. Medad & Sylvia], b. Sept. 6, 1808	1	33
Dennison, [s. Medad & Sylvia], b. Nov. 8, 1801	1	33
Eunice, m. Archibald **MOSHER**, Apr. 24, 1806	1	49
Johnson, [s. Medad & Sylvia], b. Dec. 19, 1804	1	33

BARBOUR COLLECTION

	Vol.	Page
ALCOX, (cont.)		
Julia Anna, [d. Medad & Sylvia}, b. Oct. 12, 1806	1	33
Medad, m. Sylvia **BRONSON**, Apr. 30, 1801	1	33
Rosetta, [d. Medad & Sylvia], b. Aug. 3, 1803	1	33
Sylvia Ann, [d. Medad & Sylvia], b. July 14, 1810; d. Feb. 10, 1811	1	33
ALFRED, Louisa, of Harwinton, m. Curtiss **SPERRY**, of Plymouth, Sept. 22, 1840, by Rev. Ephraim Lyman	1	213
ALLEN, Abigail, [d. Benjamin & Susanna], b. June 7, 1802	1	55
Adaline L., m. Henry W. **LYMAN**, Sept. 22, 1851, in Terryville, by Rev. Merrill Richardson	2	117
Almira, m. Eliakim **POTTER**, Feb. 3, 1831, by Luther Hart	1	198
Alpheas, s. [Uri & Susanna], b. Aug. 30, 1794	1	55
Amanda, [d. Benjamin & Susanna], b. Aug. 21, 1800	1	55
Amanda, m. Chauncey **JOURDAN**, Oct. 9, 1823, by Isaac Merriam, V.D.M.	1	185
Amanda, m. Chauncey **JOURDAN**, Oct. 9, 1823, by Isaac Merriam, V.D.M.	1	186
Benjamin, m. Susanna **RUSSELL**, Apr. 17, 1800	1	55
Bennett H., m. Julia **ATWATERS**, b. of Plymouth, Apr. 23, 1843, by Rev. Ephraim Lyman	1	228
Burton, [s. Jerry & Orpha], b. Feb. 14, 1810	1	55
Burton, m. Hila J. **TUTTLE**, b. of Plymouth, July 31, 1842, by Rev. Ephraim Lyman	1	214
Emily, [d. Jonah & Rosetta], b. Aug. 26, 1810	1	55
Garry, [s. Jonah & Rosetta], b. June 16, 1807	1	55
Huldah, [d. John], b. Oct. 2, 1792	1	42
Huldah, m. Jared **BLAKESLEE**, Feb. 12, 1798	1	59
Huldah, m. Eliahim **POTTER**, Jr., Apr. 15, 1812	1	41
James, [s. Benjamin & Susanna], b. Feb. 14, 1806	1	55
Jared, [s. John], b. Sept 22, 1794	1	42
Jerry, m. Orpah **TOLLES**, Feb. 16, 1807	1	55
John, [s. John], b. Aug. 19, 1790	1	42
John, d. Nov. 28, 1831	1	42
Jonah, m. Rosetta **BRADLEY**, Jan. 1, 1807	1	55
Joseph, Town Clerk From 1795 to 1815	1	1
Lucinda, [d. Jonah & Rosetta], b. May 21, 1813	1	55
Mamira, 2nd child [William Henry & Caroline], b. July 16, 1814; d. July 25, 1814	1	42
Marcus D.C. m. Susan **ATKINS**, Nov. 16, 1845, by Rev. Merrell Richardson, Int. Pub.	2	101
Mary, m. William **BEACH**, Nov. 26, 1831, by L. Hart	1	199
Mary, of Plymouth, m. Orange **BRADLEY**, of Bristol, Apr. 30, 1837, by Rev. Ephraim Lyman	1	206
Miles, [s. John], b. Sept. 13, 1801; d. Jan. 28, 1828	1	42
Polly, [d. John], b. Apr. 12, 1799	1	42
Polly, m. Jared **BRADLEY**, Sept. 28, 1820, by Luther Hart	1	180
Ransom, [s. Uri & Susanna], b. Oct. 25, 1799	1	55
Ransom, m. Lucetta **BASSETT**, June 15, 1823, by Rev. Isaac Merriam, of Bristol	1	184
Rhoda, [d. John], b. Sept. 28, 1784	1	42
Riley, [s. Benjamin & Susanna], b. Mar. 8, 1809	1	55
Roger, [s. John], b. Feb. 10, 1797	1	42

	Vol.	Page
ALLEN, (cont.)		
Roger, m, Patty **HOUGH**, Oct. 19, 1820, by Luther Hart	1	180
Roswell, [s. John], b. May 29, 1788	1	42
Rosell, m. Almira **LINDLEY**, Oct. 13, 1813	1	56
Sarah, 2nd d. Thomas, of Huddersfield, Eng., m. Junius **SMITH**, s. David & Ruth, formerly of Plymouth, later of England, Apr. 9, 1812, at Huddersfield	1	19
Sarah A., m. Porter **SANFORD**, Sept. 13, 1835, by Richard M. Chapman, V.D.M.	1	202
Sarah Ann, d. [Roswell & Almira], b. Mary 15, 1815	1	56
Susan Adaline, [d. Benjamin & Susanna], b. Jan. 1, 1815	1	55
Uri, m. Susanna **TODD**, May 1, 1793	1	55
William Henry, [s. John], b. Apr. 17, 1786	1	42
William Henry, m. Caroline **MATHEWS**, Dec. 27, 1810	1	42
William Henry, 1st child [William & Caroline], b. May 25, 1812	1	42
Wyllys, [s. Jerry & Orpah], b. Nov. 2, 1808	1	55
ALVORD, Clarissa, m. Allen **BUNNEL**, [ ], 1800	1	64
AMES, Alonzo, m. Sarah **FENTON**, July 2, 1827, by Luther Hart	1	191
Sarah, m. Jason **SKINNER**, b. of Harwington, Mar. 30, 1843, by Hiram Pierce, J.P.	1	220
ANDREWS, ANDREW, ANDRUS, Aaron C., of Litchfield, m. Marietta **MIX**, of Plymouth, Sept. 4, 1836, by Rev. Ephraim Lyman	1	204
Almira, m. Lyman **TOLLES**, Jr., Feb. 14, 1827, by Rodney Rosetter	1	189
Elizabeth, m. John S. **FENN**, Nov. 19, 1840, in Terryville, by Rev. Merrill Richardson	1	214
James G., of Litchfield, m. Sophronia R. **BUNNELL**, May 1, 1849, in Terryville, by M. Richardson	2	110
Justus, of Plymouth, m. Susan Judd, of Litchfield, Nov. 19, 1840, by Rev. Ephraim Lyman	1	213
Major, m. Eliza **BEACH**, Oct. 6, 1824, by Luther Hart	1	187
Mariah L., m. Charles S. **WOODARD**, Jan. 20, 1852, in Terryville, by Rev. Merrill Richardson	2	118
Martin L., m. Lydia L. **BASSETT**, Jan, 27, 1833, by Levi Peck, of Litchfield	1	200
Orrin, m. Minerva **HEMINGWAY**, Sept. 20, 1840, by Rev. Merrell Richardson	1	210
Orrin B., m. Lucy Ann **MIX**, Sept. 8, 1835, by Rev. David L. Parmelee	1	202
Philena, m. George H. **BRADLEY**, Feb. 2, 1845, by Rev. W[illia]m Watson	1	227
Randal J., m. Philena **BLAKSLEE**, Apr. 26, 1821, by Rodney Rosseter	1	181
Russell, m. Mary **HEMINGWAY**, Jan. 24, 1822, by Luther Hart	1	183
ARMSTEAD, Sophia A., of New Haven, m. George **JOHNSON**, of Plymouth, Apr. 19, 1852, by Rev. Charles S. Sherman, of Naugatuck	2	119
ARMSTRONG, Mary E., of Plymouth, m. James **BOGART**, of New Haven, Apr. 5, 1846, by Rev. Ephraim Lyman	2	101
ATKINS, Brian J., m. Julia A. **PRESTON**, Oct. 16, 1822, by Rodney Rossitter	1	183
Emily E., m. Charles B. **TODD**, May 10, 1842, by Rev. W[illia]m		

BARBOUR COLLECTION

	Vol.	Page
ATKINS, (cont.)		
Watson	1	225
Martha, m. Asahel C. **TOTMAN**, b. of Plymouth, Nov. 17, 1847, by Rev. H. D. Ketchell	2	106
Susan, m. Marcus D. C. **ALLEN**, Nov. 16, 1845, by Rev. Merrell Richardson, Int. Pub.	2	101
ATWATER, ATWATERS, Anna, m. David **WARNER**, 2nd, Sept. 13, 1809	1	48
Betsey, m. Stephen **FENN**, Apr. 7, 1844, in Terryville, by Merrill Richardson, Int. Pub.	1	222
Eben, [s. Timothy & Lydia], b. July 1, 1785	1	1
Edward, [s. Elisha & Eunice], b. Nov. 8, 1801	1	48
Elisha, m. Eunice **BARTHOLOMEW**, May 15, 1800	1	48
Elisha, d. Feb. 9 1813	1	48
Eliza Emeline, d. Newman & Emeline, b. Sept. 15, 1845	2	150
Ellen Julia, d. Newman & Emeline, b. Mar. 1, 1849	2	150
Emily, m. Thomas C. **HART**, Dec. 13, 1830, by L. Hart	1	198
Esther, m. Hall **DUNBAR**, Oct. 3, 1824, by Luther Hart	1	187
Henry, m. Catherine **FENN**, b. of Plymouth, Oct. 1, 1837, by Eli Potter, J.P.	1	206
Julia, m. Bennett H. **ALLEN**, b. of Plymouth, Apr.. 23, 1843, by Rev. Ephraim Lyman	1	228
Luman*, m. Emeline **BUTLER**, Nov. 24, 1844, by Rev. W[illia]m Watson *(Perhaps "Herman")	1	227
Lydia, [d. Timothy & Lydia], b. June 5, 1794; d. Sept. 17, 1795	1	1
Lydia, [d. Timothy & Lydia], b. [ ]	1	1
Noah, [s. Elisha & Eunice], b. Nov. 9, 1805; d. Feb. 12, 1813	1	48
Ruth, [d. Timothy & Lydia], b. July 30, 1782	1	1
Ruth, m. Randal **WARNER**, Nov. 28, 1803	1	36
Ruth C., see Ruth C. **POND**	2	109
Timothy, m. Lydia **HAMASTON**, Nov. 14, 1781	1	1
Wyllys, [s. Timothy & Lydia], b. Oct. 6, 1790	1	1
Wyllys, m. Fanny **PURDY**, Feb. 29, 1813 [sic]	1	24
Wyllys, m. Mrs. Julia **CURTISS**, May 27, 1844, in Terryville, by Merrill Richardson	1	221
ATWOOD, Mary Ann, of Watertown, m. Henry **SMITH**, Sept. 1, 1833, by Rev. Daniel Burhans	1	200
AUSTIN, Lucinda, of Plymouth, m. Daniel **HAYES**, of New Hartford, on the eve of Jan. 31, 1836, by Rev. Ephraim Lyman	1	203
AVERIT, Ambrose, d. Mar. 31, 1812	1	58
Anna, w. Amos, d. Dec. 22 1798	1	58
Augustus, [s. Amos], b. Aug. 7, 1782; d. Nov. 1, 1798	1	58
Eunice, [d. Amos], b. Mar. 1, 1780	1	58
Polly, m. Whiting **BARNS**, Jan. 14, 1801	1	58
Ranson, [s. Amos], b. July 3, 1786	1	58
Sarah, [d. Amos], b. July 26, 1784	1	58
AVERY, Betsey, m. Chauncey **BRADLEY**, May 25, 1805	1	21
Betsey, m. Chauncy **BRADLEY**, May 25, 1805	1	23
BAILEY, James, m. Mary Anne **BARNES**, Apr.. 3, 1832, by L. Hart	1	199
Nathan, b. Dec. 4, 1804	1	47
Nathan, m. Julina **HOUGH**, Feb. 19, 1828, by Rodney Rossiter	1	192
Polly, m. Silas **FENTON**, Jan. 12, 1804	1	186
	1	43

PLYMOUTH VITAL RECORDS 5

	Vol.	Page
BAKER, Elvira A., m. Daniel BASSETT, b. of Plymouth, [ ], by Rev. J.P. Warren	2	121
BALDWIN, Artemus F., m. Daura Ann THOMAS, b. of Plymouth, Mar. 10, 1844, by Rev. Ephraim Lyman	1	228
George Thaddeus, 2nd child [Thaddeus, Jr. & Clarrissa], b. Feb. 12, 1814	1	38
Jesse Scovil, 1st child [Thaddeus, Jr. & Clarrissa], b. Apr.. 16, 1808	1	38
Laura H., m. Henry WILLIAMS, Sept. 10, 1849, by Rev. Merrill Richardson	2	111
Mary, m. Lyman FENN, Jan. 27, 1796	1	44
Nancy, m. Julius FENN, b. of Plymouth, May 18, 1842, by Rev. Ephraim Lyman	1	214
Thaddeus, Jr., m. Clarrissa SCOVIL, May 27, 1807	1	38
BALL, Martha, m. Aaron D. WELLS, Nov. 16, 1831, by Luther Hart	1	199
Susan, m. Ralph TALCOTT, June 10, 1830, by Luther Hart	1	197
BARBER, Ambrose N., of Litchfield, m. Mary B. MERRIMAN, of Plymouth, Sept. 19, 1847, by Rev. H. D. Ketchell	2	105
BARD, Samuel, of Watertown, m. Hannah G. Blakeslee, of Plymouth, Jan. 8, 1840, by Rev. Ephraim Lyman	1	213
BARKER, Elizabeth, m. Hiram Hough, b. of Plymouth, Jan. 19, 1836, by G.C.V. Eastman, of Bristol	1	202
Emily, of Plymouth, m. Stephen R. BLAKE, of Middletown, Sept. 5, 1841, by F. B. Woodward	1	211
George A., of Bristol, m. Sarah Ann BEACH, of Plymouth, Oct. 1, 1843, by Rev. Ephraim Lyman	1	228
Mabel, of Plymouth, m. Leman MATTHEWS, of Plymouth, Sept. 12, 1839, by F. B. Woodward	1	211
Sarah, m. Charles A. McKEE, May 18, 1843, by Rev. Merill Richardson, Int. Pub.	1	220
BARNEAU, Ansel, of Bethany, Pa., m. Lucy FIELDS, of Plymouth, Feb. 19, 1843, by Rev W[illia]m Watson	1	226
BARNES, A. Rhesa, d. [Nathaniel E. & Chloe], b. Aug. 26, 1808	1	58
Alma Blackslee, 8th child [Eli & Bethiah], b. Apr.. 13, 1804	1	39
Ambrose Whiting, [s. Whiting & Polly], b. Mar. 12, 1814	1	58
Asenath, of Plymouth, m. Benjamin C. GRANT, of R.I., Nov. 21, 1841, by John c. Lewis, J.P.	1	211
Austin, 2nd child [Eli & Bethiah], b. Dec. 4, 1790	1	39
Bertha, [d. Nathaniel E. & Chloe], b. Sept. 18, 1799	1	58
Betsey H., of Plymouth, m. Ephraim B. GILLETT, of Litchfield, June 11, 1837, by Rev. W[illia]m Watson	1	224
Chauncey, 4th child [Eli & Bethiah], b. Dec. 16, 1794	1	39
Chauncy, m. Julianna TODD, May 28, 1823, by Rodney Rossetter	1	184
Clarinda, m. Bela B. SATERLEE, Apr.. 7, 1844, by Rev. W[illia]m Watson	1	226
Eli, m. Bethiah BLAKESLEE, Dec. 21, 1785	1	39
Eli, Jr., 6th child [Eli & Bethiah], b. June 13, 1800	1	39
Eli Robert, m. Alice BORDMAN, Nov. 10, 1850, by Rev. Joseph Smith	2	117
Gad, m. Elizabeth LANE, Aug. 6, 1821, by Rodney Rossitter	1	182
German, 1st child [Eli & Bethiah], b. Dec. 31, 1787	1	39
Joel, m. Asenath MOSS, Feb. 20, 1831, by L. Hart	1	198
Leaveritt, 5th child [Eli & Bethiah], b. Aug. 17, 1797	1	39

6   BARBOUR COLLECTION

	Vol.	Page
BARNES, (cont.)		
Levi, [s. Nathaniel E. & Chloe], b. Dec. 12, 1795	1	58
Lucy, [d. Nathaniel E. & Chloe], b. Oct. 10, 1806	1	58
Lydia, [d. Nathaniel E. & Chloe], b. Sept. 22, 1797	1	58
Maria, m. Amos **SMITH**, Dec. 1, 1824, by Luther Hart	1	188
Mary, m. Abraham **TUTTLE**, May 30, 1801	1	47
Mary Anne, m. James **BAILEY**, Apr.. 3, 1832, by L. Hart	1	199
Mary J., d. Jan. 31, 1834	1	77
Nancy A., m. Daniel **ADKINS**, Nov. 30, 1820, by Luther Hart	1	180
Nathaniel, [s. Nathaniel E. & Chloe], b. July 8, 1803	1	58
Nathaniel, m. Ninerva **MALLORY**, Jan. 19, 1826, by Luther Hart	1	190
Nath[anie]ll e., m. Chloe **COOK**, Mar. [ ], 1800 (?) (Conflicts with date of birth of 1st child in 1792)	1	58
Philip, [s. Nathaniel E. & Chloe], b. July 3, 1792	1	58
Polly, [w. Whiting], d. Sept. 18, 1814	1	58
Polly, m. Chester **PAINTER**, Mar. 31, 1824, by Rodney Rossetter	1	186
Ransom, of Harwinton, m. Chloe **BOARDMAN**, of Plymouth, July 6, 1840, by Rev. H. D. Ketchel	1	210
Rille, [s. Nathaniel E. & Chloe], b. May 15, 1794	1	58
Sackett, 3rd [Elie & Bethiah], b. Mar. 13, 1793	1	39
Sally, [d. Nathaniel E. & Chloe], b. Feb. 26, 1812	1	58
Sally M., m. Henry S. **FROST**, b. of Plymouth, Oct. 14, 1851, by Rev. J. P. Warren	2	118
Selden, 7th child [Eli & Bethiah], b. Mar. 17, 1802	1	39
Seth, [s. Nathaniel E. & Chloe], b. Feb. 6, 1814	1	58
Sidney Elvery, 9th child [Eli & Bethiah], b. Apr.. 26, 1806	1	39
Whiting, m. Polly **AVERIT**, Jan. 14, 1801	1	58
Zopher, of Plymouth, m. Sarah E. **WEED**, of Plymouth, May 11, 1852, by Rev. Merrill Richardson	2	120
BARNEY, Stephen, Jr., m. Martha **SMITH**, b. of Terryville, June 6, 1848, by Rev. Merell Richardson	2	107
William, m. Nancy **SCHOVIL**, Jan. 20, 1813	1	51
BARRET, Hannah S., m. Zadoc B. **BASSETT**, b. of Plymouth, Jan. 24, 1837, by Rev. Ephraim Lyman	1	205
BARTHOLOMEW, Eunice, m. Elisha **ATWATER**, May 15, 1800	1	48
BARTLETT, Egbert, of Derby, m. Adeline **TERRY**, of Plymouth, d. Henry, Feb. 25, 1852, by Rev. J.P. Warren	2	119
BASSETT, BASSET, Bennett, m. Mary **SMITH**, b. of Litchfield, parish of Northfield, May 23, 1842, by Rev. Henry D. Ketchell	1	216
Daniel, m. Elvira A. **BAKER**, b. of Plymouth, [ ], by Rev. J. P. Warren	2	121
Esther, m. Jonathan **DUNBAR**, Mary 8, 1794	1	60
Harvey, his 1st child b. June 29, 1815	1	54
Jared, m. Polly **GENN**, May 11, 1825, by Luthe Hart	1	188
Levi, of Harwinton, m. Lydia M. **WEED**, of Plymouth, Apr.. 16, 1849, by Rev. Ephraim Lyman	2	110
Lucetta, m. Ransom **ALLEN**, June 15, 1823, by Rev. Isaac Merriam, of Bristol	1	184
Lydia L., m. Martin L. **ANDREWS**, Jan. 27, 1833, by Rev. Levi Peck, of Litchfield	1	200
Maryette D., of Plymouth, m. W[illia]m W. **YALE**, of Derby, July 30, 1849, by Rev. Ephraim Lyman	2	110

PLYMOUTH VITAL RECORDS 7

	Vol.	Page
BASSETT, (cont.)		
Zadoc B. m. Hannah B. BARRETT, b. of Plymouth, Jan. 24, 1837, by Rev. Ephraim Lyman	1	205
BATES, Walter C., m. Elizabeth M. FULLER, b. of Plymouth, Oct. 26, 1840, by Rev. henry D. Ketchell	1	214
William, m. Mary A. CURTISS, Nov. 16, 1840, by Rev. Henry O. Ketchell	1	210
BEACH, BEECH, Abigail, [d. Thaddeus & Lucinda], b. Feb. 16, 1788	1	49
Abigail, m. Truman COOK, [ ], 1806	1	64
Abigail M., m. Truman D. IVES, b. of Plymouth, Oct. 20, 1842, by Rev. Ephraim Lyman	1	217
Adaline H., of Plymouth, m. Orrin THOMPSON, of Bristol, Apr.. 5, 1846, by Rev. Merrell Richardson	2	102
Anna, [d. Thaddeus & Lucinda], b. Mar. 24, 1790	1	49
Bannias, of Plymouth, m. Anna HUMISTON, of Harwinton, Dec. 16, 1846, by Rev. Ephraim Lyman	2	104
Burr S., m. Fanny J. BLACKSLEY, Jan. 6, 1852, by Rev. Merrill] Richardson	2	118
Caroline D., of Plymouth, m. George PIERPOINT, of Litchfield, Apr.. 20, 1840, by Rev. H.D. Ketchel	1	209
Daniel, [s. David & Elizabeth], b. Apr.. 28, 1800	1	50
David, [s. Thaddeus & Lucinda], b. Dec. 2, 1793	1	49
David, m. Elizabeth [ ], Jan. 27, 1794	1	50
Edward J., m. Almira J. CURTISS, Mar. 16, 1851, by Rev. Merrill Richardson	2	116
Eli, [s. David & Elizabeth], b. Oct. 13, 1796	1	50
Eliza, [d. David & Elizabeth], b. Apr.. 27, 1804	1	50
Eliza, m. Major ANDRUS, Oct. 6, 1824, by Luther Hart	1	187
Emily, m. Dana COOK, b. of Plymouth, Oct. 18, 1846, by Rev. Ephraim Lyman	2	104
Eunice Ann, of Plymouth, m. Henry M. BURDICT, of Burlington, Dec. 31, 1837, by Rev. Ephraim Lyman	1	206
Harriet A., m. David BUTLER, Sept. 6, 1829, by L. Hart	1	194
Helen, of Plymouth, m. Ira HOUGH, of Mereden, Aug. 29, 1844, by Rev. Ephraim Lyman	1	228
Henry, [s. David & Elizabeth], b. Sept. 30, 1810	1	50
Henry, m. Minerva C. RICHMOND, May 2, 1832, by L. Hart	1	199
Hiram E., of Britain, m. Eliza CLARK, of New Haven, June 29, 1851, by Rev. s. D. Dennison	2	122
James, [s. Thaddeus & Lucinda], b. Dec. 31, 1795	1	49
James, m. Mary CAMP, Apr. 29, 1824, by Luther Hart	1	187
James H., m. Ame CARY*, Mar. 31, 1844, by Rev. W[illia]m Watson * (Perhaps "COY")	1	226
John M., [s. David & Elizabeth], b. Dec. 10, 1794	1	50
Landa, [child of Thaddeus & Lucinda], b. Sept. 13, 1799	1	49
Lewis, [s. David & Elizabeth], b. Apr.. 8, 1802	1	50
Lewis, m. Caroline THOMAS, June 28, 1827, by Luther Hart	1	191
Lucius, m. Emily FORD, Apr.. 7, 1844, by Rev. W[illia]m Watson	1	226
Lucretia, [d. Thaddeus & Lucinda], b. Jan. 14, 1786	1	49
Luna, m. Isaac SCOTT, May 23, 1824, by Luther Hart	1	187
Lyman, m. Phebe GRIGGS, Sept. 4, 1832, by L. Hart	1	199
Lyman, m. Lucinda M. COMSTOCK, b. of Plymouth, Apr. 30,		

	Vol.	Page
BEACH, (cont.)		
1850, by Rev. Ephraim Lyman	2	112
Maria, [d. Thaddeus & Lucinda], b. Jan. 29, 1804	1	49
Mary E., of Plymouth, m. Henry J. **MUZZY**, of Bristol, May 19, 1844, by Rev. Ephraim Lyman	1	228
Meret, [s. David & Elizabeth], b. June 14, 1808	1	50
Nathan, [s. David & Elizabeth], b. June 20, 1798; d. Sept. 13, 1800	1	50
Nathan, [s. David & Elizabeth], b. Mar. 16, 1806	1	50
Nathan, m. Lucy **CASE**, Dec. 22, 1830, by L. Hart	1	198
Rachel, [d. Thaddeus & Lucinda], b. Feb. 27, 1784	1	49
Rachel, m. Ephraim **CAMP**, Oct. 31, 1822, by Rodney Rossitter	1	184
Samuel, [s. Thaddeus & Lucinda], b. Oct. 30, 1797	1	49
Sarah Ann, of Plymouth, m. George A. **BARKER**, of Bristol, Oct. 1, 1843, by Rev. Ephraim Lyman	1	228
Sarah M., of Northfield, m. Elijah B. **FENTON**, of Plymouth, Oct. 21, 1844, by Rev. Henry D. Ketchell	1	223
Sophia, [d. Thaddeus & Lucinda], b. Feb. 18, 1802	1	49
Thaddeus, m. Lucinda **BEEBE**, June 9, 1783	1	49
Thaddeus, Jr., [s. Thaddeus & Lucinda], b. Feb. 19, 1792	1	49
William, [s. Thaddeus & Lucinda], b. Jan. 6, 1806	1	49
William, m. Mary **ALLEN**, Nov. 26, 1831, by L. Hart	1	199
William, m. Esther **SMITH**, Sept. 17, 1832, by L. Hart	1	199
BEARSDLER, David, of Monroe, m. Nancy **DARROW**, July 26, 1835, by Rev. Daniel Burhans	1	202
Timothy, m. Polly **HOWE**, Jan. 11, 1830, by L. Hart	1	197
BEEBE, Lucinda, m. Taddeus **BEECH**, June 9, 1783	1	49
BELLAMY, Abial, wid. Rev. Joseph, d. July 15, 1806	1	30
BENHAM, Ebenezer, of Burlington, m. Ann E. **MATTHEWS**, of Plymouth, Mar. 31, 1836, by Rev. Ephraim Lyman	1	203
Philena, m. John **BROOKES**, b. of Waterbury, Dec. 2, 1834, by Rev. Nathaniel Richardson, of Terryville	1	207
Wealthy, m. Timothy **STONE**, Jr., Oct. 5, 1825, by Luther Hart	1	188
BENNET, Caroline, m. Ebenezer **PLUMB**, June 6, 1821, by Luther Hart	1	181
BIDWELL, Frederick, [s. Sheldon & Lydia], b. July 17, 1818	1	72
George, [s. Sheldon & Lydia], b. Oct. 12, 1822	1	72
Sheldon, m. Lydia **MOSHIER**, Oct. 2, 1817	1	72
Sheldon, [s. Sheldon & Lydia], b. Nov. 17, 1819	1	72
BIGELOW, Fanny, d. John, of Waterbury, m. Edwin **PORTER**, of Middlebury, [Oct.] 3, [1827], by Rev. Frederick W. Sizer	1	192
BILL, Elijah, m. Betsey **GRISWOLD**, Mar. 17, 1811	1	45
Eliza, [d. Elijah & Betsey], b. May 23, 1814	1	45
Lyman, [s. Elijah & Betsey], b. Jan. 28, 1812	1	45
BIRD, George, of Farmington, m. Miranda **MUNSON**, of Plymouth, Feb. 4, 1844, by Merill Richardson, Int. Pub.	1	222
Henrietta, of Salisbury, m. Reuben B. **COOK**, of Wolcottville, Dec. 23, 1839, by Rev. Henry D. Ketchel	1	209
BISHOP, Emily, [d. Leveritt & Mary J.], b. Nov. 4, 1820	1	23
Emily, [d. Leveritt & Mary J.], d. Oct. 1, 1835	1	23
James Peck, [s. Leverett & Lucinda], b. July 29, 1812	1	23
James Peck, [s. Leverett & Lucinda], d. Mar. 6, 1813	1	23
James Peck, [s. Leverett & Mary J.], b June 6, 1818	1	23

PLYMOUTH VITAL RECORDS 9

	Vol.	Page
BISHOP, (cont.)		
Leverett, m. Lucinda **OSBORN**, Oct. 29, 1811	1	23
Leveritt, m. Mary J. **HALL**, Dec. 21, 1813	1	23
Lucinda, w. Leveritt, d. Feb. 26, 1813	1	23
Lucinda O., [d. Leveritt & Mary J.], d. Sept 1, 1835	1	23
Lucinda Osborn, [d. Leveritt & Mary J.], b. Oct. 9, 1814	1	23
Nancy, [d. Leveritt & Mary J.], b. Nov. 14, 1828	1	23
Tazar Dummer, [d. Leveritt & Mary J.], b. Jan. 17, 1831	1	23
William, m. Augusta M. **SHELTON**, Oct. 18, 1833, by Rev. Daniel Burhans	1	200
BISSELL, Gaylord G., of Bethlem, m. Emily A. **TALMAGE**, of Plymouth, Nov. 7, 1849, by Rev. William Watson	2	113
BLAKE, Edgar, of Bridgeport, m. Maria C. **HAMILOTN**, of Plymouth, Sept. 19, 1850, by Rev. Joseph D. Hall	2	114
Stephen R., of Middletown, m. Emily **BARKER**, of Plymouth, Sept. 5, 1841, by F. B. Woodward	1	211
BLAKESLEE, BLACKSLEE, BLAKSLEE, BLACKESLEE,		
Abigail, d. May 16, 1799	1	8
Abner, 7th child [Abner & Thankfull], b. May 21, 17[ ]	1	15
Abner, s. Jacob, m. Thankfull **PEETER**, d. Samuell, of Waterbury, Sept. 23, 1755	1	15
Abner, & Thankfull, had 3rd child s. [ ], b. Sept. 4, 1761; d. soon after birth	1	15
Abner, m. Wid. Mary **NOBLE**, Feb. 19, 1786	1	15
Abner, Jr., m. Damaris **SEYMOUR**, Apr.. 11, 1802	1	33
Abner Peck, [s. Abner & Damaris], b. Dec. 19, 1807	1	33
Abraham, [s. Abner & Damaris], b. Oct. 3, 1810	1	33
Adaline, [d. Lewis & Sally], b. Apr.. 25, 1816, at Vienna	1	72
Adaline E., m. Samuel E. **HOTCHKISS**, Dec. 30, 1846, by Rev. H. D. Ketchell	2	104
Adna, m. Hannah **GRAVES**, Oct. 11, 1786	1	8
Adna, Jr., s. [Adna], b. Sept. 2, 1793	1	8
Amanda, 2nd d. Bela & Olive], b. May 15, 1789	1	20
Amos, m. [ ], Nov. 26, 1789	1	6
Anna, [d. Micha & Rhoda], b. June 14, 1795	1	32
Anner, [d. Salmon & Asenath], b. Feb. 19, 1800	1	33
Anna, [d. Gad & Anna], b Sept. 22, 1812	1	35
Anne N., m. Riley **SCOTT**, Oct. 12, 1830, by L. Hart	1	197
Asenath, m. Salmon **BLAKESLEE**, Oct. 11, 1787	1	33
Asenath, [d. Sala], b. May 18, 1807	1	66
Austin, 4th child [Samuel], Oct. 22, 1787	1	47
Austin, m. Susan **WOOD**, Dec. 2, 1811	1	41
Bela, m. Olive **BROWN**, May 12, 1785	1	20
Bela Bronson, 2nd s. [Bela & Olive], b. Sept. 22, 1806	1	20
Belinda, [d. Jared & Hulda], b. July 20, 1804	1	59
Bennet, [s. Gad & Anna], b. July 16, 1804	1	35
Bethiah, m. Eli **BARNES**, Dec. 21, 1785	1	39
Bethiah, [d. Salomon & Asenath], b. Oct. 1, 1802	1	33
Betsey, 8th child [Abner & Thankfull], b. Dec. 27, 17[ ]	1	15
Betsey, 2nd child [Samuel], b. Nov. 2, 1782	1	47
Betsey, m. Giles **SUTLIFF**, Dec. 29, 1803	1	25
Betsey Augusta, 2nd child [Jacob N. & Electa], b. Oct. 27, 1813	1	10

BARBOUR COLLECTION

	Vol.	Page
BLAKESLEE, (cont.)		
Bettey, m. Zenas **POTTER**, Nov. 15, 1789	1	1
Burrit, [s. Gad & Anna], b. Nov. 14, 1800	1	35
Caroline, [d. Lewis & Sally], b. Jan. 29, 1818	1	72
Chauncey, [s. Gad & Anna], b. Jan. 16, 1809	1	35
Chloe, [d. Salmon & Asenath], b. May 18, 1789	1	33
Clarissa, [d. Gad & Anna], b. Aug. 22, 1806	1	35
Clarry, 3rd d. [Bela & Olive], b. Sept. 11, 1791	1	20
Clement, 4th child [Abner & Thankfull], b. June 30, 17[ ]	1	15
Curtis, s. [Jared & Hulda], b. Oct. 14, 1798	1	59
Curtiss, m. Emeline **IVES**, Sept. 10, 1839, by Rev. Ephraim Lyman	1	212
Edna, [d. Abner & Damaris], b. Mar. 5, 1804	1	33
Edna, m. Ebenezer **STEDMAN**, Oct. 15, 1829, by Frederick Holcomb	1	194
Edward, [s. Micah & Rhoda], b. July 10, 1802	1	32
Electa, [d. Abner & Damaris], b. Sept. 16, 1805	1	33
Elizabeth, [d. Salmon & Asenath], b. Nov. 7, 1791	1	33
Elizabeth, m. Eaton **SANFORD**, Oct. 4, 1820, by Fred Holcomb	1	180
Emilie, [child of Amos], b. Dec. 23, 1803	1	6
Emily, [d. Ransom & Sarah], b. Apr.. 13, 1805	1	30
Emily, m. Henry **TERRY**, Oct. 16, 1823, by Luther Hart	1	185
Esther, m. Philip **TOMPKINS**, Nov.15, 1787	1	31
Experience, w. Jude, d. Jan. 1, 1802	1	9
Fanny J., m. Burr S. **BEACH**, Jan. 6, 1852, by Rev. Merrill Richardson	2	118
Flora, 6th d. [Bela & Olive], b. Nov. 3, 1798	1	20
Flora, 3rd child [Austin & Susan], b. Sept. 2, 1816	1	41
Gad, m. Anna **LATTIN**, Feb. 16, 1800	1	35
Gad & Anna, had d. {], b. Oct. 28, 1814	1	35
Garret, m. Emeline **REYNSLOT**, Aug. 18, 1830, by J. T. Clark	1	195
Garret Smith, [s. Micah & Rhoda], b. Apr.. 18, 1809	1	32
Garwood, [s. Sala], b. Feb. 2, 1801, in New Haven	1	66
George Nelson, 9th child [Samuel], b. Sept. 12, 1800	1	47
Hannah, m. Jesse B. **FORD**, Sept. 5, 1802	1	15
Hannah G., of Plymouth, m. Samuel **BARD**, of Watertown, Jan. 8, 1840, by Rev. Ephraim Lyman	1	213
Harriet, 1st child [Austin & Susan], b. May 9, 1813	1	41
Harriet, m. Marcus [ ], of Bristol, Apr.. 29, 1835, by Rev. Daniel Burhans	1	202
Henry, 2nd child [Austin & Susan], b. Aug. 17, 1814	1	41
Henry Belden, [s. Micah & Rhoda], b. Apr.. 28, 1814	1	32
Hiram, [s. Salmon & Asenath], b. Dec. 1, 1798	1	33
Hulda, [d. Jared & Hulda], b. July 22, 1806	1	59
Huldah, m. Franklin **GAYLORD**, Oct. 29, 1828, by L. Hart	1	194
Jacob, 2nd child [Abner & Thankfull], b. Sept. 14, 1758	1	15
Jacob, s. [Abner & Thankfull], d. Feb. 23, 1779	1	15
Jacob, [s. Samuel], b. Mar. 17, 1780	1	47
Jacob N. M. Electa **WARD**, Oct. 28, 1810	1	10
Jacob Nash, 2nd child [Abner & Mary], b. Mar. 9, 1789	1	15
Jane Alice, [d. Amos], b. June 19, 1813	1	6
Jared, m. Hulda **ALLEN**, Feb. 12, 1798	1	59
Jere, 3rd child [Samuel], b. Jan. 22, 1785; d. Mar. 22, 1789	1	47

PLYMOUTH VITAL RECORDS 11

	Vol.	Page
BLAKESLEE, (cont.)		
Jerre, 7th child [Samuel], b. Dec. 2, 1793	1	47
Jerey, [s. Adna], b. Jan. 11, 1795	1	8
Joel, [s. Ransom & Sarah], b. Sept. 2, 1812	1	30
John, [s. Jared & Hulda], b. May 22, 1813	1	59
Julia Maria, [d. Samuel], b. Feb. 13, 1803	1	47
Laura, [d. Amos], b. Oct. 5, 1790	1	6
Leonard, [s. Amos], b. Nov. 14, 1798	1	6
Levi P., m. Julia CLARK, May 16, 1828, by Rodney Rosetter	1	193
Lewis, m. Sally GRAVES, July 19, 1815, in Sangersfield, N.Y.	1	72
Lewis Prindle, 1st s. [Bela & Olive], b. May 20, 1804	1	20
Lina, 1st d [Bela & Olive], b. Oct. 7, 1786	1	20
Lucee, m. Titus SEYMOUR, Mar. 17, 1799	1	9
Macajah, 5th child [Abner & Thankfull], b. Apr.. 22, 17[ ]	1	15
Maria Amanda, 1st child [Jacob N. & Electa], b. Aug. 31, 1811	1	10
Martha, twin with Mary, d. [Lewis & Sally], b. Apr.. 22, 1823	1	72
Marvin, [s. Micah & Rhoda], b. June 27, 1791	1	32
Mary, w. Abner, d. Jan. 24, 1791	1	15
Mary, [d. Sala], b. Sept. 17, 1798, in New Haven	1	66
Mary, twin with Martha, d. [Lewis & Sally], b. Ar. 22, 1823	1	72
Mary, of Plymouth, m. John L. **BRADLEY**, of Hartford, July 7, 1839, by Rev. W[illia]m Watson	1	224
Mehetobel, [d. Amos], b. Mar. 10, 1801	1	6
Merrie, [child of Amos], b. Sept. 16, 1795	1	6
Micah, m. Rhoda **HOPKINS**, Dec. 27, 1789	1	32
Micah Burton, [s. Micah & Rhoda], b. Oct. 22, 1811	1	32
Milo, m. Dorcas **McKEE**, Oct. 16, 1826, by Luther Hart	1	191
Mindwell, m. Charles **TOURJEE**, Feb. 10, 1822, by Rodney Rossetter	1	182
Olive, 5th child [Samuel] b. May 1, 1789	1	47
Olive, twin with Orra, d. [Bela & Olive], b. Mar. 13, 1801	1	20
Olive, m. William **LEWIS**, Nov. 21, 1822, by Rodney Rossetter	1	184
Onamus S., [child of Lewis & Sally], b. May 20, 1819, at Sangersfield	1	72
Orphelia, 6th child [Samuel], b. May 17, 1791	1	47
Orra, twin with Olive, d. [Bela & Olive], b. Mar. 13, 1801	1	20
Orra, m. Elias **UPSON**, Mar. 31, 1824, by Rodney Rossitter	1	186
Orrel, [d. Micah & Rhoda], b. Oct. 29, 1797	1	32
Phebe, [d. Salmon & Asenath], b. Oct. 18, 1793	1	33
Philena, [d. Micah & Rhoda], b. Mar. 4, 1800	1	32
Philena, m. Randal J. **ANDREWS**, Apr.. 26, 1821, by Rodney Rosseter	1	181
Polly, 4th d. [Bela & Olive], b. Mary 30, 1794	1	20
Polly, 8th child [Samuel], b. Aug. 6, 1796	1	47
Prudence Sarah, [d. Ransom & Sarah], b. June 21, 1810	1	30
Ransom, m. Sarah **PORTER**, June 17, 8104	1	30
Ransom, [s. Ransom & Sarah], b. Sept. 13, 1814	1	30
Ransom, Jr., of New York City, m. Martha C. **COLEY**, of Plymouth, Apr.. 14, 1850, by Rev. Ephraim Lyman	2	112
Rapha, [child of Jared & Hulda], b. June 2, 1800	1	59
Rhoda Hopkins, [d. Micah & Rhoda], b. July 15, 1804	1	32
Riley, [s. Amos], b. Oct. 15, 1792	1	6

	Vol.	Page
BLAKESLEE, (cont.)		
Robert Goodloe Harper, [s. Micah & Rhoda], b. July 21, 1806	1	32
Sabra, [d. Sala], b. Dec. 5, 1790	1	66
Sally, 1st child [Abner & Mary], b. Nov. 9, 1786	1	15
Sally, 5th d. [Bela & Olive], b. Sept. 27, 1796	1	20
Sally, d. [Bela & Olive], d. Oct. 29, 1801	1	20
Sala, [s. Sala], b. Jan. 14, 1805	1	66
Salmon, m. Asenath **BLAKESLEE**, Oct. 11, 1787	1	33
Salmon, d. Apr.. 19, 1814	1	33
Sam[ue]ll, 1st child [Abner & Thankfull], b. Nov. 22, 1756	1	15
Sarah, m. James **SMITH**, Jan. 29, 1789	1	31
Sarah, [d. Amos], b. Dec. 4, 1806	1	6
Sarah P., m. Henry L. **HARRINGTON**, Apr.. 21, 1831, by L. Hart	1	198
Sidney, [s. Abner & Damaris], b. Dec. 10, 1802	1	33
Sophronia, 9th d. [Bela & Olive], b. June 8, 1813	1	20
Statira, [d. Salmon & Asenath], b. Aug. 9, 1795	1	33
Stephen, s. [Adna], b. Sept. 17, 1799	1	8
Stephen, m. Ann **CLARK**, Sept. 16, 1823, by Rodney Rossitter	1	184
Stephen B., m. Sarah **WILLIAMS**, Nov. 2, 1842, by Rev. W[illia]m Watson	1	225
Susan, [d. Amos], b. Oct. 1, 1809	1	6
Tapping, [s. Sala], b. Jan. 5, 1803	1	66
Thankfull, 9th child [Abner & Thankfull], b. May 6, 177[ ]	1	15
Thankfull, w. Abner & d. Samuell **PEETER**, d. Dec. 15, 1785	1	15
Wolcott, [s. Jared & Hulda], b. June 8, 1802	1	59
Ziba, 6th child [Abner & Thankfull], b. July 9, 17[ ]	1	15
BLOSSOM, W[illia]m R., m. Phylottia **WEST**, b. of Torrington, Oct. 9, 1836, by Noah Porter, Jr.	1	204
BOARDMAN, BORDMAN, Alice, m. Eli Robert **BARNES**, Nov. 10, 1850, by Rev. Joseph Smith	2	117
Chloe, of Plymouth, m. Ransom **BARNES**, of Harwinton, July 6, 1840, by Rev. H. D. Ketchel	1	210
Frederick, m. Lucy **GILLET**, Jan. 15, 1826, by Luther Hart	1	190
Sophia, m. Josiah **WARNER**, June 23, 1825	1	188
BOGART, James, of New Haven, m. Mary E. **ARMSTRONG**, of Plymouth, Apr.. 5, 1846, by Rev. Ephraim Lyman	2	101
BOOTH, Philo P., of Avon, m. Jennett **POTTER**, of Terryville, Mar. 2, 1851, by Rev. Merrill Richardson	2	115
Silas, m. Jane E. **FRENCH**, b. of Litchfield, Dec. 23, 1849, by Rev. William Watson	2	113
BOSTWICK, Abigail, m. Joseph Allyn **WRIGHT**, Jan. 14, 1781	1	16
Abigail, mother of Abigail, d. Apr.. 20, 1790	1	16
BOUGHTON, Edward J., m. Catharine **CLAPP**, May 9, 1847, by Rev. H. D. Ketchel	2	105
BRACE, John W., of Waterbury, m. Elizabeth C. **DOUGLASS**, of Plymouth, Aug. 25, 1850, by Rev. Joseph D. Hall	2	114
BRADLEY, Alma Sophronia, 5th child [Nehemiah & Lydia], b. Nov. 22, 1812	1	38
Chauncey, m. Betsey **AVERY**, May 25, 1805	1	21
Chauncey, m. Betsey **AVERY**, May 25, 1805	1	23
Chauncey, s. [Chauncey & Betsey], b. May 25, 1807	1	21
Chauncey, s. [Chauncey & Betsey], b. May 25,, Nov. 25, 1802	1	23

PLYMOUTH VITAL RECORDS 13

	Vol.	Page
BRADLEY, (cont.)		
Daniel, m. Ruth **WETHINGTON**, Nov. 25, 1802	1	42
Daniel & Ruth, had d. [ ], b. Feb. 28, 1815	1	42
Erastus, s. [William & Lucy], b. May 15, 1799	1	11
Frederick A., of New York City, m. Nancy **WELTON**, of Waterbury, May 22, 1836, by Rev. Isaac Jones	1	203
George H., m. Philena **ANDRESS**, Feb. 2, 1845, by Rev. W[illia]m Watson	1	227
Hannah, m. Robert **JOHNSON**, Nov. [ ], 1802	1	59
Jane C., of New Haven, m. Augustus P. **HALL**, of Guilford, Nov. 22, 1840, by Rev. Ephraim Lyman	1	213
Jared, 2nd child [Nehemiah & Lydia], b. Mar. 30, 1798	1	38
Jared, m. Polly **ALLEN**, Sept. 28, 1820, by Luther Hart	1	180
John, [s. William & Lucy], b. Aug. 15, 1800	1	11
John L., of Hartford, m. Mary **BLAKESLEE**, of Plymouth, July 7, 1839, by Rev. W[illia]m Watson	1	224
John Washington, [s. Daniel & Ruth], b. Sept. 11, 1807	1	42
Joseph R., of Fair Haven, m. Sevilla E. **PRESTON**, of Plymouth, May 25, 1852, by Rev. Merrill Richardson	2	120
Joseph Ransom, s. W[illia]m & Lucyh, b. Jan. 15, 1797	1	11
Julia, of Plymouth, m. Charles J. **PECK**, June 20, 1847, by Rev. H.D. Ketchell	2	105
Julia A., m. Charles J. **PECK**, June 20, 1847, by Rev. H. D. Ketchell	2	105
Lucinda, d. [William & Lucy], b. Feb. 21, 1803	1	11
Lucius, m. Sophia **SCOVIL**, Oct. 2, 1825, by Luther Hart	1	190
Mary, m. Vincent **THOMPSON**, Oct. 2, 1825, by Rodney Rossetter	1	185
Mary Stanley, 4th child [Nehemiah & Lydia], b. Aug. 9, 1804	1	38
Minerva, 1st child [Nehemia & Lydia], b. Mar. 10, 1796	1	38
Nancy, m. Almon **PLUMB**, of Wolcott, Sept. 24, 1833, by Rev. Daniel Burhans	1	200
Nathan E., of Middlebury, m. Amanda H. **MORLEY**, of Ply mouth, Oct. 13, 1850, by Rev. Ephraim Lyman	2	114
Nehemiah, m. Lydia **CASTLE**, Aug. 13, 1795	1	38
Nehemiah, d. Apr.. 133, 1813	1	38
Orange, of Bristol, m. Mary **ALLEN**, of Plymouth, Apr.. 30, 1837, by Rev. Ephraim Lyman	1	206
Polly Rebekah, [d. Daniel & Ruth], b. June 23, 1812	1	42
Rosetta, m. Jonah **ALLEN**, Jan. 1, 1807	1	55
Sophia, [d. Daniel & Ruth], b. Apr.. 11, 1804	1	42
Sophronia, 3rd child [Nehemiah & Lydia], b. Sept. 21, 1800	1	38
Sophronia, [d. Nehemiah & Lydia], d. Aug. 21, 1809	1	38
Susanna, of Bristol, m. John **BROWN**, of Plymouth, Apr.. 26, 1821, by Rodney Rossitter	1	181
Tryphena, [d. Daniel & Ruth], b. Oct. 12, 1805	1	42
William, m. Lucy **DUTTON**, Jan. [ ], 1793	1	11
William, s. [Chauncey & Betsey], b. Mar. 27, 1806	1	21
William, s. [Chauncey & Betsey], b. Mar. 27, 1806	1	23
BRADSTREET, Thomas J., of Danvers, Mass., m. Amanda **THOMAS**, of Plymouth, Nov. 4, 1840, by Rev. H. D. Ketchell	1	214
BRADY, Mary, of Plymouth, m. George **CANFIELD**, of Bristol, Jan. 16, 1842, by Rev. W[illia]m Watson	1	225
BRAINARD, BRAINERD, Almira, [d. Stephen], b. Apr.. 4, 1790	1	54

	Vol.	Page
BRAINARD, (cont.)		
Hepzibah, [d. Stephen], d. Sept. 14, 1807	1	54
Losina, [d. Stephen], b. Sug. 27, 1803	1	54
Naomi, [d. Stephen], b. June 27, 1796	1	54
Naomi, m. Barny **MOUNT** (?), June 14, 1829, by Rev. David C. Griswold, of Watertown	1	195
Rosena, m. Dennis **RYAN**, Mar. 8, 1829, by C. Butler, J.P.	1	195
BRISCO, Charles, m. Caroline **WETMORE**, b. of Plymouth, Apr. 16, 1848, by Rev. Harvey Husted	2	107
BRISTOL, B Eunice M., of Cheshire, m. Silas A. **CHASE** of Maidstown, Vt., June 30, 1848, by Rev. H. D. Ketchell	2	107
Levi, m. Chloe **HOTCHKISS**, Nov. [ ], 1806	1	39
Martha, [d. Levi & Chloe], b. Dec. 1, 1807	1	39
BRITCHARD, [see under **PRITCHARD**]		
BRONSON, Amasa, m. Lucy **SANFORD**, Sept. [ ], 1806	1	5
Amey, twin with Anne, d. [Amasa & Lucy], b. Aug. 12, 1807	1	5
Amos, m. Sarah **FROST**, Apr. 14, 1802	1	12
Anna, w. Capt. Amos, d. Dec. 3, 1800	1	9
Anne, twin with Amey, d. [Amasa & Lucy], b. Aug. 12, 1807	1	5
Emily, d. Noah Miles & Betsey, b. Oct. 5, 1798; d. Nov. 14, 1800	1	4
Hiram, s. Noah Miles & Betsey, b. Jan. 28, 1802	1	4
Lewis N., of Watertown, m. Lucetta **DUNBAR**, of Plymouth, Mar. 5, 1838, by Rev. Ephrai Lyman	1	208
Mark J., m. Nancy **MARKHAM**, Oct. 16, 1828, by Rodney Rossetter	1	195
Noah Miles, m. Betsey **IVES**, Oct. 12, 1797	1	4
Samuel Freeman, s. Noah Miles & Betsey, b. Dec. 13, 1807	1	4
Sarah, m. Solomon **PARKER**, June 1, 1795	1	3
Sherman, s. [Noah & Betsey], b. Oct. 17, 1800	1	4
Silas T., m. Polly A. **HAYDEN**, [ ], by Rodney Rosseter	1	195
Spencer, of Prosepct, m. Polly **HEMINGWAY**, of Plymouth, Mar. 24, 1846, by Rev. Merrill Richardson	2	101
Sylvia, m. Medad **ALCOX**, Apr. 30, 1801	1	33
BROOKS, BROOKES, Byron A., of Bristol, m. Ann G. **COY**, of Plymouth, Sept. 30, 1849, by Rev. Merrill Richardson	2	111
John, m. Philena **BENHAM**, b. Of Waterbury, Dec. 2, 1834, by Rev. Nathaniel Richardson, of Terryville	1	207
Willard, m. Maria **MARKHAM**, Feb. 19, 1824, by Rodney Rossetter	1	186
BROWN, Ann, m. Chauncey **GRAHAM**, b. of Plymouth, Oct. 1, 1839, by Rev. H. D. Ketchel	1	208
Augustus C., of Litchfield, m. Flora J. **TROOP**, of Plymouth, Oct. 22, 1843, by Rev. Henry D. Ketchell	1	221
Eliza, of Plymouth, m. James **CLARK**, of Southington, July 16, 1839, by Rev. Ephraim Lyman	1	212
Hannah, m. Curus **PERRY**, Nov. 12, 1832, by L. Hart	1	199
Joanna, m. James **WARNER**, Jr., Nov. 15, 1795	1	1
John, of Plymouth, m. Susanna **BRADLEY**, of Bristol, Apr. 26, 1821, by Rodney Rossitter	1	181
Lydia, m. Thomas **WAY**, Jr., Dec. 25, 1798	1	7
Olive, m. Bela **BLAKESLEE**, May 12, 1785	1	20
Rosanna, m. Charles M. **TERRELL**, Nov. 28, 1842, by Rev.		

	Vol.	Page
BROWN, (cont.)		
Merrell Richardson, Int. Pub.	1	217
BRYAN, John H., of Watertown, m. Anna **ADKINS**, of Plymouth, Mar. 22, 1846, by Rev. H.D. Ketchell	2	101
John H., of Plymouth, m. Mary A. **TOLMAN**, of Saratogo, N.Y., Feb. 3, 1850, by Rev. Ephraim Lyman	2	111
BUELL, BUEL, Sarah, of Litchfield, m. Henry Merrells, of Waterbury, Dec. 10, 1838, by Rev. W[illia]m Watson	1	223
Sophia P., m. William W. **BULL**, Feb. 8, 1846, by Rev. Ephraim Lyman	2	100
BULL, Mary Bristol, [d. Benedict], b. June 27, 1815	1	58
William W., m. Sophia P. **BUELL**, Feb. 8, 1846, by Rev. Ephraim Lyman	2	100
BULLARD, John H., m. Huldah **SUTLIFF**, Sept. 5, 1824, by Luther Hart	1	187
BULLER, Helen R., of Plymouth, m. Phinehas **POTTER**, Jr., of Providence, R.I., June 4, 1846, by Rev. William Watson	2	104
BUNCE, Horace H., of Southington, m. Hannah J. **NORTON**, of Wolcott, Apr. 28, 1842, by Merrill Richardson, Int. Pub.	1	216
BUNNELL, BUNNEL, Allen, m. Clarissa **ALVORD**, [ ], 1800	1	64
Allen, [s. Allen & Clarissa], [ ]	1	64
Amanda, [d. Solomon & Beuhel], b. Nov. 4, 1797	1	64
Amanda, m. Nathaniel **BAILEY**, Jan. 1, 1824, by Rodney Rossetter	1	186
Ansell, of Plymouth, m. Sarah **PICKNICK**, of Bristol, July 15, 1847, by Rev. Ephraim Lyman	2	105
Caroline, [d. Allen & Clarissa], b. May 3, 1803	1	64
Charlotte, d. Orrel, b. July 15, 1815	1	10
Chary, [d. Solomon & Beuhel], b. Jan. 15, 1802	1	64
Edwin, [s. Solomon & Beuhel], b. Mar. 23, 1810	1	64
Eliza, [d. Allen & Clarissa], b. Dec. 18, 1812	1	64
Eliza, of Terryville, m. Albert **CARPENTER**, Mar. 9, 1851, by Rev. Merrill Richardson	2	116
Harriet, [d. Allen & Clarissa], b. Jan. 31, 1801	1	64
Laura, [d. Allen & Clarissa], b. Feb. 22, 1808	1	64
Lucius A., of Plymouth, m. Rebecca P. **GILLETT**, of Burlington, June 12, 1850, by Rev. Ephraim Lyman	2	112
Mansfield, [s. Solomon & Beuhel], b. Nov. 18, 1806	1	64
Margaret, [d. Solomon & Buehel], b. Jan. 9, 1815	1	64
Merret, [s. Solomon & Beuhel], b. Oct. 17, 1799	1	64
Merret, m. Mehitable **CLARK**, June 15, 1825, by Rodney Rossetter	1	187
Merit, m. Louisa **OSBORNE**, Jan. 1, 1843, by Rev. W[illia]m Watson	1	225
Orrel, d. Hezekiah & Mabel, b. July 7, 1787	1	10
Orrel, had d. Charlotte, b. July 15, 1815	1	10
Orrel, m. Chester **PAINTER**, Nov. 25, 1818	1	68
Pamelia, [d. Solomon & Beuhel], b. Aug. 23, 1804	1	64
Sarah J., of Bristol, m. Orlando F. **YALE**, of East Plymouth, June 15, 1852, in East Plymouth, by Rev. Henry Fitch, of Pristol	2	120
Solomon, m. Beuhel **HILL**, Jan. [ ], 1797	1	64
Solomon, [s. Solomon & Beuhel], b. July 14, 1812	1	64
Sophronia R., m. James G. **ANDREW**, Litchfield, May 1, 1849, in Terryville, by M. Richardson	2	110

BARBOUR COLLECTION

	Vol.	Page
BUNNELL, (cont.)		
Washington, of Plymouth, m. Mary Ursula OSBORN, of Harwinton, Sept. 15, 1850, by Rev. Joseph D. Hall	2	114
BURBANK, Susannah, m. Isaiah DOOLITTLE, Feb. 10, 1807	1	48
BURDICT, Henry M. Of Burlington, m. Eunice Ann BEACH, of Plymouth, Dec. 31, 1837, by Rev. Ephraim Lyman	1	206
BURR, John, of Newtown, m. Harriet A. GRIGGS, of Plymouth, May 24, 1846, by Rev. H. D. Ketchell	2	102
John M., m. Louisa M. COLEY, b. of Plymouth, July 8, 1840, by Rev. Ephraim Lyman	1	213
BURT, John, m. Mary Ann MILLS, May 24, 1851, by Joseph Smith	2	117
BUTLER, Alonzo, [s. Calvin & Mordanna], b. May 7, 1816; d. May 7, 1817	1	71
Alonzo, [s. Calvin], b. May 7, 1816; d. May 7, 1817	1	18
Ann, [d. Calvin & Mordanna], d. Nov. 27, 1826	1	71
Anne, [d. Calvin], b. Apr. 15, 1807	1	18
Anne, [d. Calvin & Mordanna], b. Apr. 15, 1807, at Plymouth	1	71
Calvin, m. Rosanna PHELPS, Oct. 16, 1799, at Norfolk	1	18
Calvin, m. Mordanna PHELPS, Oct. 16, 1799, at Norfolk	1	71
Calvin, m. Mary Ann NICKELSON, July 21, 1818, at New Milford	1	18
Calvin, m. Mary Ann NICHOLSON, July 21, 1818, at New Milford	1	71
Calven, town clerk from 1815 to 1834	1	0
Calvin, town clerk from 1838 to 1840	1	0
Calvin M., d. Oct. 17, 1844	1	71
Calvin R., town clerk from 1841, to 1842	1	0
Calvin Rodgers, [s. Calvin], b. Aug. 6, 1809	1	18
Calvin Rogers, [s. Calvin & Mordanna], b. Aug. 6, 1809	1	71
Charles, [s. Calvin], b. Feb. 3, 1805, at Bristol	1	18
Charles, [s. Calvin & Mordanna], b. Feb. 3, 1805, at Bristol	1	71
Charles, m. Emeline WARNER, Sept. 24, 1826, by Rodney Rossetter	1	188
Charles, [s. Calvin & Mordanna], d. Apr. 10, 1835	1	71
Charles, town clerk from 1835 one year	1	0
Charles C.P., [s. Calvin & Mordanna], b. Nov. 12, 1800, at Canaan; d. Sept. 10, 1803, at Norfolk	1	71
Charles Catesworth Pinckney, [s. Calvin], b. Nov. 12, 1800, at Canaan; d. Sept. 10, 1803, at Norfolk	1	18
Clarissa Jane, of Plymouth, m. Rev. David F. SIMSDEN, of Edingbury, Sept. 14, 1851, by Rev. s. D. Dennison	2	122
David, m. Harriet A. BEACH, Sept. 6, 1829, by L. Hart	1	194
Egbert Jonathan, s. [Calvin], b. Dec. 21, 1813	1	18
Egbert Junius, s. Egbert Juniett, b. Jan. 4, 1841	1	71
Egbert T., town clerk from 1840 one year	1	0
Egbert Ternyck, [s. Calvin & Mordanna], b. Dec. 21, 1813	1	71
Eleanor C., late of New York now of Plymouth, m. Stephen PEET, Nov. 4, 1832, by Rev. Daniel Burhans	1	197
Emeline* Luman* ATWATER, Nov. 24, 1844, by W[illia]m Watson *(Perhaps "Herman")	1	227
Helen Moranna, [twin with Robert Henry], d. [Calvin & Mary Ann], b. May 24, 1822	1	71
James A., [s. Calvin & Mordanna], d. Apr. 16, 1841, at Mobile, Ala.	1	71
James Augustus, [s. Calvin], b. Aug. 25, 1811	1	18

	Vol.	Page
BUTLER, (cont.)		
James Augustus, [s. Calvin & Mordanna], b. Aug. 25, 1811	1	71
John Alexander, [s. Calvin & Mary Ann], b. Oct. 14, 1821	1	71
Malcolm Alonzo, s. [Calvin & Mary Ann], b. Sept. 13, 1819; d. Sept. 10, 1820	1	71
Malcolm Nicholson, [s. Calvin & Mary Ann], b. Aug. 6, 1824	1	71
Margarett, [d. Calvin & Mary Ann], b. June 6, 1826; d. Aug. 22, 1829	1	71
Mary, of Plymouth, m. John M. **TOUSEY**, of New Town, Sept. 14, 1851, by Rev. S. D. Dennison	2	123
Mary P., m. Dr. Joel G. **CANDEE**, Apr. 8, 1828, by L. Hart	1	193
Mary Phelps, [s. Calvin], b. Dec. 30, 1802, at Bristol	1	18
Mary Phelps, [s. Calvin & Mordanna], b. Dec. 30, 1802, at Bristol	1	71
Mordanna, w. Calvin, d. Oct. 25, 1817	1	71
Robert H., s. [Calvin & Mary Ann], d. July 26, 1841	1	71
Robert Henry, (twin with Helen Moranna, s. Calvin & Mary Ann], b. May 24, 1822	1	71
Rosanna, w. Calvin, d. Oct. 25, 1817	1	18
Tyhanus*, d. Mar. 16, 1831 *("Sylvanus"?)	1	76
William, [s. Charles], d. Apr. 12, 1835	1	71
BYINGTON, Joseph W., m. Laura **PAINTER**, Oct. 19, 1827, by Rodney Rossetter	1	191
CALHOUN, John C., m. Sarah **WARREN**, b. of Plymouth, June 18, 1840, by Rev. Ephraim Lyman	1	213
CALL, Eben, of Plymouth, m. Adaline R. **WELTON**, of Bristol. Apr. 13, 1845, by Rev. W[illia]m Watson	1	227
CAMP, Andrew, s. [Samuel & Tryphena], b. Sept. 27, 1790	1	4
Andrew, m. Martha **TOMLINSON**, Sept. 4, 1843, by Rev. W[illia]m Watson	1	226
Apollos, [s. Ephraim & Mabel], b. Mar. 19, 1806	1	60
Asahel Pardee, [s. Ephraim & Mabel], b. May 9, 1808	1	60
Asenath, d. [Samuel & Tryphena], b. Oct. 6, 1798	1	4
Asenath, m. David **ADKINS**, Nov. 14, 1816	1	73
Benajah, Jr., [s. Benjamin], b. Feb. 4, 1793	1	50
Betsey, [d. Orrin & Betsey], b. Oct. 13, 1812; d. Mar. 14, 1815	1	59
Chloe, [d. Benjamin], b. June 9, 1788	1	50
Elam, m. Lucy **OSBORN**, June 8, 1797	1	66
Emeline, [d. Orrin & Betsey], b. Oct. 10, 1809	1	59
Emeline, [d. Benjamin], b. Oct. 16, 1809	1	50
Emeline, m. Calvin **PERKINS**, Aug. 16, 1829, by L. Hart	1	194
Ephraim, [s. Ephraim], b. Sept. 28, 1798	1	60
Ephraim, m. Mabel **PARDEE**, May 24, 1801	1	60
Ephraim, m. Rachal **BEACH**, Oct. 31, 1822, by Rodney Rossitter	1	184
George, [s. Ephraim & Mabel], b. May 5, 1810	1	60
Hiram, [s. Samuel & Jenett], b. Apr. 9, 1800* *(Conflicts with date of marriage)	1	59
Jane, m. Lewis **MORSE**, Oct. 23, 1839, by Rev. W[illia]m Watson	1	224
Jane Elizabeth Abigail, [d. Ephraim & Mabel], b. Apr. 2, 1813	1	60
Jerome, [s. Benjamin], b. Mar. 25, 1806	1	50
Jerome, [s. Orrin & Betsey], b. Mar. 25, 1806	1	59
John Osborn, [s. Elam & Lucy], b. Feb. 9, 1800	1	66
Martin, [s. Benjamin], b. July 17, 1804	1	50

BARBOUR COLLECTION

	Vol.	Page
CAMP, (cont.)		
Martin, [s. Orrin & Betsey], b. July 17, 1807	1	59
Mary, d. Samuel & Tryphena, b. May 11, 1781	1	4
Mary, m. Aaron **WARNER**, Mar. 16, 1799	1	65
Mary, m. James **BEACH**, Apr. 29, 1824, by Luther Hart	1	187
Mary Rowe, [d. Elam & Lucy], b. Dec. 14, 1804	1	66
Minerva, [d. Ephraim], b. Nov. 28, 1795	1	60
Minerva, m. Alvah **TALMAGE**, July 1, 1824, by Rodney Rossetter	1	187
Orren, [s. Benjamin], b. Aug. 29, 1786	1	50
Orrin, m. Betsey **JEROME**, July 11, 1805	1	59
Phinehas Boyce, s. [Samuel & Tryphena], b. July 14, 1785	1	4
Rhoda, d. [Samuel & Tryphena], b. Mar. 17, 1783	1	4
Samuel, s. [Samuel & Tryphena], b. Feb. 2, 1787	1	4
Samuel, m. Jenett **JEROME**, [ ], 1810	1	59
Samuel, m. Jane **WHITTLESEY**, b. of Farmington, May 25, 1843, by Rev. Ephraim Lyman	1	228
Sarah J., m. Titus H. **DARROW**, b. of Plymouth, May 9, 1839, by Rev. Ephraim Lyman	1	212
Stephen Smith, [s. Ephraim & Mabel], b. July 11, 1804	1	60
Tryphena, w. Samuel, d. Jan. 1, 1818	1	4
William, [s. Benjamin], b. Jan. 31, 1813	1	50
CANDEE, Joel G., Dr., m. Mary P. **BUTLER**, Apr. 8, 1828, by L. Hart	1	193
CANDER*, Mary P., d. Feb. 12, 183[ ], at Harwinton *("CANDEE")	1	71
CANFIELD, George, of Bristol, m. Mary **BRADY**, of Plymouth, Jan. 16, 1842, by Rev. W[illia]m Watson	1	225
Thomas J., m. Louisa **GREEN**, b. of Washington, Oct. 13, 1845, by Rev. H. D. Ketchell	1	229
CARPENTER, Albert, m. Eliza **BUNNELL**, of Terryville, Mar. 9, 1851, by Rev. Merrill Richardson	2	116
CARRINGTON, Catharine Augusta, d. Chester J. & Augusta, b. Mar. 4, 1842	2	150
Chester, m. Augusta **SMITH**, Sept. 29, 1834, by Rev. Daniel Burhans	1	202
Rosetta, of Plymouth, m. William **ADAMS**, of Waterbury, Feb. 12, 1843, by Rev. W[illia]m Watson	1	226
CARTER, Dan S., m. Sarah E. **PAINTER**, b. of Plymouth, Apr. 28, 1851, by Rev. Joseph D. Hall	2	116
CARY*, Ame, m. James H. **BEACH**, Mar. 31, 1844, by Rev. W[illia]m Watson *(Perhaps "COY")	1	226
CASE, Lucy, m. Nathan **BEACH**, Dec. 22, 1830, by L. Hart	1	198
Orrin S., of Canton, m. Harriet A. **HOADLEY**, of Plymouth, July 13, 1852, by Rev. S. D. Dennison	2	122
CASTLE, Adolphus, m. Emily **DAILEY**, b. of Harwinton, May 22, 1842, by Rev. Henry D. Ketchell	1	216
[E]unice M., m. King **CURTISS**, May 7, 1835, by Rev. Daniel Burhans	1	202
Lydia, m. Nehemiah **BRADLEY**, Aug. 13, 1795	1	38
Mary, m. Russell **REYNOLDS**, Jan. 16, 1800	1	37
CATHWALE, Jane, m. Apollos **FENN**, b. of Plymouth, Nov. 7, 1839, by Nathaniel Richardson	1	208
CAY, [see also **COY**], Sarah E*, m. Julius M. **TODD**, b. of Plymouth, Apr. 16, 1848, by Rev. H. V. Gardiner *("Sarah E. **COY**"?)	2	108

	Vol.	Page
CHAPMAN, Daniel B., m. Sarah H. LANGDON, Sept. 8, 1831, by L. Hart	1	198
Harlow B., m. Nancy FORD, b. of Plymouth, Apr. 9, 1843, by Rev. Henry D. KETCHELL	1	220
CHASE, Silas A., of Maidstown, Vt., m. Eunice M. BRISTOL, of Cheshire, June 30, 1848, by Rev. H. D. Ketchell	2	107
CHURCHILL, Maria, of Litchfield, m. Ezra DOWN, Feb. 19, 1849, by Henry B. Graves, J.P.	2	109
CLANNING, Sarah C., m. Henry SHEPHERD, b. of Branford, Aug. 27, 1848, by Rev. Ephraim Lyman	2	108
CLAPP, Caroline L., of Plymouth, m. Lucius J. HALL, of East Hartford, Mar. 2, 1846, by Rev. H. D. Ketchell	2	101
Catharine, m. Edward J. BOUGHTON, May 9, 1847, by Rev. H. D. Ketchell	2	105
CLARK, CLARKE, Ann, m. Stephen BLAKESLEE, Sept. 16, 1823, by Rodney Rossitter	1	184
Anne Tuttle, twin with Mehetable Sperry, d. [Jesse & Cloe], b. Aug. 15, 1804	1	3
Chapin E., of Cambridge, Mass., m. Emeline MATHER, of Plymouth, June 30, 1846, by Rev. Ephraim Lyman	2	102
Eliza, of New Haven, m. Hiram E. BEACH, of Brittain, June 29, 1851, by Rev. S. D. Dennison	2	122
Heman, m. Dosha WOOD, Dec. 3, 1812	1	48
James, of Southington, m. Elizabeth BROWN, of Plymouth, July 16, 1839, by Rev. Ephraim Lyman	1	212
Jesse, m. Clow HOW, Apr. 2, 1797	1	3
Judson, s. Jesse & Cloe, b. May 7, 1798	1	3
Julia, m. Levi P. BLAKESLEE, May 16, 1828, by Rodney Rossetter	1	193
Mehitable, m. Merret BUNNELL, June 15, 1825, by Rodney Rossetter	1	187
Mehetable Sperry, twin with Anne Tuttle, d. [Jesse & Cloe], b. Aug. 15, 1804	1	3
Meret, of Northfield, m. Amelia GRIGGS, of Plymouth, Feb. 1, 1837, by Rev. Ephraim Lyman	1	205
Nancy, [d. Heman & Dosha], b. Dec. 29, 1814	1	48
Rachal, m. David D. WARNER, Nov. 30, 1820, by Rodney Rossiter	1	181
Richard, m. Phebe FANCHER, July 10, 1825, by Luther Hart	1	188
Susan E., [d. Heman & Dosha], d. Dec. 9, 1814	1	48
Susan Elmer, [d. Heman & Dosha], b. Aug. 5, 1813	1	48
Susannah, of Burlington, m. Novle HILL, of Bristol, Nov. 15, 1829, by William Clarks, J.P.	1	194
Warren P., m. Lucetta COOK, b. of Plymouth, June 9, 1844, by Rev. Henry D. Ketchell	1	222
CLEAVER, Cornelia, m. David ADKINS, s. Joseph, Feb. 12, 1784	1	2
CLEVELAND, Adaline, of Harwinton, m. Albert WARNER, of Plymouth, Feb. 28, 1848, by H. D. Ketchell	2	107
Sarah A., of Harwinton, m. Elmore W. WELTON, of Watertown, Apr. 14, 1850, by Rev. William Watson	2	113
COBB, David, m. Eunice MATTHEWS, May 2, 1827, by Rodney Rossetter	1	190
COBLEIGH, Simon, m. Orriel E. WAY, Feb. 21, 1839, by Rev. Harvey Kitchel, Int. Pub.	1	207

	Vol.	Page
COBURN, Orson H., of Painesville, O., m. Adaline WARNER, of Plymouth, May 22, 1838, by Rev. Ephraim Lyman	1	208
COLE, [see also COWLES], Anna, [d. John], b. Jan. 9, 1809	1	43
Clement, [child of John], b. July 13, 1797	1	43
Eli, [s. John], b. Feb. 1, 1798	1	43
Emela, [d. John], b. June 1, 1804	1	43
Hannah, [d. John], b. Sept. 29, 1800	1	43
John Merill, [s. John], b. Nov. 18, 1795	1	43
Lorenia, [d. John], b. July 2, 1807	1	43
Teresa, [d. John], b. May 18, 1802	1	43
COLEY, Delea A., of Plymouth, m. William M. WARNER, of Bristol. Apr. 6, 1845, by Rev. Henry D. Ketchell	1	223
Louisa M., m. John M. BURRELL, b. of Plymouth, July 8, 1840, by Rev. Ephraim Lyman	1	213
Martha C., of Plymouth, m. Ransom BLACKSLEE, Jr., of New York City, Apr. 14, 1850, by Rev. Ephraim Lyman	2	112
COLLINS, Catharine, m. John G. SKINNER, July 23, 1837, by Rev. Ephraim Lyman	1	206
Cornelia, [d. Lyman & Rhoda], b. Sept. 24, 1826	1	74
Harriet, [d. Lyman & Rhoda], b. Feb. 7, 1824	1	74
Helen, [d. Lyman & Rhoda], b. Oct. 19, 1822	1	74
COMSTOCK, Lucinda M., m. Lyman BEACH, b. of Plymouth, Apr. 30, 1850, by rev. Ephraim Lyman	2	112
CONNELL, Enoch, m. Pamellie MALORY, Jan. 9, 1831, by L. Hart	1	198
COOK, COOKE, Ann, m. John PERKINS, b. of Plymouth, July 4, 1852, by Rev. John Pegg, Jr.	2	121
Arba, [child of Truman & Abigail], b. Feb. 6, 1807	1	64
Asenath, m. Jonathan HALL, May 10, 1791	1	5
Chloe, m. Nath[anie]ll E. BARNES, Mar. [ ], 1800 (?) (Conflicts with date of birth of 1st child in 1792)	1	58
Dana, m. Emily BEACH, b. of Plymouth, Oct. 18, 1846, by Rev. Ephraim Lyman	2	104
Emily, [d. Truman & Abigail], b. Dec. 5, 1810	1	64
Lamarais A., had s. [ ], b. Jan. 30, 1829; d. Feb. 10, 1829	1	14
Lucetta, m. Warren P. CLARK, b. of Plymouth, June 9 1844, by Rev. Henry D. Ketchell	1	222
Major, m. Barbara NILKOLSON, Mar. 21, 1822, by Rodney Rossetter	1	182
Mary, [d. Truman & Abigail], b. May 25, 1809	1	64
Nathan, m. Clarissa E. REYNOLDS, May 31, 1826, by Rodney Rossetter	1	189
Reuben B., of Wolcottville, m. Henrietta BIRD, of Salisbury, Dec. 23, 1839, by Rev. Henry D. Ketchel	1	209
Royal, m. Betsey G. TALMAGE, Jan. 28, 1827, by Frederick Holcomb	1	189
Truman, m. Abigail BEACH, [ ], 1806	1	64
COWLES, [see also COLE], Nancy A., m. W[illia]m D. M'ELLENATHAN, Jan. 8, 1843, in Terryville, by Merrell Richardson	1	217
COY, [see also CAY], Ame*, m. James H. BEACH, Mar. 31, 1844, by Rev. W[illia]m Watson *(Perhaps "Ame CARY")	1	226
Ann G., of Plymouth, m. Byron A. BROOKS, of Bristol, Sept. 30,		

PLYMOUTH VITAL RECORDS

	Vol.	Page
COY, (cont.)		
1849, by Rev. Merrill Richardson	2	111
CROSBY, Amanda, d. [William & Julian], b. Jan. 29, 1795	1	11
William, m. Julian **SCOVIL,** Nov. 19, 1793	1	11
CUMMINGS, W[illia]m M., of Coventry, m. Mary M. **DOUGLASS,** of Plymouth, Dec. 4, 1850, by Rev. Joseph D. Hall	2	115
CURTIS, CURTISS, Almira J., m. Edward J. **BEACH,** Mar. 16, 1851, by Rev. Merrill Richardson	2	116
Avis, m. Oliver **CURTIS,** Mar. 9, 1792	1	47
Chloe, [d. Oliver & Hela], b. June 3, 1775	1	47
Clarissa, [d. Oliver & Hela], b. Aug. 22, 1779	1	47
Cyrena, [child of Oliver & Hela], b. Nov. 27, 1784	1	47
Eli, m. Mary P. **FENN,** Mar. 29, 1829, by L. Hart	1	194
Emily, m. Henry **ABBOTT,** of Middlebury, July 26, 1835, by Rev. Daniel Burhans	1	202
Freelove, [d. Oliver & Hela], b. June 24, 1777	1	47
Garner, of Litchfield, m. Jane **WARNER,** of Plymouth, May 13, 1832, by Rev. Daniel Burhans, of St. Peters	1	196
Hannah, had s. Warham, b. Apr. 7, 1796	1	3
Hannah, had s. Wareham, b. Apr. 7, 1796	1	34
Hela, m. Oliver **CURTIS,** Nov. 14, 1774	1	47
Hila, [d. Oliver & Hela], b. Feb. 28, 1782	1	47
Hila, [w. Oliver], d. May [ ], 1790	1	47
Hiram, of Plymouth, m. Hester A. **WELTON,** of Waterbury, Oct. 3, 1847, by Rev. Ephraim Lyman	2	106
Isaac, [s. Oliver & Avis], b. Feb. 25, 1797	1	47
Jonathan, [s. Oliver & Avis], b. Oct. 7, 1792	1	47
Julia, of Litchfield, m. Frederic S. **PORTER,** of Watertown, May 19, 1841, by Rev. Henry D. Ketchell	1	215
Julia, Mrs., m. Wyllys **ATWATER,** May 27, 1844, in Terryville, by Merrill Richardson	1	221
King, m. [E]unice M. **CASTLE,** May 7, 1835, by Rev. Daniel Burhans	1	202
Martha, [d. Oliver & Hela], b. Aug. 3, 1787	1	47
Mary, m. Linus **FINN,** Oct. 27, 1793	1	5
Mary A., m. William **BATES,** Nov. 16, 1840, by Rev. Henry O. Ketchell	1	210
Miles, of Delhi, N.Y., m. Sally **WOODIN,** of Plymouth, Feb. 5, 1821, by Dutee Ensign, Elder	1	181
Miles Henry, s. Salmon, b. Aug. 30, 1813	1	63
Oliver, m. Hela **CURTIS,** Nov. 14, 1774	1	47
Oliver, [s. Oliver & Hela], b. June 25, 1789	1	47
Oliver, m. Avis **CURTIS,** Mar. 9, 1792	1	47
Samuel, d. Feb. 4, 1802	1	9
Sarah A., of Plymouth, m. George T. **WINSLOW,** of Vermont, Oct. 25, 1840, by F. B. Woodward	1	211
Warham, s. Hannah, b. Apr. 7, 1796; m. Ruth **MORSE,** d. Benoni, Apr. 12, 1815	1	3
Wareham, s. Hannah, b. Apr. 7, 1796; m. Ruth **MOSS,** d. Benoni, Apr. 12, 1815	1	34
W[illia]m G., of Burlington, m. Lucy **PRESTON,** of Plymouth, Apr. 16, 1835, by Rev. G. C. V. Eastman	1	201

22 BARBOUR COLLECTION

	Vol.	Page
DAILEY, Emily, m. Adolphus **CASTLE,** b. of Harwinton, May 22, 1842, by Rev. Henry d. Ketchell	1	216
DARROW, Andrew S., m. Phebe **WEEDEN,** Apr. 18, 1816	1	22
Andrews Starrs, m. Nancy **ADKINS,** Dec. 16, 1812	1	22
Eliza, d. [Andrews Starrs & Nancy], b. Oct. 20, 1813	1	22
Leavitt, of Plymouth, m. Mrs. Delia **HILL,** of Burlington, Feb. 10, 1839, by Rev. Ephraim Lyman	1	212
Lucy, m. Ebenezer W. **FRENCH,** Feb. 19, 1806	1	46
Nancy, d. Andrew Starrs & Nancy, b. Apr. 16, 1815	1	22
Nancy, w. Andrew Starrs, d. May, 1815	1	22
Nancy, m. David **BEARDSLEE,** of Monroe, July 26, 1835, by Rev. Daniel Burhans	1	202
Titus H., m. Sarah J. **CAMP,** b. of Plymouth, May 9, 1839, by Rev. Ephraim Lyman	1	212
DAY, ——, Dr. of Sparta, N.Y., m. Flora **PIERPOINT,** of Plymouth, Oct. 4, 1820, by Joseph E. Camp	1	180
DAYTON, Edward, of Watertown, m. Clarissa **WARNER,** of Plymouth, Oct. 20, 1847, by Rev. William Watson	2	113
Harmon, of Torrington, m. Angeline **HINE,** of Plymouth, Aug. 26, 1844, by Rev. W[illia]m Watson	1	227
DECKER, Henry, of Dover, N.Y., m. Anna W. **JUDD,** of Northfield, June 16, 1845, by Rev. H. D. Ketchell	1	229
DICKINSON, Hannah, mother of Joseph Allyn **WRIGHT,** d. June 16, 1803, ae 98 y. 19 d.	1	16
DODGE, Angelina, d. [Sheldon & Olive], b. Oct. 25, 1811	1	63
Anson, m. Nancy **SPENCER,** Oct. [ ], 1802	1	63
Anson, [s. Anson & Nancy], b. Feb. 1, 1808	1	63
Anson & Nancy, had s. [ ] b. Aug. 18, 1815	1	63
Ira, s. Ira, b. May 7, 1799	1	63
Louisa, [d. Anson & Nancy], b. Aug. 26, 1806	1	63
Orrin, [s. Anson & Nancy], b. Oct. 26, 1803	1	63
Sheldon, s. Ira & Mary, b. June 23, 1793	1	14
Sheldon, m. Olive **RUST,** Apr. 14, 1811	1	63
DOOLITTLE, A. B., town clerk 1844	1	1
Abraham B., [s. Isaiah & Susannah], b. Feb. 7, 1809	1	48
Abraham B., m. Urania C. **HOOKER,** b. of Plymouth, July 5, 1840, by Rev. Ephraim Lyman	1	213
Amzi, [s. Eliasaph & Mabel], b. Feb. 21, 1788	1	42
Betsey, [d. Eliasaph & Mabel], b. Dec. 4, 1798	1	42
Betsey, d. [Titus & Betsey], b. July 22, 1800	1	13
Bill Austin, s. [Titus & Betsey], b. Jan. 29, 1804	1	13
Eunice, m. Abel **SEYMOUR,** Dec. 15, 1794; d. June 2, 1813	1	7
Giles, [s Eliasaph & Mabel], b. May 2, 1794	1	42
Isaiah, m. Susannah **BURBANK,** Feb. 10, 1807	1	48
Lydia Hotchkiss, d. [Titus & Betsey], b. Feb. 15, 1806	1	13
Mabel, [w. Eliasaph], d. June 6, 1813	1	42
Potter, [s. Eliasaph & Mabel], b. July 10, 1784	1	42
Reuben, m. Emily **SWEET,** b. of Watertown, Mar. 25, 1840, by F. B. Woodward	1	211
Sarah, [d. Eliasaph & Mabel], b. Mar. 30, 1786	1	42
Sarah, m. Apollos **WARNER,** Mar. 20, 1804	1	52
Titus, m. Betsey **JONES,** Nov. 22, 1798	1	13

PLYMOUTH VITAL RECORDS 23

	Vol.	Page
DOOLITTLE, William, s. Titus & Betsey, b. Jan. 12, 1799	1	13
DOUGLAS, Elizabeth C., of Plymouth, m. John W. BRACE, of Waterbury, Aug. 25, 1850, by Rev. Joseph D. Hall	2	114
Mary M., of Plymouth, m. W[illia]m M. CUMMINGS, of Coventry, Dec. 4, 1850, by Rev. Joseph D. Hall	2	115
DOWNS, DOWN, Ephraim, m. Chloe PAINTER, Feb. 17, 1822, by Rodney Rossitter	1	182
Ezra, m. Maria CHURCHILL, of Litchfield, Feb. 19, 1849, by Henry B. Graves, J.P.	2	109
DRISCOLL, Martha N., of Goshen, m. Eber E. KIMBERLEY, of Plymouth, Oct. 20, 1836, by Rev. Isaac Jones	1	204
DUMMER, Polly, m. Aaron DUNBAR, Jr., Oct. 24, 1798	1	54
DUNBAR, Aaron, Jr., m. Polly DUMMER, Oct. 24, 1798	1	54
Abi, d. [Dana], b. May 28, 1797	1	6
Alvin Jerome, s. [Dana], b. Jan. 26, 1799	1	6
Anather Cyrus, [s. Jonathan & Esther], b. Feb. 1, 1809	1	60
Anna, m. Eli POTTER, Dec. 12, 1816	1	67
Anne, [d. Jonathan & Esther], b. Apr. 26, 1797	1	60
Bela, [s. Jonathan & Esther], b. May 3, 1804	1	60
Bela, m. Calester POTTER, Apr. 23, 1829, by L. Hart	1	194
Calvin, s. [Miles & Tryphena], b. Jan. 6, 1801	1	4
Clarissa, of Plymouth, m. George O. ELLIS, of Attleborough, Mass., Mar. 31, 1840, by Rev. W[illia]m Watson	1	224
Cyrus, [s. Jonathan & Esther], b. Sept. 26, 1799	1	60
Cyrus, [s Jonathan & Esther], d. Feb. 28, 1809	1	60
Cyrus, of Plymouth, m. Sarah HODGE, of Roxbury, Feb. 27, 1839, by Rev. Ephraim Lyman	1	212
Dana, had s. Norman, b. Apr. 7, 1795	1	1
David, m. Sally FENN, May 28, 1798	1	8
Eber J., of Plymouth, m. Julia A. GATTEE, of Harwinton, Mar. 14, 1842, by Rev. Henry D. Ketchell	1	216
Eber Jonathan, [s. Jonathan & Esther], b. Oct. 12, 1813	1	60
Elam, [s. Aaron, Jr. & Polly], b. Mar. 24, 1806	1	54
Elan, [child of Jonathan & Esther], Dec. 20, 1800	1	60
Eliza, d. David & Sally, b. Mar. 13, 1800	1	8
Eliza, m. David WEED, b. of Plymouth, May 9, [probably 1852], by Rev. J.P. Warren	2	119
Esther, [d. Aaron, Jr. & Polly], b. Apr. 28, 1812	1	54
Eunice, m. Victory TOMLINSON, Apr. 27, 1785	1	39
Ferran, s. [David & Sally], b. Nov. 2, 1802	1	8
Hall, m. Esther ATWATER, Oct. 3, 1824, by Luther Hart	1	187
Henrietta, [d. Aaron, Jr. & Polly], b. Apr. 16, 1802	1	54
Horace, [s. Aaron, Jr. & Polly], b. Nov. 7, 1814	1	54
Jonathan, m. Esther BASSET, May 8, 1794	1	60
Keturah, m. Benjamin FENN, Nov. 2, 1809		
Levi Basset, [s. Jonathan & Esther], b. June 3, 1795	1	22
Lucetta, [d. Jonathan & Esther], b. Mar. 26, 1811	1	60
Lucetta, of Plymouth, m. Lewis N. BRONSON, of Watertown, Mar. 5, 1838, by Rev. Ephraim Lyman	1	60
Mary, m. Elijah JORDAN, Oct. 20, 1793	1	208
Mary, m. Daniel MILLS, Feb. [ ], 1796	1	43
Mary, [d. Aaron, Jr. & Polly], b. July 9, 1809	1	56
	1	54

BARBOUR COLLECTION

	Vol.	Page
DUNBAR, (cont.)		
Nathan, s. [Aaron, Jr. & Polly], b. Dec. 22, 1799	1	54
Norman, s. Dana, b. Apr. 7, 1795	1	1
Sabra, d. [Dana], b. Dec. 25, 1800	1	6
Thaddeus, [s. Aaron, Jr. & Polly], b. June 21, 1804	1	54
Zenas, s. Miles & Tryphena, b. May 3, 1796	1	4
DUNTON, [see also **DUTTON**], Lucina, m. Thomas W. **PAINTER**, Mar. 28, 1787	1	13
DUTTON, [see also **DUNTON**], Amos, m. Athildred **FANCHER**, Apr. 3, 1797	1	58
Anna, m. Allyn **WELLS**, Jan. 15, 1801	1	16
Chloe M., m. Hiram **MINOR**, Nov. 28, 1827, by Rodney Rossiter	1	192
Lucy, m. William **BRADLEY**, Jan. [ ], 1793	1	11
EATON, Lewis H., of Bristol, m. Delia E. **WARNER**, of Plymouth, Nov. 1, 1846, by Rev. H. D. Ketchell	2	103
ELLENATHAN (?), W[illia]m D. M., m. Nancy A. **COWLES**, Jan. 8, 1843, in Terryville, by Merrell Richardson	1	217
ELLIS, George O., of Attleborough, Mass., m. Clarissa **DUNBAR**, of Plymouth, Mar. 31, 1840, by Rev. W[illia]m Watson	1	224
ELY, Jacob, m. Susan **SANFORD**, Aug. 8, 1824, by Luther Hart	1	187
ENSIGN, Huldah, m. William **PIERPOINT**, Feb. 14, 1793	1	40
EVERETTA, Betsey, of Warner, m. Charles D. **HOTCHKISS**, of Plymouth, June 6, 1849, by Joseph D. Hall	2	109
FAIRCHILD, Beers., m. Esther A. **TOWSEY**, b. of Newtown, Oct. 8, 1828, by Rodney Rossetter	1	195
Frederic S., m. Eliza M. **SPERRY**, b. of Watertown, Jan. 1, 1850, by Joseph D. Hall	2	111
FANCHER, Athildred, m. Amos **DUTTON**, Apr. 3, 1797	1	58
Eunice, m. Chester **PAINTER**, Apr. 10, 1816; d. Dec. 19, 1817	1	68
Phebe, m. Richard **CLARK**, July 10, 1825, by Luther Hart	1	188
FELLOWS, George W., m. Ellen S. **TODD**, b. of Plymouth, Aug. 1, [probably 1852], by Rev. J. P. Warren	2	121
FENN, Aaron, Jr., m. Sabra **FENN**, Mar. 26, 1801	1	29
Aaron, [s. Lyman & Mary], b. Dec. 24, 1803	1	44
Abiah, m. Beach **TOMLINSON**, Sept. 6, 1810	1	54
Apollos, m. Jane **CATHWALE**, b. of Plymouth, Nov. 7, 1839, by Nathaniel Richardson	1	208
Augustus L., m. Esther M. **HALL**, b. of Plymouth, Feb. 23, 1843, by Rev. Ephraim Lyman	1	228
Barr, [s. Aaron, Jr. & Sabra], b. Aug. 24, 1804	1	29
Bede, m. Rufus **FULLER**, mar. 2, 1806	1	30
Benjamin, m. Keturab **DUNBAR**, Nov. 2, 1809	1	22
Betsey, 3rd child [Eli & Abigail], b. Apr. 15, 1801	1	38
Betsey, m. Abijah **WARNER**, Apr. 3, 1805	1	52
Catharine, 4th child d. [Benjamin & Keturah], b. Oct. 22, 1817	1	22
Catherine, m. Henry **ATWATER**, b. of Plymouth, Oct. 1, 1837, by Eli Potter, J.P.	1	206
Clarissa J., of Plymouth, m. Benjamin A. **JUDSON**, of Roxbury, N.Y. Feb. 11, 1849, by Rev. Noah Porter, of Farmington	2	109
Diadamia, [s. Samuel & Sarah], b. Sept. 3, 1768	1	34
Electa, 1st child [Eli & Abigail], b. July 3, 1796	1	38
Electa, [d. Eli & Abigail], d. June 30, 1808	1	38

PLYMOUTH VITAL RECORDS

	Vol.	Page
FENN, (cont.)		
Eli, m. Abigail REYNOLDS, Dec. 21, 1795	1	38
Emeline, of Plymouth, m. Thomas JENKINS, of Roxbury, N.Y., Oct. 3, 1847, by Rev. H. D. Ketchell	2	105
Emily, d. Linus & Mary, b. Apr. 4, 1798	1	5
Garret Sheldon, [s. Samuel, 4th & Sally], b. May 25, 1805	1	38
Giles, m. wid. [ ] SPERRY, Sept. 3, 1826, by Luther Hart	1	190
Hannah, 5th child d. [Benjamin & Keturah], b. May 2, 1820	1	22
Hannah, of Plymouth, m. Amasa WARNER, of Pebble, N.Y., June 6, 1838, by Eli Potter, J.P.	1	207
Hannah, of Plymouth, m. Amasa WARNER, of Preble, N.Y., June 6, 1838, by Eli Potter, J.P.	1	208
Harriet, m. Samuel T. SALISBURY, b. of Plymouth, Sept. 4, 1836, by Rev. Ephraim Lyman	1	204
Hiram, of Plymouth, m. Harriet A. JUDD, of Orange, Jan. 30, 1839, by Rev. Nathaniel Richardson, of Terryville	1	207
Irene, m. Thomas FENN, Mar. 1, 1827, by Luther Hart	1	191
Isaac, Jr., [s. Aaron, Jr. & Sabra], b. Apr. 26, 1802	1	29
John S., m. Elizabeth ANDREW, Nov. 19, 1840, by Rev. Merrill Richardson, in Terryville	1	214
Joseph, m. Hannah GOODWIN, Feb. 18, 1828, by Rodney Rosseter	1	192
Julia, m. Newton P. WHITTLESEY, Oct. 7, 1840	1	210
Julia Ann, 2nd child d. [Benjamin & Keturah], b. Apr. 7, 1814	1	22
Juliett, of Plymouth, m. William HAMILTON, of Waterbury, May 1, 1850, by Rev. Ephraim Lyman	2	112
Julius, m. Nancy BALDWIN, b. of Plymouth, May 18, 1842, by Rev. Ephraim Lyman	1	214
Linus, m. Mary GURTISS, Oct. 27, 1793	1	5
Linus, s. Linus & Mary, b. Dec. 29, 1794; d. Feb. 7, 1795	1	5
Lot, 3rd child s. [Benjamin & Keturah], b. Dec. 26, 1815	1	22
Louisa, m. Thaddeus FENN, May 27, 1829, by L. Hart	1	194
Lovisa, m. Joel GRIGGS, Apr. 11, 1827, by Luther Hart	1	191
Lucy E., of Plymouth, m. Sherman J. GARNSEY, of Plymouth, Apr. 16, 1838, by Rev. Ephraim Lyman	1	208
Lydia, d. Eben & Lydia, b. May 15, 1786	1	14
Lyman, m. Mary BALDWIN, Jan. 27, 1796	1	44
Lyman D., m. Martha MINOR, b. of Plymouth, Oct. 10, 1847, by Rev. Ephraim Lyman	2	106
Lyman Dunbar, 8th child [Benjamin & Keturah], b. Aug. 13, 1825	1	22
Maria, triplet with Mehetable & Minerva, d. [Linus & Mary], b. Nov. 7, 1809; d. Nov. 18, 1809	1	5
Mary, d. Linus & Mary, b. Oct. 26, 1806	1	5
Mary, w. Linus, d. Sept. 10, 1847, ae 76 y. 13 d.	1	5
Mary A., of Plymouth, m. John M. WARDWELL, of Salisbury, Feb. 27, 1848, by Rev. Ephraim Lyman	2	107
Mary L., of Plymouth, m. James G. PAYNE, of Prospect, May 16, [1852], by Rev. J. P. Warren	2	119
Mary M., m. Ira E. JOHNSON, May 2, 1830, by L. Hart	1	197
Mary Matilda, 1st child d. [Benjamin & Keturah], b. Oct. 29, 1811	1	22
Mary P., m. Eli CURTISS, Mar. 29, 1829, by L. Hart	1	194
Mehetable, triplet with Maria & Minerva, d. [Linus & Mary], b. Nov. 8, 1809; d. Nov. 17,. 1809	1	5

BARBOUR COLLECTION

	Vol.	Page
FENN, (cont.)		
Mehetahble Maria, [d. Linus & Mary], b. July 28, 1812	1	5
Minerva, 2nd child [Eli & Abigail], b. Oct. 2, 1798	1	38
Minerva, triplet with Maria & Mehetable, d. [Linus & Mary], b. Nov. 8, 1809; d. Dec. 16, 1809	1	5
Nancy Rexford, [d. Aaron, Jr. & Sabra], b. Nov. 17, 1810	1	29
Nathaniel, s. Linus & Mary, b. Feb. 12, 1796	1	5
Orra, m. Josiah KIMBERLEY, Apr. 27, 1823, by Luther Fenn	1	185
Persis N., [child of Lyman & Mary], b. Feb. 17, 1799	1	44
Philip Curtiss, s. Linus & Mary, b. Dec. 8, 1801	1	5
Polly, [d. Lyman & Mary], b. Sept. 24, 1801	1	44
Polly, m. Zachariah TOMLINSON, Nov. 28, 1811	1	53
Polly, m. Jared BASSETT, May 11, 1825, by Luther Hart	1	188
Rhoda, m. Azel PARDEE, July 22, 1811	1	21
Rosetta, [d. Aaron, Jr. & Sabra], b. Apr. 25, 1807	1	29
Rosetta, m. Isaiah POTTER, Feb. 28, 1827, by Luther Hart	1	191
Sabra, m. Aaron FENN, Jr., Mar. 26, 1801	1	29
Sally, m. David DUNBAR, May 28, 1798	1	8
Samuel, m. Sarah SCOTT, June 24, 1763	1	34
Sam[ue]l, 4th, m. Sally HICKCOX, Nov. 27, 1799	1	38
[Samuel] & Sarah, had grand daughter Maria, d. William SCOVIL, b. [ ], in North East, N.Y.	1	34
Samuel Miles, 7th child s. [Benjamin & Keturah], b. Oct. 31, 1822	1	22
Sam[ue]l Sheldon, [s. Samuel, 4th & Sally], b. June 17, 1807	1	38
Sarah, [d. Samuel & Sarah], b. Apr. 19, 1764	1	34
Sarah, m. Jesse SANFORD, Sept. [ ], 1780	1	41
Sarah M., of Middlebury, m. Joshua HOYT, of Danbury, Jan. 21, 1844, by Rev. Henry D. Ketchell	1	221
Sarah Peck, 6th child d. [Benjamin & Keturah], b. Oct. 31, 1822	1	22
Shelden, 1st child [Samuel, 4th & Sally], b. June 23, 1800; d. Dec. 11, 1805	1	38
Stephen, m. Betsey ATWATER, Apr. 7, 1844, in Terryville, by Merrill Richardson, Int. Pub.	1	222
Thaddeus, [s. Lyman & Mary], b June 2, 1797	1	44
Thaddaus, m. Louisa FENN, Mar. 1, 1827, by L. Hart	1	194
Thankful, m. Asa WELTON, July 10, 1803	1	25
Thankful, [d. Lyman & Mary], b. Mar. 17, 1808	1	44
Thomas, m. Irene FENN, Mar. 1, 1827, by Luther Hart	1	191
W[illia]m, m. Harriet FULLER, b. of Plymouth, Dec. 12, 1841, by Rev. Henry D. Ketchell	1	211
W[illia]m Bennet, [s. Aaron, Jr. & Sabra], b. July 11, 1813	1	29
William Henry, s. Linus & Mary, b. Oct. 21, 1804	1	5
FENTON, Elijah B., 2nd chid [Silas & Polly], b. Nov. 20, 1806	1	43
Elijah B., of Plymouth, m. Sarah m. BEACH, of Northfield, Oct. 21, 1844, by Rev. Henry D. Ketchell	1	223
Emeline, 5th child [Silas & Polly], b. Dec. 25, 1801	1	43
Lucinda, 3rd child [Silas & Polly], b. Jan. 18, 1808	1	43
Lucinda, m. Martin GRIGGS, Feb. 18, 1827, by Luther Hart	1	191
Mary, d. [Silas & Polly], b. Apr. 7, 1815	1	43
Sally, 1st child [Silas & Polly], b. Jan. 9, 1805	1	43
Sarah, m. Alonzo AMES, July 2, 1827, by Luther Hart	1	191
Silas, m. Polly BAILEY, Jan. 12, 1804	1	43

PLYMOUTH VITAL RECORDS 27

	Vol.	Page
FENTON, (cont.)		
Winthrop, 4th child [Silas & Polly], b. Feb. 26, 1809	1	43
FIELDS, Lucy, of Plymouth, m. Ansel **BARNEAU,** of Bethany, Pa., Feb. 19, 1843, by Rev. W[illia]m Watson	1	226
FISHER, Prudence, m. Isaac **SPENCER,** Sept. 13, 1821, by Rodney Rossitter	1	182
FORD, Ebenezer, d. June 12, 1805	1	9
Emily, m. Lucius **BEACH,** Apr. 7, 1844, by Rev. W[illia]m Watson	1	226
Harriet, m. Larrain **SANFORD,** Nov. 13, 1831, by L. Hart	1	199
Jesse, m. Hannah **BLAKESLEE,** Sept. 5, 1802	1	15
Lucina G., of Plymouth, m. Merret **SPERRY,** of Bethany, Apr. 5, 1840, by Rev. H. D. Ketchel	1	209
Lucius, [s. Jesse & Hannah], b. Oct. 7, 1803	1	15
Martha, d. Oct. 13, 1813	1	9
Miles B., of Prospect, m. Lucretia **MOSES,** of Plymouth, Jan. 22, 1832, by Thomas Mitchel, J.P.	1	196
Nancy, m. Harlow B. Chapman, b. of Plymouth, Apr. 9, 1843, by Rev. Henry D. Ketchell	1	220
Peleg Sherman, [s. Jesse & Hannah], b. Apr. 2, 1809	1	15
Rebeckah, m. Christopher **NEWTON,** Mar. 25, 1799; d. Mar. 2, 1803	1	12
Rhoda, m. Brainerd **LINDSLEY,** Apr. 18, 1784	1	44
Sally, [d. Jesse & Hannah], b. Sept. 15, 1805	1	15
Sena Sperry, d. Jesse & Hannah], b. Dec. 29, 1814	1	15
FOSTER, Sarah, of Terryville, m. Eri **SCOTT,** of Waterbury, Sept. 3, 1848, by Rev. H. D. Ketchell	2	108
FRANCIS, Anson W., m. Harriet **WARNE,** Feb. 20, 1844, by Rev. W[illia]m Watson	1	226
FRENCH, Amon Johnson, s. [Ebenezer W. & Lucy], b. Oct. 13, 1813	1	46
Ebenezer W., m. Lucy **DARROW,** Feb. 19, 1806	1	46
Elizabeth Gennet, [d. Ebenezer W. & Lucy], b. Jan. 26, 1815	1	46
Jane E., m. Silas **BOOTH,** b. of Litchfield, Dec. 23, 1849, by Rev. William Watson	2	113
Lucy Ann, [d. Ebenezer W. & Lucy], b. May 17, 1807	1	46
Luther Levitt, [s. Ebenzer W. & Lucy], b. Aug. 23, 1810	1	46
Mary, [d. Ebenezer W. & Lucy], b. Nov. 20, 1808	1	46
Roxy, b. Nov. 12, 1802	1	46
Sally, b. Oct. 18, 1804	1	46
Sally D., 1st w. Ebenezer W., d. Oct. 25, 1804	1	46
FROST, Henry S., m. Sarah M. **BARNES,** b. of Plymouth, Oct. 14, 1851, by Rev. j. P. Warren	2	118
Samuel, d. Sept. 2, 1811	1	8
Sarah, m. Amos **BRONSON,** Apr. 14, 1802	1	12
Sylvester, of Wolcott, m. Philinda **TUTTLE,** of Plymouth, Jan. 5, 1831, by Rev. H. Stanwood, of Bristol	1	195
FULLER, Delia, m. George H. **HAM**(?), Dec. 17, 1838, by F. B. Woodward	1	212
Eliza, [d. Rufus & Bede], b. Dec. 10, 1812	1	30
Elizabeth M., m. Walter C. **BATES,** b. of Plymouth, Oct. 26, 1840, by Rev. Henry D. Ketchell	1	214
Fanny, of Plymouth, m. Rufus E. **MUNGER,** of Litchfield, Oct. 16, 1843, by Rev. Henry D. Ketchell	1	221

BARBOUR COLLECTION

	Vol.	Page
FULLER, (cont.)		
Harriet, m. W[illia]m **FENN**, b. of Plymouth, Dec. 12, 1841, by Rev. Henry D. Ketchell	1	211
Julia Ann, [d. Rufus & Bede], b. Sept. 1. 1808	1	30
Linus Fenn, [s. Rufus & Bede], b. Feb. 15, 1807	1	30
Rufus, m. Bede **FENN**, Mar. 2, 1806	1	30
Rufus, Jr., [s. Rufus & Bede], b. Nov. 13, 1810	1	30
GARNSEY, Anna, m. Levi **HEATON**, Oct. 22, 1801	1	36
Caroline, [d. Sam[ue]ll & Mabel], b. July 31, 1805	1	60
Clarissa, m. Elijah **WARNER**, Jr., Nov. 24, 1803	1	36
Edward, [s. Sam[ue]ll & Mabel], b. Aug. 16, 1807	1	60
Laura, w. Samuel, d. May 5, 1810	1	60
Laura, [d. Sam[ue]ll & Mabel], b. Aug. 16, 1812	1	60
Sam[ue]ll, m. Mabel **HEATON**, [ ], 1811	1	60
Sam[ue]l Johnson, [s. Sam[ue]ll & Mable], b. Mar. 11, 1810	1	60
Samuel Johnson, [s. Sam[ue]ll & Mabel], d. Aug. 30, 1813	1	60
Sherman J., of Plymouth, m. Lucy E. **FENN**, of Plymouth, Apr. 16, 1838, by Rev. Ephraim Lyman	1	208
GATES, Charles Christopher, s. Edward & Elizabeth S., b. May 5, 1846	2	150
GATTEE, Julia A., of Harwinton, m. Eber J. **DUNBAR**, of Plymouth, Mar. 14, 1842, by Rev. Henry D. Ketchell	1	216
GAYLORD, Cyrus, m. Eunice **GAYLORD**, Nov. 14, 1800	1	51
Edward L., m. Mary L. **MINER**, Dec. 26, 1850, by Rev. Merrill Richardson	2	115
Eunice, m. Cyrus **GAYLORD**, Nov. 14, 1800	1	51
Franklin, m. Huldah **BLAKSLEE**, Oct. 29, 1828, by L. Hart	1	194
Joseph, [s. Cyrus & Eunice], b. Oct. 1, 1801; d. Oct. 14, 1803	1	51
Joseph, [s. Cyrus & Eunice], b. Oct. 29, 1803	1	51
Joseph, m. Eliza **LUDINGTON**, Oct. 24, 1827, by Rodney Rossiter	1	192
Sextus, [s. Cyrus & Eunice], b. Aug. 23, 1807	1	51
Silas, [s. Cyrus & Eunice], b. Nov. 14, 1805	1	51
Tyler, m. Lorinda **PRESTON**, b. of Plymouth, Feb. 18, 1834, by J.C.V. Eastman	1	201
GILBERT, George A., m. Elizabeth **THOMAS**, Dec. 3, 1845, by Rev. H. D. Ketchel	2	100
GILL, Richard, m. Angores **WARD**, of Plymouth, Nov. 16, 1851, by Rev. S. D. Dennison	2	123
GILLETT, GILLET, Ephraim B., of Litchfield, m. Betsey H. **BARNES**, of Plymouth, June 11, 1837, by Rev. W[illia]m Watson	1	224
Lucy, m. Frederick **BOARDMAN**, Jan. 15, 1826, by Luther Hart	1	190
Rebecca P., of Burlington, m. Lucius A. **BUNNELL**, of Plymouth, June 12, 1850, by Rev. Ephraim Lyman	2	112
GLAZIER, Willis P., m. Sarah M. **LINES**, Dec. 24, 1846, by Rev. H. D. Ketchel	2	104
GOODALE, Nancy, m. Elias **SMITH**, Feb. 27, 1831, by L. Hart	1	198
GOODWIN, Asenath, w. Ozias, d. Aug. 12, 1814	1	11
Betsey, w. Ozias, d. Apr. 7, 1817	1	11
Clarissa, of Plymouth, m. Charles **PECK**, of Waterbury, Dec. 31, 1820, by Clavin Butler, J.P.	1	181
Dan Harrison, [s. Ozias & Asenath], b. June 27, 1811	1	11
Emily, d. Ozias & Asenath, b. Nov. 1, 1802	1	11

	Vol.	Page
GOODWIN, (cont.)		
Frederick Augustus, s. [Ozias & Asenath], b. Nov. 25, 1806	1	11
Hannah, d. [Ozias & Asenath], b. Nov. 11, 1804	1	11
Hannah, m. Joseph **FENN**, Feb. 18, 1828, by Rodney Rosseter	1	192
Lewis, m. Mary **TALMAGE**, Nov. 1, 1820, by Rodney Rosseter	1	180
Noah Warner, s. Ozias & Betsey, b. Mar. 16, 1817	1	11
Ozias, m. Asenath **POND**, Oct. 14, 1801	1	11
Ozias, s. [Ozias & Asenath], b. Mar. 14, 1809	1	11
Ozias, m. Betsey **WARNER**, Apr. 5, 1815	1	11
Ozias, m. Abigail **JONES**, Dec. 14, 1817	1	11
Phinehas Bird, s. Ozias & Abigail, b. June 17, 1820	1	11
Virgil Collins, s. [Ozias & Asenath], b. Aug. 2, 1813	1	11
Warnen, m. Elvira **McKEE**, Apr. 1, 1832, by L. Hart	1	199
GORHAM, Abby, of New Haven, m. Edmond **LANGDON**, Jan. 1, 1811	1	52
GRAHAM, Chauncey, m. Ann **BROWN**, b. of Plymouth, Oct. 1, 1839, by Rev. H. D. Ketchel	1	208
GRANE(?), Cyril, of Harwinton, m. Martha **PALMAR**, of Plymouth, Feb. 16, 1851, by Rev. Ephraim Lyman	2	115
GRANT, Benjamin C., of R.I., m. Asenath **BARNES**, of Plymouth, Nov. 21, 1841, by John C> Lewis, J.P.	1	211
Benjamin C., of R.I., m. Sally **MORSE**, of Plymouth, May 12, 1842, by Merrill Richardson, Int. Pub.	1	216
GRAVES, Hannah, m. Adna **BLAKESLEE**, Oct. 11, 1786	1	8
Sally, m. Lewis **BLACKSLEE**, July 19, 1815, in Sangersfield, N.Y.	1	72
GREEN, Louisa, m. Thomas J. **CANFIELD**, b. of Washington, Oct. 13, 1845, by Rev. H.D. Ketchell	1	229
Mary E., of Litchfield, m. Alonzo **SEAMOUR**, of Watertown, Sept. 14, 1852, by Rev. S. D. Dennison	2	123
GRIDLEY, Mary, m. Joel **LANGDON**, Sept. 20, 1796	1	2
Sherman, m. Lucy D. **SHAW**, Mar. 19, 1823, by Luther Hart	1	185
GRIFFIN, Mary, of Plymouth, m. Sumner **LOSEY***, of Winchester, Jan. 26, 1848, by Rev. Harvey Husted *("**LACEY**"?)	2	107
Nehemiah, m. Mary **PRESTON**, Jan. 6, 1823, by Luther Hart	1	185
GRIGGS, Amelia, of Plymouth, m. Meret **CLARK**, of Northfield, Feb. 1, 1837, by Rev. Ephraim Lyman	1	205
Anstria, m. Joel **TODD**, Sept. 3, 1826, by Luther Hart	1	190
Betsey, of Plymouth, m. Enoch A. **SMITH**, of Windsor, N.T, Apr. 14, 1852, by Rev. Ephraim Lyman	2	120
Daniel, s. Paul & Sarah, b. Dec. 28, 1795	1	1
Elizabeth G., m. William S. **SMITH**, b .of Plymouth, Oct. 3, 1840, by Rev. Ephraim Lyman	1	213
Ellen A., of Plymouth, m. Alanson K. **MERRIMAN**, of New Hartford, July 1, 1849, by Rev. Ephraim Lyman	2	110
Harriet A., of Plymouth, m. John Burr, of Newtown, May 24, 1846, by Rev. H.D. Ketchell	2	102
Henry P., m. Mehetable **TUTTLE**, b. of Plymouth, Sept. 10, 1839, by Rev. Ephraim Lyman	1	213
Joel, m. Lovisa **FENN**, Apr. 11, 1827, by Luther Hart	1	191
Lyman, s. [Paul & Sarah], b. Aug. 13, 1799	1	1
Martin, m. Lucinda **FENTON**, Feb. 18, 1827, by Luther Hart	1	191
Phebe, m. Lyman **BEACH**, Sept, 4, 1832, by L. Hart	1	199

	Vol.	Page
GRIGGS, (cont.)		
Selinda, of Plymouth, m. Truman **SMITH**, of Burlington, Apr. 12, 1846, by Rev. Merrell Richardson	2	102
GRISWOLD, Betsey, m. Elijah **BILL**, Mar. 17, 1811	1	45
Chloe E., of Bristol, m. William **SCOTT**, of Plymouth, Aug. 1, 1847, by Rev. William Watson	2	113
GROSS, Marilla, m. Ira **HOWE**, Apr. 30, 1828, by L. Hart	1	194
Richard C., m. Marilla **ADKINS**, Nov. 8, 1821, by Luther Hart	1	183
GUILFORD, Ralph H., of Cheshire, m. Martha A. **TOLLES**, of Plymouth, Sept. 2, 1851, by Rev. S. D. Dennison	2	122
GUNN, Simeon W., m. Sarah **TERRY**, Aug. 16, 1841, in Terryville, by Merrill Richardson	1	215
[GURNSEY], [see under **GARNSEY**]		
GUY, Elodi F., m. George **NICHOLS**, July 2, 1843, by Rev. W[illia]m Watson	1	226
HALE, [see also **HALL**], Nerra, of North Haven, m. Wealthy Ann **RUSSELL**, of Orange, Sept. 17, 1842, by Rev. George E. Pierce	1	212
HALL, [see also **HALE** & **HULL**], Anson, m. Betsey A. **HALL**, Feb. 28, 1816, at Cheshire	1	17
Augustus P., of Guilford, m. Jane C. **BRADLEY**, of New Haven, Nov. 22, 1840, by Rev. Ephraim Lyman	1	213
Belinda, m. Talcott **NORTON**, Oct. 12, 1803, by L. Hart	1	197
Benjamin Franklin, [s. Anson & Betsey A.], b. Dec. 28, 1816	1	17
Betsey A., m. Anson **HALL**, Feb. 28, 1816, at Cheshire	1	17
Esther, d. Benjamin, b. Aug. 4, 1797	1	54
Esther M., m. Augustus L. **FENN**, b. of Plymouth, Feb. 23, 1843, by Rev. Ephraim Lyman	1	228
George, m. Catharine **OSTEND**, Oct. 26, 1825, by Rev. H. D. Ketchell	2	100
Hannah, m. Allen **PAINTER**, Feb. 16, 1824, by Rodney Rossetter	1	186
Jonathan, m. Asenath **COOK**, May 10, 1791	1	5
Jonathan, s. [Jonathan & Asenath], b. July 25, 1798	1	5
Lucius J., of East Hartford, m. Caroline L. **CLAPP**, of Plymouth, Mar. 2, 1846, by Rev. H. D. Ketchell	2	101
Luman, s. [Jonathan & Asenath], b. Aug. 19, 1796	1	5
Mary A., of Plymouth, m. Newel **MINER**, of Wolcott, Oct. 10, 1836, by Rev. Ephraim Lyman	1	205
Mary J., m. Leveritt **BISHOP**, Dec. 21, 1813	1	23
Nancy, d. [Jonathan & Asenath], b. Oct. 8, 1794	1	5
Nancy, m. David **WEED**, Sept. 8, 1825, by Luther Hart	1	188
Roxy, m. Ransom **ADKINS**, Dec. 22, 1812	1	24
Sally, m. Smith B. **PRITCHARD**, Oct. 20, 1830, by L. Hart	1	198
Sherman, s. Jonathan & Asenath, b. Apr. 17, 1793	1	5
HAM(?), George H., m. Delia **FULLER**, Dec. 17, 1838, by F. B. Woodward	1	212
HAMILTON, Maria C., of Plymouth, m Edgar **BLAKE**, of Bridgeport, Sept. 19, 1850, by Rev Joseph D. Hall	2	114
William, of Waterbury, m. Juliett **FENN**, of Plymouth, May 1, 1850, by Rev. Ephrai Lyman	2	112
HAMISAD(?), Louisa S., of Skelbourne-Falls, Mass., m. Benjamin M. **LUDDEN**, of Williamsburg, Mass., Oct. 5, 1842, by Rev. H.		

PLYMOUTH VITAL RECORDS 31

	Vol.	Page
HAMISAD, (cont.)		
D. Ketchell	1	217
HARD, George M., m. Clarissa **ALCOTT**, b. of Wolcott, Nov. 24, 1842, by Rev. Ephraim Lyman	1	217
HARGER, HARGAR, Benjamin, Jr., of Derby, m. Lydia **WARNER**, of Plymouth, Dec. 25, 1825, by Rodney Rossetter	1	189
Mary Ann, of Plymouth, m. Luther M. **POND**, of Wolcott, Sept. 28, 1848, by Rev. William Watson	2	113
HARRINGTON, Henry L., m. Sarah P. **BLAKESLEE**, Apr. 21, 1831, by L. Hart	1	198
HART, Benjamin, m. Almira **HUMISTEN**, Mar. 26, 1823, by Luther Hart	1	185
Luther, Rev., m. Minerva **POTTER**, Sept. 18, 1811	1	28
Philo W., of North East Center, N.Y., m. Harriet C. **McCLANCEY**, formerly of Kartwright, N.Y., now of Plymouth, Apr. 29, 1849, by Joseph D. Hall	2	109
Rosalinda, m. Franklin **PECK**, Nov. 4, 1823, by Luther Hart	1	186
Thomas C., m. Emily **ATWATER**, Dec. 13, 1830, by L. Hart	1	198
HARTSHORN, Alithea, [d. Eliphalet & Rebeckah], b. Apr. 14, 1776	1	34
David, [s. Eliphalet & Rebeckah], b. Jan. 3, 1774	1	34
Eliphalet, m. Rebeckah **WARDEN**, Dec. 19, 1768	1	34
Eliphalet, [s. Eliphalet &Rebeckah], b. Nov. 29, 1780	1	34
Elizabeth, [d. Eliphalet & Rebeckah], b. Sept. 2, 1778	1	34
Eubuless(?), [child Eliphalet & Rebeckah], b. Feb. 7, 1770	1	34
Harvey, [s. Eliphalet & Rebeckah], b Aug. 1, 1785; d. Nov. 24, 1785	1	34
Henry, [s. Eliphalet & Rebeckah], b. Jan. 26, 1789	1	34
Horatio, m. Rebecca M. **RATHBONE**, Sept. 25, 1825, by Frederick Holcomb	1	188
Lamira, [d. Eliphalet & Rebeckah], b. Dec. 4, 1791	1	34
Lamira, m. Stephen **MUNSON**, Nov. 4, 1811	1	34
Lois, [d. Eliphalet & Rebeckah], b. Nov. 7, 1786	1	34
Phebe, [d. Eliphalet & Rebeckah], b. May 8, 1772	1	34
Rebeckah, [d. Eliphalet & Rebeckah], b. Feb. 26, 1783	1	34
HATCH, Anson B., of Tolland, m. Sophronia **PRESTON**, of Plymouth, Sept. 21, 1841, by F. B. Woodward	1	212
HAWKINS, Andrew S., m. Harriet M. **SUTLIFF**, Aug. 31, 1831, by L. Hart	1	198
HAYDEN, Polly A., m. Silas T. **BRONSON**, [ ], by Rodney Rosseter	1	195
HAYES, Daniel, of New Hartford, m. Lucinda **AUSTIN**, of Plymouth, on the eve of Jan. 31, 1836, by Rev. Ephraim Lyman	1	203
Henry R., of South Windsor, m. Almira **POTTER**, of Plymouth, Sept. 17, 1845, by Rev. H. D. Ketchell. Int. Pub.	1	229
HEAD, Benjamin F., of Plymouth, m. Sarah **WELTON**, of Wolcott, Apr. 17, 1837, by Rev. Ephraim Lyman	1	205
HEATON, Abram, [s. Abraham], b. July 14, 1776	1	35
Alma, [d. Levi & Anna], b. Apr. 27, 1807	1	36
Anna, twin with Levi, d. [Levi & Anna], b. Feb. 18, 1810	1	36
Clarissa, [d. Levi & Anna], b. June 25, 1803	1	36
Ira, [s. Abraham], b. June 5, 1783	1	35
Ira, [s. Abraham], d. Sept. 21, 1801	1	35
Joel, [s. Abraham], b. Nov. 10, 1787; d. Jan. 7, 1794	1	35

BARBOUR COLLECTION

	Vol.	Page
HEATON, (cont.)		
Levi, [s. Abraham], b. Jan. 14, 1774	1	35
Levi, m Anna **GARNSEY**, Oct. 22, 1801	1	36
Levi, twin with Anna, [s. Levi & Anna], b. Feb. 18, 1810	1	36
Mabel, [d. Abraham], b. Nov. 2, 1778; d. Feb. 2, 1780	1	35
Mabel, [d. Abraham], b. Dec. 19, 1780	1	35
Mabel, m. Sam[ue]ll **GARNSEY**, [ ], 1811	1	60
Mary, [d. Levi & Anna], b. Feb. 12, 1814	1	36
Sarah, [d. Abraham], b. Apr. 23, 1772	1	35
Sarah, m. Gideon **WOODRUFF**, Feb. 21, 1892 [sic] [Should be "1792"]	1	28
HEMINGWAY, Abigail Urietia, [d. Jacob & Abigail], b. Nov. 25, 1801, in East Haven	1	28
Abram, f. Of Jacob, d. Aug. 25, 1796	1	28
Abram Samuel, [s. Jacob & Abigail], b. May 27, 1803	1	28
Almira, of Plymouth, m. Timoth H. **HILL**, of Bristol, Mar. 24, 1840, by Nathaniel Richardson	1	209
Caroline, [d. Jacob & Abigail], b. Apr. 9, 1805	1	28
Jacob, had negro Peter, d. Nov. 3, 1811	1	28
Jacob Street, [s. Jacob & Abigail], b. Jan. 4, 1791	1	28
Lavin, [s. Jacob & Abigail], b. Feb. 17, 1793	1	28
Lucretia, [d. Jacob & Abigial], b. May 1, 1785, in Branford	1	28
Lucretia, m. John **SMITH**, Jan. 21, 1827, by Luther Hart	1	191
Mary, m. Russell **ANDRUS**, Jan. 24, 1822, by Luther Hart	1	183
Mercy, [d. Jacob & Abigail], b. Mar. 1795	1	28
Mercy, mother of Jacob, d. Jan. 20, 1812	1	28
Minerva, m. Orrin **ANDREWS**, Sept. 20, 1840, by Rev. Merrell Richardson	1	210
Nancy, [d. Jacob & Abigail], b. Oct. 12, 1788	1	28
Polly, [d. Jacob & Abigail], b. Dec. 29, 1796	1	28
Polly, d. [Jacob & Abigail], d. Aug. 29, 1811	1	28
Polly, of Plymouth, m. Spencer **BRONSON**, of Prospect, Mar. 24, 1846, by Rev. Merrill Richardson	2	101
HICKCOX, [see also **HITCHCOCK**], Sally, m. Sam[ue]ll **FENN**, 4th, Nov. 27, 1799	1	38
HIGBY, Laura A., of Waterbury, m. Israel **UPSON**, of Wolcott, Oct. 3, 1836, by Rev. Ephraim Lyman	1	205
HILL, HILLS, Beuhel, m. Solomon **BUNNEL**, Jan. [ ], 1797	1	64
Daniel, m. Betsey **LEACH**, b. of Bristol, Dec. 24, 1821, by Rev. Rodney Rossetter	1	182
Delia, Mrs., of Burlington, m. Leavitt **DARROW**, of Plymouth, Feb. 10, 1839, by Rev. Ephraim Lyman	1	212
Hiram, of Farmington, m. Betsey Ann **RUDDINGTON***, of Plymouth, Feb. 5, 1834, by J.C.V. Eastman *("**LUDDINGTON**"?)	1	201
Noble, of Bristol, m. Susannah **CLARKS**, of Burlington, Nov. 15, 1829, by William Clarks, J.P.	1	194
Timothy H., of Bristol, m. Almira **HEMINGWAY**, of Plymouth, Mar. 24, 1840, by Nathaniel Richardson	1	209
HINE, HINES, Angeline, of Plymouth, m. Harmon **DAYTON**, of Torrington, Aug. 26, 1844, by Rev. W[illia]m Watson	1	227
Peleg, m. Harriet **TOLLES**, Oct. 29, 1838, by Rev. W[illia]m		

PLYMOUTH VITAL RECORDS

	Vol.	Page
HINE, (cont.)		
Watson	1	224
Riley, of Plymouth, m. Himena **JONES,** of Bristol, Feb. 19, 1849, by Rev. William Watson	2	113
HINMAN, Isaac, m. Lorinda **LUDINGTON,** Nov. 25, 1832, by L. Hart	1	200
Jane, of Harwington, m. Lyman C. **JOHNSON,** of Plymouth, Aug. 15, 1852, by Rev. J.P. Warren	2	121
HITCHCOCK, [see also **HICKCOX**], Elizabeth F., m. Henry G. **JUDD,** Oct. 6, 1841, in Terryville, by Rev. Merrill Richardson, Int. Pub.	1	215
HOADLEY, George T., m. Eunice **TOMLINSON,** Sept. 30, 1832, by L. Hart	1	199
George Thompson, [s. Silas & Sarah], b. Sept. 22, 1811	1	41
Harriet A., of Plymouth, m. Oririn S. **CASE,** of Canton, July 13, 1852, by Rev. S. D. Dennison	2	122
Luther, m. Jane **WELTON,** Sept. 17, 1834, by Rev. Daniel Burhans	1	202
Luth[er] Hopkins, [s. Silas & Sarah], b. July 29, 1813	1	41
Mary A., of Plymouth, m. George B. **SEYMOUR,** of Watertown, Sept. 4, 1836, by Rev. Ephraim Lyman	1	204
Mary Ann, [d. Silas & Sarah], b. May 4, 1819	1	41
Milow, [s. Silas & Sarah], b. July 25, 1809	1	41
Sarah Jane, [d. Silas & Sarah], b. June 22, 1817	1	41
Sarah Jane, of Plymouth, m. Henry A. **MITCHELL,** of Bristol, Sept. 2, 1832, by Rev. Daniel Burhans	1	196
Silas, m. Sarah **PAINTER,** Sept. 21, 1807	1	41
HODGE, Sarah, of Roxbury, m. Cyrus **DUNBAR,** of Plymouth, Feb. 27, 1839, by Rev. Ephraim Lyman	1	212
HODGSON, Jonathan, of Birmingham, m. Isabella **WILSON,** of Plymouth, May 11, 1851, by George Lord	2	116
HOOKER, Urania C., m. Abraham B. **DOOLITTLE,** b. of Plymouth, July 5, 1840, by Rev. Ephraim Lyman	1	213
HOPKINS, Rhoda, m. Micah **BLAKESLEE,** Dec. 27, 1789	1	32
HOPSON, Chloe, m. John **SUTLIFF,** Nov. 15, 1804	1	23
HOTCHKISS, Charles D., of Plymouth, m. Betsey **EVERETTA,** of Warner, June 6, 1849, by Joseph D. Hall	2	109
Chloe, m. Levi **BRISTOL,** Nov. [ ], 1806	1	39
Mary A., of Litchfield, m. George R. **REYNOLDS,** of Plymouth, Oct. 12, 1840, by Rev. Henry D. Ketchell	1	214
Rebecca, of Bethany, m. James **McAULEY,** of Humphreyville, Feb. 5, 1843, by Rev. W[illia]m Watson	1	225
Samuel E., m. Adaline E. **BLAKESLEE,** Dec. 30, 1846, by Rev. H. D. Ketchell	2	104
Samuel J., of Derby, m. Augusta C. **PAINE,** of Plymouth, Sept. 18, 1852, by Rev. T. B. Chandler	2	122
HOUGH, Andrew, [s. Benoni & Tabitha], b. Apr. 23, 1808	1	45
Benoni, m. Tabitha **WILCOX,** Nov. 19, 1789	1	45
David, [s. Benoni & Tabitha], b. Aug. 31, 1792	1	45
Dotha, [d. Benoni & Tabitha], b. June 30, 1794	1	45
Edwin, of Plymouth, m. Seloma Antenett **PLUMB,** of Wolcott, Oct. 3, 1841, in Terryville, by Rev. Merrill Richardson, Int.Pub.	1	215
Emily, [s. Benoni & Tabitha], b. Apr. 20, 1813	1	45
Hiram, [s. Benoni & Tabitha], b. Nov. 19, 1810	1	45

BARBOUR COLLECTION

	Vol.	Page
HOUGH, (cont.)		
Hiram, m. Elizabeth **BARKER**, b. of Plymouth, Jan. 19, 1836, by G.C.V. Eastman, of Bristol	1	202
Ira, of Mereden, m. Helen **BEACH**, b. of Plymouth, Aug. 29, 1844, by Rev. Ephraim Lyman	1	228
Isaac H., m. Mary P. **SMITH**, b. of Wolcott, Apr. 9, 1841, by Merrill Richardson	1	215
Joel, [s. Benoni & Tabitha], b. Feb. 18, 1804	1	45
Julina, [d. Benoni & Tabitha], b. Jan. 15, 1800	1	45
Julina, m. Nathan **BAILEY**, Feb. 19, 1828, by Rodney Rossiter	1	192
Levi, of Plymouth, m. Maria **TURNER**, of Northfield, Apr. 23, 1840, by Rev. H. D. Ketchel	1	209
Lovina, [d. Benoni & Tabitha], b. Jan. 28, 1801	1	45
Lavina, m. Sylvester **MATTHEWS**, Apr. 21, 1825, by Rodney Rossetter	1	187
Patty, [d. Benoni & Tabitha], b. Sept. 30, 1798	1	45
Patty, m. Roger **ALLEN**, Oct. 19, 1820, by Luther Hart	1	180
Polly, [d. Benoni & Tabitha], b. Dec. 19, 1790	1	45
Sally, [s. Benoni & Tabitha], b. May 24, 1796	1	45
HOUGHTON, Julia S., m. Riley **IVES**, b. of Plymouth, May 6, 1846, by Rev. Ephraim Lyman	2	101
HOWE, HOW, Cloe, d. Samuel, b. Jan. 29, 1779	1	3
Cloe, m. Jesse **CLARKE**, Apr. 2, 1797	1	3
Ira, m. Marilla **GROSS**, Apr. 30, 1828, by L. Hart	1	194
Lydia, m. Christopher **NEWTON**, Dec. 5, 1813	1	12
Polly, m. Timothy **BAEARDSLEE**, Jan. 11, 1830, by L. Hart	1	197
Sam[ue]l, d. Jan. 22, 1804	1	3
HOYT, Joshua, of Danbury, m. Sarah M. **FENN**, of Middlebury, Jan. 21, 1844, by Rev. Henry D. Ketchell	1	221
HUBBARD, Mary Dane, of Plymouth, m. Myron **WHITE**, of Norfolk, Oct. 26, 1846, by Rev. H. D. Ketchell	2	103
HUBBELL, Fayette, of Bristol, m. Susan E. **WOOD**, of Plymouth, May 6, 1846, by Rev. H. D. Ketchell	2	102
HULL, [see also HALL], Asa, [s. Benjamin & Elizabeth], b. Mar. 24, 1798	1	50
Benjamin, m. Elizabeth [ ], Aug. 13 1795	1	50
Benjamin Smith, [s. Benjamin & Elizabeth], b. Nov. 24, 1805	1	50
Daniel, [s. Benjamin & Elizabeth], b. July 7, 1820	1	50
Esther Merriman Whitmore, [d. Benjamin & Elizabeth], b. Oct. 11, 1809	1	50
Hannah, [d. Benjamin & Elizabeth], b. Mar. 6, 1814	1	50
Jason, [s. Benjamin & Elizabeth], b. Feb. 2, 1804	1	50
Joel, [s. Benjamin & Elizabeth], b. Nov. 15, 1807	1	50
Lois, [s. Benjamin & Elizabeth], b. Mar. 25, 1800	1	50
Lucius, [s. Benjamin & Elizabeth], b. Mar. 13, 1802	1	50
Salmon, [s. Benjamin & Elizabeth], b. Jan. 10 , 1796	1	50
Valeria Elizabeth, [d. Benjamin & Elizabeth], b. Nov. 17, 1811	1	50
HUMINSTON, HAMASTON, HUMISTEN, HUMASTON, HUMISTAIN, HUMISTEEN, Almira, m. Benjamin **HART**, Mar. 26, 1823, by Luther Hart	1	185
Anna, of Harwinton, m. Bannias **BEACH**, of Plymouth, Dec. 16, 1846, by Rev. Ephraim Lyman	2	104

PLYMOUTH VITAL RECORDS 35

	Vol.	Page
HUMISTON, (cont.)		
Bennett, m. Emily **WARNER**, Feb. 23, 1826, by Rodney Rossetter	1	188
Darmaris, m. Abel **SEYMOUR**, Nov. 19, 1767	1	7
Eliza, m. Thomas **SCOTT**, b. of Plymouth, June 13, 1847, by Rev. Ephraim Lyman	2	105
Esther, m. Thomas **MITCHELL**, [ ], 1811	1	67
Joel, m. Mary **PARDEE**, June 21, 1832, by L. Hart	1	199
John, of Bristol, m. Lowly **TUTTLE**, of Plymouth, Jan. 5, 1831, by Rev. H. Stanwood, of Bristol	1	195
Lydia, m. Timothy **ATWATER**, Nov. 14, 1781	1	1
Maria S., of Harwington, m. Enos **POTTER**, Jr., of Plymouth, Apr. 6, 1845, by Rev. henry D. Ketchell	1	223
Martha, of Plymouth, m. Chester F. **TOLLES**, of Woodbury, Feb. 24, 1846, by Rev. Ephraim Lyman	2	101
Morris, s. Jesse, b. Apr. 5, 1797	1	60
Wealthy, m. Robert **JOHNSON**, Sept. 29, 1813	1	59
HUNGERFORD, Aaron, [s. Flavel], b. Sept. 6, 1803	1	37
Harry, [s. Flavel], b. Nov. 21, 1805	1	37
HURD, Robert B., of Cheshire, m. Harriet A. **NORTON**, of Plymouth, Oct. 14, 1851, by Rev. Ephraim Lyman	2	117
IVES, Betsey, m. Noah Miles **BRONSON**, Oct. 12, 1797	1	4
Betsey A., of Plymouth, m. Henry D. **STANLEY**, of Farmington, Jan. 5, 1842, by Rev. Ephraim Lyman	2	213
Betsey Amira, [d. Freeman & Eunice], b. Dec. 9, 1812	1	53
Emeline, m. Curtiss **BLACKSLEE**, Sept. 10, 1839, by Rev. Ephraim Lyman	1	212
Eunice Peck, [d. Freeman & Eunice], b. Mar. 9, 1801	1	53
Freeman, m. Eunice **PECK**, [ ], 1800	1	53
John C., m. Martha **TOMLINSON**, b. of Plymouth, Sept. 22, 1839, by Rev. Ephraim Lyman	1	213
Levit, [s. Freeman & Eunice], b. Oct. 15, 1802	1	53
Lydia, m. Timothy **JONES**, Apr. 8, 1779	1	46
Mary Ann, [d. Freeman & Eunice], b. Dec. 15, 1806	1	53
Olive Adaline, [d. Freeman & Eunice], b. Oct. 20, 1810	1	53
Riley, [s. Freeman & Eunice], b. Jan. 15, 1808	1	53
Riley, m. Julia S. **HOUGHTON**, b. of Plymouth, May 6, 1846, by Rev. Ephraim Lyman	2	101
Truman, [s. Freeman & Eunice], b. Dec. 25, 1814	1	53
Truman D., m. Abigail M. **BEACH**, b. of Plymouth, Oct. 20, 1842, by Rev. Ephraim Lyman	1	217
William, [s. Freeman & Eunice], b. Nov. 19, 1804	1	53
JACKINS, Cornilus L., of Torrington, m. Emeline L. **MIX**, of Plymouth, July 21, 1844, by Rev. Ephraim Lyman	1	228
JACOBS, Bennett, of Wallingford, m. Lucy Ann **MIX**, of Prospect, July 4, 1840, by Rev. H. D. Ketchel	1	210
Juliatte, of Wallingford, m. Lewis W. **TURNER**, of Litchfield, Feb. 4 1840, by Rev. Henry D. Ketchel	1	209
JENKINS, Thomas, of Roxbury, N.Y., m. Emeline **FENN**, of Plymouth, Oct. 3, 1847, by Rev. H. D. Ketchell	2	105
JENNY, Andrew, [s. Eli, Jr.], b. Dec. 29, 1824	1	75
Eli, Jr., m. Samantha **McKEE**, Sept. 26, 1821, by Luther Hart	1	182
Eunice, [d. Eli, Jr.], b. Oct. 28, 1827	1	75

BARBOUR COLLECTION

	Vol.	Page
JENNY, (cont.)		
James, [s. Eli, Jr.], b. July 5, 1823	1	75
JEROME, Betsey, m. Orrin **CAMP,** July 11, 1805	1	59
Jenett, m. Samuel **CAMP,** [ ], 1810	1	59
Onies(?), m. Sally **TUTTLE,** Aug. 10, 1820, by Luther Hart	1	180
JOHNSON, Catharine Adeline, d. Elisha & Catharine E., b. Jan. 20, 1848	2	150
Cyrus, of Harwinton, m. Elizabeth **PERKINS,** of Watertown, Feb. 21, 1841, by Hiram Pierce, J.P.	1	215
Edwards Talmage, s. Elisha & Catharine E., b. Nov. 28, 1843	2	150
Elisha, m. Catharine **TALMAGE,** Nov. 2, 1842, by Rev. W[illia]m Watson	1	225
Elisha, town clerk 1843	1	1
Emily, of Oxford, m. William **LAMB,** Oct. 29, 1832, by Rev. Daniel Burhans	1	197
Emily, of Oxford, m. William **LAMB,** Nov. 15, 1834, by Rev. Daniel Burhans	1	202
Esther, [d. Robert & Wealthy], b. Oct. 15, 1814	1	59
Esther, m. Lines **PETTIBONE,** of Bristol, Sept. 17, 1833, by Rev. Daniel Burhans	1	200
George, of Plymouth, m. Sophia A. **ARMSTEAD,** of New Haven, Apr. 19, 1852, by Rev. Charles S. Sherman, of Naugatuck	2	119
Hannah, [d. Robert & Hannah], b. Apr. 8, 1812	1	59
Hannah, w. Robert, d. Apr. 29, 1813	1	59
Horace. Of Plainville, m. Susan S. **ADAMS,** of Terryville, May 28, 1848, in Terryville, by Rev. henry Steele Clark	2	111
Ira E., m. Mary M. **FENN,** May 2, 1830, by L. Hart	1	197
Jairus, [s. Robert & Hannah], b. Nov. 14, 1806	1	59
Jesse L., of Bennington, Vt., m. Laura E. **NICHOLS,** of Plymouth, Jan. 1, 1847, by Rev. W[illia]m Watson	2	104
Julia, [d. Robert & Hannah], b. June 1, 1804	1	59
Lyman C., of Plymouth, m. Jane **HINMAN,** of Harwington, Aug. 15, 1852, by Rev. J P. Warren	2	121
Maria, m. James C. **MIX,** b. of Plymouth, Nov. 21, 1849, by Rev. H. D. Ketchell	2	106
Robert, m. Hannah **BRADLEY,** Nov. [ ], 1802	1	59
Robert, m. Wealthy **HUMINSTEEN,** Sept. 29, 1813	1	59
William S., of New York, m. Elizabeth M. **LORD,** of Terryville, Mar. 3, 1851, by Rev. M Richardson	2	115
JONES, Abigail, m. Ozias **GOODWIN,** Dec. 14, 1817	1	11
Betostee, [child Timothy & Lydia], b. June 8, 1784	1	46
Betostee, [child Timothy & Lydia], d. May 21, 1812	1	46
Betsey, m. Titus **DOOLITTLE,** Nov. 22, 1798	1	13
Himena, of Bristol, m. Riley **HINE,** of Plymouth, Feb. 19, 1849, by Rev. William Watson	2	113
Philena R., [d. Timothy & Lydia], b. Feb. 20, 1780	1	46
Philena R., [d. Timothy & Lydia], d. Apr. 1, 1809	1	46
Prudence, m. Obed **WILLIAMS,** Feb. 9, 1794	1	1
Timothy, m. Lydia **IVES,** Apr. 8, 1779	1	46
Timothy, d. July 25. 1810	1	46
Willard, [s. Timothy & Lydia], b. Mar. 22, 1794	1	46
Willard, [s. Timothy & Lydia], d. Sept. 17, 1810	1	46

PLYMOUTH VITAL RECORDS 37

	Vol.	Page
JORDAN, JOURDAN, Betsey, m. Sheldon WELTON, Sept. 1, 1825, by Rodney Rossetter	1	190
Betty, [d. Elijah & Mary], b. Sept. 14, 1803	1	43
Chauncey, m. Amanda ALLEN, Oct. 9, 1823, by Isaac Merriam, V.D.M.	1	185
Chauncey, m. Amanda ALLEN, Oct. 9, 1823, by Isaac Merriam, V.D.M.	1	186
Chauncey Curtis, [s. Elijah & Mary], b. Jan. 31, 1794	1	43
Elijah, m. Mary DUNBAR, Oct. 20, 1793	1	43
Hannah, [d. Elijah & Mary], b. Dec. 15, 1797	1	43
Lucetta, [d. Elijah & Mary], b. July 4, 1795	1	43
Patty, [d. Elijah & Mary], b. Apr. 30, 1800	1	43
JUDD, Anna W., of Northfield, m. Henry DECKER, of Dover, N.Y., June 16, 1845, by Rev. H. D. Ketchel	1	229
Harriet A., of Orange, m. Hiram FENN, of Plymouth, Jan. 30, 1839, by Rev. Nathaniel Richardson, of Terryville	1	207
Henry G., m. Elizabeth F. HITCHCOCK, Oct. 6, 1841, in Terryville, by Rev. Merrill Richardson, Int. Pub.	1	215
Julia M., m. Henry NICHOLS, May 18, 1845, by Rev. W[illia]m Watson	1	227
Luanie, m. Bostwick TUTTLE, Nov. 6, 1788	1	2
Sally, of Northfield, m. Earl W. LITTLE, of Plymouth, Aug. 18, 1839, by Rev. W[illia]m Watson	1	224
Susan, of Litchfield, m. Justus ANDREWS, of Plymouth, Nov. 19, 1840, by Rev. Ephraim Lyman	1	213
JUDSON, Benjamin A., of Roxbury, N.Y., m. Clarissa J. FENN, of Plymouth, Feb. 11, 1849, by Rev Noah Porter, of Farmington	2	109
Charles, [s. Richard & Tamer Clarissa], b. Dec. 13, 1801, in Newtown	1	44
Charles, of Bristol, m. Abigail WELTON, of Harwinton, May 6, 1826, by Rodney Rossetter	1	189
Daniel, [s. Richard & Tamer Clarissa], b. Oct. 4, 1794, in Newtown	1	44
Orrin, [s. Richard & Tamer Clarissa], b. Jan. 13, 1799, in Newtown	1	44
Rebeckah, [d. Richard & Tamer Clarissa], b. May 29, 1806, in Newtown	1	44
Richard, m. Tamer Clarissa SHERWOOD, Jan. 1, 1794	1	44
Roswell, [s. Richard & Tamer Clarissa], b. Oct. 19, 1811	1	44
Russell, [s. Richard & Tamer Clarissa], b. Mar. 23, 1808, in Newtown	1	44
Sally, [d. Richard & Tamer Clarissa], b. Nov. 8, 1796, in Newtown	1	44
KEENEY, Pamelia, m. Harmon MALLORY, Jan. 27, 1828, by Frederick Holcomb	1	193
KELLOGG, Abigail, b. Jan. 5, 1789; m. Levi MERRIAM, Mar. 25, 1811	1	40
KELLY, Clarissa, b. Mar. 28, 1788, in Litchfield; m. Joseph SUTLIFF, s. John, June 28, 1812	1	21
KETCHELL, Harriet N., m. Charlotte(?) M. MINER, Aug. 23, 1841, by Rev. Henry D. Ketchell (Both Female names in Arnold Copy)	1	211
KIMBERLEY, Betsey Ann, m. William B. Warner, b. of Plymouth, Dec. 6, 1837, by Frederick Holcomb	1	207
Eber E., of Plymouth, m. Martha N. DRISCOLL, of Goshen, Oct.		

38   BARBOUR COLLECTION

	Vol.	Page
KIMBERELY, (cont.)		
20, 1836, by Rev. Isaac Jones	1	204
Eber Elias, s. [Josiah & Elizabeth], b. Dec. 16, 1811	1	14
Eliza, m. John Brainerd **PARSONS**, Mar. 6, 1834, by G. C. V. Eastman	1	201
Huldah J., m. Orren **PRESTON**, Dec. 6, 1832, by L. Hart	1	200
Huldah Juliana, d. [Josiah & Elizabeth], b. Mar. 25, 1810	1	14
Josiah, m. Elizabeth **STONE**, Jan. 29, 1809	1	14
Josiah, m. Orra **FENN**, Apr. 27, 1823, by Luther Fenn	1	185
Temperance Eliza, d. [Josiah & Elizabeth], b. Nov. 23, 1813	1	14
KINGSBURY, Edward, of New York, m. Lucinda **TERRY**, of Plymouth, May 1, 1836, by Rev. Ephraim Lyman	1	203
KIRK, Henry, of Whitneyville, New Haven, m. Mary J. **MOULTON**, of Plymouth, Oct. 27, 1851, by Rev. S. D. Dennison	2	123
LACEY, Sumner, see Sumner **LOSEY**	2	107
LAD, Eliza, Mrs. , m. John C. **LEWIS**, July 4, 1844, in Terryville, by Merrell Richardson	1	222
LAIDSLEY, Brainerd, of Plymouth, m. Sarah **MIX**, of Hamden, Aug. 22, 1832, by Eli Potter, J.P.	1	196
LAMB, William, m. Emily **JOHNSON**, of Oxford, Oct. 29, 1832, by Rev. Daniel Burhans	1	197
William, m. Emily **JOHNSON**, of Oxford, Nov. 15, 1834, by Rev. Daniel Burhans	1	202
LANE, Asahel, m. Harriet **MANSFIELD**, Oct. 21, 1841, by Rev. William Watson	1	225
Elizabeth, [d. Daniel], b. Sept. 2, 1804	1	54
Elizabeth, m. Gad **BARNES**, Aug. 6, 1821, by Rodney Rossitter	1	182
Leonard, [s. Daniel], b Mar. 7, 1814	1	54
Lewis, [s. Daniel], Jan. 19, 1801	1	54
Lucia, m. Erastuis **TODD**, July 1, 1827, by Rodney Rosetter	1	190
Lucia, of Plymouth, m. Charles Rollin **PECK**, of Bristol, Dec. 13, 1845, by Rev. H. W. Gardner	2	100
Lucia, of Plymouth, m. Rollin **PECK**, of Bristol, Dec. 18, 1845, by Rev. W[illia]m Watson	2	103
Lunia, [s. Daniel], b. Nov. 12, 1802	1	54
LANGDON, Abby Gorham, [d. Edmond & Abby], b. Apr. 1, 1816	1	52
Edmond, m. Abby **GORHAM**, of New Haven, Jan. 1, 1811	1	52
Edward, s. Joel & Mary, b. Jan. 16, 1798	1	2
Ellen, b. Mar. 30, 1847	1	74
Ellen M., of Plymouth, m. Lucius P. **PORTER**, of New York City, June 25, 1851, by Edward E. Atwater, V.D.M.	2	117
George, s. [Joel & Mary], b. Dec. 25, 1800	1	2
George, b. Aug. 4, 1826	1	74
Jane Elizabeth, [d. Edmond & Abby], b. Feb. 14, 1818	1	52
Jennette Hooker, [d. Edmond & Abby], b. Dec. 15, 1811, in New Haven	1	52
Joel, m. Mary **GRIDLEY**, Sept. 20, 1796	1	2
Joel Edward, [s. Edmond & Abby], b. May 26, 1821	1	52
John W., of Berlin, m. Mary F. **SPENCER**, of Plymouth, Nov. 13, 1839, by Rev. H. D. Ketchel	1	209
Margaret, m. Alfred **PALMER**, b. of Bristol, Jan. 13, 1850, by Rev. William Watson	2	113

PLYMOUTH VITAL RECORDS 39

	Vol.	Page
LANGDON, (cont.)		
Sarah H., m. Daniel B. **CHAPMAN**, Sept. 8, 1831, by L. Hart	1	198
Sarah Hopkins, d. [Joel & Mary], b. Nov. 5, 1810	1	2
William Edmond, [s. Edmond & Abby], b. Feb. 19, 1814	1	52
LARKIN, Lemuel, of Bristol, m. Lua **TUTTLE**, of Plymouth, July 14, 1839, by Rev. Simon Shalor, of Bristol	1	208
LATIMER, Betsey, m. Jacob **LATIMER**, June 4, 1823, by Luther Hart	1	185
Jacob, m. Betsey **LATIMER**, June 4, 1823, by Luther Hart	1	185
LATTIN, Anna, m. Gad **BLAKESLEE**, Feb. 16, 1800	1	35
LAWS, Garry, m. Sally **TURNER**, Oct. [ ], 1822, by Luther Hart	1	185
LEACH, Betsey, m. Daniel **HILL**, b. of Bristol, Dec. 24, 1821, by Rev. Rodney Rossetter	1	182
LEAVIT, Asa, d. July 28, 1816	1	66
Lois, wid of Asa, d. June 29, 1818	1	66
LEE, Amand[a], m. Thomas **MITCHELL**, [ ], 1814	1	67
Henry P., m. Betsey Ann **NICHOLSON**, Dec. 25, 1827, by Rodney Rosseter	1	192
Martha, m. Edwin **PARKER**, Oct. 7, 1846, by Rev. H. D. Ketchell	2	103
LEVERITT, Caroline, d. Jesse, b. Jan. 16, 1797	1	51
Sophia, [d. Jesse], b. June 11, 1806	1	51
LEWIS, Curtis, 3rd child [Samuell & Sarah], b. May 6, 1786	1	31
Ellen H., of Terryville, m. J. Lucas **PAGE**, of Windsor, May 10, 1849, in Terryville, by Merrill Richardson	2	110
John C., m. Mrs. Eliza **LAD**, July 4, 1844, in Terryville, by Merrell Richardson	1	222
Lyman, 1st child {Sam[ue]ll & Sarah], b. Apr. 15, 1776	1	31
Polly, 2nd d. [Sam[ue]ll & Sarah], b. Feb. 2, 1780	1	31
Sally, m. Norman **SEYMOUR**, Feb. 25, 1827, by Rodney Rossetter	1	189
Sam[ue]ll, b. June 1, 1748; m. Sarah **LEWIS**, Apr. 18, 1775	1	31
Sarah, b. Apr. 17, 1756; m. Sam[ue]ll **LEWIS**, Apr. 18, 1775	1	31
William, m. Olive **BLAKESLEE**, Nov. 21, 1822, by Rodney Rossetter	1	184
LINDSLEY, LINDLEY, Almira, [d. Brainerd & Rhoda], b. Sept. 16, 1792	1	44
Almira, m. Roswell **ALLEN**, Oct. 13, 1813	1	56
Brainerd, m. Rhoda **FORD**, Apr. 18, 1784	1	44
Brainerd, [s. Brainerd & Rhoda], b. Aug. 11, 1795	1	77
Brainerd, d. Sept. 13, 1837	1	44
Eunice, [d. Brainerd & Rhoda], b. Dec. 21, 1799	1	44
Ira, [s. Brainerd & Roda], b. July 26, 1789; d. Apr. 19, 1790	1	44
Marcus, [s. Brainerd & Rhoda], b. Sept. 17, 1797; d. Mar. 24, 1798	1	44
Rhoda, [d. Brainerd & Rhoda], b. Sept. 3, 1785	1	44
Sally, [d. Brainerd & Rhoda], b. Mar. 24, 1798; d. Jan. 15, 1810	1	44
LINES, Sarah M., m. Willis P. **GLAZIER**, Dec. 24, 1846, by Rev. H. D. Ketchel	2	104
LITTLE, Earl W., of Plymouth, m. Sally **JUDD**, of Northfield, Aug. 18, 1839, by Rev. W[illia]m Watson	1	224
LORD, Elizabeth M., of Terryville, m. William S. **JOHNSON**, of New York, Mar. 3, 1851, by Rev. M. Richardson	2	115
LOSEY*, Sumner, of Winchester, m. Mary **GRIFFIN**, of Plymouth, Jan. 26, 1848, by Rev. Harvey Husted *("LACY"?)	2	107
LUDDEN, Benjamin M., of Williamsburg, Mass., m. Louisa S.		

40   BARBOUR COLLECTION

	Vol.	Page
LUDDEN, (cont.)		
HAMISAD, of Skelbourne Falls, Mass., Oct. 5, 1842, by Rev.		
H. D. Ketchell	1	217
LUDDINGTON, LUDINGTON, Betsey Ann*, (?), of Plymouth, m.		
Hiram **HILLS**, of Farmington, Feb. 5, 1834, by J.C.V.		
Eastman *(Arnold Copy has "Betsey Ann **RUDDINGTON**")	1	201
Eliza, m. Joseph **GAYLORD**, Oct. 24, 1827, by Rodney Rossitter	1	192
Lorinda, m. Isaac **HINMAN**, Nov. 25, 1832, by L. Hart	1	200
LYMAN, Henry W., m. Adaline L. **ALLEN,** Sept. 22, 1851, in		
Terryville, by Rev. Merrill Richardson	2	117
LYNCH, James, d. Sept. 21, 1850,; Seth **THOMAS,** Executor of Will	1	76
Jane, m. Hugh **READ,** b. of Plymouth, Dec. 22, 1850, by Rev.		
Joseph D. Hall	2	115
McAULEY, James, of Humphreville, m. Rebecca **HOTCHKISS,** of		
Bethany, Feb. 5, 1843, by Rev. W[illia]m Watson	1	225
McLANCEY, Harriet C., formerly of Kartwright, N.Y., now of		
Plymouth, m. Philo W. **HART,** of North East Center, N.Y.,		
Apr. 29, 1849, by Joseph D. Hall	2	109
M'ELLENATHAN, W[illia]m D., m. Nancy A. **COWLES,** Jan. 8,		
1843, in Terreville, by Merrell Richardson	1	217
McKEE, Charles A., m. Sarah **BARKER,** May 18, 1843, by Rev.		
Merrill Richardson. Int. Pub.	1	220
Dorcas, m. Milo **BLAKESLEE,** Oct. 26, 1826, by Luther Hart	1	191
Elvira, m. Warren **GOODWIN,** Apr. 1, 1832, by L. Hart	1	199
Jennette, of Bristol, m. Ezekiel W. **MONTAGUE,** of Wethersfield,		
June 11, 1833, by Rev. John W. Salter	1	201
Samantha, m. Eli **JENNY,** Jr., Sept. 26, 1821, by Luther Hart	1	182
MALLORY, MALORY, Harmon, m. Pamelia **KEENEY,** Jan. 27,		
1828, by Frederick Holcomb	1	193
Martha, m. Amos **WEBSTER,** Nov. 21, 1832, by L. Hart	1	200
Minerva, m. Nathaniel **BARNES,** Jan. 19, 1826, by Luther Hart	1	190
Pamellie, m. Enoch **CONNELL,** Jan. 9, 1831, by L. Hart	1	198
MANN, Eather, m. David **WARNER,** Apr. 26, 1807	1	51
MANSFIELD, Harriet, m. Asahel **LANE,** Oct. 21, 1841, by Rev.		
William Watson	1	225
MARKHAM, Apollos, 4th child [Levi & Rosanna], b. June 20, 1816	1	8
John, Jr., of Chatham, m. Mrs. Mehitable M. **PERKINS,** of		
Terryville, Apr. 29, 1850, by Rev. Merrill Richardson	2	113
Levi, m. Rosanna **ROWE,** Jan. 11, 1804	1	8
Levi Dunning, [s. Levi & Rosanna], b. [ ]	1	8
Lucy Row, 3rd child [Levi & Rosanna], b. Jan. 28, 1811	1	8
Maria, 1st child [Levi & Rosanna], b. Oct. 23, 1804	1	8
Maria, m. Willard **BROOKS,** Feb. 19, 1824, by Rodney Rossetter	1	186
Nancy, 2nd child [Levi & Rosanna], b. Sept. 19, 1809	1	8
Nancy, m. Mark J. **BRONSON,** Oct. 16, 1828, by Rodney Rossetter	1	195
Sally, m. Levi **SCOTT,** Sept. 5, 1804	1	65
MARSH, Adaline, m. Noah **NORTON,** b. of Plymouth, July 28, 1845,		
by Rev. H. D. Ketchell	1	229
Clarissa, m. Edward **THOMAS,** Dec. 3, 1845, by Rev. H. D.		
Ketchell	2	100
MATHER, Emeline, of Plymouth, m. Chapin E. **CLARK,** of		
Cambridge, Mass., June 30, 1846, by Rev. Ephraim Lyman	2	102

PLYMOUTH VITAL RECORDS

	Vol.	Page
MATHER, (cont.)		
Nancy, of Plymouth, m. Henry J. **MINOR,** of Woodbury, Mar. 14, 1838, by Rev. Ephraim Lyman	1	208
MATSON, Charles, m. Jane E. **SANFORD,** Apr. 7, 1844, by Rev. W[illia]m Watson	1	226
MATTHEWS, MATHEWS, Aaron Griswold, [s. Randal & Amelia], b. Mar. 27, 1814	1	65
Adaline J., of Plymouth, m. Horace **WARNER,** of Bristol, Dec. 28, 1831, by Rev. Allen c. Morgan	1	196
Ann E., of Plymouth, m. Ebenezer **BENHAM,** of Burlington, Mar. 31, 1836, by Rev. Ephraim Lyman	1	203
Caroline, [d. Sam[ue]l & Mamira], b. Jan. 2, 1792	1	43
Caroline, m. William Henry **ALLEN,** Dec. 27, 1810	1	42
Daniel, [s. Randal & Amelia], b. Feb. 27, 1812	1	65
Emeline, [s. Randal & Amelia], b. Mar. 18, 1810	1	65
Emeline, m. Samuel **YALE,** of derby, Aug. 5, 1833, by Rev. Daniel Burhans	1	200
Eunice, m. David **COBB,** May 2, 1827, by Rodney Rossetter	1	190
Leman, of Plymouth, m. Mabel **BAKER,** of Plymouth, Sept. 12, 1839, by F. B. Woodward	1	211
Nathaniel, Jr., m. Eunice **TUTTLE,** b. of Bristol, Feb. 12, 1824, by Rodney Rossetter	1	186
Randal, m. Amelia **ADKINS,** Aug. 2, 1809	1	65
Samuel, Jr., [S. Samuel & Mamira], b. May 16, 1794	1	43
Samuel, Sr., d. Aug. 30, 1812	1	43
Sylvester, m. Lavina **HOUGH,** Apr. 21, 1825, by Rodney Rossetter	1	187
MATTOON, Betsey, b. June 18, 1783, at Watertown; m. Thomas **SUTLIFF,** Mar. 19, 1804	1	10
MERRELLS, Henry, of Waterbury, m. Sarah **BUEL,** of Litchfield, Dec. 10, 1838, by Rev. W[illia]m Watson	1	224
MERRIAM, Ansel, 1st child [Levi & Abigail], b. Dec. 24, 1811	1	40
Betsey, 2nd child [Levi & Abigail], b. Oct. 1, 1813	1	40
Levi, b. June 28, 1787; m. Abigail **KELLOGG,** Mar. 25, 1811	1	40
MERRIMAN, Alanson K., of New Hartford, m. Ellen A. **GRIGGS,** of Plymouth, July 1, 1849, by Rev. Ephraim Lyman	2	110
Mary B., of Plymouth, m. Ambrose N. **BARBER,** of Litchfield, Sept. 19, 1847, by Rev. H. D. Ketchell	2	105
MILLER, Lee Constantine Henry, of Plymouth, m. Dorothea C. **SINDAMILLEN,** of Bristol, Apr. 18, 1852, by Rev. Merrill Richardson	2	120
MILLS, Alban David, [s. Daniel & Mary], b. Dec. 17, 1796	1	56
Daniel, m. Mary **DUNBAR,** Feb. [ ], 1796	1	56
Leavitt, [s. Daniel & Mary], b. May 14, 1800; d. Nov. 27, 1813	1	56
Leavit Dunbar, [s. Daniel & Mary], b. Aug. 28, 1817	1	56
Mary Ann, m. John **BURT,** May 24, 1851, by Joseph Smith	2	117
Norman Potter, [s. Daniel & Mary], b. Aug. 8, 1821	1	56
MINOR, MINER, Abby M., of Plymouth, m. Lucius H. **WARREN,** of East Hartford, Apr. 24, 1842, by Rev. Henry D. Ketchell	1	216
Charlotte(?) M., m. Harriet N. **KETCHELL,** Aug. 23, 1841, by Rev. Henry D. Ketchell (Both female names in Arnold Copy)	1	211
Henry J., of Woodbury, m. Nancy **MATHER,** of Plymouth, Mar. 14, 1838, by Rev. Ephraim Lyman	1	208

BARBOUR COLLECTION

	Vol.	Page
MINOR, (cont.)		
Hiram, m. Chloe M. **DUTTON**, Nov. 28, 1827, by Rodney Rossiter	1	192
Martha, m. Lyman D. **FENN**, b. of Plymouth, Oct. 10, 1847, by Rev. Ephraim Lyman	2	106
Mary L., m. Edward L. **GAYLORD**, Dec. 26, 1850, by Rev. Merrill Richardson	2	115
Newel, of Wolcott, m. Mary A. **HALL**, of Plymouth, Oct. 10, 1836, by Rev. Ephraim Lyman	1	205
MITCHELL, Adaline H., d. [Thomas & Harriet], b. Jan. 1, 1804, in Bristol	1	67
Adaline H., m. Edwin **TALMAGE**, Nov. 12, 1823, by Rodney Rossitter	1	186
Alexander, s. [Ethomas & Harriet], b. May 20, 1802; d. Nov. [ ], 1803; (b. In Bristol)	1	67
Esther, [w. Thomas], d. Apr. 18, 1814	1	67
George, s. [Thomas & Esther], b. May 20, 1812	1	67
Harriet, [w. Thomas], d. Sept. 12, 1809	1	67
Henry A., s. [Thomas & Harriet], b. Nov. 25, 1805, in Bristol	1	67
Henry A., of Bristol, m. Sarah Jane **HOADLEY**, of Plymouth, Sept. 2, 1832, by Rev. Daniel Burhans	1	196
Jane P., d. [Thomas & Harriet], b. Feb. 20, 1807	1	67
Jane T., m. George **PALMER**, Sept. 12, 1827, by Rodney Rossetter		
Stephen M., m. Mary Ann **TALMAGE**, dec. 17, 1826, by Rodney Rossetter	1	193
	1	189
Thomas, b. Feb. 8, 1779; m. Harriet **THOMPSON**, [ ], 1801	1	67
Thomas, m. Esther **HUMISTAIN**, [ ], 1811	1	67
Thomas, m. Amand [a] **LEE**, [ ], 1814	1	67
MIX, Emeline L., of Plymouth, m. Cornelius L. **JACKINS**, of Torrington, July 21, 1844, by Rev. Ephraim Lyman	1	228
James C., m. Maria **JOHNSON**, Nov. 21, 1849, b. of Plymouth, by Rev. H. D. Ketchell	2	106
Lucy Ann, m. Orrin B. **ANDREWS**, Sept. 8, 1835, by Rev. David L. Parmelee	1	202
Lucy Ann, of Prospect, m. Bennett **JACOBS**, of Wallingford, July 4, 1840, by Rev. h. D. Ketchel	1	210
Marietta, of Plymouth, m. Aaron C. **ANDREWS**, of Litchfield, Sept. 4, 1836, by Rev. Ephraim Lyman	1	204
Sarah, of Hamden, m. Brainerd **LAIDSLEY**, of Plymouth, Aug. 22, 1832, by Eli Potter, J.P.	1	196
MONTAGUE, Ezekiel W., of Wethersfield, m. Jennette **McKEE**, of Bristol, June 11, 1833, by Rev. John W. Salter	1	201
MORGAN, Betsey, m. Larmon **MOSES**, Nov. 27, 1830, by L. Hart	1	198
MORLEY, Amanda H., of Plymouth m. Nathan E. **BRADLEY**, of Middlebury, Oct. 13, 1850, by Rev. Ephraim Lyman	2	114
MORRIS, Hannah, m. Linus **PRESTON**, Sept. 1, 1825, by Rodney Rossetter	1	190
MORSE, [see also MOSS], Alvin, of Harwinton, m. Elizabeth **TODD**, of Plymouth, Apr. 29, 1846, by Rev. Merrell Richardson	2	102
Augustus E., [s. Miles & Charlotte], b. Oct. 19, 1805	1	37
Fanny, m. Benedict **WARNER**, Feb. 27, 1828, by L. Hart	1	193
Fanny f., [d. Miles & Charlotte], b. Feb. 22, 1810	1	37
Flora P., [d. Miles & Charlotte], b. May 1, 1814	1	37

PLYMOUTH VITAL RECORDS 43

	Vol.	Page
MORSE, (cont.)		
Lewis, m. Jane **CAMP**, Oct. 23, 1839, by Rev. W[illia]m Watson	1	224
Miles, m. Charlotte **WOOD**, June 12, 1803	1	37
Roswell A., [s. Miles & Charlotte], b. Nov. 14, 1807	1	37
Ruth, d. Benoni, b. Oct. 16, 1787; m. Warham **CURTISS,** s. Hannah, Apr. 12, 1815	1	3
Sally, of Plymouth, m. Benjamin C. **GRANT**, of R.I., May 12, 1842, by Merrill Richardson. Int. Pub.	1	216
MOSES, Larmon, m. Betsey **MORGAN**, Nov. 27, 1830, by L. Hart	1	198
Lucretia, of Plymouth, m. Miles B. **FORD**, of Prospect, Jan. 22, 1832, by Thomas Mitchell, J.P.	1	196
MOSHIER, MOSHER, Archibald, m. Eunice **ALCOX,** Apr. 24, 1806	1	49
Calvin, b. Apr. 6, 1774; m. Hannah **WHEELER**, Nov. 23, 1812	1	49
George, [s. Calvin & Hannah], b. Nov. 7, 1813	1	49
Hannah, b. Nov. 13, 1776	1	49
Lydia, m. Sheldon **BIDWELL,** Oct. 2, 1817	1	72
Lydia Ann, [d. Archibald & Eunice], b. Jan. 18, 1812	1	49
Martin Luther, [s. Archibald & Eunice], b. Nov. 17, 1813	1	49
MOSS, [see also **MORSE**], Adaline, of Cheshire, m. Rodney **MOSSETTER,** of Plymouth, Dec. 2, 1819	1	68
Asenath, [d. Benoni], b. June 6, 1796	1	65
Asenath, m. Joel **BARNES**, Feb. 20, 1831, by L. Hart	1	198
Ruth, d. Benoni, b. Oct. 16, 1787; m. Wareham **CURTISS,** s. Hannah, Apr. 12, 1815	1	34
Sarah, [d. Benoni], b. July 27, 1799	1	65
MOSSETTER, George, s. Rodney & Adaline, b. Feb. 1, 1823	1	68
Rodney, of Plymouth, m. Adaline **MOSS,** of Cheshire, Dec. 2, 1819	1	68
MOULTON, Mary J., of Plymouth, m. Henry **KIRK,** of Whitneyville, New Haven, Oct. 27, 1851, by Rev. S. S. Dennison	2	123
MOUNT(?), Barney, m. Naomi **BRAINARD,** June 14, 1829, by Rev. David C. Griswold, of Watertown	1	195
MUNGER, Rufus E., of Litchfield, m. Fanny **FULLER,** of Plymouth, Oct. 16, 1843, by Rev. Henry D. Ketchell	1	221
MUNSON, Lucius, [s. Stephen & Lamira], b. Aug. 5, 1813	1	34
Miranda, of Plymouth, m. George **BIRD,** of Farmington, Feb. 4, 1844, by Merrill Richardson, Int. Pub.	1	222
Stephen, m. Lamira **HARTSHORN**, Nov. 4, 1811	1	34
----, wid., m. Jesse **SCOVIL,** Sept. 16, 1824, by Luther Hart	1	187
MUZZY, Henry J., of Bristol, m. Mary E. **BEACH,** of Plymouth, May 19, 1844, by Rev. Ephraim Lyman	1	238
NEWTON, Avis, m. Chester **POTTER,** Sept. 4, 1808	1	25
Christopher, m. Rebeckah **FORD**, Mar. 25, 1799	1	12
Christopher, m. Margaret **SCOTT,** Oct. 5, 1804	1	12
Christopher, m. Lydia **HOW**, Dec. 5, 1813	1	12
Margaret, [2nd w. Christopher], d. Mar. 1, 1813	1	12
Mary, m. Elijah A. **WOODWARD,** b. of Litchfield, Oct. 6, 1839, by F. B. Woodward	1	212
Rebecca, w. Christopher, d. Mar. 2, 1803	1	12
NICHOLS, Frederick, m. Harriet **TOTMAN,** b. of Plymouth, Aug. 23, 1846, by Rev. Ephraim Lyman	2	103
George, m. Elodi F. **GUY,** July 2, 1843, by Rev. W[illia]m Watson	1	226
Henry, m. Julia M. **JUDD,** May 18, 1845, by Rev. W[illia]m Watson	1	227

BARBOUR COLLECTION

	Vol.	Page
NICHOLS, (cont.)		
Hiram, m. Tamer WARNER, May 17, 1815	1	51
Laura E., of Plymouth, m. Jesse L. JOHNSON,, of Bennington, Vt., Jan. 1, 1847, by Rev. W[illia]m Watson	2	104
Philo, of Waterbury, m. Charlotte PARKER, of Plymouth, Oct. 5, 1820, by Rev. Rodney Rossetter	1	180
NICHOLSON, NILKOLSON, NICKELSON, Barbara, m. Major COOKE, Mar. 21, 1822, by Rodney Rossetter	1	182
Betsey Ann, m. Henry P. LEE, Dec. 25, 1827, by Rodney Rossetter	1	192
Mary Ann, m. Calvin BUTLER, July 21, 1818, at New Milford	1	18
Mary Ann, m. Calvin BULTER, July 21, 1818, at New Milford	1	71
NOBLE, Mary, wid., m. Abner BLAKESLEE, Feb. 19, 1786	1	15
NORTON, Amelia, [d. Talcott & Belvira], b. Nov. 8, 1831	1	76
Clarinda, m. Christopher WOLCOTT, b. Of Plymouth, Apr. 4, 1843, by Rev. H. D. Ketchell	1	220
Eunice R., of Plymouth, m. Lewis T. SMITH, of Cheshire, Oct. 13, 1845, by Rev. Ephraim Lyman	1	228
Hannah J., of Wolcott, m. Horace H. BUNCE, of Southington, Apr. 28, 1842, by Merrill Richardson, Int. Pub.	1	216
Harriet A., Plymouth, m. Robert B. HURD, of Cheshire, Oct. 14, 1851, by Rev. Ephraim Lyman	2	117
Joel, of Bristol, m. Mrs. Phebe TUTTLE, of Plymouth, Jan. 2, 1823, by Rev. Isaac Merriam	1	184
Laura, m. Samuel R. TERRELL, b. of Plymouth, Sept. 2, 1848, by Rev. Ephraim Lyman	2	108
Noah, m. Adaline MARSH, b. of Plymouth, July 28, 1845, by Rev. H.D. Ketchell	1	229
Ozias R., m. Fanny E. ROPER, May 19, 1830, by Joseph T. Clark	1	195
Sarah A., of Plymouth, m. Augustus C. PECK, of Cheshire, Oct. 24, 1847, by Rev. H. D. Ketchell	2	106
Talcott, m. Belinda HALL, Oct. 12, 1830	1	197
[OLMSTED], [see under ARMSTEAD]		
OSBORN, OSBORNE, Amanda, m. Eliel WARNER Mar. 27, 1799	1	49
Bennet E., of Watertown, m. Catharine M. PIERCE, of Plymouth, May 9, 1852, by Rev. Ephraim Lyman	2	121
Louisa, m. Merit BUNNELL, Jan. 1, 1843, by Rev. W[illia]m Watson	1	225
	1	23
Lucinda, m. Leverett BISHOP, Oct. 29, 1811	1	66
Lucy, m. Elam CAMP, June 8, 1797		
Ursula, of Harwinton, m. Washington BUNNELL, of Plymouth, Sept. 15, 1850, by Rev. Joseph D. Hall	2	114
OSTEND, Catharine, m. George HALL, Oct. 26, 1845, by Rev. H. D. Ketchell	2	100
PAGE, J. Lucas, of Windsor, m. Ellen H. LEWIS, of Terryville, May 10, 1849, in Terryville, by Merrill Richardson	2	110
Ruth, m. Henry STEVENS, May 2, 1791	1	35
PAINE, PAYNE, Augusta C., of Plymouth, m. Samuel J. HOTCHKISS, of Derby, Sept. 18, 1852, by Rev. T. B. Chandler	2	122
James G., of Prospect, m. Mary L. FENN, of Plymouth, May 16 [1852], by Rev. J. P. Warren	2	119
PAINTER, Abijah, [s. John & Polly], b. June 7, 1795	1	27

PLYMOUTH VITAL RECORDS 45

	Vol.	Page
PAINTER, (cont.)		
Allen, [s. John & Polly], b. July 3, 1797	1	27
Allen, m. Hannah **HALL**, Feb. 16, 1824, by Rodney Rossetter	1	186
Austin, [s. John & Polly], b. Sept. 14, 1804	1	27
Betsey, [d. John & Polly], b. July 19, 1787	1	27
Chester, [s. Thomas W. & Lucina], b. Nov. 19, 1787	1	13
Chester, m. Eunice **FANCHER**, Apr. 10, 1816	1	68
Chester, m. Orrel **BUNNEL**, Nov. 25, 1818	1	68
Chester, m. Laura Maria **WILMOT**, Jan. 27, 1820	1	68
Chester, m. Polly **BARNES**, Mar. 31, 1824, by Rodney Rossetter	1	186
Chloe, [d. Thomas W. & Lucina], b. Jan. 10, 1796	1	13
Chloe, m. Ephraim **DOWNS**, Feb. 17, 1822, by Rodney Rossetter	1	182
Edward, [s. Thomas W. & Lucina], b. July 29, 1798; d. Feb. 22, 1801	1	13
Edward, [s. Thomas W. & Lucina], b. Mar. 14, 1803	1	13
Edward, m. Clarinda **PALMER**, Apr. 4, 1832	1	69
Edward, of Plymouth, m. Chlorinda **PALMER**, of Litchfield, Apr. 4, 1832	1	74
Edward, [s. Edward & Clarinda], b. Mar. 17, 1837	1	69
Edward, [s. Edward & Chlorinda], b. Mar. 17, 1837	1	74
Eunice, w. Chester, d. Dec. 19, 1817	1	68
Franklin Oscar, [s. Edward & Clarinda] b. Feb. 9, 1833	1	69
Franklin Oscar, s. [Edward & Chlorinda], b. Dec. 9, 1833	1	74
Harry, [s. John & Polly], b. Apr. 12, 1791	1	27
John, m. Polly **WATROUS**, Oct. 13, 1786	1	27
John, [s. John & Polly], b. May 4, 1800	1	27
Julia Ellen, [d. Edward & Clarinda], b. Dec. 11, 1835	1	69
Julia Ellen, [d. Edward & Chlorinda], b. Dec. 11, 1835	1	74
Laura, [d. Thomas W. & Lucina], b. Nov. 6, 1801	1	13
Laura, m. Joseph W. **BYINGTON**, Oct. 19, 1827, by Rodney Rossetter	1	191
Lucina, [s. Thomas W. & Lucina], Mar. 20, 1792	1	13
Marvin, [s. John & Polly], b. May 3, 1793	1	27
Orrel, d. [Chester & Orrell], b. Aug. 16, 1819	1	68
Orrel, w. Chester, d. Aug. 20, 1819	1	68
Roesey, [d. John & Polly], b. Feb. 11, 1789	1	27
Sarah [d. Thomas W. & Lucina], b. Oct. 22, 1789	1	13
Sarah, m. Silas **HOADLEY**, Sept. 21, 1807	1	41
Sarah E., m. Dan S. **CARTER**, b. of Plymouth, Apr. 28, 1851, by Rev. Joseph D. Hall	2	116
Thomas W., m. Lucina **DUNTON**, Mar. 28, 1787	1	13
William, [s. Thomas W. & Lucina], b. Mar. 29, 1794	1	13
William Walter, [s. Chester & Laura Maria], b. Feb. 15, 1821	1	68
PALMER, Alfred, m. Margaret **LANGDON**, b. of Bristol, Jan. 13, 1850, by Rev. William Watson	2	113
Clarinda, m. Edward **PAINTER**, Apr. 4, 1832	1	69
Chlorinda, of Litchfield, m. Edward **PAINTER**, of Plymouth, Apr. 4, 1832	1	74
George, m. Jane T. **MITHCHELL**, Sept. 12, 1827, by Rodney Rossetter	1	193
Harriet Roxanna, [d. George & Jane T.], b. Nov. 3, 1830	1	78
Jane Adaline, [d. George & Jane T.], b. June 10, 1834	1	78

PALMER, (cont.)

	Vol.	Page
Martha, of Plymouth, m. Cyril **GRANE**(?), of Harwinton, Feb. 16, 1851, by Rev. Ephraim Lyman	2	115
Melinda L., of Plymouth, m. Robert **PALMER**, of New Haven, Dec. 3, 1848, by Rev. William Watson	2	113
Robert, of New Haven, m. Melinda L. **PALMER**, of Plymouth, Dec. 3, 1848, by Rev. William Watson	2	113

PARDEE, Azel, m. Rhoda **FENN**, July 22, 1811 — 1, 21
Mabel, m. Ephraim **CAMP**, May 24, 1801 — 1, 60
Mary, m. Joel **HUMISTON**, June 21, 1832, by L. Hart — 1, 199
Mary Elizabeth, d. [Azel & Rhoda], b. Sept. 25, 1812 — 1, 21

PARKER, Caroline Cecelia, [d. Solomon & Maria A.], b. June 7, 1830 — 1, 75
Charlotte, of Plymouth, m. Philo **NICHOLS**, of Waterbury, Oct. 5, 1820, by Rev. Rodney Rossetter — 1, 180
Charlotte, m. Seth **THOMAS**, Jr. Mar. 7, 1838, by N. M. Chipman — 1, 206
Edwin, m. Martha **LEE**, Oct. 7, 1846, by Rev. H. D. Ketchell — 2, 103
Maria Louisa, [d. Solomon & Maria A.], b. July 20, 1828 — 1, 75
Merit, s. Solomon & Sarah, b. Sept. 20, 1797 — 1, 3
Solomon, m. Sarah **BRONSON**, June 1, 1795 — 1, 3

PARSON, Charles, m. Nancy **TERRY**, Apr. 11, 1838, by Rev. W[illia]m Watson — 1, 224
John Brainerd, m. Eliza **KIMBERLY**, Mar. 6, 1834, by G.C.V. Eastman — 1, 201
Leonard, m. Hannah **THOMAS**, May 9, 1823, by Luther Hart — 1, 185

PECK, Augustus C., of Cheshire, m. Sarah A. **NORTON**, of Plymouth, Oct. 24, 1847, by Rev. H. D. Ketchell — 2, 106
Charles, of Waterbury, m. Clarissa **GOODWIN**, of Plymouth, Dec. 31, 1820, by Calvin Butler, J.P. — 1, 181
Charles J., m. Julia A. **BRADLEY**, June 20, 1847, by Rev. H. D. Ketchell — 2, 105
Charles J., of Litchfield, m. Julia **BRADLEY**, of Plymouth, June 21, 1847, by Rev. H. D. Ketchell — 2, 105
Charles Rollin, of Bristol, m. Lucia **LANE**, of Plymouth, Dec. 13, 1845, by Rev. H. W. Gardner — 2, 100
Cornelius, []s. Julius & Eunice D.], b. Aug. 26, 1826 — 1, 76
Edmund, of Litchfield, m. Anna **PERKINS**, of Plymouth, Jan. 23, 1821, by Calvin Butler, J.P. — 1, 181
Eunice, m. Freeman **IVES**, [   ], 1800 — 1, 53
Franklin, m. Rosalinda **HART**, Nov. 4, 1823, by Luther Hart — 1, 186
Harriet, of Litchfield, m. Henry **WOODRUFF**, of Terryville, Apr. 4, 1847, by Rev. H. D. Ketchell — 2, 104
Julius, m. Eunice D. **WARNER**, Oct. 10, 1825, by Rodney Rossetter — 1, 188
Nehemiah, m. Martha **SCOVIL**, Oct. 6, 1824, by Luther Hart — 1, 187
Ozias, b. May 8, 1835 — 1, 77
Rollin, of Bristol, m. Lucia **LANE**, of Plymouth, Dec. 18, 1845, by Rev W[illia]m Watson — 2, 103
——, Capt., m. [   ] **POTTER**, wid. of Isaiah, Apr. 26, 1829, by L. Hart — 1, 194

PEET, Stephen, m. Eleanor C. **BUTLER**, late of New York New of Plymouth, Nov. 4, 1832, by Rev. Daniel Burhans — 1, 197

PEETER, Thankfull, d. Samuell, of Waterbury, m. Abner **BLAKESLEE**, s. Jacob, Sept. 23, 1755 — 1, 15

PLYMOUTH VITAL RECORDS 47

	Vol.	Page
PEETER, (cont.)		
Thankfull, d. Samuell & w. Abner **BLAKESLEE**, d. Dec. 15, 1785	1	15
PENNY, William, of Watertown, m. Julia A. **WELLAR,** of Plymouth, Mar. 20, 1843, by Rev. H. D. Ketchell	1	220
PERKINS, Aaron, of Hamden, m. Elizabeth **SMITH,** of Plymuoth, Jan. 23, 1828, by Ebenezer Washburn	1	193
Anna, of Plymouth, m. Edmund **PECK,** of Litchfield, Jan. 23, 1821, by Calvin Butler, J.P.	1	181
Calvin, m. Emeline **CAMP,** Aug. 16, 1829, by L. Hart	1	194
Elizabeth, of Watertown, m. Cyrus **JOHNSON,** of Harwinton, Feb. 21, 1841, by Hiram Pierce, J.P.	1	215
John, m. Ann **COOK,** b. of Plymouth, July 4, 1852, by Rev. John Pegg, Jr.	2	121
Mehitable M., Mrs. of Terryville, m. John **MARKHAM,** Jr., of Chatham, Apr. 29, 1850, by Rev. Merrill Richardson	2	113
PERRY, Cyrus, m. Hannah **BROWN,** Nov. 12, 1832, by L. Hart	1	199
PETTIBONE, Lines, of Bristol, m. Esther **JOHNSON,** Sept. 17, 1833, by Rev. Daniel Burhans	1	200
PHELPS, Mordanna, m. Calvin **BUTLER,** Oct. 16, 1799, at Norfolk	1	71
Rosanna, m. Calvin **BUTLER,** Oct. 16, 1799, at Norfolk; d. Oct. 25, 1817	1	18
PHILLIPS, Lorey, of Canton, m. Maria S. **SMITH,** of Plymouth, Sept. 15, 1844, by Rev. Merrell Richardson	1	222
Simeon, of Plymouth, m. Emily **WELTON,** Apr. 22, 1840, by Rev. W[illia]m Watson	1	224
PICKNICK, Sarah, of Bristol, m. Ansell **BUNNELL,** of Plymouth, July 15, 1847, by Rev. Ephraim Lyman	2	105
PIERCE, Catharine M., of Plymouth, m. Bennet E. **OSBORN,** of Watertown, May 9, 1852, by Rev. Ephraim Lyman	2	121
Truman L., of Watertown, m. Julia **SCOTT,** of Oxford, N.Y., Aug. 23, 1846, by Rev. Ephraim Lyman	2	103
PIERPOINT, Caroline, 7th child [William & Huldah], b. Apr. 11, 1809	1	40
Flora, 1st child [William & Huldah], b. Apr. 25, 1794	1	40
Flora, of Plymouth, m. Dr. [ ] **DAY,** of Sparta, N.Y., Oct. 4, 1820, by Joseph E. Camp	1	180
George, of Litchfield, m. Caroline D. **BEACH,** of Plymouth, Apr. 20, 1840, by Rev. H. D. Ketchel	1	209
Henry, 6th child [William & Huldah], b. Apr. 14, 1805; d. May 12, 1808	1	40
Henry Edward, 8th child [William & Huldah], b. Aug. 31, 1811	1	40
Huldah, w. William, d. July 16, 1812, ae 36 y.	1	40
Huldah Ensign, 4th child [William & Huldah], b. May 11, 1800	1	40
Mary, 2nd child [William & Huldah], b. Mar. 19, 1796	1	40
Sarah Landon, 5th child [William & Huldah], b. Dec. 20, 1802	1	40
William, m. Huldah Ensign, Feb. 14, 1793	1	40
William, m. Abigail **SMITH,** Nov. 29, 1813	1	40
W[illia]m Augustus, [s. William & Huldah], b. Apr. 30, 1798	1	70
PLATT, Enoch, [s. Jerah & Sally], b. Feb. 9, 1825	1	70
Henry Dutton, [s. Jerah & Sally], b. July 13, 1823		
John, of Springfield, Mass. M. Sophia **WHITE,** of Plymouth, July 10, 1842, by Rev. Ephraim Lyman	1	214
Julia Sarah, [d. Jerah & Sally], b. Dec. 4, 1827	1	70

PLATT, (cont.)

	Vol.	Page
Mary, [d. Jerah & Sally], b. Feb. 23, 1830	1	70
PLUMB, Almon, of Wolcott, m. Nancy BRADLEY, Sept. 24, 1833, by Rev. Daniel Burhans.	1	200
Ebenezer, m. Caroline BENNET, June 6, 1821, by Luther Hart	1	181
Edmund, [s. Ebenezer & Caroline], b. [ ]	1	69
George, s. Walker & Minerva, b. Sept. 25, 1822	1	69
Mary Elizabeth, d. Ebenezer & Caroline, b. Sept. 10, 1823	1	69
Seloma Antenett, of Wolcot, m. Edwin HOUGH, of Plymouth, Oct. 3, 1841, in Terryville, by Rev. Merrill Richardson, Int. Pub.	1	215
POMEROY, Cornelia, d. Noah & Nancy, b. Apr. 2, 1808	1	12
Eliphalet Treadway, s. Noah & Nancy, b. June 10, 1810	1	17
Julina Ann, d. Noah & Nancy, b. Oct. 16, 1811	1	17
POND, Asenath, m. Ozias GOODWIN, Oct. 14, 1801	1	11
Charles H., m. Florilla PRESTON, Sept. 4, 1822, by Rodney Rossitter	1	183
Eunice, [d. Martin], b. Nov. 10, 1809	1	64
Julius R., m. Betsey PRESTON, Aug. 27, 1828, by Rodney Rossetter	1	193
Julius Rodney, [s. Martin], b. July 13, 1803	1	64
Loisa, [d. Martin], b. June 6, 1808	1	64
Luther M., of Wolcott, m. Mary Ann HARGER, of Plymouth, Sept. 28, 1848, by Rev. William Watson	2	113
Martin, [s. Martin], b. July 25, 1812	1	64
Nash S., m. Ruth C. POND (maiden name "ATWATER"), Jan. 1, 1835, by Rev. Daniel Burhans	2	109
Ruth C., [maiden name "ATWATER"), m. Nash S. POND, Jan. 1, 1835, by Rev. Daniel Burhans	2	109
PORTER, Edwin, of Middlebury, m. Fanny BIGELOW, d. John, of Waterbury, [Oct.] 3, [1827], by Rev. Frederick W. Sizer	1	192
Frederic S., of Watertown, m. Julia CURTIS, of Litchfield, May 19, 1841, by Rev. Henry D. Ketchell	1	215
Lucius P., of New York City, m. Ellen M. LANGDON, of Plymouth, June 25, 1851, by Edward E. Atwater, V.D.M.	2	117
Lucy Anne, m. William WINSHIP, Sept. 18, 1831, by L. Hart	1	198
Sarah, m. Ransom BALCKSLEE, June 17, 1804	1	30
POTTER, Almira, [d. Eliakim, Jr. & Huldah], b. July 6, 1825	1	41
Almira, of Plymouth, m. Henry R. HAYES, of South Windsor, Sept. 17, 1845, by Rev. H. D. Ketchell, Int. Pub.	1	229
Anna, w. Eli, d. Aug. 22, 1830	1	67
Anna Dunbar, d. Eli, b. July 8, 1832	1	67
Calista, [d. Luke & Lois], b. July 20, 1807	1	26
Calester, m. Bela DUNBAR, Apr. 23, 1829, by L. Hart	1	194
Chester, m. Avis NEWTON, Sept. 4, 1808	1	25
Elam, s. [Eliakim, Jr. & Huldah], b. June 5, 1818	1	41
Elam, m. Mary E. WATERS, Sept. 27, 1846, by Merrell Richardson	2	103
Eli, [s. Luke & Lois], b. Nov. 9, 1795	1	26
Eli, m. Anna DUNBAR, Dec. 12, 1816	1	67
Eli & Anna, had d. [ ], b. Dec. 22, 1820; d. Feb. 16, 1821	1	67
Eli Henry, [s. Eli], b. Apr. 8, 1841	1	67
Eliakim, Jr., m. Huldah ALLEN, Apr. 15, 1812	1	41
Eliakim, Jr. & Huldah, had d. [ ], b. May 4, 1813; d. May 25,		

PLYMOUTH VITAL RECORDS 49

	Vol.	Page
POTTER, (cont.)		
1813	1	41
Eliakim, m. Almira **ALLEN**, Feb. 3, 1831, by Luther Hart	1	198
Ellen, [d. Eli], b. Jan. 9, 1835	1	67
Enos, Jr., of Plymouth, m. Maria S. **HUMISTON**, of Harwington, Apr. 6, 1845, by Rev. Henry D. Ketchell	1	223
Esther, [d. Eli & Anna], b. Aug. 20, 1822	1	67
Esther B., m. Peregrine **TRIPP**, Dec. 25, 1827, by Rodney Rosseter	1	192
Huldah, w. Eliahim, d. Apr. 2, 1830	1	41
Isaiah, m. Rosetta **FENN**, Feb. 28, 1827	1	191
Jane, [d. Eli], b. July 3, 1836	1	67
Jennet, d. [Eliakim, Jr. & Huldah], b. Feb. 16, 1823	1	41
Jennett, of Terryville, m. Philo P. **BOOTH**, of Avon, Mar. 2, 1851, by Rev. Merrill Richardson	2	115
John, s. [Eliakim, Jr. & Huldah], b. Oct. 25, 1820	1	41
Lowis, [w. Luke], d. Feb. 1. 1832	1	26
Lucy, [d. Eli], b. Feb. 13, 1839	1	67
Lucy Calista Ladd, [d. Luke & Lois], b. Dec. 29, 1802	1	26
Luke, m. Lois **ROICE**, Jan. 16, 1786	1	26
Luke, d. June 30, 1834	1	26
Lydia, w. Samuel, d. Apr. 20, 1796, ae 52 y.	1	2
Lyman, [s. Luke & Lois], b. May 29, 1792	1	26
Lyman, m. Caroline **SCOVIL**, Sept. 14, 1815	1	57
Martha, [d. Eli & Anna], b Mar. 8, 1825	1	67
Mary Ann, d. [Chester & Avis], b. July 3, 1811	1	25
Minerva, m. Rev. Luther **HART**, Sept. 18. 1811	1	28
Persis, [s. Luke & Lois], b. June 22, 1789	1	26
Phinehas, Jr., of Providence, R.I., m. Helen R. **BULLER**, of Plymouth, June 4, 1846, by Rev. William Watson	2	104
Sheldon, s. [Zenas & Bettey], b. Mar. 18, 1795	1	1
Sherman, s. Zenas & Bettey, b. Aug. 2, 1790	1	1
Teritus D., m. Catharine **STOUGHTON**, Jan. 25, 1815	1	20
Tertius D., m. Julia **STOUGHTON**, Oct. 24, 1823, by Luther Hart	1	186
Tertius Daniel, s. Daniel, b. Sept. 25, 1793	1	20
Zenas, m. Bettey **BLACKESLEE**, Nov. 15, 1789	1	1
----, wid. of Isaiah, m. Capt. [ ] **PECK**, Apr. 26, 1829, by L. Hart	1	194
PRATT, Moses L., of Hartford, m. Clarissa **TALMAGE**, of Plymouth, Apr. 30, 1837, by Rev. Ephraim Lyman	1	206
PRESTON, Betsey, d. [Luman], b. Dec. 26, 1805	1	26
Betsey, m. Julius R. **POND**, Aug. 27, 1828, by Rodney Rossetter	1	193
Emeline C., of Terryville, m. Charles H. **SEYMOUR**, of Ogden, N.Y., Oct. 26, 1849, by Rev. Merrill Richardson	2	116
Florella, d. [Lyman], b. Aug. 25, 1802	1	26
Florilla, m. Charles H. **POND**, Sept. 4, 1822, by Rodney Rossitter	1	183
Julia A., m. Brian J. **ATKINS**, Oct. 16, 1822, by Rodney Rossitter	1	183
Junius, s. [Luman], b. Sept. 18, 1811	1	26
Lacy, s. [Luman], b. Dec. 31, 1813	1	26
Linus, s. [Luman], b. May 23, 1804	1	26
Linus, m. Hannah **MORRIS**, Sept. 1, 1825, by Rodney Rosseter	1	190
Lorenda, d. [Luman], b. June 30, 1807	1	26
Lorinda, m. Tyler **GAYLORD**, b. of Plymouth, Feb. 18, 1834, by		

	Vol.	Page
PRESTON, (cont.)		
J.C.V. Eastman	1	201
Lucy, of Plymouth, m. W[illia]m G. **CURTISS**, of Burlington, Apr. 16, 1835, by Rev. G.C.V. Eastman	1	201
Luman, m [ ], Dec. 25, 1800	1	26
Luman, s. [Luman], b. Mar. 8, 1809	1	26
Mary, m. Nehemiah **GRIFFIN**, Jan. 6, 1823, by Luther Hart	1	185
Orren, m. Huldah J. **KIMBERLEY**, Dec. 6, 1832, by L. Hart	1	200
Sevilla E., of Plymouth, m. Joseph R. **BRADLEY**, of Fair Haven, May 25, 1852, by Rev. Merrill Richardson	2	120
Sophronia, of Plymouth, m. Anson B. **HATCH**, of Tolland, Sept. 21, 1841, by F. B. Woodward	1	212
PRINCE, Castle, [s. Truman], b. Sept. 11, 1803, in North Haven	1	56
Hiram, [s. Truman], b. July 11, 1807	1	56
Marcus, [s. Truman], b. Dec. 11, 1807[sic]	1	56
PRITCHARD, BRITCHARD, Betsey A., of Plymouth, m. Charles **WELTON**, of Wolcott, Nov. 2, 1851, by Rev. J.P. Warren	2	118
Smith B., m. Sally **HALL**, Oct. 20, 1830, by L. Hart	1	198
PURDY, Fanny, m. Wyllys **ATWATER**, Feb. 29, 1813 [sic]	1	24
RATHBONE, Rebecca M., m. Horation **HARTSHORN**, Sept. 25, 1825, Frederick Holcomb	1	188
READ, Hugh, m. Jane **LYNCH**, b. of Plymouth, Dec. 22, 1850, by Rev. Joseph D. Hall	2	115
REYNOLDS, Abigail, m. Eli **FENN**, Dec. 21, 1795	1	38
Charlotte, 2nd, [d. Samuel], b. Feb. 17, 1792; d. Aug. [ ], 1792	1	40
Clarissa E., m. Nathan **COOK**, May 31, 1826, by Rodney Rossetter	1	189
Clarissa Electa, [d. Russell & Mary], b. July 4, 1807	1	37
Emeline Sophinia, [d. Russell & Mary], b. Oct. 25, 1809	1	37
George R., of Plymouth, m. Mary A. **HOTCHKISS**, of Litchfield, Oct. 12, 1840, by Rev. Henry D. Ketchell	1	214
Pamela, [d. Russell & Mary], b. Aug. 25, 1801	1	37
Polly, [d. Samuel], b. June 13, 1798	1	40
Russell, m. Mary **CASTLE**, Jan. 16, 1800	1	37
Samuel, [s. Samuel], b. July 6, 1793; d. Dec. 9, 1807	1	40
Samuel, d. Dec. 9, 1813, ae 61	1	40
REYNSLOT, Emeline, m. Garret **BLAKESLEE**, Aug. 18, 1830, by J. T. Clark	1	195
RICHARDSON, Merrill, Rev., m. Eunice **TERRY**, b. of Plymouth, Jan. 1, 1845, by Rev. H. D. Ketchell "The first person to write Pres. Lincoln advising him to issue a proclamation of emancipation"	1	223
RICHMOND, Minerva C, m. Henry **BEACH**, May 2, 1832,by L. Hart	1	199
RIGGS, Jeremiah, m. Rhoda **SPERRY**, Feb. 24, 1811	1	65
ROBERTS, Charles, m. Nancy M. **SHELTON**, of Plymouth, June 1, 1852, by Rev. S. D. Dennison	2	123
Jane, of Waterbury, m. Henry **SMITH**, of Gornwall, May 18, 1845, by Hiram Pierce, J.P.	1	227
Jane R., m. Burr **WOODRUFF**, b. of Plymouth, July 4, 1847, by Rev. Ephraim Lyman	2	105
ROOT, Sally, m. Roderick **STANLEY**, Sept. 10, 1804	1	29
ROPER, Fanny E., m. Ozias R. **NORTON**, May 19, 1830, by Joseph T. Clark	1	195

PLYMOUTH VITAL RECORDS 51

	Vol.	Page
ROSSETTER*, George, s. Rodney & Adaline, b. Feb. 1, 1823		
*(Arnold Copy has "MOSSETTER")	1	68
Rodney*, of Plymouth, m. Adaline **MOSS**, of Cheshire, Dec. 2, 1819		
*(Arnold Copy has "Rodney MOSSETTER")	1	68
ROWE, ROW, Daniel, d. May 26, 1811	1	63
Nancy, m. Levi **SCOTT**, Feb. 14, 1810	1	65
Rosanna, m. Levi **MARKHAM**, Jan. 11, 1804	1	8
ROYCE, ROICE, Amos, m. Levina **ADKINS**, Jan. 20, 1822, by Luther Hart	1	183
Lois, m. Luke **POTTER**, Jan. 16, 1786	1	26
RUDDINGTON*, Betsey Ann, of Plymouth, m. Hiram **HILLS**, of Farmington, Feb. 5, 1834, by J.C.V. Eastman *(Perhaps "LUDDINGTON"?)	1	201
RUSSELL, Susanna, m. Benjamin **ALLEN**, Apr. 17, 1800	1	55
Wealthy Ann, of Orange, m. Nerra **HALE**, of North Haven, Sept. 17, 1842, by Rev. George E. Pierce	1	212
RUST, Olive, m. Sheldon **DODGE**, Apr. 14, 1811	1	63
RYAN, Dennis, m. Rosena **BRAINERD**, Mar. 8, 1829, by C. Butler, J.P.	1	195
Edward, of Watertown, m. Mary **TURNEY**, of Plymouth, Nov. 29, 1843, by Rev. Philo R. Hurd, of Watertown	1	221
SANION, Christopher, of Plymouth, m. Mary E. **SMITH**, Oct. 15, 1843, by Rev. W[illia]m Watson	1	226
SALISBURY, Samuel T., m. Harriet **FENN**, b. of Plymouth, Sept. 4, 1836, by Rev. Ephraim Lyman	1	204
SANDERSON, John H., of Cheshire, m. Harriet J. **WHEELER**, of Plymouth, Oct. 3, 1836, by Rev. Ephraim Lyman	1	205
SANFORD, Betsey, [d. David], b. Apr. 20, 1802	1	54
David Austin, [s. David], b. Dec. 5, 1807	1	54
Eaton, m. Elizabeth **BLAKESLEE**, Oct. 4, 1820, by Fred Holcomb	1	180
Jane, d. Sam[ue]l, [ ]	1	4
Jane E., m. Charles **MATSON**, Apr. 7, 1844, by Rev. W[illia]m Watson	1	226
Jesse, m. Sarah **FENN**, Sept. [ ], 1780	1	41
Lorrain, m. Harriet **FORD**, Nov. 13, 1831, by L. Hart	1	199
Lucy, [d. David], b. June 27, 1804	1	54
Lucy, m. Amasa **BRONSON**, Sept. [ ], 1806	1	5
Porter, m. Sarah A. **ALLEN**, Sept. 13, 1835, by Richard M. Chapman, V.D.M.	1	202
Ransom, [s. David], b. Sept. 28, 1799	1	54
Ransom, [s. David], d. Apr. 22, 1811	1	54
Ransom Andrus, [s. David], b. July 25, 1813	1	199
Samuel, m. Celinda **THOMAS**, May 9, 1832, by L. Hart	1	41
Sarah, [d. Jesse & Sarah], b. Aug. 27, 1784	1	30
Sarah Ann, m. Oliver **STOUGHTON**, Oct. 29, 1787	1	187
Susan, m. Jacob **ELY**, Aug. 8, 1824, by Luther Hart	1	41
Susanna, [d. Jesse & Sarah], b. Nov. 19, 1781		
William, m. Mary Elizabeth **TODD**, Feb. 22, 1835, by Asa Cornwall, of Cheshire	1	201
SAT[T]ERLEE, Bela B., m. Clarinda **BARNES**, Apr. 7 1844, by Rev. W[illia]m Watson	1	226
SCOTT, Eri, of Waterbury, m. Sarah **FOSTER**, of Terryville, Sept. 3,		

52 BARBOUR COLLECTION

	Vol.	Page
SCOTT, (cont.)		
1846, by Rev. H. D. Ketchell	2	108
Isaac, m. Luna **BEACH**, May 23, 1824, by Luther Hart	1	187
Julia, of Oxford, N.Y., m. Truman L. **PIERCE**, of Watertown, Aug. 23, 1846, by Rev. Ephraim Lyman	2	103
Levi, m. Sally **MARKHAM**, Sept. 5, 1804	1	65
Levi, m. Nancy **ROW**, Feb. 14, 1810	1	65
Levi Leverit, [s. Levi & Nancy], b. June 20, 1813; d. July 12, 1815	1	65
Margaret, m. Christopher **NEWTON**, Oct. 5, 1804	1	12
Markham, [s. Levi & Sally], b. Apr. 23, 1808	1	65
Riley, [s. Levi & Sally], b. July 3, 1806, in Waterbury	1	65
Riley, m. Anne N. **BLACKSLEE**, Oct. 12, 1830, by L. Hart	1	197
Sarah, m. Samuel **FENN**, June 24, 1763	1	34
Thomas, m. Eliza **HUMISTON**, b. of Plymouth, June 13, 1847, by Rev. Ephraim Lyman	2	105
William, of Plymouth, m. Chloe E. **GRISWOLD**, of Bristol, Aug. 1, 1847, by Rev. William Watson	2	113
[SCOVILLE], SCOVELL, SCOVIL, SCOVILL, SCHOVIL,		
Caroline, m. Lyman **POTTER**, Sept. 14 1815	1	57
Clarrissa, m. Thaddeus **BALDWIN**, Jr., May 27, 1807	1	38
David, [s. Sela & Mary], b. Sept. 6, 1787	1	45
Ebenezer R., [s. Sela & Mary], b. Nov. 25, 1791	1	45
Henry, m. Anne **TERRY**, June 7, 1820, by Luther Hart	1	180
Jesse, m. Wid. [ ] **MINSON**, Sept. 16, 1824, by Luther Hart	1	187
Julian, m. William **CROSBY**, Nov. 19, 1793	1	11
Lemuel, [s. Sela & Mary], b. Dec. 9, 1800	1	45
Lemuel, m. Maria **ADKINS**, Oct. 20, 1824, by Luther Hart	1	187
Lois, [s. Sela & Mary], b. Dec. 22, 1795	1	45
Maria, d. William & grand daughter of Samuel & Sarah **FENN**, b. [ ], in North East N.Y.	1	34
Mark, [s. Sela & Mary], b. July 24, 1789	1	45
Martha, [d. Sela & Mary], b. Feb. 8, 1798	1	45
Martha, m. Nehemiah **PECK**, Oct. 6, 1824, by Luther Hart	1	187
Mary, m. Sela **SCOBILL**, Apr. 29, 1784	1	45
Mary L., [d. Sela & Mary], b. Jan. 17, 1803	1	45
Marylinda, m. John **ADKINS**, Oct. 3, 1821, by Luther Hart	1	183
Nancy, m. William **BARNEY**, Jan. 20, 1813	1	51
Sela, m. Mary **SCOVILL**, Apr. 29, 1784	1	45
[Sela & Mary], had 1st d. [ ], b. Nov. 20, 1794; d. [ ], 1794	1	45
Sophia, m. Lucius **BRADLEY**, Oct. 2, 1825, by Luther Hart	1	190
SEARLE, Cecelia Elizabeth, [d. Rev. Roger & Sarah], b. June 20, 1810	1	57
Lucian Theodoscius, [s. Rev. Roger & Sarah], b. Mar. 5, 1808, in Harwinton	1	57
Nancy Sarah **CHLOISA**, [d. Rev. Roger & Sarah], b. Jan. 20, 1813; d. Feb. 12, 1815	1	57
Rhoda John Dickins, [s. Rev. Roger & Sarah], b. June 27, 1801, in Middletown	1	57
Roger, Rev., m. Sarah **SEARLE**, Aug. 7, 1800, in Middletown, by Rev. Enoch Huntington	1	57
Sarah, m. Rev. Roger **SEARLE**, Aug 7, 1800, in Middletown, by Rev. Enoch Huntington	1	57

PLYMOUTH VITAL RECORDS 53

	Vol.	Page
SEARLE, (cont.)		
Sophronia Pomeroy, [d. Rev. Roger & Sarah], b. Oct. 28, 1803, in Pittsfield, Mass.	1	57
Theodore Augustus, [s. Rev. Roger & Sarah], b. Nov. 25, 1805, in Durham	1	57
SEARS, Maria D., of New Haven, m. James H. **SMITH**, of Southington, Nov. 15, 1842, by Rev. Merrell Richardson, Int. Pub. Nov. 13, 1842, by Elisha C. Jones	1	217
SEYMOUR, SEYMOR, SEAMOUR, Abel, b. July 2, 1745,; m. Damaris **HUMASTON**, Nov. 19, 1767	1	7
Abel, s. [Abel &Damaris], b. Aug. 13, 1777	1	7
Abel, m. Eunice **DOOLITTLE**, Dec. 15, 1794	1	7
Alonzo, of Watertown, m. Mary E. **GREEN**, of Litchfield, Sept. 14, 1852, by Rev. S. D. Dennison	2	123
Bennett, [s. Titus & Lucee], b. Nov. 22, 1803	1	9
Charles H., of Ogden, N.Y., m. Emeline C. **PRESTON**, of Terryville, Oct. 26, 1849, by Rev. Merrill Richardson	2	116
Damaris, d. [Abel & Damaris], b. Sept, 4, 1779	1	7
Damaris, w. Abel, d. Jan. 12, 1794	1	7
Damaris, m. Abner **BLAKESLEE**, Jr., Apr. 11, 1802	1	33
Dorcas, d. [Abel & Damaris], b. Feb. 1 1783	1	7
Eunice, w. Abel, d. June 2, 1813	1	7
George B., of Watertown, m. Mary A. **HOADLEY**, of Plymouth, Sept. 4, 1836, by Rev. Ephraim Lyman	1	204
Hannah Blakeslee, [d. Titus & Lucee], b. Mar. 10, 1809	1	9
Harriet Betsey, [d. Titus & Lucee], b. Aug. 12, 1813	1	9
Lucy, d. [Abel & Damaris], b. July 3, 1770	1	7
Martha, [d. Abel & Damaris], b Mar. 11, 1772	1	7
Mary Ann, m. George **TOMLINSON**, June 17, 1840, by Rev. W[illia]m Watson	1	225
Merril, s. [Abel & Damaris], b. June 29, 1781	1	7
Norman, s. [Abel & Damaris], b. May 8, 1789; d. Jan. 20, 1792	1	7
Norman, [s. Titus & Lucee], b. July 13, 1799	1	9
Norman, m. Sally **LEWIS**, Feb. 25, 1827, by Rodney Rossetter	1	189
Polly, d. [Abel & Damaris], b. July 3, 1776	1	7
Robert, s. [Abel & Damaris], b. Aug. 16, 1785	1	7
Stephen, m. [ ]**TODD**, Nov. [ ], 1801	1	9
Titus, s. [Abel & Damaris], bl July 6, 1774	1	7
Titus, m. Lucee **BLAKESLEE**, Mar. 17, 1799	1	9
Ziba, s. Abel & Damaris, b. Oct. 3, 1768	1	7
SHAW, Lucy D., m. Sherman **GRIDLEY**, Mar. 19, 1823, by Luther Hart	1	185
SHELDON, Augusta M., m. William **BISHOP**, Oct. 18, 1833, by Rev. Daniel Burhans	1	200
Austin, of Branford, m. Julia Ann **TUTTLE**, of Plymouth, Oct. 10, 1832, by Rev. Henry Stanwood, of Bristol	1	197
Emily, of Plymouth, m. John E. **TALLMADGE**, of Auburn, N.Y., Sept. 2, 1851, by Rev. S. D. Dennison	2	123
SHELTON, Joseph Carlos, 1st child [Seldon, Julia Ann], b. Dec. 6, 1808	1	39
Nancy M., m. Charles **ROBERTS**, June 1, 1852, by Rev. S. D. Dennison	2	123

	Vol.	Page
SHELTON, (cont.)		
Seldon, m. Julia Ann **WELTON**, Feb. 23, 1808	1	39
William David, 2nd child [Seldon & Julia Ann], b. Nov. 1, 1813	1	39
SHEPHERD, Henry, m. Sarah C. **CLANNING,** b. of Bradford, Aug. 27, 1848, by Rev. Ephraim Lyman	2	108
SHERWOOD, Tamer Clarissa, m. Richard **JUDSON,** Jan. 1, 1794	1	44
SIMSDEN, David F., Rev. of Edingbury, m. Clarissa Jane **BUTLER,** of Plymouth, Sept. 14, 1851, by Rev. S. D Dennison	2	122
SINDAMILLEN, Dorothea C., of Bristol, m. Lee Constantine Henry **MILLER,** of Plymouth, Apr. 18, 1852, by Rev. Merrill Richardson	2	120
SKINNER, Jason, m. Sarah **AMES,** b. of Harwington, Mar. 30, 1843, by Hiram Pierce. J.P.	1	220
John G., m. Catharine **COLLINS,** July 23, 1837, by Rev. Ephraim Lyman	1	206
SMITH, Abigail, m. William **PIERPOINT,** Nov. 29, 1813	1	40
Amos, m. Maria **BARNES,** Dec. 1, 1824, by Luther Hart	1	188
Augusta, m. Chester **CARRINGTON,** Sept, 29, 1834, by Rev. Daniel Burhans	1	202
Augustus, [s. James & Sarah], b. Mar. 9, 1811	1	31
Benjamin, m. Fanny C. **SMITH,** June 1, 1845, by Rev. H. D. Ketchell	1	228
Elias, m. Nancy **GOODALE,** Feb. 27, 1831, by L. Hart	1	198
Eliza, [d. James & Sarah], b. July 3, 1806	1	31
Elizabeth, of Plymouth, m. Aaron **PERKINS,** of Hamden, Jan. 23, 1828, by Ebenezer Washburn	1	193
Enoch A., of Windsor, N.Y., m. Betsey **GRIGGS,** of Plymouth, Apr. 14, 1852, by Rev. Ephraim Lyman	2	120
Erastus, s. [Daniel], b. Dec. 1, 1803	1	13
Esther, [d. James & Sarah], b. May 5, 1804	1	31
Esther, m. William **BEACH,** Sept. 17, 1832, by L. Hart	1	199
Fanny C., m. Benjamin **SMITH,** June 1, 1845, by Rev. H. D. Keetchell	1	228
Frederick P., of Litchfield, m. Ann **SUTLIFF,** of Plymouth, Nov. 28, 1839, by Rev. Ephraim Lyman	1	213
Hannah, [d. James & Sarah], b. Feb. 28, 1795	1	31
Henry, m. Mary Ann **ATWOOD,** of Watertown, Sept. 1, 1833, by Rev. Daniel Burhans	1	200
Henry, of Cornwall, m. Jane **ROBERTS,** of Waterbury, May 18, 1845, by Hiram Pierce, J.P.	1	227
James, m. Sarah **BLAKESLEE,** Jan. 29, 1789	1	31
James H., of Southington, m. Maria D. **SEARS,** of New Haven, Nov. 15, 1842, by Rev. Merrell Richardson, Int. Pub. Nov. 13, 1842, by Elisha C. Jones	1	217
John, [s. James & Sarah], b. July 3, 1799; d. June 14, 1814	1	31
John, m. Lucretia **HEMINGWAY,** Jan. 21, 1827, by Luther Hart	1	191
Junius, s. David & Ruth, b. Oct. 2, 1780; left America for England Nov. [ ], 1805; settled in London, No. 11 Broad St. Bldg. Parish of St. Botolph Bishop's Gate in 1810; m. Sarah **ALLEN,** 2nd d. Thomas of Huddersfield, Apr. 9, 1812. Was 1st man to navigate a steam ship across the Atlantic ocean. After loss of Steamer "President' went to S. Carolina. After		

PLYMOUTH VITAL RECORDS

	Vol.	Page
SMITH, (cont.)		
settling in S. Carolina raised the first Tea grown in this country. Opposed to slavery. Assaulted by the patrol and as a result of this assault died in a New York Asylum a raving maniac	1	19
Leavitt, [s. [James & Sarah], b. Jan. 24, 1793	1	31
Lester, s. [Daniel], b. Jan. 20, 1801	1	13
Lewis T., of Cheshire, m. Eunice R. **NORTON**, of Plymouth, Oct. 13, 1845, by Rev. Ephraim Lyman	1	228
Maria S., of Plymouth, m. Lorey Phillips, of Canton, Sept. 15, 1844, by Rev. Merrell Richardson	1	222
Martha, m. Stephen **BARNEY**, Jr., b. of Terryville, June 6, 1848, by Rev. Merrell Richardson	2	107
Mary, m. Bennett **BASSETT**, b. of Parish of Northfield, Litchfield, May 23, 1842, by Rev. henry D. Ketchell	1	216
Mary E., m. Christopher **SAGNION**, Oct. 15, 1843, by Rev. W[illia]m Watson	1	226
Mary P., m. Isaac H. **HOUGH**, b. of Wolcott, Apr. 9, 1841, by Merrill Richardson	1	215
Noah Blakeslee, [s. James & Sarah], b. Oct. 18, 1790	1	31
Norman, m. Lydia A. **WARD**, b. of Plymouth, May 27, 1845, by Rev. Ephraim Lyman	1	228
Olive E., of Lithcfield, m. Daniel **SUTLIFF**, of Plymouth, Jan. 5, 1840, by Rev. Ephraim Lyman	1	213
Orrin, m. Emily **WOODWORTH**, May 24, 1851, by Rev. Joseph Smith	2	117
Patty, d. [Daniel], b. Jan. 17, 1813	1	13
Phebe Augusta, [d. James & Sarah], b. July 22, 1813	1	31
Polly, [d. James & Sarah], b. Dec. 30, 1808	1	31
Rhoda, [d. James & Sarah], b. Dec. 9, 1801	1	31
Sally, [d. James & Sarah], b. Mar. 29, 1797	1	31
Sherman, s. [Daniel], b. Sept. 1, 1807	1	13
Truman, of Burlington, m. Selinda **GRIGGS**, of Plymouth, Apr. 12, 1846, by Rev. Merrell Richardson	2	102
William S., m. Elizabeth G. **GRIGGS**, b. of Plymouth, Oct. 3, 1840, by Rev. Ephraim Lyman	1	213
SPENCER, Isaac, m. Prudence Fisher, Sept. 13, 1821, by Rodney Rossitter	1	182
Mary F., of Plymouth, m. John w. **LANGDON**, of Berlin, Nov. 13, 1839, by Rev. H. D. Ketchel	1	209
Nancy, m. Anson **DODGE**, Oct. [ ], 1802	1	63
SPERRY, Curtiss, of Plymouth, m. Louisa **ALFRED**, of Harwinton, Sept. 22, 1840, by Rev. Ephraim Lyman	1	213
Eliza M., m. Frederic S. **FAIRCHILD**, b. of Watertown, Jan. 1, 1850, by Joseph D. Hall	2	111
Merret, of Bethany, m. Lucina G. **FORD**, of Plymouth, Apr. 5, 1840, by Rev. H. D. Ketchel	1	209
Rhoda, m. Jeremiah **RIGGS**, Feb. 24 1811	1	65
	1	190
—, wid., m. Giles **FENN**, Sept. 3, 1826, by Luther Hart	1	29
STANLEY, Betsey, [d. Roderick & Sally], b. Aug. 4, 1805		
Henry D., of Farmington, m. Betsey A. **IVES**, of Plymouth, Jan. 5, 1842, by Rev. Ephraim Lyman	1	213
Jemru Dow. [s, Roderick & Sally], Apr. 22, 1810	1	29

	Vol.	Page
STANLEY, Lucy, [d. Roderick & Sally], b. Sept. 6, 1812	1	29
Roderick, m. Sally **ROOT,** Sept. 10, 1804	1	29
Salmon **ROOT,** [s. Roderick & Sally], b. Nov. 27, 1807	1	29
STEDMAN, Ebenezer, m. Edna **BLACKSLEE,** Oct. 15, 1829, by Frederick Holcomb	1	194
STEVENS, Anna Charlotte, [d. Henry & Ruth], b. Feb. 18, 1801	1	35
Henry, m. Ruth **PAGE,** May 2, 1791	1	35
Horace, [s. Henry & Ruth], b. July 4, 1792	1	35
Lamon, [s. Henry & Ruth], b. Mar. 18, 1796	1	35
Ruth Ursula, [d. Henry & Ruth], b. Jan. 27, 1807	1	35
Sally Maria, [d. Henry & Ruth], b. May 2, 1804	1	35
Simeon Fenn, [s. Henry & Ruth], b. Oct. 20, 1798	1	35
STOCKING, Septemus S., of Watertown, m. Betsey A. **TAYLOR,** of Plymouth, Dec. 28, 1845, by Rec. H. D. Ketchell	2	100
STONE, Eliza, m. James W. **WHITE,** May 18, 1845, by Rec. W[illia]m Watson	1	227
Elizabeth, m. Josiah **KIMBERLY,** Jan. 29, 1809	1	14
Timothy, Jr., m. Wealthy **BENHAM,** Oct. 5, 1825, by Luther Hart	1	188
STOUGHTON, Andrew, [s. Oliver & Sarah Ann], b. Nov 16, 1796	1	30
Andrew Oliver, [s. Oliver & Sarah Ann], b. Sept 22, 1791	1	30
Andrew Oliver, [s. Oliver & Sarah Ann], d. [ ]	1	30
Catharine, [d. Oliver & Sarah Ann], b. Jan. 29, 1795	1	30
Catharine, m. Tertius D. **POTTER,** Jan. 25, 1815	1	20
George, [s. Oliver & Sarah Ann], b. Dec. 6, 1800	1	30
Julia, [d. Oliver & Sarah Ann], b. Nov. 29, 1798	1	30
Julia, m. Tertius D. **POTTER,** Oct. 24, 1823, by Luther Hart	1	186
Justin Leavit, [s. Oliver & Sarah Ann], b. Nov. 19, 1789	1	30
Nancy, [d. Oliver & Sarah Ann], b. May 11, 1793	1	30
Oliver, m. Sarah Ann **SANFORD,** Oct. 29, 1787	1	30
Oliver, [s. Oliver & Sarah Ann], b. June 1, 1807	1	30
Sophia, [d. Oliver & Sarah Ann], b. Aug. 9, 1788	1	30
SUTLIFF, SULIFF, Amanda, 4th child [Thomas & Betsey], b. May 22, 1814	1	10
Ann, of Plymouth, m. Frederick P. **SMITH,** of Litchfield, Nov. 28, 1839, by Rec. Ephraim Lyman	1	213
Anna, m. John **WARNER,** Jr., Nov. 8, 1770	1	48
Annis, [d. Samuel & Annis], b. Sept. 11, 1800	1	37
Asenath, [d. Samuel & Annis], b. Nov. 28, 1785	1	37
Brunson, 3rd child [Thomas & Betsey], b. May 30, 1808	1	10
Content, [d. Samuel & Annis], b. Jan. 28, 1784	1	37
Daniel, of Plymouth, m. Olive E. **SMITH,** of Litchfield, Jan. 5, 1840, by Rev. Ephraim Lyman	1	213
Dennis, [s. Samuel & Annis], b. Sept. 12, 1792	1	37
Eliza, 2nd child [Thomas & Betsey], b. Sept. 21, 1806	1	10
Esther, [d. Samuel & Annis], b. May 29, 1796	1	37
Giles, [s. Samuel & Annis], b. Mar. 18, 1782	1	37
Giles, m. Betsey **BLACKSLEE,** Dec. 29, 1803	1	25
Harriet M., m. Andrew S. **HAWKINS,** Aug. 31, 1831, by L. Hart	1	198
Harriet Maria, 3rd d. [John & Chloe], b. Aug. 2, 1812	1	23
Hulda, [d. Samuel & Annis], b. Nov. 23, 1787	1	37
Huldah, m. John H. **BULLARD,** Sept. 5, 1824, by Luther Hart	1	187
John, m. Chloe **HOPSON,** Nov. 15, 1804	1	23

PLYMOUTH VITAL RECORDS 57

	Vol.	Page
SUTLIFF, (cont.)		
John Hopson, 2nd child s. [John & Chloe], b. Oct. 4, 1810	1	23
Joseph, s. John, b. Feb. 7, 1781; . Clarissa **KELLY**, June 28, 1812	1	21
Joseph Curtiss, 2nd child s. [Joseph & Clarissa], b. Mar. 9, 1815	1	21
Julia Ann, 1st child d. [John & Chloe], b. June 6, 1808	1	23
Lester, [s. Samuel & Annis], b. Sept. 26, 1798	1	37
Lucy, 1st child d. [Joseph & Clarissa], b. Mar. 11, 1813	1	21
Nancy, 1st child d. [Thomas & Betsey], b. Mar. 8, 1805	1	10
Sally Gillett, [d. Giles & Betsey], b. Mar. 10, 1807	1	25
Samuel Bennet, [s. Giles & Betsey], b. Mar. 1, 1805	1	25
Samuel T., [s. Samuel & Annis], b. Jan. 25, 1790	1	37
Sherman, [s. Giles & Betsey], b. Mar. 13, 1813	1	25
Thomas, b. Nov. 2, 1771; m. Betsey **MATTOON**, Mar. 19, 1804	1	10
SWEET, Emily, m. Reuben **DOOLITTLE**, b. of Watertown, Mar. 25, 1840, by F. B. Woodward	1	211
TALCOTT, Ralph, m. Susan **BALL**, June 10, 1830, by Luther Hart	1	197
TALMADGE, TALMAGE, TALLMADGE, Alvah, m. Minerva **CAMP**, July 1, 1824, by Rodney Rossetter	1	187
Amzi, m. Rosetta **WARNER**, Nov. 7, 179[ ]	1	18
Apollos, s. [Amzi & Rosetta], b. Mar. 29, 180[ ]; d. Dec. 15, 180[ ]	1	18
Betsey, [d. Stephen T.], b. Sept. 30, 1801	1	66
Betsey, [d. Stephen T.], d. Sept. 2, 1803	1	66
Betsey G., m. Royal **COOK**, Jan. 28, 1827, by Frederick Holcomb	1	189
Betsey Galpin, [d. Stephen T.], b. June 18, 1808	1	66
Catharine, m. Elisha **JOHNSON**, Nov. 2, 1842, by Rev. W[illia]m Watson	1	225
Catharine Eliza, [d. Edwin & Adeline], b. Sept. 3, 1824	1	73
Charlotte, m. Marret **WOOD**, b. of Plymouth, Aug. 23, 1820, by Rev. Rodney Rossetter	1	180
Charlotte Eliza, [d. Stephen T.], b. Mar. 16, 1799	1	66
Clarissa, of Plymouth, m. Moses L. **PRATT**, of Hartford, Apr. 30, 1837, by Rev. Ephraim Lyman	1	206
Clarissa Phelps, [d. Stephen T.], b. Sept. 13, 1812; d. June 10, 1813	1	66
Edwin, s. [Amzi & Rosetta], b. Apr. 26, 1801	1	18
Edwin, m. Adaline H. **MITCHELL**, Nov. 12, 1823, by Rodney Rossitter	1	186
Edwin, town clerk from 1835 to 1838	1	1
Edwin Mitchell, [s. Edwin & Adeline], b. Sept. 21, 1833	1	73
Elisha G., [s. Amzi & Rosetta], b. Feb. 16, 179[ ]	1	18
Emily a., of Plymouth, m. Gaylord G. **BISSELL**, of Bethlem, Nov. 7, 1849, by Rev William Watson	2	113
Emily Ann, [d. Edwin & Adeline], b. Apr. 20, 1828	1	73
John E., of Auburn, N.Y., m. Emily **SHELDON**, of Plymouth, Sept. 2, 1851, by Rev. S. D. Dennison	2	122
Mary, [d. Stephen T.], b. Jan. 12, 1796	1	66
Mary, m. Lewis **GOODWIN**, Nov. 1, 1820, by Rodney Rosseter	1	180
Mary Ann, m. Stephen M. **MITCHELL**, Dec. 17, 1826, by Rodney Rossetter	1	189
Mary Jane, d. [Amzi & Rosetta], b. Apr. 5, 1809	1	18
Rosetta, d. [Amzi & Rosetta], b. Apr. 17, 179[ ]	1	18
Sarah, [d. Samuel T.], b. June 9, 1804	1	66
Sarah, m. Herman **WARNER**, Feb. 25, 1827, by Rodney Rossetter	1	190

	Vol.	Page

TALMADGE, (cont.)
Stephen, [s. Stephen T], b. Sept. 4, 1797; d. Oct. 24, 1798   1   66
Stephen Todd, [s. Stephen T.], b. May 18, 1810   1   66
TERRELL, Charles M., m. Rosanna **BROWN**, Nov. 28, 1842, by
   Rev. Merrell Richardson, Rosanna.   1   217
Samuel R., m. Laura **NORTON**, b. of Plymouth, Sept. 2, 1848, by
   Rev. Ephraim Lyman   2   108
TERRY, Adeline, d. Henry, of Plymouth, m. Egbert **BARTLETT**, of
   Derby, Fb. 25, 1852, by Rev. J. P. Warren   2   119
Anne, [d. Eli & Eunice], b. Dec. 22, 1796   1   46
Anne, m. Henry **SCOVIL**, June 7, 1820, by Luther Hart   1   180
Edwin, [s. Eli], b. Nov. 29, 1843   1   77
Eli, m. Eunice **WARNER**, Mar. 12, 1795   1   46
Eli, [s. Eli & Eunice], b. June 25, 1799   1   46
Eunice, m. Rev. Merrill **RICHARDSON***, b. of Plymouth, Jan. 1,
   1845, by Rev. H. D. Ketchell *("The first person to write Pres.
   Lincoln advising him to issue a proclamation of
   emancipation")   1   223
Fallah, m. Franklin J. **WHITTEMORE**, Oct. 14, 1851, by Rev.
   Merrill Richardson   2   118
George, [s. Eli & Eunice], b. Jan. 22, 1815   1   46
Henry, [s. Eli & Eunice], b. Nov. 12, 1801   1   46
Henry, m. Emily **BLAKESLEE**, Oct. 16, 1823, by Luther Hart   1   185
Huldah, [d. Eli & Eunice], b. Jan. 22, 1811   1   46
Huldah, m. Hiram N. **WARNER**, Sept. 16, 1830, by L. Hart   1   197
James, [s. Eli & Eunice], b. Dec. 31, 1803   1   46
Lucinda, of Plymouth, m. Edward **KINGSURY**, of New York, May
   1, 1836, by Rev. Ephraim Lyman   1   203
Nancy, m. Charles **PARSONS**, Apr. 11, 1838, by Rev W[illia]m
   Watson   1   224
Sarah, m. Simeon W. **GUNN**, Aug. 16, 1841, in Terreyville, by
   Merrill Richardson   1   215
Sarah, m. D. D. **WARNER**, b. of Plymouth, Sept, 15, 1847, by Rev.
   William Watson   2   113
Sarah Warner, [d. Eli & Eunice], b. Dec. 14, 1809   1   46
Silas B., m. Maria W. **UPSON**, Nov. 5, 1832, by L. Hart   1   199
Silas Birnham, [s. Eli & Eunice], b. Feb. 1, 1807   1   46
Stephen, [s. Eli], b. June 13, 1842   1   77
THOMAS, Amanda, of Plymouth, m. Thomas J. **BRADSTREET**, of
   Danvers, Mass., Nov. 4, 1840, by Rev. H. D. Ketchell   1   214
Caroline, m. Lewis **BEACH**, June 28, 1827, by Luther Hart   1   191
Celinda, m. Samuel **SANFORD**, May 9, 1832, by L. Hart   1   199
Daura Ann, m. Arthemus F. **BALDWIN**, b. of Plymouth, Mar. 10,
   1844, by Rev. Ephraim Lyman   1   228
Edward, m. Clarissa **MARSH**, Dec. 3, 1845, by Rev. H. D. Ketchell   2   100
Elizabeth, m. George A. **GILBERT**, dec. 3, 1845, by Rev. H. D.
   Ketchel   2   100
Hannah, m. Leonard **PARSONS**, May 9, 1823, by N. M. Chipman   1   185
Seth, Jr., m. Charlotte **PARKER**, Mar. 7, 1838, by N.M.> Chipman   1   206
THOMPSON, Harriet, m, Thomas **MITCHELL**, [   ], 1801   1   206
Orrin, of Bristol, m. Adaline H. **BEACH**, of Plymouth, Apr. 5, 1846,   1   67
   by Rev. Merrell Richardson   2   102

PLYMOUTH VITAL RECORDS 59

	Vol.	Page
THOMPSON, (cont.)		
Vincent, m. Mary **BRADLEY**, Oct. 19, 1823, by Rodney Rossetter	1	185
THRALL, Candace, d. Eli & Lucy, b. Dec. 9, 1789	1	3
Eli, s. [Eli & Lucy], b. June 14, 1797	1	3
Sally, d. [Eli & Lucy], b. June 20, 1792	1	3
William, s. [Eli & Lucy], b. Aug. 33, 1794	1	3
THROOP, Calvin, of Watertown, m. Olive M **TYLER**, of Plymouth, Dec. 28, 1845, by Rec. H. D. Ketchell	2	100
TODD, Abigail Tuttle, [d. Oliver & Abigail], b May 29, 1803	1	27
Adin, s. Elam, b. Feb. 24, 1812	1	56
Charles B., m. Emily E. **ATKINS**, May 10, 1842, by Rev. W[illia]m Watson	1	225
David, [s./ Oliver & Abigail], b. Aug. 30, 1805	1	27
Elizabeth, of Plymouth, m. Alivin **MORSE** (?), of Hawtinton, Apr. 29, 1846, by Rev. Merrell Richardson	2	102
Elizabeth Charlotte, [d. Oliver & Abigail], b. Sept. 1, 1810	1	27
Ellen S., m .George W. **FELLOWS**, b. of Plymouth, Aug. 1, [probably 1852], by Rev. J. P. Warren	2	121
Erastus, m. Lucia **LANE**, July 1, 1827, by Rodney Rossetter	1	190
Hiram, [s. Oliver & Abigail], b. Aug. 5, 1808	1	27
Joel, [s. Oliver & Abigail], b. Mar. 30, 1801	1	27
Joel, m. Anstria **GRIGGS**, Sept. 3, 1826, by Luther Hart	1	190
Julianna, m. Chauncy **BARNES**, May 28, 1823, by Rodney Rossetter	1	184
Julius M., m. Sarah E. **CAY***, b. of Plymouth, Apr. 16, 1848, by Rev. H. V. Gardiner *("**COY**"?)	2	108
Mary Elizabeth, m. William **SANFORD**, Feb. 22, 1835, by Asa Cornwall, of Cheshire	1	201
Meranda, [d. Oliver & Abigail], b. Mar. 27, 1794; d. Aug. 31, 1796	1	27
Meranda, [d. Oliver & Abigail], b. June 27, 1796	1	27
Oliver, m. Abigail **WARNER**, June 29, 1791	1	27
Oliver Augustus Garrett, [s. Oliver & Abigail], b. Oct. 4, 1812	1	27
Polly Maria, [d. Oliver & Abigail], b. May 12, 1799	1	27
Samuel, Jr., [s. Oliver & Abigial], b. Feb. 18, 1792	1	27
Susanna, m. Uri **ALLEN**, May 1, 1793	1	55
-----, m. Stephen **SEYMOUR**, Nov. [ ], 1801	1	9
TOLLES, Chester F., of Woodbury, m. Martha P. **HAMASTON**, of Plymouth, Feb. 24, 1846, by Rev. Ephraim Lyman	2	101
Harriet, m. Peleg **HINES**, Oct. 29, 1838, by Rev. W[illia]m Watson	1	224
Lyman, [s. Lyman], b. Mar. 16, 1802	1	53
Lyman, Jr., m. Almira **ANDREWS**, Feb. 14, 1827, by Rodney Rossetter	1	189
Martha A., of Plymouth, m. Ralph H. **GUILFORD**, of Cheshire, Sept. 2, 1851, by Rev. S. D. Dennison	2	122
Marzenas, [s. child of Lyman], b. May 31, 1810	1	53
Mehetable, m. Lyman **TUTTLE**, Nov. 26, 1805	1	56
Nathan, [s. Lyman], b. June 22, 1795, in Woodbridge	1	53
Orpah, m. Jerry **ALLEN**, Feb. 16, 1807	1	55
Orris, [s. Lyman], b. Feb. 23, 1793, in Woodbridge	1	53
Robert J., m. Emeline **WHITLOCK**, Sept. 21, 1841, by Rev. W[illia]m Watson	1	225
Sally, [d. Lyman], b. Jan. 23, 1799	1	53

	Vol.	Page
TOLMAN, Mary A., of Saratogo, N.Y., m. John H. **BRYAN**, of Plymouth, Feb. 3, 1850, by Rev. Ephraim Lyman	2	111
TOMLINSON, Beach, [s. Victory & Eunice], b. Dec. 12, 1790	1	39
Beach, m. Abiah **FENN**, Sept. 6, 1810	1	53
Eunice, [d. Victory & Eunice], b. Apr. 27, 1788	1	39
Eunice, w. Victory, d. Dec. 23, 1791	1	39
Eunice, d. [Zachariah & Polly], b Oct. 7, 1812	1	53
Eunice, m. George T. **HOADLEY**, Sept. 30, 1832, by L. Hart	1	199
George, m. Mary Ann **SEYMOUR**, June 17, 1840, by Rev. W[illia]m Watson	1	225
Martha, m. John C. **IVES**, b. of Plymouth, Sept. 22, 1839, by Rev. Ephraim Lyman	1	213
Martha, m. Andrew **CAMP**, Sept. 4, 1843, by Rev. W[illia]m. Watson	1	226
Nancy, d. [Beach & Abiah], b. Oct. 17, 1811	1	53
Nancy F., m. Wooster **WARNER**, Sept. 30, 1832, by L. Hart	1	199
Victory, m. Eunice **DUNBAR**, Apr. 27, 1785	1	39
Victory, m. Martha **WARNER**, Feb. 25, 1802	1	39
Zachariah, [s. Victory & Eunice], b. July 4, 1786	1	39
Zachariah, m. Polly **FENN**, Nov. 28, 1811	1	53
TOMPHINS, Benjamin, 3rd, s. [Philip & Esther], b Apr. 19, 1792, at Bristol	1	31
Bethuel, had s. Thomas, b. Aug. 1, 1814	1	25
Eber, 4th child [Philip & Esther], b. Apr. 6, 1794, at Bristol	1	31
Gany, m. Sidara **WARNER**, Feb. 20, 1822, by Luther Hart	1	183
Harris, 5th child [Philip & Esther], b. June 29, 1799, at Bristol	1	31
Mercy Maria, 7th child [Philip & Esther], b. Apr. 29, 1808	1	31
Philip, m. Esther **BLAKESLEE**, Nov. 15, 1787	1	31
Polly, 2nd d. [Philip & Esther], b. May 5, 1790, at Bristol	1	31
Sabra, 1st d. [Philip & Esther], b. Aug. 8, 1788, at Watertown	1	31
Sabra, m. Sedley **WOODWARD**, Jan. 5, 1809	1	21
Thomas, s. Bethuel, b. Aug. 1, 1814	1	25
Thomas P., m. Almira **TUTTLE**, b. of Plymouth, May 17, 1841, by Rev. Henry D. Ketchell	1	214
William, 6th child [Philip & Esther], b. Jan. 21, 1806	1	31
TOTMAN, Asahel C., m. Martha **ATKINS**, b. of Plymouth, Nov. 17, 1847, by Rev. H. D. Ketchell	2	106
Harriet, m. Frederick **NICHOLS**, b. of Plymouth, Aug. 23, 1846, by Rev Ephraim Lyman	2	103
TOURGEE, TOURJEE, Charles m. Mindwell **BLAKESLEE**, Feb. 10, 1822, by Rodney Rossetter	1	182
Mindwell, m. William **TOURGEE**, Sept. 4, 1827, by L. Hart	1	193
William, m. Mindwell **TOURGEE**, Sept. 4, 1827, by L. Hart	1	193
TOUSEY, TOWSEY, Esther A., m. Beers **FAIRCHILD**, b. of Newtown, Oct. 8, 1828, by Rodney Rossetter	1	195
John M., of New Town, m. Mary **BUTLER**, of Plymouth, Sept. 14, 1851, by Rev. S. D. Dennison	2	123
TRIPP, Peregrine, m. Esther B. **POTTER**, Dec. 25, 1827, by Rodney Rossetter	1	192
TROOP, Flora J., of Plymouth, m. Augustus C. **BROWN**, of Litchfield, Oct. 22, 1843, by Rev. Henry D. Ketchell	1	221
TURNER, Lewis W., of Litchfield, m. Juliatte **JACOBS**, of		

PLYMOUTH VITAL RECORDS 61

	Vol.	Page
TURNER, (cont.)		
Wallingford, Feb. 4, 1840, by Rev. Henry D. Ketchel	1	209
Lucinda, [d. Jesse], b. Sept. 2, 1796	1	65
Maria, of Northfield, m. Levi **HOUGH**, of Plymouth, Apr. 23, 1840, by Rev. H. D. Ketchel	1	209
Sally, [d. Jesse], b. Apr. 18, 1800	1	65
Sally, m. Garry **LAWS**, Oct. [ ], 1822, by Luthe Hart	1	185
TURNEY, Mary, of Plymouth, m. Edward **RYAN**, Of Watertown, Nov. 29, 1843, by Rev. Philo R. Hurd, of Watertown	1	221
TUTTLE, Abraham, m. Mary **BARNS**, May 30, 1801	1	47
Albert, s. [Bostwick & Luanie)], b. June 10, 1801	1	2
Almira, [d. Lyman & Mehetable], b. Oct. 29, 1811	1	56
Almira, m. Thomas P. **TOMPKINS**, b. of Plymouth, May 17, 1841, by Rev. Henry D. Ketchell	1	214
Bostwick, m. Luanie **JUDD**, Nov. 6, 1788	1	2
Caroline, 4th d. [Abraham & Mary], b. Jan. 31, 1819	1	47
Chandler, s. [Bostwick & Luanie], b. Apr. 8, 1719	1	2
Eliada, 3rd s. [Abraham & Mary], b. Mar. 2, 1806	1	47
Esther, d. [Bostwick & Luanie], b. of Bristol, Feb. 12, 1824, by Rodney Rossetter	1	2
Eunice, m. Nathaniel **MATTHEWS**, Jr., b. of Bristol, Feb. 12, 1824, by Rodney Rossetter	1	186
George, 1st s. [Abraham & Mary], b. Sept. 12, 1802	1	47
Henry, [s. Lyman & Mehetable], b. Mar. 29, 1807	1	56
Hila J., m. Burton **ALLEN**, b. of Plymouth, July 31, 1842, by Rev. Ephraim Lyman	1	214
Joel, 2nd s. [Abraham & Mary], b. June 22, 1804	1	47
Julia Ann, [d. Lyman &Mehetable], b. Jan. 28, 1809	1	56
Julia Ann, of Plymouth, m. Austin **SHELDON**, of Branford, Oct. 10, 1832, by Rev. Henry Stanwood, of Bristol	1	197
Lowly, 1st d. [Abraham & Mary], b. Mar. 22, 1808	1	47
Lowly, of Plymouth, m. John **HUMISTON**, of Bristol, Jan. 5, 1831, by Rev. H. Stanwood, of Bristol	1	195
Lua, [child of Lemuel], b. Mar. 21, 1791	1	55
Lua, of Plymouth, m. Lemuel **LARKIN**, of Bristol, July 14, 1839, by Rev. Simon Shalor, of Bristol	1	208
Lydia, [d. Lemuel], b. Mar. 19, 1794	1	55
Lyman, m. Mehetable **TOLLES**, Nov. 26, 1805	1	56
Lyman, [s. Lyman & Mehetable], b. Apr. 21, 1813	1	56
Mary, 3rd, d. [Abraham & Mary], b. Feb. 3, 1817	1	47
Mehetable, [d. Lyman & Mehetable], b. Feb. 26, 1815	1	56
Mehetable, m. Henry P. **GRIGGS**, b. of Plymouth, Sept. 10, 1839, by Rev. Ephraim Lyman	1	213
Nelson, [s. Lemuel], b. Nov. 21, 1799	1	55
Pamelee, d. [Bostwick & Luanie], b. Mar. 3, 1793	1	2
Phebe, Mrs. Of Plymouth, m. Joel **NORTON**, of Bristol, Jan. 2, 1823, by Rev Isaac Merriam	1	184
Philander, [d. Lemuel], b. May 31, 1789; d. May 1, 1810	1	55
Philinda, 2nd d. [Abraham & Mary], b. June 10, 1810	1	47
Philinda, of Plymouth, m. Sylvester **FROST**, of Wolcott, Jan. 5, 1831, by Rev. H. Stanwood, of Bristol	1	195
Polly, d. Daniel, b. Nov. 14, 1797	1	55

62   BARBOUR COLLECTION

	Vol.	Page
TUTTLE, (cont.)		
Randsley, s. Bostwick & Luanie, b. Aug. 10, 1789	1	2
Sally, [d. Daniel], b. Jan. 31, 1799	1	55
Sally, m. Onies **JEROME,** Aug. 10, 1820, by Luther Hart	1	180
Sina Abigail, [d. Lyman & Mehetable], b. Feb. 26, 1806	1	56
Susan, d. [Bostwick & Luanie], b. Jan. 1, 1799	1	2
TYLER, Betsey A., of Plymouth, m. Septemus S. **STOCKING,** of Watertown, Dec. 28, 1845, by Rev. H. D. Ketchell	2	100
Emily, [d. Ozias & Polly],. B. Sept. 25, 1804	1	63
Henrietta, [d. Ozias & Polly], b. Apr. 13, 1801	1	63
Jennett Caroline, [d. Ozias & Polly], b. July 29, 1809	1	63
Jerusha Caroline, [d. Ozias & Polly], b. Mar. 24, 1799; d. Oct. 10, 1801	1	63
Lucretia, [d. Ozias & Polly], b. Feb. 29, 1815	1	63
Olive M., of Plymouth, m. Calvin **THROOP,** pf Watertown, Dec. 28, 1845, by Rev. H. D. Ketchell	2	100
Ozias, m. Polly **WARD,** Mar. 17, 1796	1	63
Ozias Bissell, [s. Ozias & Polly], b. Mar. 18, 1807	1	63
Polly Maria, [d. Ozias & Polly], b July 19, 1797	1	63
Ximena Augusta, [child of Ozias & Polly], b. Apr. 6, 1812	1	63
UPSON, Elias, m. Orra **BLAKSLEE,** Mar. 31, 1824, by Rodney Rossitter	1	186
Elizabeth Peck, [d. Buel], b. July 24, 1786	1	9
Esther, [d. Buel], b Jan. 15, 1778	1	9
Israel, of Wolcott, m. Laura A. **HIGBY,** of Waterbury, Oct. 3, 1836, by Rev. Ephraim Lyman	1	205
Maria W., m. Silas B. **TERRY,** Nov. 5, 1832, by L. Hart	1	199
Miles, [s. Buel], b. July 21, 1782	1	9
WAKEFIELD, Josiah, m. Eunice **WARNER,** Feb. 21 1821, by Luther Hart	1	181
WARD, David, m. Mary **WARREN,** Apr. 28, 1828, b. L. Hart	1	193
Electa, m. Jacob N. **BLAKESLEE,** Oct. 28, 1810	1	10
Laura, m. Walter **WILLIAMS,** Oct. 14 1827, by Rodney Rossetter	1	191
Polly, m. Ozias **TYLER,** Mar. 17, 1796	1	63
WARDEN, Rebeckah, m. Eliphalet **HARTSHORN,** Dec. 19, 1768	1	34
WARDWELL, John M., of Salisbury, m. Mary A. **FENN,** of Plymouth, Feb. 27, 1848, by Rev. Ephraim Lyman	2	107
WARNER, WARNE, Aaron, [s. John, Jr. & Anna], b. Mar. 18, 1779	1	48
Aaron, m. Mary **CAMP,** Mar. 16, 1799	1	65
Abigail, [d. John, Jr. & Anna], b. Feb. 10, 1784	1	48
Abigail, m. Oliver **TODD,** June 29, 1791	1	27
Abijah, m. Betsey **FENN,** Apr. 3, 1805	1	52
Adaline, of Plymouth, m. Orson H. **COBURN,** of Painesville, O., May 22, 1838, by Rev. Ephraim Lyman	1	208
Albert, of Plymouth, m. Adaline **CLEVELAND,** of Harwinton, Feb. 28, 1848, by H. D. Ketchell	2	107
Amanda, [d. Elie & Amanda], b June 14, 1812	1	49
Amasa, of Pebble, N.Y., m. Hannah **FENN,** of Plymouth, June 6, 1838, by Eli Potter, J.P.	1	207
Amasa, of Preble, N.Y., m. Hannah **FENN,** of Plymouth, June 6, 1838, by Eli Potter, J.P.	1	208
Annah, m. Chauncey **WARNER,** Jan. 30, 1793	1	29

PLYMOUTH VITAL RECORDS 63

	Vol.	Page
WARNER, (cont.)		
Anna, [d. Aaron & Mary], b. Oct. 5, 1801	1	65
Anne, [d. John, Jr. & Anna], b. July 16, 1792	1	48
Apollos, m. Sarah **DOOLITTE**, Mar. 20, 1804	1	52
Apollos, [s. Apollos & Sarah], b. Aug. 11, 1810; d. Oct. 19, 1810	1	52
Apollos, m. Chloe **WILCOX**, Mar. 17, 1812	1	52
Apollas Talmage, [s. Apollos & Chloe], b. May 28, 1814	1	52
Arana, [d. John, Jr.], b. Aug. 28, 1791	1	6
Ard Welton, [s. Lyman & Annie], b. Nov. 5, 1801	1	32
Bela, s. [John, Jr.], b. June 22, 1789	1	6
Belinds, [d. David & Esther], b. Aug. 22, 1813	1	51
Benedict, m. Fanny **MORSE**, Feb. 27, 1828, by L. Hart	1	193
Bennet, [s. Abijah & Betsey], b. Feb. 13, 1808	1	52
Betsey, [d. Noah], b. June 12, 1799	1	57
Betsey, m. Ozias **GOODWIN**, Apr. 5, 1815	1	11
Charles, [s. Noah], b. June 12, 1799	1	57
Chauncey, m. Annah **WARNER**, Jan. 30, 1793	1	29
Chauncey, [s. Lyman & Annie], b. Feb. 28, 1810	1	32
Chloe, [d. John, Jr. & Anna], b. May 16, 1773	1	48
Chloe Jane, [d. Aaron & Mary], b. July 4, 1814	1	65
Clarissa, of Plymouth, m. Edward **DAYTON**, of Watertown, Oct. 20, 1847, by Rev. William Watson	2	113
Cornelius, [s. Noah], b. Nov. 15, 1801	1	57
D. D., m. Sarah **TERRY**, b. of Plymouth, Sept. 15, 1847, by Rev. William Watson	2	113
David, [s. John, Jr. & Anna], b. Apr. 19, 1786	1	48
David, m. Esther **MANN**, Apr. 26, 1807	1	51
David, 2nd, m. Anna **ATWATER**, Sept. 13, 1809	1	48
David, [s. James, Jr.], b. Sept. 8, 1817	1	12
David D., [s. Noah], b. Apr. 10, 1794	1	57
David D., m. Rachal **CLARK**, Nov. 30, 1820, by Rodney Rossiter	1	181
Delia E., of Plymouth, m. Lewis H. **EATON**, of Bristol, Nov. 1, 1846, by Rev. H. D. Ketchell	2	103
Edward Jay, [s. Apollos & Chloe], b Nov. 9, 1818	1	52
Eliel, [child John, Jr. & Anna], b Oct. 28, 1776	1	48
Eliel, m. Amanda **OSBORN**, Mar. 27, 1799	1	49
Elijah, Jr., m. Clarissa **GARNSEY**, Nov. 24, 1803	1	36
Eliza, [d. Lyman & Annie], b. Oct. 25, 1797	1	32
Ellen, d. [John, Jr.], b. June 17, 1780	1	6
Elvin, [s. Lyman & Annie], b. Dec. 15, 1795	1	32
Emeline, [d. Elijah, Jr. & Clarissa], b. Sept. 14, 1805; d. Sept. 13, 1807	1	36
Emeline, 2nd, [d. Elijah, Jr. & Clarissa], b. May 22, 1808	1	36
Emeline, m. Charles **BUTLER**, Sept. 24, 1826, by Rodney Rossetter	1	188
Emily, [d. Aaron & Mary], b. May 3, 1805	1	65
Emily, m. Bennett **HUMISTEN**, Feb. 23, 1826, by Rodney Rossetter	1	188
Ephraim, m. Mary **WHITNEY**, Sept. 12, 1824, by Rev. Rodney Rossetter	1	187
Erastus, m. Eliza **WHITLOCK**, Jan. 5, 1842, by Rev. W[illia]m Watson	1	225
Erastus W., [s. Elijah, Jr. 7 Clarissa], b. Oct. 17, 1818	1	36

WARNER, (cont.)

	Vol.	Page
Esther Fenn, [d. Lyman & Annie], b. Feb. 15, 1794	1	32
Eunice, d. [John, Jr.,], b Mar. 28, 1794	1	6
Eunice, m. Eli TERRY, Mar. 12, 1795	1	46
Eunice, m. Josiah WAKEFIELD, Feb. 21, 1821, by Luther Hart	1	181
Eunice D., [d. Noah], b. May 28, 1804	1	57
Eunice D., m. Julius PECK, Oct. 10, 1825, by Rodney Rossetter	1	188
Frederic Garwood, [s. Lyman & Annie], b. July 22, 1812	1	32
Garrit Bradley, [s. David, 2nd & Anna], b. July 10, 1801	1	48
Gayus Fenn, [s. Abijah & Betsey], b. Apr. 1, 1811	1	52
George, [s. Noah], b. Nov. 2, 1796	1	57
George Abijah, [s. Abijah & Betsey], b. May 21, 1815	1	51
Hannah, d. James & Joanna, b. Aug. 23, 1795; d. Sept. 24, 1796	1	1
Hannah, d. James & Joanna, b. July 16, 1797	1	1
Harriet, d. [James & Joanna], b. Nov. 6, 1799	1	1
Harriet, m. Raymond B. WHITE, Nov. 7, 1821, by Rodney Rossetter	1	182
Harriet, m. Anson W. FRANCIS, Feb. 20, 1844, by Rev. W[illia]m Watson	1	226
Harriet M., [d. Noah], b. July 31, 1791	1	57
Henry, [s. David, 2nd & Anna], b. Jan. 21, 1814	1	48
Herman, m. Sarah TALMAGE, Feb. 25, 1827, by Rodney Rossetter	1	190
Hiram, [s. Apollos & Sarah], b. June 12, 1806; d. July 3, 1807	1	52
Hiram N., m. Huldah TERRY, Sept. 16, 1830, by L. Hart	1	197
Hiram Wolcott, [s. Apollos & Sarah], b. Sept. 3, 1808	1	52
Horace, of Bristol, m. Adaline J. MATTHEWS, of Plymouth, Dec. 28, 1831, by Rev. Allen C. Morgan	1	196
Isaac Welton, [s. Lyman & Annie], b. Feb. 8, 1806	1	32
James, Jr., m. Joanna BROWN, Nov. 15, 1795	1	1
Jane, of Plymouth, m. Garner CURTISS, of Litchfield, May 13, 1832, by Rev. Daniel Burhans	1	196
Jeremiah West, [s. David & Esther], b Jan. 16, 1809; d. Feb. 3, 1809	1	51
Joanna, [d. James, Jr.], b. July 21, 1810	1	12
John, Jr., m. Anna SUTLIFF, Nov. 8, 1770	1	48
John Sutleff, [s. John, Jr. & Anna], b. Nov. 15, 1794	1	48
Joseph Townsend, [s. David & Esther], b. July 17, 1810; d. Aug. 11, 1810	1	51
Josiah, s. [James & Joanna], b. Apr. 9, 1802	1	1
Josiah, m. Sophia BOARDMAN, June 23, 1825, by Luther Hart	1	188
Laurin, [child of Noah], b. July 17, 1789	1	57
Lidara, d. [John, Jr.], b. Apr. 23, 1787	1	6
Luvita, d. [John Jr.], b. June 6, 1785	1	6
Lydia, d. [John, Jr.], b. Mar. 21, 1783	1	6
Lydia, [d. James, Jr.], b. May 27, 1806; d. Aug. 24, 1807	1	12
Lydia, [d. James, Jr.], b. Apr. 9, 1808	1	12
Lydia, of Plymouth, m. Benjamin HARGAR, Jr., of Deby, Dec. 25, 1826, by Rodney Rossetter	1	189
Lyman, m. Annie WELTON, Jan. 15, 1793	1	32
Lyman, [s. Lyman & Annie], b. Jan. 29, 1808	1	32
Magaretana, [d. Lyman & Annie], b. Nov. 8, 1803	1	32
Maria, [d. David & Esther], b. Aug. 31, 1811	1	51
Martha, [s. John, Jr. & Anna], b. Jan. 24, 1775	1	48

PLYMOUTH VITAL RECORDS 65

WARNER, (cont.)
Martha, m. Victory **TOMLINSON**, Feb. 25, 1802	1	39
Mary, [d. Abijah & Betsey], b. Feb. 23, 1806	1	52
Mary Ann, [d. Aaron & Mary], b. July 10, 1811	1	64
Mary Ann, of Plymouth, m. George **WHITING**, of Hartford, Nov. 12, 1849, by Rev. William Watson	2	113
Merret, [s. Randal & Ruthy], b. Nov. 29, 1804; d. June 14, 1806	1	36
Merret, [s. Randal & Ruth], b. Mar. 20, 1807	1	36
Minerva, 1st child [Chauncey & Annah], b. Aug. 4, 1795	1	29
Miranda, 2nd child [Chauncey & Annah], b. June 17, 1800	1	29
Noah G., [s. Elijah, Jr. & Clarissa], b. July 24, 1808(?)	1	36
Noah M., [s. Noah], b. Jan. 24, 1808	1	57
Norman, s. [John, Jr.], b. Dec. 2, 1799	1	6
Prosper, [s. Aaron & Mary], b. May 23, 1807	1	65
Rachal Brown, [d. James, Jr.], b. May 24, 1804	1	12
Rachal Brown, [d. James, Jr.], d. June 2, 1835	1	12
Randal, [s. John, Jr. & Anna], b. Sept. 28, 1781	1	48
Randal, m. Ruth **ATWATER**, Nov. 28, 1803	1	36
Randal Evans, [s. Randal & Ruth], b. Feb. 2, 1812	1	36
Rhoda, [d. Eliel & Amanda], b. Jan. 24, 1800	1	49
Rosetta., m. Amzi **TALMAGE**, Nov. 7, 179[ ]	1	18
Rosetta, 3rd child [Chauncey & Annah], b. July 10, 1808	1	29
Samuel B., [s. Noah], b. Dec. 8, 1811	1	57
Sarah, [w. Apollos], d. May 6, 1811	1	52
Sarah Maria, [d. Apollos & Chloe], b. Nov. 19, 1820	1	52
Sidara, m. Gany **TOMPKINS**, Feb. 20, 1822, by Luther Hart	1	183
Stephen, [s. Eliel & Amanda], b. May 29, 1804	1	49
Tamer, m. Hiram **NICHOLS**, May 17, 1815	1	51
William B., m. Betsey Ann **KIMBERLEY**, b. of Plymouth, Dec. 6, 1837, by Frederick Holcomb	1	207
W[illia]m Brown, [s. James, Jr.], b. Aug. 6, 1815	1	12
William M., of Bristol, m. Delea A. **COLEY**, of Plymouth, Apr. 6, 1845, by Rev. Henry D. Ketchell	1	223
Wooster, m. Nancy F. **TOMLINSON**, Sept. 30, 1832, by L. Hart	1	199
Wyllys, [s. Lyman & Annie], b. Jan. 6, 1800	1	32

WARREN, Lucius H., of East Hartford, m. Abby M. **MINOR**, of Plymouth, Apr. 24, 1842, by Rev. Henry D. Etchell 1 216
Mary, m. David **WARD**, Apr. 28, 1828, by L. Hart 1 193
Sarah, m. John C. **CALHOUN**, b. of Plymouth, June 18, 1840, by Rev. Ephraim Lyman 1 213

WATERS, Mary E., m. Elam **POTTER**, Sept. 27, 1846, by Merrell Richardson 2 103

WATROUS, Polly, m. John **PAINTER**, Oct. 13, 1786 1 27

WAY, Lydia, w. Thomas, Jr., d. Dec. [ ], 1801 1 10
Orill, child of Thames & Lydia, b. Jan. 18, 1800 1 7
Orriel E., m. Simon **COBLEIGH**, Feb. 21, 1839, by Rev. Harvey Kitchel, Int. Pub. 1 207
Thomas, Jr., m. Lydia **BROWN**, Dec. 25, 1798 1 7
Zillah, w. Thomas, d. Oct. 8, 1801 1 7

WEBSTER, Amos, m. Martha **MALLORY**, Nov. 21, 1832, by L. Hart 1 200

WEED, Amanda, m. Munson **ADKINS**, May 4, 1814 1 52
David, m. Nancy **HALL**, Sept. 8, 1825, by Luther Hart 1 188

WEED, (cont.)
David, m. Eliza **DUNBAR**, b. of Plymouth, May 9, [probably 1852], by Rev. J. P. Warren 2 119
Lydia M., of Plymouth, m. Levi **BASSETT**, of Harwinton, Apr. 16, 1849, by Rev. Ephraim Lyman 2 110
Sarah E., of Plymouth, m. Zopher **BARNES**, of Plymouth, May 11, 1852, by Rev. Merrill Richardson 2 120
WEEDEN, Anar, d. Nov. 9, 1834 1 77
Phebe, m. Andrew S. **DARROW**, Apr. 18, 1816 1 22
WELLAR, Julia A., of Plymouth, m. William **PENNY**, of Watertown, Mar. 20, 1843, by Rev. H. D. Ketchell 1 220
WELLS, Aaron d., m. Martha **BALL**, Nov. 16, 1831, by Luther Hart 1 199
Aaron Dutton, 3rd child [Allyn & Anna], b. June 14, 1808 1 16
Allyn, m. Anna **DUTTON**, Jan. 15, 1801 1 16
Allyn & Anna, had 1st child d. [ ], b. [ ] 1 16
James, 4th child [Allyn & Anna], b. Oct. 8, 1811 1 16
Joseph Allyn, 2nd child [Allyn & Anna], b. Nov. 16, 1805 1 16
Thomas Wright, 5th child [Allyn & Anna], b. Aug. 9, 1815 1 16
WELTON, Aaron Sanford, s. [Eli & Anna], b. Apr. 26, 1807; d. Mar. 29, 1808 1 24
Abigail, of Harwinton, m. Charles **JUDSON**, of Bristol, May 6, 1826, by Rodney Rosetter 1 189
Adaline R., of Bristol, m. Eben **CALL**, of Plymouth, Apr. 13, 1845, by Rev. W[illia]m Watson 1 227
Annie, m. Lyman **WARNER**, Jan. 15, 1793 1 32
Asa, s. [Eli & Anna], b. Oct. 15, 1776 [sic] 1 24
Asa, s. Eli & Anne, b. Oct. 16, 1796 1 2
Asa, m. Thankful **FENN**, July 10, 1803 1 25
Bennet, [twin with Betsey], s. [Eli & Anna], b. Mary 9, 1813 1 24
Betsey, [twin with Bennet], d. [Eli & Anna], b. May 9, 1813 1 24
Charles, of Wolcott, m. Betsey A. **BRITCHARD**, of Plymouth, Nov. 2, 1851, by Rev. J. P. Warren 2 118
Eliza Anne, d. [Eli & Anna], b. Dec. 25, 1803 1 24
Elmer, [s. Eli], b. Dec. 27, 1820 1 70
Elmore W., of Watertown, m. Sarah A. **CLEVELAND**, of Harwinton, Apr. 14, 1850, by Rev. William Watson 2 113
Emily, m. Simeon **PHILLIPS**, Apr. 2, 1840, by Rev. W[illia]m Watson 1 224
Eunice, d. [Eli & Anna], b. Jan. 16, 1809; d. Apr. 21, 1809 1 24
Heman, [s. Asa & Thankful], b. Nov. 28, 1810 1 25
Henry W., m. Eliza **WHITE**, b. of Plymouth, Aug. 17, 1848, by Rev. William Watson 2 113
Hester A., of Waterbury, m. Hiram **CURTIS**, of Plymouth, Oct. 3, 1847, by Rev. Ephraim Lyman 2 106
Hiram, s. [Asa & Thankful], b. Dec. 2, 1805 1 25
Irene Emily, d. [Asa & Thankful], b. May 12, 1813 1 25
Jane, m. Luther **HOADLEY**, Sept. 17, 1834, by Rev. Daniel Burhans 1 202
Julia Ann, m. Seldon **SHELTON**, Feb. 23, 1808 1 39
Lyman Washburn, [s. Asa & Thankful], b. Oct. 17, 1808 1 25
Malvina, [d. Eli], b. Jan. 12, 1816 1 70
Malvina L., of Plymouth, m. Maynott R. **WELTON**, of

PLYMOUTH VITAL RECORDS 67

WELTON, (cont.)
Bridgewater, Nov. 8, 1841, by Rev. Philo R. Hurd, of Watertown	1	216
Mary Polly, d. [Eli & Anna], b. July 30, 1799	1	24
Maynott R., of Bridgewater, m. Malvina L. WELTON, of Plymouth, Nov. 8, 1841, by Rev. Philo R. Hurd, of Watertown	1	216
Nancy, of Waterbury, m. Frederick A. BRADLEY, of New York City, May 22, 1836, by Rev. Isaac Jones	1	203
Nancy Melvina, m. Gany ADKINS, June 10, 1822, by Rodney Rossetter	1	183
Phebe Eveline, [d. Eli & Anna], b. Jan. 26, 1810	1	24
Sarah, of Wolcott, m. Benjamin F. HEAD, of Plymouth, Apr. 17, 1837, by Rev. Ephraim Lyman	1	205
Selden, s. [Asa & Thankful], b. Oct. 14, 1803	1	25
Sheldon, m. Betsey JOURDAN, Sept. 1, 1825, by Rodney Rossetter	1	190
WEST, Phylottia, m. W[illia]m R. BLOSSOM, b. of Torrington, Oct. 9, 1836, by Noah Porter Jr.	1	204
WETHINGTON, Ruth, m. Daniel BRADLEY, Nov. 25, 1802	1	42
WETMORE, Caroline, m. Charles BRISCO, of Plymouth, Apr. 16, 1848, by Rev. Harvey Husted	2	107
Emeline, m. Andrew E. WOODWARD, b. of Plymouth, Apr. 3, 1843, by H. D. Ketchell	1	220
WHEELER, Hannah, [b. Nov. 13, 1776]; m. Calvin MOSHER, Nov. 23, 1812	1	49
Harriet J., of Plymouth, m. John H. SANDERSON, of Cheshire, Oct. 3, 1836, by Rev. Ephraim Lyman	1	205
WHITE, Eliza, m. Henry W. WELTON, b. of Plymouth, Aug. 17, 1848, by Rev. William Watson	2	113
James W., m. Eliza STONE, May 18, 1845, by Rev. W[illia]m Watson	1	227
Myron, of Norfolk, m. Mary Dane HUBBARD, of Plymouth, Oct. 26, 1846, by Rev. H. D. Ketchell	2	103
Raymond B., m. Harriet WARNER, Nov. 7, 1821, by Rodney Rossetter	1	182
Sophia, of Plymouth, m. John PLATT, of Springfield, Mass., July 10, 1842, by Rev. Ephraim Lyman	1	214
WHITING, George, of Hartford, m. Mary Ann WARNER, of Plymouth, Nov. 12, 1849, by Rev. William Watson	2	113
WHITLOCK, Eliza, m. Erastus WARNE, Jan. 5, 1842, by Rev. W[illia]m Watson	1	225
Emeline, m. Robert J. TOLLES, Sept. 21, 1841, by Rev. W[illia]m Watson	1	225
WHITNEY, Mary, m. Ephraim WARNER, Sept. 12, 1824, by Rodney Rossetter	1	187
WHITTEMORE, Franklin J., m. Fallah TERRY, Oct. 14, 1851, by Rev. Merrill Richardson	2	118
WHITTLESEY, Jane, m. Samuel CAMP, b. of Farmington, May 25, 1843, by Rev. Ephraim Lyman	1	228
Newton P., m. Julia FENN, Oct. 7, 1840, by Rev. Merrell Richardson	1	210
WARD, Angores, m. Richard GILL, Nov. 16, 1851, by Rev. S. D. Dennison	2	123

WARD, (cont.)
Lydia A., m. Norman **SMITH**, b. of Plymouth, May 27, 1845, by
    Rev. Ephraim Lyman   1   228
WILCOX, Chloe, m. Apollos **WARNER**, Mar. 17, 1812   1   52
    Tabitah, m. Benoni **HOUGH**, Nov. 19, 1789   1   45
WILLIAMS, Henry, m. Laura H. **BALDWIN**, Sept. 10, 1849, by Rev.
    Merrill Richardson   2   111
    Obed, m. Prudence **JONES**, Feb. 9, 1794   1   1
    Sarah, m. Stephen B. **BLAKESLEE**, Nov. 2, 1842, by Rev.
    W[illia]m Watson   1   225
    Walter, m. Laura **WARD**, Oct. 14, 1827, by Rodney Rosetter   1   191
WILMOT, Laura Maria, m. Chester **PAINTER**, Jan. 27, 1820   1   68
WILSON,, Isabella, of Plymouth, m. Jonathan **HODGSON**, of
    Birmingham, May 11, 1851, by George Lord   2   116
WINSHIP, William, m. Lucy Anne **PORTER**, Sept. 18, 1831, by L.
    Hart   1   198
WINSLOW, George T., of Vermont, m. Sarah A. **CURTISS**, of
    Plymouth, Oct. 25, 1840, by F. B. Woodward   1   211
WOLCOTT, Christopher, m. Clarinda **NORTON**, b. of Plymouth, Apr.
    4, 1843, by Rev. H. D. Ketchell   1   220
WOOD, Charlotte, m. Miles **MORSE**, June 12, 1803   1   37
    Dosha, m. Heman **CLARK**, Dec. 3, 1812   1   48
    Marret, m. Charlotte **TALMAGE**, b. of Plymouth, Aug. 23, 1820,
    by Rev. Rodney Rossetter   1   180
    Susan, m. Austin **BLAKESLEE**, Dec. 2, 1811   1   41
    Susan E., of Plymouth, m. Fayette **HUBBELL**, of Bristol, May 6,
    1846, by Rev. H. D. Ketchell   2   102
WOODIN,, Sally, of Plymouth, m. Miles **CURTISS**, of Delhi, N.Y.,
    Feb. 5, 1821, by Dutee Ensign, Elder   1   181
WOODRUFF, Abraham, [s. Gideon & Sarah], b. Nov. 6, 1801   1   28
    Burr, m. Jane R. **ROBERTS**, b. of Plymouth, July 4, 1847, by Rev.
    Ephraim Lyman   2   105
    Gideon, m. Sarah **HEATON**, Feb. 21, 1892, [sic]
    (should be "1792")   1   28
    Henry, of Terryville, m. Harriet **PECK**, of Litchfield, Apr. 4, 1847,
    by Rev. H. D. Ketchell   2   104
    Joel H., [s. Gideon & Sarah}, b. Sept. 15, 1795   1   28
    William, [s. Gideon & Sara], b. July 18, 1804   1   28
    William, m. Martha **THOMAS**, Mar. 7, 1838, by N. M. Chipman   1   206
WOODWARD, WOODARD, Andrew E., m. Emeline **WETMORE**, b.
    of Plymouth, Apr. 3, 1843, by H. D. Ketchell   1   220
    Charles S., m. Mariah L. Andrews, Jan. 20, 1852, in Terryville, by
    Rev. Merrill Richardson   2   118
    Daniel Thompkins, [s. Sedley & Sabra], b. Nov. 25, 1812   1   21
    Elijah A., m. Mary **NEWTON**, b. of Litchfield, Oct. 6, 1839, by F.
    B. Woodward   1   212
    Mary Ann, [d. Sedley & Sabra], b. Nov. 8, 1809   1   21
    Nancy Philomela, [d. Sedley & Sabra], b. May 23, 1811   1   21
    Sally Gennet, [s. Sedley & Sebra], b. Dec. 12, 1814   1   21
    Sedley, m. Sabra **TOMPKINS**, Jan. 5, 1809
WOODWORTH, Emily, m. Orrin **SMITH**, May 24, 1851, by Rev.
    Joseph Smith   2   117

WRIGHT, Hannah, see Hannah **DICKINSON**	1	16
Joseph Allyn, m. Abigail **BOSTWICK**, Jan. 14, 1781	1	16
YALE, Orlando F., of East Plymouth, m. Sarah J. **BUNNELL**, of Bristol, June 15, 1852, in East Plymouth, by Rev. Henry Fitch, of Bristol	2	120
Samuel, of Derby, m. Emeline **MATTHEWS**, Aug. 5, 1833, by Rev. Daniel Burhans	1	200
W[illia]m W., of Derby, m. Maryette D. **BASSETT**, of Plymouth, July 30, 1849, by Rev. Ephraim Lyman	2	110
NO SURNAME,		
Elizabeth, m. David **BEACH**, Jan. 27, 1794	1	50
Elizabeth, m. Benjamin **HULL**, Aug. 13, 1795	1	50
Marcus, of Bristol, m. Harriet **BLACKSLEE**, of [ ], Apr. 29, 1835, by Rev. Daniel Burhans	1	202

POMFRET VITAL RECORDS
1705 - 1850

	Vol.	Page
ABBOTT, Abigail, d. Joseph & Eliza[be]th, b. Dec. 16, 1762	1	25
Amasa, s. Nathan & Judeth, b. Sept. 11, 1784	2	41
Anna, d. W[illia]m & Jerusha, b. June 29, 1748	1	80
Anna, s. W[illia]m & Jerusha, d. Nov. 5, 1791	1	81
Asa, s. Paul & Elizabeth, b. June 7, 1743	1	59
Asa, s. Paul & Elizabeth, d. Sept. 4, 1754	1	61
Asa, s. Benjamin & Maryan, b. May 25, 1756	1	56
Caleb, s. Caleb & Elizabeth, b. Sept. 7, 1731	1	59
Caleb, m. Eliza **PAIN**, Dec. 31, 1731	1	2
C[h]loe, d. Isaac & Mary, b. Aug. 7, 1760	1	50
Dillano, d. Joseph & Olive, B. Apr. 16, 1774	1	25
Elijah, s. James & Hannah, b. Nov. 20, 1781	2	98
Elizabeth, d. Caleb & Elizabeth, b. Mar. 12, 1732/3	1	59
Elizabeth, d. Caleb & Elizabeth, d. Oct. 31, 1742	1	60
Elizabeth, d. Nathan & Eunice, b. Feb. 12, 1754	1	32
Elizabeth, d. Nathan & Eunice, d. Sept. 11, 1754	1	33
Elizabeth, d. W[illia]m & Jerusha, b. Mar. 3, 1758	1	80
Elizabeth, d. Joseph & Eliz[abe]th, b. Apr. 11, 1761	1	25
Elizabeth, m. Joseph **PHELPS**, Jr., Sept. 28, 1761	1	110
Elizabeth, w. Paul, d. July 9, 1765	1	60
Elizabeth, w. Joseph, d. Mar. 2, 1766	1	26
Elizabeth, d. William & Jerusha, d. Dec. 31, 1769	1	81
Esther, d. Isaac & Mary, b. June 28, 1768	1	50
Eunice, d. Nathan & Eunice, b. Nov. 20, 1746, at Ashford	1	47
Eunice, w. Nathan, d. Oct. 27, 1760	1	33
Experience, d. Nathan & Eunice, b. Jan. 21, 1756	1	32
Gideon, s. Nathan & Eunice, b. June 3, 1748	1	32
Gideon, s. Nathan & Eunice, d. Sept. 5, 1754	1	33
Hannah, d. Caleb & Elizabeth, b. Oct. 22, 1734	1	59
Hannah, d. Nathan & Eunice, b. Mar. 25, 1750	1	32
Hannah, d. Nathan & Eunice, d. Aug. 27, 1754	1	33
Hannah, d. Isaac & Mary, b. Aug. 2, 1758	1	50
Hannah, d. Paul & Elizabeth, d. Nov. 18, 1763	1	60
Hannah, d. Molly **TRUSDELL**, single woman, b. Aug. 12, 1779	2	88
Hannah, w. William, d. Feb. 5, 1808	1	81
Isaac, m. Mary **BARKER**, Apr. 29, 1756	1	106
Isaac, s. Isaac & Mary, b. July 17, 1766	1	50
Jerusha, w. William, d. Feb. 29, 1768	1	81
Joseph, m. Elizabeth **STEDMAN**, Apr. 20, 1758	1	110
Joseph, s. Joseph & Eliza[be]th, b. Jan. 31, 1766	1	25
Joseph, m. Olive **PEARCE**, Sept. 7, 1766	1	112
Lemuel, s. Joseph & Olive, b. Mar. 9, 1768	1	25
Mary, .d Caleb & Elizabeth, b. Mar. 20, 1739/40	1	59
Mary, d. Isaac & Mary, b. Jan. 20, 1757	1	50

BARBOUR COLLECTION

	Vol.	Page
ABBOTT, (cont.)		
Mary, d. Joseph & Eliz[abe]th, b. Apr. 6, 1759	1	15
Metylda, d. Isaac & Mary, b. Aug. 29, 1764	1	50
Mehetabel, housekeeper, widow, b. Milton, N.H., res. Pomfret, d. Mar. 7, 1857, ae 88 y. 5 m. 25 d.	5	7
Nathan, s. Nathan & Eunice, b. May 18, 1744, at Ashford	1	47
Nathan, m. Hepzibah **BROWN**, Nov. 24, 1761	1	111
Olive, d. Joseph & Olive, b. June 13, 1772	1	25
Olive, d. Joseph & Olive, d. Dec. 10, 1776	1	26
Olive, d. Stephen & Esther, b. Mar. 29, 1782	2	103
Paul, s. Nathan & Eunice, b. Feb. 11, 1752	1	32
Paul, d. May 6, 1752	1	60
Paul, s. Nathan & Eunice, d. Aug. 30, 1754	1	33
Phillip, s. Stephen & Freelove, b. Mar. 21, 1750	1	59
Phillips, s. Stephen & Freelove, d. July 29, 1750	1	60
Rhoda, d. W[illia]m & Jerusha, b. July 27, 1761	1	80
Royal, s. Joseph & Percis, b. Oct. 9, 1777	2	83
Rufus, s. Nathan & Eunice, b. Sept. 18, 1759	1	32
Rufus, s. Nathan & Eunice, d. Mar. 1, 1760	1	33
Sam[ue]l, s. Caleb & Elizabeth, b. Mar. 4, 1742/3	1	59
Sarah, d. Caleb & Elizabeth, b. July 6, 1736	1	59
Sarah, m. Joseph **INGALLS**, May 24, 1749	1	101
Sarah, d. Isaac & Mary, b. Oct. 14, 1762	1	50
Stephen, s. Benj[a]min & Maryan, b. May 23, 1751, at Ashford	1	56
Stephen, s. Nathan & Eunice, b. Oct. 20, 1757	1	32
Stephen, m. Esther **INGELL**, June 28, 1781	2	103
William, m. Jerusha **STOWELL**, May 9, 1745	1	99
William, m. Jerusha **STOWELL**, May 9, 1745	1	100
William, .s Caleb & Elizabeth, b. Oct. 7, 1745	1	59
William, s. W[illia]m & Jerusha, b. May 27, 1752	1	80
W[illia]m m. Hannah **EDMUND**, June 4, 1778	1	80
William, [Sr.] d. Nov. 1, 1805	1	81
ABELL, Elizabeth M., of Lebanon, m. Francis F. **YOUNG**, of Pomfret, [Feb.] 11, [1839], by Rev. Nathan S. Hunt, of Abington	3	57
ADAMS, Aaron, s. Richard & Hannah *, b. Oct. 10, 1768		
* Rebekah (in small print to the right of entry) (*see p.3)	1	23
Abigail, d. John & Esther, b. Dec. 13, 1716	1	13
Abigail, m. James **BENNETT**, Apr.. 9, 1750	1	103
Abigail, Mrs., m. John **PARKHURST**, May 29, 1814	2	38
Abijah, s. Peter & Priscilla, b. Dec. 1, 1760	1	41
Abner, s. Isaac & Eleanor, b. Nov. 5, 1735	1	60
Abner, s. Noah & Meriam, b. June 10, 1757	1	43
Abner, m. Abigail **HUBBARD**, Dec. 31, 1761	1	110
Abner, s. Abner & Abigail, b. July 1, 1773	1	88
Achsah, d. Noah & Meriam, b. Mar. 3, 1766	1	43
Adonijah, s. John & Esther, b. Aug. 10, 1723	1	13
Albigence, s. Abner & Abigail, b. July 10, 1766	1	88
Allis, d. Dan[ie]ll & Elizabeth, b. Apr.. 8, 1721	1	18
Allis, d. Noah & Meriam, b Nov. 6, 1764	1	43
Amasa, s. Elihu & Melesent, b. Dec. 20, 1774	2	58
Amasa, m. Mary Williams, May 24, 1801	2	143
Amasa, m. Sally **BROWN**, Apr.. 3, 1804	2	143

	Vol.	Page
ADAMS, (cont.)		
Ame, d. John & Esther, b. Aug. 13, 1715	1	13
Ame, m. Zach[aria]h **HARVEY**, Aug. 27, 1734	1	2
Anne, d. Abner & Abigail, b. July 15, 1762	1	88
Asahel, s. Timothy & Susannah, b. Oct. 7, 1769	1	97
Asaph, s. Noah & Meriam, b. June 30, 1759	1	43
Benajah, s. John & Esther, b. June 25, 1720	1	13
Benajah, m. Hannah **CLOUGH**, Dec. 15, 1742	1	3
Benajah, d. Apr.. 23, 1753	1	13
Benoni, s. Peter & Presciller, b. Nov. 12, 1764	1	41
Bettse, d. Joseph & Mary, b. Nov. 18, 1725	1	53
Bettse, m. Samuel **WILSON**, Mar. 24, 1742	1	100
Betsey, d. Paul & Mary, b. Aug. 14, 1771	1	4
ADAMS Correction: (* Typed at the bottom of these entries) The mother of Aaron b. 1768, Eunice '72, Mary '66, and Richard '63 should be Rebeckah, not Hannah, according to letter from Town Clerk Willis Covell to Kendall Hayward, who called this error to our attention, Jan. 19, 1946. MEC		
Betty, d. Isaac & Eleanor, b. Apr.. 15, 1746	1	60
Caleb, s. Joseph & Elizabeth, b. Jan. 29, 1752	1	53
Calvin, s. Isaac & Pruda, b. Feb. 18, 1770	2	59
Caroline Dresser, d. [John W. & Sally], b. Dec. 13, 1836	4	24
Catharine P., of Pomfret, m. Curtis **COOLIDGE**, of Fitzwilliam, H. H., Dec. 7, 1825, by Rev. James Porter	3	18
Cela, d. Nehemiah & Mary, b. Jan. 8, 1768	1	39
Charles, s. [John W. & Sally], b. July 17, 1835; d. July 17, 1835	4	24
Charles Mathewson, s. [John W. & Huldah], b. Dec. 23, 1842	4	24
Charles Mathewson, s. J[ohn] W. & Huldah, d. Dec. 31, 1842	4	24
Chester, s. Isaac & Eleanor, b. June 15, 1754	1	60
Cordelia Mathewson, d. [John W. &] Huldah, b. Feb. 9, 1839	4	24
Cyril, see under Siril		
Daniel, m. Elizabeth **LARABEE**, Mar. 25, 1718	1	1
Daniel, s. Isaac & Eleanor b. Jan. 12, 1752	1	60
Daniel, d. Mar. 20, 1774	1	19
Darius, s. John & Esther, b. Apr.. 3, 1727	1	13
Darius, s. Benajah & Hannah, b. Jan. 23, 1747	1	12
Darius, Mathewson, s [John W.] & Huldah, b. May 15, 1841	4	24
David, s. Richard & Rebeckah, b. Sept. 1, 1758	1	23
Deborah, m. Ephraim **ADAMS**, Oct. 29, 1771	2	45
Deborah, d. Thomas & Mary, b. Feb. 16, 1772	2	30
Delight, d. Noah & Meriam, B. Aug. 14, 1768	1	43
Dorcas, d. Peter & Presciller, b. July 31, 1776	1	41
Eben[eze]r, .s. Abner & Abigail, b. Mar. 3, 1768	1	88
Eleanor, d. Isaac & Eleanor, b. Jan. 15, 1739/40	1	60
Eleanor, d. Isaac & Eleanor, d. Apr.. 29, 1756	1	61
Eleanor, Mrs., m. Lieut. Benjamin **FOSSETT**, Feb. 5, 1758	1	107
Eleanor, d. Abner & Abigail, b. Feb. 1, 1764	1	88
Elihu, m. Melecent **ROBINS**, Nov. 14, 1771	1	116
Elihu, d. June 17, 1801	2	58
Elijah, s. Elishahaib & Betty, b. Feb. 17, 1754	1	45
Elijah, b. Jan. 18, 1802; m. Amy [ ], Dec. 1, 1828	4	38
Elisha, s. Joseph & Elizabeth, b. Feb. 18, 1743	1	53

ADAMS, (cont.)

	Vol.	Page
Elisha, s. Peter & Prisciller, b. Mar. 30, 1774	1	41
Elishiab, m. Betty **PHILLIPS**, May 3, 1753	1	103
Elizabeth, d. Dan[ie]ll & Elizabeth, b. Feb. 25, 1718/19	1	18
Elizabeth, d. Joseph & Elizabeth, b. Apr.. 28, 1747	1	53
Elizabeth, w. Joseph, d. Sept. 3. 1753	1	54
Ephraim, s. Joseph & Elizabeth, b. Jan. 22, 1745/6	1	53
Ephraim, s. Peter & Prisciller, b. Mar. 3, 1767	1	41
Ephraim, m. Deborah **ADAMS**, Oct. 29, 1771	2	45
Esther, d. Benajah & Hannah, b. Oct. 19, 1743	1	12
Eunice, d. Richard & Mary, b. Feb. 20, 1726/7	1	8
Eunice, d. Richard & Hannah*, b. July 2, 1772 (* see p.3)	1	23
George, s. Nathan & Polly, b. Nov. 22, 1807	2	101
Hannah, d. Richard & Mary, b. Mar. 25, 1724	1	9
Hannah, d. Benajah & Hannah, b. Sept. 27, 1745	1	12
Hannah, d. Richard & Rebeckah, b. Jan. 5, 1761	1	23
Henry, s. Elijah & Amy, b. May 9, 1832	4	38
Henry, s. Elijah & Amy, d. July 25, 1834	4	38
Huldah, w. J[ohn] W., d. Dec. 27, 1842	4	24
Isaac, s. Isaac & Eleanor, b. June 18, 1737	1	60
Isaac, [Sr.] d. Apr.. 26, 1757	1	61
Isaac, m. Pruda **JAQUAES**, July 3, 1769	2	59
Jabez, s. Shubael & Anna, b. Sept. 20, 1781	2	67
Jabez, s. Shubael & Anna, d. Dec. 18, 1782	2	67
James, s. Shubael & Anna, b. May 24, 1783	2	67
Jane, d. Richard & Mary, b. Apr.. 22, 1720	1	9
Jerusha, s. Noah, Jr. & Elizabeth, b. June 1, 1771	2	44
Jerusha, d. Noah, Jr. & Elizabeth, d. Mar. 25, 1773	2	44
John, m. May **PARKE**, Oct. 29, 1735	1	2
John, s. John & Mary, b. Sept. 29, 1736	1	13
John, s. Joseph & Elizabeth, b. Dec. 25, 1740	1	53
John, s. Nehemiah & Mary, b. Aug. 27, 1758	1	39
John W., m. Sally **DRESSER**, b. of Pomfret, Jan. 30, 1832, by Amzi Benedict	3	33
John W., m. Huldah **MATHEWSON**, b. of Pomfret, Apr.. 11, 1838, by Rev. D. Hunt	3	54
John William, s. (Amasa & Mary], b. Feb. 22, 1802	2	143
Jonas, s. Joseph & Mary, b. Jan. 26, 1732/3	1	53
Jonathan, s. John & Esther, b. Aug. 2, 1718	1	13
Joseph, m. Mary **DAVENPORT**, Nov. 3, 1724	1	2
Joseph, s. Joseph & Mary, b. Sept. 27, 1731	1	53
Joseph, m. Mary **CARY**, Feb. 23, 1738	1	101
Joseph, d. Oct. 10, 1753	1	54
Joseph, s. Nehemiah & Mary, b. Apr.. 11, 1765	1	39
Joseph B., farmer, ae 22, b. Grafton, Mass., res. Grafton, Mass., m. Ann **DRESSER**, ae 21, b. Abington, res. Pomfret, Jan. 27, 1848, by Rev. Edward Pratt	4	79
Joshua, of Canterbury, m. Abigail **SABIN**, of Pomfret, July 12, 1801	2	150
Josiah, s. Isaac & Eleanor, b. Mar. 27, 1730	1	60
Josiah, s. Isaac & Eleanor, d. Nov. 4, 1755	1	61
Josiah, s. Nehemiah & Mary, b. Nov. 1, 1756	1	39
Kezia, d. Joseph & Elizabeth, b. Mar. 26, 1749	1	53

POMFRET VITAL RECORDS 75

	Vol.	Page
ADAMS, (cont.)		
Kezia, d. Isaac & Eleanor, b. May 24, 1756	1	60
Lewis, s. [Nathan & Polly], b. Oct. 16, 1809	2	101
Luis, s. Noah & Meriam, b. May 15, 1756	1	43
Lois, d. Peter & Prisciller, b. Mar. 8, 1769	1	41
Louis, m. Nath[anie]ll HOLMES, Dec. 19, 1786	1	12
Lucy, d. Paul & Mary, b. Apr.. 25, 1753	1	53
Luce, d. Paul & Mary, b. May 25, 1753	1	4
Lucy, m. William BARRET, Feb. 26, 1778	2	84
Lydia, d. Isaac & Eleaner, b. Mar. 9, 1733/4	1	60
Lydia, d. Isaac & Eleanor, d. Apr.. 5, 1757	1	61
Lydia, m. Nathan GROSVENOR, Nov. 13, 1788	2	108
Mary, d. Richard & Mary, b. Apr.. 23, 1714	1	9
Mary, m. Samuel ALLEN, Nov. 8, 1731	1	2
Mary, m. Elias SHAVILIER, Mar 1, 1735	1	2
Mary, w. Joseph, d. Feb. 23, 1737	1	54
May, d. Joseph & Elizabeth, b. Aug. 27, 1739	1	53
Mary, d. Isaac & Eleanor, b. Oct. 9, 1744	1	60
Mary, w. Richard, d. May 22, 1752	1	10
Mary, d. Elishahaib & Betty, b. June 13,1757	1	45
Mary, m. John HOWARD, Jr., Mar. 1, 1758	1	107
Mary, s. Nehemiah & Mary, b. Mar. 12, 1763	1	39
Mary, d. Richard & Hannah *, b. Jan. 3, 1766 (*see page 3)	1	23
Mary, w. Amasa, d. Mar. 12, 1802	2	143
Mary, d. [Elijah & Amy], b. June 26, 1835	4	38
Mary, ae 17, m. James WILLIAMS, shoemaker, ae 23, b. Stonington, res. Pomfret, Nov. 25, [1850], by Urijah Underwood	4	92
Mary M., of Woodstock, m. John K. HOLBROOK, of Pomfret, Sept. 27, 1830, by Rev. Charles Fitch, of Abington	3	30
Mary Vergilica, d. John W.& Sally, b. Feb. 8, 1834	4	24
Meriam, d. Isaac & Eleanor, b. Jan. 23, 1728	1	60
Meriam, m. Noah ADAMS, Jan. 26, 1756	1	106
Molle, d. Benajah & Hannah, b. June 12, 1757	1	12
Nehemiah, s. Isaac & Eleanor, b. Oct. 23, 1731	1	60
Nehemiah, m. Mary MACULLY, Oct. 9, 1756	1	106
Noah, s. Dan[ie]lll & Elizabeth, b. Oct. 3, 1723	1	18
Noah, s. Isaac & Eleanor, b. Aug. 27, 1747	1	60
Noah, m. Meriam ADAMS, Jan. 26, 1756	1	106
Noah, s. Noah & Meriam, b. Aug. 24, 1762	1	43
Noah, Jr., m. Elizabeth FASSETT, Nov. 22, 1770	2	44
Olive, d. Paul & Mary, b. June 18, 1759	1	4
Olive, m. Jesse MILES, Feb. 17, 1780	2	89
Paul, s. Joseph & Mary, b. Feb. 24, 1726/7	1	53
Paul, m. Mary HUBBARD, Oct. 17, 1751	1	103
Paul, s. Paul & Mary, b. May 9, 1755	1	4
Paul, s. Paul & Mary, d. Jan. 22, 1757	1	5
Paul, Sr., d. Oct. 9, 1779	1	5
Peter, s. Richard & Mary, b. Nov. 3, 1718	1	9
Peter, m. Priscilla WARREN, Sept. 27, 1750	1	102
Peter, m. Rebeckah THAIR, Oct. 16, 1755	1	105
Phebe, d. Peter & Priscilla, b. Mar. 22, 1753	1	41

BARBOUR COLLECTION

	Vol.	Page
ADAMS, (cont.)		
Philemon, s. Peter & Priscilla, b. July 14, 1751	1	41
Philemon, m. Sarah DAY, Dec. 13, 1774	2	21
Philemon, m. Sarah DAY, Dec. 13, 1774	2	61
Prisciller, d. Peter & Prisciller, b. Aug./ 25, 1762	1	41
Rachel, d. Richard & Mary, b. Sept. 27, 1716	1	9
Rachel, d. Richard & Rebeckah, b. June 22, 1756	1	23
Rebeckah, m. Phinehas CLEVELAND, July 27, 1775	2	63
Richard, s. Richard & Mary, b. May 25, 1722	1	9
Richard, "father to ye within', d. Oct. 3, 1745	1	10
Richard, s. Richard & Hannah*, b. Apr.. 26, 1763 * Rebeckah (* see p. 3)	1	23
Rosanna, of Killingly, m. Samuel L. MOFFETT, of Pomfret, Jan. 3, 1847, by Rev. I. J. Burgess	3	80
Ruphus, s. Philemon & Sarah, b. Oct. 1, 1779	2	21
Ruth, m. Nehemiah BACON, Dec. 28, 1756	1	106
Sally, d. Philemon & Sarah, b. Jan. 27, 1782	2	21
Sally, w. John W., d. Apr.. 4, 1837	4	24
Sally, m. Joseph A. DRESSER, b. of Abington, Apr.. 3, 1838, by Rev. Nathan S. Hunt, of Abington	3	54
Salmon, s. Elihu & Melesent, b. Aug. 21, 1772	2	58
Sarah, d. Richard & Mary, b. July 30, 1710	1	9
Sarah, m. David DURANT, Mar. 12, 1743/4	1	3
Sarah, d. Nehemiah & Mary, b. June 17, 1770	1	39
Sarah Helen, d. [Elijah & Amy], b. Mar. 2, 1838	4	38
Septimus Gar[d]ner, s. Shubael & Anna, b. Aug. 31, 1780	2	67
Shuba[e]ll, s. Paul & Mary, b. Jan. 16, 1757	1	4
Shuba[e]ll, m. Anna WINCHESTER, July 30, 1778	2	67
Sibill, d. John & Esther, b. Apr.. 10, 1722	1	13
Sibel, d. Thomas & Mary, b. June 11, 1769	2	30
Silas, s. Peter & Priscilla, b. Apr.. 30, 1758	1	41
Silas, m. Lyd[i]a GAY, Sept. 28, 1783	2	47
Simeon, s. Peter & Prisciller, b. Nov. 1, 1771	1	41
Siril, s. Noah & Meriam, b. Jan. 5, 1771	1	43
Susannah, m. Timothy ADAMS, Apr.. 25, 1764	1	110
Sybil, see under Sibbel		
Theda, d. Shubael & Anna, b. Dec. 16, 1778	2	67
Thede, d. Shubael & Anna, d. May 4, 1782	2	67
Thomas, m. Mary HUBBARD, Dec. 11, 17[ ]	1	113
Timothy, s. Isaac & Eleanor, b. Sept. 7, 1742	1	60
Timothy, m. Susannah ADAMS, Apr.. 25, 1764	1	110
Titus, s. Philemon & Sarah, b. Aug. 5, 1777	2	21
Willard, s. Paul & Mary, b. Apr.. 9, 1762	1	4
William, s. Isaac & Eleanor, b. Nov. 10, 1741	1	60
William, s. Nehemiah & Mary, b. Nov. 3, 1760	1	39
Zerviah, . Peter & Priscilla, b. Jan. 31, 1755	1	41
Zeruiah, d. Elihu & Melesent , Feb. 1779	2	58
Zeruiah, housekeeper, single, b. Brooklyn, res. Pomfret, d. May 27, 1858, ae 79 y. 3 m. 10 d.	5	8
AHERN, [see under SHERN]		
ALBRO, Harriet, spinster, b. Portsmouth, R.I., res Pomfret, d. Mar. 16, [1850], ae 80	4	89

POMFRET VITAL RECORDS

	Vol.	Page
ALDRICH, Abby Maria, d. [Zacheus & Peggy H.], b. Feb. 10, 1821	4	9
Dianna, m. Jedediah **PERRIN**, Sept. 27, 1801	2	140
Elmer E., b. Killingly, res. Pomfret, s. Marcus, d. Oct. 24, 1869, ae 7 y. 27 d.	5	18
Henry Bartholomew, s. [Zacheus & Peggy H.], b. June 27, 1823	4	9
Jonathan, widower, d. June 7, 1866, ae 72	5	16
Levi L., s. Francis N., farmer, are 32, & Lucretia D., ae 28, b. Nov. 10, 1847	4	76
Lucretia, m. Rhodes **ALLEN**, b. of Woodstock, Aug. 26, 1839, by Rev. Bela Hicks	3	60
Lucretia Alzada, d. [Zacheus & Peggy H.], b. Oct. 21, 1818	4	9
Mary Ann, of Pomfret, m. William **CHAPMAN**, of Woodstock, Sept. 3, 1838, by Rev. James Grow, of Hampton	3	56
Nancy E., of Pomfret, m. Noys W. **CHAPMAN**, of Hampton, Feb. 2, 1845, by Rev. R. V. Lyon, Abington Society	3	74
Nelson Perrin, s. [Zacheus & Peggy H.], b. Aug. 17, 1825	4	9
Sarah, Housewife, b. Thompson, res. Pomfret, d. Dec. 5, [1859], ae 57	4	89
Zacheus, of Pomfret, m. Peggy H. **BARTHOLOMEW**, of Woodstock, Jan. 21, 1816	4	9
ALLEN, ALLIN, Abba, d. [Capt. Daniel & Betsey], b. Sept. 15, 1820	2	172
Abigail, d. David & Ann, b. Aug. 15, 1723	1	32
Abigail, d. *Nath[anie]ll & Abigail, d. Jan. 30, 1779 (Perhaps wife?)	1	17
Abigail Lawrence, d. Nathaniel & Susannah, b. Apr.. 28, 1808	2	123
Abner, s. Peter & Elizabeth, b. Nov. 7, 1753	1	39
Amasa, s. Peter & Elizabeth, b. Apr.. 7, 1852	1	39
Amasa, m. Deborah **INGALLS**, Dec. 14, 1780	2	94
Amasa, farmer, d. Sept. 9, 1860, ae 54 y. 3 m. 26 d.	5	10
Anna, d. Jonathan & Martha, b. Dec. 5, 1757	1	66
Anna, m. Adonijah **FOSSETT**, July 28, 1776	2	69
Anna, d. Ethan farmer, ae 34, & Abilene, ae 27, b. Apr.. 21, 1848	4	76
Asa, s. Peter & Elizabeth, b. June 12, 1750	1	39
Asa, m. Elizabeth **SPENCER**, May 18, 1780	2	89
Asa, m. Elizabeth **SPENCER**, May 18, 1780	2	90
Benjamin, s. Dan[ie]ll & Hannah, b. Jan. 12, 1708	1	5
Benjamin, m. Mehetabel **INGALLS**, Dec. 20, 1731	1	2
Benj[ami]n s. Benj[ami]n & Mehetabel, b. Aug. 9, 1734	1	64
Benjamin, m. Rebeckah **PERKINS**, Jan. 19, 1757	1	106
Benj[amin], Jr., m. Hannah **CASE**, Nov. 24, 1760	1	108
Benjamin, d. Benj[ami]n & Hannah,, b. July 6, 1773	1	91
Benj[amin], m. Sabra **CLEAVELAND**, Dec. 4, 1782	1	91
Benj[ami]n, s. Benj[amin] & Hannah, [ ]	1	92
Betsey Levin, housekeeper, widow, b. Swansey, Mass., res. Pomfret, d. Jan. 8 , 1854, ae 77 y. 4 m. 18 d.	5	3
Betty, d. Peter & Elizabeth, b. Oct. 16, 1763	1	39
Betty, d. Peter & Elizabeth, d. Nov. 26, 1764	1	40
Betty, d. Joseph & Elizabeth, b. Feb. 28, 1768	1	91
Charles, m. Harriet R. **SHARPE**, [Sept.] 13, [1843], by Rev. N.S. Hunt, of Abington	3	71
C[h]loe, d. Benj[ami]n & Hannah, b. Aug. 9, 1769	1	91
C[h]loe, d. Benj[ami]n & Hannah, d. Aug. 16, 1771	1	92
Chloe, d. Benj[ami]n & Hannah, b. Aug. 17, 1776	1	91

ALLEN, (cont.)

	Vol.	Page
Dan[ie]ll, s. Dan[ie]ll & Hannah, b. July 28, 1706	1	5
Daniel, s. Daniel & Mary, b. May 29, 1730	1	60
Daniel, d. Apr.. 10, 1759	1	6
David, m. Ann DEMING, May 25, 1721	1	1
David, s David &Ann, b. Mar. 4, 1721/2	1	32
David, s. Nath[anie]ll & Abigail, b. May 28, 1760	1	16
David, s. Joseph * Elizabeth, b. Feb. 11, 1772	1	91
David, s. [Nathaniel], d. Oct. 8, 1806, in the 46th y. of his age	1	17
David D., m. Martha PACKER, b. of Pomfret, Apr.. 4, 1824, by Rev. John Paine, of Hamp[ton]	3	12
Delia, housekeeper, widow, res Abington Soc., d. Aug. 10, 1855, ae 77 y. 1 m. 8 d.	5	5
Ebenezer, s. Daniel & Mary, b. Sept. 13, 1737* (*First written 1757)	1	60
Ebenezer, m. Mehetabel DANA, Dec. 10, 1760	1	108
Ebenezer, s. Joseph & Elizabeth, b. May 24, 1762	1	91
Ebenezer, d. Sept. 27, 1773	1	89
Ebenezer, m. Laodicia VORSE, Apr.. 9, 1794	2	117
Eben[eze]r Dana, s. Eben[eze]r & Mehetabel, b. May 22, 1773	1	88
Elias, s. Eben[eze]r & Mehetable, b. Jan. 14, 1767	1	64
Elijah, s. Peter & Rachel, b. June 26, 1777	1	88
Elijah, s. Peter & Rachel, d. July 4, 178[ ]	1	39
Elizabeth, d. Daniel & Mary, b. Dec. 30, 1731	1	40
Elizabeth, d. Daniel & Mary, b. Dec. 30, 1731	1	60
Elizabeth, d. Nath[anie]ll & Abigail, b. July 4, 1759	1	16
Elizabeth, d. Peter & Elizabeth, b. Feb. 18, 1766	1	39
Elizabeth, w. Peter, d. Mar. 8, 1766	1	40
Elizabeth, d. Nath[anie]ll & Abigail, d. Mar. 21, 1773	1	17
Elizabeth, of Pomfret, m. Daniel PEIRCE, of Brooklyn, May 15, 1832, by A. Benedict	3	34
Ethan, m. Abilene Ann OSGOOD, b. of Pomfret, [Nov.], 1, [1842], by Rev. N. W. Hunt, of Abington	3	69
Eunice, d. Daniel & Mary b. Apr.. 14, 1749	1	60
George Robert, s. [Tho[ma]s J. & Lucy], b. June 25, 1830	4	18
Hannah, d. Daniel & Hannah, b. Apr.. 14, 1711	1	5
Hannah, m. James HOMES, Apr.. 17, 1718	1	1
Hannah, m. Solomon GRIGG, Mar. 10, 1735/6	1	2
Hannah, d. Benj[ami]n & Mehetobel, b. June 23, 1742	1	64
Hannah, d. Isaac & Lydia, b. Aug. 9, 1747	1	15
Hannah, d. Isaac & Lydia, b. Aug. 9, 1748	1	5
Hannah, w. Daniel, d. Apr.. 17, 1754	1	6
Hannah, d. Benjamin & Hannah, b. June 14, 1764	1	91
Hannah, w. Benj[ami]n, d. Nov. 6, 1780	1	92
Hannah, d. Benj[ami]n & Hannah, d. May 26, 1783	1	92
Harriet S., of Providence, R.I., m. Andrew BACKUS, of Pomfret, Aug. 1, 1825, by Rev. James Porter	3	21
Ira, s. Capt. Daniel & Betsey, b. Nov. 25, 1816	2	172
Isaac, m. Lydia LEONARD, May 9, 1733	1	101
Isaac, s. Benj[ami]n & Mehetable, b. Mar. 12, 1735/6	1	64
Isaac, s. Isaac & Lydia, b. Set. 11, 1740	1	15
Isaac, s. Isaac & Lydia, b. Feb. 11, 1741/2	1	5
Isaac, d. July 14, 1761, ae 84	1	6

	Vol.	Page
ALLEN, (cont.)		
Isaac, d. Apr.. 5, 1765	1	82
Isaac, s. Joseph & Elizabeth, b. Apr.. 27, 1774	1	91
Jabez, s. Isaac & Lydia, b. Apr.. 13, 1738	1	5
Jabez, s. Isaac & Lydia, b. Apr.. 13, 1738	1	15
Jane, w. Sam[ue]ll, d. Mar. 4, 1753	1	7
Jerusha, s. Benj[ami]n & Hannah, b. June 5, 1767	1	91
Jerusha, d. Benj[ami]n & Hannah, d. Feb. 11, 1783	1	92
Jerusha, d. Benj[amin] & Sabra, b. July 17, 1783	1	91
John, s. Isaac & Lydia, b. Dec. 25, 1733	1	15
John, [twin with Mary], s. Daniel & Mary, b. Sept. 20, 1734	1	60
John, s. Isaac & Lydia, b. Dec. 12, 1734	1	5
John, m. Dinah **THAYER**, May 8, 1758	1	114
John, s. Peter & Elizabeth, b. Nov. 3, 1759	1	39
John, s. John & Dinah, b Mar. 8, 1762	2	16
John, s. John & Dinah, d. Dec. 28, 1764	2	16
John, s. John & Dinah, b. Aug. 28, 1767	2	16
John, s. Joseph & Elizabeth, b. Feb. 17, 1776	1	91
Jonathan, s. Isaac & Lydia, b. Sept. 19, 1743	1	5
Jonathan, s. Isaac & Lydia, b. Sept. 19, 1743	1	15
Jonathan, s. David & Ann, b. Apr.. 4, 1730	1	32
Jonathan, m. Martha **FISK**, Nov. 18, 1756	1	105
Joseph, s. Benj[ami]n * Mehetable, b. Apr.. 2, 1738	1	64
Joseph, s. Isaac & Lydia, b. Mar. 10, 1754	1	5
Joseph, s. Isaac & Lydia, b. Mar. 10, 1754	1	70
Joseph, m. Elizabeth **WARNER**, Oct. 13, 1761	1	109
Joseph, s. Joseph & Elizabeth, b. Feb. 17, 1770	1	91
Julia Ann, m. George **TROWBRIDGE**, Sept. 17, 1829, by Rev. Samuel J. May, of Brooklyn	3	27
Lois, d. Daniel & Mary, b. Apr.. 16, 1745	1	60
Lucy, d. Eben[eze]r & Mehetabel, b. Sept. 20, 1769	1	88
Lucy, d. Sept. 1, 1776	1	89
Lucy Elizabeth, d. Ethan & Abbilene Ann, b. Jan. 5, 1845	4	22
Lydia, d. Isaac & Lydia, b. Aug. 19, 1745	1	5
Lydia, d. Isaac & Lydia, b Aug. 19, 1745	1	15
Martha Hellen, of Pomfret, m. William Henry **CHANDLER**, of Providence, R.I., Mar. 24, 1842, by Rev. D. Hunt	3	66
Mary, m. Nath[anie]l **GARY**, Feb. 11, 1712/13	1	1
Mary, d. Daniel & Hannah, b. Aug. 8, 1715	1	5
Mary, d. Sam[ue]ll & Jane, b. Feb. 22, 1715/16	1	6
Mary, [twin with John], d. Daniel & Mary, b. Sept. 20, 1734	1	60
Mary, m. David **CHANDLER**, June 3, 1735	1	2
Mary, d. Of Samuel, m. Stephen **HAZELTON**, Sept. 5, 1735	1	2
Mary, d. Isaac & Lydia, b. Nov. 13, 1735	1	15
Mary, d. Isaac & Lydia, b. Nov. 13, 1736	1	5
Mary, m. Nathaniel **CARPENTER**, Nov. 10, 1747	1	100
Mary, d. John & Dinah, b. Dec. 1, 1763	2	16
Mary, Mrs., m. Samuel **WILLIAMS**, Sept. 12, 1765	1	112
Mary, d. Joseph & Elizabeth, b. Apr.. 1, 1766	1	91
Mary J., m. Samuel N. **GLEASON**, of Warren, Mass., Jan. 14, 1851, by Rev. S. Haines, Abington Society	3	88
Mary Jane, ae 30, b. Abington, m. Samuel **GLEASON**, of Warren,		

BARBOUR COLLECTION

	Vol.	Page
ALLEN, (cont.)		
Mass., Jan. 14, [1850], by Rev. Himes	4	92
Matthew, d. Sept. 16, 1754	1	6
Mehetable, d. Benj[ami]n & Mehetable, b. Dec. 2, 1732	1	64
Mehetabel, m. [ ]AVEREL, Aug. 7, 1776	2	70
Molle, d. Benj[ami]n & Mehitobel, b. Jan. 17, 1761	1	64
Molle, d. Eben[eze]r & Mehetabel, b. Nov. 2, 1761	1	88
Nathan, s. Daniel & Mary, b. Dec. 11, 1739	1	60
Nathan, s. Ebenezer & Mehetable, b. Dec. 2, 1764	1	88
Nath[anie]l, s. Samuel & Jane, b. Feb. 12, 1717/18	1	6
Nath[anie]l, s. Sam[ue]ll & Jane, d. Mar. 3, 1718/19	1	7
Nath[anie]ll, s. David & Ann, b. Jan. 22, 1725/26	1	32
Nath[anie]ll, m. Abigail LAWRENCE,, Nov. 15, 1753	1	104
Nathaniel, s. Nath[anie]ll & Abigail, b. May 21, 1762	1	16
Nathaniel, m. wid. Mary ORMSBEE, Nov. 28, 1780	1	16
Nathaniell, d. Nov. 11, 1806, in his 81st y.	2	17
Oliver, s. Amasa & Deborah, b. Apr.. 22, 1780 (error)	2	94
Oliver, s. Asa & Elizabeth, b. Apr.. 22, 1782	1	90
Patience, D. Sam[ue]ll & Patience, b. Nov. 14, 1711	1	6
Patience, w. Sam[ue]ll, d. Dec. 4, 1711	1	7
Patience, m. Samuel COLE, Feb. 14, 1728/9	1	2
Peter, s. Daniell & Hannah, b. Sept. 11, 1719	1	1
Peter, s. Dan[ie]ll & Hannah, b. Sept. 11, 1719	1	5
Peter, m. Elizabeth CRAFT, Jan. 2, 1747/8	1	102
Peter, m. Rachel SPENCER, Dec. 2, 1773	1	39
Peter M., m. Mary RICHMOND, b. of Pomfret, Mar. 28, 1831, by Rev. C. Fitch, of Abington	3	31
Phebe, d. Eben[eze]r & Mehetabel, b. Nov. 24, 1762		
Rhodes, m. Lucretia ALDRICH, b. of Woodstock, Aug. 26, 1839, by Rev. Bela Hicks	1 3	88 60
Samu[e]ll, m. Patience PO[O]LY, Nov. 5, 1706	1	1
Samuel, m. Jane YOUNGLOVE, Feb. 18, 1713/14	1	1
Sam[ue]ll, s. Sam[ue]ll & Jan. B. Jan. 16, 1714/15	1	6
Samuell, m. Mary ADAMS, Nov. 8, 1731	1	2
Sam[ue]ll, s. Sam[ue]ll & Jane, d. Apr.. 26, 1732	1	7
Sam[ue]ll, s. David & Ann, b. Aug. 23, 1733	1	32
Sam[ue]ll, s. Daniel & Mary, b. Dec. 9, 1742	1	60
Sam[ue]ll, d. Oct. 22, 1745	1	7
Samuel, s. Peter & Rachel, b. Oct. 14, 1774		
Samuel, Jr., m. Eliza INGALLS, b. of Pomfret, Oct. 27, 1850, by Rev. R. V. Lyon, at his residence in Abington Society	1 3	39 87
Sam[ue]ll, Jr., farmer, ae 35, b. Abington, res. Pomfret, m. [ ], Oct. 27, [1850], by R. V. Lyon	4	92
Sam[ue]l, farmer, married, d. Feb. 7, 1855, ae 80 y. 3 m. 24 d.	5	5
Samuel H., single, d. Oct. 23, 1861, ae 2 y. 7 m. 28 d.	5	11
Sarah, d. David & Ann, b. May 2, 1727	1	32
Sarah, d. Benj[ami]n & Mehetobel, b. May 25, 1740	1	64
Sarah, d. Jonathan & Martha, b. Sept 20, 1759	1	66
Sarah, d. Benj[ami]n & Mehitobel, d. Feb. 21, 1761	1	65
Sarah, d. Benjamin & Hannah, b. Jan. 28, 1762	1	91
Sarah, d. Isaac & Sarah, b. Apr.. 23, 1765	1	81
Sarah A., d. Alman, shoemaker, ae 45, & Mary, ae 36,		

	Vol.	Page
ALLEN, (cont.)		
b. Oct. 5, [1849	4	86
Seth, s. Benj[ami]n & Mehetobel, d. Oct. 17, 1748	1	65
Seth, s. Benj[ami]n & Mehetabel, b. Feb. 20, 1749/50	1	64
Seth, s. Benj[ami]n & Mehetobel, b. Dec. 9, 1757	1	64
Seth, s. Joseph & Elizabeth, b. May 24, 1764	1	91
Seth, s. Joseph & Elizabeth, d. Nov. 29, 1765	1	92
Susanna, d. Peter & Elizabeth, b. Dec. 2, 1757	1	39
Susanna, m. James **WILLIAM**, Apr.. 30, 1783	2	7
Sybel E., of Pomfret, m. Erastus **TORREY**, of Killingly, [Mar. 3, 1839], by Rev. Erastus Benton, of Eastfort	3	58
Thankfull, d. Isaac & Lydia, b. Mar. 28, 1750	1	5
Thankfull, d. Isaac & Lydia, b. Mar. 28, 1750	1	15
Tho[ma]s Henry, s. Tho[ma]s J. & Lucy, b. May 17, 1829	4	18
Thomas J., m. Lucy **MANNING**, b. of Pomfret, [Mar.] 27, [1828], by James Boswell	3	24
Zilpah, d. David & Ann, b. Jan. 5, 1731/2	1	32
Zipporah, d. Isaac & Sarah, b. Nov. 10, 1762	1	81
-----, st. b. female, Jan. 9, [1856 or 57]	5	6
ALLTON, Betsey, m. Zephaniah **SHERMAN**, Nov. 15, 1804	2	149
ALWORTH, Amaryllis, d. William, Jr. & Buler, b. May 20, 1781	2	48
B[e]ulah, d. William, Jr. & B[e]uler, b. Oct. 7, 1773	2	48
Esther, d. William & B[e]ulah, b. Feb. 17, 1784	2	48
Hannah, d. James & Hannah b. Jan. 15, 1772	2	17
James, m. Hannah **BAKER**, Feb. 25, 1761	1	115
James, s. James & Hannah, b. Oct. 15, 1769	2	17
Joseph, s. James & Hannah, b. Sept. 17, 1782	2	17
Meriam, d James & Hannah, b. Mar. 9, 1763	2	17
Mary, d. William, Jr. & B[e]uler, b. July 29 1775	2	48
Mary Moxly, d. James & Hannah, b Mar. 5, 1774	2	17
Patty, d. James & Hannah, b. Apr.. 26, 1780	2	17
Rose, w. William, d. Apr.. 3, 1776	2	17
Sarah, d. William, Jr. & B[e]uler, b. June 12, 1778	2	48
Stephen, s. James & Hannah, b. July 19, 1767	2	17
Timothy, s. James & Hannah, b. Mar. 26, 1778	2	17
Williams, s. James & Hannah, b. Feb. 28, 1765	2	17
William, Jr., m. B[e]uler **MOSELEY**, Oct. 15, 1772	2	48
William, d. Mar. 30, 1776	2	17
AMES, [see also **EAMES**], Ruth, m. Daniel **OSGOOD**, Oct. 12, 1758	1	107
AMIDON, AMIDOWN, AMMIDOWN, AMNNIDON, Hannah, m. Ebenezer **SCARBOROUGH**, Apr.. 2 1772	2	80
Henry, m. Sarah **DOUBLEDEE**, Sept. 25 1751	1	103
Jedediah s. Henry & Sarah, d. Aug. 11, 1752	1	30
Jedediah, s. Henry & Sarah, b. May 14, 17[ ]	1	29
Mary, m. Samuel **SCARBOROUGH**, Oct. 15, 1770	2	78
ANDREWS, Martha W., d. Zachariah & Lucretia, b Jan 27, 1826	4	5
Zachariah, m. Lucretia **WOODWORTH**, b. of Pomfret, Feb. 27, 1825, by Rev. James Porter	3	14
ANGELL, Alexander, s. Thomas & Sarah, b. Sept. 27, 1775	2	71
Alexander, s. Thomas & Sarah, d. Oct. 29, 1775	2	71
Betsey, m. James **WHEATON**, Dec. 2, 1816	4	31d
Charles J., d. Sept. 22, 1864, ae 8 y. 3 m. 25 d.	5	14

BARBOUR COLLECTION

	Vol.	Page
ANGELL, (cont.)		
Elute, of Pomfret, m. Abiel **COPELAND**, of Thompson, Oct. 25, 1835, by Rev. Nathan D. Benedict, of Woodstock	3	47
George Sterry, s. Tho[ma]s & Phyrilla, b. May 6, 1784	2	120
John, s. Tho[ma]s & Phyrilla, b. Apr.. 29, 1795	2	120
John, of Pomfret, m. Henrietta **FLYN**, of Woodstock, Jan. 9, 1819	2	171
Mary, d. Tho[ma]s & Phyrilla, b. Feb. 6, 1786	2	120
Mary, m. Barniss **SPAULDING**, Jan. 8, 1807	2	2
Mary, d. Sept. 2, 1848, ae 10 m.	4	84
Mary J., d. John, farmer, ae 53, & Susan C., ae 35, b. Nov. 17, 1847	4	77
Oliver, m. Dille **FASSETT**, Apr.. 13, 1794	2	71
Phyrilla, d. Thomas & Phyrilla, b. Apr.. 29, 1793	2	120
Rebeckah, d. Tho[ma]s & Phyrilla, b. Mary. 2, 1782	2	120
Rhodes, laborer, single, d. Feb. 26, 1864, ae 61 y. 7 m. 24 d.	5	14
Sally, d. Tho[ma]s & Phyrilla, b. Oct. 11, 1780	2	120
Sally, m. John **DURKEE**, June 28, 1801	2	102
Samuel, s. Tho[ma]s & Phyrilla, b. Apr.. 4, 1797	2	120
Samuel, laborer, married, d. June 16, 1860, ae 62 y. 2 m. 14 d.	5	10
Sophia, of Pomfret, m. Stephen T. **CUSHING**, of Woodstock, Apr.. 17, 1831, by Amos Babcock. Intention published	3	34
Susan E., of Pomfret Landing, d. July 16, 1848, ae 3	4	80
Thomas, Jr., m. Sarah **JEFFERDS**, Nov. 24, 1774	2	71
Thomas, m. Phyrillia **JEFFORDS**, Apr.. 1780	2	120
Thomas, Jr. s. Tho[ma]s & Phyrilla, b. May [ ], 1789	2	120
Thomas A., of Plainfield, m. Lucy W. **GOODELL**, of Pomfret, Mar 30, 1837, by N. S. Hunt, Abington	3	51
ANTHONY, Barbary, of Pomfret, m. John R. **LESTER**, of Providence, R.I., Jan. 10, 1833, by Rev. Nicholas Branch	3	35
Lavina, m. Lloyd **WILLIAMS**, b. of Pomfret, Aug. 19, 1822, by Rev James Porter	3	6
Orra T., single, b. Killingly, res. Pomfret, d. June 1, 1856, ae 5 y. 2 m. 14 d.	5	6
Peleg, merchant ae 31, b. Pomfret, res. Killingly, m. Melissa **HASKELL**, ae 21, b. Southbridge, Mass., May 17, [1850], by Rev. Lucian Holmes.	4	88
Peleg, m. Malissa **HASKELL**, May 21, 1850, by Lucius Holmes, J. P.	3	85
Sarah, of Pomfret, m. Charles **PROCTER**, of Providence, R.I., May 20, 1827, by Rev James Porter	3	23
Susan, m. Leb[b]eus **WASHBURN**, Jr., b. of Pomfret, Nov 19, 1820, by Rev. James Porter	3	2
APLEY, ——, w. Elias, housewife, b. Woodstock, res. Pomfret, d. [1850 or 1851]	4	93
APLIN, Hannah, of Pomfret, m. Major John **LOW**, of Woodstock, Dec. 25, 1820, by Rev James Porter	3	2
Mary, m. Jeremiah **SHUMWAY**, Aug. 23 1825, by James A. Boswell	3	17
ARDELIA, Sarah, black, d. Apr.. 1, 1869, ae 4 y. 21 d.	5	18
ARNOLD, Augustus, m. Lydia **ELLIOTT**, Mar. 22, 1820	2	149
Augustus, b. R.I., res. Providence, d. July [ ], 1848, ae 14	4	80
Betsey, m. Nathan **CHANDLER**, Jan. 10, 1802	2	142
Catharine, Mrs., m. Lot **UNDERWOOD**, b. of Pomfret, [Jan.] 29,		

	Vol.	Page
ARNOLD, (cont.)		
[1837], by Nicholas Branch	3	51
Clarissa, ae 16, b. Griswold, res. Pomfret, m. John **BUCK**, laborer on farm, ae 23, of Pomfret, Apr.. 24, 1851, by Thomas Dowling	4	92
Daniel, m. Lory **STOWELL**, b. of Brooklyn, [Jan.] 5, [1823], by Rev. John Paine, of Hampton	3	7
Elonah, m. George **HARRIS**, Feb. 28, 1801	2	137
Emeline, of Killingly, m. Caleb S. **HALL**, Mar. 24, 1842, by Rev. S. W. Hammond	3	70
Mary, ae 30, m. Geo[rge] W. **BUCK**, farmer, ae 34, b. Killingly, res. Pomfret, July 30, [1848]	4	83
Susannah, m. Nathan **MATHEWSON**, Dec. 24, 1786	2	8
William S., of Woodstock, m. Lucina **UNDERWOOD**, of Pomfret, [Jan.], 24, [1836], by Nicholas Branch	3	47
——, s. James & Mary, d. Jan. 4, 1867, ae 1 d.	5	16
ASHCRAFT, Sarah, m. James **ELDREDGE**, Feb. 20, 1765	1	110
ATHERTON, John, m. Mary **SAWYER**, May 25, 1735	1	2
ATWELL, Peggy, m. Jacob **GOODELL**, July 31, 1734	1	2
ATWOOD, Abigail, d. Jan. [ ], 1848, ae 4 y.	4	80
Julia P., domestic, single, d. Dec. 28, 1865, ae 19	5	15
Lucy, m. Nathan **BOSWORTH**, b. of Pomfret, Nov. 5, 1833, by Nicholas Branch	3	38
AUSTIN, Rebecca, housekeeper, single, b. Foster R.I., res. Pomfret, d. June 28, 1864, ae 52 y. 5 m. 13 d.	5	14
AVERELL, AVEREL, AVERILL, Abby E., m. Clement D. **SHARPE**, b. of Pomfret, Sept. 13, 1854, by Rev. D. Hunt	3	91
Abigail Elizabeth, d. [Lewis & Hannah], b. Jan. 14, 1829	4	1
Albert, s. [Frederick, Jr. & Elizabeth Summer], b. July 18, 1838	4	63
Ann Waldo, d [Lewis & Hannah], b. May 1, 1833	4	1
Bathsheba, d. Stephen & Sarah, d. Oct. 8, 1775	2	63
Bathsheba, d. [Frederick & Lucretia], b. June 8, 1808	2	128
Charles Henry, s. [Lewis & Hannah], b. Mar. 25, 1838	4	1
Eliza, d. [Frederick & Lucretia], b. Aug. 12, 1802	2	128
Eliza, of Pomfret, m. Samuel B. **MERRELL**, of Springfield, N.Y., June 15, 1835, by Rev. D. Hunt, Jr.	3	45
Fred, farmer, black, married, b. Hampton, res. Pomfret, d. July 18, 1853, ae 91 y. 8 m. 25 d.	5	2
Frederick, m. Lucretia **WALDO**, Jan. 24, 1796	2	128
Frederick, s. [Frederick & Lucretia], b. July 9, 1800	2	128
Frederick, Jr., m. Elizabeth S. **CHANDLER**, [ ], by Rev. D. Hunt	3	47
George, of Griswold, m. Lucretia Maria **SHARPE**, of Abington, Mar. 17, 1846, by Rev. Edward Pratt. Intention Published in Abington Cong. Meeting House	3	78
Hannah Caroline, d. [Lewis & Hannah], b. Oct. 5, 1835	4	1
Hellen Elizabeth, d. [Frederick, Jr. & Elizabeth Summer], b Aug. 8, 1842	4	63
Henry Chandler, s. [Frederick, Jr. & Elizabeth Summer], b. Sept. 15, 1840	4	63
James O., s. Lewis, farmer, ae 50, & Hannah, ae 45, b. Feb. 6, 1848	4	76
James Olney, s. [Lewis & Hannah], b. Feb. 6, 1848	4	1
Joseph Warren, s. Lewis & Hannah, b. Jan. 1, 1825	4	1
Lewis, s. Frederick & Lucretia, b. July 26, 1798	2	128

84   BARBOUR COLLECTION

	Vol.	Page
AVERELL, (cont.)		
Lewis, m. Hannah **BURTON**, b. of Pomfret, Mar. 30, 1824, by Rev. James Porter	3	12
Lewis, farmer, married, s Frederic, d. Jan. 8, 1869, ae 70 y. 5 m. 13 d.	5	18
Lewis Frederic, s. [Lewis & Hannah], b Mar. 15, 1845	4	1
Lewis Waldo, s. [Lewis & Hannah], b. Feb. 12, 1831;d. Sept. 8, 1832	4	1
Lucretia, d. Frederick & Lucretia, b. Oct. 9, 1796	2	128
Lucretia, of Pomfret, m. Godfrey **BROWN**, of Brooklyn, Mar. 13, 1823, by Rev. James Porter	3	8
Lucretia, of Pomfret, m. Godfrey **BROWN**, of Brooklyn, Mar. 13, 1823	4	57
Lucy, d. Stephen & Mehetabel, b. June 2, 1779	2	70
Lucy, of Pomfret, m. Samuel **HENRY**, of Otsego, N.Y., [Oct.] 9, [1821], by Rev. James Porter	3	4
Mary Lucretia, d. [Lewis & Hannah], b. Dec. 17, 1842	4	1
Olive Backus, d. Frederick, Jr. & Elizabeth Summer, b. Jan. 30, 1837	4	63
Phebe, housekeeper, widow, b. Thompson, res. Pomfret, d. [ ] Jewett, d. Mar. 8, 1866, ae 89 y. 10 m. 28 d.	5	16
Rufus Barton, s. [Lewis & Hannah], b. Dec. 29, 1826	4	1
Ruth, d. Stephen & Sarah, d. Sept. 24, 1775	2	63
Ruth, d. Stephen & Mehetabel, b. Mar. 29, 1778	2	70
Ruth, d. Stephen & Mehetabel, d. Sept. 13, 1779	2	63
Sarah, w. Stephen, d. Sept. 13, 1775	2	63
Stephen, Jr., m. Jerusha **DRESSER**, Mar. 30, 1776	2	69
Stephen, Jr., d. Feb. 11, 1777	2	69
Stephen, s. Stephen, Jr. & Jerusha, b. Apr.. 15, 1777	2	69
Stephen, s. Stephen & Mehetabel, b. Dec. 27, 1780	2	70
Stephen, d. Aug. 31, [1850], ae 70	4	93
Warren Waldo, s. [Frederick & Lucretia], b. Sept. 12, 1804	2	128
William Pitt. S. [Frederick & Lucretia], b. Aug. 28, 1806	2	128
——, m. Mehetabel **ALLIN**, Aug. 7, 1776	2	70
AVERY, Charlotte, m. Ebenezer **SABIN**, Mar. 23, 1800	2	134
Charlotte, m. Ebenezer **SABIN**, Mar. 23, 1823, Error	2	133
Deborah, d. Rev. Ephraim & Deborah, b. July 5, 1751	1	78
Deborah, Mrs. M. Dr. Joseph **BAKER**, Mar. 4, 1773	2	46
Elisha, s. Rev. Ephraim & Deborah, b. Dec. 3, 1744	1	78
Elizabeth, d. Rev. Ephraim & Deborah, b. Dec. 5, 1746	1	78
Ephraim, Rev., m. Mrs. Deborah **LATHROP**, Sept. 21, 1738	1	3
Ephraim [twin with Samuel], s. Rev. Ephraim & Deborah, b Apr.. 13 1741	1	78
Ephraim, Rev., d. Oct. 20, 1754	1	79
Eunice, m. Lemuel **GROSVENOR**, Sept. 7, 1783	2	51
John, s. Rev Ephraim & Deborah, b. July 14, 1739	1	78
May, m. William **PRESTON**, Oct. 9, 1746	1	99
Ruth, d Rev. Ephraim & Deborah, b. Jan 15, 1754	1	78
Samuel, [twin with Ephraim], s. Rev. Ephraim & Deborah, b. Apr.. 13, 1741	1	78
Sam[ue]ll, s. Rev. Ephraim & Deborah, d. Dec. 21 1741	1	79
Samuel, s. Rev. Ephraim & Deborah, b. Nov. 7, 1742	1	78
Septemas, s. Rev. Ephraim & Deborah, b. July 21, 1749	1	78
AYER, AYERS, Amanda, d. Nath[anie]l & Joanna, b Mar. 5, 1803	2	113

POMFRET VITAL RECORDS 85

	Vol.	Page
AYER, (cont.)		
Amanda, [d. Nath[anie]l & Joanna], b Mar. 5, 1803	2	113
Anna, d. Nath[anie]l & Edney, b. Nov. 15, 1781, at Norwich	2	113
Anna, m. Elisha **PAINE,** May 19, 1784	2	92
Betsey, d. Nath[anie]l & Edney, b. Mar. 14, 1787, at Windham	2	113
Edney, d. Nath[anie]l & Edney, b. Apr.. 18, 1798	2	113
Edney, w. Nathaniel, d. Feb. 13, 1801	2	113
Edney, m. Lewis **TROWBRIDGE,** b. of Pomfret, May 8, 1826, by Rev John Paine, of Hampton	3	20
John Sharpe, s. [Nathaniel & Joanna], b. Feb. 2, 1805	2	113
Lorinda, d. Nath[anie]l & Edney, b. July 2, 1792	2	113
Lucy, d Nath[anie]l & Edney, b. Feb. 4, 1795	2	113
Marcus, s. [Nath[anie]l & Joanna], b. Mar. 4, 1807	2	113
Nathaniel, m. Edney **HARTSHORN,** Apr.. 23, 1780, at Norwich	2	113
Nathaniel, m. Joanna **SHARPE,** May 16, 1802	2	113
Nathaniel, d. June 1, 1842	2	113
Nelson, s. [Nath[anie]l & Joanna], b. Mar. 8, 1810	2	113
Pearley, s. Nath[anie]l & Edney, b. Dec. 18, 1789	2	113
Russell, s. Nath[anie]l & Edney , b July 24, 1784, at Windham	2	113
Russell S., d. Aug. 13, [1850], ae 5 min.	4	89
Samuel Hartshorn, s. [Nath[anie]l & Edney, b Feb. 5, 1801	2	113
BABBIT, Eliza, m. Horace **MASON,** b. of Killingly, Sept. 1845, by Rev. Benjamin Congdon	3	76
BABCOCK, [see under **BADCOCK**]		
BABSON, Abigail Ann, d. [James & Betsey], b Jan. 10, 1800	2	150
Isaac Newton, s. [James & Betsey], b. Oct. 7, 1801	2	150
James, m. Betsey **BARTON,** Sept. 30, 1798	2	150
James, s. [James & Betsey], b. Aug. 18, 183	2	150
John, d. Apr.. 26, 1806	2	150
Johns, s. [James & Betsey], b. Mar. 25, 1807	2	150
John Frances, s. [James & Betsey], b. Dec. 2, 1805	2	150
John Frances, d. May 16, 1806	2	150
BACHOLOR, John of Pomfret, m. Mary **DEANS,** of Ashford, May 1, 1842, by Rev. Charles C. Barnes	3	67
BACKUS, Andrew, s. [Sylvanus & Harriet], b. Feb. 6, 1803	2	131
Andrew, of Pomfret, m. Harriet S. **ALLEN,** of Providence, R.I., Aug. 1, 1826, by Rev. James Porter	3	21
Charles Waldo, s. [Sylvanus & Harriet], b. Aug. 23, 1810	2	131
Elisha Waldo, s. [Sylvanus & Harriet], b. Nov. 9, 1801	2	131
Elisha Waldo, s. [Sylvanus & Harriet], d. Apr.. 10, 1802	2	131
Frances Harriet, d. [Sylvanus & Harriet], b. Oct. 19, 1797	2	131
Frances Harriet, d. Sylvanus & Harriet, d. July 24, 1800	2	131
George, s. [Sylvanus & Harriet], b. Aug. 15, 1799	2	131
Harriet, d. [Sylvanus & Harriet], b. Oct. 20, 1806	2	131
Harriet, d. [Sylvanus & Harriet], d. Dec. 16, 1806	2	131
Mary Ann, d. [Sylvanus & Harriet], b. Dec. 16, 1807	2	131
Olive, m. Joseph **CHANDLER,** Jr. Feb. 4, 1777	2	77
Sylvanus, m. Harriet **WALDO,** Jan. 1, 1797	2	131
Silvanus, s. [Sylvanus & Harriet], b. Apr.. 10, 1816	2	131
William Henry, d. [Sylvanus & Harriet], b. Nov. 9, 1813	2	131
BACON, BAYCON, Abigail, d. Isaac & Isabell, b. Feb. 9, 1752	1	72
Abigail, d. Isaac & Isabell, d. Jan. 7, 1753	1	73

BARBOUR COLLECTION

	Vol.	Page
BACON, (cont.)		
Abigail, w. Isaac, d Jan. 6, 1754	1	75
Abigail, d. Eben[eze]r & Sarah, b. Feb. 20, 1754	1	65
Abner, s. Henry & Sarah, b. Jan. 29, 1740/41	1	36
Abner, s. Nehemiah & Ruth, b. Aug. 15, 1768	1	36
Benjamin, s. Henery & Hannah, b. Feb. 2, 1723/4	1	36
Benj[ami]n, s. Henry & Hannah, d. Apr.. 30, 1724	1	37
Benj[ami]n, s. Henery & Hannah, b. Jan. 6, 1726/7	1	36
Chasens, s. Nehemiah & Ruth, b. May 17, 1774	1	36
Daniel, m. Sarah **PO[O]LY**, June 27, 1717	1	1
Daniel, d. Nov. 20, O.S., or Dec. 1, N.S., 1752	1	16
David, s. Henry & Sarah, b. Aug. 29, 1745	1	36
Dorothy, d. Eben[eze]r & Sarah, b. July 15, 1760	1	65
Dorothy, m. John **SMITH**, Oct. 26, 1780	2	39
Ebenezer, m. Sarah **WHITE**, Dec. 28, 1748	1	101
Ebenezer, s. Eben[eze]r & Sarah, b. Feb. 14, [1756]; d. Feb. 16, 1756	1	65
Ephraim, s. Henery & Hannah, b. Mar. 15, 1724/5	1	36
Ephraim, s. Henery & Hannah, d. Aug. 18, 1726	1	37
Ephraim, s. Henery & Hannah, b. Dec. 1, 1728	1	37
Ephraim, m. Mary **VINERSON**, Feb. 20, 1754	1	105
Ephraim, s. Ephraim & Mary, b. May 25, 1754	1	36
Ephraim, d. July 3, 1755	1	37
Ephraim, of Killingly, m. Eliza **BAXTER**, of Pomfret, Nov. 28, 1822, by Rev. James Grow	3	7
Hannah, d. Henery & Hannah, b. Mar. 16, 1720/21	1	36
Hannah, w. Henry, d. Dec. 22, 1730	1	37
Hannah, d. Eben[eze]r & Sarah, b. Apr.. 29, 1749	1	65
Hannah, m. Elihu **SABIN**, Apr.. 18, 1770	2	41
Henery, s. Henery & Hannah, b. Nov. 2, 1722	1	36
Henry, m. Perse **CLEVELAND**, Feb. 18, 1745	1	103
Henry, m. Renis* **CLEVELAND**, Feb. 18, 1745 (Percise?)	1	104
Henry, Lieut., m. Mrs. Elizabeth **CHAPMAN**, Sept. 17, 1746	1	99
Henry, Lieut., d. Apr.. 6, 1752	1	37
Henry, s. Nehemiah & Ruth, b. June 12, 1757	1	36
Isaac, d. May 17, 1746	1	75
Isaac, m. Issabell **HIKES**, Aug. 3, 1749	1	101
Isaac, d. July 3, 1754	1	73
Joseph, s. Henery & Hannah, b. Dec. 10, 1730	1	36
Joseph, s. Henry & Hannah, d. Dec. 16, 1730	1	37
Joseph, s. Henry & Sarah, b. Sept. 7,1738	1	36
Joseph, Sr., d. May 31, 1741	1	37
Joseph, s. Nehemiah & Ruth, b. Feb. 12, 1764	1	36
Josephene, d. Nehemiah & Ruth, b. May 17, 1777	1	36
Luce, d. Eben[eze]r & Sarah, b. July, 10, 1757	1	65
Lydia, d. Isaac & Isabell, b. Oct. 14, 1753	1	72
Mary, d. Henry & Hannah, b. Aug. 5, 1734	1	36
Mary, d. Nehemiah & Ruth, b. Apr.. 26, 1760	1	36
Mary, m. Samuel **HINCKLEY**, dec. 13, 1761	1	115
Mollie, d. Isaac & Isabell, b. Apr.. 21, 1750	1	72
Molly, d. Eben[eze]r & Sarah, b. Oct. 7, 1766	1	65
Molly, m. John R. **SMITH**, Nov. 6, 1796	2	39
Nehemiah, s. Henry & Sarah, b. Sept. 6, 1736	1	36

POMFRET VITAL RECORDS 87

	Vol.	Page
BACON, (cont.)		
Nehemiah, m. Ruth **ADAMS**, Dec. 28, 1756	1	106
R[h]odah, d. Eben[eze]r & Sarah, b. Nov. 16, 1762	1	65
Ruth, d. Nehemiah & Ruth, b. July 22, 1766	1	36
Sarah, d. Dan[ie]ll & Sarah, b. Mar. 27, 1718	1	15
Sarah, d. Henry & Hannah, b. Aug. 7, 1732	1	36
Sarah, w. Daniel, d. Nov. 22, 1742	1	16
Sarah, m. Jonaith **WHITE**, May 19, 1743	1	3
Sarah, w. Lieut, Henry, d. Mar. 7, 1745/6	1	37
Sarah, d. Eben[eze]r & Sarah, b. Oct. 31, 1751	1	65
Sarah, d. Nehemiah & Ruth, b. Mar. 9, 1762	1	36
Sarah, m. Elijah **BUGBEE**, Mar. 6, 1777	2	119
Susan, of Norwich, m. Hyram **HAYWARD**, of Ashford, Oct. 2, 1823, by Walter Lyon, Clerk, of Abington	3	9
William, s. Henry & Sarah, b. June [ ], 1743	1	36
William, s. Nehemiah & Ruth, b. May 20, 1771	1	36
BADCOCK, Hannah, m. Charles **SHAWAN**, June 13, 1776	2	1
BADGER, Almira, housekeeper, married, b. Hampton, res. Pomfret, d. Jan. 15, 1859, ae 52 y. 3 m. 4 d.	5	9
Edward, of Hampton, m. Elizabeth **COTTON**, of Pomfret, Nov. 21, 1820, by Rev. James Porter	3	2
Elizabeth, d. Ezekiel & Dorothy, b. Dec. 18, 1757	1	98
Elizabeth, m. John D. **INGRAHAM**, Apr.. 20, 1795	2	120
Elizaberth C., housekeeper, widow, d. May 15, 1861, ae 80 y. 8 m. 19 d.	5	11
Emeline J., d. George, farmer, ae 28, & Susan S., ae 30, b. Oct. 24, 1847	4	76
Ezra, s. Ezekiel & Dorothy, b. Apr.. 26, 1765	1	98
Geo[rge] Henry, b. Eastford, res. Pomfret, d. May 19, 1853, ae 2 m. 12 d.	5	2
John, s. Ezekiel & Dorothy, b. May 15, 1759	1	98
Mary, d. Ezekiel & Dorothy, b. Feb. 4, 1763	1	98
Nathan, b. Ashford, res. Eastford, m. 2d w. Sophia **WEEKS**, b. Ashford, June 21, 1848, by Rev. Edward Pratt	4	79
Rhoda, d. Ezekiel & Dorothy, b. Nov. 16, 1760	1	98
BAILEY, Rachel, d. Apr.. 22, 1786	2	45
BAKER, Abby, of Pomfret, m. Asa **TWIST**, of Thompson, Apr.. 8, [1849], by Charles Osgood, J.P.	3	84
Alma, b. Abington, res. Pomfret, d. Nov. 30, [1850], ae 10 m.	4	93
Anna, m. Ebenezer **SABIN**, May 2, 1776	2	68
Anna, d. Stephen, farmer, & Abby b. July 29, 1850	4	86
Anna L., d. Daniel D., mechanic, ae 25, & Lucinda A., ae 22, b. Oct. 13, [1849]	4	85
Benjamin, farmer, married, b. Killingly, res. Pomfret, s. Joel, d. Apr.. 12, 1867, ae 75	5	16
Betty, d. Dr. Joseph & Lucy, b. Feb. 19, 1780	2	46
Calvin, d. Nov. 6, 1859, ae 10 y. 8 m. 10 d.	5	9
Celinda, ae 16, of Pomfret, m. Herbert **YOUNG**, farmer, ae 22, b. Killingly, res. Pomfret, Nov. 11, [1849], by Geo[rge] Greenslit	4	88
Deborah, w. Dr. Joseph, d. Feb. 13, 1777	2	46
Edward, d. July 28, 1862. Ae 5 y. 2 m.17 d.	5	12
Elisha, s. Joseph & Deborah, b. June 1, 1774	2	46

BAKER, (cont.)

	Vol.	Page
Emeline, m. Daniel **BASSETT**, b. of Pomfret, Feb. 5, 1844, by Rev. Benjamin Congdon	3	72
Emma Eliza, d. Feb. 22, 1853, ae 2 y. 12 d.	5	1
Ezra, d. Oct. 24, 1853, ae m. 24 d.	5	2
Francis, b. Wales, Mass., res . Pomfret, d. Nov. [1849], ae 3 y.	4	89
Hannah, d. Stephen & Hannah, b. Mar. 15, 1734	1	77
Hannah, d. Stephen & Hannah, b. Aug. 9, 1738	1	77
Hannah, d. Stephen & Hannah, d. Sept. 3, 1741	1	78
Hannah, m. James **ALWORTH**, Feb. 25, 176[ ]	1	115
John, s. Stephen & Hannah, b. Dec. 17, 1740	1	77
John, s. Stephen & Hannah, b. Dec. 17, 1745	1	77
John L., m. Lucinda M. **BOTHAM**, b. of Abington Society, Oct. 4, 1846, by Edward Pratt. Intention published	3	79
Joseph, s. Stephen & Hannah, b. July 20, 1747	1	77
Joseph, s. Stephen & Hannah, d. Dec. 17, 1750	1	78
Joseph, s. Stephen & Hannah, b. June 2, 1752	1	77
Joseph, Dr., m. Mrs. Deborah **AVERY**, Mar. 4, 1773	2	46
Joseph, Dr. m. Lucy **DEVOTION**, Feb. 11, 1779	2	46
Joseph, s. Benjamin, farmer, ae 58, & Betsey, ae 44, b. Nov. 17, [1849]	4	87
Julia, d. Joel, agriculturist, ae 56, & Betsey, ae 42, b. May 6, 1851	4	91
Juliett Evalia, b. Eastford, res. Pomfret, d. Sept. 6, 1864, ae 2 y. 10 d.	5	14
Louis, m. Artimus **WHITE**, Mar. 29, 1812	2	83
Lucy, d. Stephen & Hannah, b. Aug. 1, 1749	1	77
Lucy, d. Stephen & Hannah, d. Dec. 18, 1750	1	78
Luce, d. Stephen & Hannah, b. Sept. 6, 1757	1	77
Lucy, of Pomfret, m. Wyman **SNOW**, of Ashford, Jan. 29, 1826, by John Holbrook, J.P.	3	19
Malissa C., d. Benjamin W., shoemaker, ae 23, & Lucinda, ae 23, b. Apr.. 13, [1850]	4	87
Martha, d. Lewis, shoemaker, ae 30, & Patty, ae 17, b. Feb. 15, [1851]	4	91
Mary, d. Oct. 26, 1863, ae 26 d.	5	13
Phebe, m. Samuel **WHITE**, Jr., b. of Pomfret, Apr.. 28, 1833, by Amzi Benedict	3	37
Phila, housework, single, d. Jan. 6, 1861, ae 25 y. 9 m. 25 d.	5	11
Randell D., s. Stephen, farmer, ae 44, & Abby, ae 28, b. June 4, 1848	4	78
Sally, m. Newell **ROBINSON**, Jan. 30, 1798	2	116
Sam[ue]l F., m. Hannah **MATHEWSON**, b. of Pomfret, Jan. 25, 1821, by George Sharpe, J.P.	3	2
Stephen, s. Stephen & Hannah, b. July 9, 1735	1	77
Stephen, m. Chariah **DAVIS**, b. of Pomfret, Aug. 10, 1823, by John Holbrook, J.P.	3	9
Susan, housekeeper, widow, b. Killingly, res. Pomfret, d. Aug. 30, 1861, ae 72 y. 10 m.	5	11
Timothy, s. Stephen & Hannah, b. Apr.. 10, 1755	1	77
William, s. Stephen & Hannah, b. Jan. 13, 1743	1	77
——, d. Oct. 25, 1852, ae 3 m. 3 d.	5	1
BALEAM, Artemus F., s. Edw[ar]d F., farmer, ae 32, of Norwich, & Eleaner F., ae 28, of Pomfret, b. Mar. 6, [1850]	4	85
Artemus F., d. Mar. 27, [1850], ae 21 d.	4	89

POMFRET VITAL RECORDS 89

	Vol.	Page
BALEN, Charles, laborer, single, b. S. Kingston, R.I., res Norton, Mass., d. June 22, 1857, ae 20 y. 9 m.	5	7
BALL, Marvin, of Pomfret, m. Lucinda SMALL, of Woodstock, June 28, 1846, by Rev. D. Hunt	3	79
BALLARD, Chester, s. Daniel & Freelove, b. Nov. 17, 1782	2	40
Daniel, m. Freelove KINNEY, Feb. 14, 1782	2	40
Emily, m. Levy WHEATON, Apr.. 23, 1809	2	164
BALLOU, Laban, s. Peter & Lydia, b. Sept. 30, 1776	2	71
Lilas, d. Peter & Lydia, b. June 10, 1770	2	71
Lyd[i]a Phillips, d. Peter & Lydia, b. Sept. 11, 1778	2	71
Rispah, d. Peter & Lydia, b. July 6, 1781	2	71
Sarah, d. Peter & Lydia, b. Mar. 3, 1772	2	71
Seth, s. Peter & Lydia, b. Nov. 28, 1774	2	71
BANCROFT, David, s. David & Abigail, b. Sept. 27, 1768	2	3
David, m. Abigail HOLMES, Oct. 1, 17[ ]	1	113
Harvey, s. David & Abigail, b. July 8, 1770	2	3
Sarah Waldo, d. David & Abigail, b. Mar. 8, 1773	2	3
Sarah Waldo, d. David & Abigail, d. Jan. 6, 1776	2	3
BARBER, Moses, s. Samuel & Abigail, b. May 8, 1761	1	45
BARKER, Betty, d. William & Sarah, b. Feb. 14, 176[ ]	1	75
Ephraim, m. Hannah GROW, Feb. 27, 1752	1	103
Ephraim s. Ephraim & Hannah, b. Feb. 28, 1759	1	75
Hannah, d. Ephraim & Hannah, b. Sept. 15, 175[ ]	1	75
John, s. Ephraim & Hannah, b. Dec. 18, 1755	1	75
Martha, m. Jacob GOODELL, Dec. 20, 1743	1	3
Martha, m. Thomas HOWARD, Apr.. 2, 1765	1	110
Mary, m. Ezekiel SMITH, Aug. 1, 1748	1	103
Mary, m. Isaac ABBOTT, Apr.. 29, 1756	1	106
Mary, of Pomfret, m. Chester CHAFFEE, Jr., of Thompson, Mar. 20, 1826, by Rev. J. W. Case	3	19
Sally, d. William & Sarah, b. Aug. 9, 1760	1	75
William, s. Ephraim & Hannah, b. Nov. 18, 174[ ]	1	75
William, s. Ephraim & Hannah, b. June 8, 1761	1	75
William, m. Sarah FOSTER, Sept. 22, 1765	1	112
William, s. William & Sarah, b. Feb. 13, 176[ ]	1	75
BARLOW, Annie, housekeeper, married, b. Woodstock, res. Cleveland, Ohio, d. May 16, 1863, ae 36	5	13
George a., of Woodstock, m. Anna B. BARTHOLOMEW, of Pomfret, Juan. 14, 1847, by Rev. G. W. Stearns	3	80
BARNS, John, s Prudence KINGSLEY, single Woman, b. Oct. 29, 1786	2	88
BARRAS, [see also BARROWS], Lydia, m. James HOLMES, Jr., June 18, 1741	1	3
BARRETT, BARRET, BARROT, BARROTT, Benoni, m. Eliz[abe]th PHELEPS, May 14,1741	1	3
Benoni, s. Joseph & Jemima, b. Oct. 20, 1767	1	38
Ebenezer, s. Joseph & Jemima, b. May 7, 1769	1	38
Elizabeth, single woman, had d. Elizabeth Lawrence, b. Nov. 27, 1765	1	79
Elizabeth, d. Joseph & Jemima, b. Dec. 12, 1777	2	68
Elizabeth Jenckes, m. Jacob COMSTOCK, July [ ]* (*Crossed out)	2	87

	Vol.	Page
BARRETT, (cont.)		
Hannah, d. Joseph & Jemima, b. Nov. 14, 1765	1	38
Herbert Lyon, d. Dec. 24, 1864, ae 1 y. 2 m. 18 d.	5	14
James, s. Benoni & Elizabeth, b. Feb. 28, 1754	1	39
James, d. June 25, 1776	1	40
James, [twin with William], s. W[illia]m & Lucy, b. July 18, 1782	2	84
Joseph, s. Benoni & Elizabeth, b. July 15, 1742	1	39
Joseph, m. Jemima **CARPENTER**, Feb. 20, 1765	1	110
Kezia, d. Joseph & Jemima, b. Jan. 4, 1776	2	68
Lucy, d. Will[ia]m & Lucy, b. July 2, 1780	2	84
Lucy, b. **THOMPSON**, res. Pomfret, d. Mar. 16, 1848, ae 83	4	80
Molly, .d William & Lucy, b. Dec. 24, 1778	2	84
Nathan, s. Joseph & Jemima, b. July 23, 1771	1	38
Philena, d. W[illia]m & Lucy, b. May 16, 1784	2	84
Wheeler, of Thompson, m. Ann C. **SMITH**, of Pomfret, Apr.. 24, 1825, by Milton French	3	16
William, s. Benoni & Elizabeth, b. Apr.. 12, 1751	1	39
William, m. Lucy **ADAMS**, Feb. 26, 1778	2	84
William, [twin with James], s. W[illia]m & Lucy, b. July 18, 1782	2	84
BARROWS, [see also **BARRAS**], Susanna, m. Lemuel **STOWELL**, Jan. 23, 1783	2	17
Zilpha, m. Caleb **TROWBRIDGE**, dec. 6, 1789	2	127
BARRY, Susanna, m. Pardon **KINGSLEY**, May 19, 1790	2	118
BARSTOW, John, merchant, ae 27, b. Canterbury, res Norwich, m. Abigail T. **SHARPE**, ae 25, b. Abington, Aug. 27, [1850], by Rev. S. Himes	4	92
John P., of Norwich, m. Abigail T. **SHARPE**, of Pomfret, Aug. 27, 1850, by Rev. S. Haine, Abington Society	3	86
BARTHOLOMEW, Abigail G., housekeeper, married, b. Killingly, res. Pomfret, d. Feb. 26, 1864, ae 65	5	14
Anna B., of Pomfret, m. George A. **BARLOW**, of Woodstock, Jan. 14, 1847, by Rev. G. W. Stearns	3	80
Asenath, m. John **GARY**, May 18, 1800	2	136
Dorcas, m. William **TROWBRIDGE**, Mar. 12, 1798	2	53
Leonard, m. Sarah **PERRIN**, Mar. 10, 1788	2	27
Peggy H., of Woodstock, m. Zacheus **ALDRICH**, of Pomfret, Jan. 21, 1816	4	9
Peggy Hide, d. Leonard & Sarah, b. Mar. 8, 1789	2	27
Sally, m. Job **WHEATON**, Apr.. 24,1803	2	145
William, farmer, widower, b. Woodstock, res. Pomfret, d. May 28, 1864, ae 67	5	14
BARTON, Betsey, m. James **BABSON**, Sept. 30, 1798	2	150
Charles, s. [Olney], b. June 10, 1816	2	148
Cyril, see under Seril		
Hannah, d. [Olney], b. Sept. 11, 1802	2	148
Henry W., [s. Olney], b. Aug. 10, 1819	2	148
James, s. [Olney], b. July 2, 1814	2	148
Lewis Grosvenor, s. [Olney], b. Feb. 26, 1808	2	148
Olney, Jr., s. [Olney], b. Oct. 16, 1810	2	148
Olney, m. Loiza **CHANDLER**, b. of Pomfret, [May] 28, [1833], by Rev. Nicholas Branch	3	37
Rufus, s. Olney, b. Nov. 21, 1800	2	148

	Vol.	Page
BARTON, (cont.)		
Seril D., s. [Olney], b. Aug. 9, 1805; d. Nov. 8, 1834	2	148
BASSETT, Daniel, m. Emeline BAKER, b. of Pomfret, Feb. 5, 1844, by Rev. Benjamin Congdon	3	72
BAXTER, Abigail, d. Robert & Mary, b. Aug. 16, 1761, in Scituate, R.I.	2	94
Eliza, d. [Joseph & Elizabeth], b. Feb. 17, 1797	2	77
Eliza, of Pomfret, m. Ephraim BACON, of Killingly, Nov. 28, 1822, by James Grow	3	7
Elizabeth, d. Robert & Mary, b. Mar. 15, 1770, in Scituate, R.I.	2	94
Elizabeth, housekeeper, married, d. Jan. 23, 1861, ae 91 y. 10 m. 20 d.	5	11
Ezekiel, s. Robert & Mary, b. Sept. 1, 1764, in Scituate, R.I.	2	94
Harriet, [d. Joseph * Elizabeth], b. June 18, 1799	2	77
Henry, s. Robert & Mary, b. Mar. 15, 1784	2	94
Henry, m. Polly WEADON, Oct. 27, 1804	2	148
Joseph, s. Robert & Mary, b. Apr.. 19, 1767, in Scituate, R.I.	2	94
Joseph, m. Elizabeth DRESSER, Nov. 17, 1794	2	77
Joseph, s. [Joseph & Elizabeth], b. Sept. 30, 1802	2	77
Joseph, farmer, widower, b Scituate, R.I., res Pomfret, d. Feb. 25, 1861, ae 93 y. 10 m. 6 d.	5	11
Levi, s. Robert & Mary, b. Mar. 14, 1778, in killingly	2	94
Mary, d. Robert & Mary, b. Oct. 22, 1772, in Scituate, R.I.	2	94
Mary Hopkins, d. [Joseph & Elizabeth], b. Apr.. 11, 1795	2	77
Robert, Dead., m. Mrs. Urania CURITS, Sept. 28, 1796	2	71
Samuel, s. Robert & Mary, b. Feb. 25, 1781	2	94
Sarah, d. Sam[ue]l D. & Mary, b. Aug. 4, 1833	4	27
Thomas, s. Robert & Mary, b. Oct. 26, 1775, in Killingly	2	94
BAYCON, [see under BACON]		
BEAN, Sarah H., of Pomfret, m. Larned BLACKINGTON, of Attleborough, Mass., May 3, 1846, by Rev. I. J. Burgess	3	78
Smith Wilkinson, of Pomfret, had name changed to William Rufus MAY, at a general Assembly of the State of Conn., held a New Haven the first Wed. Of May, 1844, Certified by Daniel P. Tyler, Sec., June 5, 1844	4	65
BEDLOCK, Mindwell, m. Amaziah FASSETT, May 28, 1775	2	70
BELCHER, Elijah, of Cherry Valley, m. Elizabeth PUTNAM, of Pomfret, Feb. 15, 1802	2	126
BELKNAP, Abraham, s. Benj[ami]n & Hannah, b. May 15, 1728	1	47
Hannah, d. Benj[ami]n & Hannah, b. June 5, 1733	1	47
Isaac, s. Benj[ami]n & Hannah, b. July 4, 1731	1	47
Jeduthan, s. Benj[ami]n & Hannah, b. Sept. 15, 1735	1	47
Olive, d. Benj[ami]n & Hannah, b. Aug. 3, 1739	1	47
Ruth, d. Benj[ami]n & Hannah, b. Nov. 11, 1729	1	47
Sarah, d. Benj[ami]n & Hannah, b. May 13, 1737	1	47
BENJAMIN, Bethiah, m. Benj[ami]n WINCHESTER, June 16, 1774	2	62
Deborah, m John CADY, Feb. 14, 1752	1	103
BENNETT, BENNET, Abigail, sw. James, DA. May 2, 1757	1	13
Abigail d. [John & Sarah], b. Mar. 7, 1804	2	133
Benoni. d. June 20, 1755	1	40
Dan[ie]l, farmer, married, black, b. Plainfield, res Pomfret, d. Sept. 19, 1853, ae 51 y. 2 m. 3 d.	5	2
Elizabeth, d. Benoni, d. Nov. 27, 1765	1	40

	Vol.	Page
BENNETT, (cont.)		
Elizabeth, m. Jacob **COMSTOCK**, July 9, 1779	2	87
Frances F., m. James P. **WILLNOTT**, b. of Pomfret, Dec. 24, 1854, by Rev. D. Hunt	3	91
James, m. Abigail **ADAMS**, Apr.. 9, 1750	1	103
Jared, s. John & Sarah, b. Apr.. 1, 1789	2	133
Jared, pauper, widower, d. Dec. 9, 1859, ae 72	5	9
John, s. James & Deliverance, b. Dec. 1, 1762	1	91
John, m. Sarah **DEAN**, Sept. 15, 1788	2	133
John, m. Lucinda **GRIGGS**, Jan. 6, 1801	2	137
Jonathan, s. [John & Sarah], b Mar. 29, 1794	2	133
Jonathan F., of Pomfret, m. Catharine A. **BROWN**, of Philadelphia, Mar. 24, 1851, by Rev. D. Hunt	3	88
Jonathan F., farmer, ae 23, of Pomfret, m. Catharine Ann **BROWN**, ae 19, b. Philadelphia, Pa., Mar. 24, [1851], by Rev. Daniel Hunt	4	92
Jonathan S., pauper, divorced, b. Hampton, res. Pomfret, d. July [ ], 1861, ae 33	5	11
Keziah, d. [John & Sarah], b. Oct. 26, 1797	2	133
Keziah, d. John & Sarah, d. Dec. 5, 1797	2	133
Lydia, d. [John & Sarah], b. Oct. 22, 1798	2	133
Lydia, of Pomfret, m. Ebenezer **CHAPMAN**, of Ashford, Nov. [12], 1820, by Rev. Walter Lyon, of Abington	3	2
Polly, d. [John & Sarah], b. Nov. 27, 1790	2	133
Sally, d. [John & Sarah], b. Dec. 24, 1795	2	133
Samson, of Brooklyn, m. Lydia **ELLIOTT**, of Pomfret, [Apr..] 3, [1844], by Rev. N. W. Hunt, of Abington	3	72
William, s. [John & Sarah], b. Jan. 22, 1793	2	133
BENSON, Betsey Lucida, d. John & Marcy, b. Nov. 6, 1788	2	146
Frances Gardner, d. John & Marcy, b. Mar. 20, 1783	2	146
John Carey, s. John & Marcy, b. Nov. 3, 1795	2	146
Martin Babcock, s. John & Marcy, b. Mar. 14, 1781	2	146
William Collins, s. John & Marcy, b. Mar. 9, 1791	2	146
BERRY, Bridget, m. Joseph **KINGSLEY**, Mar. 10, 1794	2	123
Sarah, m. Daniel **DAVIS**, Sept. 6, 1792	2	119
BETTIS, Elizabeth, d. Tho[ma]s & Mary, b. Apr.. 23, 1725	1	39
Mary, d. Tho[ma]s & Mary, b. Feb. 12, 1727/8	1	39
Simeon, s. Tho[ma]s & Mary, b. Nov. 2, 1723	1	39
BICKNELL, Zachariah, Maj., of Ashford, m. Abigail W. **CHANDLER**, of Pomfret Mar. 24, 1833, by Rev Elias C. Scott. Of Ashford	3	36
BIGGINGTON, Esther, w. William & d. of Eben[eze]r **WHITNEY**, d. Oct. 19 1727 (Data for record supplied by Zachariah **WHITNEY** & W[illia]m **BIGGINGTON**)	1	46
W[illia]m, m. Esther **WHITNEY**, Jan. 18, 1726/7	1	2
BILLINGS, Fanny, d. Daniel & Caty, b. Oct. 6, 1786	2	32
Glorianna, d. Daniel & Caty, b Dec. 21, 1785	2	32
BINGHAM, Mary, m. Thomas **COTTON**, Dec. 22, 1778	2	83
BISHOP, David, s. David & Rebeckah, b. Mar. 27, 1710	1	10
Ebenezer, s. David & Rebeckah, b. Mar. 25, 1708	1	10
Elias, of New London, m. [ ] **LINCOLN**, b. Hampton, Oct. 10, 1847, by Rev Edward Pratt	4	79

BISHOP, (cont.)

	Vol.	Page
John s. David & Rebeckah, b. Feb. 1, 1706	1	10
Rachal, d. David & Rebeckah, b. Mar. 5, 1704	1	10
Rebeckah, d. David & Rebeckah, b. Apr.. 27, 1712	1	10
Sarah, d. David & Rebeckah, b. Dec. 15, 1702	1	10
BISSELL, David, m. Hart WICKHAM, Feb. 7, 1791	2	69
BLACKINGTON, Larned, of Attleborough, Mass., m. Sarah H. BEAN, of Pomfret, May 3, 1846, by Rev. I. J. Burgess	3	78
BLACKMAN, Diantha, m. William WHEELER, b. of Pomfret, Mar. 4, 1843, by Rev. D. Hunt	3	69
Sarah, m. Thomas BOWMAN, Nov. 5, 1746	1	99
William M., of Coventry, m. Abigail S. SHERMAN, of Pomfret, Jan. 26, 1842, by R.V. Lyon, Elder	3	66
BLACKMAR, BLACKMER, George, m. Phebe COOPER, b. of Pomfret, Mar. 29, 1841, by Rev. Warren Cooper	3	64
Mary, m. Henry C. HALL, b. of Pomfret, June 29, 1845, by Rev. D. Hunt	3	75
BLANCHARD, David, s. Elias & Lucy, b. Nov. 30, 1782	2	21
Elias, s. John & Lois, b June 1, 1757	1	34
Elias, m. Lucy FISH, Oct. 18, 1781	2	21
John, m. Lois CUMINS, Mar. 3, 1757	1	106
Jonathan, m. Sarah OSGOOD, Mar. 17,1760	1	108
Perry, s. John & Lois, b. Oct. 7, 1759	1	34
Sarah, d. Jonathan & Sarah, b. Oct. 18, 1760	1	86
[BOARDMAN], [see under BORDMAN]		
BOLLES, George, s. [John & Maria], b. Jan. 16, 1821	2	164
John, Of Union, m. Maria GOFF, of Pomfret, Apr.. 4, 1820	2	164
John Munroe, s. [John & Maria], b. June 14, 1827	2	164
Sam[ue]ll, d. [John & Maria], b. June 7, 1823	2	164
W[illia]m C., clerk, married, b. Salem, res Pomfret, d. Nov. 23, 1855, ae 41 y. 8 m. 15 d.	5	5
BORDMAN, Mary, d. Walter & Patience, b. Jan. 10, 1749/50	1	38
Mary, d. Walter & Patience, d. Aug. 24, 1751	1	39
Moses, s. Walter & patience, b. Dec. 20, 1751	1	38
Walter, m. Patience GRIGGS, Apr.. 23, 1747	1	100
Walter, s. Walter & Patience, b. Oct. 11, 1747	1	38
Walter, d. Apr.. 15,1762, at Woodstock	1	39
BOSTICK, Ann, d. James & Ann, d. Feb. 24, 1868, ae 27 d.	5	17
BOSWORTH, Nathan, m. Lucy ATWOOD, b. of Pomfret, Nov. 5, 1833, by Nicholas Branch	3	38
BOTHAM, [see also BOTTOM], Lucinda M., m. John L. BAKER, of Abington Society, Oct. 4, 1846, by Rev. Edward Pratt, Intention published	3	79
BOTTOM, [see also BOTHAM], Celestina W., m. Sam[ue]l C. FISH, July 14, 1829, by R. S. Crampton	3	27
BOURGE, Stephen m Mary WILSON, Sept. 30, 1740	1	3
BOUTELLE, Otis E., teacher, single, b Ashford, res. Pomfret, d. Dec. 26, [1862], ae 22	5	1
-----, d. July 20, 1852, ae 5 d.	5	4
BOWEN, BOWIN, Alice A., of Woodstock, m. Thomas R. LEWIS, of Worcester Mass., Apr.. 2, 1849, by Bela Hicks, Adm.	3	84
Betsey, d Charles & Polly, b. July 11, 1792	2	91

	Vol.	Page
BOWEN, (cont.)		
Betsey, m. David **PARKER**, b. of Pomfret, Abington Society, Apr.. 15, 1821, by Rev. John Paine, of Hampton	3	3
Charles, s. Joseph, of Ashford, b. Aug. 4, 1771	2	91
Charles, m. Polly **GRIGGS**, Sept. 22, 1791	2	91
Cynthia, of Pomfret, m. George **PRINCE**, of Thompson, Sept. 13, 1840, by Rev. Warren Cooper	3	64
Eleazer, s. Charles & Polly, b. June 18, 1795	2	91
Eleazer, s. Charles & Polly, d. Apr.. 2, 1796, 9th month of his age	2	91
Elizabeth Trowbridge, d. Sarah Bowen, single woman, b. June 16, 1774	2	1
Jerusha, Mrs., m. Daniel **TROWBRIDGE**, May 20, 1767	1	114
Samuel Griggs, s. Charles & Polly, b. Nov. 11, 1793	2	91
Sarah, single woman, had d. Elizabeth **TROWBRIDGE**, b. June 16, 1774	2	1
Sarah, m. Tho[ma]s **INGALLS**, June 26,1777	2	75
BOWERS, Caroline Elizabeth, d. Lloyd & Ann, b. Apr.. 30, 1829	4	43
Mary, housekeeper, d. Oct. 27, 1860, ae 35	5	10
Mary Stetson, housekeeper, married, b. Scituate, Mass., res. Pomfret, d. Aug. 14, 1854, ae 61 y. 6 m. 8 d.	5	4
BOWLER, William, d. Sept. 9, 1855, ae 2 y. 10 d.	5	5
BOWMAN, BOMAN, Abelena, m Barnard **PHILLIPS**, Oct. 1, 1788	2	58
Agness, d. Joseph & Margrett, b. Apr.. 23, 1762	1	89
Elisha, m. Phebe **LYSCOMB**, Jan. 1, 1754	1	104
Elisha, s. Joseph & Hannah, d. Oct. 2, 1756, at Albany	1	28
Elisha, s. Joseph & Mary, b. Feb. 10, 1757	1	27
Elisha, s. Joseph & Margarett, b. Feb. 10, 1757	1	89
Ephraim, s. Thom[a]s & Sarah, b. Nov. 4, 1747	1	27
Esther, d. Joseph & Margrett, b. Mar. 7, 1763	1	89
Ezra, m. Mary **SMITH**, Nov. 3, 1748	1	101
Hannah, w. Joseph, d. Aug. 28,1 749	1	28
Joseph, s. Thom[a]s & Sarah, b Feb. 28, 1748/9	1	27
Joseph, m. Mrs. Margaret **DEWEY**, Feb. 1, 1757	1	106
Marg[a]ret, d. Joseph & Marg[a]rett, b. May 12, 1772	1	89
Margaret, m. David **GOODELL**, Nov. 11, 1779	1	46
Mary, d. Joseph & Margrett, b. Nov. 19, 1759	1	89
Mary, d. Joseph & Margrett, b. May 24, 1775	1	89
Mercy, m. Joseph **FERRINGTON**, July 31, 1796	2	128
Pegge, d. Thom[a]s & Sarah, b. Aug. 30, 1755	1	27
Phebe, d. Elisha & Phebe, b. Oct. 12, 1754	1	27
Phebe, m. Isaac **COLLER**, Apr.. 4, 1759	1	107
Polly, m. David **GOODELL**, Apr.. 13, 1803	2	90
Sarah, d. Thomas & Sarah, b. June 28, 1753	1	27
Sarah, m. Samuel **BROWN**, Aug. 28, 1762	1	110
Sarah, m. David **INGALLS**, Nov. 8, 1802	2	47
Thomas, m. Sarah **BLACKMAN**, Nov. 5, 1746	1	99
Thomas, d. Mar. 10, 1758, at Fort Edward	1	28
Thomas, s. Joseph & Margrett, b. Dec. 12, 1769	1	89
Walter, s. Thom[a]s & Sarah, b. Nov. 15, 1750	1	27
BOYDEN, BOYDIN, Andrew, s. John & Mary, b. June 7, 1794	2	70
Eleanor, m. James **HOPKINS**, b. of Pomfret, [Feb.] 16, [1834], by Nicholas Branch	3	40

POMFRET VITAL RECORDS 95

	Vol.	Page
BOYDEN, (cont.)		
Henry, pauper, married, d. [1861]	5	11
John, m. Mary **DURKEE**, Feb. 5, 1793	2	70
Marsylvai, m. Prosper **LEFFINGWELL**, Aug. 25,1791	2	116
BOYLE, , Ann Maria, see under Ann Maria **HUTCHINS**	5	18
BRACKETT, BRACKET, Egbert D., s. John, farmer, ae 30, & Lydia L., ae 32, by Mar. 13, 1848	4	76
Emma, d. John, laborer, & Lucinda, b. Mar. 25, [1851]	4	91
Emma, b Pomfret (Abington), res. Pomfret, d. May 3, [1851], ae 1 m.	4	93
George, d Mar. 5, 1854, ae 10 m. 27 d.	5	3
Phebe A., m. Benjamin **BROWN**, b. of Pomfret, June 27, 1852, by Rev. D. Hunt	3	89
BRADFORD, John H., m. Hannah F. **POTTER**, b. of Pomfret, Nov. 6, 1842, by Rev. D. Hunt. Intention published	3	69
BRADLEY, Marcus, of Russell, Mass., m. Amy **BRIGGS**, of Pomfret, Aug. 10, 1823, by Rev. James Grow	3	8
Sarah, d. Deborah Dodge, [single woman & town pauper], b. Apr.. 11, 1822	2	120
BRADY, John, b. Thompson, res. Pomfret, d. Dec. 17, 1855, ae 3	5	5
BRAISERS, Maholah, m. Pincas **GATES**, [ ] (Illegible)	1	3
BRANCH, Almira, of Pomfret, m. Laureston **TOWNE**, of Woodstock, Oct. 28, 1835, by Nicholas Branch	3	47
Keziah, m. Nathan **WITTER**, Nov. 15, 1753	1	108
BRAYMAN, Francis, m. Thankful **HIDE**, b. of Pomfret, Sept. 27, 1818	2	109
Francis, m. Thankful **HIDE**, b. of Pomfret, Sept. 27, 1818	2	116
William Allen, s. [Francis & Thankful], b. July 26, 1819	2	109
William Allen, s. [Francis & Thankful], b. July 26, 1819	2	116
BRAYTON, Abrey, m. Reuben **FIELDS**, June 21, 1798	2	133
Alice, housekeeper widow, b Foster, R.I., res. Pomfret, D. Jan. 28, 1856, ae 76	5	6
David, m. Mary **WHEELER**, of Berlin, Mass., Nov. 11, 1800	2	133
David, Jr. m. Elizabeth **BRAYTON**, Apr.. 2, 1807	2	156
David Charles, s [David, Jr. & Elizabeth], b July 29, 1812	2	156
Elizabeth, m. David **BRAYTON**, Jr., Apr.. 2, 1807	2	156
Elizabeth, d. [David, Jr. & Elizabeth], b. Nov. 12, 1814	2	156
(Entry crossed out and marked "error")		
Elizabeth, d. [James & Alice], b. Nov. 12, 1814	2	163
Geo[rge] A., d. Mar 23, [1849], ae 2	4	84
Harriet, d. [David, Jr. & Elizabeth], b. Mar. 27, 1808	2	156
James, m. Alice **PARKER**	2	163
Jonathan, s. [David, Jr. & Elizabeth], b. July 19, 1816	2	156
Marcy Ann, d. [James & Alice] b. June 8, 1813	2	163
Mary, d. [David, Jr. & Elizabeth], b. Mar. 6, 1810	2	156
Mary Ann, d. [David, Jr. & Elizabeth], b. June 8, 1813	2	156
(Entry crossed out and marked "error")		
Mary Cordelia, [d. James & Alice], b. Nov. 10, 1820	2	163
Patience, w. David, d. May 27, 1798	2	133
Ray, carpenter, married, d. Apr.. 15, 1860, ae 47 y. 4 m. 22 d.	5	10
Ray Elanso, s. [David, Jr. &Elizabeth], b. Nov. 23, 1812	2	156
(Entry crossed out and marked "error"		
Ray Elonzo, s. [James & Alice], b. Nov. 23, 1812	2	163
Serils, s. [David & Mary], b. Dec. 12, 1802	2	133

96 BARBOUR COLLECTION

	Vol.	Page
BRAYTON, (cont.)		
Tho[ma]s Parker, s. [David, Jr. & Elizabeth], b. Sept. 27, 1811	2	156
(Entry crossed out and marked"error")		
Thomas Parker, s. [James & Alice], b. Sept. 27, 1811	2	163
Thomas U., s. Ray E., carpenter, ae 37, & Nancy, ae 34, b. Jan. 22, 1849	4	82
William R., s. Ray E., laborer, & Nancy, b. Mar. 18, [1851]	4	91
BREEN, Bridget, housekeeper, married, b. Ireland, res. Pomfret, d. Oct. 19, 1863	5	13
-----, st. B. Oct. 18, 1863	5	13
BREWSTER, Lucinda, d. Anna Carpenter, single woman, b. Feb. 27 176[ ]	1	78
Lucinda, m. Antiphass **WHITE,** May 12, 1783	2	123
BRIGGS, Amy, of Pomfret, m. Marcus **BRADLEY,** of Russell, Mass., Aug. 10, 1823, by Rev. James Grow	3	8
Charles, of Woodstock, m. Chloe **PERRIN,** of Pomfret, Feb. 1, 1832, by Rev. Benjamin Paine	3	34
Isaac, of Brooklyn, m. Elizabeth **COOPER,** of Pomfret, Aug. 25, 1845, by Rev. D. Hunt	3	76
Isaac Gallup, s. Isaac, farmer, & Elizabeth, b. Nov. 26, [1849]	4	86
BRIGHAM, Orrin, m. Perce P. **CARLTON,** of Grafton, Mass., Sept. 9, 1842, by Rev. Hezekiah S. Ramsdell	3	68
BRISBY, Lois, Mrs., m. Rev. Josiah **WHITNEY,** Sept. 1, 1756	1	105
BROMLEY, James W., m. Lydia **STANTON,** of Brooklyn, Jan. 3, 1830, by George Sharpe, J.P.	3	28
BROOKS, Abigail, d. John & Phebe, b. May 16, 1721	1	18
Abijah, s. John & Phebe, b. May 12, 1733	1	18
Alice, domestic, d. July 7, 1865, ae 9 y. 6 m. 22 d.	5	15
John, m. Phebe **RICHARDSON,** June 2, 1719	1	1
[Jo]hn, s. John & Phebe, b. June 22, 1719	1	1
John, s. John & Phebe, b. June 22, 1719	1	18
Mary, d. John & Phebe, b. Oct. 14, 1735	1	18
Mary, m. Silas **HOLT,** Jan. 20, 1757	1	106
Phebe, d. John & Phebe, bl. Mar. 15, 1730/31	1	18
BROUGHTON, Mary, m. Darius **HIGGINBOTHAM,** Oct. 28, 1812	2	144
BROWN, Abig[ai]l, m. Thom[a]s **SPAULDING,** Nov. 1, 1742	1	3
Amelia Wheaton, d. [Godfrey & Lucretia], b. Jan. 10, 1838	4	57
Andrew Dixon, s.[Godfrey & Lucretia], b. July 19, 1824	4	57
Ann Mercy, m. Eleazer **HAMMOND,** Mar. 25, 1805	2	154
Artemus Smith, s. Joseph & Mary, b. Aug. 21, 1798	2	61
Benjamin, m. Phebe A. **BRACKET,** b. of Pomfret, June 27, 1852, by Rev. D. Hunt	3	89
Benjamin M., of Providence, R.I., m. Emma E. **ELLIOTT,** of Pomfret, Oct. 7, 1836, by Rev. Sidney Holman, Killingly	3	49
Bethiah, d. Samuel & Sarah, b. June 19, 1769	1	89
Catharine A., of Philadelphia, m. Jonathan F. **BENNETT,** of Pomfret, Mar. 24, 1851, by Rev. D. Hunt	3	88
Catharine Ann, ae 19, b. Philadelphia, Pa., m. Jonathan F. **BENNETT,** farmer, ae 23, of Pomfret, Mar. 24, [1851], by Rev. Daniel Hunt	4	92
David, m. Betsey **HUDSON,** Sept. [ ], 1778	2	123
Deborah, m. Thomas **LAMB,** Sept. 25, 1756	1	106

	Vol.	Page
BROWN, (cont.)		
Eliza Averell, d. [Godfrey & Lucretia], b. May 29, 1833	4	57
Eliza Joann, d. [Godfrey & Lucretia], b. Apr.. 22, 1828; d. Sept. 14, 1830	4	57
Elizabeth, ae 22, b. Hebron, res. Pomfret, m. Andrew P. UTLEY, farmer, ae 27, b. Hampton, res. Pomfret, Mar. 31, [1850], by Joel Arnold	4	88
Elliott, s. [Henry & Sally], b. Feb. 18, 1824	4	18
Eseck, s. David & Betsey, b. Feb. 23, 1780	2	123
George, s. James & Amity, b. Oct. 9, 1822	2	171
George, s. [Henry & Sally], b. July 27, 1829	4	18
George Byron, s. George, travelling dauguerian, ae 34, b. Apr.. [1851]	4	91
Godfrey, of Brooklyn, m. Lucretia AVERILL, of Pomfret, Mar. 13, 1823, by Rev. James Porter	3	8
Godfrey, of Brooklyn, m. Lucretia AVERILL, of Pomfret, Mar. 13, 1823	4	57
Henry, s. David & Betsey, b. Apr.. 11, 1792	2	123
Hepzibah, m. Nathan ABBOTT, Nov. 24, 1761	1	111
Horace, s. [James & Amity], b. July 29, 1824	2	171
Ichabod, d. May 11, 1759	1	74
Ichabod, s. Samuel & Sarah, b. Feb. 8, 1767	1	89
Jedediah, s. Jedediah & Lucy, b. Nov. 18, 1785	2	23
John, servant, black, ae 24, of Providence, R.I., m. Eliza PROFIT, servant, black, ae 21, of Pomfret, June 1, 1847, by Rev. Bela Hicks	4	79
John, of Providence, R.I., m. Eliza PROFIT, of Pomfret, June 1, 1848, by Bela Hicks, Adm.	3	83
Joseph, s. Joseph & Mary, b. Sept. 27, 1791	2	61
Lemuel Grosvenor, s. Joseph & Mary, b. Dec. 1, 1793	2	61
Lucretia, m. Sam[uel] DRESSER, June 2, 1768	1	114
Lucretia Waldo, .d [Godfrey & Lucretia], b. Feb. 4, 1831	4	57
Lyday, m. Jonas HUBBARD, Jan. 10, 1768	1	114
Lyman, of Leverett, Mass., m. Nancy KING, of Pomfret, [Dec.] 19, [1824], by Rev. James Porter	3	13
Marcy, m. Asa HOWE, Sept. 4, 1804	2	103
Martha, d. W[illia]m & Martha, b. May 1, 1724	1	42
Martha, m. Samuel WADE, [Apr..] 14, [1833], by Rev. Nicholas Branch	3	36
Mary, m. William MOFFETT, b. of Pomfret, Mar. 28, 1826, by Rev. James Porter	3	20
Mary Edwards, d. [Godfrey & Lucretia], b. July 19, 1835	4	57
Mercy, m. Albemarle STONE, Nov. 29, 1792	2	110
Nancy, d. David & Betsey, b. Nov. 6, 1782	2	123
Nancy Ann, m. Horace STEWART, Aug. 26, 1833, by Rev. Nicholas Branch	3	37
Nathan, m. Molly CLARK, Nov. 13, 1791	2	66
Patty, m. Henry CHANDLER, Apr.. 19, 1781	2	99
Polly, d. Joseph & Mary, b. May 1, 1784	2	61
Rispah D., of Killingly, m. Anson SMITH, of Glocester, R.I., May 7, 1845, by Rev Benjamin Congdon	3	76
Sabra, d. Stephen BROWN & Ann WHIPPLE, b. Jan. 21, 1750	1	92

BARBOUR COLLECTION

	Vol.	Page
BROWN, (cont.)		
Sall, m. Daniel **MEDBURY**, [ ], in the State of R.I.	2	160
Sally, d. Joseph & Mary, b. Feb. 26, 1779	2	61
Sally, m. Abel **DRESSER**, Apr.. 17, 1803	2	145
Samuel, m. Sarah **BOWMAN**, Aug. 28, 1762	1	110
Samuel, s. Samuel & Sarah, b. June 21, 1763	1	89
Samuel, s. Henry & Sally, b. Feb. 24, 1822	4	18
Sam[ue]ll Miller, m. Abigail **SMITH**, Oct. 19, 1780	2	92
Sarah, m. Joseph **GRIFFIN**, Oct. 23, 1755	1	105
Sarah, d. [Henry & Sally], b. Apr.. 30, 1827	4	18
Selinda A., m Parley **DEAN**, b. of Pomfret, Nov. 17, 1839, by Rev. B. N. Harris, of Brooklyn, Conn.	3	61
Susan, m. Nathaniel W. **PARKHURST**, b. of Pomfret, [Sept.] 19, [1824], by Rev James Porter	3	12
Weightey, d. Joseph & Mary b. Oct. 5, 1781	2	61
William, m Martha **GARY**, May 28, 1723	1	2
William, s. Samuel &Sarah, b. Feb.. 19, 1766	1	89
William A., s. [Godfrey & Lucretia], b. Aug. 8, 1826	4	57
-----, child of Cynthia, housewife, ae 18, b. Nov. 2, 1847	4	76
-----, illeg., d. Jan. 15, 1848, ae 5 wk	4	80
BROWNELL, George, farmer, b. R.I., res Pomfret, d. July 7, 1848, ae 70	4	80
Sabrina S., of Pomfret, m. Oliver C. **POTTER**, of Foster, R.I., Apr.. 9, 1846, by Rev. I. J. Burgess	3	78
BRUCE, Charity, m. Perrygrine **GILBERT**, Mar. 11, 1802	2	142
Julian, d. [Smith & Rebecca], b. Apr.. 16, 1805	2	87
Marinda, d. [Smith & Rebecca], b. Feb. 23, 1807	2	87
Patty, m. Marvin **WHITE**, b. of Pomfret, Feb.. 7, 1820, by Rev. James Porter	3	2
Smith, m. Rebecca **JEFFERDS**, Jan. 24, 1804	2	87
Zilpah, m. Silas **HOW**, Dec. 16, 1807	2	154
Zilpah, d. [Smith &Rebecca], b. Mar 22, 1809	2	87
Zilpha, d.[Smith & Rebecca], d. Apr.. 1, 1809	2	87
BUCK, Aaron, farmer, b. Rhehoboth, R.I., [Mass.] res Pomfret, d. Aug. 5, 1847, ae 63	4	80
Alexander, s. [Aaron, Jr. & Mercy], b. Sept. 15, 1821, in Killingly	4	45
Almira, d. Aaron, Jr. & Mercy, b. Oct. 10, 1809, in Douglass, Mass	4	45
Almira, of Pomfret, m. Lyman **SNOW**, of Ware, Mass., May 9, 1832, by Rev. George J. Tillotson	3	34
Clementine, d. [Aaron, Jr. & Mercy], b. Mar. 25, 1811, in Killingly	4	45
Clementine, m. John **DAVIS**, b. of Ware, Mass., July 16, [1833], by Rev. George J. Tillotson, of Brooklyn	3	37
Dianna, d. [Aaron, Jr. & Mercy], b. Aug. 15, 1817, in Killingly	4	45
Diana, m. Harvey H. **CRAIN**, b. of Pomfret, Mar. 12, 1838, by Rev. D. Hunt	3	54
Emily, d. [Aaron, Jr. & Mercy], b. Oct. 10, 1819, in Killingly	4	45
Emily, m. John **DAVIS**, b. of Pomfret, Apr.. 2, 1843, by Rev. D.Hunt	3	70
George W., s. [Aaron, Jr. & Mercy], b. Mar. 28, 1815, in Killingly	4	45
George W., m. Sarah **INGALLS**, b. of Pomfret, Sept. 13, [1837], by Rev. John Paine	3	52
Geo[rge] W., farmer, ae 34, b. Killingly, res. Pomfret, m. 2d w. Mary **ARNOLD**, ae 30, July 30, [1848}	4	83

	Vol.	Page
BUCK, (cont.)		
Hannah D., d. [Aaron, Jr. & Mercy], b. Feb. 26, 1826	4	45
Hannah D., of PomfrFeb. m. Senaca B. **CONGDON,** of Lebanon, Feb.. 25, 1845, by Rev. D. Hunt	3	74
John, laborer on farm, ae 23, of Pomfret, m. Clarissa **ARNOLD,** ae 16, b Griswold, res. Pomfret, Apr.. 24, 1851, by Thomas Dowling	4	92
John S., s. [Aaron, Jr. & Mercy], b. Feb.. 14, 1828	4	45
Martha, m. Leonard **BUGBEE,** Feb.. 19, 1809	2	157
Olive H. W., d. [Aaron, Jr. & Mercy], b. July 8, 1823	4	45
Olive H. W., of Pomfret, m. Lyman **LYON,** of Woodstock, Apr.. 6, 1842, by Rev D. Hunt	3	67
Phylinda, d. [Aaron, Jr. & Mercy], b. Jan. 2, 1831	4	45
Sally E., d. [Aaron, Jr. & Mercy], b. May 10, 1813, in Thompson	4	45
Sarah, b Woodstock, res. Pomfret, d. Mar. 20, 1849, ae 30	4	84
Sarah E., of Pomfret, m. Andrew **MARTIN,** of West Woodstock, Jan. 14, 1834, by A. Benedict	3	39
Simon, Killingly, m. Eunice **WILLIAMS,** of Pomfret, Nov. 30, 1820, by Rev. James Porter	3	2
-----, d. George W., farmer, & Sarah, ae 30, b. Mar. 14, 1849	4	81
-----, child of G.W., d. Apr.. 1, 1849, ae 2 wks.	4	84
BUCKLEY, Salla, m Darius **HIGGINBOTHAM,** Feb.. 8, 1807	2	144
BUCKLIN, Abigail, d. May [ ], 1805, in the State of New York	1	50
Benjamin, s. David & Abigail, b Feb.. 6, 1757	1	51
David, m. Abigail **WALDO,** July 31, 1749	1	101
John, s. David &Abigail, b July 7, 1754	1	51
Lucy, d. David &Abigail, b. Nov. 10, 1749	1	51
Susanna, d. David & Abigail, b. June 1, 1752	1	51
BUDLONG, Anthony, of Providence, R.I., m. Mary **CRAIN,** of Pomfret, Oct. 20, 1828, by Rev. Charles Fitch, of Abington	3	25
BUGBEE, Abigail, m. John **RANDALL,** Mar. 14, 1811	2	159
Alvan B., of Woodstock, m. Olive **SERMAN,** of Pomfret, Mar. 7, 1838, by Rev. Dexter Munger	3	54
Anna, w. Daniel, 3rd, & d. of Dead. Ebenezer **HOLEBROOK,** & Mehetobel, d. Nov. 6 1762	1	22
Bathsheba, d. Elijah & Sarah, b. Jan. 26, 1795	2	119
Bathsheba, of Pomfret, m. Aaron **TUCKER,** of Thompson, Dec. 31, 1824, by Rev. Milton French	3	16
Benjamin, s. [Leonard & Martha], b. Jan. 1, 1814	2	157
Elijah, m. Sarah **BACON,** Mar. 6, 1777	2	119
Hannah, m. Daniel **STOELL,** Apr.. 12, 17[ ]	1	111
Joseph, s. [Leonard & Martha], b. Dec. 14, 1815	2	157
Leonard, m. Martha **BUCK,** Feb.. 19 1809	2	157
Lois, m. Nathaniel **STOELL,** May 21, 1761	1	110
Lucy, m. Pliney **WOODARD,** Apr.. 9, 1799	2	98
Martha, d. [Leonard & Martha], b. [ ], 1811	2	157
Mary Ann Russell, d. [Leonard & Martha], b Nov. 25, 1809	2	157
Sarah, d. [Leonard & Martha], b. July 1821	2	157
BULLARD, Jacob, of Killingly, m. Eliza **WHITE,** of Pomfret, Jan. 1, 1832, by Rev. Charles Fitch, of Abington	3	33
BUNDY, BUNDAY, Stephen of Thompson, m. Loretta H. **LAWTON,** of Pomfret, Jan. 3, 1838, by Rev. Bela Hicks	3	52

	Vol.	Page
BUNDY, (cont.)		
Zerviah, m. Josiah **GARY**, Jan. 7, 1784	2	33
BURDICK, Lucy, m. William W. **WRIGHT,** of Killingly, Mar. 14, 1841, by Rev D. Hunt	3	64
Mary, b. Sterling, res Pomfret Landing, d. July 14, 1848, ae 77	4	80
BURGE, Susanna, m Edward **MACCOY,** [ ]	1	2
BURGESS, Alfred, m. Julia A. **ROUNDS,** b. of Killingly, Sept. 13, 1847, by Orrin Summer, J.P.	3	81
Benjamin, m. Susanna **SABIN,** d. of Josiah, Nov. 17, 1730	1	99
Luther, of Canterbury, m. Almira **POTTER,** of Pomfret, Nov. 27, 1823, by Rev Walter Lyon, of Abington	3	10
BURLINGAME, Caleb, s. Josiah & Eunice, b. June 21, 1750	1	16
Josiah, m. Eunice **CHANDLER,** Oct. 10, 1748	1	102
BURNHAM, BURNAM, Elias, Jr., of Hampton, m. Emily **PARISH,** of Pomfret, Sept. 11, 1829, by Rev Charles Fitch, of Abington	3	27
Elisha, s. Isaac & Artemisia, b. Sept. 8, 1789	2	100
Esther, of Hampton, m. John **GRIGGS,** Jr., of Pomfret, Aug. 24, 1834, by John Holbrook, J.P.	3	42
Polly, d. Isaac & Artemisia, b. Oct. 6, 1787	2	100
BURNS, Theresa Mary, m. Isaac Arnold **PETTES,** Oct. 8, 1850, by Rev. Henry J. Whitehorn, of St. Thomas Church, New York, at his house. Witnesses: James Burns, Patrick McGuire, Maria Tracy, Elizabeth McGuire.	3	87
BURTON, Abigail, housekeeper, widow, b. Cranston, R.I., res. Pomfret, d. Apr.. 14, 1859, ae 79 y. 1 m. 22 d.	5	9
Albert, s. [Olney, Jr. & Louisa], b Oct. 10, 1835	4	61
Albert, s. Olney, Jr. & Louisa, d. Mar 18, 1841	4	61
Anna Jane, d. Olney, farmer, ae 39, & Louisa ae 36, b. Sept. 13, 1847	4	76
Emily Parkhurst, d. Charles & Elizabeth, b. Mar. 28, 1840	4	64
Fanny Louis, d. [Olney, Jr. & Louisa], b Nov. 9, 1841	4	61
Hannah, m. Lewis **AVERILL,** b. of Pomfret, Mar. 30, 1824, by Rev James Porter	3	12
Henry, s. [Olney, Jr. & Louisa], b. May 10, 1840	4	61
Maria Burlingame, d. Olney, Jr. & Louisa, b. Apr.. 6, 1834	4	61
Mary Elizabeth, d. [Olney, Jr. & Louisa], b. July 13, 1837	4	61
Mary Morton, d. [Charles & Elizabeth], b. June 4, 1842	4	64
Olney, farmer, b Cranston, R.I., res. Pomfret, d. Nov. 15, 1847, ae 66	4	80
Thomas Henry, s. [Charles & Elizabeth], b June 25, 1844	4	64
BUSHNELL, BUSHNALL, Hannah, m. Archelaus **WHITE,** Mar. 3, 1816	2	130
Sally, of Pomfret, m. William **FOSTER,** of Killingly, [Nov.] 27, [1823], by Rev. John Paine, of Hampton	3	10
BUSWELL, Jabez, m. Orrilla **BUSWELL,** [ ], in Sharon, Vt.	2	69
John, d. [Jabez & Orrilla], b. Sept. 16, 1820	2	69
Orrilla, m. Jabez **BUSWELL,** [ ], in Sharon, Vt.	2	69
BUTLER, Ella Maria, housekeeper, married, b. Douglass, Mass., res. Pomfret, d. June 27, 1862, ae 27 y. 3 m. 1 d.	5	12
BUTTON, Rebeckah, m. William **HAMBLETT,** Dec. 8, 1719	1	1
CADY, Abel, s. Joseph & Phebe, b. Apr.. 2, 1745	1	19
Abel, s. Gideon & Sarah, b. Feb.. 7, 1758	1	75
Abigail, m. Ezekiel **CADY,** Apr.. 24, 1707	1	2

POMFRET VITAL RECORDS 101

	Vol.	Page
CADY, (cont.)		
Abigail, d. Ezekiel & Abigail, b. Feb.. 24, 1724/5	1	31
Abigail, m. Jedediah **DOWNING**, Nov. 4, 1744	1	105
Abigail, m. Joseph **ROBINS**, Mary [ ], 1756	1	107
Abigail, w. Ezekiel, d. Apr.. 11, 1759	1	32
Alis, d. Daniel & Hannah, b. June 3, 1715	1	30
Allis, s. Phinehas & Sarah, Feb.. 23, 1746/7	1	61
Allis, d. Phinehas & Sarah, b. Apr.. 23, 1751	1	61
Allice, m. Salter **SEARLES**, Oct. 24, 1765	1	110
Amand, d. Nathan & Anna, b. Nov. 14, 1771	2	34
Amariah, s. James & Thankfull, b. Apr.. 25, 1726	1	19
Amariah, s. James & Thankful, d. Jan. 6, 1728/9	1	20
Amitas, d. Phinehas &Sarah, d. Sept. 21 1754	1	56
Amittai, d. Daniel & Hannah, b. Sept. 6, 1719	1	30
Amittai, d. Nahum & Mary, b. Jan. 1, 1756	1	77
Anna, d. John & Deborah, b. Nov. 26, 1752	1	61
Anna, m. Elijah **THAYER**, Dec. 30, 1773	2	52
Anne, d. Nathan & Rachel, b. Jan. 11, 1747/8	1	75
Azubah, d. Henry & Ruth, b. July 13, 1747	1	35
Azuba, d. Henry & Ruth, b. July 13, 1747	1	31
Azubah, d. Henry &Ruth, d. Nov. 19, 1750	1	36
Azuba, d. Henry & Ruth, b. Mar. 18, 1752	1	31
Azubah, d. Henry & Ruth, b. Mar. 18, 1752	1	35
Azubah, d. Henry & Ruth, d. Sept. 4, 1754	1	36
Baly, s. Calvin & Abigail, b. Apr.. 11, 1788	2	127
Baly, s. Calvin & Elizabeth, d. Feb.. 10, 1789	2	127
Benjamin, s Henry & Ruth, b. July 18, 1764	1	31
Betty, d. Nehemiah & Lydia, b. June 6, 1739	1	31
Betty, d Hezekiah & Sarah, b May 5, 1758	1	23
Calvin, m. Elizabeth **HOLDEN**, Jan. 4, 1778	2	127
Calvin, m. Abigail **SIMMONS**, Apr.. 17, 1783	2	127
Calvin, s. Calvin & Abigail, b. Apr.. 20, 1786	2	127
Catharine, d. Nahum & Mary, b. July 20, 1758	1	77
Charles, s. Ezekiel, Jr. & Abigail, b. Jan. 1, 1748	1	55
Charles, m. Lutania **CHASE**, b. of Pomfret, Oct. 7, 1838, by Rev. Bela Hicks	3	56
Chester, s. Joseph & Phebe, b. Nov. 26, 1763	1	19
Chester, m. Lucretia **RICHARDSON**, Aug. 23, 1786	2	121
Cornelius, s. James & Thankfull, b. May 15, 1731	1	19
Daniel, m. Hannah **WINTER**, June 25, 1713	1	2
Daniel, s. Phinehas & Sarah, b. May 15, 1745	1	55
Daniel. S. Phinehas & Sarah, b. May 15, 1745/6	1	61
Daniel, s. Phinehas & Sarah, d. Sept. 24, 1754	1	56
Daniel, d. Sept. 11, 1767	1	31
David, s. Ezekiel, Jr. & Abigail, b. Apr.. 26, 1754	1	55
Deborah, d. Ezekiel, Jr. & Abigail, b. May 8, 1751	1	55
Deborah, d. Nathan & Rachel, b. Feb.. 27, 1770	1	75
Demis, d. Phinehas & Mary, b. June 24, 1768	1	61
Ebenezer, s. Nehemiah & Lydia, b. Oct. 19, 1760	1	31
Ede, d. Gideon & Sarah, b. May 12, 1760	1	75
Elias, s. James & Thankfull, d. Jan. 28, 1749/50	1	20
Elisha, .s Nathan & Rachal, b. Feb.. 14, 1748/9	1	31

102   BARBOUR COLLECTION

	Vol.	Page
CADY, (cont.)		
Elisha, s. Nathan & Rachel, b. Feb.. 14, 1748/9	1	75
Elizabeth, d. Ezekiel & Abigail, b. Mar. 6, 1715/16	1	31
Elizabeth, m Joseph SHARP, Nov. 10, 1738	1	109
Elizabeth, w. Calvin, d. May 27, 1781	2	127
Ephraim, s. Nahum & Mary, b. Mar. 18, 1747/8	1	77
Ephraim, m. Hannah WOOD, Jan. 30, 1771	1	116
Eunice, d. Ezekiel & Abigail, b. Aug. 15, 1720	1	31
Eunice, m Jacob STAPLES, Nov. 8, 1741	1	101
Eunice, m. Jonah WITTER, Jan. 16, 1783	2	6
Experience, d. Phinehas & Mary, b. Feb.. 11, 1766	1	61
Experience, d. Calvin & Abigail, b. Jan. 14, 1784	2	127
Ezekiel, m. Abigail CADY, Apr.. 24, 1707	1	2
Ezekiel, s. Ezekiel & Abigail, b. Mar. 25, 1710	1	31
Ezekiel, Jr., m. Abigail STODDARD, Mar. 12, 1744	1	104
Ezekiel, Jr., d. Sept. 11, 1754	1	56
Ezra, s. Gideon & Sarah, b. Feb.. 7, 1755	1	75
Freeman, s. Chester & Lucretia, b. July 14, 1788	2	121
George, s. Chester & Lucretia, b. Feb.. 7, 1793	2	121
Gideon, m. Sarah HUTCHENS, May 23, 1753	1	107
Gratis, m. Moses NEWELL, Nov. 17, 1790	2	52
Hannah, d. Ezekiel & Abigail, b. Apr.. 9, 1714	1	31
Hannah, d. Nahum & Mary, b. Oct. 12, 1760	1	77
Hannah, m. Amasa POOLER, Apr.. 22, 177[ ]	1	115
Hannah Maria, d. Elijah & Martha A., b June 30, 1828	4	31
Hartwell, child of [Elijah & Martha A.], b. Feb.. 6, 1833	4	31
Henry, m. Ruth WATERHOUSE, Sept. 11, 1746	1	101
Henry, m. Ruth HOUSE, Sept. 11, 1746	1	106
Henry, d. Feb.. 15, 1785	1	36
Hezekiah, s. Ezekiel & Abigail, b. July 31, 1722	1	31
Hezekiah, m. Sarah REED, Nov. 27, 1745	1	101
Horace, s [Elijah & Martha A.], b. Nov. 3, 1830	4	31
Isaac, s. Phinehas & Sarah, b. Dec. 24, 1739	1	55
Isaac, s. Phinehas & Sarah, b. Jan. 26, 1739/40	1	61
Isaac, s. Phinehas & Sarah, d. Jan. 6, 1757	1	62
Isaac, m. Sarah HINDRICK, Oct. 1, 1760	1	108
James, d. Jan. 18, 1741/2	1	20
Jemima, d. Ezekiel & Abigail, b. June 23, 1708	1	31
Jemima, d. Ezekiel & Abigail, d. Sept. 27, 1739	1	32
Joanna, m. Seth SABIN, Jan. 9, 1738/9	1	23
Joanna, d. Ezekiel, Jr. & Abigail, b. Jan. 3, 1750	1	2
Joel, s. Phinehas & Sarah, b. Jan. 16, 1757	1	55
John, m. Deborah BENJAMIN, Feb.. 14, 1752	1	61
Jonas, .s Ezekiel & Abigail, b. Mar. 14, 1717/18	1	103
Jonas, s. Ezekiel & Abigail, d. Feb.. 13, 1728/9	1	31
Jonas, s. Nehemiah & Lydia, b. Mar. 14, 1740/41	1	32
Jonas. S. Nehemiah & Lydia, d. Dec. 3, 1750	1	31
Jonas, s. Hezekiah & Sarah, b. Aug. 7, 1763	1	32
Jonathan, d. Sept. 26, 1753	1	23
Jonathan, s. Henry &Ruth, b Sept. 20, 1754	1	20
Jonathan, s. Calvin & Elizabeth, b July 5, 1779	1	35
Jonathan, m. Christiany Geer, Mar. 7, 1782	2	127
	2	103

POMFRET VITAL RECORDS 103

	Vol.	Page
CLAY, (cont.)		
Judeth, d. Joseph & Phebe, b. Feb.. 19, 1758	1	19
Katharine, single woman, had s. Solomon Gilbert, b. Aug. 25, 1778	2	81
Lathena, m. Eben[eze]r **FROST**, Mar. 19, 1772	1	116
Lemuel, s. Joseph & Phebe, b. Aug. 7, 1749	1	19
Ledecianna, d. Na[h]um & Mary, b. Oct. 23, 1767	1	77
Lois, d. Nehemiah & Lydia, b. Aug. 6,1737	1	31
Loisa, d. Chester & Lucretia, b. Jan 9, 1795	2	121
Loren, s. Calvin & Elizabeth, b. Mar. 27, 1781	2	127
Loren, s. Calvin & Elizabeth, d. June 11, 1781	2	127
Lucena, d. Henry & Ruth, b. July 24, 1749	1	31
Lucinda, d. Phinehas & Mary, b. Apr.. 20, 1770	1	55
Lucy, d. Nathan & Anna, b. May 28, 179[ ]	2	34
Lucy A., m. Ossian(?)* **SUMMER**, Mar. 27, 1843, by Rev George May (*Perhaps Orrin?)	3	70
Lunary, d. Hezekiah & Sarah, b. May 12, 1748	1	23
Luthene, d. Henry & Ruth, b. July 24, 1749	1	35
Lydia, d Nehemiah & Lydia, b. July 6, 1745	1	31
Lydia, m. Joseph **HARRIS**, July 6, 1761	1	109
Mary, d. James & Thankfull, b. Dec. 2, 1728	1	19
Mary, m. William **DAVISON**, Aug. 13, 1735	1	3
Mary, d. Nahum & Mary, .b. Feb.. 22, 1754	1	77
Mary, d. Phinehas &Sarah, d. Sept. 15, 1754	1	56
Mary, d. Phinehas & Sarah, b. Oct. 27, 1754	1	55
Matilda, d. Jonathan & Christiany, b. July 9, 1783	2	103
Mehet[a]ble, d. Joseph & Phebe, b. May 18, 1742	1	19
Mehetabel, m. Abel **SPAULDING**, June 28, 1770	1	116
Mercy, d, Nehemiah & Lydia, b. Nov. 21, 1747	1	31
Meriah, of Pomfret, m. Abiram **WHEATON**, of Thompson, Nov. 27, 1823, by Rev James Grow	3	10
Mindwell, d. Nahum & Mary, b. Apr.. 21, 1765	1	77
Naham, s. Daniel & Hannah, b. July 11, 1721	1	30
Nahum, m. Mary **TUCKER**, July 8, 1747	1	100
Nahum, m. Mary **TUCKER**, July 8, 1747	1	103
Nahum, .s. Nahum & Mary, b Mar. 4, 1752	1	77
Nahum, Jr., m. Polly **JOHNSON**, Jan. 20, 1784	2	37
Nathan, s. Daniel & Hannah, b. Oct. 15, 1717	1	30
Nathan m. Anne **WINCHESTER**, Mar. 1, 176[ ]	1	111
Nathaniel, m. Rachel **CADY**, Oct. 20, 1742	1	100
Nehemiah, s. Ezekiel & Abigail, b. Mar 12, 1711/12	1	31
Nehemiah, s. Nehemiah & Lydia, b. Sept. 9, 1743	1	31
Panel, d. Henry & Ruth, b. Aug. 17, 1761	1	35
Patience, d. Nehemiah & Lydia, b Jan. 20, 1749/50	1	31
Peletiah, s. James & Thankfull, b. Dec. 16, 1723	1	19
Pelatiah, s. James & Thankfull, d. Jan. 17, 1728/9	1	20
Peninnah, d. Nahum & Mary, b. July 21, 1762	1	77
Penuel, s. Nahum & Mary, b. Jan. 11, 1749/50	1	77
Phebe, d. Gideon & Sarah, b. Jan. 14, 1754	1	75
Phinehas, s. Daniel & Hannah, b. FEb. 7, 1713/14	1	30
Phinehas, m. Sarah **CHURCH**, Jan. 5, 1736/7	1	99
Phinehas, m Mar **WOOD**, dec. 26, 1757	1	113
Polly, d. Calvin & Elizabeth, b. May 9, 1778	2	127

104   BARBOUR COLLECTION

	Vol.	Page
CADY, (cont.)		
Prudence, d. Nathan & Rachel, b. May 28, 1751	1	75
Prudence, m. Rufus **HERRICK,** Jr. Dec. 19, 176[ ]	1	113
Prudence, m. Lemuel **VOSE,** Feb.. 1, 1777	2	67
Rachel, m. Nathaniel **CADY,** Oct. 20, 1742	1	100
Rachel, d Nathan & Rachel, b. Mar. 10, 1761	1	75
Rachel, w. Nathan d. May, 1761	1	76
Rachel, m. John **RICHMOND,** Feb.. 14 1785	2	115
Reuben, Hezekiah & Sarah, b. June 7, 1756	1	23
Rosannah, d. James & Thankfull, b. Sept 12, 1721	1	19
Ruth, d. Henry &Ruth, b. Apr.. 6, 1757	1	35
Ruth, m Lemuel **FLING,** Apr.. 16, 1781	2	86
Sally, . Chester & Lucretia, b. May 14, 1791	2	121
Sarah, d. James &Thankfull, b. July 22, 1719	1	19
Sarah, d. Phinehas & Sarah, b .Jan. 22, 1743/4	1	55
Sarah, d. Phinehas & Sarah, b. Jan. 22, 1743/4	1	61
Sarah, w. Phinehas, d. Feb.. 16, 1757	1	62
Sarah, d. Isaac & Sarah, b May 10, 1761	1	86
Sarah, d. Gideon & Sarah, b. June 14, 1762	1	75
Sebra, d. Hezekiah & Sarah, b Jan. 1, 1747	1	23
Silas, s. James & Thankfull, b. Nov. 10, 1717	1	19
Solomon Gilbert, s. Katharine **CADY,** single woman, b. Aug. 25, 1778	2	81
Stoddard, s. Ezekiel, Jr. &Abigail, b. July 4, 1752	1	55
Susanna, m. Benj[ami]n **HUBBARD,** Aug. 13, 1735	1	3
Susannah, d. Ezekiel, Jr. & Abigail, b. Feb.. 21, 1746	1	55
Susannah, m. John **SHADDON,** May 21, 1771	2	33
Susanna, d. Calvin & Elizabeth, b. July 17, 1780	2	127
Sibel, d. James & Thankfull, b. Nov. 26, 1715	1	19
Tamson, d. Hezekiah & Sarah, b [ ] 13, 1752	1	23
Thankfull, d. James & Thankfull, b. Nov. 12, 1734	1	19
Thankfull, w. James, d. May 7, 1741	1	20
Thankfull, d. Nehemiah & Lydia, b. July 20, 1752	1	31
Thede, d Nathan & Rachel, b. Aug 7, 1766	1	75
Thomas, s. Nathan &Rachel, d. Apr.. 10, 1756	1	76
Thomas, s. Nathan & Rachel, b. Jan. 15, 1757	1	75
Timothy, s. Nehemiah & Lydia, b. Oct. 4, 1755	1	31
Zerviah, d. Joseph & Phebe, b. Dec. 31, 1746/7	1	19
CAMPBELL, Matthew, m. Deborah **PUTNAM,** Feb.. 11, 1796	2	124
CAPRON, John, m. Asenath **CARGILL,** Jan. 3, 1784	2	11
Phebe, d. John & Asenath, b. Mar. 26, 1786	2	11
Polly, d. John & Asenath, b. Feb.. 17, 1784	2	11
CARGILL, Asenath, d. Benjamin & Mary, b. Nov 29, 1765	1	90
Asenath, m. John **CAPRON,** Jan. 3, 1784	2	11
Benjamin, s. Benjamin & Mary, b. June 24, 1769	1	90
Benjamin, Jr., m. Dorcas **CLARK,** Dec. 19, 1797	2	131
Charles, s Benjamin & Mary, b. Apr. 12, 1785	1	90
Clarissa, d. Benjamin & Dorcas, b. Feb.. 25, 1798	2	131
Eliza, d Ithiel & Lucy, b. Dec. 31, 1796	2	129
Ithiel, s. Benjamin & Mary, b. Apr.. 8, 1775	1	90
Ithiel, m. Lucy **GROSVENOR,** Apr.. 28, 1796	2	129
James, s Benjamin & Mary, b. Mar. 23, 1782	1	90

POMFRET VITAL RECORDS 105

	Vol.	Page
CARGILL, (cont.)		
John, s. Benjamin & Mary, b. Oct. 11, 1761	1	90
John s. Benjamin & Mary, d. Oct. 28, 1761	1	91
John s. [Ithiel & Lucy], b. Nov. 11, 1798	2	129
Lucy, d. Benjamin &Mary, b. Aug. 16, 1762	1	90
Molly, d. Benjamin & Mary, b. Dec. 17, 1766	1	90
Molly, d. Benjamin & Mary, d. Apr.. 17, 1776	1	91
Philadelphia, d. Benj[ami]n & Mary, b. Feb.. 19, 1773	1	90
Philadelphia, m. Jarvis CUTLER, Mar. 2, 1794	2	129
Polly, d. Benjamin & Mary, b. May 7, 1779	1	90
Rhoda, d. Benjamin &Mary, b. July 13, 1771	1	90
Sarah, d Benjamin & Mary, b May 29, 1777	1	90
William, [s. Benjamin & Mary], b. [ ], in Windham; d. Apr.. 7,1799, in Pomfret, ae 39 y.	1	91
CARLIS, Margaret, housekeeper, married, b. Ireland, res Pomfret, d. Apr.. 28, 1865, ae 35	5	15
-----, st. b. male d. Apr.. 25, 1865	5	15
CARLISH, -----,. st. b. male, Sept. 29, 1859	5	9
CARLTON, Perce P., of Grafton, Mass. M. Orrin **BRIGHAM**, Sept. 9, 1842, by Rev Hezekiah S. Ramsdell	3	68
CARPENTER, Abilene, d. Simon & Sarah,. Sept. 27, 1850	1	78
Abisha, s Nath[anie]ll & Mary, b Feb.. 27, 1758	1	13
Abisha, s. Nathan[ie]ll & Mary, d. Mar. 8, 1758	1	14
Amasa, s. Nath[anie]ll & Mary b. May 15, 1749	1	13
Amasa, s. Nath[anie]ll & Mary, d. Mar. 6, 1773	1	14
Anna, d. Simon &Sarah, b. Mar. 6, 1747	1	78
Anna, single woman, had d. Lucinda Brewster, b. Feb.. 27, 176[ ]	1	78
Asa, s. Jonah & Zerviah, b Oct. 10, 1770	2	25
Asenath, d. Simon & Sarah, b Oct. 31, 1770	1	78
Caroline, d. Elisha & Mary, b. Sept. 24, 1819	2	166
Charles W[illia]m, b Woodstock, res Pomfret, d. Aug 25, 1864, ae 6 m. 29 d.	5	14
Chester, s. W[illia]m & Mary, b. Oct. 25, 1772	2	4
Comfort, m. Matthias **SMITH**, Sept. 28, 1758	1	107
Cynthia, m. Samuel **RUNNELS**, May 8, 1752	1	103
Cynthia, d. Simon & Susan, b. Jan. 1, 1813	2	157
Daniel, m. Mrs. Abigail **HOLMES**, b. of Thompson, July 4, 1847, by Bela Hicks, Adm.	3	80
Eben[eze]r, s. Sam[ue]ll & Keziah, b Oct. 4, 1754; d. Oct. 4, 1754	1	14
Elijah, s. Nathaniel & Mary, b. Apr.. 30 1753	1	13
Elijah, m. Lois **SHARPE**, Jan. 4, 1776	2	72
Elijah Sharpe, s. Noah & Charlotte, b. Oct. 27, 1792	2	113
Elisha, of Killingly, m. Mary **WILBUR**, of Troy, Mass, Mar. 26, 1815	2	166
Elisha W., m. Nancy **HENRY**, June 21, 1826, by Job Williams, J.P.	3	21
Ella Laurina, d. Lucian, shoemaker, ae 27, b. Jan. 4, [1851]	4	91
Ephraim s. Noah & Charlotte, b. Aug. 22, 1795	2	113
Erepta, d. W[illia]m &Mary, b Aug. 4, 1770	2	4
Eunice, d Nath[anie]ll & Mary, b. May 12, 1759	1	13
Hannah, d. Sam[ue]ll & Hannah, b. Aug. 23, 1721	1	13
Hannah, w. Samuel, d. Jan. 23, 1752	1	14
Hannah, d. Samuel, Jr. & Keziah, b. Dec. 11, 1752	1	13

CARPENTER, (cont.)

Name	Vol.	Page
Hannah, d. Samuel & Keziah, d. Jan. 6, 1753	1	14
Hannah, d. Nath[anie]ll & Mary, b. Sept. [ ], 1763	1	13
Hannah, d. Simon & Sarah, b. Feb.. 28, 1765	1	78
Horatio, of West Woodstock, m. Cynthia GRIGGS, of Pomfret, [Apr..] 25, [1837], by Nathan S. Hunt	3	51
Huldah, d. Simon & Sarah, b. Aug. 20, 1754	1	78
Huldah, d. W[illia]m & Mary, b. June 24, 1769	2	4
Huldah, d. W[illia]m & Mary, d. July 11, 1769	2	4
Jemima, d. Sam[ue]ll, Jr. & Keziah, b. Jan. 9, 1742/3	1	13
Jemima, m> Joseph BARRET, Feb.. 20, 1765	1	110
Jerusha, d. Simon & Sarah, b. Jan. 30, 1761	1	78
Jesse, s. Jesse & Margarett, b. Mar. 3, 1716	1	24
John, M Hannah RICHARD, Jan. 28, 1768	1	114
John A., m. Ann Elizabeth WILLIAMS, b. of Pomfret, Mar. 31, 1852, by Rev. D. Hunt	3	89
John Simmons, s. [Elisha &Mary], b. Jan. 7, 1821	2	166
Jonah, m Zeruiah WHITMORE, Nov. 22, 17[ ]	1	115
Kezia, m. Sam[ue]l CARPENTER, Feb.. 14, 1741/2	1	3
Kezia, d. Samuel, Jr. & Kezia, b. June 8, 1749	1	13
Kezia, m. Stephen COVAL, May 8, 1794	2	130
Lavina, d. Elijah &Lois, b Ar. 25, 1780	2	72
Lavina, m. Nehemiah LEE, Mar. 4, 1800	2	134
Lewis W., s. Elisha &Mary, b. Jan. 2, 1816	2	166
Lorenzo, s. Noah & Charlotte, b. June 17, 1798	2	113
Luce, d. Nath[anie]ll & Mary, b. June 21, 1761	1	13
Mary, d. Simon & Sarah, b. Mar. 19, 1745	1	78
Mary, d. Nath[anie]ll & Mary, b Feb.. 24, 1750/51	1	13
Mary, w. Nathaniel, d. July 9, 1764, "by a sudden and untimely death'	1	14
Mary, m. William CARPENTER, Jan. 19, 1769	1	114
Mary, w. William, d. Mar. 13, 1774	2	4
Mary Ann, d [Elisha & Mary], b July 26, 1817	2	166
Nancy Janette, d. Mar. 26, 1854, ae 5 m. 17 d.	5	3
Nath[anie]ll, s. Sam[ue]ll & Hannah, b. Nov. 20, 1718	1	13
Nathaniel, m. Mary ALLIN, Nov. 10, 1747	1	100
Nathaniel, s. Nath[anie]ll &Mary, b. July 18, 1756	1	13
Nath[anie]l, m. Mrs Mary DURKEE, May 6, 1765	1	112
Noah, m. Charlotte SHARPE, Apr.. 26, 1792	2	113
Olive, d. Simon & Sarah, b Mar. 15, 1763	1	78
Oliver, s. Simon & Sarah, b. Sept. 26, 1756	1	78
Orinda, m. Nathan DRESSER, Apr.. 19, 1759	1	108
Patience S., of Woodstock, m. Lucius E. SAWYER, of Pomfret, May 16,1842, by H. S. Ramsdell	3	67
Samuell, m. Hannah JOHNSON, Feb.. 3, 1713/14	1	1
Sam[ue]ll, s. Sam[ue]ll & Hannah, b. Mar. 10, 1717	1	13
Sam[ue]ll, m. Kezia CARPENTER, Feb.. 14, 1741/2	1	3
Samuel, d. Aug. 3, 1753	1	14
Samuel, s. Samuel & Keziah, b. May 24, 1757	1	13
Sarah, m. Caleb GROSVENOR, Nov. 29, 1739	1	3
Sarah, d. Simon & Sarah, b. Nov. 27, 1748	1	78
Sarah, d. Simon & Sarah, d. July 31,1752	1	79

POMFRET VITAL RECORDS

	Vol.	Page
CARPENTER, (cont.)		
Sarah, s. [sic] Simon & Sarah, b. Nov. 24, 1758	1	78
Simeon, m. Sarah **SAWYER**, Nov. 12, 1744	1	99
Simon, .s. Simon &Sarah, b. Sept. 23, 1752	1	78
Simon, s. John & Hannah, b. Mar. 7, 1770	2	2
Simon, d. Mar. 16, 1794	1	79
William s. Samuel, Jr. & Keziah, b. June 14, 1745	1	13
William, m. Mary **CARPENTER**, Jan. 19, 1769	1	114
Wyllys, s. John & Hannah, b. Aug. 22, 1768	2	2
CARR, Patience, m. Thomas **GOODELL**, Jan. 16, 1772	2	46
CARTER, Abigail, d. Joseph & Patience, b. Jan. 23, 1763	1	92
Lucius, Capt., of Canterbury, m. Lucy **SHARPE**, of Pomfret, Mar. 29, 1830, by Rev. Charles Fitch, of Abington	3	29
Pulaski, of Winsted, m. Susan Sophia **SPAULDING**, of Pomfret, [Aug.] 5, [1839], by Rev. Nathan S. Hunt, of Abington	3	59
CARVER, Diantha, d. William H., farmer, ae 39, & Hannah, ae 34, b. Mar. 10, 1847	4	78
Hannah, married, b. Brooklyn, Conn., res. Pomfret, d. Jan. 2, 1862, ae 48 y. 5 d.	5	12
CARY, Mary, m. Joseph **ADAMS**, Feb.. 23, 1738	1	101
CASE, Hannah, m. Benj[amin] **ALLIN**, Jr. Nov. 24, 1760	1	108
CASEY, Thomas, m. Joanna **WEST**, b. of Pomfret, Jan. 12, 1824, by Rev. James Grow	3	11
CASPER, Sarah A., m. William M. **YOUNG**, Mar. 5, 1845, by Rev. D. Hunt	3	74
CASSADY, Catharine, d. Thomas, d. Dec. 18, 1867, ae 6 y. 3 m. 12 d.	5	16
Maria, housekeeper, single, d. Thomas, d. Jan. 29, 1869, ae 17 y. 24 d.	5	18
CHAFFEE, Amos, s. Noah & Susannah, b. Sept. 24, 1801	2	3
Charles, of Scituate, R.I., m. Sarah Elizabeth **GREEN**, of Pomfret, May 11, 1846, by Rev. S. W. Hammond	3	79
Chester, Jr., of Thompson, m. Mary **BARKER**, of Pomfret, Mar. 20, 1826, by Rev. J. W. Case	3	19
David, of Thompson, m. Almira **FREEMAN**, of Pomfret, Feb.. 28, 1830, by Rev. James Grow, of Thompson	3	28
David, m. Susan **ROUSE**, b. of Thompson, [Mar.] 16, [1835], by Nicholas Branch	3	44
Eliza, d. [Martin & Lucy], b. June 14, 1807	2	155
Lydia, m. Amherst **ROBINSON**, June 19, 1844, by Rev Benjamin Congdon	3	73
Martin, m. Lucy **UNDERWOOD**, Mar. 6, 1807	2	155
Nancy, m. Ebenezer **FITTS**, Dec. 12, 1802	2	144
Reuben, s. Noah & Susannah, b Feb.. 1, 1792	2	3
Sarah Jane, m. Roger W. **MARCY***, Nov. 29, 1849, by Lucius Homes J.P. (*Perhaps **MOREY**?)	3	86
CHAMBERLAIN, Betsey, see under Betsey **PIKE**	5	16
Hannah A., d. Feb.. 23, [1850], ae 1½ y.	4	89
Hannah Augusta, d Augustus, house carpenter, ae 37, & Hannah, ae 38, b. Aug 11, 1848	4	81
----, s. Augustus, carpenter, ae 37, & Hannah, ae 39, b June 13, [1850]	4	86
CHAMPION, Dewitt Clinton, s. Salmon, Jr. B. Mar. 20, 1825	4	5

BARBOUR COLLECTION

	Vol.	Page
CHANDLER, Abby Holmes, housekeeper, married, d. Mar. 17, 1860, ae 70 y. 7 m. 26 d.	5	10
Abigail, d. Joseph & Eliz[abe]th, b. Nov. 29, 1747	1	28
Abigail, d. Joseph & Olive, b. Dec. 12, 1791	2	77
Abigail, m. Elijah **WILLIAMS**, Sept. 20, 17[ ]	1	115
Abigail W., of Pomfret, m. Maj. Zachariah **BICKNELL**, of Ashford, Mar. 24, 1833, by Rev. Elias C. Scott, of Ashford	3	36
Abigail Wales, d. [Charles C. & Lydia], b. June 8, 1804	2	130
Adaliza Williams, d. Joseph & Mary S., b. June 24, 1854	4	71
Albert, farmer, ae 28, of Pomfret, m. Malissa P. **DAVIS**, ae 26, b. East Granby, res. Pomfret, Mar. 10, [1851]	4	92
Allice, d. Silas &Grace, b. Mar. 22, 1780, st. b.	2	59
Allis, d. Silas & Grace, b. Mar 27, 1785	2	59
Alice, d. [Silas], d. July 24, 1801, ae 16 y.	2	59
Aliza J., of Pomfret, m. George **HYDE**, of Canterbury, Oct. 24, 1842, by B. Hicks, Adm.	3	68
Aliza, see also Eliza		
Barnabus, s. David & Mary, d. Oct. 6, 1750	1	72
Barnabus, [twin with Silas], s. David & Mary, b. Feb.. 2, 1752	1	71
Betty, d. Josiah & Hannah, b. July 8, 1763	1	57
Betty, d. Josiah & Hannah, d. Dec. 16, 1764	1	58
Betty, d. Josiah & Hannah, b. Oct. 13, 1765	1	57
Bettey, m. Samuel **WHITE**, July 1, 1785	2	83
Brown, s. Henry & Patty, b. Jan. 12, 1792	2	99
Caroline Matilda, d. [Charles C. & Lydia], b. June 14, 1810	2	130
Celinda, d. Josiah & Eunice, b Oct. 12, 1785	2	97
Charles, s. Silas & Grace, b. Aug. 25, 1778	2	59
Charles, s. Eunice **DANA**, single woman, b. Dec. 2, 1780	2	96
Charles, s Josiah **CHANDLER** & Eunice **DANA**, b. Dec. 2, 1780	2	97
Charles, m. Hannah **CLEVELAND**, Jan. 3, 1804	2	148
Charles, farmer, married, d. Feb.. 24, 1858, ae 79 y. 6 m.	5	8
Charles Albert, s. [Charles & Hannah], b. Nov. 15, 1822	2	148
Charles Clap[p], [twin with Nabby Hodges], s. Peter & Mary, b. June 8, 1774	1	40
Charles Clap]p], m. Lydia **GRAY**, Sept. 24, 1797	2	130
C[h]loe, d. David & Mary, b. Jan. 5, 1756	1	71
C[h]loe, d. David & Mary, d. Oct. 8, 175[ ]	1	72
Clarina, d Peter &Mary, b. Apr.. 8, 1767	1	40
Claryna, m. Israel **PUTNAM**, Jr., Feb.. 26, 1792	2	114
Daniel, s. Joseph & Susanna, b. Mar. 21, 1728/9	1	28
Daniel, s. David & Mary, b Mar. 29, 1748	1	71
Daniel, m. Mary **GALUCIA**, Jan. 12, 1779	2	83
David, s Joseph & Susanna, b. May 28, 1712	1	28
David, m. Mary **ALLIN**, June 3, 1735	1	2
David, s. David & Mary, b. Mar. 7, 1743/4	1	71
David, [Sr.], d. Dec. 2, 1796, ae 85 y.	1	72
Dorothy, d. Joseph & Susanna, b. Apr.. 12, 1718	1	28
Ebenezer, s. Philemon & Hannah, b June 7, 1703; d. [ ]	1	7
Edward, m. Sabary **HARSMORE**, Mar. 17, 1761,	1	109
Edwin, s. [Silas & Ann,], b. Mar. 14,1815	2	107
Elijah, s. David & Mary, b. May 3, 1737	1	71
Eliza, see also Aliza		

CHANDLER, (cont.)

	Vol.	Page
Eliza Arnold, m Edward B. **HARRIS**, Mar. 27, 1831, by Rev E. B. Kellogg, of Brooklyn & Pomfret.	3	31
Eliza[be]th, d. Joseph & Eliza[be]th, b. May 24, 1742	1	28
Elizabeth, m. Elijah **DANA**, June 21, 1787	1	93
Elizabeth, d. Joseph & Olive, b. Dec. 14, 1789	2	77
Elizabeth, w. Joseph d. Jan. 22, 1797	1	29
Elizabeth, m. John **STERNS**, Jan. 22, 1797	2	159
Elizabeth Arnold, d. [Nathan & Betsey], b. Jan. 24, 1804	2	142
Elizabeth S., m. Frederic **AVERILL**, Jr., [ ], by Rev. D. Hunt	3	47
Elizabeth Summer, d. [Stephen &Nabby], b. July 17, 1815	2	161
Ellen L., d. Lucius L., b. Apr.. 10, 1834	4	36
Emila, d. John W. & Mary, b. Sept. 8, 1793	2	114
Emila, d. [Silas & Ann], b. Jan. 11, 1811	2	107
Emily Luena, d. [Stephen & Nabby], b. July 12,1826	2	161
Emily S., of Pomfret, m. Reuben W. **VAN PELT**, of New York, May 3, 1848, by Rev. D. Hunt	3	82
Emily S., ae 22, b Pomfret, m Reuben **VAN PELT**, lawyer, ae 23, b. New Jersey, res. New York City, May 3, 1848, by Rev. Daniel Hunt	4	79
Ephraim, s. [John & Susanna], b. Sept, 2, 1798	2	128
Erastus, s. Joseph, Jr. & Olive, b. Apr.. 2, 1781	2	77
Erastus, s. Phileman & Molly, b. May 8, 1789	2	97
Eugene C., d. Nov. 7, 1859, ae 3 y. 10 m.	5	9
Eunice, d. Joseph & Susanna, b. Dec. 17, 1726	1	28
Eunice, m. Josiah **BURLINGAME**, Oct. 10, 1748	1	102
George, s. [John W. & Mary], b. Apr.. 28, 1806	2	114
Gilbert, s. [Lathrop &Betsey], b. June 15, 1812	2	74
Grace, Mrs. D. Dec. 2, 1815	2	59
Hannah, d. Philemon & Hannah, b. Jan. 20, 1713	1	7
Hannah, w. Dead. Phile[mo]n, d. June 24, 1735	1	8
Hannah, d. David & Mary, b. June 18, 1745	1	71
Hannah, d . Josiah & Han[na]h, b. Jan. 7, 1758	1	57
Hannah, w. Josiah, d. Mar. 6, 1777	1	58
Hannah, m. Ebenezer **FORCE**, Feb.. 8, 1781	2	96
Hannah, m. Ebenezer **FORCE**, Feb.. 8, 1781	2	97
Hannah, d. Philemon & Molly, b. Sept. 1, 1791	2	97
Hannah, of Pomfret, m. Alexander S. **SMITH**, of Stonington, May 14, 1822, by Rev James Porter	3	6
Hannah, [d. Thomas G. & Lucinda], b. Mar. 3, 1833	4	42
Hannah, widow, d. Apr.. 30, 1863, ae 79 y. 5 m. 27 d.	5	13
Hannah Adaline, d. [Nathan & betsey], b. Mar. 29, 1811	2	142
Hannah D., m. Jason W. **FAIRFIELD**, Dec. 27, 1825, by James A. Boswell	3	18
Hannah Dana, d. [Charles & Hannah], b Nov. 19, 1804	2	148
Hannah Stedman, d. John W. & Mary, b. July 12, 1795	2	114
Harriet, d. [Nathan & Betsey], b. Mar. 2, 1813	2	142
Heneritta, d. Silas & Grace, b. Feb.. 27, 1783	2	59
Henry, m. Patty **BROWN**, Apr.. 19 ,1781	2	99
Henry Hilton, .s Henry& Patty, b. June 19, 1786	2	99
Hepzibah, d. Joseph &Susanna, b. Aug. 12, 1720	1	28
James Alexander, s. [Nathan & Betsey], b. Oct. 18, 1823	2	142

110   BARBOUR COLLECTION

	Vol.	Page
CHANDLER, (cont.)		
James Stedman, s. [John W. & Mary], b. July 26, 1804	2	114
Jane, d. [Nathan & Betsey], b July 15, 1815	2	142
Jemima, housekeeper, b. Woodstock, Conn., res. Pomfret, d. Mar. 8, [1850], ae 89	4	89
Jeremiah, s. Henry & Patty, b. July 12, 1794	2	99
John, s. Joseph & Eliz[abe]th, b. Jan. 4, 1735/6	1	28
John, s. Josiah & Hannah, b. Aug. 17, 1761	1	57
John, s Josiah & Hannah, d. Dec. 17, 1764	1	58
John s. Peter & Mary, b. FEb. 17, 1766	1	40
John, s. Peter, d. Mar. 27, 1766	1	41
John, s. Josiah & Hannah, b Aug. 5, 1769	1	57
John, d Silas & Grace, b Feb.. 26, 1776	2	59
John, s. Josiah & Hannah, d. Dec. 15, 1777	1	58
John, s. Josiah & Eunice, b. Aug. 31, 1787	2	97
John, Col., s. Joseph, d. Mar. 16, 1795, ae 59 y., at Peacham, Vt.	1	29
John, m. Susanna **MATHEWSON**, June 1, 1797	2	128
John, s. Silas d. Feb.. 28, 1801, ae 25 y.	2	59
John, s. [Silas & Ann], b Mar. 22, 1813	2	107
John, of Woodstock, m. Mary **MANNING**, of Pomfret, Mar. 30, 1826, by Rev. George B. Atwell, of Woodstock	3	15
John Backus, s. Joseph & Olive, b. July 28, 1794	2	77
John Bachus, farmer, single, d. May 15, 1861, ae 66 y. 9 m. 17 d.	5	11
John W., d. Jan. 29, 1808	2	114
John W., s. Thomas G. & Lucinda, b. Feb.. 18, 1828	4	42
John W., merchant, black, d. Sept. 6, 1853, ae 25 y. 6 m. 16 d.	5	2
John Wilks, s. Peter & Mary, b. July 4, 1769	1	40
John Wilks, m. Mary **STEDMAN**, Nov. 20, 1792	2	114
John Wilks, s. John W. & Mary, b .Nov. 10, 1798	2	14
Joseph, m. Susanna **PERRIN**, June 29, 1708	1	1
Joseph, s. Joseph & Susanna, b Apr.. 1, 1709	1	28
Joseph, s. Joseph & Susanna, d. Aug. 16, 1709	1	29
Joseph, s. Joseph & Susanna, b. June 16, 1710	1	28
Joseph, d. July 4, 1730 (1750?)	1	29
Joseph, Jr., m. Elizabeth **SUMMER**, Dec. 24, 1734	1	2
Jos[ep]h, s. Jos[ep]h & Eliza[be]th, b. Aug. 29, 1745	1	28
Joseph, Capt. D. Jan 5, 1749/50	1	29
Joseph, Jr., m. Olive **BACKUS**, Feb.. 4, 1777	2	77
Joseph, d. [Stephen & Nabby], b. July 10, 1817	2	161
Joseph, m. Mary S. **WILLIAMS**, b. of Pomfret, Apr.. 12, 1853, by Rev. D. Hunt	3	90
Josiah, s. Philemon & Hannah, b. Oct. 4, 1708	1	7
Josiah, s. Dead. Philemon & Hannah, d. July 4, 1724	1	8
Josiah, s. Joseph & Susanna, b. Oct 2, 1724	1	28
Josiah, s. Philemon, Jr. & Lydia, b. Nov. 10, 1731	1	57
Josiah, m. Hannah **HOLBROOK**, June 14, 1753	1	103
Josiah, s. Josiah, Jr. & Hannah, b. Jan. 9, 1756	1	57
Josiah, Jr. M. Eunice **DANA**, Mar. 28, 1784	2	97
Josiah, d. June 18, 1795	1	58
Lathrop, s. Silas & Grace, b. Aug. 23, 1789	2	59
Lathrop, m. Betsey **SPAULDING**, Apr.. 30, 1811	2	74
Lemuel, s. David & Mary, b. Mar. 6, 1750	1	71

	Vol.	Page
CHANDLER, (cont.)		
Lemuel, s. Peter & Mary, b. May 23, 1758	1	40
Lemuel, s. Silas & Grace, b. Apr.. 7, 1777	2	59
Lemuel, s David & Mary, b. Oct. 19, 17[ ]	1	72
Lemuel, m. Mary **FOWLER**, Apr.. 2, 1807	2	154
Lemuel, s. [John W. & Mary], b. Apr.. 20, 1808	2	114
Loisa, m. Olney **BARTON**, b. of Pomfret, [May] 28, [1833], by Rev. Nicholas Branch	3	37
Lora Johnson, d. [Charles & Hannah], b. Feb.. 18, 1820	2	148
Lora Johnson, d. Cha[rle]s & Hannah, d. May 14, 1821	2	148
Louisa Grow, d. [Charles & Hannah], b. Apr.. 20, 1812	2	148
Lucius Lemuel, s. [Charles & Hannah], b. Aug. 5, 1809	2	148
Luce, d. Peter & Mary, b Mar. 21, 1762	1	40
Lucy, d. Silas & Grace, b. Apr.. 19, 1794	2	59
Lucy, d[Charles C. & Lydia], b Apr.. 17, 1808	2	130
Lydia, m. Edw[ar]d **GOODELL**, Mar. 7, 1735/6	1	2
Maranda, d. [John & Susanna], b. May 8, 1800	2	128
Maria, d. Charles C. & Lydia, b. Feb.. 25, 1801	2	130
Marian, m. Dr. Hiram **HOLT**, b. of Pomfret, Feb.. 21, 1828, by Rev. James Porter	3	24
Mary, d. Philemon & Hannah, b. Dec. 23, 1714	1	7
Mary, d. David & Mary, b. Nov. 14, 1738	1	71
Mary, m. Peter **CHANDLER**, Sept. 29, 1757	1	106
Mary, d. Peter & Mary, b. Aug. 11, 1760	1	40
Mary, m. Elijah **DANA**, July 7, 1763	1	111
Mary, d. Henry & Patty, b. May 6, 1789	2	99
Mary, d. Silas & Grace, b. Apr.. 11, 1791	2	59
Mary, w. Peter, d. Sept. 14, 1796, in the 64th y. Of her age	1	41
Mary, w. [David], d. Nov. 2, 1800, 86 y.	1	72
Mary, [w. John W.], d. Jan. 5, 1832	2	114
Mary Allen, d. Cha[rle]s & Hannah], b. Oct. 24, 1806	2	148
Mary Allen, d. [Charles & Hannah], d. Sept. 24, 1823	2	148
Mary Ann, d. [John W. & Mary], b. Sept 15, 1800	2	114
Mary Ann, d. [Thomas G. & Lucinda], b. May 1, 1830	4	42
Metilda, d. Peter & Mary, b. Mar. 15, 1764	1	40
Mehetabel, d. Dead Philemon & Hannah, b. Apr.. 12, 1719	1	7
Mehitabel, d. David & Mary, b. June 3, 1742	1	71
Mehetobel, Mrs., m. Ebenezer **CRAFT**, Dec. 9, 1762	1	111
Mehetobel, m Ephraim **TUCKER**, 3rd, May 4, 1767	1	115
Nabby Hodges, [twin with Charles Clap[p], d. Peter & Mary, b. June 8, 1774	1	40
Nabby Hodges, d. Peter, d Jan. 15, 1775	1	41
Nancy, d. Henry & Patty, b. Jan. 11, 1783	2	99
Nancy, d. Henry & Polly, b. Mar. 4, 1783	2	99
Nathan, s. Peter & Mary, b. Sept. 22 1776	1	40
Nathan, s Peter & Mary, b. Sept. 22, 1776	2	68
Nathan, m Betsey **ARNOLD**, Jan. 10, 1802	2	142
Nathan Horrace, s. [Nathan & Betsey], b. May 10, 1809	2	142
Palmer C., m. Sophia B. **WYETH**, b. of Pomfret, Sept. 30, 1844, by Rev. D. Hunt	3	73
Palmer Cleveland, s. [Charles & Hannah], b. Jan. 7, 1816	2	148
Palmer Cleveland, farmer, married, d. June 8, 1854, ae 38 y.5 m.1 d.	5	4

BARBOUR COLLECTION

	Vol.	Page
CHANDLER, (cont.)		
Patience, w. Dead Philemon, d. Oct. 4, 1754	1	8
Peggy, d. Josiah & Hannah, b. Mar. 22, 1768	1	57
Peter, s. Joseph & Susanna, b. May 17, 1716	1	28
Peter, s. Joseph & Susanna, d. Jan. 14, 1732/3	1	29
Peter, s .Joseph & Susanna, b. June 23, 1733	1	28
Peter, m. Mary **CHANDLER,** Sept. 29, 1757	1	106
Peter, m. Mrs. Abigail **GARY,** of Windham Mar. 21 1798	2	68
Peter, s. [John W. & Mary],b. Jan. 12, 1803	2	114
Peter, s. Joseph & Susanna, d. Oct. 25, 1816	1	29
Philemon, s. Philemon & Hannah, b. Aug. 15, 1706	1	7
Philemon, s. Philemon, Jr. & Lydia, b. Jan. 24, 1733/4	1	57
Philemon, Jr. d. June 15, 1735/6	1	58
Philemon, Dea., m. Mrs. Patty **GRIGGS,** May 2, 1739	1	2
Philemon, s. Philemon & Lydia, d. Apr.. 28, 1752	1	58
Philemon, Dead., d. May 7, 1752	1	8
Philemon, s. Josiah & Hannah, b. Apr.. 30, 1754	1	57
Philemon, m. Molly **SABIN,** May 9, 1781	2	97
Polly, d. Philemon & Molly, b. Aug. 25, 1782	2	97
Polly, d. Joseph * Live, b July 31, 1783	2	77
Polly, d. John W. & Mary, b. Mar. 30, 1797	2	114
Randolph, s. Joseph, Jr. & Olive, b. July 21, 1779	2	77
Roxelina, d Daniel & Mary, b. Aug. 13, 1779	2	83
Rufus, s. Joseph, Jr. & Olive, b. Jan 4, 1778	2	77
Rufus, s. Joseph & Olive, b. May 26 1785	2	77
Ruphas, s. Joseph & Olive, d. Nov. 25, 1789	2	77
Salle Peck, d. Philemon & Molly, b. Aug. 19, 1784	2	97
Sam[ue]ll, s. Silas & Grace, b. Apr.. 16, 1781	2	59
Sarah, d. David & Mary, b. Apr.. 26, 1740	1	71
Sarah, d. Josiah & Hannah, b. Oct. 20, 1759	1	57
Sarah, m. Stephen **GRIGGS,** Sept. 4, 1766	1	112
Sarah Ann, d [Nathan & Betsey], b Oct. 13, 1802	2	142
Sarah, d. Nathan, d. Nov 28, 1804	2	142
Seth, s. Joseph & Eliz[abe]th, b. May 3, 1738	1	28
Silas, [twin with Barnabus], s. David & Mary, b. Feb.. 2, 1752	1	71
Silas, m Grace **FOSSETT,** Dec. 29. 1774	2	59
Silas, s. Silas & Grace, b. Sept. 1, 1787	2	59
Silas, m Ann **HASSETT***, Jan. 14, 1810 (**FASSETT?**)	2	107
Silas, m Jemima **JOHNSON,** Oct. 26, 1817	2	59
Square, s. Philemon & Molly, b. Aug. 25, 1786	2	97
Stephen, s. Joseph & Susanna, b. Aug. 25, 1722	1	28
Stephen s. Capt. Joseph & Susanna, d. June 21, 1752	1	29
Stephen, s. David & Mary, b. Feb.. 8, 1754	1	71
Stephen s. David & Mary, d. Oct. 15, 175[ ]	1	72
Stephen, s. Joseph & Olive, b. Apr.. 20, 1787	2	77
Stephen, m. Nabby **HOLMES,** Oct. 19, 1813	2	161
Stephen, farmer, widower, d. Nov. 17, 1865, ae 78 y. 6 m. 27 d.	5	15
Susanna, d. Joseph & Susanna, b. Feb.. 10, 1713/4	1	28
Susanna, m. Will[ia]m **SABIN,** Dec. 26, 1735	1	2
Susanna, w. Capt. Joseph, d. Jan. 22, 1755	1	29
Susannah, d. Peter & Mary, b. July 12, 1771	1	40
Susanna, d. [Nathan & Betsey], b. Jan 27, 1807	2	142

POMFRET VITAL RECORDS 113

	Vol.	Page
CHANDLER, (cont)		
Susanna, of Pomfret, m. James T. **RHODES**, Of Pawtucket, R.I., Dec. 28, 1823, by Rev. James Grow	3	11
Susannah, housekeeper, widow, b Woodstock, res. Pomfret, d. Jan. 16, 1853, ae 76	5	1
Theophilus, of Thompson, m. Sally M. **RICHARD**, of Pomfret, Dec. 23, 1824, by Rev. James Porter	3	14
Thomas, s. Philemon & Hannah, b. Nov. 25, 1705; d. Nov. 29, 1705	1	7
Thomas G., of Pomfret, m. Lucy **STEAD**, of Woodstock, Nov. 15, 1841, by rev. N. S. Hunt, of Abington	3	65
Tho[ma]s G., farmer, married, d. Aug. [ ], 1855, ae.. 55y. (?)	5	5
Thomas Gary, s. Charles C. & Lydia, b. Oct. 22, 1798	2	130
William, s. Josiah & Hannah, b. June 29, 1774	1	57
William, s. Henry & Patty, b. Jan. 23, 1784	2	99
William, s. Henry & Polly, d. July 16, 1790	2	99
William, s. Joseph & Olive, b. Feb.. 22, 1802	2	77
William, single, s. Joseph, d. Mar. 8, 1869, ae 67 y. 15 d.	5	18
William Henry, s. [Nathan & betsey], b. Jan. 13, 1818	2	142
William Henry, of Providence, R.I., m. Martha Hellen **ALLEN**, of Pomfret, Mar. 24, 1842, by rev. d. Hunt	3	66
—bell, d. Dead. Philemon & [ ]h, b. Apr.. 12, 1719	1	1
-----, d. Tho[ma]s G., farmer, ae 50, & Lucy ae 30, b. Mary 31, 1849	4	82
CHAPIN, Sally, wid., m. William **LOMBARD**, b. of Sturbridge, Mass. Sept. 23, 1832, by Rev. Nicholas Branch	3	35
CHAPLIN, Benjamin, had apprentice Nathaniel Saltonstall who d. May 15, 1754	1	66
Benjamin, d. Sept. 20, 1754	1	66
Ebenezer s. Benj[ami]n & Tamison, b. Sept. 5, 1733	1	65
John, s. Benj[ami]n & Tamison, d. Mar. 20, 1743/4	1	66
Nath[anie]ll, s. Benj[ami]n & Tamison, d. Feb.. 9, 1744/5	1	66
Tamison, d. Benj[ami]n &Tamison, d. Dec. 29, 1752	1	66
CHAPMAN, Aaron, farmer, married, d. Aug. 14, 1859, ae 31 y. 5 m.16 d.	5	9
Albert H.s. Noyes, farmer, ae 27 & Nancy E., ae 24, b. Feb. 22, 1849		
Amariah, m. Easther **WILLIAMS**, Oct. 26, 1751* (line drawn though one and 7 written in hand)	4	82
David, b Hampton, res Pomfret, d. Nov. 9, 1847, ae 20	1	107
Ebenezer, of Ashford, m. Lydia **BENNETT**, of Pomfret, Nov. [12], 1820, by Rev. Walter Lyon, of Abington	4	80
Elisha, s. Amaziah & Esther, b Apr.. 30, 1769	3	2
Elisha, s. Amaziah & Esther, b Apr.. 30, 1769	1	97
Elisha, s Amaziah &Esther, b. Apr.. 30, 176[ ]	2	13
Elizabeth, Mrs., m. Lieut. Henry **BACON**, Sept. 17, 1746	1	117
Elizabeth, d. Amariah & Easther, b. Aug. 5, 1758	1	99
Esther, d. Amariah & Essther, b. Jan. 12, 1761	1	52
Eunice, d. Amaziah &Esther, b. Sept. 4, 1766	1	52
Hannah, d. Joseph & Hannah, b. Feb.. 21, 1757	1	97
Ithamer May, s. [Tho[ma]s & Abigail], b. Jan. 10, 1819	1	56
Joseph, s. Joseph & Hannah, d. Sept. 18, 1754	2	62
Lucy May, d. [Tho[ma]s & Abigail], b. Dec. 1, 1821	1	57
Molly, d. Amaziah & Esther, b. Aug. 22, 1773	2	62
Noys W., of Hampton, m. Nancy E. **ALDRICH**, of Pomfret,	2	13

BARBOUR COLLECTION

	Vol.	Page
CHAPMAN, (cont.)		
Feb.. 2, 1845, by Rev R. V. Lyon, Abington Society	3	74
Sally Anne Williams, d. [Tho[ma]s & Abigail], b. May 11, 1820	2	62
Samuel, s. Amariah &Esther, b. Apr.. 29, 1763	1	52
Tho[ma]s, of Thompson, m Abigail **MAY**, of Pomfret, Nov. 28, 1816, by James Grow, Elder	2	62
William, of Woodstock, m. May Ann **ALDRICH**, of Pomfret, Sept. 3, 1838, by Rev. James Grow, of Hampton	3	56
----, male, d. June 9, 1853, ae 1 d.	5	2
----, d. June 9, 1853, ae 1 d., female	5	2
CHARD, Cyrena, d. [John & Martha], b. Apr.. 9, 1814	4	20
Elanson, s. John & Martha, b. Nov. 6, 1805	4	20
Emmerson, s. [John & Martha], b. July 21, 1820	4	20
Martha, d. [John &Martha], b. Oct. 18, 1812	4	20
Martha, housekeeper, widow, d. Nov. 12, 1856, ae 80	5	6
CHASE, Angeline, d. Seth, 2d, & Eliza, b. Sept. 11, 1826	4	33
Angeline, d. Seth, 2d, & Eliza, d. Aug. 2, 1829	4	33
Ann, m Peter **GROSVENOR**, b. of Pomfret, Jan. 26, 1820	2	173
Caroline L., m Gardiner **RUSSELL**, b. of Pomfret, [Oct.] 14, [1829], by Rev. N. S. Hunt, of Abington	3	60
Charlotte, m. Timothy **THOMPSON**, b. of Thompson, Oct. 21, 1827, by Rev. James A. Boswell	3	23
David, s. Seth & Mary, June 14, 1782	2	101
Elizabeth, m. Stephen **UTLEY**, Jr. Nov. 12, 1794	2	125
Ellen Maria, d. [Seth, 2d, & Eliza], b. Oct 22, 1832	4	33
Emeline, m. Dr. Daniel **HOVEY**, Nov. 2, 1830, by Daniel G. Sprague, Hampton	3	30
Hannah Elizabeth, d. [Seth, 2d, & Eliza], b. May 10, 1830	4	33
James P., shoemaker, ae 21, of Pomfret, m. Selinda **FAY**, ae 19, of Pomfret, July 4, 1847, by Rev. Daniel Hunt	4	79
James P., m. Celinda A. **FAY**, b. of Pomfret, July 4, 1848, by Rev. D. Hunt	3	83
Lavinia, housekeeper, widower, d. Mar. 23, 1855, ae 83	5	5
Levina, d. [Slade & Levina], b. Jan. 15, 1805	2	126
Lutania, d. [Slade & Vevina], b. July 20, 1803	2	126
Lutania, m. Charles **CADY**, b. of Pomfret Oct. 7, 1838, by Rev. Bela Hicks	3	56
Mary Ann, m. Clement D. **SHARPE**, b. of Pomfret, [May] 11, [1842], by Rev. N. S. Hunt, of Abington	3	68
Mary Slade, d. Slade & Levina, b. July 24, 1796	2	126
Nathan Mason, s. Seth &Mary, b. May 24, 1787	2	101
Rufus, [twin with Sarah], s. Seth & Mary, b. June 18, 1784	2	101
Rufus P., s. James P., farmer, ae 24, b. Oct. [1850}	4	91
Sabin Augustus, s. [Seth, 2d, & Eliza], b. Aug. 15, 1828	4	33
Sally, m. Elijah **GRIGGS**, Nov. 26, 1812	2	142
Sarah, [twin with Rufus], d. Seth & Mary, b. June 18, 1784	2	101
Seth, s. Seth &Mary, b. July 30, 1779	2	101
Seth, 2d, m. Eliza **DODGE**, b. of Pomfret, Jan. [2,] 1825, by Rev. Walter Lyon, of Abington	3	14
Seth, farmer, married, d. Aug. 5, 1856, ae 78	5	6
Slade, m. Levina **SABIN**, Nov. 24, 1794	2	126
W[illia]m, single, d. July 8, 1857	5	7

POMFRET VITAL RECORDS 115

	Vol.	Page
CHEDLE, Mary, m. William WATROUS, Apr.. 7, 1774	2	57
CHEESEBOROUGH, CHESBORO, Amos b., of Stonington, m. Mary FIELD, of Pomfret, Mar. 29, 1826, by Rev. Reuben Torrey, of Eastford	3	19
----, st. b. child Nov. 17, 1865	5	15
CHENEY, Abiel, m. Marvel WALDO, May 3, 1720	1	1
Abiel, s. Abiel & Marah, b. Apr.. 13, 1725	1	35
Abiel, m. Sarah HOLLAND, Mar. 18, 1746/7	1	100
Abiel, s. Abiel, Jr. & Sarah, b Jan. 8, 1748/9	1	35
Abiel, d. Mar. 20, 1785, in the 90th y. Of his age	1	36
Bethyah, d. Oliver & Hannah, b Sept. 19, 1747	1	35
Catharine, d. Abiel & Marah, b. Nov. 8, 1736	1	35
Catharine, m. Charles Lee WEBB, Sept. 17, 1807	2	157
Cornelius, s. Oliver & Hannah, b. June 11, 1760	1	35
Cornelius, s. Oliver & Hannah, b. Oct. 22, 1764	1	35
Daniel, s. Abiel & Marah, b. Dec. 25, 1828	1	35
Daniel, m. Zerviah PAINE, June 23, 1757	1	106
Daniel, s. Daniel & Zerviah, b. Sept. 10, 1757	1	21
Elijah, s. Oliver & Hannah, b. May 1, 1751	1	35
Frank, s. William W. & Polly, b. Feb.. 1, 1798	2	126
Hannah, m Zachariah GOODELL, Oct. 20, 1725	1	2
Hannah, d. Oliver & Hannah, b. Mar. 14, 1753	1	35
Hannah, m. Zachariah GOODELL, Jr., Oct. 6, 1760	1	110
Hayward, s. Oliver & Hannah, b. Sept. 5, 1758	1	35
John, s. Daniel Cheney & Elizabeth Jackson. b. Sept. 20, 1751, in Killingly	1	76
John, s. Oliver & Hannah, b. Nov. 29, 1756	1	35
John Worthley, s. William W. & Polly, b. Nov. 18, 1796	2	126
Lemuel, s. Daniel & Zerviah, b. June 10, 1763	1	21
Lucinda Clemmant, m. Frances WALDO, May 12, 1805	2	151
Luce, d. Abiel & Marah, b. Oct. 20, 1720	1	35
Luce, m. Eben[eze]r Grosvenor, Mar. 15, 1735/6	1	2
Luce, d. Daniel & Zerviah, b. May 7, 1761	1	21
Mara, d. Daniel & Zerviah, b. Mar. 20, 1765	1	21
Marah, Mrs., d. Dec. 2, 1787, in the 92nd y. Of her age	1	36
Mare, d. Abiel, Jr. & Sarah, b. Dec. 28, 1750	1	35
Mary, m. Joseph SHAW, Feb.. 11, 1754	1	103
Oliver, s. Abiel & Marah, b. Oct. 9, 1722	1	35
Oliver, s. Oliver & Hannah, b. Mar. 29, 1762	1	35
Rebeckah, d. Abiel & Marah, b. Mar. 20, 1734	1	35
Rebeckah, d. Abiel &Marah, d. Oct. 30, 1743	1	36
Rebecca, d. Oliver & Hannah, b. Sept. 27, 1745/6	1	35
Rebeckah, m Penuel DEMING, Jr July 27, 1767	1	112
Sarah, d. Oliver & Hannah, b. Dec. 19, 1755	1	35
Thomas, s. Abiel & Marah, b. June 26, 1741	1	35
Waldo, s. Oliver & Hannah, b. July 7, 1749	1	35
Will[ia]m, s. Abiel & Marah, b. Apr.. 9, 1732	1	35
William, s. Daniel & Zerviah, b. June 19, 1759	1	21
William, s. William W. & Polly, b. Nov. 21, 1795	2	126
William Waldo, m. Polly WHITE, Jan. 14, 1796	2	126
Zachariah, s. Olive & Hannah, b. Apr.. 16, 1768	1	35
CHESTER, , Pennelope, Mrs., m. Rev. Ebenezer WILLIAMS, May		

	Vol.	Page
CHESTER, (cont.)		
24, 1716	1	1
CHICKERING, Daniel T., m. Sarah M. **TUCKER,** Mar. 26, 1839, by Rev. Daniel Hunt	3	58
CHILD, Charles, s. [Charles & Olive], b. Jan. 30, 1798	2	27
Charles, s. [Charles & Olive], d. Oct. 16, 1802	2	27
Charles, m. Olive **LOOMIS,** Oct. 22, 1810	2	27
Charles, farmer, d. Mar. 26, 1849, ae 20	4	84
Charles, m. Olive **HAMMON,** [ ]	2	27
Charles H., s. Elisha & Lora, b. Mar. 18, 1829	4	54
Charles Horrace, s.[Charles & Olive], b. Dec. 28, 1802	2	27
Charles Horrace, s.[Charles & (Olive], d Aug. 16, 1819	2	27
Cynthia, m. William **TROWBREDGE,** June 10, 1784	2	53
Elisha, s.[Charles & Olive], b. Mar. 19, 1805	2	27
Elizabeth, m. Resolved **SESSIONS,** Dec. 9, 1773	2	47
Elizabeth, d. [Elisha & Lora], b. Nov. 21, 1838	4	54
Emily, d. [Elisha & Lora], b. Oct. 18, 1834; d. Mar. 3, 1838	4	54
George Clinton. S. [Elisha & Lora], b. Jan. 27, 1833	4	54
George Dexter, s. Benjamin & Mary F., b. Sept. 17, 1831	4	67
Hannah, d. Charles & Olive, d. June 18, 1786	2	27
Hannah, see under Hannah (Child) **ELDREDGE**	2	27
Laura, d. [Charles & Olive, d. Oct. 18, 1802	2	27
Laura, farmer's wife, b. Brooklyn, res. Pomfret, d. Sept. 11, 1848, ae 45	4	84
Laura Matilda, d. [Elisha &Lora], b.Oct. 14, 1836; d. Feb.. 13, 1837	4	54
Mary, d. Oct. 6, 1857, ae 3 m. 25 d.	5	7
Matilda, d. Charles & Olive, b. Mar. 15, 1788	2	27
Olive, d. Charles & Olive, b. Apr.. 7, 1785	2	27
Olive, d. Charles, d. Oct. 10, 1802	2	27
Olive, Mrs., d. July 21, 1810	2	27
Olive Ann, d. [Elisha & Lora], b. Jan. 31, 1831	4	54
CHILLSON, Nancy, m. Charles **UNDERWOOD,** June 23, 1811	2	158
CHOLLAR, [see under **COLLAR**]		
CHOTES, Rebeckah, m. John **HOLBROOK,** Dec. 13, 1758	1	107
CHURCH, Anna, m. Benjamin **HERRICK,** Sept. 11, 176[ ]	1	113
Emeline, m. Israel R. **HICKS,** Nov. 30, 1841, by Rev. Geo[rge] May	3	65
Mary, m. Nehemiah **MACCOY,** June 12, 1740	1	3
Rebeckah, m. Isaac **SHARP,** Jan. 5, 1743/4	1	3
Rebeckah, m. Isaac **SHARP,** June 5, 1743/4	1	99
Sarah, m. Phinehas **CADY,** Jan. 5, 1736/7	1	99
CLAPP, Almira, m. John **LYON,** b. of Pomfret, Mar. 23, 1845, by Rev. R. V. Lyon, Abington Society	3	75
Catharine, housekeeper, married, b. Cranston, R.I., res. Pomfret, d. Feb.. 21, 1854, ae 69 y. 11 m. 21 d.	5	3
Clementine, of Pomfret, m. Stephen **HALL,** of Grafton, Mass., Oct. 27, 1833, by A. Benedict	3	38
Daniel, farmer, b. R.I., res Pomfret, d. Aug. 8, 1849, ae 68	4	84
Daniel, farmer, b. Portsmouth, R.I., res Pomfret, d Aug. 8, [1850], ae 63	4	89
Emily S., d. James, trader, ae 34, & Sarah, ae 26, b. Jan. 24, 1851	4	90
John G., farmer, widower, b. Warwick, R.I., res. Pomfret, d. Nov. 21, 1863, ae 83 y. 3 m. 13 d.	5	13

	Vol.	Page
CLAPP, (cont.)		
John W. Merchant, ae 22, of Pomfret, m. [ ], Apr.. 14, [1851], by Rev. Woodrough	4	92
Lew G., s. John & Olive, d. Aug. 25, 1867, ae 6 y. 6 m.	5	16
Sarah, housewife, b. R.I., res Pomfret, d. Aug. 4, 1868, ae 69	4	80
Sarah C., d. Nehemiah R., peddler, ae 30, b. June 15, [1850]	4	86
William, d. Sept. 9, [1849], ae 1	4	89
William C., s Nehemiah R., farmer, ae 28, & Eliza, ae 27, b. June 30, 1848	4	76
CLARK, CLARKE, Abel, s. Nath[anie]ll & Mary, b. Jan. 24, 1742/3	1	33
Abel, s. Nath[anie]ll & Mary, b. Jan. 24, 1742/3	1	99
Abel, m. Elizabeth **LOVELL**, May 31, 1769	2	43
Abel, d. Sept. 18, 1777	2	43
Abiel, goldsmith, ae 27, b. Woodstock, res. Thompson, m. Harriet **PERRIN**, housewife, ae 22, b. Pomfret, res. Thompson, Sept. 22, [1850, by Lucius Holmes. Esq.	4	92
Abiel L., m. Mrs. Harriet **PERRIN** Sept. 15, 1850, by Lucius Holmes, J.P.	3	86
Abigail, d. Joseph & Sarah, b. Mar. 5, 1724/5	1	33
Alanson, s. Asa & Rebeckah, b. Aug. 16, 1767	1	30
Asa, s Nath[anie]ll & Mary, b. Feb.. 2, 1740/41	1	99
Asa, s. Nath[anie]ll & Mary, b. Feb.. 12, 1740/41	1	33
Asa, m. Rebeckah **WALKER**, Feb.. 24, 1763	1	111
Asa. D. July 29, 1774	1	31
Asa, s. Abel & Elizabeth, b. Feb.. 21, 1775	2	43
Asa, s. Abel & Elizabeth, d. Sept. 15, 1777	2	43
Betsey, d. Abel & Elizabeth, b Apr.. 10, 1773	2	43
Betsey, d Abel & Elizabeth, d. Aug. 24, 1775	2	43
Caleb, s. Nath[anie]ll & Mary, b. Nov. 26, 1744	1	33
Caleb, m. Mrs. Esther **SABIN**, Jan. 7, 176[ ]	1	113
Caleb, Jr., s. Caleb & Esther, b. Oct. 28, 1773	2	2
Caleb, s. Caleb & Esther, d. [ ], 1789, at Windham	2	2
Caleb, Capt. D. Mar. 8, 1790, at Windham	2	2
Charles, m. Nancy **HUNT**, Dec. 3, 1808	2	156
Charles, laborer, widower, b Dudley, Mass., res Pomfret, d. Mar. 17, 1861, ae 80 y. 10 m. 8 d.	5	11
Chester, s. Caleb & Esther, b. Oct. 5, 1770	2	2
Chester, s. Caleb &Esther, d. [ ], 1789, at Windham	2	2
Dorcas, m. Benjamin **CARGILL** Jr., Dec. 19, 1997	2	131
Elizabeth, d. Abel & Elizabeth, b. Mar. 19, 1777	2	43
Elizabeth, w. Abel, d. Sept. 24, 1777	2	43
Elizabeth H., m. William R. **MAY**, Nov. 27, 1846, at Ashford	4	62
Emeline, m. John H. **CORY**, b. of Pomfret, May 3, 1846, by Rev. Edward Pratt. Intention published in the Abington Meeting House		
Esther, d. Asa & Rebeckah, b. Aug. 22, 1761	3	78
Hannah, d. Nath[anie]ll & Mary, b. Mar. 27, 1754	1	30
John, s. Caleb & Esther, b. Mar. 28, 1768	1	33
Joseph, s. Joseph & Sarah, b. Feb.. 22, 1719/20	2	2
Josiah, s. Nath[anie]ll & Mary, b. Aug. 23, 1760	1	33
Lovell, s. Abel & Elizabeth, b. Sept. 19, 1770	1	33
Luce, d. Nath[anie]ll & Mary, b. May 14, 1758	2	43
	1	33

BARBOUR COLLECTION

	Vol.	Page
CLARK, (cont.)		
Martha, d. Sam[ue]l & Sarah, b Nov. 27, 1791	2	46
Martha, s. Sam[ue]l & Sarah, d. Nov. 17, 1795, "by the hands of a negro girl"	2	46
Mary, d. Nath[anie]ll & Mary, b. Mar. 21, 1747	1	33
Mary, natural d. Mary Clark, free black woman, b. Feb.. 12, 1805	2	6
Mary, d. Mary Clark, a Free Black woman, b. Feb.. 12, 1805	2	109
Molly, d. Asa & Rebeckah, b. Mar. 7, 1763	1	30
Molly, m. Ebenezer **ROSS**, June 9, 176[ ]	1	113
Molly, m. Nathan **BROWN**, Nov. 13, 1791	2	66
Nathan, s. Nath[anie]ll & Mary, b July 7, 1763	1	33
Nath[anie]l, m. Mary **CUMMINS**, Oct. 15, 1740	1	3
Nath[anie]ll, s. Nath[anie]ll & Mary, b. Aug. 9, 1749	1	33
Pris[s]ila, d. Joseph & Sarah, b Feb.. 16, 1722/3	1	33
Rebeckah, d. Asa & Rebeckah, b. Mar. 13, 1771	1	30
Rebeckah, Mrs. D. Oct. 31, 1783	1	31
Sarah, d. Joseph & Sarah, b Nov. 7, 1721	1	33
Sarah, d. Nath[anie]ll & Mary, b. Apr.. 19, 1756	1	33
Sarah, w. Sam[ue]l, d. Sept. 15, 1792	2	46
Sohuyler G., m. Maurice **SAFFORD**, Apr.. 15, 1839, by Rev. James Grow	3	58
Silas N., m. Sally **DARKEY**, Oct. 28, 1804	2	149
Thomas G., m [ ] **JUDSON**, b. of Canterbury, [Sept. 30 1854], by Rev D. Hunt	3	91
William, s. Nath[anie]ll & Mary b. Nov. 1, 1751	1	33
CLEVELAND, CLEAVELAND, CLEAVLAND, Aaron, s. Aaron & Jemima, b. Nov. 8, 1780	2	99
Abigail, d Sam[ue]l & Mary, b. Aug. 7, 1746	1	41
Abigail, d. James & Susannah, b. Apr.. 30, 1762	2	99
Abilene, d Edward & Sabra, b. Mar. 18, 1762	1	56
Abilene, single woman, had s. Melvin Dar b. June 16, 1786	2	5
Abilena, m. Appleton **OSGOOD**, Nov. 16, 1794	2	34
Amariah, s Enoch & Deborah, b. Feb.. 4, 1746	1	71
Betsey, d. Solomon & Hannah, b. Dec. 26, 1787	2	110
Betsey, m. Noah **SABIN**, Apr.. 7, 1805	2	152
Bridget, m. William **WEDGE**, Mar. 7, 1748	1	102
Charles, s. Aaron & Jemima, b Nov. 8, 1782	2	99
Charles, s. Solomon & Hannah, b. Oct. 3, 1789	2	110
Clarissa, d. James & Susannah, b. July 12, 1767	2	99
Curtis, s. Sam[ue]l & Mary, b. July 5, 1734	1	41
Daniel Hyde, s. Deborah Dodge, single woman & town pauper, b. Dec. 20, 1816	2	120
Deborah, d. Enoch & Deborah, b. Oct. 27, 1747	1	71
Deborah, d. Jonas & Prudence, b. Nov. 10, 1751	1	16
Deborah, d. Jonas & Prudence, d. Sept. 18, 1754	1	17
Deborah, d. Jonas & Prudence, b. July 2, 1762	1	16
Dorcas, d. Edward & Sabra, b Apr.. 13, 1765	1	56
Edward, s. Sam[ue]l & Mary, b. July 4,1737	1	41
Edward, d. June 29, 1776	1	72
Edward, d. Feb.. 15, 1776	1	57
Edward, s. Edward & Sabra, b. Mar. 2, 1776	1	56
Elijah Phillips, s. Jonas & Prudence, b Aug. 6, 1764	1	16

POMFRET VITAL RECORDS 119

	Vol.	Page
CLEVELAND, (cont.)		
Ephraim, s. Edward & Sabra, b. June 5, 1773	1	56
Frederick, s. Jonas & Prudence, b Nov. 18, 1756	1	16
Frederick, s. James, b. Nov. 28, 1756	1	82
Frederick, s. James & Susannah, b. Nov. 28, 1756	2	99
Gardner, s. Edward & Sabra, b. Sept. 25, 1763	1	56
Grace, d. Phinehas & Zerviah, d. Oct. 17, 1754	1	42
Grace, d. Phinehas & Zerviah, b. Sept. 22, 1754	1	41
Hannah, d. Solomon & Hannah, b. Nov. 3, 1783	2	110
Hannah, m. Charles CHANDLER, Jan. 3, 1804	2	148
Hannah, wid. Solomon, d. Apr.. 13,1852	4	69
Hannah A., widow, d. Mar. 24, 1853, ae 88	5	1
Harsmore, s. Edward & Sabra, b. Feb.. 13, 1771	1	56
Jabas, s James &Susannah, b June 15, 1759	2	99
James, s. James, b. July 17, 1754	1	82
James, s. James & Susannah, b. July 17, 1754	2	99
Jonas, m. Prudence PHILLIPS, Sept. 14,1 749	1	104
Jonas, m. Susanna HARTSHORN, Nov. 15, 1752	1	108
Jonas, s. Jonas & Prudence, b. July 17, 1754	1	16
Lois, d. Solomon & Hannah, b. Mar. 26, 1785	2	110
Lora d. Aaron & Jemima, b. May 13, 1786	2	99
Mary, d. Sam[ue]l & Mary, b. Dec. 4, 1740	1	41
Mary, m. Benjamin HOLMES, Dec. 23, 1785	2	13
Mary, m. Daniel MacCLOUD, [ ]	1	112
Melvin Dar*, s. Abilene Cleveland, single woman, b. June 16, 1786 (*Dor[r]?)	2	5
Nab[b]y, d. Aaron & Jemima, b. Oct. 17, 1787	2	99
Palmer, s. Solomon & Hannah, b. Feb.. 14, 1782	2	110
Parker, s Enoch & Deborah, b. Nov. 3, 1751	1	71
Perse, m. Henry BACON, Feb.. 18,1745	1	103
Phinehas, m. Zerviah DAVIS, [ ] 17, 1757* (Changed to 1771 by L.B.B.)	1	103
Phinehas, m. Rebeckah ADAMS, July 27, 1775	2	63
Renis, m. Henry BACON, Feb.. 18, 1745 (Probably Percis)	1	104
Resolved, s. Edward & Sabra, b. Mar. 4, 1767	1	56
Sabra, m. Benj[amin] ALLIN, Dec. 4, 1782	1	91
Samuel, s. Phinehas & Zerviah, b. Aug. 1, 1752	1	41
Sam[ue]ll, s. Phinehas & Zerviah, d. Oct. 9, 1754	1	42
Samuel, d. Jun 11, 1762	1	42
Sarah, d. Phinehas & Zerviah, b. Aug. 25, 1755	1	41
Solomon, m. Hannah SHARPE, Apr.. 19, 1781	2	110
Solomon, s. Solomon & Hannah, b. Jan. 1, 1792	2	110
Susannah, d. James & Susannah, b Oct. 12, 1764	2	99
Thomas, s. Edward & Sabra, b Mar. 29, 1769	1	56
Thomas C., of Hartland, Vt., m. Susan HOLT, of Pomfret, Sept 17, 1838, by Rev. Nathan S. Hunt, of Abington	3	56
Zenas, s. Aaron & Jemima, b. May 31, 1784	2	99
Zerviah, w. Phinehas, d. Dec. 6, 1774	1	42
Zilpha, d. Enoch & Deborah, b. Oct. 29, 1749	1	71
CLOUD, Marah, m. Sam[ue]ll WHITAKER, Oct. 24, 1779	2	102
CLOUGH, Hannah, m. Benajah ADAMS, Dec. 15, 1742	1	3
COATES, Allis, m. William COY, June 15, 1749	1	102

120 BARBOUR COLLECTION

	Vol.	Page
COBB, Elizabeth, d. Henry & Jemima, b. Aug. 15, 1732	1	62
Henry, m. Jemima **MORS[E]**, July 31, 1731	1	2
Henry, s. Henry & Jemima, b. Apr.. 27, 1737	1	62
Mary, d. Henry & Jemima, b. Mar. 13, 1741/2	1	62
Noah, s. Henry & Jemima, b. Apr.. 14, 1739	1	62
Sam[ue]l, s. Henry & Jemima, b. Apr.. 30, 1735	1	62
COBURN, COBERN, [see also **COLBURN**], Emeline of Pomfret, m. Junia S. **EAMES**, of Brooklyn, Nov. 23, 1844, by Rev. Benjamin Congdon	3	74
Phebe, d. David & Experience, b Sept. 17, 1785	2	32
COCHRAN, [see also **CORCORAN**], ----, st b. Oct. 23, 1860	5	10
COCKING, Walter, m. Mary Ann **WILLSON**, b. of Woodstock, Sept. 16, 1851, by Rev. Roswell Park	3	88
COE, Rebeckah, m. Samuel Starr **HUBBARD**, May 25, 1806	2	153
COIT, Experience, d. Daniel & Tamsion, d. Nov. 11, 1764	1	84
Tamison, Mrs., m. Dr. Elisha **LORD**, Nov. 16, 1761	1	111
COLBURN, [see also **COBURN**], Clyanna, m. Augustin **PARISH**, b. of Pomfret, Mar. 30, 1824, by Rev. Walter Lyon, of Abington	3	11
Julia Eunice, d. Charles C., manufacturer, ae 41, Fidelia, ae 39, b. July 23, 1849	4	81
COLE, COLES, COOLES, Abisha, s. Samuel, Jr. & Dorothy, b. Apr.. 4. 1765	1	50
Andrews, s. Stephen & Persia, b. May 25, 1769	2	11
Andrews, s Stephen & Persia, d. Jan. 8, 1776	2	11
Benjamin, s. Sam[ue]l & Patience, b. Sept. 26, 1751	1	50
Daniel s. Hezekiah & Sarah, b. Dec. 14, 1771	2	20
Dolly, .d Samuel, Jr. & Dorothy, b. Nov. 21, 1762	1	50
Elisha, s. Samuel, Jr. & Dorothy, b. Aug. 15, 1769	1	50
Hezekiah, Jr., m. Sarah **LYON**, July 9, 1767	1	112
John, s. Sam[ue]ll & Patience, b. Feb. 24, 1738/9	1	50
John, s. Samuell & Patience, d. Sept. 16, 1741	1	51
John, s. Sam[ue]l & Patience, b. Sept. 25, 1742	1	50
John, m. Mrs. Hannah **HILL**, dec. 3, 1767	1	113
Jonathan, s. John & Hannah, b. Sept. 3, 1768	2	7
Joseph, s. Sam[ue]l & Patience, b. May 3, 1748	1	50
Mary, m. Joseph **TUCKER**, Nov. 16, 1726	1	2
Mary, d. Samuel & Patience, b. Nov. 13, 1735	1	50
Mary, d. Sam[ue]ll & Patience, d. Oct. 3, 1736	1	51
Mary, d. Samuel & Patience, b. Oct. 6, 1737	1	50
Mary, d. Sam[ue]ll & Patience, d. Mar. 4, 1737/8	1	51
Mary, d. Sam[ue]ll, Jr & Dorothy, b. Oct. 24, 1756	1	50
Nathan, s. Stephen & Persia,, b. Feb.. 4, 1771	2	11
Patience, d. Sam[ue]ll & Patience, b. May 14, 1741	1	50
Patience, d. Sam[ue]ll & Patience, d. Sept. 8, 1741	1	51
Philip, s. Sam[ue]ll & Patience, b. Oct. 22, 1745	1	50
Rebeccah, m. Charles **HAYWARD**, Dec. 15, 1788	2	85a
Rebeckah, m. Charles **HAYWARD**, Dec. 15, 1788	2	117
Sally, d. Hezekiah & Sarah, b. Oct. 7, 1769	2	20
Samuel, m. Patience **ALLIN**, Feb.. 14, 1728/9	1	2
Samuel, s. Samuel & Patience, b. June 8, 1733	1	50
Samuel, Jr., m. Dorothy **HUTCHINS**, Mar. 10, 1756	1	105

POMFRET VITAL RECORDS 121

	Vol.	Page
COLE, (cont.)		
Sam[ue]ll, s. Sam[ue]ll, Jr. & Dorothy, b. Oct. 30, 1760 at Western	1	50
Samuel, s. Hezekiah & Sarah, b .Nov. 29, 1773	2	20
Sanford, laborer, single, d. Dec. 10, 1853, ae 51	5	3
Sarah, d. Samuel & Patience, b. Aug. 3, 1731	1	50
Sarah, m. Ichabod **SABIN**, Aug. 24, 1749	1	101
Solomon, s. Samuel & Patience, b. Oct. 26, 1729	1	50
Solomon, s. Sam[ue]ll & Patience, d. June 1, 1757	1	51
Solomon, s. Sam[ue]l, Jr. & Dorothy, b. Nov. 27, 1758, at Western	1	50
Stephen, m. Percy **DURKEE**, Nov. 17, 1768	1	114
COLGROVE, Joanna, F., late of Pomfret, now of Hartford, m. Levi b.		
ROWE, of Farmington, [Jan. 8, 1838], by Rev. Nathan S.		
Hunt, of Abington	3	53
COLLAR, COLLER, CHOLLAR, Abial, s. Jonathan & Sarah, b.		
Nov. 14, 1761	1	91
Abiel, s. Jonathan, d. Oct. 5, 1772	1	92
Abial, s. Jonathan & Sarah, b Sept. 26, 1780	1	91
Asa, s. Jonathan &Sarah, b. July 8, 1766	1	91
Ascintha, d. Jonathan & Sarah, b. Oct. 3, 1778	1	91
Betsey, d. May 15, 1854, ae 50	5	4
Ebenezer, s. Jonathan & Sarah, b. Apr.. 26, 1768	1	91
Elizabeth, d. Jonathan & Sarah, b. Jan. 17, 1764	1	91
Hannah, m. Philip **RICHMOND**, Nov. 19, 1797	2	131
Hannah, of Pomfret, m. William **POTTER**, of Southbridge, Mass.,		
Jan. 23, 1837, by Nathan S. Hunt	3	50
Henry, s. Jonathan & Sarah, b. Oct. 3, 1775	1	91
Isaac, m. Phebe **BOWMAN**, Apr.. 4, 1759	1	107
John, s. Isaac & Phebe, b. Oct. 25, 1761	1	59
Jonathan, m. Sarah **WILLIAMS**, July 22, 1761	1	109
Joseph, s. Isaac & Phebe, b Apr.. 27, 1764	1	59
Justice, s. [Thomas & Sally], b Dec. 4, 1806	2	150
Justis, s. Tho[ma]s, d. July 25, 1806	2	150
Justus, s. [Thomas & Sally], b. Oct. 12, 1805	2	150
Mary, m. W[illia]m **OSGOOD**, Jr., b. of Pomfret, Apr.. 1, 1830, by		
Rev. Charles Fitch, of Abington	3	29
Prescilla, d. Isaac & Phebe, b. Sept. 17, 1759	1	59
Ruth, d. Jonathan & Sarah, b. Nov. 20, 1772	1	91
Samuel, s. Isaac & Phebe, b. June 15, 1766	1	59
Sarah, d. Jonathan & Sarah, b. Oct. 5, 1770	1	91
Thomas, m. Sally **DRESSER**, Mar. 6, 1805	2	150
Thomas Dresser, s. [Thomas & Sally], b. Apr.. 28, 1808	2	150
COMAN, John G., of Killingly, m. Dianna **TYLER**, of Thompson,		
[Mar.] 22, [1833], by Rev. Nicholas Branch	3	35
COMINS, [see under **CUMMINGS**]		
COMSTOCK, Abigail, w. Jacob, d. Jan. 22, 1779	2	87
Abigail, d. Feb.. 22, 1779	2	87
Chloe, m. Isaiah **PRATT**, Mar. 25, 1799	2	92
Christopher, of Kingston, R.I., m. Zara **GROSVENOR**, of Pomfret,		
Jan. 6, 1845, by Rev. D. Hunt	3	73
Henrietta, housewife, b. Foster, R.I., res Cranston, d. Sept. [ ],		
1848, ae 45	4	84
Jacob, m. Elizabeth **BENNET**, July 9, 1779	2	87

122 BARBOUR COLLECTION

	Vol.	Page
COMSTOCK, (cont.)		
Jacob, m. Elizabeth Jenckes **BARRET**, July [ ] (Entry crossed out)	2	87
Sarah Co., of Pomfret, m. John F. **PARKHURST**, of Woodstock, [ ], by Rev. N. S. Hunt, of Abington, Recorded Jan. 29, 1844	3	71
CONANT, Augustus, of Mansfield, m. Mary **KINGSLEY**, of Hampton, [Dec. 31, 1822, by Rev. James Porter	3	7
CONERY, John, m. Margaret **McGANMIN**(?), b. of Pomfret, Aug. 18, 1849, by Harrison Johnson, J.P.	3	89
CONGDON, Benjamin, m. Susan **MEDBURY**, [Apr..]5, [1827], by Rev. James A. Boswell	3	23
Charles Augustus, s. Senaca, carpenter, ae 28, & Hannah, ae 25, b. Feb.. 27, [1851	4	90
Deborah R., widow, b. S. Kingston, R.I., res Pomfret, d. Aug. 29, 1858, ae 92 y. 23 d.	5	8
Elizabeth, w. Hezekiah, d. May 3, 1837	4	24(2)
George, s. Benjamin & Susan, b. June 12, 1829	4	21
Hezekiah, m. Elizabeth **MEDBURY**, b. of Pomfret, Aug. 16, 1830, by Elder Amos Babcock, Intention published	3	29
Hezekiah, of Pomfret, m. Louisa b. **SPAULDING**, of Thompson, June 4, 1838, by Rev. V. Fitts, of Thompson	3	55
Isaac, s. Hezekiah & Elizabeth, b. Jan. 23, 1833	4	24(2)
James, M., of Franklin, m. Rebecca **OSGOOD**, of Pomfret, Mar. 12, 1845, by Rev Nathaniel b. Fox, Abington	3	75
Lewis Henry, s. [Hezekiah & Elizabeth], b. Apr.. 27, 1837	4	24(2)
Martha, of Pomfret, m. Benjamin **SEGAR**, of Windham, Mar. 29, 1830, by Amos Babcock, Elder, Intention published	3	29
Mary, m. Abel **SEGAR**, b. of Pomfret, Feb.. 1, 1826, by James A. Boswell	3	19
Mary Ann, d. Tho[ma]s T., b. Mar. 30, 1823	2	112
Mary H., m Andrew b. **MEDBURY**, b. of Pomfret, Oct. 14, last [1833], by Nicholas Branch	3	39
Olive, m. Jedediah **MORRIS**, b. of Pomfret, Nov. 15, 1824, by Rev. James Porter	3	13
Sarah, m. Asa **DENNIS**, b. of Pomfret, Nov. 15, 1824, by Rev. James Porter	2	169
Sarah Brown, d. Benjamin & Susan, b. June 30, 1834	4	21
Senaca b., of Lebanon, m. Hannah D. **BUCK**, of Pomfret, Feb.. 25, 1845, by Rev. D. Hunt	3	74
Susanna, housework, b. R.I., res Pomfret, d. Dec. 10, [1850], ae 70	4	93
Thomas, m. Mary **SEGAR**, b. of Pomfret, Dec. 2, 1821, by Rev. James Grow	3	4
CONNING, John, farmer, married, d. Mar. 11, 1865, ae 58 y. 9 m.	5	15
CONVERSE, Clarissa, laborer, single, b Thompson, res. Pomfret, d. Aug. 27, 1864	5	14
CONWAY, Lawrence, day laborer, b. Ireland, res. Pomfret, d. Apr. [ ], [1851], ae 24	4	93
COOK, COOKE, Charlotte, d. William & Nomey, b. May 20, 1776	2	63
James G., of Killingly, m. Eleanor **FISHER**, of Pomfret, Feb.. 9, 1834, by Rev. Lent S. Hough, of Chaplain	3	40
Lois, d. Thomas & Sibell, b Aug. 7, 1757	1	24

	Vol.	Page
COOK, (cont.)		
Lucy, d. Thomas & Sibell, b. Feb.. 1, 1764	1	24
Nehemiah, s. Thomas & Sibell, b. Aug. 13, 1760	1	24
Nehemiah, s. Thomas & Sibel, d. Feb.. 21, 1761	1	25
Thomas, m. Sibal **SABIN,** Oct. 19, 1756	1	105
Timothy, s. Thomas & Sibell, b. Dec. 13, 1758	1	24
William, s. Thomas & Sibell, b. Jan. 2, 1762	1	24
William, m. Nomey **SPRAGUE,** Oct. 4, 1775	2	63
COOLIDGE, Curtis, of Fitzwilliam, N.H., m. Catharine P. **ADAMS,** of Pomfret, dec. 7, 1825, by Rev. James Porter	3	18
COON, Anna Maria, d. [Isaac], b. Apr.. 19, 1833	4	34
Ellen, [d. Isaac], b. Jan. 22, 1837	4	34
Harriet., d. Isaac, carpenter, ae 38, & Sabrina, ae 42, b. Feb.. 3, 1848	4	77
Harriet Newell, d. [Isaac], b. Feb.. 3, 1848	4	34
Martha Ann, [d. Isaac], b July 20, 1830	4	34
Martha Ann, [d. Isaac], d. Oct. 23, 1832	4	34
Martha Jane, [d. Isaac], b. Sept. 13, 1835	4	34
Mary Emmons, d. [Isaac], b. Sept. 16, 1844	4	34
William Henry, s. Isaac, b. June 28, 1827	4	34
William Henry, s. Isaac, d. Aug. 3, 1827	4	34
COOPER, Dyer, of Thompson, m. Mary Ann **COVIL,** of Pomfret, Oct. 9, 1825, by Rev. James Porter	3	17
Elizabeth, of Pomfret, m. Isaac Briggs, of Brooklyn, Aug. 25, 1845, by Rev. D. Hunt	3	76
Emma, b. Almond, N.Y., res. Pomfret, d. May 21, 1861, ae 7 y. 3 m. 23 d.	5	11
Jesse, m. Elizabeth **CUMMINGS,** b. of Pomfret, [Mar.] 6, [1836], by Nicholas Branch	3	48
John, farmer, married, b. Rehoboth, Mass., res. Pomfret, d. Dec. 24, 1865, ae 84	5	15
Jonathan, farmer, married, b. R.I., res. Pomfret, d. May 10, 1859, ae 83 y. 2 m. 10 d.	5	9
Lucy Ann, m. John W. **KENNADY,** b. of Plainfield, June 26, [1831], by Job Williams, J.P.	3	32
Phebe, m. George **BLACKMER,** b. of Pomfret, Mar. 29, 1841, by Rev. Warren Cooper	3	64
Ruth, m. Nehemiah **SABIN,** Dec. 3, 1734	1	2
——, d. Tho[ma]s D., laborer, ae 23, & Alice Ann, nurse, ae 21, b. July 29, [1850]	4	85
COPELAND, Abiel, of Thompson, m. Elute **ANGELL,** of Pomfret, Oct. 25, 1835, by Rev. Nathan D. Benedict, of Woodstock	3	47
Abilene, housekeeper, widow, b Killingly, res. Pomfret, d. Apr.. 22, 1854, ae 85, y. 1 m. 8 d.	5	3
Alonzo S., of West Greenwich, R.I., m. Sarah A. **HOLBROOK,** of Pomfret, Dec. 5, 1853, by Rev. D. Hunt	3	90
Amasa, s. James & Sarah, b. Apr.. 22, 175[ ]	1	82
Amasa, m. Tryphena **LISCOMB,** Jan. 24, 1788	2	152
Anne, m. Adonijah **FOSSETT,** Nov. 4, 1745	1	99
Asa, Capt. M. Mrs. Abilene **HOLMES,** Oct. 9, 1809	2	94
Eliza, d. [Amasa & Tryphena], b Dec. 19, 1792	2	152
James, m. Sarah **INGALLS,** Feb.. 26, 1756	1	108
Jonathan, s. William & Mary, b. Sept. 27, 1757	1	47

124 BARBOUR COLLECTION

	Vol.	Page
COPELAND, Joseph, s. [Amasa & Tryphena], b. Aug. 21, 1804	2	152
Joseph, s. Amasa, d. Nov. 10, 1808	2	152
Lora, d. [Amasa & Tryphena], b. Oct. 17, 1797	2	152
Lucy, d. [Amasa & Tryphena], b. Mar. 4, 1795	2	152
Lydia, m. Benj[ami]n JOPET, Jr., Oct. 29, 1740	1	3
Phebe, d. James & Sarah, b. Nov. 19, 175[ ]	1	82
Phebe, d. [Amasa & Tryphena], b. Oct. 23, 1790	2	152
Phinehas, s. William & Mary, b. May 14, 1754	1	58
Sarah, d. James & Sarah, b. May 4, 1760	1	82
Sarah, d. [Amasa &Tryphena], b. Mar. 14, 1789	2	152
Sophia, d. [Amasa & Tryphena], b. Feb.. 20, 1800	2	152
Thomas Liscomb, s. [Amasa & Tryphena], b. Dec. 29, 1801	2	152
William, m. Mary SMITH, May 3, 1753	1	104
William, s. William & Mary, b. Aug. 5, 1755	1	58
Will[ia]m, m. Anna WEEKS, Dec. 7, 1780	2	94
CORBIN, Azubah, m. James WOODMANSEE, Feb. 26, 1792	2	118
Hiram, of Union, m. Maria M. SHERMAN, of Pomfret, Sept.15, 1847, by Rev. Edward A. Lyon, Eastford	3	81
Hiram*, farmer, ae 38, of Union, m. 2d w. Maria M. SHERMAN, ae 26, of Pomfret, Sept. 15, 1848, by Edward A. Lyon (*Haman)	4	79
——, s. Hezekiah, husbandry, ae 23, & Zeruiah, ae 25, b. May 20, [1851]	4	90
CORCORAN, [see also COCHRAN], Jane, housekeeper, widow, b. Ireland, res Pomfret, d. Dec. 12, 1853, ae 65	5	3
CORKERY, John, r.r. laborer, single, b. Ireland, res. Pomfret, s. Patrick, d. Oct. 4, 1869, ae 27	5	18
CORY, John H., m. Emeline CLARK, b. of Pomfret, May 3, 1846, by Rev. Edward Pratt. Intention published in the Abington Meeting House	3	78
COSGROVE, Laweren[c]e, laborer, b. Ireland, res. Pomfret, d. May 7, 1856, ae 73	5	6
Nicholas, s. Nicholas, day laborer, ae 35, & Bridget, ae 35, b May 15, [1851]	4	90
COTES, Ann, d. Pinsent & Rebeckah, b. Mar. 24, 1747	1	54
Benjamin, s. Robert & Elizabeth, b. Dec. 4, 1759	1	76
Benjamin, d. May 11, 1782	1	77
Ebenezer, s. Pinsent & Rebeckah, b. June 18, 1749	1	54
Ebenezer, s. Pinsent & Rebeckah, d. Nov. 8, 1773	1	55
Elizabeth, d. Robert & Elizabeth, b. Sept. 10, 1764	1	76
John, s. Pinsent & Rebeckah, b. Dec. 27, 1756	1	54
John, s. Robert & Elizabeth, b. Oct. 7, 1772	1	76
Joseph, s. Robert & Elizabeth, b. Dec. 12, 1766	1	76
Joseph, d. July 24, 1783	1	77
Judeth, d. Robert & Elizabeth, b. Sept 19 1754	1	76
Lucia, d. Robert & Eliza[be]th, b. Aug. 7, 1770	2	21
Pinsent, d. Dec. 5, 1770	1	55
Rebeckah, d. Pinsent & Rebeckah, b. Apr.. 11, 1761	1	54
Rebecca, w. [Pinsent], d. Nov. 24, 1799, in the 83rd y. of her age	1	55
Robert, m. Elizabeth SAUNDERS, Sept. 7, 1754	1	104
Robert, s. Robert & Elizabeth, b. Apr.. 14, 1757	1	76
Robert, d. Mary 25, 1784	1	77
Sam[ue]ll Ruggles, s. Pinsent & Rebeckah, b. Oct. 22, 1745	1	54

POMFRET VITAL RECORDS   125

	Vol.	Page
COTES, (cont.)		
Sarah, d. Pinsent & Rebeckah, b. Oct. 8, 1753	1	54
Sarah, d. Robert & Elizabeth, b. Apr.. 14, 1762	1	76
COTTON, Abigail Storrs, housekeeper, married, b. Mansfield, Conn., res. Pomfret, d. Feb.. 16, 1861, ae 68 y. 2 m. 11 d. (Written "**COLTON** ")	5	11
Anna, d. Thomas & Martha, d. June 2, 1746	1	43
Anna, d. Dead. Thomas & Martha, d. June 2, 1746	1	49
Anna, d Thomas, Jr. & Sarah, d. Sept. 8, 1765	1	43
Anna, d. John & Abigail, b. Feb.. 2, 1766	1	47
Anna, d. Tho[ma]s & Sarah, b. Oct. 24, 1774	2	32
Anne, d. Thomas, Jr. & Sarah, b. July 8, 1755	1	42
Bybe Luke, s. Samuel & Elizabeth, b. Sept. 9, 1763	1	37
Charles, s. Simon & Elizabeth, b. Apr.. 4, 1778	2	42
Charles (no information given)	2	32
Chester, s. Thomas, Jr. & Sarah, b. Jan. 15, 1765	1	42
Chester, s. Thomas, Jr, &Sarah, d. July 10, 1765	1	43
Ebenezer, s. Tho[ma]s, Jr. & Sarah, b. May 5, 1768	1	118
Ebenezer, s. Tho[ma]s & Sarah, b. May 5, 1768	2	32
Elizabeth, d. Samuel & Elizabeth, b. Oct. 30, 1760	1	37
Elizabeth, d. Simon & Elizabeth, b. Aug. 27, 1780	2	42
Elizabeth, m. Benjamin **DORR,** June 1, 1783	2	15
Elizabeth, of Pomfret, m. Edward **BADGER,** of Hampton, Nov. 21, 1820, by Rev. James Porter	3	2
Elizabeth, w. Simon, d. Jan. 20, 1837	2	42
Hannah, d. John & Abigail, b. July 16, 1763	1	47
Harvey, s. Thomas, Jr. & Sarah, b. Apr.. 10, 1763	1	42
Harvey, s. Thomas & Sarah, d. Sept 17, 1765	1	43
John, Lieut. M. Mrs. Abigail **WILLIAMS,** Dec. 2, 1761	1	110
John, s. John & Abigail, b. May 21, 1770	1	47
John, [s. Joseph & Nabby], b Feb.. 19, 1826	2	162
John, s. Simon L., farmer, ae 28, & Martha A.M., ae 23, b. May 15, 1849	4	81
Joseph, s. Simon & Elizabeth, b .July 12, 1787	2	42
Joseph, m. Nabby **STORRS,** of Mansfield, Apr.. 14, 1819	2	162
Lucy, d. Simon & Elizabeth, b. Nov. 9, 1773	2	42
Lucy, housekeeper, single, d. Simon & Elizabeth Cotton, d. Jan. 12, 1866, ae 92 y 2 m. 3 d.	5	16
Luke, s. Thomas & Martha, d. Sept. 26, 1751	1	43
Luke, s. Tho[ma]s, Jr. & Sarah, b. Mar. 26, 1754	1	42
Luke, s. Thomas, Jr. & Sarah, d. Sept. 10, 1765	1	43
Luke, s. John & Abigail, b. July 17, 1773	1	47
Luther, s. Thomas, Jr. & Sarah, b. June 2, 1761	1	42
Martha, d. Tho[ma]s & Martha, b. June 15, 1742	1	42
Martha, w. Tho[ma]s, d May 11, 1744	1	43
Martha, d. Samuel & Elizabeth, b. Apr.. 27, 1766	1	37
Mary, m. David **FORD,** Dec. 10, 1772	2	30
Mary, d. S. Storrs, farmer, b. May 12, [1851] (Written **COLTON**")	4	90
Melvin, s. Thomas, Jr. & Sarah, b. Dec. 10, 1759	1	42
Owen, s. Thomas, Jr. & Sarah, b. May 3, 1758	1	42
Owne, s. Thomas, Jr. & Sarah, d. Aug. 29, 1765	1	43
Patty, d. Simon & Elizabeth, d. Jan. 31, 1817	2	42
Polly, d. Simon & Elizabeth, b. No. 21, 1775	2	42

126   BARBOUR COLLECTION

	Vol.	Page
COTTON, (cont.)		
Rowland, s. Sam[ue]ll & Elizabeth, b. Mar. 22, 1759	1	37
Samuel, m. Mary **DRESS,** Feb.. 9, 1758	1	107
Samuel Had Servant, Ebenezer **STEVENS** who d. Dec. 23, 1759	1	38
Sam[ue]ll, s. Tho[ma]s, Jr. & Sarah, b. Mar. 6, 1770	1	117
Samuel, d. June 3, 1770	1	38
Samuel Storrs, [s. Joseph & Nabby], b. Oct. 7, 1823	2	162
Sarah, m. John **WILLIAMS,** Nov. 21, 1754	1	105
Sarah, d. John & Abigail, b. May 24,1768	1	47
Sarah, d. Tho[ma]s & Sarah, b. May 8, 1772	2	32
Sarah, w. Thomas, d. Deb. 18, 1777	1	43
Simeon Luke, s. [Joseph & Nabby], b. June 29, 1821	2	162
Simeon Luke, farmer, married, d. May 1, 1857, ae 35 y. 10 m. 15 d.	5	7
Simon, m. Elizabeth **DAVISON,** Jan. 7, 1773	2	42
Simon, s. Simon & Elizabeth, b. Nov. 6, 1784	2	42
Simon, Dead., d. July 16, 1819	2	42
Tamar, d. Simon & Elizabeth, b. Aug. 129, 1782	2	42
Tamor, housekeeper, single, d. Nov. 25, 1862, ae 80 y. 2 m. 27 d.	5	13
Thomas, Jr., m. Sarah **HOLBROOK,** June 14, 1753	1	103
Thomas, s. Tho[ma]s, Jr. & Sarah, b. June 18, 1766	1	42
Thomas, Dead, d. Aug. 31, 1770	1	43
Thomas, Jr., s. Tho[ma]s & Sarah, d. Jan. 9, 1776	2	32
Thomas, m. Mary **BINGHAM,** Dec. 22, 1778	2	83
Ward, s. Samuel & Elizabeth, b. July 8, 1762	1	37
Willard, s. Thomas, Jr. & Sarah, b. Feb.. 5, 1757	1	42
William M., s. Simeon L., farmer, b. July 18, 1851	4	90
COUGHLIN, Hannah, d. Edward, b. Easton, Mass., res Pomfret, d. Apr. 26, 1868, ae 2 y. 2 m. 3 d.	5	17
COVELL, COVAL, COVEL, COVIL, Abigail, d. Stephen & Elizabeth, d. Aug. 12, 1764	1	95
Eliza, d. [James & Percy], b. Apr.. 28, 1810	2	65
George, s. [James & Percy], b. June 6, 1807	2	69
Harriet Griffing, d. [James & Percy], b. Mar. 16, 1803	2	69
Harriet Griffin, d. [James & Percy], d. Jan. 11, 1806	2	69
James, m. Percy **SABIN,** Aug. 7, 1791	2	65
James, m. Percy **SABIN,** Aug. 7, 1791	2	69
James, s. James & Percy, b. Dec. 23, 1795	2	69
Jonathan Sabin, s James & Percy, b. Jan. 24, 1792	2	69
Judeth, d. James & Percy, b. Oct. 2,1793	2	69
Mary Ann, of Pomfret, m. Dyer **COOPER,** of Thompson, Oct. 9, 1825, by Rev.James Porter	3	17
Percy, d. James & Percy, b. Dec. 2, 1797	2	69
Stephen, m. Kezia **CARPENTER,** May 8, 1794	2	130
Zeruriah, d Stephen & Elizabeth b. Oct. 1, 1761	1	94
Zeruiah, m. Lot **UNDERWOOD,** Jan. 2, 1788	2	93
COWGELL, Lucy, Mrs. ,m. Dr. Albegence **WALDO,** July 16, 1787	2	39
COY, COYE, Amasa, s. Edward & Ame, m. July 31, 1757	1	38
Asa, s. Nath[anie]ll & Bridget, b. Sept. 18, 1767	1	94
Edward, m. Ame **TITUS,** Jan. 2, 1755	1	104
Esther, [twin with Silas], d. Nath[anie]ll & Bridget, b. Mar. 13, 1777	1	94
Jason, s. Nath[anie]ll &Bridget, b. Mar. 29, 1769	1	94
Jason, s Nath[anie]ll & Brigget, d. Apr. 23, 1769	1	95

POMFRET VITAL RECORDS 127

	Vol.	Page
COY, (cont.)		
Jason, [twin with Nathan], s. Nath[anie]ll & Bridget, b. Oct. 23, 1770	1	94
Levina, d. Nath[anie]ll & Bridget, b. Jun 13, 176[ ]	1	94
Lucy, d. William & Allis, b. Sept. 17, 1755	1	22
Lucy, d. Nath[anie]ll & Bridget, b. Mar. 29, 1773	1	94
Nathan, [twin with Jason], s. Nath[anie]ll & Bridget, b. Oct. 23, 1770	1	94
Nathaniel, m. Bridgett **GOODELL,** Oct. 28, 1761	1	1-9
Rhoda, d. Nath[anie]ll & Bridget, b. Dec. 3, 1763	1	94
Silas, [twin with Easther], s. Nath[anie]ll & Bridget, b. Mar. 13, 1777	1	94
William, m. Allis **COATES,** June 15, 1749	1	102
CRAFT, CRAFTS, Alford, s. Griffin & Hannah, b. Mar. 17, 1783	2	42
Alice, d. Joseph & Sarah, b. Mar. 15, 1756	1	56
Anna, d Benjamin & Anna, b. July 5, 1772	1	92
Benj[amin], s. Joseph & Susanna, b. Feb.. 20, 1734/5	1	58
Benj[ami]n, m. Anne **RICHARDSON,** Mar. 12, 1761	1	109
Benjamin, s. Benj[ami]n & Anna, b . Mar. 4, 1770	1	92
Eb[enezer]r, s. Capt. Joseph & Susanna, b. Sept. 22, 1740	1	58
Ebenezer, m. Mrs. Mehetobel **CHANDLER,** Dec. 9, 1762	1	111
Edward, s. Samuel & Judeth, b. Apr.. 19, 1752	1	62
Elizabeth, d. Joseph & Susanna, b. Sept. 12, 1727	1	58
Elizabeth, m. Peter **ALLIN,** Jan. 2, 1747/8	1	102
Elizabeth Child, d. Griffin & Hannah, b. May 14, 1774	2	42
Erastus, s. Griffin & Hannah, b. Nov. 20, 1778	2	42
Frances, m. Daniel **GOODELL,** Dec. 12, 1765	1	112
Frederick, s. Benj[ami]n & Anna, b. Oct. 11, 1763	1	92
Garner, s. Benj[ami]n & Anna, b. Jan. 3, 1768	1	92
George Summer, s. Sam[ue]ll & Lucy, b. Jan. 3, 1786	2	101
Griffin, s. Capt. Joseph & Susanna, b. Feb.. 21, 1736/7	1	58
Griffin, s. Joseph & Susanna, d. May 11, 1737	1	59
Griffin, s. Capt. Joseph & Susanna, b. July 9, 1738	1	58
Griffin, s. Capt. Joseph & Susanna, d. June 20, 1743	1	59
Griffin, s. Samuel & Judeth, b. July 18, 1748	1	62
Griffin, m Hannah **MAY,** Jan. 21, 1773	2	42
Hannah, d. Capt. Joseph & Susanna, b. Mar. 8, 1730/31	1	58
Hannah, d. Benjamin & Anna, b. July 13, 1777	1	92
Hannah, w. Griffin, d. Mar. 29, 1785, in the 34th y. of her age	2	42
James, s. Capt. Joseph & Susanna, b. Jan. 27, 1743	1	58
Joseph, s. Joseph & Susanna, b. July 4, 1724	1	58
Joseph, s. Joseph & Susanna, d. Jan. 17, 1724/5	1	59
Joseph, s. Joseph & Susanna, b. Mar. 8, 1732/3	1	58
Joseph, Capt., d. Jan. 25, 1754	1	59
Joseph, m. Sarah **GOODELL,** Jan. 8, 1756	1	105
Joseph, s Benjamin & Anna, b. Oct. 15, 1774	1	92
Judeth, d. Griffin & Hannah, b. May 29, 1775	2	42
Lemuel, Jr., had negro Amos Richard **DARO,** b. Sept. 11, 1780, at Mo[o]dus	2	109
Lucy, d. Samuel & Lucy, b. May 21 1799	2	76
Mary, d. Joseph & Susanna, b. Nov. 27, 1725	1	58
Mary, m. Benjamin **SHARP,** Mar. 5, 1755	1	105
Mary, d. Ebenezer & Mehetobel, b. Sept. 27, 1763	1	41
Mary, d. Eben[eze]r & Mehitobel, d. Nov. 13, 1764	1	42

	Vol.	Page
CRAFT, Mary Lucretia, d. Ebenezer & Mehetobel, b. Dec. 3, 1766	1	41
Mehitable, d. Joseph & Susanna, b. Mar. 27, 1729	1	58
Mehetabel, d. Griffin & Hannah, b. Feb.. 19, 1785	2	42
Moses, s. Capt. Joseph & Susanna, b. Apr.. 15, 1744	1	58
Moses, s Benjamin & Anna, b. July 4, 1780	1	92
Moses, s. Benj[ami]n & Anna, d. Aug. 18, 1780	1	93
Payson, s. Samuel, Jr. & Lucy, b. Oct. 16, 1790	2	76
Perley, s. Samuel, Jr. & Lucy, b. Jan. 4, 1794	2	76
Sabrina, d. Griffin & Hannah, b. Aug. 27, 1776	2	42
Samuel, s. Joseph & Susanna, b. July 15, 1722	1	58
Samuel, m. Judeth **PAYSON**, Feb.. 19, 1757	1	100
Samuel, s. Samuel & Judeth, b. May 19, 1754	1	62
Samuel, s. Samuel & Judeth, d. Jan. 23, 1755	1	63
Samuel, s. Samuel & Judeth, b. Jan. 15, 1761	1	62
Sam[ue]ll, 2d, m. Lucy **SUMMER**, Mar. 30, 1785	2	101
Samuel, Jr., m. Lucy **STORES**, May 31,1787	2	76
Samuel, d. Nov. 20, 1791, in the 70th y. of his age	1	63
Samuel, s. Samuel, Jr. & Lucy, b. Sept. 20, 1795	2	76
Sarah, d. Capt. Joseph & Susanna, b. Jan. 5, 1746	1	58
Sarah, d. Samuel & Judeth, b. Apr.. 13, 1750	1	62
Sarah, d. Capt. Joseph & Susanna, d. June 20, 1750	1	59
Sarah, d. Samuel & Judeth, d. Sept. 8, 1754	1	63
Sarah, m. Libbeas **KIMBALL**, May 7, 1778	2	82
Stores, s. Samuel, Jr. & Lucy, b. May 27, 1789	2	76
Stores, s. Dead. Samuel, d. Aug. 18 ,1794	2	76
Susanna, d. Joseph & Susanna, b. Sept. 23, 1720	1	58
Susanna, Mrs., m. Abiel **LYON**, Apr.. 26, 1748	1	100
Susanna, d. Benj[ami]n & Anna, b. Jan. 2, 1762	1	92
Susanna, d. Benjamin & Anna, d. Sept. 21, 1764	1	93
Susannah, d. Benj[ami]n &* Anna, b Nov. 23, 1765	1	92
Susanna, wid. [Capt. Joseph], d. Aug. 28, 1786, in the 84th y. of her age	1	59
Willard, s. Sam[ue]ll, 2d, & Lucy, b. Jan. 12, 1788	2	101
William Fitch, s. Samuel, Jr. & Lucy, b. Aug. 17, 1797	2	76
CRAIN, Caroline, of Abington, m. Herbert N. **PARKIS**, of Plainfield, Nov. 27, 1837, by Rev. Nathan D. Hunt, of Abington	3	49
Harvey H., m. Diana **BUCK**, b. of Pomfret, Mar. 12, 1838, by Rev D. Hunt	3	54
Mary, of Pomfret, m. Anthony **BUDLONG**, of Providence, R.I., Oct. 20, 1828, by Rev. Charles Fitch, of Abington	3	25
Mercy, Mrs., m. Asa **INGALLS**, b. of Abington, Mar. 17, 1838, by Rev. N.S. Hunt, of Abington	3	55
CRAND (?), Harriet W., m. Will M. **JACKSON**, May 1, 1843, by Rev. b. N. Harris, Intention published	3	70
CRANDALL, James*, musician, married, b. Tolland, res. Pomfret, d. June 28, 1854, ae 53 (*James crossed out and Jarvis hand printed above) also hand printed at end is (son of Samuel Crandall and Roxanne Rawding Crandall)	5	4
Sally, m. Hartley **SESSIONS**, Aug. 21, 1803	2	146
CRAVIN, Abigail, w. John, d. May 19, 1824	2	170
Caroline, [twin with Charles], d. [John & Abigail], b. Feb.. 10, 1813	2	170
Charles, [twin with Caroline], s. [John & Abigail], b. Feb.. 10, 1813	2	170

POMFRET VITAL RECORDS 129

	Vol.	Page
CRAVIN, (cont.)		
Henry Hutchins, [twin with Lucy Harriet], s. John & Abigail, b. May 10, 1811	2	170
Lucy Harriet, [twin with Henry Hutchins], d. John & Abigail, b. May 10, 1811	2	170
	2	12
CREGHAN, John, d. May 24, 1862, ae 16 d.	5	111
CRESSEY, Anna Bibbins, d. Benjamin & Anna, b. Jan. 7, 1797	2	111
Benjamin, m. Anna **ROBINSON**, of Ashford, Mar. 9, 1796	2	111
Benjamin **COTTON**, s. [Benjamin & Anna], b. Sept. 24, 1798	2	111
Timothy Robinson, s. [Benjamin & Anna], b. Sept. 18, 1800	2	111
Wealthy Ann, d. Benj[amin] & Wealthy Ann, 1st w., d. May 5, 1799, ae 10 y. 5 m. 17 d.	2	111
CROCKER, Champeon, m. Joanna **DAVIS**, Dec. 11, 1760	1	108
Lemuel, s. Champeon & Joanna, b. Feb.. 15, 1764	1	85
Marg[a]ret, d. Champeon & Joanna, b. Jan. 29, 1761	1	85
CHOHAN*, -----, Mrs. b. Ireland, res. Pomfret, d. Oct. 25, 1847 *(Perhaps **CROGAN**)	4	80
CROSBY, Josiah M., of Woodstock, m. Pamela S. **DRESSER**, of Pomfret, Apr.. 14, 1841, by Warren Cooper	3	65
CROSSMAN, Lydia, m. James **HOLMES**, Apr.. 12, 1778	2	45
CRUASA(?), Anne, m. Nathan **GRIGGS**, Jr., Apr.. 8, 1762	1	111
CUMMINGS, CUMMINS, COMINS, CUMINS, Anna, d Josiah, Jr. & Anna, b. Jan. 27, 1750/51	1	57
Anna, w. Josiah, d. Mar. 10, 1753	1	58
Anne, w. John & formerly W. Eben[eze]r **WHITNEY**, d. May 15, 1758	1	46
Edmond, s. Stephen, b. Nov. 17, 1801	2	141
Elihu, s. Martha **SABIN**, single woman, b. Dec. 6, 1749	1	17
Elizabeth, m. Jesse **COOPER**, b. of Pomfret, [Mar.] 6, [1836], by Nicholas Branch	3	48
Josiah, Jr., m. Anna **TUCKER**, Dec. 20, 1740	1	100
Josiah, m. Milleset **NISTEED**, Apr.. 24, 1755	1	105
Lois, m. John **BLANCHARD**, Mar. 3, 1757	1	106
Lucy, d. Josiah, Jr. & Anna, b. Jan. 28, 1745/6	1	57
Mary, m. Nath[anie]l **CLARK**, Oct. 15, 1740	1	3
Mehetabel, m. Daniel **WHITE**, June 30, 176[ ]	1	113
Mehitabel, d. May 6, 1782	1	62
Parker, s. Josiah, Jr. & Anna, b May 23, 1756	1	57
William, s. Stephen, b. May 28, 1805	2	141
CUNDALL, Betsey, m. William **JOHNSON**, b. of Pomfret, Apr.. 8, 1821, by Rev. James Grow	3	3
Clarissa, widow, d. Mar. 8, 1853, ae 88	5	1
CUNNINGHAM, Dolly Ingalls, d. {peter, Jr.], d. Apr.. 1, 1811	2	156
Eliza P., d. [Peter, Jr & Sally], b Mar. 8, 1809	2	156
Eliza P., d. Peter, Jr. d. Mar, 31, 1811	2	156
Elizabeth, [d. Peter & Elizabeth], b. June 17, 1786; d. June 25, 1786	2	138
Elizabeth, wid. Peter, d. Mar. 31, 1837	2	138
Elizabeth Boyleston, d. [Peter & Elizabeth], b. June 18, 1788; d. July 27, 1830	2	138
Elizabeth Ellen, d. [Peter, Jr. & Sally], b. July 25, 1818	2	156
George Andrew, s. [Peter, Jr & Sally], b. Nov. [ ], 1809	2	156
George Andrew, s. [Peter, Jr.], d. Apr.. 24, 1814	2	156

130 BARBOUR COLLECTION

	Vol.	Page
CUNNINGHAM, (cont.)		
James, s. [Peter & Elizabeth[, b. Nov. 29, 1791	2	138
James William, s. {Peter, Jr. & Sally], b. Jan. 13, 1822	2	156
John, s. [Peter & Elizabeth], b. June 27, 1806; d. Mar. 1, 1865	2	138
John, m. Deborah Branch **GOODELL,** b. of Pomfret, Jan. 25, 1853, by Rev. d. Hunt	3	89
John Morey, s.[Peter & Elizabeth], b. May 4, 1790; d. Feb.. 8, 1791	2	138
Joseph Summer, s. [Peter, Jr. & Sally], b. Oct. 21, 1828	2	156
Lucretia, d. [Peter & Elizabeth, b. Jan. 11, 1796; d. Feb.. 1, 1821	2	138
Lucretia, d. [Peter, Jr. & Sally], b. May 29, 1824	2	156
Mary Duick, [d. Peter & Elizabeth], b. Mar. 6, 1802; d. Apr.. 30, 1829	2	138
Nancy, d. [Peter & Elizabeth], b. Dec. 21, 1793	2	138
Peter, s. Major James, of Boston & Elizabeth, b. Aug. 14, 1750; m. Elizabeth **PIERPOINT,** d. of Robert, of Boston, & Susannah, May 20, 1779	2	138
Peter, s. [Peter & Elizabeth], b. Dec. 15, 1783	2	138
Peter, Jr., m. Sally **INGALLS,** Apr.. 29, 1807	2	156
Peter, Capt. D. Apr.. 26, 1827	2	138
Robert Pierpoint, s. [Peter & Elizabeth], b. Feb.. 17, 1782; d. Jan. 9, 1867	2	138
Sally I., housekeeper, married, d. June 23, 1856, ae 69 y. 7 m. 23 d.	5	6
Sarah Jane, d. [Peter, Jr. & Sally], b. Jan. 23, 1816	2	156
Sarah S., of Pomfret, m. George S. **HARTSHORN,** of Franklin, Mar. 30, 1842, by Rev. N. S. Hunt, of Abington	3	66
Susan, of Pomfret, m. Daniel **DENISON,** 3rd, of Hampton, Mar. 27, 1821, by Rev. Walter Lyon, of Abington	3	3
Susannah, d. [Peter & Elizabeth], b Apr.. 4 1799	2	138
——, s. [Peter & Elizabeth], b. Jan. 20, 1780; d. Jan. 26, 1780	2	138
——, s. [Peter & Elizabeth], b Dec. 28, 1780; d. Jan. 7, 1781	2	138
——, d. [Peter & Elizabeth], b. July 8, 1785; d. July 8, 1785	2	138
——, s. [Peter & Elizabeth], b. Mar. 28, 1787; d. Mar. 28, 1787	2	138
——, s. [Peter & Elizabeth], b. Jan. 6, 1798; [d.] Jan. 6, 1798	2	138
CURTIS, CURTISS, Dorcas, m. Daniel **GOODELL,** Oct. 22, 1803	2	153
George, d. Oct. 14, 1853	5	2
Urania, Mrs., m. Dead Robert **BAXTER,** Sept. 28, 1796	2	71
CUSHING, Sophia, housekeeper, widow, d. Jan. 4, 1864, ae 63 y. 10 m. 14 d.	5	14
Stephen T., of Woodstock, m Sophia **ANGELL,** of Pomfret, Apr.17, 1831, by Amos Bobcock, Intention published	3	34
CUSHMAN, Daniel T., of Brooklyn, m. Catharine L. **WASHBURN,** of Pomfret, Mar. 25, 1840, by Rev Bela Hicks	3	61
Isaac, m. Sarah **PAINE,** Mar. 12, 1781	2	51
John Paine, s. Isaac & Sarah, b. Mar. 8, 1784	2	51
Ruth, d. William & Mary, b. Sept. 1, 1778	2	101
Sarah d. Isaac & Sarah, b. Mar 26, 1786	2	51
CUTLER, Augustus H., m. Eliza **YOUNG,** b. of Pomfret, Sept. 23, 1851, by Rev. D. Hunt (Written **CUTTER)**	3	89
Beach, m. Abigail **HODGES,** May 14, 1746	1	101
Benjamin, s. Beach & Abigail, b. Aug. 5, 1747	1	74
Dinah, m. Jacob **WHITE,** Nov. 14, 1758	1	107
Elizabeth, m. Ephraim **STOEL,** Mar. 9, 1758	1	107

POMFRET VITAL RECORDS 131

	Vol.	Page
CUTLER, Elizabeth, wid. & d. to Lieut. Nath[anie]l & Joannah Sessions, d. May 26, 1769	1	10
Jarvis, m. Philadelphia **CARGILL**, Mar. 2, 1794	2	129
Joanna, m. Amaziah **RAYMOND**, Nov. 26, 176[ ]	1	113
Lucy G., housekeeper, widow, b. Canterbury, res Pomfret, d. May 26, 1860, ae 80	5	10
Mary E., d. Sept. 17, 1860, ae 1 y. 3 m.	5	10
Mehetable, m. Simeon **LEE**, Oct 10, 1758	1	107
Waldo, s. Jarvis & Philadelphia, b. May 13, 1797	2	129
William, s. Beach & Abigail, b. Nov. 13, 1748	1	74
Zera, m. Mary **WALDO**, Aug. 23, 1812	2	60
-----, d. Apr.. 10, 1853, ae 3 d.	5	2
-----, d. Sept. 13, 1862, ae 4 m. 21 d.	5	13
CUTTER, Augustus H., m. Eliza **YOUNG**, b. of Pomfret, Sept. 23, 1851, by Rev. D. Hunt (Probably "**CUTLER**")	3	89
DABNEY, Ann, of Pomfret, m. Herbert **DENISON**, of Brooklyn, Nov. 30, 1848, by Rev. D. Hunt	3	84
DAILEY, Catharine, innkeeper, widow, black, b. Hebron, res Norwich, d. Sept. 19, 1853, ae 31 y. 4 m. 7 d.	5	2
Eliza, of Brooklyn, m. Francis H. **MADDEN**, of Pomfret, Feb.. 5, 1843, by Rev. D. Hunt	3	69
DANA, Abigail, w. Sam[ue]ll, d. June 1, 1718	1	34
Abigail, d. Sam[ue]ll & Susanna, b. July 23, 1722	1	33
Abigail, d. Jacob & Abigail, b. Apr.. 16, 1727	1	37
Abigail, m. Joseph **GROW**, Feb.. 4, 1741/2	1	3
Amariah, s. Sam[ue]ll & Mary, b. May 20, 1738	1	33
Amariah, m. Dorothy **MAY**, June 30, 1763	1	111
Anderson, s. Jacob & Abigail, b. Oct. 26, 1735	1	37
Ann, d. Joseph &Rebeckah, b. Sept. 22, 1728	1	44
Bathea, d. Isaac & Sarah, b Nov. 15, 1742	1	38
Benj[ami]n, s. Isaac & Sarah, b. Jan. 4, 1733/4	1	3
Benjamin, s. Isaac & Sarah, d. Aug. 8, 1758, in battle near Lake George	1	39
Benjamin, s. John Wine[ ]n (?) & Hannah, b. Feb.. 16, 1770	2	13
Benoni, s. Isaac & Sarah, b Jan. 6, 1736/7	1	38
Benoni, s. Isaac & Sarah, d. Jan. 22, 1736	1	39
Betty, d. John Wine[ ]n(?) & Hannah, b Feb.. 29,. 1768	2	13
Beulah, d. Joseph & Mary, b. Apr.. 13, 1735	1	44
Daniel, s. Eben[eze]r & Mehetable, b. May 23, 1743	1	53
Daniel, s. Eben[eze]r & Mehetable, d. July 1, 1744	1	54
Daniel, s Eben[eze]r & Mehetabel, b. Dec. 24, 1749	1	53
David, s. Elijah & Mary, b. Sept 18, 1777	1	93
Dorothy, d. Amariah & Dorothy, b. Sept. 22, 1769	1	93
Ebenezer, m. Mehetobel **GOODELL**, Nov. 16, 1838	1	109
Eben[eze]r, s Eben[eze]r & Mehetabel, b. Oct. 31, 1754	1	53
Eben[eze]r, s. Ebenezer & Mehetabel, d. Nov. 2, 1754	1	54
Ebenezer d. Aug. 19, 1762, at Havanna, "in His Majesties Service"	1	54
Eleazer, s. Amariah & Dorothy, b. Aug. 6, 1767	1	93
Elijah, s. Sam[ue]ll & Mary, b. Sept. 4, 1740	1	33
Elijah, m. Mary **CHANDLER**, July 7, 1763	1	111
Elijah, s. Elijah & Mary, b July 27, 1773	1	93
Elijah, m. Elizabeth **CHANDLER**, June 21, 1787	1	93

132   BARBOUR COLLECTION

	Vol.	Page
DANA, (cont.)		
Elijah, d. Apr.. 23, 1815	1	34
Elijah, d. Apr.. 23, 1815	1	94
Elizabeth, d. Sam[ue]ll & Susanna, b. Apr.. 7, 1725	1	33
Elizabeth, d. Isaac & Sarah, b. Mar. 14, 1731/2	1	38
Elizabeth, m. David **WILLIAMS**, Feb.. 2, 1743/4	1	99
Elizabeth, m. Ebenezer **DEMING**, Jan. 2, 1755	1	105
Esther, d. Sam[ue]ll, Jr. & Sarah, b. Dec. 2, 1760	1	33
Easther, m. Elias **JONES**, Feb.. 8, 1781	2	96
Eunice, d. Sam[ue]ll & Susanna, b. Apr.. 16, 1727	1	33
Eunice, m. Abijah **WILLIAMS**, Nov. 17, 1748	1	101
Eunice, d. Sam[ue]ll, Jr. & Sarah, b. Nov. 7, 1758	1	33
Eunice, single woman, had s. Charles Chandler, b. Dec. 2, 1780	2	96
Eunice had s. Charles Chandler, reputed f. Josiah **CHANDLER**, b. Dec. 2, 1780	2	97
Eunice, m. Josiah **CHANDLER**, Jr., Mar. 28, 1784	2	97
Experience, d. Jacob & Abigail, b. Apr.. 25, 1723	1	37
Experience, d. Jacob & Abigail, d. Nov. 30, 1731	1	38
Exp[erien]ce, d. Jacob & Abigail, b. Oct. 16, 1737	1	37
Ezra, s Amariah & Dorothy, b. May 1, 1764	1	93
Francis d. Isaac & Sarah, b. Apr.. 4, 1735	1	38
Hannah, d. Sam[ue]ll & Mary, b. May 28, 1736	1	33
Hannah, m. Gershom **SHARP**, June 5, 1755	1	105
Holdridge, s. Sam[ue]ll, Jr. & Sarah, b. Sept. 29, 1754	1	33
Holdridge, s. Sam[ue]ll & Sarah, d. Feb.. 13, 1759	1	34
Isaac, sm. Sarah **WINCHESTER**, May 9, 1723	1	2
Isaac, s. Isaac & Sarah, b.. Aug. 26, 1725	1	38
Isaac, s. Isaac & Sarah, d. Sept. 23, 1725	1	39
Isaac, s. Isaac & Sarah, b. Oct. 23, 1728	1	38
Isaac, s. Isaac & Sarah, d. Dec. 3, 1762, at New York, in His Majesties Service	1	39
Isaac, s. John Wine[ ]n(?), & Hannah, b. Nov. 25, 1765	2	13
Isaac, d. Apr.. 21, 1767	1	39
Joanna, d. Isaac & Sarah, b. Dec. 17, 1730	1	38
John, s. Elijah &Mary, b. Aug. 24, 1775	1	93
John Winch[es]ter, s. Isaac & Sarah, b. Jan. 29, 1739/40	1	38
John Winchester, m. Mrs. Hannah **PUTNAM**, Oct. 26, 1765	1	111
Jonathan, s. Joseph & Rebeckah, b. Dec. 21, 1730	1	44
Jonathan, s. Joseph & Rebeckah, d. Dec. 25, 1730	1	45
Jonathan, s. Joseph & Mary, b. Jan. 22, 1736/7	1	44
Joseph, m. Rebeckah **HAMBLETT**, Mar. 2, 1725/6	1	2
Joseph, s. Joseph & Mary, b. Nov. 2, 1742	1	44
Josiah, s. Sam[ue]ll & Mary, b. Aug. 22, 1742	1	33
Josiah, s. Elijah &Mary, b.. Mar. 23, 1782	1	93
Judah, s. Isaac & Sarah, b. Oct.. 26, 1748	1	38
Judah, s. Isaac & Sarah, d. May 27, 1765, "was drowned at Canterbury'	1	39
Kezia, d. Joseph & Rebeckah, b. Dec. 15, 1726	1	44
Lemuel, s. Elijah & Mary, b. Apr.. 29, 1769	1	93
Lois, d. Isaac & Sarah, b. Apr.. 5, 1738	1	38
Lois, m. Daniel **WALDO**, Oct.. 1, 1761	1	109
Lucia, d Daniel & Abigail, b. Aug. 21, 1770	2	23

POMFRET VITAL RECORDS 133

	Vol.	Page
DANA, (cont.)		
Lucinda, d. Amariah & Dorothy, b. Nov. 3, 1765	1	93
Lucretia, d. Amariah & Dorothy, b. Nov. 3, 1771	1	93
Lucretia, d. Amariah & Dorothy, d. Mar. 9, 1773, in Belchertown, "Was wounded by a waggon"	1	94
Luce, d. Elijah & Mary, b. Apr.. 6, 1764	1	93
Lucy, d. Elijah &Mary, d. Feb.. 4, 1783	1	93
Martha, d. Isaac & Sarah, b Sept. 12, 1745	1	48
Mary, d. Jacob & Abigail, b. May 29, 1725	1	37
Mary, d. Isaac & Sarah, b. Mar. 3, 1726/7	1	38
Mary, d. Sam[ue]ll & Mary, b. Mar. 24, 1733/4	1	33
Mary, d. Samuel, Jr. & Sarah, b. May 12, 1751	1	33
Mary, d. Elijah & Mary, b July 7, 1767	1	93
Mary w. Sam[ue]ll, d. Apr.. 28, 1770	1	34
Mary, m. William **HOWARD**, dec. 29, 1774	2	59
Mary, w. Elijah, d. Nov. 30, 1784	1	94
Mary, m. Elisha **GLEASON**, Oct.. 18, 1787	2	18
Mehetable, d. Eben[eze]r & Mehetable, b. Feb.. 28, 1738/9	1	53
Mehetabel, , m. Ebenezer **ALLIN**, Dec. 10, 1760	1	108
Nath[anie]ll, s. Sam[ue]ll & Abigail, b. Feb.. 1, 1716/17, in Cambridge	1	33
Nelle, m. Cornelius **GOODELL**, Dec. 7, 1773	2	49
Pegge, d. Eben[eze]r & Mehetable, b. May 7, 1745	1	53
Penelope, d. Sam[ue]ll & Susanna, b. Mar. 30, 1731	1	33
Penellope, m. Ephraim **PATCH**, Jan. 4, 1753 (Written "Pennellope DAM")	1	103
Phebe, d. Eben[eze]r & Mehetable, b. July 26, 1740	1	53
Prescilla, d. Eben[eze]r & Mehetable, b. Aug. 2, 1747	1	53
Prescilla, d. Eben[eze]r & Mehetabel, d. Dec. 5, 1749	1	54
Rebeckah, w. Joseph, d. Dec. 28, 1730	1	45
Sam[ue]l, m. Abigail **GAY** , Apr.. 10, 1716	1	2
Sam[ue]ll, m. Susanna **STAR**, Jan. 6, 1718/19	1	2
Sam[ue]ll, s. Sam[ue]ll & Susanna, b. Dec. 23, 1728	1	33
Sam[ue]ll, m. Mary **SUMMER**, Dec. 30, 1731	1	2
Samuel, Jr., m. Sarah **HOLDRIDGE**, Mar. 6, 1750/51	1	102
Samuel, Jr., m. Mrs. Martha **SABIN**, May 7, 1767	1	113
Samuel, {Sr.], d. Aug 22, 1770	1	34
Samuel, s. Elijah & Mary, b. June 21, 1771	1	93
Sam[ue]ll, Jr., d. Aug. 4, 1794	1	34
Sarah, d. Isaac & Sarah, b. Feb.. 8, 1723/4	1	38
Sarah, m. Simeon **SESSIONS**, Mar. 7, 1744	1	99
Sarah, d. Samuell & Mary, b. Aug. 30, 1745	1	33
Sarah, d. Sam[ue]ll, Jr. & Sarah, b. Dec. 22, 1756	1	33
Sarah, d. Eben[eze]r & Mehetobel, b. Nov. 23, 1759	1	53
Sarah, d. Ebenezer & Mehetable, d. Nov. 29, 1759	1	54
Sarah, w. Sam[ue]ll, Jr., d. Dec. 4, 1760	1	34
Stephen, s. Elijah & Mary, b. Aug. 5, 1779	1	93
Stephen farmer, single, d. May 26, 1858, ae 78 y. 9 m. 17 d.	5	8
Susanna, d. Samuell & Susanna, b. Oct.. 10, 1720, in Cambridge	1	33
Susanna, w. Sam[ue]ll, d. Apr.. 10, 1731	1	34
Susanna, m. Dan[ie]l **MIGHILL**, May 1, 1740	1	3
Susanna, d. Samuel, Jr. & Sarah, b. Nov. 21, 1752	1	33

134   BARBOUR COLLECTION

	Vol.	Page
DANA, (cont.)		
Zerviah, d. Jacob & Abigail, d. Dec. 19, 1731	1	38
Zerviah, d. Jacob & Abigail, b. May 14, 1733	1	37
DANIELS, DANIEL, Ann, d. Nathaniel & Ann, b. Oct.. 23, 1747	1	9
Dan, s. Nathaniel & Ann, b. Dec. 5, 1757	1	9
Dorothy, d. Nath[anie]l & Ann, b. May 2, 1753	1	9
Dorothy, d. Nathaniel & Ann, d. July 13, 1753	1	10
Dorothy, d. Nath[anie]l & Ann, b. May 15, 1754	1	9
Eleanor, d. Nath[anie]l & Ann, b. Nov. 20, 1749	1	9
Eleanor, w. Capt. John d. Nov. 9, 1750	1	10
John, s. Nath[anie]l & Ann, b. Dec. 10, 1751	1	9
Nath[anie]l, m. Ann **GROSVENOR,** Oct.. 22, 1741	1	3
Nath[anie]l, m. Ann **GROSVENOR,** Oct.. 22, 1741/2	1	93
Nath[anie]l, s. Nath[anie]l & Ann, b. Feb.. 21, 1742/3	1	9
Peninnah, d. Nath[anie]l & Ann, b. Feb.. 3, 1756	1	9
Peninnah, d. Nath[anie]l & Ann, b Nov. 15, 1759	1	9
Sam[ue]l, s. Nath[anie]l & Ann, b. Sept. 4, 1745	1	9
SAMUEL, s. Nath[anie]ll & Anna, b. Sept. 4, 1745	1	23
DANIELSON, James, M. Mary **GLAZIER,** July 14, 1714	1	1
Lucy, m. Capt. Elisha **LORD,** Jr., Dec. 6, 1792	2	105
Susannah, m. Samuel **WILLIAMS,** Jr. Aug. 25, 1762	1	110
DARBY, DARBE, DERBY, Anna, d. Reuben, & Sibbell, b. Apr.. 22, 1740	1	79
Lucy, m. Asaph **GOODELL,** Dec. 20, 1780	2	82
Mary, d. Reuben & Sibbell, b. Jan. 26, 1741/2	1	79
Reuben, m. Sibbel **HOWARD,** Dec. 26, 1739	1	2
Reuben, s. Eleazer & Abigail, b. Mar. 18, 1794	2	17
Sarah, d. Eleaszer & Abigail, b. Feb.. 21, 1791	2	17
Sebell, d. Reuben & Sibbell, b. Jan. 3, 1743/4	1	9
Silvester, s. W[illia]m & Elizabeth, b. Aug. 22, 1739	1	79
William, d. Nov. 10,1739	1	80
DARKEY, [see under **DURKEE**]		
DARROW, Frances, m. James **TROWBRIDGE,** Dec. 4, 1766	1	113
DAVENPORT, Ellen, d. Noah & Eunice, b. Feb.. 9, 1844	4	62
Mary, m. Joseph **ADAMS** Nov. 3, 1724	1	2
Phebe, m. John **RICHMOND,** Jr., June 18, 1815	4	10
DAVIS, Abel True, s. Daniel & Sarah, b. Aug. 25, 1797	2	119
Abigail, d. Mathew & Joanna, d. Feb.. 25, 1722/3	1	40
Abigail, d. Mathew & Ann, b. Apr.. 4, 1733	1	47
Abigail, m. John **GROSVENOR,** Jr., Aug. 21, 1755	1	105
Ann, w. Mathew, d.Nov. 27, 1762	1	48
Anna, d. Mathew & Ann, b. July 1730	1	47
Anna, d. Joseph **SABIN,** July 10, 1750	1	102
Anna, m. Tho[ma]s **MITCHELL,** Jr., Mar. 16, 1780	2	86
Bathsheba, w. Major John, d. July 23, 1803	2	83
Chariah, m. Stephen **BAKER,** b. of Pomfret, Aug. 10, 1823, by John Holbrook, J.P.	3	9
Cynthia F., of New York, m, Amos **PAINE,** Jr., of Woodstock, [Mar.] 30, [1840], by Rev. N. S. Hunt, of Abington	3	62
Daniel, m. Sarah **BERRY,** Sept. 6, 1792	2	119
Deborah, d. Isaac & Dorothy, d. Oct.. 30, 1736	1	42
Dorcas, m. John **SHARP,** Sept. 1, 1731* (*1721?)	1	2

POMFRET VITAL RECORDS

	Vol.	Page
DAVIS, (cont.)		
Dorcas, m. William **PIKE**, b. of Pomfret, [Feb..] 14, [1836], by Nicholas Branch	3	47
Elvira S., seamstress, single, b. Granby, Mass., res Pomfret, d. July 8, 1858, ae 27	5	8
James Madison, s. [Major John & Theady], b. July 27, 1809	2	83
James P., m. Emily **OSGOOD**, b. of Pomfret, Feb.. 23, 1825, by Rev. Walter Lyon, of Abington	3	15
Joanna, d. Mathew & Ann, b. Jan. 23, 1738/9	1	47
Joanna, m. Champeon **CROCKER**, Dec. 11, 1760	1	108
John, Major, m. Theady **SCARBORUGH**, Nov. 15, 1803	2	83
John, m. Clementine **BUCK**, b. of Ware, Mass., July 16, [1833], by Rev. George J. Tillotson, of Brooklyn	3	37
John, m. Emily **BUCK**, b. of Pomfret, Apr.. 2, 1843, by Rev D. Hunt	3	70
Julia Ann, m. Lardiner A. **GILLMORE**, b. of R.I., Nov. 12, 1849, by Rev. Roswell Park	3	85
Katharine, m. Daniel **DAVISON**, Nov. 20, 1777	2	79
Lydia, housekeeper, widow, b. Newport, R.I., res Pomfret, d. [ ] **DYER**, d. June 29, 1867, ae 68 y. 3 m. 19 d.	5	16
Malissa P., ae 26, b. East Granby, res Pomfret, m. Albert **CAHNDLER**, farmer, ae 28, of Pomfret, Mar. 10, [1851]	4	92
Margrett, d. Mathew & Ann, d Sept. 8, 1739	1	48
Mary, m. Josiah **HAMMOND**, Oct.. 15, 1723	1	2
Mary Ammidown, d. [Major John & Theady], b. Mar. 27, 1807	2	83
Maryrett, d. Mathew & Ann, b. Sept. 4, 1727	1	47
Mathew, d. Feb.. 4, 1729/30	1	40
Mathew, s. Mathew & Ann, b. July 24, 1736	1	47
Nancy, m. William **ELLIOTT**, b. of Pomfret, Feb.. 10, 1828, by Rev. James A. Boswell	3	23
Peace, m. John n **TUCKER**, Oct.. 24, 1813	2	142
Robert, married, b. Providence, res. Pomfret, d. Sept. 2, 1862, ae 62 y. 3 m.	5	12
Samuel Scarbrough, s. [Major John & Theady], b .Jan. 25, 1805	2	83
Sarah, m. Robert **SHARPE**, Dec. 30, 1772	2	40
Zerviah, m. Phinehas **CLEVELAND**, [ ] 17, 1757* (*Corrected to 1751 by L.B.B.)	1	103
DAVISON, Aaron, s. Joseph & Lydia, b. Oct.. 28, 1764	1	83
Albigence, s. Dan[ie]ll & Katharien, b. Aug. 17, 1779	2	79
Alpheas s. W[illia]m & Mary, b. May 17, 1746	1	69
Asahel, s. Dan & Martha, b June 4, 1769	1	93
Barzillairs, W[illia]m & Mary, b. Jan. 28, 1739/40	1	69
Cha[rle]s M., of Killingly, d. Sept. 22, [1850], ae 13 wk.	4	93
Dan, m. Martha **GOODELL**, Jan. 6, 1763	1	111
Daniel, s. Joseph & Mary, b. June 14, 1748	1	58
Daniel, m. Katharine **DAVIS**, Nov. 20, 1777	2	79
Daniel, s. Daniel & Katharine, b. Jan. 15, 1784	2	79
Dorothy, d. Joseph & Mary, b. Oct.. 13, 1750	1	58
Eben[eze]r, s Joseph & Mary, b. Apr.. 29, 1737	1	58
Ebenezer, s. Dead. Joseph & Mary, d. Nov. 12, 1760	1	59
Ebenezer, s. John & Mehitabel, b. Sept. 10, 1761	1	62
Elizabeth, d. Joseph & Mary b. Apr.. 4, 1746	1	58
Elizabeth, m. Simon **COTTON**, Jan. 7, 1773	2	42

	Vol.	Page
DAVISON, (cont.)		
Elizabeth, d. Phinehas &Martha, b. Oct.. 30, 1776	2	72
Emily Moffitt, housekeeper, married, b Brooklyn, res Pomfret, d. Feb. 13, 1855, ae 25 y. 8 m. 14 d.	5	5
Hezekiah, s. Daniel & Katharine, b dec. 25, 1778	2	79
John, s. Joseph & Mary, b. Nov. 1, 1734	1	58
John, m, Mehetable **SABIN**, Jan. 6, 1757	1	105
John, s. Joseph & Lydia, b. Apr.. 21, 1772	1	83
Joseph, m. Mary **WARNER**, Feb.. 12, 1729/30	1	2
Joseph, s. Joseph & Mary, b. Dec. 26, 1730	1	58
Joseph, Jr., m. Lydia **GOODELL**, Jan. 5,1757	1	105
Joseph, Dead., d. July 21, 1757	1	59
Joseph, s. Joseph & Lydia, b. Sept. 3, 1757	1	83
Lois, d. Joseph & Mary, b. FEb. 25, 1732/3	1	58
Lucy, d. W[illia]m & Mary, b. Aug. 6, 1751	1	69
Lucy, d. Joseph & Lydia, b. Apr.. 16,1767	1	83
Lucy, d. Phinehas & Martha, b. Apr.. 7, 1790	2	72
Lydia, d. Joseph & Lydia, b. July 16, 1760	1	83
Mary, d. Joseph & Mary, b. Sept. 22, 1741	1	58
Mary, e. W[illia]m & Mary, b. Apr.. 1, 1744	1	69
Mehetabel, d. Joseph & Lydia, b. May 2, 1769	1	83
Nabbe, d. Paul & Sarah, b. Jan. 4, 1777	2	76
Nathan, s. John & Mehetabel, b. Nov 4, 1757	1	62
Nathan, of Brooklyn, m. Loretta **HICKS**, of Pomfret, Apr.. 4, 1822, by Rev. James Grow	3	5
Oliver, s. W[illia]m & Mary, b. May 17, 1742	1	69
Oliver, s. Dan & Martha, b. Jan. 28, 1771	1	93
Patty, d. Phinehas & Martha, b. Oct.. 15, 1778	2	72
Paul, s. Joseph & Mary, b. May 12, 1752	1	58
Paul, s. Dan & Martha, b. July 3, 1763	1	93
Paul, m. Sarah **HIDE**, Nov. 16, 1775	2	76
Peter, s. Joseph & Mary, b May 15, 1739	1	58
Phinehas, s. Joseph & Mary, b. Feb.. 27, 1743/4	1	58
Phinehas, m. Martha **GARY**, Dec. 21, 1775	2	72
Phinehas, s. Phinehas & Martha, b. June 26, 1781	2	72
Polly, d. Phinehas & Martha, b. Oct.. 31,1783	2	72
Sally, d. Phinehas & Martha, b. Sept. 28, 1786	2	72
Samuel, s. Joseph & Lydia, b. July 27, 1774	1	83
Sarah, d. Dan & Martha, b. June 9, 176[ ]	1	93
Septimus, of Brooklyn, m. Margaret **HOLBROOK**, of Pomfret, Oct. 16, 1826, by Rev. Sam[ue]l J. May, of Brooklyn	3	22
Silas, s. Dan & Martha, b. Nov. 14, 1766	1	93
Susanna, d. John & Mehitabel, b. Sept 22, 1759	1	62
Tamer, d. Daniel & Katharine, d. Sept. 11, 1782	2	79
Thomas, d. Daniel & Katharine, b. June 13, 1780	2	79
William, m. Mary **CADY**, Aug. 13, 1735	1	3
William, s. W[illia]m & Mary, b. Aug. 9, 1737	1	69
Zilpha, d. Dan[ie]ll & Katharine, b. Dec. 3, 1781	2	79
DAY, Ann, d. Aug. 15, [1851], ae 21	4	93
Calvin, farmer, married, b Killingly, res Pomfret d. Mar. 21, 1864, ae 74 y. E m 5 d.	5	14
Mary Field, d. July 29, 1862, ae 3 y. 1 m. 20 d.	5	12
Miranda M., housekeeper, widow, b. Killingly, res. Pomfret, d. Sept.		

DAY, (cont.)

	Vol.	Page
20, 1864, ae 64	5	14
Sarah, m. Philemon **ADAMS**, Dec. 13, 1774	2	21
Sarah, m. Philemon **ADAMS**, Dec. 13, 1774	2	61
Westly, s Lucius, carpenter, ae 43, & Mary Ann, ae 42, b. July 16, [1850	4	85
DEAN, DEANS, Fanny, of Ashford, m. Oliver S. **KING**, of Pomfret, Oct.. 11, 1829, by Rev. Ambrose Edson, of Brooklyn	3	27
Isaac, s. Seth & **SARAH**, b. June 16, 1741	1	66
Isaac, s. Seth & Sarah, d. Dec. 22, 1741	1	67
Isaac, s Seth & Sarah, b. Nov. 23, 1742	1	66
Lucy Chaffee, housekeeper, widow, b. Woodstock, res. Pomfret, d. Jan. 1, 1860, ae 74 y. 3 m.	5	10
Mary, d. Nathan & Sarah, d. Oct. 26, 1764	1	70
Mary, of Ashford, m. John **BACHOLOR**, of Pomfret, May 1, 1842, by Rev. Charles C. Barnes	3	67
Molly, d. Nathan & Sarah, b. Dec. 30, 1761	1	69
Molly, d. Nathan & Sarah, b. May 22, 1766	1	69
Molly, d. Nathan & Sarah, d. June 24, 1766	1	70
Parley, m. Selinda A. **BROWN**, b. of Pomfret, Nov. 17, 1839, by Rev. b. N. Harris, of Brooklyn, Conn.	3	61
Sarah, m. John **BENNETT**, Sept. 15, 1788	2	133
Tamarias, m. Amasa **STODDARD**, Sept. 30, 1804	2	140
DELABEE, Tamar, m. James **DOWNING**, Oct.. 19, 1780	2	38
DEMING, Alpheas, s. Eben[eze]r & Elizabeth, b. June 4, 1761	1	43
Ann, m. David **ALLIN**, May 25, 1721	1	1
Ann, d. Penuel &Ann, b. Aug. 13, 1736	1	43
Ann, d. Penuel & Ann, d. Oct.. 3, 1799	1	44
Anne, d. Eben[eze]r & Eliza[be]th, b. Aug. 3, 1757	1	43
Clarrissa, d. Penuel, Jr. & Rebeckah, b. May 19, 1768	2	4
Ebenezer, s. Penuel & Ann, b Mar. 8, 1726/7	1	43
Ebenezer, m. Elizabeth **DANA**, Jan. 2, 1755	1	105
Ebenezer, s. Ebenezer & Elizabeth, b. Dec. 24, 1765	2	51
Elizabeth, d. Eben[eze]r & Eliz[abe]th, b. Aug. 10, 1763, at Union	1	43
Esther, m. John **SABIN**, Nov. 17, 1719	1	1
Esther, d. Penuel & Ann, b. Mar. 10 1728/9	1	43
Esther, d. Ebenezer & Elizabeth, b. Oct.. 16, 1775	2	51
Heart, d. Penuel & Rebeckah, b Feb.. 11, 1774	2	4
Herve, s. Ebenezer & Elizabeth, b. Dec. 6, 1767	2	51
Justice, Cheney, s. Penuel & Rebeckah, b. Aug. 28, 1770	2	4
Justice Cheney, s. Daniel* & Rebeckah, d. Jan 4, 1771 (*Penuel?)	2	4
Justus, s. Penuel & An, b. May 13, 1734	1	43
Justus, s. Penuel & Ann, d. About Oct.. 15 ,1761, at Jemmica	1	44
Lucy, d. Ebenezer & Elizabeth, b. Feb.. 3, 1770	2	51
Penuel, m. Ann **SUMMER**, May 31, 1726	1	2
Penuel, s. Penuel & Ann, b. May 19, 1739	1	43
Penuel, Jr., m. Rebeckah **CHENEY**, July 27, 1767	1	112
Penuel, d. Sept. 8, 1772	1	44
Rebeckah, d. Penuel & Rebeckah, b. Oct.. 26, 1776	2	4
Seth, s Penuel & Ann, b. Aug. 1, 1731	1	43
Seth, s. Penuel & Ann, d. Sept. 7, 1757	1	44
Seth, s. Eben[eze]r & Elizabeth, b. June 22, 1759	1	43

138 BARBOUR COLLECTION

	Vol.	Page
DEMING, (cont.)		
Sylvester, s. Ebenezer & Elizabeth, b. June 1, 1772	2	51
William, s. Penuel & Ann, b. June 23, 1742	1	43
William, s. Penuel & Ann, d. Dec. 22, 1754	1	44
William, s. Eben[eze]r & Eliz[abe]th, b Oct.. 15, 1755	1	43
DENISON, Daniel, 3rd, of Hampton, m. Susan **CUNNINGHAM,** of Pomfret, Mar. 27, 1821, by Rev. Walter Lyon, Abington	3	3
Herbert, of Brooklyn, m. Ann **DABNEY,** of Pomfret, Nov. 30, 1848, by Rev. D. Hunt	3	84
DENNIS, Adaline J., housekeeper, married, b. Scituate, R.I., res. Pomfret, d. Feb. 7, 1865, ae 37 y. 9 m. 5 d.	5	15
Amos Peasley, s. [Asa & Sarah], b. Nov. 1, 1822	2	169
Asa, m. Sarah **CONGDON,** b. of Pomfret, Mar. 6, 1817, by Rev. James Grow	2	169
Asa, Jr., s. [Asa & Sarah], b. Aug. 30, 1837	2	169
Asa, Jr., laborer, married, Mar. 31, 1863, ae 25 y. 7 m.	5	13
Benj[ami]n C., s. [Asa & Sarah], b. 3rd month, 14, 1818	2	169
Benjamin Congdon, d. Aug. 15, 1825, ae 7 y. 4 m. 26 d.	2	169
Benjamin Congdon, s. [Asa & Sarah], b. Feb.. 22, 1829	2	169
Ellen, d. [Asa & Sarah], b. Apr.. 21, 1835	2	169
Mary Jane, d. [Asa & Sarah], b. Jan. 12, 1825	2	169
Obed, farmer, married, b. Portsmouth, R.I., res. Pomfret, d. Jan. 24, 1863, ae 72 y. 10 m. 1 d.	5	13
Robert Barker, s. [Asa & Sarah], b. July 21, 1819	2	169
Sarah C., housekeeper, married, b. S. Kingston, R.I., res. Pomfret, d. Oct.. 10, 1858, ae 63	5	8
Sarah Congdon, d. [Asa & Sarah], b. Jan. 30, 1827	2	169
Sarah Congdon, d. Sept. 16, 1831, ae 4 y. 7 m. 16 d.	2	169
Sarah Congdon, d. [Asa & Sarah], b. June 11, 1833	2	169
William Segar, s. [Asa & Sarah], b. Jan.2 1821	2	169
William Segar, s. Asa & Sarah, d. Sept. 24, 1824, ae 3 y. 8 m. 22 d.	2	169
William Selgar, s. [Asa & Sarah], b. Mar. 21, 1831	2	169
DERBY, [see under **DARBY**]		
DERKEE, [see under **DURKEE**]		
DEVOTION, Lucy, m. Dr. Joseph **BAKER,** Feb.. 11, 1779	2	46
DEWEY, Harriet J., of Pomfret, m. Charles H. **GILBERT,** of Plymouth, Conn., Oct.. 2, 1850, by Rev. S. Haine, Abington	3	87
Jonathan, m. Mary **INGALLS,** b. of Pomfret, Dec. 26, 1825, by Rev. John Pain, of Hampton	3	18
Jonathan, painter, married, b. Windham, res. Pomfret, d. July 23 1854, ae 51	5	4
Margaret, Mrs. m. Joseph **BOWMAN,** Feb.. 1, 1757	1	106
DEXTER, Phebe, m. Tho[ma]s **SHARPE,** May 10, 1812	2	166
Phebe, m. Tho[ma]s **GRANT,** May 10, 1812	2	167
DIKE, Jabez, m. Esther **ROBINSON,** June 9, 1748	1	101
DIXEN, Andrew M., s. John, d. Sept. 28, 1868, ae 3 y. 10 m.	5	17
DODGE, Abel Palmer, s. Nehemiah & Sarah, b. Sept. 8, 1788	2	45
Abigail, d. Joshua & Mary, b. Apr.. 20, 1755	1	62
Cyril, see under Seril and Syrrel		
David, m. Mary **EARLS,** Aug. 1, 1769	2	66
David, m. Mary **EARL,** Sept. 28, 1769	1	115
David Low, s. David & Mary, b. June 14, 1774	2	66

DODGE, (cont.)

	Vol.	Page
Deborah, d. Nehemiah & Sarah, b. Jan. 10, 1782	2	45
Deborah, single woman & Town pauper, had s. Daniel Hyde CLEVELAND, b. Dec. 20 1816	2	120
Deborah, [single woman & town pauper], had d. Sarah BRADLEY, b. Apr.. 11, 1822	2	120
Deborah, single, d. Mar. 26, 1861, ae 79 y. 2 m. 16 d.	5	11
Eliza, m. Seth CHASE, 2d, b. of Pomfret, Jan. [2], 1825, by Rev. Walter Lyon, of Abington	3	14
Erastus, s. Nehemiah & Sarah, b. Mar. 14, 1786	2	45
Eunice, d. Nehemiah & Lois, b. May 14, 1761	1	81
Eunice, m. Thomas LYON, Oct.. 21, 1781	2	104
Ezra, s Nehemiah & Lois, b. Jan. 1, 1764	1	81
Ezra Williams, s. Seril & Anna, b. Dec. 29, 1799	2	136
Hannah, d. Joshua & Mary, b. May 6, 1750	1	62
Hepzibah, d. Joshua & Mary, b. May 15, 1746, at Beverly	1	62
John, s. Nehe[mia]h & Lois, b. Mar. 31, 1771	1	81
John, s. Nehemiah & Sarah, b. Dec. 8, 1783	2	45
John Williams, s. Seril & Anna, b. July 5, 1785	2	136
John Williams, s. Seril & Anna, d. Aug. 17, 1785	2	136
John Williams, 2d, s. Seril & Anna, b. Aug. 19, 1787	2	136
John Williams, 2d, s. Seril & Anna, d. Sept. 5, 1787	2	136
Joshua, s. Joshua & Mary, b. Apr.. 4, 1753	1	62
Joshua, s Joshua & Marg[a]ret, d. Oct.. 7, 1756 (Mary?)	1	63
Louis, w. Nehemiah, d. Mar. 16, 1773	1	82
Lucy, d. Joshua & Margaret, b. Aug. 28, 1744, at Beverly	1	62
Marg[a]ret, d. Joshua & Mary, b. Aug. 8, 1748, at Beverly	1	62
Molly, d. David &Mary, b. May 9, 1770	2	66
Molly, m. Jacob WILLSON, Apr.. 22, 1777	2	60
Nancy, wid., m. Benjamin PECK, Aug. 12, 1804	2	136
Nehemiah, m. Lois PAINE, Nov. 16, 1757	1	106
Nehemiah, m. Sarah WOOD, Aug. 12, 1773	2	45
Nehemiah, s. Nehemiah & Sarah, b. Oct.. 23, 1778	2	45
Nehemiah, m. Patience SHORT, Apr.. 27, 1800	2	135
Nehemiah, d. [ ]	1	82
Oliver, m. Sarah WILLIAMS, b. of Pomfret, June 23, 1802, by William Arnold, J.P., Glocester	2	143
Oliver, d. Nov. 9, 1802	2	143
Oliver Williams, s. Seril & Anna, b. Sept. 19, 1792	2	136
Oliver Williams, s. Seril & Anna, d. Sept. 29, 1793	2	136
Patience, d. Oct.. 15, [1849], ae 70	4	89
Sarah, Mrs.,d [John WILLIAMS], d. Sept. 16, 1811, ae 53 y. 8 d.	1	15
Syrrel, s. Nehemiah & Lois, b. Aug. 19, 1759	1	81
Seril, m. Anna WILLIAMS, Mar. 4, 1783	2	136
Seril, Jr., s. Serily & Anna, b. Mar. 12, 1789	2	136
Seril, Jr., s. Seril &Anna, d. Aug. 27, 1795	2	136
Seril, 2d, s. Seril & Anna, b. Nov. 1, 1795	2	136
Seril, Major, d. Apr.. 26, 1802	2	136

DORR, DOR, Benjamin, m. Elizabeth COTTON June 1, 1783

	2	15
Gridley, s. Benj[ami]n & Elizabeth, b Apr.. 5, 1784	2	15
Melvin, s. Abilene Cleveland, single woman, b. June 16, 1786 (Written Melvin DAR)	2	5

140   BARBOUR COLLECTION

	Vol.	Page
DORR, (cont.)		
Polly, d. Ben[ja]min & Elizabeth, b July 9, 1786	2	15
[DOUBLEDAY], DOUBLEDEE, DOUBLEDY, Molly, d. Nath[anie]l		
& Dinah, b. Aug. 23, 1758	1	5
Nathaniel, m. Dinah **HARRIS,** Apr.. 13, 1757	1	107
Sarah, m. Henry **AMIDOWN,** Sept. 25, 1751	1	103
DOW, Susannah, m. Nathaniel **GROW,** Jan. 16, 1775	2	64
DOWNER, Clarris[s]a, m. Caleb **INGALLS,** July 1, 1804	2	162
DOWNING, Abigail, m. James **RAIMOND,** Nov. 27, 1760	1	108
Abigail, see also Abijah		
Abijah, s. Jedediah & Abigail, b. Aug 10, 1753	1	66
Abijah, m. Prescilla **HIDE,** June 7, 1778	2	100
Abijah, d. Dec. 13, 1781 (First written "Abigail".		
Corrected by L.B.B.)	2	100
Anna, d. Abijah & Prescilla, b. July 13, 1779	2	100
Betsey, d. James & Tamar, b Dec. 28, 1781	2	38
David, s. Jedediah & Abigail, b. Sept. 4, 1766	1	66
Elizabeth, w. James, d. Mar. 17, 1780	2	38
Francis Pinckney, s. Sarah **DOWNING,** b. May 30, 1822	4	39
Hannah, d. Jedediah & Abigail, b. Mar. 26, 1759	1	66
Ichabod, s. Jedediah & Abigail, b. Feb.. 29, 1756	1	66
James, s. Jedediah & Abigail, b. June 7, 1747, at Groton	1	66
James, m. Elizabeth **GAY,** Jan. 21, 1773	2	38
James, m. Tamar **DELABEE,** Oct.. 19, 1780	2	38
Jedediah, m. Abigail **CADY,** Nov. 4, 1744	1	105
Jerusha, d. James & Elizabeth, b. Aug. 11,1773	2	38
Joseph, s. Jedediah & Abigail, b. June 7, 1750	1	66
Lucy, d. Jedediah & Abigail, b. Aug. 4, 1763	1	66
Lucy A., d. Francis P., cabinet maker, ae 27, & Sarah., b Feb.. [ ],		
[1850]	4	87
Lucy Amelia, of Brooklyn, d. Jan. 9, 1853, ae 2 y. 10 m. 17 d.	5	1
Molly, d. James & Elizabeth, b. Jan. 6, 1777	2	38
Sarah had s. Francis Pinckeny **DOWNING,** b. May 30, 1822	4	39
Sarah Ann, married, b. Brooklyn, res. Pomfret, d. Feb.. 23, 1853, ae		
27 y. 8 m. 24 d.	5	1
DRAPER, Nathaniel, m. Hannah **ROBERTS,** Sept. 16, 1779	2	87
DRESSER, Aaron, s. Thomas & Mary, b. Nov. 27, 1757	1	14
Aaron, s. Tho[ma]s & Mary, d. Mar. 11, 1759	1	15
Abel, s. Nathan & Orinda, b. Jan. 26, 1775	1	11
Abel, m. Sally **BROWN,** Apr.. 17, 1803	2	145
Abel, s. [Abel & Sally], b. June 25, 1814	2	145
Abigail, d. Thomas & Mary, b. Oct.. 9, 1753	1	14
Abigail, m. Thomas **JONES,** Sept. 27, 1773	2	55
Alanson, s. John & Sarah, b. Dec. 3, 1763	1	89
Alanson, s.[John &Sarah], b. Dec. 8, 1763	2	106
Alanson, s. John & Sarah, d. Nov. 17, 1765	1	90
Alanson, s. [John & Sarah], d. Nov. 17, 1765	2	106
Alanson, s. John & Sarah, b. June 11, 1768	1	89
Alanson, s. [John & Sarah], b. June 11, 1768	2	106
Alanson, s. [John & Sarah], d.Oct. 26, 1806, in the state of New York	2	106
Alfred, s. John & Sarah, b. Jan. 31, 1765	1	89
Alfred, s. [John & Sarah], b. Jan. 31, 1765	2	106

POMFRET VITAL RECORDS 141

	Vol.	Page
DRESSER, (cont.)		
Alfred, s. [John & Sarah], d. Nov. 8, 1804, in the State of Georgia	2	106
Ann, d. [Ebenezer & Mary], b. June 14, 1826	2	158
Ann, ae 21, b. Abington, reb. Pomfret m. Joseph B. **ADAMS**, farmer, ae 22, b.Grafton, Mass.,bres Grafton, Mass. Jan. 27,b. Grafton Rev. Edward Pratt	4	79
Charles, s. [Nathan, Jr. & Rebeckah], b.Feb. 24, 1800	2	122
Charles, s. Nathan, Jr., d. Mar. 26, 1865	2	122
Comfrot Carpenter, d. Nathan & Orinda, b. May 4, 1777	2	85b
Damaris, d. Jonathan &Sarah, b. Sept. 30, 1718	1	16
Damarus, d. Jonathan & Sarah, d. Nov. 23,1720	1	17
Damaries, d. Jonathan, Jr. & Elizabeth], b. Jan. 6, 1740/41	1	16
Damaris, d. Jonathan, Jr. & Elizabeth], d. Feb.. 4, 1730/41	1	17
Damaris, d. Tho[ma]s & Mary, b. Nov. 7, 1743	1	14
Damaries, m. James **WILLIAMS**, Sept. 29, 176[ ]	1	111
Dolly, m. Elisha **LORD**, b. of Pomfret, May 4, 1829, by Rev Charles Fitch, of Abington	3	26
Dolly Summer, d. [Samuel, 2d, & Debby], b. Sept. 13, 1807	2	153
Eb[eneze]r, s. Jonathan, Jr. & Eliza[be]th, b. Nov. 2, 1738	1	16
Ebenezer m. Mary **DURKEE**, Apr.. 22, 1762	1	110
Ebenezer, s. Samuel & Lucretia, b. May 16, 1772	2	5
Ebenezer, of Pomfret, m. Mary **UTLEY**, of Ashford, dec. 1, 1812	2	158
Eben[eze]r, farmer, widower, d. June 26, 1857, ae 81 y. 1 m. 10 d.	5	7
Eliza, d. [Jonathan & Olive], b. July 3, 1811	2	150
Eliz[a]beth, d. Jon[a]than & Eliza[be]th, b. Aug. 16, 1752	1	16
Elizabeth, d. Jonathan & Eliza[be]th, d. Sept. 10, 1757	1	17
Elizabeth, d. Sam[ue]ll & Lucretia, b. Apr.. 3, 1769	2	5
Elizabeth, m. Joseph **BAXTER**, Nov. 17. 1794	2	77
Elizabeth, [w. Dead Jonathan], d. Jan. 4, 1806	1	17
Elizabeth, d. [Ebenezer & Mary,], b Sept. 21,1817	2	158
Elizabeth Summer, d. [Samuel, 2d, & Debby],. b. Mar 26, 1817	2	153
Elpeda, d. Nathan & Orinda, b. Oct.. 16, 1759	1	11
Emela, d. [Abel & Sally], b July 12,1805	2	145
Emma A., of Abington, m. Erastus **TUCKER**, of Scotland, Conn., Feb.. 6,1838, by Rev. Nathan S. Hunt, of Abington	3	53
Emma Augusta, d. [Samuel, 2d, & Debby], b. May 11, 1812	2	153
Erastus, s. [Jonathan & Olive], b. Sept. 17,1809	2	150
Esther, d. Tho[ma]s & Mary, b. Nov. 3, 1748	1	14
Esther, d. Tho[ma]s & Mary, d Nov. 15, 1765	1	15
Esther, d. Nathan & Orinda, b. Apr.. 1, 1766	1	11
Esther, d. Nathan & Orinda, d. May 12, 1766	1	12
Esther, d. John & Sarah, b. July 23, 1776	2	69
Esther, d. [John & Sarah], b. July 23, 1776	2	106
Esther, d. [John & Sarah], d. Sept. 20 1777	2	106
Ezra, s [Abel & Sally], b. Apr..14, 1817	2	145
Francis E., s. Ezra & Marcy S., b. Feb.. 17, 1844	4	60
George Andrew, s. [Samuel, 2d, 7 Debby], b. Feb.. 25, 1814	2	153
George Warren, s. George A. & Hannah W., b. Sept. 15, 1837	4	59
Hannah, m. John **GROSVENOR**, May 4, 1733	1	2
Hannah, [twin with Sarah], d. Thomas & Mary, b. Nov. 11, 1739	1	14
Hannah, m. Ichabod **TRUSDELL**, Jan. 14,1762	1	109
Hannah Sharpe, d. [Ebenezer & Mary], b. Apr.. 16, 1831	2	158
Henry, s. [Nathan, Jr &Rebeckah], b. Dec. 27, 1813	2	122

142 BARBOUR COLLECTION

DRESSER, (cont.)

	Vol.	Page
Horace, s. [Abel & Sally], b. Nov. 23, 1803	2	145
Huldah, d. Nathan & Orinda, b. Oct.. 18, 1761	1	11
Huldah, m. Eleazer JACKSON, Feb.. 15, 1781	2	72
Jerusha, d. Thomas & Mary, b. Mar. 12, 1751	1	14
Jerusha, m. Stephen AVEREL, Jr., May 30, 1776	2	69
John, s. Jonathan, Jr. & Eliz[abe]th, b. Aug. 18, 1735	1	16
John, m. Sarah DRESSER, Sept. 24, 1761	1	89
John, m. Sarah DRESSER, Sept. 24, 1761	1	109
John, m. Sarah DRESSER, Sept. 24, 1761	2	106
John, s. John & Sara, b. Aug. 19, 1771	1	89
John, s. [John & Sarah], b. Aug. 19, 1771	2	106
John, s. Jon[athan], d. June 24, 1814	1	17
John, [Sr.], d. June 24, 1814	2	106
John Milton, s. [Jonathan & Olive], b. Aug. 15, 1807	2	150
Jonath[a]n, m. Eliz[a]beth WARNER, Jan. 18, 1732/3	1	2
Jonathan, s. Jonath[a]n, Jr. & Elizabeth, b. May 26, 1742	1	16
Jonathan, Sr., d. Mar. 20, 1742/4	1	17
Jonathan, Jr. s. Dead. Jonathan & Elizabeth, d. Oct.. 21, 1760, at Little Falls	1	17
Jonathan, s. John & Sarah, b. Dec. 13, 1761	1	89
Jonathan, s. [John & Sarah], b Dec. 13 1761	2	106
Jonathan, s. John & Sarah, d. Nov. 14, 1765	1	90
Jonathan, s. John & Sarah, d. Nov. 14, 1765	2	106
Jonathan, s. John & Sarah, b. Dec. 19, 1766	1	89
Jonathan, s [John & Sarah], b Dec. 19,1766	2	106
Jonathan, s. [John & Sarah], d. July 31, 1780, at Brookfield, Mass.	2	106
Jonathan, s. Nathan & Orinda b. Jan. 8, 1782	2	85b
Jonathan, Dead, d.. Jan. 17, 1790	1	17
Jonathan, m. Olive HUNT, Mar. 19, 1805	2	150
Joseph A., m. Lucinda HALL, 1st evening, [Mar. 9, 1835], by Rev. Job Hall, of Ashford	3	44
Joseph A., m. Sally ADAMS, b. of Abington, Apr.. 3, 1838, by Rev. Nathan S. Hunt, of Abington	3	54
Joseph Addison, s. [Abel & Sally], b. Aug. 16, 1807	2	145
Lemuel Ingalls, s. [Samuel, 2d, & Debby], b. Mar. 31, 1810	2	153
Lemuel Ingalls, s. Samuel, 2d, d. Apr.. 8, 1811	2	153
Lewis Adams, s. Joseph A. &Sally, b. Aug. 16, 1840	4	35
Lucinda, w. Joseph A., d. Jan 10, 1837	4	35
Lucinda Hall, d. Joseph A. & Lucinda, b. Dec. 30, 1836	4	35
Lucretia, d. Samuel & Lucretia, d. July 3, 1790	2	5
Lucretia, d Nathan, Jr. & Rebeckah, b. Dec. 26, 1795	2	122
Lucretia, m. Barnice SPAULDING, Feb.. 13, 1812	2	2
Lyman, s. [Ebenezer & Mary], b. Feb.. 11, 1823	2	158
Lyman, d. July 4, 1825	2	158
Mary, d. Jonathan, Jr. & Eliz[be]th, b. Nov. 11, 1733	1	16
Mary, d. Jonathan, Jr. & Elizabeth, d. Sept. 28,1736	1	17
Mary, d. Jonathan, Jr. & Eliz[be]th, b Feb.. 10, 1736/7	1	16
Mary d. Tho[ma]s 7 Mary, b. Oct.. 28, 1745	1	14
Mary, m. Samuel COTTON, Feb.. 9, 1758 (Written Mary DRESS)	1	107
Mary d. Nathan & Orinda, b. Feb.. 7,1772	1	11
Mary, d. John & Sarah, b. May 31, 1773	1	89

POMFRET VITAL RECORDS 143

	Vol.	Page
DRESSER, (cont.)		
Mary, d. [John & Sarah], b. May 31, 1773	2	106
Mary, d. Feb.. 17, 1792	1	15
Mary, d. [Nathan, Jr. & Rebeckah], b. Sept 29, 1807	2	122
Mary F., of Pomfret, m. Erastus FISHER, of Killingly, [ ], 7, [1835], by Nathan S. Hunt	3	44
Mary Fletcher, d. [Ebenezer & Mary], b. Sept. 19, 1813	2	158
Nancy, d. [Nathan, Jr. &Rebeckah], b. Oct.. 31, 1810	2	122
Nancy, d. [Abel & Sally], b. Jan. 16, 1812	2	145
Nancy, of Pomfret, m. Hiram WALDO, of Canterbury, Oct.. 21, 1845, by Rev D. Hunt	3	77
Nathan, s. Jonathan & Sarah, d. Nov. 4, 1720	1	17
Nathan, s. Tho[ma]s & Mary, b Jan. 12, 1737/8	1	14
Nathan, m. Orinda CARPENTER, Apr.. 19, 1759	1	108
Nathan, s Nathan & Orinda, b. Aug. 20,1769	1	11
Nathan, Jr., m. Rebeckah LEFFINGWELL, Mar. 26, 1795	2	122
Nathan, s. [Nathan, Jr. & Rebeckah], b. Apr.. 7, 1805	2	122
Nathan, s. [Jonathan & Olive], b. Jan. 7, 1805	2	150
Pamilla, d. [Samuel, 2d, & Debby], b. Aug. 13, 1819	2	153
Pamela S., of Pomfret, m. Josiah M. CROSBY, of Woodstock, Apr.. 14, 1841, by Warren Cooper	3	65
Rowland, s. John &Sarah, b. Aug. 13, 1778	2	69
Rowland, s. [John & Sarah], b Aug. 13, 1778	2	106
Rowland, s. [John &Sarah], d. Dec. 31, 1808, in Stockbridge, Mass	2	106
Sally, m. Thomas CHOLLAR, Mar. 6, 1805	2	150
Sally, d. [Abel & Sally], b. July 30, 1809	2	145
Sally, m. John W. ADAMS, b. of Pomfret, Jan. 30, 1832, by Amzi Benedict	3	33
Sally Bowen, d. Nathan & Orinda, b. Feb.. 21, 1779	2	85b
Samuel, s. Jonathan & Elizabeth, b. Sept. 17,1745	1	16
Sam[ue]l, m. Lucretia BROWN, June 2, 1768	1	114
Sam[ue]ll, s. John &Sarah, b. Jan. 31, 1781	2	69
Samuel, s. [John & Sarah], b. Jan. 31, 1781	2	106
Samuel, 2d, m. Debby INGALLS, Nov. 30, 1806	2	153
Samuel, s. Jona[than], & Mary, d. June 4, 1814	1	17
Samuel, [Sr.], d. June 4, 1814	2	5
Sam[ue]l, Utley,s .[Ebenezer & Mary], b June 2, 1815	2	158
Sarah, [twin with Hannah], d. Thomas & Mary, b. Nov. 11,1739	1	14
Sarah, d Tho[ma]s & Mary, d. Nov. 25, 1739	1	15
Sarah, w. Jonathan, Sr., d. Aug. 10, 1756	1	17
Sarah, m. John DRESSER, Sept. 24, 1761	1	89
Sarah, m. John DRESSER, Sept. 24, 1761	1	109
Sarah, m. John DRESSER, Sept. 24, 1761	2	106
Sarah, d John & Sarah, b. Jan. 19,1770	1	89
Sarah, d. [John & Sarah], b. Jan. 19,1770	2	106
Sarah, w. John, d. Jan. 7, 1814	2	106
Sarah Ann, d. [Samuel, 2d, & Debby], b. Jan. 27, 1823	2	153
Sarah Ann, d. [Samuel, 2d], d. Aug. 7, 1824	2	153
Serena, d Nathan & Orinda, b. Feb.. 26, 1764	1	11
Serena, m. Ebenezer HOLMES, Jr., Sept. 20, 1787	2	38
Thomas, s. Nathan & Orinda, b. Aug. 18, 1867	1	11
Thomas, s. Nathan & Orinda, d. Sept. 11, 1788	1	12

	Vol.	Page

DRESSER, (cont.)
Thomas, s. Nathan, Jr. & Rebeckah, b. FEb. 12, 1798	2	122
Thomas, s. Nathan, Jr. d. Jan. 23, 1800	2	122
DRISCOLL, ——, st. b. male, Feb.. 17, 1862	5	12
DUNKIN, Lois, m. James **HOLMES,** Nov. 14, 1753	1	103
DUNLAP, Edwin, m. Lucena **STOWELL,** b. of Plainfield, Mar. 5, 1828, by Rev. Aaron Lummis	3	24
DUPRAISE, Mary, b. in Ashford.. Entered June 10, 1823	2	145
DURANT, DURENT, Abigail, d. David & Sarah, b. Apr.. 13, 1744	1	62
David, m. Sarah **ADAMS,** Mar. 12, 1743/4	1	3
David, d. Mar. 5, 1745/6	1	63
Sarah, d. David & Sarah, b. May 16, 1746	1	63
DURFEE, Betsey, housekeeper, married, b. Killingly, res. Pomfret, d. July 22, 1853, ae 42 black	5	2
Rispa, m. Jude **MAY,** Oct.. 15, 1817	2	174
DURKEE, DARKEY, DERKEE, Abigail, d. Benj[amin] & Joanna, b. Mar. 25, 1779	2	10
Abijah, s. Tho[ma]s & Sarah, b. Mar. 10, 1730'31	1	71
Abijah, s. Tho[ma]s & Sarah b Mar. 7, 1731/2 "Recorded by a second information"	1	74
Andrew, Lieut., d. Jan. 3, 1761, of small pox	1	79
Andrew, s. Bartholomew & Ruth, b. Oct.. 1, 1765	1	89
Andrew, s. Benj[ami]n & Joanna, b. Mar. 7, 1788	2	10
Bartholomew, m. Ruth **KEYES,** Oct.. 6, 1761	1	109
Benjamin, m. Joanna **WILLIAMS,** Aug. 25, 1768	1	114
Benjamin, s. Benj[amin] &Joanna, b. Nov. 23, 1782	2	10
Benjamin F., d. May 29,1813	4	33
Benjamin F., m. Mary **HAYWARD,** b. of Pomfret, Apr.. 26, 1840, by Rev. D. Hunt	3	62
Benjamin F., m. Louisa E. **ROBINSON,** b. of Pomfret & New York, Jan. 29, 1854, by Rev. D. Hunt	3	90
Bettey, d. Benj[amin] & Joanna, b. May 26, 1773	2	10
Cha[rle]s H., s. [Benjamin F. & Mary], b. Nov. 26, 1846	4	33
Elisha, s. Andrew & Mary, b. June 6, 1765	1	97
Eliza, of Pomfret, m. Olney **SALISBURY,** of Brooklyn, Apr.. 11, 1841, by Rev. D. Hunt	3	64
Elizabeth, m.. Benjamin **RUGGLES,** June 7, 1770	1	116
George P., s. [Benjamin F. & Mary], b. Oct.. 29., 1841	4	33
Joanna Williams, d. Benj[ami]n & Joanna, b. Mar. 23, 1786	2	10
John, s. Benjamin & Joanna, b. Mar. 27, 1769	2	10
John, m. Sally **ANGELL,** June 28, 1801	2	102
Lucy, d. Benj[amin] & Joanna, b. Oct.. 14, 1771	2	10
Lucy, d. Benj[amin], & Joanna, d. Sept. 4, 1777	2	10
Lucy, d. Benj[amin] & Joanna, b. Oct.. 23, 1777	2	10
Lucy Ann, d. [Sally & John], b. Apr.. 16, 1802	2	102
Mary, m. Ebenezer **DRESSER,** Apr.. 22, 1762	1	110
Mary, Mrs., m. Nath[anie]l **CARPENTER,** May 6, 1765	1	112
Mary, d. Benj[amin] & Joanna, b. Apr.. 21, 1770	2	10
Mary, m. John **BOYDEN,** Feb.. 5, 1793	2	70
Mary, w. Benjamin] f., b. Mar. 14, 1819	4	33
Mary, of Pomfret, m. Benjamin **JOHNSON,** of Warren, Mass, May 26, 1839, by Rev. Bela Hicks	3	59

POMFRET VITAL RECORDS   145

	Vol	Page
DURKEE, (cont.)		
Mary E., d. [Benjamin F. & Mary], b Oct. 28, 1850	4	33
Mary E., d. Benj[amin] F., farmer, b. Oct.. 28, [1850]	4	90
Nathan, s. Bartholomew & Ruth, b. Jan. 21, 1767	1	89
Percy, m. Stephen **COLE**, Nov. 17, 1768	1	114
Persia, d. Benj[amin] & Joanna, b. Dec. 3, 1784	2	10
Pruda, d. Andrew &Mary, b. Oct.. 29, 1751	1	78
Ransom, s. Bartholomew & Ruth, b. June 30, 1762	1	89
Rodlolphus, s. Bartholomew & Ruth, b. Apr.. 20, 1769	1	89
Salley, d. Andrew & Sarah, b. Nov. 17, 1760	1	78
Sally, d. Benj[amin] & Joanna, b. Sept. 9, 1780	2	10
Sally, m. Silas N. **CLARK**, Oct.. 28, 1804	2	149
Sarah, d. Andrew & Sarah, b. Jan. 26, 1756	1	78
Sarah, d. Andrew & Mary, d. Jan. 19, 1758	1	79
Silas, s. Tho[ma]s &Sarah, b. Sept. 15, 1733	1	71
Theodosia, d. Bartholomew & Ruth, b. Feb.. 19, 1764	1	89
Thomas, s Tho[ma]s & Sarah. b May 5, 1729	1	71
Tho[ma]s, s Tho[ma]s & Sarah, b. May 5, 1729. "Recorded by a second information"	1	74
DYER, Sallinda, m. Ahaz **WHITE**, b. of Pomfret, Mar. 24, 1822, by Rev. Walter Lyon, of Abington	3	5
EAGER, Jennison, of New Orleans, La., m. Fidelia F. **HUTCHINS**, of Pomfret, Sept 7, 1842, by Rev. N.S. Hunt, of Abington	3	68
EAMES, [see also **AMES**], Junia S., of Brooklyn, m. Emeline **COBURN**, of Pomfret, Nov. 23, 1844, by Rev. Benjamin Congdon	3	74
EARL, EARLL, EARLS, Dan[ie]ll, s. W[illia]m & Elizabeth, b. Mar. 31, 1727/8	1	44
Daniel, s. William & Elizabeth, b. July 13, 1735	1	44
Eliza, d. John & Rachel, b. Sept. 22, 1733	1	44
Elizabeth, d. W[illia]m 7 Elizabeth, b. Feb.. 5, 1732/3	1	44
Jesse, s Moses & Mary, b. Dec. 18, 1761	1	81
John, s. John & Rachel, b. Mar. 28, 1735	1	44
Mary, d. John & Rachel, b Feb..14, 1736/7	1	44
Mary, m. David **DODGE**, Aug. 1, 1769	2	66
Mary, m. David **DODGE**, Sept. 28, 1769	1	115
Moses, s. W[illia]m & Elizabeth b. Oct.. 3, 1730	1	44
Moses, m. Mary **HOWARD**, May 4, 1759	1	108
Moses, s. W[illia]m & Elizabeth, d. Aug. 13, 1762, at Havannah in His Majesties Service	1	45
Moses, d. Aug. 13, 1762, at Havanah in His Majesties Service	1	82
Prudence, m. Samuel **JAQUA**, Feb.. 3, 1755	1	109
Sarah, d. William & Elizabeth, b. June 17, 1740	1	44
W[illia]m m. Eliz[a]beth **MIAL**, Jan. 12, 1725/6	1	2
William, s. William & Elizabeth, b. Dec. 23, 1728	1	44
William, Jr., s. W[illia]m & Elizabeth, d. Oct.. 31, 1755, at Lake George	1	45
William s. Moses & Mary, b. Jan. 5, 1760	1	81
William, d Jan. 5, 1775	1	45
EASTEN, Marcus, m. Malanty **FISHER**, b. of Pomfret, Jan. 15, 1832, by Rev Charles Fitch, of Abington	3	33
EASTERBROOK, [see under **ESTERBROOK**]		

	Vol.	Page
EATON, Abel, m. Polly **GOODELL,** Jan. 12, 1802	2	77
Ebenezer, d. Dec. 28, 1776	2	56
Susanna, m. Tho[ma]s **GROW,** Jr., Jan. 26, 1738/9(?)	1	2
EDGERTON, EDGARTON, ----, d. Asa, farmer, ae 21, & Rachal M.		
ae 33, b Feb.. 20, [1850]	4	87
----, male, d. June 13, 1857, ae 1 d.	5	7
EDMUNDS, EDMONDS, EDMUND, Dyer Pearl, s. [Moses & Roxye], b. July 7, 1804	2	126
Elizabeth, m. James **GROW,** Jan. 1, 1793	2	139
Hannah, m. W[illia]m **ABBOTT,** June 4, 1778	1	80
Hannah, m. Capt. Nathan **PAINE,** Dec. 19, 1799	2	79
Hannah, d. [Moses & Roxye], b. Mar. 29, 1801	2	126
Jemima, d.[Moses & Roxye], b Feb.. 10, 1803; d. Mar. 10,1803	2	126
Mary, d. [Moses & Roxye], b. July 7, 1806	2	126
Moses, m. Roxye **PEARL,** Mar. 8,1796	2	126
Olive, d. Moses & Roxye, b Feb.. 3, 1797	2	126
Olive, m. John **PAIN,** May 27, 1818, by James Grow	2	171
William, s. [Moses & Roxye], b Mar. 7, 1799	2	126
ELDREDGE, Edward, of Boston, Mass., m. Hannah GROSVENOR, of Pomfret, Mar. 6, 1822, by Rev. James Porter	3	5
Edward, farmer, b. Brooklyn, Conn., res. Pomfret, d. Sept. 8, 1847, ae 52	4	80
Giles R., laborer, widower, b. Brooklyn, res. Pomfret, d. Mar. 8, 1859, ae 79 y. 2 m.	5	9
Hannah Child, w. Dr. Charles & d. [Charles & Olive Child], d. Oct.. 31, 1819	2	27
Hannah G., housekeeper, widow, d. Aug. 5, 1865, ae 66 y. 2 m. 17 d.	5	15
Henry, gardening, married, d. Sept 25, 1860, ae 86 y. 1 m. 21 d.	5	10
James, m. SARAH **ASHCRAFT,** Feb.. 20, 1765	1	110
Mary Ann, b. Brazil, S.A., res. Pomfret, d. Dec. 10, [1849], ae 27	4	89
Nathan, s. James & Sarah, b. Sept. 10, 17[ ]	1	98
ELLIOTT, ELIOT, Betty, Mrs., m. Rev. David **RIPLEY,** Jan. 12, 1758	1	108
Emma E., of Pomfret, m. Benjamin M. **BROWN,** of Providence, R.I., Oct.. 7, 1836, by Rev Sidney Homan, Killingly	3	49
George, m. Percis **KIMBALL,** Jan. 18,1781	2	95
Ira, of Thompson, m. Susannah **OSGOOD,** of Abington, Apr.. 26, 1836, by Nathan D. Hunt, Abington	3	49
John Davis, s. William & Nancy, b. Oct.. 25, 1831	4	41
Lydia, m. Augustus **ARNOLD,** Mar. 22, 1820	2	149
Lydia, of Pomfret, m. Samson **BENNETT,** of Brooklyn, [Apr..] e, [1844], by Rev. N.S. Hunt, of Abington	3	72
William, m. Nancy **DAVIS,** b. of Pomfret, Feb.. 10, 1828, by Rev. James A. Boswell	3	23
ELLIS, Abner Turner, s. [Royal & Sally], b. July 8, 1805	2	52
Sally, d. Royal & Sally, b. June 12,1803	2	52
ELMAR, Mary, m. Benjamin **SAWYER,** Jan. 27, 1721/2	1	2
ENSWORTH, David Augustus, s. Jedediah 7 Lucy, b. FEb. 10, 1787	2	63
Jedediah, Dr., d. Oct. 26, 1795, ae 37 y.	2	63
Jedediah Sabin, s. Jedediah & Lucy, b. Jan 17, 1792	2	63
Lucy Adams, d. Jedediah & Lucy, b June 18, 1785	2	63

POMFRET VITAL RECORDS 147

	Vol.	Page
ESTERBROOK, EASTERBROOKS, EASTERBROOK, ESTERBROOKS, ESTABROOKS, Calvin, s. Oliver & Mary, b. Sept. 26, 1775	2	55
Diana, s Peleg, b Nov. 6, 1797	2	76
Eliza, d. [Levi & Huldah], b. Jan. 21, 1802	2	151
Eliza, of Pomfret, m. Elisha **MARCY**, of Woodstock, Apr.. 20, 1842, by Ebla Hicks	3	67
Hannah S., of Woodstock, m. Daniel **SMITH**, of Pomfret, [Oct..] 15, [1834], by Nathan S. Hunt, Abington	3	42
Huldah, housekeeper, widow, d. Sept. 20, 1855, ae 85 y. 9 d.	5	16
Levi, m. Huldah **GRIGGS**, Dec. 17, 1799	2	151
Levi, miller, married, b. Woodstock, res. Pomfret, d. Mar. 27, 1854, ae 75	5	3
Lucy Adams, d [Levi & Huldah], b. Aug. 25, 1805	2	151
Lucy Adams, single, d. Aug. 9, 1858, ae 52 y. 11 m. 16 d.	5	8
Persis, d. Nathaniel, Jr. & Lydia, b. Sept. 15, 1777	2	44
Sally, of Woodstock, m. Stephen **TROWBRIDGE**, May 17, 1818	2	174
Sarah, d. Oliver & Mary, b. Apr.. 2, 1777	2	55
EVENS, Sarah, m. Jesse **FOSSETT**, Dec. 2, 1781	2	104
FAIRBANKS, Charles, of Westborough, Mass., m. Almira **GRANT**, of Pomfret, May 11, 1834, by N. Branch	3	42
FAIRCHILD, Charles C., s. Jason W. 7 Hannah D., b. May 26, 1827	4	13
David, s. [Jason W. & Hannah D.], b. Feb.. 2, 1829	4	13
FAIRFIELD, Hannah F., of Pomfret, m. Franklin **NICHOLS**, of Thompson, Oct. 17, 1839	3	60
Jason W., m. Hannah D. **CHANDLER**, dec. 27, 1825, by James A. Boswell	3	18
Lucy Ann, m. Thomas W. **WILLIAMS**, Dec. 28, 1825, by James A. Boswell	3	18
Mary H., m. Nathan C. **RICHMOND**, Nov. 24, 1825, by James A. Boswell	3	18
FANALL, Mary, d. Jeremiah, b. Boston, res. Lowell, d. Mar 25, 1869, ae 1 y. 11 m. 29 d.	5	17
FARNUM, Stephen, m. Joanna **WARNER**, Mar. 2, 1752	1	103
FARR, FEAR, Archaball, s. John & Eunice, b. Apr.. 14, 1752	1	26
John, s. John & Eunice, b. Apr.. 1, 1746	1	26
John, s. John & Eunice, b. Jan. 29, 1750	1	26
John, s. John & Eunice, d. Feb.. 28,, 1750	1	27
Richard, s John & Eunice, b. Apr.. 22, 1748	1	26
Samuel, s. John & Eunice, b. Oct.. 26, 1745	1	26
FARRAH, Sarah, m. Ezekiel **WHITNEY**, July 22, 1731	1	2
FARRINGTON, FARINGTON, FERINGTON, FERRINGTON, Amasa, Ephraim & Elizabeth, b. Feb.. 28, 1781	2	1
Catherine, m. Calvin **INGALLS**, Nov. 28, 1782	2	43
Clarina, d. Hannah Lyon, single woman, b. Mar. 10, 1767	1	22
Elizabeth Holland, d. Ephraim & Elizabeth, b. Apr.. 3, 1777	2	1
Ephraim, m. Elizabeth **SABIN**, Feb.. 18, 1768	1	114
Ephraim, s. Joseph & Mercy, b. Mar. 22, 1797	2	128
Ephraim, d. Feb.. 6, 1796	2	1
Eunice, d. Ephraim & Eliza, b. Apr.. 22, 1772	2	1
Isaac, s. Ephraim & Eliza, b. Aug. 11, 1770	2	1
Isaac, m. Esther **GAY**, Oct.. 2, 1791	2	110

148   BARBOUR COLLECTION

	Vol.	Page
FARRINGTON, (cont.)		
Jerusha, m. Beacham **GOODELL,** July 13, 1743	1	3
Joseph, s. Ephraim & Elizabeth, b. Apr.. 16, 1769	2	1
Joseph, m. Mercy **BOMAN,** July 31, 1795	2	128
Lucinda, d. Ephraim & Elizabeth, b. Aug. 27, 1776	2	1
Lucinda, d. Ephraim & Elizabeth, d. Aug. 19, 1777	2	1
Lucinda, d. Ephraim & Elizabeth, b. Sept. 21, 1778	2	1
Lucy, d. Eph[rai]m & Elizabeth, b. Apr.. 26, 1785	2	1
Molly, d. Eph[rai]m & Elizabeth, b. Mar. 16, 1768	2	1
Molly, m. Walter **SHARPE,** Sept. 19, 1793	2	121
Nancy, d. Isaac & Esther, b. July 3, 1792	2	110
Sally, m. Joseph **GRIGORY,** Jan. 28, 1802	2	134
Sarah, d. Ephraim & Eliza, b. Mar. 20, 1774	2	1
Sarah, m. William **SHARP,** Feb.. 9, 17[ ]	1	111
Zelinda, d. Ephraim & Elizabeth, b. Aug. 31, 1782	2	1
FARROW, Alfred S., s. Enos, farmer, ae 31, & Hannah G., ae 25, b. Apr.. 10, [1851	4	90
Enos, of Pomfret, . Hannah E. **JOHNSON,** of Newburyport, Mass., Dec. 9, 1847	3	82
Enos, farmer, ae 28, b Thompson, res. Pomfret, m. Hannah D. **JOHNSON,** ae 22, b Rowley, Mass., res Pomfret, Dec. 9, 1848, by Rev. Daniel Hunt	4	79
FASSETT, [see under **FOSSETT**]		
FAY, Aaron, d. Nov. 5, 1852, ae 79	5	1
Celinda A., m. Jams P. **CHASE,** b. of Pomfret, July 4, 1848, by Rev. D. Hunt	3	83
Selinda, ae 19, of Pomfret, m. James. P. Chase, shoemaker, ae 21, of Pomfret, July 4, 1847, by Rev. Daniel Hunt	4	79
Charles L., s. Libbeus, b. Dec. 21, 1837	4	8
Herbert, s. [Libbeus], b. Apr.. 24, 1843	4	8
Lucretia T., m. Philo T. **KINGSBURY,** b. o Pomfret, Nov. 29, 1849, by Rev. d. Hunt	3	85
Lucretia T., ae 24, of Pomfret, m. Philo T. **KINGSBURY,** shoemaker, ae 24, b. Willington, Conn., res. Pomfret, Nov. 29, 1849, by Daniel Hunt	4	88
Selinda, see under Celinda		
FRENTON, John Cleveland, s. Chauncey & Mary Ann Perkins, b. Apr.. 8, 1830	4	19
FERMIN, Olive, of Monson, Mass., m. Erastus **LOMBARD,** of South Wilbraham, Mass., Apr.. 14, last [1834], by Nicholas Branch	3	41
FERRINGTON, [see under **FARRINGTON**]		
FIELD, FIELDS, Anna, d. Jeremiah & Lydia, b. Oct.. 8, 1776	2	84
Barnet, s. Jeremiah & Lydia, b. Mar. 25, 1771	2	84
Barnet, m. Lucy **WILLIAMS,** June 26, 1796	2	129
Barnet, farmer, widower, b. Cranston, R.I., res. Pomfret, d. Feb.. 15, 1861, ae 89 y. 10 m. 21 d.	5	11
Bille Goodell, s. William & Jerusha b Oct.. 11,1788	2	108
Charles, s Jeremiah & Lydia, b. Nov. 24, 1791	2	84
Charles C., m. Hannah **WHITE,** b. of Pomfret, Feb.. 20, 1823, by Rev. James Porter	3	8
Hannah, d. Jeremiah & Lydia, b. Oct.. 5, 1788	2	84
Hannah, d. Jeremiah, d. Dec. 1, 1788	2	84

POMFRET VITAL RECORDS 149

	Vol.	Page
FIELD, (cont.)		
Jeremiah, s. Jeremiah & Lydia, b. Mar. 2, 1783	2	84
Lydia, d. Jeremiah & Lydia, b. July 21, 1786	2	84
Lydia, d.Jeremiah, d. July 5, 1787	2	84
Lydia, s. [Reuben & Abrey], b. Mar. 20, 1799	2	133
Martha, m. Austin **RUGGLES**, Oct.. 24, 1849, by Lucius Holmes J.P.	3	85
Martha, ae 29, b. S[t]afford, Conn., res. Chautaugua, N.Y., & Austin **RUGGLES**, farmer, ae 29, b. Hardwich, Mass., res. Chautaugua, N.Y., Oct.. 24, [1849], by Rev. Lucian Holmes	4	88
Mary, of Pomfret, m. Amos b. **CHEESEBOROUGH**, of Stonington, Mar. 29, 1826, by Rev. Reuben Torrey, of Eastford	3	19
Reuben, s. Jeremiah & Lydia, b. Nov. 22, 1772	2	84
Reuben, m. Abrey **BRAYTON**, June 21, 1798	2	133
Ruth, d. Jeremiah & Lydia, b Nov. 16, 1774	2	84
Ruth, m. George **HOLBROOK**, Apr.. 17, 1800	2	139
Sally, housekeeper, married, d. Dec. 22 1856, ae 81	5	6
Sarah, of Pomfret, m. John **STREETER**, of Southbridge, Sept. 16, 1821, by Rev. Walter Lyon, of Abington	3	4
William, m. Jerusha **GOODELL**, Apr.. 5, 1787	2	108
William, s. Jeremiah & Lydia, b.. Apr.,. 18. 1790	2	84
Zuba, d. Jeremiah &Lydia, b. Dec. 21 1769	2	84
Zuba, d. Jeremiah, d. Aug. 21, 1771	2	84
FISH, David, 2rd, of Amherst, N.H., m. Abigail **NOURSE**, of Pomfret, [Jan.] 19, [1823], by Rev. James Porter	3	7
Lucy, m. Elias **BLANCHARD**, Oct.. 18, 1781	2	21
Rebeckah, m. Samuel **FOSSETT**, June 4, 1781	1	116
Sam[ue]l C., m. Celestina W. **BOTTOM**, July 14, 1829, by R. S. Crampton	3	27
FISHER, Abigail, d. [Schuyler & Hannah], b. Aug. 26, 1806	2	9
Ann J., m. Orin **MARCY**, b. of Abington, Nov. 8, 1831, by Rev Charles Fitch, of Abington	3	32
Eleanor, of Pomfret m. James G. **COOKE**, of Killingly, Feb.. 9, 1834, by Rev. Lent S. Hough, of Chaplain	3	40
Erastus, of Killing, m. Mary F. **DRESSER**, of Pomfret, [ ] 7, [1835], by Nathan S. Hunt	3	44
Malanty, m. Marcus **EASTEN**, b. of Pomfret, Jan. 15, 1832, by Rev. Charles Fitch, of Abington	3	33
Schuyler, s. Schuyler & Hannah, b. July 16, 1800	2	9
FISK, Abiel, m. Benjamin **WITTER**, Aug. 26, 1762	1	111
Allis, d. John & Mary, b Apr.. 15, 1763	1	79
Daniel, s. John &Mary, b. Sept. 28, 1766	1	79
John, m. Mary **INGALLS**, Jan. 9, 1755	1	105
John, d. John & Mary, b. Apr.. 3, 1761	1	79
John, Lieut., d. Aug. 6, 1790	1	80
John Willys, s. John & Mary, b. Jan. 16, 1758	1	79
John Willys, s. John &Mary, d. Sept 14, 1776	1	80
Martha, m. Jonathan **ALLIN**, Nov. 18, 1756	1	105
Mary, m. William V. **HARGER**, b. of Pomfret, Nov. 16, 1840, by Rev. d. Hunt	3	63
Mary Ann, of Pomfret, m. Uriah **MARCY**, of Holland, Mass., Apr.. 11, 1838, by Rev. bela Hicks	3	55

150   BARBOUR COLLECTION

	Vol	Page
FISK, (cont.)		
Molly, d. John & Mary, b. Oct.. 25, 1755	1	79
FITCH, Cynthia, see under Sinthea		
Mary Ann, d. [ ] & [Rhoda], b. Dec. 17, 1803	2	130
Sinthea, d. [ ] & [Rhoda], b. Oct.. 21, 1799	2	130
-----, m. Rhoda NEWELL, Oct. 8, 1797	2	130
FITTS, Charles Herbert, s. Lyman, farmer, ae 33, & Harriet M., ae 27, b. Aug. 1, 1848	4	78
Daniel, m Abigail SLADE, Apr.. 22, 1806	2	155
Ebenezer, m. Nancy CHAFFEE, Dec. 12, 1802	2	144
Emily, m. James W. MANNING, b. of Pomfret, May 5, 1846, by Rev. I. J. Burgess	3	78
Harriet, d. Mar. 25, 1860, ae 19 d.	5	10
James M., d. Oct.. 27, 1864, ae 3 y. 1 m. 9 d.	5	14
Joseph E., clerk, single, b. Kalamazoo, res. Chicago, s. Francis & Eliza, d. June 19, 1867, ae 17 y. 3 m. 10 d.	5	16
Lucius, s. [Daniel & Abigail], b. June 18, 1810	2	155
Lucius, m. Adaline TUCKER, b. of Pomfret, Mar. 25, 1834, by A. Benedict	3	41
Lyman, s. [Daniel & Abigail], b. Jan. 22, 1815	2	155
Reuben Slade, s. [Daniel &Abigail], b. Apr.. 13 1808	2	155
FLETCHER, Addison, of Cavindish, Vt., m. Mary S. INGALLS, of Pomfret, Sept. 13, 1825, by Rev Walter Lyon, of Abington	3	17
FLING, Abel, s. Abijah & Irene, b. Aug. 9, 1763	1	68
Abigail, d. Abijah & Irene, b. June 2, 1759	1	68
Abigail, d. Abijah & Irene, d. July 24, 1764	1	69
Abigail, m. Ithemer MAY, May 15, 1796	2	102
Abijah, m. Irene KINGSLEY, Jan. 1, 1756	1	105
Abraham, .s Joseph & Sarah, b. Dec. 20 1770	2	26
Calvin, s Abijah & Irene, b. Jan. 26, 1758	1	68
David, s John & Mary, b. June 15 1745	1	29
David, s. Joseph & Sarah, b. Feb.. 28, 1769	2	26
Elisha, s. Abijah & Irene, b. June 4,1761	1	68
Erastus, s. Lem[ue]ll & Ruth, b. July 20, 1783	2	86
Hannah, d. John & Mary, b. Mar. 15 1740	1	29
Hannah, Had, s. Ephraim PEAK by Ephraim PEAK, b. Jan. 29, 1770	1	54
Hannah, single, woman, had s. Joel German HOW, reputed f. Johazaniah HOW, b. July 28, 1774	2	26
John, m. Mary KEYES, Mar. 20, 1754	1	104
Joseph, s John & Mary, b. Feb.. 21, 1745/6	1	29
Joseph, m. SArah GARY, Oct.. 31, 1769	1	155
Joseph, d. Jan. 3, 1776	2	26
Lemuel, s. Abijah & Irene, b. Nov. 26, 1756	1	68
Lemuel, m. Ruth CADY, Apr.. 16, 1781	2	86
Mary, w. John, d. Dec. 7, 1747	1	30
Mary, 2d, w. John, d. Nov. 21, 1755	1	3
Mary, d. Joseph & Sarah, b. Apr.. 8, 1774	2	26
Mary, d. Joseph & Sarah, d. Feb.. 22, 1778	2	26
Parnal, d. Lem[ue]ll & Ruth, b. Sept. 15, 1781	2	86
Sarah, d. Joseph & Sarah, b. Mar. 1, 1776	2	26
Sarah, m. Thomas JONES, Sept. 11, 1783	2	55

POMFRET VITAL RECORDS 151

	Vol.	Page
FLING, Sarah, m. Nathan GARY, b. of Pomfret, Mar. 28, 1822, by Rev. James Grow	3	5
FLYNN, FLYN, Henrietta, of Woodstock, m. John Angell, of Pomfret, Jan. 9, 1819	2	171
Mary, m. Silas WILLIAMS, Apr.. 15, 1777	2	74
FORCE, Ebenezer, m. Hannah CHANDLER, Feb.. 8, 1781	2	96
Ebenezer, m. Hannah CHANDLER, Feb.. 8, 1781	2	97
Ebenezer, s. Eben[eze]r & Hannah, b. Nov. 30, 1786	2	97
Ebenezer, s. Ebenezer & Hannah, d. Sept. 9, 1788	2	97
Ebenezer, s. Ebenezer & Hannah, b. Jun 25, 1789	2	97
Elisha, s Ebenezer & Hannah, b. July 31, 1783	2	97
Elisha, s. Ebenezer & Hannah, d. Aug. 16, 1783	2	97
George, s. Ebenezer & Hannah, b. Jan. 25, 1797	2	97
Jerusha, d. Ebenezer & Hannah, b. Jan. 8, 1782	2	97
William Chandler, s. Ebenezer & Hannah, b. Mar. 13, 1793	2	97
FORD, Allethiah, d. [Alvin & Sally], b. Jan. 4, 1798	2	21
Alvin, s. Alvin & Sally, b. Dec.8, 1790	2	21
Betty, m. Oliver READ, Nov. 13, 1770	2	31
David, m. Mary COTTON, Dec. 10, 1772	2	39
Milton, s. [Alvin & Sally], b. Apr.. 10, 1794	2	21
Polly, d. David & Mary, b. Sept. 29, 1773	2	39
Sally, d. [Alvin & Sally], b. Jan. 11, 1796	2	21
Warren, s. [Alvin & Sally], b. Aug. 2, 1792	2	21
FOSSETT, FOSSET, FASSETT, Adonijah, m. Anne COPELAND, Nov. 4, 1745	1	99
Adonijah, s. Adonijah & Anne, b. Nov. 15, 1751	1	70
Adonijah, s. Adonijah &Anne, b. Apr.. 3, 1753	1	70
Adonijah, m. Anna ALLIN, July 28, 1776	2	69
Alanson, s. William & Zeruiah, b. July 3, 1769	2	16
Ellis, d. Benjamin & Elizabeth, b. June 14, 1751	1	80
Allice, d. W[illia]m & Zeruiah, b. July 22, 1778	2	16
Amariah, s. Benj[ami]n & Elizabeth, b. May 21, 1755	1	80
Amaziah, m. Mindwell BEDLOCK, May 28, 1775	2	70
Anna, m Benj[amin] FOSSETT, Jr., Dec. 17, 1767	2	32
Anne, d Adonijah & Anne, b. Oct.. 6, 1746	1	70
Benj[ami]n, s. Benj[ami]n & Lydia, b. May 27, 1746	1	80
Benjamin, Jr., m. Elizabeth TUCKER, Dec. 8, 1746	1	101
Benjamin, Lieut., m. Mrs. Eleanor ADAMS, Feb.. 5, 1758	1	107
Benjamin, Lieut, d. Oct.. 3, 1764	1	81
Benj[amin], Jr., m. Anna FOSSETT, Dec. 17, 1767	2	32
Benjamin, Jr., d. Nov. 6, 1771	1	81
Betsey, d. W[illia]m & Zeruiah ,b. Sept. 28, 1785	2	16
Chester, s. W[illia]m & Zeruiah, b. June 26, 1767	2	6
Chester, d. Mar. 16, 1776	2	16
Chester, s. W[illia]m & Zeruiah, b Nov. 25, 1781	2	16
David, m. Hart WICKHAM, [ ]	2	70
Dille, d. W[illia]m & Zeruiah, b. June 25, 1774	2	16
Dille, m. Oliver ANGELL, Apr.. 13, 1794	2	71
Dorcas, d. Josiah & Hannah, b. Feb.. 4 1757	1	68
Elijah , s. Josiah & Hannah, b. Nov. 9, 1766	1	68
Elizabeth, d. Adonijah & Anne, b. June 14, 1749	1	70
Elizabeth, w. Lieut. Benjamin, d. Aug. 18, 1757	1	81

	Vol.	Page
FOSSETT, (cont.)		
Elizabeth, d. Benj[ami]n & Elizabeth, b. Oct.. 13, 1757	1	80
Elizabeth, m. Noah **ADAMS,** jr. Nov. 22, 1770	2	44
Ellis, see under Alice		
Esther, d. Sam[ue]l & Rebeckah, b. Apr.. 24, 1764	1	80
Eunice, d. Benj[ami]n, Jr. & Ann, b. Mar. 11, 1768	2	32
Grace, m. Silas **CHANDLER,** Dec. 29, 1774	2	59
Hannah, d. Josiah & Hannah, b Sept. 3, 1753	1	68
Jesse, s. Andonijah & Anne, b. Mar. 15, 1756	1	70
Jesse, m. Sarah **EVENS,** Dec. 2, 1781	2	104
Joab, s. Adonijah & Anne, b. June 11, 1758	1	70
Joab, s. Adonijah & Anna, d. Sept. 13, 1759	1	71
Joab, s. Adonijah & Anne, b. Mar. 2, 1763	1	70
John, m. Lydia **WARREN,** Oct.. 17, 1745	1	99
Joseph, s. Benj[ami]n & Elizabeth, b. June 17, 1753	1	80
Josiah, m. Hannah **THAIR,** Aug. 31, 1752	1	103
Josiah, d. Josiah & Hannah, b. Aug. 12, 1761	1	68
Lois, d. Adonijah & Anne, b. Aug. 15, 1760	1	70
Luce, d. Josiah & Hannah, b . Jan. 3, 1759	1	68
Lydia, d. Benjamin & Elizabeth b. Sept. 14, 1748	1	80
Mary, d. Adonijah & Anne, b. Feb.. 26, 1766	1	70
Molly, d. Josiah & Hannah, b. Mar. 10, 1755	1	68
Nathan, s. Benj[ami]n, Jr. & Anna, b. Aug. 22, 1771	2	32
Rachel, d. John & Lydia, b. Nov. 2, 1748	1	70
Rebeckah, w. Samuel, d. Feb.. 6, 1772	1	81
R[e]uben, s. Josiah & Hannah. b. Jan. 9 ,1764	1	68
Rhoda, d. John & Lydia, b June 18, 1750	1	70
Sam[ue]l, s. Benj[ami]n & Lydia, b. Nov. 8, 1741	1	80
Samuel, m Rebeckah **FISH,** June 4, 1761	1	116
Sarah, d. John & Lydia, b. Mar. 11, 1746	1	70
Sarah, m. Isaac **ROW,** July 28, 1768	2	65
Silence, d. Benjamin & Elizabeth b. Sept. 25, 1759	1	80
William, s. Benj[ami]n & Lydia, b. Jan. 30, 1744/5	1	80
William, m. Zuriah **MEACHAM,** Feb.. 12, 1766	1	114
William Lyman, s. W[illia]m & Zeruiah, b. June 6, 1771	2	16
FOSTER, Billa, s. Joseph & Chloe, b. Dec. 7, 1790	2	63
Joseph, m. Chloe **WHITE,** Mar. 18, 1784	2	63
Lyman, s. Joseph & Chloe, b. May 14, 1784	2	63
Rachel, m. Henry **SMITH,** Jan. 25, 1775	2	78
Ruth, m. Benj[ami]n **SHARPE,** Jr., Sept. 26, 1771	1	116
Sarah, m William **BARKER,** Sept. 22, 1765	1	112
Thankfull, m. John **SHAW,** May 22, 1728	1	2
William, of Killingly, m. Sally **BUSHNELL,** of Pomfret, [Nov. 27, [1823], by Rev John Paine, of Hampton	3	10
FOWLER, Mary, m Lemuel **CHANDLER,** Apr.. 2, 1807	2	154
Orrin, Rev., of Plainfield, m. Smaryillis **PAYON,** of Pomfret, [Oct..] 16, [1821], by Rev. James Porter	3	4
FOX, Florette, of Pomfret m. Seaman **TRUESDELL,** of Thompson, [Jan.] 20, [1834], by Nicholas Branch	3	40
Nathaniel b., clergyman, b. Hancock, N.H., res. Pomfret, d. Jan. 17, 1848, ae 36	4	80
Nathaniel Breed, Rev., of Granby, lower Canada, m. Arathusa,		

POMFRET VITAL RECORDS 153

	Vol.	Page
FOX, (cont.)		
INGALLS, of Pomfret, [May] 25, [1840], by Rev. Nathan S. Hunt, of Abington	3	63
FRANCIS, Charles, black, b. Eastford, res. Pomfret, d. Feb.. 27, 1864, ae 1 y. 2 m.	5	14
Susan, illeg. D. Phebe, colored, domestic, ae 31, b. May 25, [1851]	4	91
-----, illeg, d. Phebe M., colored, housewife, ae 24, b. Jan. 29, 1849	4	82
FRANKLIN, Alse, d. Willson & Elizabeth, b. Mar. 27, 1788	2	24
Ammitta, d. John & Mary, b. Apr.. 5, 1724	1	28
Benj[amin], Sr., d. June 4 1726	1	29
Cha[rle]s Henry, s Benjamin, shoe manufacturer, ae 26, b. Sept. 6, [1850]	4	91
Henry Johnson, m. Mary **WILLIAMS**, July 16, 1765	1	112
John s. John & Mary, b. Apr.. 11, 1721	1	28
John, s John & Mary ,d. Sept. 20, 1724	1	29
Lotheta, m. Walter **TUCKER**, Dec. 7, 1794	2	134
Mary, d. Henry John & Mary, b. Nov. 13, [ ]	1	98
Phebe, w. Benj[amin], d. Oct.. 20, 1725	1	29
Phebe, d. John & Mary, b. Apr.. 30, 172[ ]	1	28
Sarah A., of Pomfret m William C. **PENDLETON**, of Westerly, R.I., [Sept.] 19, [1843], by Rev. N. S. Hunt, of Abington	3	71
FRAWLEY, Catharine E., single, d. Apr. 16, 1861, ae 10 m. 12 d.	5	11
Howard, b Hampton, res .Pomfret, d. Apr. 17, 1861, ae 3 y.11 m. 9 d.	5	11
FRAZURE, Charlotte, d. [John & Louisa], b. Sept. 15, 1781	2	136
George, s. [John & Louisa], b. Dec. 29, 1797	2	136
Harriet, d. {John & Louisa], b. Mar. 13, 1788	2	136
John, m. Louisa **PHELPS**, Dec. 18, 1778	2	136
John s. [John & Louisa], b. Sept. 13, 1779	2	136
Lucy, d. [John & Louisa], bb. Dec. 3, 1794	2	136
Sally, d. [John & Louisa], b. Oct.. 1, 1785	2	136
Susannah, d. [John & Louisa], b. Oct.. 16, 1790	2	136
FREEMAN, Almira, of Pomfret, m David **CHAFFEE**, of Thompson, Feb.. 28, 1830, by Rev. James Grow, of Thompson	3	28
Elijah, s. Robert, d. May 5, 1748	1	73
Elisha, m. Mary **VINCENT**, Nov. 13, 1752	1	103
Elisha, s. Elisha & Marcy, b. Oct.. 26, 1753	1	57
Elisha s. Elisha & Mary, d. Oct.. 24 1754	1	58
John H., of Providence, R.I., m. Julia Ann **MILBURN**, of Pomfret, Apr.. 7, 1836, by Rev. D. Hunt	3	48
Robert, d. Oct.. 16, 1754	1	58
Samuel A., farmer, married, b. Providence, R.I., res Pomfret, d. June 7, 1861, ae 38 y. 11 m. 23 d.	5	11
FRENCH, Abner, farmer, married, b. Plainfield, res. Pomfret, d. May 16, 1850, ae 69 y.	5	10
FRINK, John, Jr., s. Nathan & Lucy, b. Aug. 25, 1765	1	27
John , m. Mrs. Mary **TIFFANY**, Oct.. 16, 1766	1	113
John , s. Nathan & Lucy, d. Apr. 11. 1782	1	28
Luce, d. Nathan & Lucy, b. Aug. 25, 1763	1	27
Mary, d. John & Mary, b. Feb.. 7, 1768	1	32
Nathan, m. Mrs. Lucy **WOOD**, Aug. 11, 1757	1	106
Nathan, s. Nathan &Lucy, b. May 19, 1758	1	27
Nathan, d. Sept. 27, 1779	1	28

154 BARBOUR COLLECTION

	Vol.	Page
FROST, Eben[eze]r, m. Lathena **CADY,** Mar. 19, 1772	1	116
Jonas, s. Jonas & Susannah, b. Mar. 22, 1757	1	19
Mary, d. Jonas & Susanna, b. Apr.. 14, 1767	1	19
Phinehas, s. Jonas & Susannah, b. Sept. 5, 1761	1	19
Stephen s. Jonas & Susannah, b. May 17, 1759	1	19
Susanna, [d.] James & Susanna, b. July 12, 1764	1	19
FRY, Frances, d. Nathaniel & Emily, b. Jan. 29,1836	4	56
Rhoba, d. Nath[anie]l & Emily, b. July 1, 1837	4	56
FULLER, Augustus, of Coventry, m. Roxey **STONE,** of Pomfret, May 19, 1825, by Rev. James A. Boswell	3	16
John, s. John & Hannah, b. Oct.. 8, 1757	1	34
Linden, s. Caleb & Rebeckah, b. Feb.. 19, 1781, at Rehoboth	2	10
Sarah, d. Caleb & Rebeckah, b. Oct.. 2, 1787	2	10
GAL[L]IGAH, John s. Martin, farmer, b. June 7, [1850]	4	86
GALLUP, Fanny M., m. Giles **WILLIAMS,** Sept. 16, 1833	4	29
GALLY, Anna, m. David **GOODELL,** Mar. 12, 1747	1	100
GALUCIA, Mary m. Daniel **CHANDLER,** Jan. 12, 1779	2	83
GARDEN, Henry, of Plainfield, m. Maria b. Malbone, of Pomfret, June 25, 1848, by Rev. J. Mather	3	83
GARDNER, GARNER, Deborah, Mrs. M. Col. Israel **PUTNAM,** June 3, 1767	1	113
Henry, of Plainfield, m. Maria b. **MALBONE,** of Pomfret, June 25, 1848, by Rev. J. Mather (Written "Garden")	3	83
Lydia, m. Benjamin **TUCKER,** Sept. 8, 1748	1	100
GARNER, [see under **GARDNER**]		
GARRETT, Elizabeth, m. Joseph **TUCKER,** Jr., Aug. 6, 1744	1	99
GARY, Abigail, d. Nath[anie]ll & Mary, b. July 14, 1717	1	24
Amasa, [s. Josiah & Sarah], b. Apr.. 26, 1772	1	15
Amasa, s. Josiah & Sarah. b. Apr.. 26, 1772	2	88
Amasa, s. Josiah & Sarah, b. Apr.. 16, 177[ ]	1	117
Amasa, m. Sarah **HOMES,** Feb.. 7, 1793	2	109
Asa, s. Josiah & Sarah, d. Dec. 24, 1785	1	16
Asa, farmer, widower, s. Josiah & Zervia[h], d. Oct.. 10, 1867, ae 77 y. 23 d.	5	16
Benj[ami]n, s. W[illia]m & Susannah, b. Oct.. 11, 1712	1	22
Benj[ami]n s. W[illia]m & Susanna, d. Oct.. 22, 1734	1	23
Charles, s. William & Lucy, b. Nov. 1, 1801	2	132
Dorcas, d. Josiah & Sarah, b. Nov. 10, 1759	1	15
Dorcas, d. Josiah & Sarah, d. Mar. 8, 1760	1	16
Dorcas, d. Josiah & Sarah, b. May 3, 1761	1	15
Ebenezer, s. William & Susannah, b. Mar. 28, 1714	1	22
Eben[eze]r, s. William & Susanna, d. Dec. 26, 1714	1	23
Eben[eze]r, s. John & Hannah, b. Oct.. 1, 1741	1	22
Elizabeth, d. W[illia]m & Susannah, b. Dec. 30, 1708	1	22
Elizabeth, d. Josiah & Sarah, b. Aug. 1, 1750	1	15
Elizabeth, d. William & Susanna, d. Feb.. 12, 1757	1	23
Erastus, s. [William & Lucy], b. Apr.. 5, 1806	2	132
[E]unice, d. Nath[anie]ll & Mary, b. Oct.. 25, 1714	1	24
Hannah, d. John & Hannah, b. June 13, 1737	1	22
Hannah, d. Josiah & Sarah, b. Jan. 16, 1754	1	15
Harriet, s. [sic] [William & Lucy], b. May 13, 1808	2	132
Harriet, m. Hezekiah **HOLT,** Apr.. 13, 1829, by Isaac Bonney	3	26

POMFRET VITAL RECORDS 155

	Vol.	Page
GARY, (cont.)		
John, s. W[illia]m & Susannah, b. Dec. 25, 1702	1	22
John, s. John & Hannah, b. Mar. 11, 1739/40	1	22
John, s. John & Hannah, d. July 9, 1740	1	23
John, d. Oct.. 24, 1745	1	23
John, s. Josiah & Sarah, b. Oct.. 5, 1756	1	15
John, m Asenath **BARTHOLOMEW**, May 18, 1800	2	136
John, s. [John & Asenath], b. Jan. 8, 1804	2	136
Joseph, s. W[illia]m & Susannah, b. Mar. 7, 1704	1	22
Josiah, s. Sam[ue]ll & Sarah, b. Mar. 16, 1708/9	1	15
Josiah, m. Sarah **SPRAGUE**, Jan. 12, 1746/7	1	100
Josiah, s. Josiah & [Sarah], b. July 10, 1755	1	15
Josiah, m. Zerviah **BUNDAY**, Jan. 7, 1784	2	33
Jude Perrin, s. [William & Lucy], b. Feb.. 3, 1811	2	132
Julia Ann, housekeeper, married, b. Killingly, res. Pomfret, d. Apr.. 3, 1865, ae 58 y. 7 m.	5	15
Laura, d. William & Lucy, b. Jan. 9, 1800	2	132
Laura, m. Record **STOUGHTON**, b. of Pomfret, Aug. 29, 1825, by Rev. John M. Hardy	3	17
Lewis, s. William & Lucy, b. Jan. 8, 1804	2	132
Lucretia, d. [John & Asenath], b. Jan 3, 1802	2	136
Lucy, d. Josiah & Sarah, b. Oct.. 11, 1764	1	15
Lidia, d. Sam[ue]ll & Sarah, b. July 16, 1706	1	15
Lydia, m. Caleb **LAMB**, Sept. 14, 1733	1	2
Martha, d. Sam[ue]ll & Sarah, b. Mar. 10, 1701	1	15
Martha, m. William **BROWN**, May 28, 1723	1	2
Martha, d. Josiah & Sarah, b. Jan. 23, 1748/9	1	15
Martha, m. Phinehas **DAVISON**, Dec. 21, 1775	2	72
Mary Hyde, d. Cha[rle]s & Malinda, b. Nov. 14, 1826	4	10
Massenath, s. Josiah & Sarah, b. Feb.. 17, 1763	1	15
Molly, d. Josiah & Sarah, b .Nov. 1, 1767	1	15
Molly, d. Josiah & Zerviah, b. July 1, 1786	2	33
Molly, domestic, single, d. Mar. 26, 1865, ae 78 y. 8 m.	5	15
Nathan, s. Josiah & Sarah, b. June 18, 1769	1	15
Nathan, m. Sarah **FLING**, b. of Pomfret, Mar. 28, 1822, by Rev. James Grow	3	5
Nathaniel, m. Mary **ALLIN**, Feb.. 11, 1712/13	1	1
Orinda, d. [William & Lucy], b. May 10, 1813	2	132
Polly, d. Josiah & Sarah, d. Dec. 6, 1785	1	16
Sam[ue]ll, s. Sam[ue]ll & Sarah, b. Mar. 16, 1703/4	1	15
Sam[ue]ll, s. Sam[ue]ll & Sarah, d. June 3, 1725	1	16
Samuel, s. Josiah & Sarah, b. Feb.. 1, 1752	1	15
Samuel, m. Martha **THURSTON**, Nov. 10, 1752	1	103
Samuel, d. Nov. 19, 1757	1	16
Sarah, d. Josiah & Sarah, b Dec. 8, 1747	1	15
Sarah, w. Sam[ue]ll*, d. Aug. 7, 1750 (*The words "by Sarah his wife" follow here, probably in error)	1	16
Sarah, m. Joseph **FLINT**, Oct.. 31, 1769	1	115
Sarah King, widow, d. Mar. 14, 1854, ae 81 y. 6 m. 7 d.	5	3
Susannah, d. W[illia]m & Susannah, b. May 23, 1705	1	22
Susanna, d. W[illis] 7 Susanna, d. July 9, 1734	1	23
William, [sr.] d. Nov. 22, 1756	1	23

	Vol.	Page
GARY, (cont.)		
William, s. Josiah & Sarah, b. Nov. 16, 1758	1	15
William, m. Lucy **PERRIN**, Feb.. 4, 1799	2	132
William Lewis, s. [Cha[rle]s & Malinda], b. July 7,1728	4	10
GATES, Abigail, d. Sam[ue]ll 7 Mary, b. Aug. 7, 1714	1	29
David, s. Sam[ue]ll &Mary, b. Sept. 7, 1716	1	29
David, s Sam[ue]ll & Mary, d. Sept. 16, 1716	1	30
Jonathan, s. Sam[ue]ll & Mary, b. June 4, 1712 (Jonathan?)	1	29
Jonathan, s. Sam[ue]ll & Mary, d. Mar. 5, 1719/20	1	39
Lucy, d. Sam[ue]ll & Mary, b. Dec. 13, 1717	1	29
Martha, d. Sam[ue]ll & Mary, b. Apr.. 8, 1722	1	29
Pincas (?), m. Maholah **BRAISES**(?), [ ] (Entry is illegible)	1	3
GAVIN, W[illia]m, b. Woodstock, res. Pomfret, d. Feb.. 9, 1855, ae 2 y. 6 m.	5	5
GAY, Abigail, m. Sam[uu]l **DANA**, Apr.. 10, 1716	1	2
Elizabeth, m. James **DOWNING**, Jan. 21, 1773	2	38
Esther, m. Isaac **FERR[R]INGTON**, Oct.. 2, 1791	2	110
Lyd[i]a, m. Silas **ADAMS**, Sept. 28, 1783	2	47
GEER, Christiany, m. Jonathan **CADY**, Mar. 7, 1782	2	103
GILBERT, Adaline, d. Horace & Sally, b. May 22, 1835	4	11
Adaline, of Pomfret, m. George M. **SAWYER**, of Boston, Mass., Oct. 18, 1854, by Rev. D. Hunt	3	91
Andrew Wyllys, s. [Perrygrine & Charity], b. Aug. 17, 1814	2	142
Anna, d. Eleazer & Sarah b. Sept. 18, 1777	2	36
Avinda, d. [Perrygrine & Charity], b. May 19, 1803	2	142
Benjamin, s. John & Hannah, b. Aug. 17, 1767	2	1
Betsey, housekeeper, widow, b. Brooklyn, Ct., res. Pomfret, d. Oct. 4, 1863, ae 92 y. 4 m. 19 d.	5	13
Calvin, s. John & Zeriah, b. Oct.. 25, 1779	2	1
Charity, of Pomfret, m. Chandler A. **SPAULDING**, of Killingly, last evening, [Feb.. 12, 1835, by Rev. Job Hall, of Ashford	3	44
Charity b., housekeeper, widow, d. July 21, 1856, ae 76	5	6
Charity Marrianna, d. [Perrygrine & Charity], b. Apr.. 19, 1812	2	142
Charles H. Of Plymouth, Conn., m. Harriet J. **DEWEY**, of Pomfret, Oct.. 2, 1850, by Rev. S. Haine, Abington	3	87
Chester, s. John & Zeriah, b. May 19, 1778	2	1
Chloe, d. John & Zeriah, b. June 27, 1782	2	1
Daniel, s. John & Esther, b. Nov. 30 1748	1	46
Ebenezer, s. John &Esther, b. Sept. 5, 1757	1	46
Edwin Hall, s. Horace & Sally, b. Apr.. 24, 1839	4	11
Eleanor*, s. John & Esther, b. Mar. 14, 1744 (*crossed out and Eleazer hand written)	1	46
Eleazer, m. Sarah **WEEKS**, Apr.. 23, 1772	2	36
Eleazer, s. Eleazer & Sarah, b. Nov. 22, 1775	2	36
Emily Matilda, d. Horace &Sally, b. Apr.. 4, 1846	4	11
Erepta, m. Calvin **TUCKER**, June 19, 1804	2	149
Esther, d. John & Esther b. Aug. 24, 1759	1	48
Frances Harriet, d. Joseph & Harriet, b. Aug. 9, 1829	4	30
Hannah, d. John, Jr. & Rachel, b. Oct.. 27, 1774	2	22
Hannah, d. Eleazer & Sarah, b. Oct.. 16, 1788	2	36
Harriet, housekeeper, married, d. Nov. 16, 1862, ae 52	5	13
Henry Jackson, s. Horace & Sally, b. July 29, 1833	4	11

POMFRET VITAL RECORDS 157

	Vol.	Page
GILBERT, (cont.)		
Horace, m. Sarah HALL, b. of Pomfret, Dec. 14, 1828, by Rev. James Porter	3	25
Jane Elizabeth, d. Horace & Sally, b. Feb.. 19, 1832	4	11
Jedediah, s. John & Esther, b. Aug. 27, 1761	1	46
John s. John & Esther, b. June 7, 1746	1	46
John m. Hannah HAMMON, Nov. 22, 176[ ]	1	111
John, Jr., m. Rachel PEARCE, Dec. 28, 176[ ]	1	115
John , m. Zerviah SABIN, Jan. 18, 1776	2	1
John ,d Feb.. 13, 1790	2	1
John Wilkes, s. John., Jr. & Rachel, b. Oct.. 11, 1770	2	22
Joseph, s. John & Esther, b. Oct.. 15, 1765	1	46
Joseph, m. Harriet WILLIAMS, b. of Pomfret, Oct.. 28, 1828, by Rev. James Porter	3	25
Joseph Addison, s. [Perrygrine & Charity], b. Oct.. 23, 1808	2	142
Lewis Newton, s.[Joseph & Harriet], b. Jan. 25, 1836	4	30
Lorenzo, s. [Perrygrine & Charity], b. Sept. 6, 1806	2	142
Lucy, d. Eleazer & Sarah, b. Dec. 6, 1781	2	36
Marcia A., m. Calvin D. WILLIAMS, b. of Pomfret, Mar. 24, 1840, by Rev D. Hunt	3	61
Maria Abbaline, d. [Perrygrine & Charity], b. Feb.. 19, 1818	2	142
Mary, d. John & Esther, b. Aug. 17, 1753	1	46
Mary Snow, d. Horace & Sally, b. Dec. 16, 1841	4	11
Molly, d. John & Hannah, b. Jan. 30, 1770	2	1
Molly, d. John & Hannah, d. Jan. 23, 1773	2	1
Molly, d. Eleazer & Sarah, b. Mar. 4, 1774	2	36
Olive Williams, d. [Joseph & Harriet], b. Dec. 18, 1837	4	30
Orrin Pierce, s [Perrrygrine & Charity], b. Dec. 2, 1804	2	142
Perrygrine, m. Charity BRUCE, Mar. 11, 1802	2	142
Perigrene, carpenter, married, b. Brooklyn ,res. Pomfret, d. Mar. 21, 1856, ae 72 y. 2 m. 17 d.	5	6
Perrygrine Bruce, s. [Perrygrine & Charity], b. Aug. 20 1810	2	142
Sarah, d. Eleazer & Sarah, b. Apr.. 1, 1779	2	36
Solomon, s. John & Esther b. Aug. 16, 1755	1	46
Solomon, s. Katharine Cady, single Woman, b. Aug. 25, 1778	2	81
Thaddeus, s. John & Esther, b Dec. 20, 1750	1	46
GILHALLEY, -----, st. b. female Nov. 14 1865	5	15
GILLMORE, Lardiner A., m. Julia Ann DAVIS, b. of R.I., Nov. 12, 1849, by Rev Roswell Park	3	85
GLAISER, [see under GLAZIER]		
GLANCEY, -----, d. Mar. 24, 1853	5	1
GLAZIER, GLAISER, GLAIZER, Elizabeth, d. Benj[ami]n & Elizabeth, b. Nov. 30, 1745	1	28
Elizabeth, m. Jabez HIDE, Jan. 25, 1770	2	73
Mary, m. James DANIELSON, July 14, 1714	1	1
Mary, d. Benj[ami]n & Elizabeth, b. May 13, 1738	1	28
Samuel, s. Benj[ami]n & Elizabeth, b. May 3, 1740	1	28
GLEASON, GELEASON, Abel, s. John & Anna, b. June 25, 1786	2	16
Abigail, d. Elisha & Elizabeth, b. June 29, 1764	1	95
Abigail, d. Elisha, d. Jan. 26, 1767	1	96
Abigail, d. Elisha & Elizabeth, b. Dec. 10, 1767	1	95
Abigail, d. Elisha & Elizabeth, d. Oct.. 13, 1775	1	96

BARBOUR COLLECTION

	Vol.	Page
GLEASON, (cont.)		
Abigail, d. John & Anna, b. Dec. 17, 1880	2	16
Abigail, m. Hartley **GOODELL**, May 19, 1803	2	59
Andrew E., s. [Arthur & Sarah], b. Jan. 7, 1828	4	20
Angeline Elizabeth, d. Guy & Pamela, b. Mar. 8, 1834	4	37
Arthur, s. Elisha & Mary, b. Dec. 21, 1794	2	18
Betsey, m. Capt. Samuel **SABIN**, Feb.. 22, 1810	2	15
Caroline, d. [John Augustus & Betsey], b. Feb.. 5, 1804	2	133
Charles, s. Elisha & Mary, b. Sept. 21, 1798	2	18
David, s [Elisha & Mary], b. Oct.. 28, 1804	2	18
David A., s. Arthur & Sarah, b. Aug. 20, 1826	4	20
Dora, d. Elisha & Mary, b. Mar. 24, 1793	2	18
Edgar Otis, s Guy & Pamelia, b. Aug. 26, 1853	4	37
Elisha, s. Elisha & Elisabeth, b. Mar. 7, 1766	1	95
Elisha, of Oxford, m. Elizabeth **PARKHURST**, of Pomfrett, sept. 29, 176[ ]	1	111
Elisha, m. Mary **DANA**, Oct.. 18, 1787	2	18
Elizabeth, d. Elisha & Mary, b. July 4, 1789	2	18
Elizabeth, Mrs., d. May 1, 1804	1	96
Elizabeth, d. [John Augustus & Betsey], b. Aug. 22, 1810	2	133
Ellen E., d. [Guy & Pamela], b. Aug. 21, 1843	4	37
Evan, s Elisha & Mary, b. Sept. 30, 1796	2	18
Frances, s. Cha[rle]s & Susan, b Dec. 16 ,1843	4	3
George, s Elisha & Mary, b. Dec. 25 ,1790	2	18
Guy, s. Elisha & Mary, b. May 15, 1800	2	18
Hannah, w. Cha[rle]s, d. Mar. 19, 1839	4	3
Harriet, d .John & Anna, b. Apr.. 1, 1797	2	16
Henry D., s. [Arthur & Sarah], b. July 23 1829	4	20
John, m. Anna **HOLMES**, June 1, 1780	2	16
John, s. [John & Anna], b. Apr.. 6, 1799	2	16
John Augustus, s. Elisha & Elizabeth, b Jan. 24, 1770	1	95
John Augustus, m. Betsey **WALDO**, May 12, 1799	2	133
Lewis, s Cha[rle]s & Hannah, b. Feb.. 19, 1839	4	3
Lewis Putnam, s. [John Augustus & Betsey], b. Feb.. 28, 1800	2	133
Mary, d Elisha & Mary, b. Apr. 11, 1802	2	18
Mary, of Pomfret, m Alexander H. **NORTH[R]UP**, of Griswold, Jan. 16, 1829, by Rev. James Porter	3	26
Mary Waldo, d. [John Augustus & Betsey], b. Aug. 15, 1807	2	133
Polly, d. John & Anna, b. Apr. 18 1794	2	16
Rebeckah, d. John &Anna, b. June 6, 1783, in Thompson	2	16
Samuel, of Warren, Mass, m. Mary Jane **ALLEN**, ae 30, b. Abington, Jan. 14, [1850], by Rev. Himes	4	92
Samuel N., of Warren, Mass., m. Mary J. **ALLEN**, Jan. 14 ,1851, by Rev. S. Haines, Abington Society	3	88
William Frances, s. [Guy & Pamela], b. July 11, 1837	4	37
GOFFE, GOFF, Esther, m. Samuel **GRIGGS**, Jr., Nov. 6, 1798	2	132
George Mason, s. Griggs &Esther, b. Feb.. 12, 1798	2	112
Griggs, m. Easther **GRIGGS**, Apr.. 3, 1791	2	112
J. Ann, m S. P. **SUMMER**, b. of Pomfret, Apr. 19 1830, by Rev. Charles Fitch, of Abington	3	29
Jemmima Ann, d. [Griggs 7 Esther], b. Dec. 23, 1810	2	112
John Jefferson Liberty, s. [Griggs & Esther], b. Feb.. 5, 1802	2	112

	Vol.	Page
GOFFE, (cont.)		
Joseph Monroe, s. [Griggs & Esther], b. Jan. 31, 1813	2	12
Maria, d. Griggs & Esther, b. July 10, 1793	2	112
Maria, of Pomfret, m. John **BOLLES**, of Union, Apr.. 4, 1820	2	164
Nathan Griggs, s. Griggs & Esther, b. Dec. 23, 1795	2	112
GOODALE, [see under **GOODELL**]		
GOODELL, GOODEL, GOODALE, Aaron, s .Eben[eze]r		
& Experience, b. July 26, 1733	1	51
Abel, s. Edw[ar]d & Lydia, b. Mar. 1, 1742/3	1	8
Abiel, s. Jabez & Abigail, b. Sept. 13, 1747	1	11
Abigail, d. Jabez & Abigail, b. Jan. 28, 1749/50	1	11
Abijah, s. Jacob & Pegge, b. June 27, 1736	1	8
Abijah, m. Lucy **TYLER**, Feb.. 1, 1759	1	109
Abishas, s. Jabez & Abigail, b. Oct. 2, 1756	1	11
Abnah, s. Jabez & Abigail, b. Oct.. 20, 1745	1	11
Alice, see under Elles		
Alvin, s. Jacob, Jr. & Mehitobel, b. Jan. 1, 1759	1	46
Amasa, s. Edw[ar]d & Lydia, b. July 10 1745	1	8
Amasa, m. Lydia **WHEELER**, Dec. 22, 1800	2	85b
Amasa, d. Feb.. 2, 1824	2	85b
Andrew, s. [Roswell & Live], b. Feb.. 11, 1820	2	169
Anna, d. David & Anna, b .Feb.. 23, 1755	1	46
Anner, w. David, d. Dec. 26, 1775	1	47
Anna, d. Asaph & Huldah, b. Oct.. 19, 1779	2	82
Annah, d. Richard & Mercy, b. Apr.. 8, 1790	2	75
Anne, m. Abel **PERRIN**, Aug. 8,1805	2	150
Asa, s Jacob & Pegge, b. Aug. 20, 1741	1	8
Asa, s. Jacob & Pegge, d. Oct.. 21, 1754	1	9
Asa, s. Jacob, Jr. & Mehitobel, b. Mar. 9, 1757	1	46
Asa, s. Jacob, Jr. & Mehetabele, d. July 7, 1777, Was killed at		
Hubbardstown by the enemy.	1	47
Asahel, s. Jabez & Abigail, b. Dec. 12, 1758	1	11
Asaph, [twin with David], s. David & Anna, b. Mar. 29, 1753	1	46
Asaph, m. Huldah **WELD**, Nov. 22, 1778	2	82
Asaph, m. Lucy **DERBY**, Dec. 20, 1780	2	82
Asaph, s. Asaph & Lucy, b. Apr.. 13, 1789	2	82
Augusta, d. Benjamin & Abigail, b. June 29, 1779	2	88
Azubah, d. Abijah & Lucy, b. Mar. 1, 1760	1	85
Barnabus, s. Barnabus Goodell & Zerviah Goodell, single woman,		
b. Nov. 18, 1755	1	44
Barnabus, s. Barnabus Goodell & Zerviah Goodell, single woman,		
b. Dec. 18, 1755	1	32
Beacham, s. Tho[ma]s & Sarah, b. July 3, 1713	1	8
Beacham, m. Jerusha **FERRINGTON**, July 13, 1743	1	3
Benjamin, s. Jacob & Martha, b. June 27, 1753	1	8
Benjamin, m. Abigail **KIMBALL**, Mar. 4, 1779	2	88
Betsey, d. Asaph & Lucy, b. Sept. 7, 1784	2	82
Betty, d. Thomas & patience, b. Mar. 20,1775	2	46
Bridget, d. Jacob & Pegge, b. Dec. 7, 1739	1	8
Bridget, d. Jacob, Jr. & Mehetabel, b. Jan. 15, 1761	1	46
Bridgett, m. Nathaniel **COYE**, Oct.. 28, 1761	1	109

BARBOUR COLLECTION

	Vol.	Page
GOODELL, (cont.)		
Caleb, s. Beacham & Jerusha, b. Sept. 11, 1748	1	13
Caleb, m. Marsilua **WINTER**, May 6, 1773	2	53
Calvin, s. Cornelius & Nelle, b. Jan. 30, 1774	2	49
Chester, s .Zach[aria]h, Jr. & Hannah, b. Apr.. 28, 1761	1	43
Chester, s. Zach[aria]h, Jr. & Hannah, d. May 12, 1761	1	44
Chester, s. Eben[eze]r, Jr. & Phebe, b. Sept. 3, 1762	1	51
C[h]loe, d. Eben[eze]r, Jr. & Phebe, b. Dec. 28, 1755	1	51
Cornelius, s. Eben[eze]r & Experience, b. July 7, 1749	1	51
Cornelius, m. Nelle **DANA**, Dec. 7, 1773	2	49
Daniel, s. Edw[ar]d & Lydia, b. Feb.. 20, 1740/41	1	8
Daniel, s. John & Esther, d. Sept. 14, 1754	1	47
Daniel, m. France **CRAFT**, Dec. 12, 1765	1	112
Daniel, s. Daniel & Frances, b. Oct.. 3, 1778	1	84
Daniel, m. Dorcas **CURTISS**, Oct.. 22,1803	2	153
Daniel Beckwell, s. [Daniel & Dorcas], b. Jan. 10, 1806	2	153
David, s. Tho[ma]s &* Sarah, b Nov. 12, 1721	1	8
David, m. Anna **GALLY**, Mar. 12, 1747	1	100
David, [twin with Asaph], s. David & Anna, b. Mar. 29, 1753	1	46
David, Jr., m. Levina **SABIN**, June 7, 1779	2	90
David, m. Margaret **BOWMAN**, Nov. 11, 1779	2	46
David, Elder, d. July 14, 1784	1	47
David, s. Asaph & Lucy, b. Nov. 24, 1790	2	82
David, m. Polly **BOWMAN**, Apr.. 13, 1803	2	90
Deborah Branch, d. [William & Lucy], b. Aug. 21, 1816	2	164
Deborah Branch, m. John **CUNNINGHAM**, b. of Pomfret, Jan. 25, 1853, by Rev. D. Hunt	3	89
Delia, d. Richard & Marcy, b. Mar. 10, 1792	2	75
Delia, m. George S. **INGALLS**, Nov. 30, 1813	2	166
Dorcas, d. Zach[aria]h & Hannah, b. Aug. 3, 1739	1	43
Dorcas, d. Zachariah & Hannah, d. Mar. 24, 1740	1	44
Dorcas, d. Zachariah & Hannah, b. Jan. 7, 1741/2	1	43
Dorcas, d. Zachariah & Hannah, d. Dec. 16, 1742	1	44
Ebenezer, s. Thomas & Sarah, b. Sept. 8, 1703	1	8
Ebenezer, m. Experience **LYON**, Oct.. 21, 1728	1	2
Ebenezer, s. Eben[eze]r & Experience, b Sept. 12, 1729	1	51
Ebenezer, Jr., m. Phebe **HOLT**, Feb.. 13, 1755	1	105
Ebenezer, m Ann **SPENCER**, Oct.. 2. 1759	1	108
Edward, s. Tho[ma]s & Sarah, b. Apr.. 20, 1715	1	8
Edw[ar]d, m. Lydia **CHANDLER**, Mar. 7, 1735/6	1	2
Edward, s. Edward & Lydia, b Oct.. 11, 1751	1	8
Edward, Jr., m. Dorcas **SHEPHARD**, Dec.. 1, 1774	2	58
Edward, [Sr.], d. Aug. 30, 1784	1	9
Edward Wyllys, s. [Roswell & Olive], b. Sept. 14, 1817	2	169
Eleanor, d. Humphrey & Mehetobel, b. Oct.. 4, 1729	1	46
Eleanor, d. Jacob, Jr. & Mehetable, b. June 23, 1767	1	46
Elijah, s. David & Anna, b. Sept. 30, 1759	1	46
Elijah, s. Abijah & Lucy, b. Apr.. 20, 1765	1	85
Elijah, s. David & Anna, d. Oct.. 20, 1769	1	47
Elijah, s. David & Margarett, b. June 14, 1780	1	46
Elisha, s. Abijah & Lucy, b. Apr.. 23, 1763	1	85
Elizabeth, d. Benj[ami]n & Hannah, b. Feb.. 26, 1711	1	23

	Vol.	Page
GOODELL, (cont.) Elizabeth, d Zachariah, Jr. & Hannah, b. Nov. 27, 1777	2	62
Elizabeth, d. Zachariah & Hannah, d. Nov. 28, 1780	2	62
Elizabeth **WITTER**, d. [William & Lucy], b. May 5, 1814	2	164
Elles, d. Zach[aria]h & Hannah, b. [ ]	1	43
Emma Olivia, d. [Roswell & Olive], b. Sept. 17, 1815	2	169
Ephraim, s. Beacham & Jerusha, b Apr.. 30, 1754	1	13
Esther, d Zachariah & Hannah, b. May 19, 1735	1	43
Esther, d. Beacham &Jerusha, b. Oct.. 5, 1752	1	13
Esther, d. Beacham & Jerusha, d. Oct.. 7, 1754	1	14
Easther, m Zebediah **INGALLS**, Feb.. 20, 1755	1	105
Easther, d. Jacob & Martha, b. Feb.. 24, 1756	1	8
Esther, d. Beacham & Jerusha, b. Jan. 4, 1759	1	13
Esther, w. John d. Apr.. 13, 1764	1	47
Easther, d. Jacob & Martha, d. Sept. 11, 1764	1	9
Esther, d. Jacob, Jr. & Mehetabel, b. July 1, 1776	2	51
Eunice, d. Humphrey & Mehetobel, b. Mar. 6, 1731/2	1	46
Exper[ien]ce, d. Eben[eze]r & Experience, b. Aug. 19, 1735	1	51
Experience, d. Eben[eze]r & Experience, b. Apr.. 23, 1747	1	51
Experience, w. Eben[eze]r, d. Jan. 3, 1758	1	52
Experience, m. Thomas **GROSVENOR**, June 4, 1767	1	113
Ezra, s Jacob. Jr. & Mehetabel, b. Jan. 17, 1763	1	46
Frances, d. Daniel & Frances, b. Sept. 13, 1766	1	84
Frances, d. July 7, 1788	1	85
Frederick, s Zach[aria]h, Jr. & Hannah, b. Apr.. 28, 1762	1	43
Frederick, s. [Hartley & Abigail], b. Aug. 31, 1805	2	59
Hannah, d. Zachariah & Hannah, b. Feb.. 8, 1726/7	1	43
Hannah, d. Jabez &U Abigail, b. Oct.. 19, 1754	1	11
Hannah, d. Cornelius & Nelle, b. Sept. 21 1775	2	49
Hannah, d. Edward, Jr. & Dorcas, b. Sept. 24, 1775	2	58
Hannah, Mrs. D Nov. 4, 1784	1	44
Hannah, d. Asaph & Lucy, b. Sept. 24, 1792	2	82
Hartley, s. David & Levina, b. Aug. 31, 1779	2	90
Hartley, m. Abigail **GLEASON**, May 19, 1803	2	59
Harvey, s. Zachariah, Jr. & Hannah, b. Nov. 30, 1780	2	62
Huldah, w. Asaph, d. Apr.. 30, 1780	2	82
Huldah, d. Asaph & Lucy, b. Aug. 20, 1781	2	82
Huldah, d. [Asaph & Huldah], d. Nov. 5, 1798, in the 18th y. of her age	2	82
Hulda S., housewife, b. Abington Soc., res. Pomfret, d. Aug. 22, 1848, ae 64	4	84
Huldah **SABIN**, d. David, Jr. & Levina, b. Apr.. 13, 1784	2	90
Humphrey, s. Thomas & Sarah, b. Oct.. 30, 1699	1	8
Humphrey, m. Mehet[a]ble **JOHNSON**, Jan. 12, 1726/7	1	2
Humphrey, d. Apr.. 20, 1759	1	47
Jabash, s. Thomas & Sarah, b. Jan. 8, 1719/20	1	8
Jabez, m. Abigail **LYON**, Dec.. 19, 1744	1	99
Jacob, s. Thomas & Sarah, b Feb.. 28, 1708	1	8
Jacob, m. Peggy **ATWELL**, July 31, 1734	1	2
Jacob, s. Jacob & Pegge, b. Mar. 4, 1734/5	1	8
Jacob, m. Martha **BARKER**, Dec.. 20, 1743	1	3
Jacob, Jr., m. Mehetable **GOODELL**, 3rd, Dec.. 1, 1756	1	105

BARBOUR COLLECTION

	Vol.	Page
GOODELL, (cont.)		
Jerusha, d. Edw[ar]d &Lydia, b. Sept. 22, 1747	1	8
Jerusha, m. William **FILED**, Apr.. 5, 1787	2	108
Jesse, s. Edw[ar]d & Lydia, b. Dec.. 8, 1738	1	8
Jesse, s. Edward & Lydia, D. June 14, 1776	1	9
Jesse, s. [Amasa], d.Nov. 20, 1802	2	85b
John s. Tho[ma]s & Patience, b. May 25, 1773	2	46
John s. Asaph & Lucy, b. Sept. 24, 1794	2	82
Judeth, d. Eben[eze]r & Experience, b. June 30, 1731	1	51
Kezia, [twin with Lydia], d.Humphrey & Mehitobel, b.Mar. 26, 1736	1	46
Kezia, m. Timothy **ROBINSON**, Jan. 5, 1757	1	105
Laura, d. Asaph, b. Mar. 17, 1799	2	131
Ledyard, s. David, Jr. & Levina, b. Aug. 11, 1781	2	90
Ledyard, laborer, single, d. June 3, 1854, ae 73	5	4
Lamira, d. Amasa & Lucy, b. May 24, 1781 (Lemira)	2	85b
Lemira, d. [Amasa], d. Nov. 29, 1802	2	85b
Lemuel, s. David & Anna, b. Apr.. 9, 1763	1	46
Lemuel, s. Richard & Mercy, b. Nov. 27, 1800	2	75
Lemuel, of Detroit {M.T.}, m. Louisa **HOLT**, of Pomfret, Oct.. 26, 1835, by Daniel G. Sprague, Hampton	3	46
Lester, s. Jacob, Jr. & Mehetable, b. Aug. 31, 1771	1	46
Levina, w. David, d July 13, 1802, in the 50th y. Of her age	2	90
Lewis, s Richard & Mercy, b. Apr.. 11, 1796	2	75
Lewis, s. [Richard & Mercy], d. Jan. 1, 1809	2	75
Lois, d. Eben[eze]r & Experience, b. Oct.. 9, 1738	1	51
Lois, d. Ebenezer & Phebe, b. July 31, 1764	1	51
Lusinda, d. Zach[aria]h, Jr. & Hannah, b. Apr.. 2, 1764	1	43
Lucinda, d. Zachariah, d. Mar. 30, 1789, ae 35 y.	2	62
Luce, d. Humphrey & Mehitobel, b. Mar. 16, 1739	1	46
Lucy, d. Humphrey & Mehetobel, d. Aug. 9, 1741	1	46
Lucy, d. Humphrey & Mehetabel, d. Aug. 9, 1741	1	47
Lucy, d David & Anna, b. Jan. 6, 1747/8	1	18
Lucy, d. David & Anna, b. Jan. 6, 1748/9	1	46
Lucy, d. Abijah & Lucy, b. Mar. 6, 1772	1	85
Lucy, d. Zachariah, Jr. & Hannah, b. July 6, 1775	2	62
Lucy, d. Amasa & Lucy, b. Apr.. 22, 1779	2	85b
Lucy, d. Asaph & Lucy, b. Dec.. 16, 1782	2	82
Lucy, w. [Amasa], d. July 7, 1800	2	85b
Lucy, m. Ephraim **INGALLS**, Jr., Apr. 26, 1801	2	141
Lucy, d. [William & Lucy,], b. June 13, 1811	2	164
Lucy Maria, d. [Roswell & Olive], b. Apr.. 19, 1822	2	169
Lucy W., of Pomfret, m. Thomas A. **ANGELL**, of Plainfield, Mar.30, 1837, by N. S. Hunt, Abington	3	51
Luther, s. Eben[eze]r, Jr. & Phebe, b. Feb.. 21, 1770	2	18
Lydia, [twin with Kezia], d. Humphrey & Mehetobel, b Mar. 26, 1736	1	46
Lydia, m. Joseph **DAVISON**, Jr., Jan 5, 1757	1	105
Lydia, d. Daniel & Frances, b. Mar. 7, 1771	1	84
Lydia, Mrs., d. Apr.. 15, 1787	1	9
Lydia, m. Derius **KINNE**, Mar. 29, 1792	2	115
Mabel, d. Jacob, Jr. & Mehetabel, b. Feb.. 21, 1765	1	46
Marcia, d. Amasa & Lucy, d. Oct.. 6, 1795	2	85b
Mercy, of Pomfret, m William **HILLHOUSE**, of Montville,		

GOODELL, (cont.)

	Vol.	Page
June 13, 1822, by Rev. Walter Lyon, of Abington	3	6
Martha, m. Dan DAVISON, Jan. 6, 1763	1	111
Martha, d. Richard & Mercy, b. July 5, 1786	2	75
Mary, d. Humphrey & Mehetobel, b. Nov. 2, 1727	1	46
Mary, d. Zachariah & Hannah, b. Apr.. 15, 1746	1	43
Mary, d. John & Esther, d. Sept. 19, 1754	1	47
Mary, d. Zachariah & Hannah, b. Oct.. 13, 1772	1	43
Metilda, d. Zachariah & Hannah, b. Aug. 12, 1768	1	43
Mehitabel, d. Tho[ma]s & Sarah, b. Mar. 16, 1716/17	1	8
Mahitobel, d. Humphrey & Mehitobel, b. June 9, 1734	1	46
Mehetobel, m. Ebenezer DANA, Nov. 16, 1738	1	109
Mehetable, 3rd, m. Jacob GOODELL, Jr., Dec.. 1, 1756	1	105
Mercy, d. Richard & Mercy, b. June 15, 1788	2	75
Mercy, w. [Richard], d. May 18, 1808	2	75
Meriam, d. Eben[eze]r & Experience, b. July 4, 1743	1	51
Mersha, d. Amasa & Lucy, b. Mar. 5, 1793	2	85b
Molly, d. Abijah & Lucy, b. Feb.. 26, 1774	1	85
Molly, d. Richard & Mercy, b. Dec.. 28, 1779	2	75
Moses, s. Eben[eze]r & Experience, b. June 16, 1741	1	51
Nathan, s. Jacob & Pegge, b Feb.. 28, 1737/8	1	8
Nathan, s. Zach[aria]h & Hannah, b. Oct.. 15, 1748	1	43
Nathan, s. Zachariah & Hannah, d. Oct.. 15, 1748	1	44
Nathan, s. Jacob & Pegge, d. Sept. 23, 1754	1	9
Nathan, s. David & Anna, b. Mar. 10, 1757	1	46
Nathan, s. Abijah & Lucy, b. May 26, 1767	1	85
Nathan, s .David & Anna, d. May 4, 1768	1	47
Nathan s. Richard & Mercy, b. Aug. 8, 1798	2	75
Nathaniel, s. Richard & Mercy, b. May 8, 1782	2	75
Olive, d. David & Anna, [b.] June 21, 1766	1	46
Olive, d. David & Anna, d. Nov. 1, 1769	1	47
Olive, d. Edward, Jr. &Dorcas, b. Oct.. 3, 1777	2	58
Olive, d. Richard & Mercy, b. Apr.. 15, 1794	2	75
Olive, m. Roswell GOODELL, Oct.. 2, 1814	2	169
Oliver, s. Eben[eze]r, Jr. & Phebe, b. Nov. 4, 1771	2	18
Oliver, s. Eben[eze]r, Jr. &Phebe, d. Feb.. 4, 1773	1	51
Oliver, s. Eben[eze]r, [ ]	1	51
Orinda, d. Amasa & Lucy, b. July 13, 1783	2	85b
Pamelia, see under Pemela		
Pattey, d. Asaph & Lucy, b. May 25, 1786	2	82
Pegge, d. Jacob & Pegge, b. Aug. 20, 1743	1	8
Pegge, w. Jacob, d. Aug. 20, 1743	1	9
Pegge, d. Jacob & Pegge, d. Sept. 10, 1743	1	9
Pegge, d. Jacob & Martha, b. Sept. 1, 1749	1	8
Pemela, d. Amasa & Lucy, b. June 25, 1795	2	86b
Penelope, d. Zachariah & Hannah, b. Nov. 4, 1751	1	43
Penelope, m. Joseph GRIGGS, Apr.. 19, 1770	1	115
Persas, d Caleb & Marsilua, b. Sept. 15, 1773	2	53
Phebe, d. Beacham & Jerusha, b. Dec.. 6, 1750	1	13
Phinehas, s. Benj[ami]n & Hannah, b. May 1, 1713	1	23
Pitt, s. Asaph & Lucy, b. Aug. 11, 1796	2	82
Polly, m. Abel EATON, Jan. 12, 1802	2	77
Priscella, d. Jabez & Abigail, b. Aug 4, 1752	1	11

164   BARBOUR COLLECTION

	Vol.	Page
GOODELL, (cont.)		
Reuben, s. Jacob & Martha, b. Aug. 16, 1744	1	8
R[h]odah, d. Eben[eze]r, Jr. & Phebe, b. Feb.. 28, 1758	1	51
Richard, s. David & Anna, b. Apr.. 21, 1750	1	46
Richard, m. Mercy **PARKHURST**, May 1, 1777	2	75
Richard, s. Richard & Mercy, b. July 18, 1784	2	75
Roswell, s. Amasa & Lucy, b. June 18, 1788	2	85b
Roswell, m. Olive **GOODELL**, Oct.. 2, 1814	2	169
Roxilana, d. Benjamin &Abigail, b. Mar. 11, 1781	2	88
Sally, d. Jacob, Jr. & Mehetabel, b. Jan. 1, 1773	1	46
Samuel, s. Zachariah & Hannah, b. July 8, 1770	1	43
Sarah, d. Tho[ma]s & Sarah b. Aug 27, 1711	1	8
Sarah, d. Zachariah & Hannah, b. Mar. 4, 1732/3	1	43
Sarah, m. Solomon **SHARP**, b. Dec.. 14, 1739	1	99
Sarah w. Thomas, d. Nov. 5, 1750	1	9
Sarah, d. Jacob & Martha, b June 24 1751	1	8
Sarah, m. Joseph **CRAFT**, Jan. 8, 1756	1	105
Sarah, d. Eben[eze]r, Jr. & Phebe, b. May 19, 1759	1	51
Sarah, d. Eben[eze]r, Jr. & Phebe, d. June 20, 1759	1	52
Sarah d. Eben[eze]r, jr & Phebe b. July 10, 1760	1	51
Silas, s Jacob & Martha, b. Aug. 16,1747	1	8
Simeon, s. Jacob &Martha, b. Feb.. 3, 1745/6	1	8
Sophia, d. Asaph & Lucy, b. Dec.. 8, 1787	2	82
Spencer, s. Cornelius & Nelle, b. Aug. 24 1777	2	49
Susanna, d. Zachariah & Hannah, b. Jan. 22, 1728/9	1	43
Susanna, d. Daniel & Frances, b. Aug. 17, 1773	1	84
Thomas, s. Thomas & Sarah, b. Sept. 14, 1705	1	8
Thomas, s. Oct.. 22, 1756	1	9
Thomas, m. Patience **CARR**, Jan. 16, 1772	2	46
Walter, s Ebenezer & Phebe, b Apr.. 6, 1766	1	51
Willard, s. Eben[eze]r, Jr. & Phebe, b. Mar. 8, 1768	2	18
Willard, s. Amasa & Lucy, b. Aug. 24, 1790	2	85b
Willard, s. Amasa & Lucy, d. Mar. 14, 1791	2	85b
William, s. Zach[aria]h, Jr. & Hannah, b July 26, 1766	1	43
William, b. July 26, 1766; m. Lucy **WILLIAMS**, Feb.. 9, 1809	2	164
William, of Abington Society d. Mary. 29, 1828	2	99
William, d. Mar. 29 ,1828	2	164
William Williams, s. [William & Lucy], b. July 14, 1819	2	164
Wyllys, s. Richard & Mercy, b. Mar. 23, 1778	2	75
Willis, farmer, widower, d. May 4 1856, ae 78 y. 1 m. 12 d.	5	6
Zachariah, s. Thomas & Sarah, b. Nov. 28, 1701	1	8
Zachariah, m. Hannah **CHENEY**, Oct.. 20, 1725	1	2
Zachariah, s Zach[aria]h & Hannah, b. July 30, 1737	1	43
Zachariah, Jr., m. Hannah **CHENEY**, Oct. 6, 1760	1	110
Zachariah, Capt. , d. Dec.. 13, 1783, in the 89th y. of his age	1	44
Zachariah, [Sr.], d. June 13 1799, ae 62 y.	2	62
Zedekiah, s. Jacob, Jr. & Mehetable, b. Aug 31, 1769	1	46
Zerviah, d. Zachariah & Hannah, b. Feb.. 27, 1730/31	1	43
GOODENOUGH, Polly, d. Phinehas & Polly, b. May 2, 1805	2	129
GORDON, {see also **GORTON**], Hannah Huntington, Mrs., m. Joshua **GROSVENOR**, Oct.. 20, 1808	2	35
Harriet, of Pomfret, m. Charles **LEE**, of Windham, Dec.. 15, 1828,		

	Vol.	Page
GORDON, (cont.)		
by Rev. Charles Fitch, of Abington	3	25
Nancy C., m. Payson P. **GROSVENOR**, Sept. 28, 1815	2	165
GORTON, [see also **GORDON**], Daniel, s. John & Hope, b. Apr.. 4, 1790	2	65
Henry, farmer, black, ae 24, of Plainfield, m. Maria b. **MALBORNE**, ae 27, of Pomfret, June 25, 1847, by James Mather	4	79
Hope, d. John & Hope, b. Jan. 24, 1792	3	65
GOUGINS, Joseph, s. Ephraim & Sarah, b. May 4, 1740	1	29
GOULD, John laborer, widower, b. Westboro, Mass, res Pomfret, d. Dec. 5, 1859, ae 87 y. 3 m. 9 d.	5	9
Olive, housekeeper, married, b Glocester, R.I., res. Pomfret, d.Nov. 29, 1859, ae 86 y. 6 m. 16 d.	5	9
GRANT, Almira, of Pomfret, m. Charles **FAIRBANKS**, of WestBorough, Mass. May 11, 1834, by N. Branch	3	42
John S. Dexter, s. [Tho[ma]s & Phebe], b July 5, 1817	2	167
Mary d. Samuel b., farmer, ae 29, & Harriet A., ae 28, b. June 13, 1848	4	78
Mary Elizabeth, d. Jan. 4, 1854, ae 11 m.	5	3
Tho[ma]s, m. Phebe **DEXTER**, May 10, 1812	2	167
Willard Fisher, s. [Tho[ma]s & Phebe], b. July 30, 1814	2	167
-----, d. Mar. [ ], 1854, ae 1 d.	5	3
GRAVES, Abigail M., m. Joseph **WHEATON**, Jr., b. of Thompson, Oct.. 7, 1838, by Rev. Bela Hicks	3	56
GRAY, Abigail, Mrs. Of Windham, m. Peter **CHANDLER**, Mar. 21 1798	2	68
Asa, of Pomfret, m. Mrs. Julia A. **RANDALL**, of Killingly, May 13, 1844, by Rev. Holmes Slade	3	72
Betsey, m. Dr. Thomas **HUBBARD**, Apr.. 14, 1799	2	132
Harriet, m. Oliver C. **GROSVENOR**, Mar. 10, 1812	2	163
Lydia, m. Charles Clap[p] **CHANDLER**, Sept. 24, 1797	2	130
Prudence, m. Payson **GROSVENOR**, Apr.. 21, 1803	2	145
GRAYSON, Richard, of Scituate, R.I., m. Mrs. Phebe **PRATT**, of Pomfret, [Dec..] 23, [1833], by Rev. N. S. Hunt, of Abington	3	57
GREENE, GREEN, Benajah, black, laborer, widower, b. Hartford, Conn., res. Pomfret, d. Mar. 11, 1869, ae 76	5	18
Christopher Hughes, s. [Christopher & Catharine], b. Jan. 30, 1820	2	170
Daniel, s. Christopher & Catharine, b. Dec.. 11, 1801	2	170
Elory Wood, s. [Benjamin & Joanna,], b. Nov. 11,1808	2	129
Geo[rge] Sears. M. Elizabeth **VINTON**, July 14, 1828, by E. b. Kellogg	3	25
George Washington, s. [Christopher & Catharine], b. Apr.. 14, 1817	2	170
Jeremiah Ingram, s. Benjamin & Joanna, b Feb.. 18, 1806	2	129
Phebe Eliza, d. [Christopher & Catharine], b. Feb.. 27, 1804	2	170
Sarah Elizabeth, o f Pomfret, m. Charles **CHAFFEE**, of Scituate, R.I., May 11, 1846, by Rev. s. W. Hammond	3	79
Winthrop O., farmer, married, b. Thompson, res Pomfret, d. Aug.. 18, 1864, Apr. 57	5	14
-----, s. Winthrop O., farmer, ae 43, & Emily A., ae 38, b. July 1, 1850	4	85
[**GREGORY**], **GRIGORY**, Joseph, m. Sally **FERRINGTON**, Jan. 28,		

166   BARBOUR COLLECTION

	Vol.	Page
GREGORY, (cont.)		
1802	2	134
GRIDLEY, Abigail, d. Sam[ue]ll & Abigail, b. Apr.. 22, 1726	1	38
Sam[ue]ll m. Abigail **SHARP,** Jan. 31, 1722/3	1	2
Sam[ue]ll, s Sam[ue]ll & Abigail, b Mar. 2, 1723/4	1	38
GRIFFIN,, Abigail, m. Zachariah **WALDO,** June 25, 1728	1	2
Elizabeth, m. Sam[ue]l **SUMMER,** Nov. 20, 1723	1	2
Elizabeth, d. Sam[ue]ll & Sarah. b. May 17, 1782	2	95
Franklin, s. Sam[ue]ll & Sarah, b. May 15, 1784	2	95
Gratis, d. Sam[ue]ll & Sarah, b. Jan. 10, 1781	2	95
Harriet, d. Joseph, Jr. & Zerviah, b. May 13, 1783	2	40
Joseph, m. Margarett **MORRISE,** Mar. 15, 1721	1	2
Joseph, s. Joseph &Margarett, b. Jan. 23, 1722/3; d. Jan. 234, 1722/3	1	35
Joseph, s. Joseph & Margarett, b. Nov. 20, 1727	1	35
Joseph, d. Dec.. 3, 1731	1	36
Joseph, m. Sarah **BROWN,** Oct.. 23, 1755	1	105
Joseph, s. Joseph & Sarah, b. Aug. 29, 1757	1	42
Joseph, Jr. m> Zerviah **LYON,** June 13, 1782	2	40
Joshua, s. Joseph & Sarah, b Feb.. 3, 1762	1	42
Joshua, s. Joseph & Sarah, d. Nov. 10 1769	1	43
Joshua, s. Joseph & Sarah, b. Dec.. 22, 1770	1	42
Marg[a]ret, m. Ephraim **HIDES,** Aug. 7, 1735	1	2
Mary, d. Joseph & Margarett, b. Mar. 16, 1731/2	1	35
Mary, d. Joseph & Margarett, d. Nov. 10, 1740	1	36
Mary, d. Joseph & Sarah, b. Nov. 15, 1764	1	42
Olive, m. Caleb **GROSVENOR,** Jr., Jan. 11, 1776	2	66
Samuel, s. Joseph & Margarett, b. Mar. 15, 1729	1	35
Samuel, s. Joseph & Margarettt, d. Nov. 12, 1748	1	36
SAMUEL, s. Joseph & Sarah, b. Oct.. 13, 1759	1	42
Sam[ue]ll, m. Sarah **WISWALL,** Mar. 16, 1780	2	95
Sarah d. Joseph & Margarett, b. July 7, 1724	1	35
Sarah, m. Ebenezer **HOLBROOK,** Nov. 5, 1746	1	99
Sarah, d. Joseph & Margarett, d. Oct.. 27, 1748	1	36
Sarah, d Joseph & Sarah, b Apr..18, 1768	1	42
Stephen, s. Joseph & Sarah, b Mar. 6, 1777	1	42
GRIGGS, GRIGG, Abigail, d. Nathan & Elizabeth, b. Oct.. 30, 1743	1	50
Abigail, d. Ephraim & Abigail, b. Oct.. 2, 1754	1	76
Abigail, d. Ephraim & Abigail, d. Oct.. 2, 1754	1	77
Albegence, s. Joseph &Penelope, b. Dec.. 1, 1772	2	27
Alvin, s. Ephraim & Abigail, b. Mar. 12, 1746	1	76
Alvin, s Ephraim & Abigail, d. Nov. 9, 1750	1	77
Anna, d Nathan & Anna, b. Sept. 18, 1775	1	55
Benj[ami]n, s. Solomon & Hannah, b. Jan. 19, 1737/8	1	74
Benjamin, s. Solomon & Hannah, d. Sept. 7,1746	1	75
Benj[ami]n s. Solomon & Hannah, b. Oct.. 24, 1746	1	74
Benjamin, s. Solomon & Hannah, d. Sept. 27, 1754	1	75
Benjamin, s. Stephen & Sarah, b Apr.. 5, 1767	1	74
Benjamin, s. Stephen &Sarah, b. Apr. 5, 1767	2	11
Benjamin, m. Sela **HOWE,** Nov. 21, 1792	2	119
Charles, s. Ephra[i]m & Hannah, b. July 31, 1791	2	108
Chester, s. Stephen & Sarah, b Apr.. 2, 1771	2	11
Chester, s. Stephen & Sarah, d. Mar. 12, 1773	2	11

POMFRET VITAL RECORDS

	Vol.	Page
GRIGGS, (cont.)		
Chester, s. Stephen Sarah, b. May 20, 1775	2	11
Chloe, d. Stephen & Sarah, b. Mar. 21, 1769	2	11
Chloe, m. Elijah SHUMWAY, Dec.. 12, 1787	2	124
Clark, s. Eph[rai]m & Hannah, b. Sept. 5, 1781, in Westminster	2	108
Cynthia, d. [Elijah & Cynthia], b. Oct.. 23, 1811	2	142
Cynthia, w. Elijah, d. June 8, 1812	2	142
Cynthia, of Pomfret, m. Horatio CARPENTER, of West Woodstock, [Apr..] 25, [1837], by Nathan S. Hunt, Abington	3	51
Daniel, [twin with Solomon], d. Sol[omo]n & Hannah, b. May 13, 1745	1	74
Daniel, s. Solomon & Hannah, d. May 15, 1745	1	75
Daniel, s. Nathan & Elizabeth, b. Feb.. 20 ,1748	1	50
Daniel, s. Nathan & Elizabeth, d. Jan. 3, 1758	1	51
David, s. Nathan & Elizabeth, b. Mar. 23, 1761	1	50
Elijah, s. Sam[ue]ll & Elizabeth, b. Oct.. 13, 1779	2	36
Elijah, m Cintha UTLEY, Sept. 20, 1801	2	142
Elijah, s. Elijah & Cynthia, b. May 10, 1803	2	142
Elijah, m. Sally CHASE, Nov. 26, 1812	2	142
Elisha, s. Joseph & Penelope, b. Oct.. 12, 1770	2	27
Eliza, of Abington, m. Joseph WILLIAMS, of Ashford, June 8, 1835, by Rev. N. S. Hunt, of Abington	3	45
Elizabeth, d. Nathan & Elizabeth, b. Feb.. 22, 1753	1	50
Elizabeth, d. Nathan <Jr. & Anna, b. Nov. 9, 1762	1	55
Elizabeth, d. Sam[ue]ll & Elizabeth, b. Dec.. 23, 1783	2	36
Elizabeth, d. Sam[ue]l & Elizabeth, d. Mar. 28, 1795	2	36
Elizabeth, w. Samuel, d. Nov. 10, 1814	2	36
Elizabeth, d. [Elijah & Sally], b. June 7, 1815	2	142
Ephraim s. Ephraim & Abigail, b Dec.. 27, 1755	1	76
Ephraim, d. July 21, 1779	1	77
Esther, d. Solomon & Hannah, b. Apr.. 21, 1740	1	74
Easther, d. Nathan, Jr. & Anna, b. Jan. 31, 1767	1	55
Easther, m. Griggs GOFFE, Apr.. 3, 1791	2	112
Fanna, d. Eph[rai]m & Hannah, b. May 12, 1789, in Lancester	2	108
Francis A., s. Titus O., farmer, ae 34, b. Apr.. 23, [1851]	4	91
Hannah, d. John & Dorothy, d. Aug. 26, 1751	1	39
Hannah, d. Solomon & Hannah b. Apr.. 25, 1753	1	74
Hannah, d. Solomon & Hannah, d. Sept. 30, 1754	1	75
Hannah, d. Samuel & Elizabeth, b. Apr.. 28,1778	2	36
Hannah, Mrs., d. Sept. 24, 1785	2	23
Hannah, d. Samuel & Elizabeth, d. Mar. 27, 1795	2	36
Hannah, d. [Ephra[i]m & Hannah], b. July 9,1797, in Woodstock	2	108
Huldah, d. Hezek[ia]h & Mehetabel, b. Aug. 10, 1770	2	23
Huldah, d. Heze[kia]h & Mehetabel, b. Sept. 14, 1781	2	23
Huldah, m. Levi EASTERBROOKS, dec.. 17, 1799	2	151
Ira, s. Eph[rai]m & Hannah, b. Apr.. 2, 1787, in Lancester	2	108
Jedediah, d. May 23, 1854, ae 62	5	4
Jesse, m. Amey A. JAMES, b of Abington, Nov. 7, 1831, by Rev. Charles Fitch, of Abington	3	32
John s. Nathan & Elizabeth, b. Mar. 19, 1750	1	50
John s. Hezek[ia]h & Mehetabel, b. Oct.. 21, 1773	2	23
John [s. Ephra[i]m & Hannah, b. Sept. 2, 1793	2	108
John Jr., foPomfret, m.Esther BURNHAM, of Hampton, Aug. 24,		

BARBOUR COLLECTION

	Vol.	Page
GRIGGS, (cont.)		
1834, by John Holbrook, J.P.	3	42
Joseph, m. Penelope GOODELL, Apr.. 19, 1770	1	115
Lois, d. Nathan & Elizabeth, b. Dec.. 20, 1755	1	50
Lucinda, d. Stephen & Sarah, b> May 1, 1777	2	11
Lucinda, m. John BENNETT, Jan. 6, 1801	2	137
Martha, d. Jesse, farmer, ae 40, b. July 8, [1851]	4	91
Martha, b. Abington, res. Pomfret, d. July 20, [1851], ae 20 d.	4	93
Martha Ann, d. Dec.. 6, 1864, ae 1 y. 1 m. 15 d.	5	14
Mary, d. Solomon & Hannah, d. Oct.. 7, 1754	1	75
Mary, d. Solomon & Hannah, b. Sept. 27, 1748	1	74
Mary, d. [Elijah & Sally], b. July 12, 1820	2	142
Mary Jane, d. July 16, 1856, ae 5 y. 4 m. 6 d.	5	6
Moses. S Nathan & Elizabeth b Apr.. 9,. 1759	1	50
Nabby, d. Eph[rai]m & Hannah, b. Oct.. 8, 1779	2	108
Nathan, m. Elizabeth SHARP, June 26, 1740	1	100
Nathan, s. Nathan & Elizabeth, b. June 17, 1742	1	50
Nathan,, Jr., m. Anne CRUASA(?), Apr..8, 1762	1	111
Nathan, s. Stephen &Sarah, b. Apr.. 3, 1773	2	11
Nathan, s. Stephen & Sarah, b. June 12, 1774	2	11
Nathan, s. STephen & Sarah d. Aug. 20, 1776	2	11
Nathan, d. Mar. 9,1790	1	51
Nathan, [Sr.], d. Mar. 1, 1805	1	55
Noah, s. Ephraim & Abigail, b. Oct.. 10, 1743	1	76
Noah, s. Ephraim &Abigail, d. Oct.. 1, 1754	1	77
Noah Howe, s. [Benjamin & Sela], b. May 31, 1803	2	119
Parker, s. Hezekiah & Mehetabel, b. Mar. 31, 1779	2	23
Patience, m. Walter BO[A]RDMAN, Apr.. 23, 1747	1	100
Patty, Mrs., m. Dead. Philemon CHANDLER, May 2, 1739	1	2
Phebe, d Benjamin & Sela, b. May 17, 1794	2	199
Philip, s. Ephraim & Abigail, b. Sept. 22, 1748	1	76
Philip, s. Ephraim & Abigail, d. Sept. 23, 1754	1	77
Phillip, s. Ephraim & Hannah, b. Mary, 3, 1778, in Ashford	2	108
Polley, d. Samuel & Elizabeth, b. Apr.. 29, 1773	2	36
Polly, m. Charles BOWEN, Sept. 22, 1791	2	91
Polly, d. Sam[ue]l & Elizabeth, d. Mar. 31, 1796, [in] the 23rd y. of her life	2	36
Polly, d. [Benjamin & Sela], b Nov. 23, 1798	2	119
Ransom s. Ephr[ai]m & Hannah, b. Feb.. 17, 1785, in Barnard	2	108
Rufus Chase, s. [Elijah & Sally], b. Oct.. 6,1818	2	142
Sally, d. Elijah &Sally, b. July 11, 1813	2	142
Sally, of Abington, m. Francis b. PELLET, of Canterbury, [Mar] 18, [1836], by Nathan Hunt	3	49
Sam[ue]ll, s. Nathan & Elizabeth, b. Feb.. 13, 1746/7	1	50
Samuel, m. Elizabeth WOODWARD, Oct.. 31, 1771	2	36
Samuel, Jr., s. Samuel & Elizabeth b. June 29, 1776	2	36
Samuel, Jr., m. Esther GOFFE, Nov. 6,1798	2	132
Samuel, s. [Elijah & Sally], b. Feb.. 10, 1817	2	142
Sarah, d. Sam[ue]ll & Elizabeth, b. June 2, 1781	2	36
Sarah, d. Sam[ue]l & Elizabeth, d. Mar. 29, 1796, [in] the 15th y. Of her age	2	36
Sarah, housekeeper, married, b. Ireland, res. Pomfret, d. May 20,		

POMFRET VITAL RECORDS 169

	Vol.	Page
GRIGGS, (cont.)		
1862, ae 40	5	12
Sela, w. Benjamin, d. Jan. 28, 1805	2	119
Solomon, m. Hannah **ALLIN**, Mar. 10, 1735/6	1	2
Solomon, [twin with Daniel], b. Sol[omo]n & Hannah, b. May 13, 1745	1	74
Solomon, s. Solomon & Hannah, d. Feb.. 16, 1780	1	75
Solomon, d. Oct.. 16, 1781	1	75
Solomon, s. [Benjamin & Sela], b. Aug. 24, 1801	2	119
Stephen, s. Solomon Hannah, b. June 21, 1742	1	74
Stephen, m. Sarah **CHANDLER**, Sept. 4, 1766	1	112
Stephen, s. Stephen, & Sarah, b. Oct., 11, 1784	2	11
Stephen, Capt. D. Oct.. 15, 1786	2	11
Waitey, housekeeper, married, b. Ashford, res. Pomfret, d. Sept. 6, 1869, ae 81 y. 8 m. 10 d.	5	18
-----, d. Benjamin, farmer, ae 24, b. May 17, [1850]	4	86
-----, d. Mar. 10, 1853, ae 1 d.	5	1
-----, d. Oct.. 11, 1856, ae 1 d.	5	6
-----, d. May 12, 1858, ae 1 d. (male)	5	8
-----, d. Dec.. 27, 1860, ae 12 h.	5	10
-----, st. b. male May 16, 1862	5	12
-----, d. Dec.. 27, 1862, ae 12 h.	5	13
GRIMES, Arthur, b. Donamon, Ireland, res Pomfret, d. Mar. 7, 1859, ae 15 y. 4 m.	5	9
Mary, b. Donamon, Ireland, res. Pomfret, d. Apr.. 25, 1859, ae 14 y. 1 m.	5	9
GRINES, George, single b. New York, res. Pomfret, d. Aug. 25, 1857, ae 9 m. 25 d.	5	7
GRINNELL, Daniel, s. James M., farmer, ae 40, & Elizabeth, ae 36, b. June 6, 1848	4	77
Herbert Howland, s. James M. Farmer, ae 43, & Elizabeth P., ae 40, b. Jan. 3, [1851	4	90
James M., farmer, married, b. New Bedford, Mass., res. Pomfret, d. June 10, 1854, ae 46	5	4
GROSVENOR, Aaron, s. Asa & Hannah, b. Sept. 27, 1767	1	45
Abel, s. John & Hannah, b. Mar. 2, 1749/50	1	6
Abel, s. Drusila Johnson, single Woman, b. Mar. 28, 1779	2	87
Abel, s. Seth & Abigail, b. Apr.. 23, 1780	2	14
Abel, m. Eunice **SPAULDING**, Mar. 1, 1808	2	154
Abigail, w. John, Jr., d. Apr.. 15, 1763	1	28
Abigail, d. John, Jr. &Molly, b. June 23, 1766	1	27
Allethea, d. Caleb & Sarah, b. May 11, 1762	1	54
Allethea, d., of Caleb, m Thomas **GROSVENOR**, 2d, June 3, 1784	2	7
Allathea, Mrs., d. Mar. 8, 1789	2	7
Alathea Maria, d. [Benjamin H. & Chloe], b. Nov. 15, 1812	2	114
Amasa, s. Moses & Dorcas, b. Dec.. 27, 1776	1	24
Amos, s. Tho[ma]s & Elizabeth, b. Feb.. 2, 1723/4	1	20
Amos, m. Mary **HUTCHINS**, May 1, 1755	1	105
Amos, s. Amos & Mary, b. Sept. 6, 1758	1	25
Amos, s. Amos & Mary, d. Oct.. 26, 1776	1	26
Amos, [Sr.], d. Jan. 3,1799	1	26
Ann, d. Ebenezer & Ann, b. Sept. 14, 1724	1	6
Ann, m. Nath[anie]n **DANIEL**, Oct. 22, 1741	1	3

	Vol.	Page
GROSVENOR, (cont.)		
Ann, m. Nath[anie]l **DANIEL**, Oct.. 22, 1741/2	1	3
Ann, [w. Ebenezer], d. June 30, 1743	1	7
Ann, d. Tho[ma]s & Ann, b. Sept. 9, 1789	2	105
Ann, Mrs., d. of Peter & Abigail Munford, of NewPort, R.I., b. Nov. 5, 1746; d. June 11, 1820	2	105
Ann Munford, d. [Peter & Ann], b. Oct.. 1, 1820	2	173
Ann Mumford, d. [Peter & Ann], d. Jan. 29, 1823	2	173
Ann Mumford, d. [Peter & Ann], b. Aug. 22, 1824	2	173
Ann Mumford, d. [Peter & Ann], d. May 29, 1826	2	173
Anna, d. Leicester & Mary, b. May 27, 1719	1	5
Anna, m. Josiah **WHEELER**, Dec.. 14, 1735	1	2
Anna, d. John, Jr. & Abigail, d. Apr.. 28, 1782	1	28
Anna Maria, d. [Peter & Ann], b. Sept. 19, 1826; d. Dec.. 2, 1831	2	173
Anne, d. John, Jr. & Abigail, b. Apr.. 15, 1761	1	27
Asa, s. Eben[eze]r & Luce, b. Apr.. 6, 1745	1	76
Asa, m. Mrs. Hannah **HALL**, Apr.. 17, 1766	1	112
Asa, s. Asa & Hannah, b. Jan. 6, 1772	1	45
Asa, s. Asa & Hannah, d. Jan. 9, 1772	1	46
Asa, s. Asa & Hannah, b. Mar. 12, 1776	1	45
Benjamin, s. [John W. & Phebe G.], b. Sept. 21, 1841	4	59
Benjamin H., m. Chloe **TROWBRIDGE**, Feb.. 24, 1795	2	114
Benjamin Hutchens, s. Amos & Mary, b. Aug. 4, 1770	1	25
Benjamin Trowbridge, s. [Benjamin H. & Chloe], b. Sept. 18, 1804	2	114
Betsey, d. Seth & Abigail, b. Mar. 28, 1777	2	14
Betty Tressent, d. Asa & Hannah, b. May 19, 178[ ]	1	45
Caleb, s. Ebenezer & Ann, b. Aug. 16, 1716	1	6
Caleb, m. Sarah **CARPENTER**, Nov. 29, 1739	1	3
Caleb, s. Caleb & Sarah, b. Oct.. 15, 1746	1	54
Caleb, s. Caleb & Sarah, b. Aug. 4, 1751	1	54
Caleb, s. Caleb & Sarah, d. Mar. 31, 1757	1	55
Caleb, Jr.,m Olive **GRIFFIN**, Jan. 11, 1776	2	66
Caleb, d. Apr.. 20, 1788	1	55
Caroline D., m. Thomas W. **PERRY**, b. of Pomfret, Sept. 14, 1847, by Rev. D. Hunt	3	81
Charles, s. Oliver & Zeruiah, b. May 23, 1773	2	44
Charles, s. Oliver & Zeruiah, d. Sept. 25, 1773	2	44
Charles, s. Oliver & Zeruiah, b. Oct.. 1, 1775	2	44
Charles, s. Moses & Dorcas, b. May 14, 1779	1	24
Charles, s. Olive r& Zeruiah, d. Aug. 7, 1801	2	44
Charles Henry, s. [Peter & Ann], b. Sept. 20, 1833	2	173
Charles Ingalls, s. Joshua, b. Feb.. 18, 1802	2	35
Charles J., farmer, married, d. Jan. 29, 1864, ae 61, y. 11 m. 11 d.	5	14
Charles P., s. Cha[rle]s J. & Euretta C., b. Nov. 17 1844	4	10
Cha[rle]s P., Rev. of Mendon Mass., m. Cordelia **MATHEWSON**, of Pomfret, June 24, 1835, by Rev. James Porter	3	46
Cha[rle]s W., s. [John W. & Phebe G.], b. May 11, 1839	2	145
Charlotte, d. [Payson & Prudence], b. Apr.. 28, 1819	4	59
Charlotte, d. Jan. 4, 1820	2	145
Charlotte Elderkin, d. [Payson P. & Nancy C.], b. May 29, 1820	2	145
Chester, s. Caleb & Sarah, b. July 28, 1758	2	165
Chester, m. Mary **LYON**, Dec.. 16, 1784	1	54
C[h]loe, d. Ebenezer & Luce, b. Oct.. 29, 1757	2	57

GROSVENOR, (cont.)

	Vol.	Page
Clara, m. Charles Stockbridge **THOMPSON**, b. of Pomfret, Aug. 7, 1844, by Rev. Roswell Parke	3	73
Clarina, d. Moses & Dorcas, b. Dec.. 4, 1767	1	24
Clarissa, housekeeper, married, b Watertown, Mass., res Pomfret, d. June 9, 1857, ae 71 y. 7 m. 10 d.	5	7
Clark Guy, s. Lemuel & Eunice, d. Oct.. 16, 1809	2	51
Daniel, s. Ebenezer Luce, b. Apr.. 9, 1750	1	76
David Adams, [s. Nathan & Lydia], b. July 10, 1802	2	108
David Augustus, s. Asa & Hannah, b Nov. 17, 1784	2	8
Dorcas, d. Caleb & Sarah, b. Aug. 17, 1756	1	54
Ebenezer, s Ebenezer & Ann, .b Dec.. 12, 1713	1	6
Ebenezer, d. Sept. 20, 1730	1	7
Eben[eze]r, m. Luce **CHENEY**, Mar.15, 1735/6	1	2
Eben[eze]r, s. Eben[eze]r & Luce, b. Mar. 6, 1738/9	1	76
Ebenezer, s. Lemuel & Eunice, b. July 26, 1788	2	51
Ebenezer, d. Aug. 2, 1793	1	77
Ebenezer, m. Harriet Wadsworth **PUTNAM**, May 3, 1815	2	163
Ebenezer, s. Lemuel & Eunice, d. Nov. 10, 1817	2	51
Ebenezer, s. [Tho[ma]s M. & Charlotte], b. Nov. 22, 1831	4	1
Ebenezer Griffin, s. Caleb, Jr. & Olive, b. Feb.. 5, 1781	2	66
Ebenezer Hall, s. Asa & Hannah, b. Apr.. 28, 1778	1	45
Edward, s. [Peter & Ann], b. Jan. 8, 1836	2	173
Edward Dwight, s. [Payson & Prudence], b. May 31, 1817	2	145
Edward Dwight, d. Aug. 19, 1841	2	145
Edw[ar]d H., s. [Thomas, Jr. & Ruth], b. Feb.. 12, 1844	4	52
Edward Wailes, s. [Payson & Prudence], b. June 27, 1806	2	145
Edward Wales, d. Apr.. 9, 1809	2	145
Elijah, s. John, Jr. & Abigail, b. Feb.. 8, 1756	1	27
Eliza Ann, d. [Payson P. & Nancy C.], b. Feb.. 23, 1818	2	165
Elizabeth, d. Tho[ma]s & Elizabeth, b. Apr.. 27, 1720	1	20
Elizabeth, d. Tho[ma]s & Elizabeth, d. July 22, 1726	1	21
Elizabeth, d. Tho[ma]s & Elizabeth, b. Dec.. 12, 1728	1	20
Elizabeth, d. Eben[eze]r & Luce, b. Dec.. 19, 1740	1	76
Elizabeth, d. Tho[ma]s &b Elizabeth, d. Sept. 7, 1743	1	21
Elizabeth, d. Joshua & Easther, b. Jan. 14, 1742	1	20
Elizabeth, d. Nov. 21, 1838	2	145
Elizabeth Hubbard, d. [Payson & Prudence], b. Feb.. 27, 1815	2	145
Ellen, d. [Lemuel & Sarah], b. Feb.. 27, 1814	2	51
Emily A., m. Horace **SABINE**, Mar. 24, 1836, by D. Hunt	3	48
Emila Adaline, d. [Benjamin H. & Chloe], b. May 5, 1809	2	114
Esther, d. Ensign Leicester & Mary, b. Oct.. 27, 1712	1	5
Esther, mother of Thomas, d. June 24, 1738	1	21
Esther, d. Joshua & Esther, b. Jan.6, 1754	1	20
Esther, d. Leicester, Jr. & Esther, b. Aug. 9, 1759	1	18
Esther, m Amasa **SESSIONS**, Dec.. 15, 1775	2	67
Easther, w., Tho[ma]s, d. Jan. 17, 1796	1	21
Esther, d. Joshua, Jr. & Sarah, b Nov. 16, 1776	2	35
Eunice, Mrs., & d. of [Gen. **PUTNAM**], d. June 27, 1799	1	50
Eunice, w. Lem[ue]l, d. June 27, 1799, ae 43 y. 5 m.	2	51
Eunice, d. [Lemuel & Sarah], b. Aug. 23, 1803	2	51
Ezra, s. Eben[eze]r & Luce, b. June 23, 1755	1	76
Francis Dwight, s. Charles & Rebeckah, b. Feb.. 22, 1799,		

BARBOUR COLLECTION

	Vol.	Page
GROSVENOR, (cont.)		
in Sturbridge	2	154
Francis H., d. [Payson P. & Nancy C.], b. June 29, 1816	2	165
George, s. Seth & Abigail, b. July 29, 1783	2	14
Godfrey, s. Seth & Abigail, b. Sept. 26, 1773	2	14
Gratis, d. Joshua & Esther, b. Feb.. 7, 1770	1	20
Guy, s. Lemuel & Eunice, b. Sept. 5, 1786	2	51
Guy, s. Lemuel & Eunice, d. Sept. 10, 1788	2	51
Guy, s. Lemuel & Eunice, b. June 23, 1790	2	51
Hannah, d. John & Hannah, b. Feb.. 9, 1736/7	1	6
Hannah, d. Asa & Hannah, b. Aug. 31, 1769	1	45
Hannah, [w. John], d. Aug. 1, 1782	1	7
Hannah, d. [Tho[ma]s & Ann], b. May 19, 1799	2	105
Hannah, d. Benjamin H. & Chloe, b. Dec.. 21, 1799	2	114
Hannah, of Pomfret, m. Edward **ELDREDGE**, of Boston, Mass., Mar. 6, 1822, by Rev. James Porter	3	5
Hannah, d. [John W. & Phebe G.] b. Mar. 12, 1845	4	59
Hannah, housekeeper, married, d. John W[illia]m **GROSVENOR**, d. June 20, 1869, ae 24 y. 3 m. 8 d.	5	18
Harriet P., m. Thomas W. **WARD**, b. of Pomfret, Apr.. 6, 1825, by Rev. James Porter	3	15
Harriet Plimpton, d. [Charles & Rebeckah], b. Dec.. 1, 1800	2	154
Israel, s. John, Jr. & Molly, b. May 23, 1772	1	27
Jacob, s. Lieut. Joshua & Easther, b. June 20, 1762	1	20
Jacob, s. Joshua & Esther, d. May 9, 1767	1	21
Jacob, s. Joshua & Esther, b. June 4, 1767	1	20
Jasper, s. Joshua, Jr. & Sarah b. Oct.. 11, 1794	2	35
Jerusha, d. Leicester & Mary, b.. Apr.. 16, 1714	1	5
Jerusha, d. Lieut. Leicester & Mary, d. May 3, 1739	1	6
Jerusha, d. Amos & Mary, b. Mar. 30, 1761	1	25
Jerusha, d. Amos & Mary, d. Sept. 18, 1765	1	26
Jerusha Hutchens, d. Benjamin H. & Chloe, b. [ ]	2	114
John, s. Ebenezer & Ann, b. May 22, 1711	1	6
John, m. Hannah **DRESSER**, May 4, 1733	1	2
John, s. John & Hannah, b. Mar. 4, 1733/4	1	6
John, Jr., m. Abigail **DAVIS**, Aug. 21, 1755	1	105
John, m. Mrs. Sally **LEE**, b. of Pomfret, Sept. 9, 1765, by John Curtiss, J.P., Canterbury	1	112
John, s. John & Molly, b. Feb.. 26, 1770	1	27
John, s. Tho[ma]s & Ann, b. Aug. 23, 1796	2	105
John, d. Feb.. 3, 1804	1	7
John, s. [Tho[ma]s M. & Charlotte], b. Oct.. 9, 1829	4	1
John Munford, s. [Peter & Ann], b. Oct.. 22, 1831	2	173
John Throwbridge, s. Benjamin H. Chloe, b Jan. 18, 1796	2	114
John Trowbridge, s. Benjamin H., d. Jan. 15, 1797	2	114
John W., m. Phebe G. **SPALDING**, May 21, 1838, at Plainfield	4	59
John William, s. [Benjamin H. & Chloe], b. Oct.. 8, 1806	2	114
John W[illia]m, farmer, married, d. Apr.. 10, 1862, ae 55 y. 6 m. 3 d.	5	12
Joseph, d. June 20, 1738	1	21
Joseph, s. Caleb & Sarah, b. Feb.. 18, 1754	1	54
Joseph, d. Aug. 25, 1784, "by a fall from a horse"	1	55
Joseph, s. Chester & Mary, b. Apr.. 18, 1785	2	57
Joshua, s. Ebenezer & Ann, b. Mar. 6, 1718/19	1	6

POMFRET VITAL RECORDS 173

	Vol.	Page
GROSVENOR, (cont.)		
Joshua, s. Eben[eze]r & Ann, d. May 9, 1724	1	7
Joshua, s. Tho[ma]s & Elizabeth, b. May 10, 1726	1	20
Joshua, m. Esther **PAYSON**, Jan. 31, 1750/51	1	102
Joshua, s. Joshua & Easther, b. Apr..24, 1758	1	20
Joshua, Jr. m. Sarah **INGALLS**, Feb.. 10, 1784	2	35
Joshua, m. Mrs. Hannah Huntington **GORDON**, Oct.. 20, 1808	2	35
Julia E., d. [John W. & Phebe G.], b. Jan. 25,. 1847	4	59
Julia Elizabeth, d. [Peter & Ann], b. Feb.. 19, 1829; d. Nov. 22, 1831	2	173
Leicester, Capt., m. Mrs. Rebeccah **WALDO**, Feb.. 12, 1728/9	1	2
Leicester, s. Capt. Leicester & Rebeckah, b. Oct.. 4, 1729	1	5
Leicester, Jr., m. Esther **WELD**, Sept. 20, 1753	1	103
Leicester, d. Sept. 8, 1759	1	6
Leicester, [twin with Rebeckah], s. Leicester, Jr. & Esther, .b. Aug. 11, 1761	1	18
Lemuel, s. Ebenezer & Luce, b. Aug. 11, 1752	1	76
Lemuel, m. Eunice **AVERY**, Sept. 7, 1783	2	51
Lemuel, m. Sarah **PERKINS**, Mar. 9, 1801	2	51
Lemuel Putnam, s. Lem[ue]ll & Eunice, b. Oct.. 26, 1784	2	51
Lem[ue]l Putnam, retired merchant, widower, d. Jan. 19, 1858, ae 73 y. 2 m. 23 d.	5	8
Leora, d. Nathan & Lydia, b. Oct.. 30, 1789	2	108
Lewis, s. Lemuel & Eunice, b. Apr.. 12, 1794	2	51
Lucia, d. Seth &Abigail, b. Mar. 5, 1772	2	14
Luce, d. Eben[eze]r & Luce, b. July 25, 1747	1	76
Lucy, d. Leicester & Esther, b. Nov. 15, 1770	1	18
Lucy, d. Asa & Hannah, b. June 28, 1773	1	45
Lucy, w. Eben[eze]r, d. May 13,1792	1	77
Lucy, m. Ithiel **CARGILL**, Apr.. 28, 1796	2	129
Lucy, d. [Nathan & Lydia], d. Nov. 8, 1797	2	108
Lydia, d. Nathan & Lydia, b. Aug. 5, 1791	2	108
Martha, d . Seth & Abigail, b. Oct.. 23, 1770	2	14
Mary, d. Leicester & Mary, b. Dec.. 28, 1715	1	5
Mary, w. Lieut. Leicester, d. May 14, 1724	1	6
Mary, d. Amos & Mary, b. Feb.. 10 1756	1	25
Mary, d. Leicester, Jr. & Esther, b. June 3, 1768	1	18
Mary, w. Amos, d. Aug. 5, 1770	1	26
Mary, d. Chester & Mary, b. Oct.. 21, 1790	2	57
Mary, d. [Payson & Prudence],b. Oct.. 15, 1811	2	145
Mary Ann, d. [Thomas, Jr. & Ruth],b. June 19, 1842	4	52
Mary Anna, d. Benjamin H. & Chloe, b. Oct.. 21, 797	2	114
Mary G., m. Charles **MATHEWSON**, b. of Pomfret, Oct.. 23, 1839, by Rev D. Hunt	3	60
Mary Hutchins, d. [Thomas, 2d, & Theoda], b. Apr.. 15, 1812	2	7
Mary Hutchins, d. Jan. 12, 1814	2	7
Mason, s. [Nathan & Lydia], b. Apr.. 15, 1796	2	108
Mason, s. Nathan, d. Oct.. 30, 1796	2	108
Mason, [s. Nathan & Lydia], b. Sept. 13, 1800	2	108
Moses, s. Ebenezer & Ann, b. Jan. 22, 1721/2	1	6
Moses, s. Eben[eze]r & Ann, d. Feb.. 5, 1725/6	1	7
Moses, s. Ebenezer & Ann, b. June 30, 1729	1	6
Moses, s. Eben[eze]r & Ann, d. Feb.. 18, 1729/30	1	7
Moses, s. Caleb & Sarah, b. Aug. 11, 1741	1	54

BARBOUR COLLECTION

	Vol.	Page
GROSVENOR, (cont.)		
Moses, m. Dorcas **SHARP**, Feb.. 10, 1765	1	110
Moses, s. Moses & Dorcas, b. Nov. 9, 1773	1	24
Nabby Peabody, d. Seth & Abigail, b. June 3, 1788	2	14
Nathan, s. John& Hannah, b. June 26, 1735	1	6
Nathan, s. John & Hannah, d. June 19, 1738	1	7
Nathan d. John & Hannah, b. Jan. 23, 1739	1	6
Nathan, s. John & Hannah, d. July 3, 1764	1	7
Nathan, s. Ebenezer & Luce, b. Dec.. 17, 1764	1	76
Nathan, s. John, Jr. & Molly, b. May 7, 1768	1	27
Nathan, m. Mary **HOLBROOK**, May 10, 176[ ]	1	111
Nathan, s. John, Jr. & Molly, d. Dec.. 16, 1780	1	28
Nathan, m. Lydia **ADAMS**, Nov. 13, 1788	2	108
Nathan, d. Feb.. 22, 1814	1	77
Nathan Ebenezer, s. [Nathan & Lydia], b. Feb.. 24, 1794	2	108
Olive, d. Lieut, Joshua & Easther, b. May 17, 1760	1	20
Olive, d. Caleb, Jr & Olive, b. Nov. 2, 1778	2	66
Olive, m Simeon **INGALLS**, Aug. 23, 1781	2	100
Olive, d. Joshua, Jr. & Sarah, b. Nov. 14, 1784	2	35
Oliver, s. Eben[eze]r & Luce, b. May 19, 1743	1	76
Oliver, m. Zeruiah **PAYSON**, Nov. 6, 1771	2	44
Oliver, d. May 13, 1824	2	44
Oliver C., m. Harriet **GRAY**, Mar. 10, 1812	2	163
Parker, s. John, Jr. & Molly, b. May 6, 1774	2	62
Payson, s. Joshua & Easther, b. Feb.. 25, 1756	1	20
Payson, s. Joshua & Esther, d. Oct.. 5, 1776	1	21
Payson, s. Olive r& Zeruiah, b. Dec.. 13, 1776	2	44
Payson, s. Joshua, Jr. & Sarah, b. July 1, 1786	2	35
Payson, s. Joshua & Sarah, d. May 13, 1787	2	35
Payson, m. Prudence **GRAY**, Apr.. 21, 1803	2	145
Payson, farmer, married, d. Oct.. 10, 1861, ae 84 y. 10 m. 3 d.	5	11
Payson P., m. Nancy C. **GORDON**, Sept. 18, 1815	2	165
Payson Pepper, s. Joshua, Jr. & Sarah, b. June 19, 1790	2	35
Peggy, d Seth & Abigail, b. Mar. 9, 1782	2	14
Peggy, d. Seth & Abigail, d. May 4, 1782	2	14
Percis, d .Moses & Dorcas, b. Sept. 1, 1771	1	24
Percy, d Moses & Dorcas, d. Jan. 10, 1773	1	25
Percis, d. Caleb, Jr. & Olive, b. Nov. 22, 1776	2	66
Perkins, s. [Lemuel & Sarah],b. Apr.. 25, 1802	2	51
Perkins, s. Lemuel & Sarah, d. Apr.. 28, 1802	2	51
Perley, s. Amos & Mary, b. Apr.. 28, 1765	1	25
Perley, s. Amos & Mary, d. Mar. 15, 1787	1	26
Pearley, s. Tho[ma]s & Allethia, b. Jan. 13, 1788	2	7
Perly, s .Tho[ma]s, 2d & Allethia, d. Aug. 19,1791	2	7
Peraley ,s . Thomas, 2d & Theoda, b. Sept. 4, 1805	2	7
Peter, s. Tho[ma]s & Ann b. July 23, 1787	2	105
Peter, s. Tho[ma]s & Ann, d. Sept. 26, 1791	2	105
Peter, s Tho[ma]s & Ann, b. Jan. 25, 1794	2	105
Peter, m. Ann **CHASE**, b. of Pomfret, Jan. 26, 1820	2	173
Phebe, d. Amos & Mary, b. Nov. 22, 1762	1	25
Phebe, d. Amos & Mary, d. Sept. 11, 1769	1	26
Polly Keyes, d. Seth & Abigail, b. Mar. 16, 1775	2	14
Prudence, d. John & Hannah, b. Dec.. 16, 1741	1	6

POMFRET VITAL RECORDS 175

	Vol.	Page
GROSVENOR, (cont.)		
Prudence, d. John & Hannah, d. Sept. 22, 1743	1	7
Prudence, d. John, Jr. & Abigail, b. Feb.. 28, 1758	1	27
Prudence, d. John, Jr. Abigail, d. Sept. 5, 1758	1	28
Prudence, John, Jr. & Abigail, b. Mar. 10, 1760	1	27
Prudence, d. John, Jr. & Abigail, d. Mar. 24, 1760	1	28
Rebeckah, d. Capt. Leicester & Rebeckah, b. Nov. 30, 1732	1	5
Rebekah, w. Leicester, d. May 21, 1753	1	6
Rebeckah, [twin with Leicester], d. Leicester, Jr. & Esther, b. Aug. 11, 1761	1	18
Resolved, s Leicester, Jr. & Esther, b Aug. 24, 1757	1	18
Richard, s. Leicester, Jr. & Esther, b. Apr..6, 1765	1	18
Robert, s. Joshua & Esther, b. Aug. 9, 1772	1	20
Robert Howe, of Killingly, m. Lucretia **HARTSHORN**, of Pomfret, Jan. 8, 1824, by Rev. James Porter	3	10
Roswell, s. Seth & Abigail, b. July 23, 1769	2	14
Roswell, s. Seth & Abigail, d. May 12, 1772	2	14
Sally, d. Joshua & Sarah, b. May 28, 1788	2	35
Samuel Hartshorn, s. Robert H. & Lucretia, b. Oct.. 10, 1824	2	159
Samuel Lee, s. [Tho[ma]s M. & Charlotte], b. July 16, 1827	4	1
Sarah, d. Lieut. Leicester & Mary, b. June 1, 1723	1	5
Sarah, d. Caleb & Sarah, b. June 15, 1743	1	54
Sarah, m. Alexander **SESSIONS**, Jr. Feb.. 24, 1774	2	52
Sarah, d. [Lemuel & Sarah], b. Feb.. 5, 1806	2	51
Sarah, w. [Joshua], d. Mar. 10, 1807	2	35
Sarah, d. Lieut. Leicester & Mary, d. [ ]	1	6
Seth, s. John & Hannah, b. Jan. 9, 1747/8	1]	6
Seth, s. Seth & Abigail, b. Dec.. 25, 1786	2	14
Seth, s. John, d. Jan. 13, 1808	1	7
Silas, s. Chester & Mary, b. Mar. 4, 1787	2	57
Sillah, d. Caleb & Sarah, b. Apr.. 14, 1745	1	54
Sillah, d. Caleb & Sarah, d. Dec.. 15, 1745	1	55
Sillar, d. Caleb & Sarah, b. Nov. 22, 1748	1	54
Sofronia, teacher & Housekeeper, widow, b. Bellerica, Mass., res. Waterford, Mass., d. [ ] **ABBOTT**, d. Dec.. 1, 1869, ae 77 y. 11 m. 20 d.	5	18
Stephen Keyes, s. Seth & Abigail, b. Aug. 10, 1789	2	14
Stephen Keyes, s. Seth & Abigail, d. May 2, 1790	2	14
Stephen Keyes, s. Seth & Abigail, b Apr.. 5, 1791	2	14
Susan[n]a, d. Ebenezer & Ann, b. Oct.. 31, 1708	1	6
Theophilus, s. Leicester, Jr. & Esther, b. July 29, 1755	1	18
Thomas, m Elizabeth **PEPEPR**, May 22, 1718	1	1
Tho[ma]s, d. Feb.. 6, 1729	1	21
Thomas, s. John & Hannah, b. Sept. 20, 1744	1	6
Thomas, s. Amos & Mary, b. Mar. 1, 1757	1	25
Thomas, m. Experience **GOODELL**, June 4, 1767	1	113
Thomas, 2d, m. Allethea **GROSVENOR**, d. Caleb, June 3, 1784	2	7
Tho[ma]s, Col., m. Ann **MUMFORD**, June 25, 1785	2	105
Tho[ma]s had negro James Peter, s .of Asaba, b. Nov. 30, 1794. "Intitled to freedom at 25 y. of age by the existing laws of Conn. 1794"	2	109
Thomas, 2d, m. Theoda **PERRIN**, Dec.. 11, 1800	2	7
Thomas, s. Thomas, 2d, & Theoda, b. Sept. 21, 1802	2	7

	Vol.	Page
GROSVENOR, (cont.)		
Thomas, s. [Tho[ma]s, 2d, & Allethia], d. Dec.. 24, 1806	2	7
Thomas, s. [Thomas, 2d, & Theoda], b. Apr.. 4, 1809	2	7
Thomas, s. [Peter & Ann], b. Aug. 31, 1822	2	173
Thomas, s. [Peter & Ann], d. Sept. 17, 1824	2	173
Tho[ma]s, s. John, d. July 11, 1825	1	7
Tho[ma]s, Col., s. John & Hannah, d. July 11, 1825, ae 81 y. wanting 2 m. 9 d.	2	105
Thomas, s. Thomas M. &Charlotte, b. Aug. 31, 1825	4	1
Thomas, [Sr.], d. Dec.. 15, 1843	2	7
Thomas M., m. Charlotte G. **LEE**, b. of Pomfret, dec.. 1, 1824 by Rev. James Porter	3	13
Thomas Mumford, s. Tho[ma]s & Ann, b. Mar. 28, 1786	2	105
Thomas Peabody, s. Seth & Abigail, b. Dec.. 20, 1778	2	14
Thomas Perrin, s. Thomas, Jr. & Ruth, b. Oct.. 13, 1838	4	52
Vine, s. Caleb, Jr. & Olive, b. May 17, 1783	2	66
Walter, s. Joshua, Jr. & Sarah, b. Sept. 13, 1792	2	35
Walter, s. Joshua & Sarah, d. Oct.. 11, 1796	2	35
Willard, s. Moses & Dorcas, b. Dec.. 28, 1765	1	24
William, s. Tho[ma]s & Elizabeth, b. Aug. 25, 1721	1	20
William, s. Lieut. Joshua & Easther b. Aug. 21, 1764	1	20
Will[ia]m, eldest, s. Tho[ma]s, d. July 23, 1781	1	21
Zara, of Pomfret, m. Christopher **COMSTOCK**, of Kingston, R.I., Jan. 6, 1845, by Rev. D. Hunt	3	73
Zerviah, d. Lieut. Leicester & Mary, b . June 24 ,1721	1	5
Zerviah, Mrs., m. Samuel **LYON**, Oct.. 20, 1748	1	10
Zeruiah, d. Oliver & Zeruiah, b. June 16, 1779, at Brookfield	2	44
Zeruiah, m. Stephen **HUBBARD**, Sept. 19, 1803	2	156
Zeruiah, s. (sic) [Payson & Prudence], b. Jan. 16, 1809	2	145
Zeruiah, w. Oliver, d. July 16, 1828	2	44
Zillah, see under Sillah		
-----ana, d. Ensign Leicester & Mary, b. May 27, 1719	1	1
GROW, Abigail, d. John & Deborough, b. Dec.. 27, 1773	2	77
Abigail, d. Joseph & Abigail, b. Nov. 3, 17[ ]	1	3
Alva, s. Nath[anie]l & Susanna, b. July 13, 1785	2	64
Ambrose, s. John & Deborough, b. Oct.. 29, 1777	2	77
Ambros[e], s. Joseph & Abigail, b. July 27, [ ]	1	3
Anna, d. James & Anna, b. Sept. 15, 1757	1	24
Anna, d. Tho[ma]s, b. Feb.. 15, 1777, in Windham	2	88
Anna, d. [James & Elizabeth], b. Sept. 2, 1796	2	139
Asa, s. John & Deborough, b. June 24, 1772	2	77
Asa, s. Joseph &Abigail, b. Feb.. [ ]	1	3
Asa, s. Joseph & Abigail, d. July 11, [ ]	1	3
Betsey, d. William & Priscilla, b. Nov. 20, 1784	2	63
Chloe, d. Tho[ma]s, b. Oct.. 18, 1773, in Windham	2	88
Delinda, d. [James & Elizabeth], b. Mar. 31, 1803	2	139
Dille, d. Thomas, Jr., b. Sept. 14, 1768, in Windham	2	88
Ebenezer, s. Tho[ma]s, Jr. & Susanna, b. Nov. 10, 1755	1	76
Elisha, s. Tho[ma]s, b. Feb.. 9, 1779	2	88
Elizabeth, d. [James & Elizabeth], b. Mar. 28, 1801	2	139
Esther, d. W[illia]m & Priscilla, b. Aug. 26, 1782	2	63
Experience, d. Thomas & Exp[erien]ce], b. July 9, 1784	2	88
Hannah, d. Tho[ma]s, Jr. &Susanna, b. Apr.. 14, 1747	1	76

	Vol.	Page
GROW, (cont.)		
Hannah, m. Ephraim **BARKER**, Feb.. 27, 1752	1	103
Hannah, d. Tho[ma]s, b. Aug. 31, 1775, in Windham	2	88
Hannah, d. [James & Elizabeth], b. May 21, 1799	2	139
James, m. Elizabeth **EDMONDS**, Jan. 1, 1793	2	139
Jemima, d. [James & Elizabeth], b. Aug. 26, 1806	2	139
John, s. Joseph, Jr. & Tirzah, b. Nov. 15, 1771	2	30
John, s. John & Deborough, b. July 31, 1775	2	77
John, s. Joseph & Abigail, b May 8, 17[ ]	1	3
John, s. Joseph & Abigail, b .July 2, [ ]	1	3
Joseph, m. Abigail **DANA**, Feb.. 4, 1741/2	1	3
Joseph, s. Joseph & Abigail, d .Apr.. 25, 1744	1	4
Joseph, d. May 3, 1782	1	4
Joseph, s. Joseph & Abigail, b. Mar. 13, [ ]	1	3
Joseph, s. Joseph & Abigail, b. Apr.. 25, [ ]	1	3
Joseph, Jr., m. Tirzah **SANGAR**, dec.. 13, 17[ ]	1	115
Lois, d. Tho[ma]s, b. Mar. 6, 1771, in Windham	2	88
Lucinda, d. Nathaniel [&Susanna, b. Dec.. 12, 1778	2	64
Lydia, d. Tho[ma]s, Jr. & Susanna, b. Mar. 25, 1745	1	76
Marvin, s. [James & Elizabeth], b. Nov. 28, 1794	2	139
Marvin, s. [James & Elizabeth], d. Dec.. 9, 1797	2	139
Mary, d Joseph & Abigail, b. [ ]	1	3
Nabbe, d. Nathaniel & Susannah, b. Feb.. 18, 1783	2	64
Nathaniel, s. Tho[ma]s, Jr. & Susanna, b. May 29, 1753	1	76
Nathaniel, m. Susanna **DOW**, Jan. 16, 1775	2	64
Olive, d. Tho[ma]s, b. Jan. 27, 1770, in Windham	2	88
Phebe, d. Tho[ma]s, b. Apr.. 2, 1772, in Windham	2	88
Phebe, m. Israel **HICKS**, Jr., Dec.. 3, 1795	2	122
Prescilla, m. Thomas **HOWARD**, Nov. 25, 1765	1	112
Priscilla, d. Joseph & Abigail, b. Nov. 20, [ ]	1	3
Rebeckah, m. Stephen **INGALLS**, Jan. 16, 1734/5	1	2
Rebeckah, d. Tho[ma]s, Jr. & Susanna, b. Oct.. 16, 1738	1	76
Rebeckah, w. Thomas, d. Dec.. 9, 1762	1	77
Rebeckah, d. Nathaniel & Susannah, b. May 4, 1777	2	64
Rhoda, d. Tho[ma]s, b. Sept. 6, 1780	2	88
Ruth, m. Joseph **WILLIAMS**, Nov. 4, 1740	1	105
Sally, d. Nathaniel & Susannah, b. Mar. 27, 1781	2	64
Sam[ue]l, s. Joseph, Jr. & Tirzah, b. Mar. 23, 1781	2	30
Samuel, s. Joseph & Abigial, b. Jan. 19, 17[ ]	1	3
Susannah, d. Tho[ma]s, Jr. & Susanna, b. Nov. 14, 1740	1	76
Susanna, d. Thomas, Jr. & Susanna, d. Oct.. 6, 1749	1	77
Susanna, d. James & Anna, b. June 16, 1760	1	24
Susanna, [w. Thomas, Jr.], d. May 17, 1786	1	77
Tho[ma]s, Jr., m. Susanna **EATON**, Jan. 26, 1738/9(?)	1	2
Tho[ma]s, s. Tho[ma]s, Jr. & Susanna, b. Apr.. 4, 1743	1	76
Thomas, d. Jan. 13, 1753	1	77
Thomas, s. Thomas & Exp[erienc]e, b. Aug. 19, 1782	2	88
Timothy, s. Thomas, Jr. & Susanna, d. Aug. 19,1750	1	77
Timothy, s. Tho[ma]s, Jr. & Susanna, b. Apr. 20, 1751	1	76
Timothy, s. James & Anna, b. May 2, 1755	1	24
Timothy, s. Nathaniel & Susannah, b. Oct.. 28, 1775	2	64
Timothy, d. June 9, 1779	2	64

178   BARBOUR COLLECTION

	Vol.	Page
GROW, (cont.)		
William, s. Tho[ma]s, Jr. & Susanna, b. Apr.. 8, 1749	1	76
—, s. Joseph & Abigail, d. July 14, 1743	1	4
—, s. Joseph & Abigail, d. [ ], 1759	1	4
—, s Joseph & Abigail, d. Oct.. 13, 1765	1	4
—, d. Joseph & Abigail, b. [ ]	1	3
GUILD, Cyrus Morgan, s. James R. & Almira F., b. Mar. 26, 1842	4	36
GUILE, [see also **GUILD**], Cyrus Morgan, s. James R. & Almira F., b Mar. 26, 1842	4	34
HALL, Abba M., d. [Jonathan & Bathsheba], b Mar. 6, 1802	2	104
Alvah, no information given	1	92
Alvin, s. [Apollos & Betsey], b. May 5, 1810	2	20
Ann, d. Jonathan & Bathsheba, b. Mae 31, 1792	2	104
Appolos, s. Benjamin, of Raynham, b. Jan. 29, 1762	2	20
Appollos, m. Betsey **WILLIAMS,** Feb.. 22, 1787	2	20
Apollos, s. Apollos & Betsey, b. Apr.. 23, 1792	2	20
Apollos, s. Benj[amin], d. [ ]	2	20
Bathsheba, d. Jonathan & Bathsheba, b. Jan. 4, 1788	2	104
Betsey, d . Apollos & Betsey, b. Apr. 9, 1790	2	20
Betsey, w. Apollos, d. Jan. 2, 1844	2	20
Caleb S., m. Emeline **ARNOLD,** of Killingly, Mar. 24, 1842, by Rev. S. S. Hammond	3	70
Charles Edwin, of N[ew] York, m. Mary Elizabeth **SMITH,** of N[ew] York, [June] 10, [1835], by Rev. L. H. Carson, of Windham	3	45
Charles H. Of Pomfret, m. SArah **MULLETT,** of London, Eng., Mar. 30, 1815	2	173
Charles Henry, s. Jona[than] & Bethsheba, b. Dec.. 26, 1781	2	104
Charles Mullett, s. [Charles H. & Sarah], b. July 25, 1819	2	173
Charles P., s. Eli & Ursula, b. Sept. 24, 1825	4	11
Clarissa, d. Apollos & Betsey, b May 12, 1794	2	20
David, s. David & Mary, b. Jan. 11, 1763	1	85
David, s. David & Mary, d. [ ] 13, 1763	1	86
David, s. David & Mary, b. Mar. 14, 1764	1	85
David, s. Dr. David & Mary, d. Jan. 20, 1767	1	86
David P., s. [Jonathan & Bathsheba], b July 15, 1798	2	104
Eli, s. Appolos & Betsey, b. Jan. 27,1797	2	20
Elizabeth, d. Dr. David & Mary, b. Aug. 25, 1760	1	85
Elizabeth, d. Dr. David & Mary, d. Jan. 22, 1767	1	86
Elizabeth, d. Jonathan & Bathsheba, b. Nov. 31, 1789	2	104
Hannah, Mrs. , m. Asa **GROSVENOR,** Apr.. 17, 1766	1	112
Hannah, d. [Apollos & Betsey], b. Apr.. 2, 1813	2	20
Hannah, of Pomfret, m. Loran C. **PARKS,** of Holland, Mass., Feb.. 28, 1839, by Rev. D. Hunt	3	58
Henry C., m. Mary **BLACKMAR,** b. of Pomfret, June 29, 1845, by Rev. D. Hunt	3	75
Job, s. [Apollos & Betsey], b. May 11, 1802	2	20
John Mumford, s. Jonathan & Bathsheba. , b. Aug. 10, 1783	2	104
Jonathan, Dr., m. Bathsheba **MUMFORD,** Apr.. 19,. 1781	2	104
Jonathan had negro Phillis, b. Mar. 9, 1790	2	109
Jonathan Prescott, s. [Jonathan & Bathsheba], b. July 6, 1796	2	104
Joseph Barrett, s. Dr. David & Mary, d. Feb. 1, 1767	1	86

POMFRET VITAL RECORDS 179

	Vol.	Page
HALL, (cont.)		
Lucinda, d. [Apollos & Betsey], b. Jan. 31, 1808	2	20
Lucinda, m. Joseph A. **DRESSER**, last evening, [Mar 9, 1835], by Rev. Job Hall, of Ashford	3	44
Mary, d. Dr. David & Mary, d. Dec.. 20, 1766	1	86
Mary, w. Dr. David, d. Apr.. 3, 1767	1	86
Mary Jane, d. [Charles H. & Sarah], b. Sept. 16, 1820	2	173
Orpha, m. Samuel **LAMB**, May 6, 1761	1	110
Peter, s. Jonathan & Bathsheba, b. May 5, 1794	2	104
Peter, single, d. Jan. 19, 1754, ae 59 y. 8 n. 5 d.	5	3
Peter Prescott, s. Jonathan & Bathsheba, b. May 9, 1785	2	104
Peter Prescott, s Jonathan & Bathsheba, d. Mar. 19, 1789	2	104
Phebe, d. Apollos & Betsey, b. July 16, 1799	2	20
Polly, d. Apollos & Betsey, b. Oct.. 5, 1787	2	20
Rebeccah, Mrs. Of Sutton, m. Rev. Aaron **PUTNAM**, of Pomfret, Oct.. 23, 1760	1	108
Sally, s. [Apollos & Betsey], b Oct.. 15, 1805	2	20
Sarah, d. David & Mary, b. Dec.. 16, 1766	1	85
Sarah, m. Horace **GILBERT**, b. of Pomfret, Dec.. 14 ,1828, by Rev. James Porter	3	25
Stephen, of Grafton, Mass., m. Clementine **CLAPP**, of Pomfret, Oct.. 27, 1833, by A. Benedict	3	38
Ursula, d. [Eli & Ursula], b. Oct.. 24, 1832	4	11
Ursula, housewife, b. **THOMPSON**, res. Pomfret, d. Oct.. 12, 1848, ae 46	4	84
Virginia, d. Charles E. & Mary, b. Sept. [ ], 1836	4	43
HAMBLETT, Rebeckah, d. W[illia]m & Rebeckah, b. Sept. 22, 1721	1	31
Rebeckah, m. Joseph **DANA**, Mar. 2, 1725/6	1	2
William, m. Rebeckah **BUTTON**, Dec.. 8, 1719	1	1
William, s. W[illia]m & Rebeckah, b Sept. 11, 1723	1	31
W[illia]m, d. Dec.. 8,1724	1	32
HAMMETT, Mary Elizabeth Hutchins, d. Chauncey & Martha Maria, b. June 2, 1832	4	24(2)
Maria Louisa, d. [Chauncey & Martha Maria], b. Mar. 15, 1837	4	24(2)
HAMMOND, HAMMON, Ann, d. Josiah & Mary, b. Oct.. 18, 1725	1	37
Anna, m. Daniel **KIMBALL**, Mar. 27, 1751	1	102
Eleazer, m. Ann Mercy **BROWN**, Mar. 25, 1805	2	154
Eleazer W., painter, widower, b. Johnston, R.I., res. Pomfret, d. Mar. 9, 1855, ae 82 y. 10 m.	5	5
Ellen, e. Henry, blacksmith, ae 35, & Emma, ae 37, b. June 12, [1848]	4	77
Hannah, m. John Gilbert, Nov. 22, 176[ ]	1	111
Josiah, m. Mary **DAVIS**, Oct... 15, 1723	1	2
Josiah, s. Josiah & Mary, b. Jan. 31, 1723/4	1	37
Lois, m. Elijah **SHARP**, Aug. 3, 1762	1	110
Olive, m. Charles Child, [ ]	2	27
HANDALL, HANDELL, Alfred, of Glocester, R.I., m. Rebecca **LARKIN**, of Killingly, Apr.. 16, 1848, by Rev. D. Hunt. Intention published in Killingly by Rev. J. D. Baldwin Apr.. 16, 1848	3	82
Jonathan, m. Susan **MOWRY**, Mar. 27, 1843, by Charles Chandler, J.P.	3	70

180   BARBOUR COLLECTION

	Vol.	Page
HANLY, Charles, s. Michael, d. Nov. 20, 1868, ae 4 y. 11 d.	5	17
HARDEN, [see under HARNDEN]		
HARGER, William V., m. Mary FISK, b. of Pomfret. Nov. 16, 1840, by Rev. D. Hunt	3	63
HARNDEN, HARDEN, Sarah, d. Sam[ue]l & Joanna, b. Sept. 19, 1780	2	91
Zadock, s. Sam[ue]l & Joanna, b. May 22, 1779	2	91
Ziba, s. Sam[ue]l & Joanna, b. Feb.. 9, 1778	2	91
HARRIS, Dinah, m. Nathaniel DOUBLEDY, Apr.. 13, 1757	1	107
Edward b., m. Eliza Arnold CHANDLER, Mar. 27, 1831, by Rev. E. b. Kellogg, of Brooklyn & Pomfret	3	31
George, m. Elonah ARNOLD, Fb. 28, 1801	2	137
Joseph, m. Lydia CADY, July 6, 1761	1	109
Lydia, w. Joseph, d. Oct.. 27, 1761	1	93
HARSMORE, Sabary, m. Edward CHANDLER, Mar. 17, 1761	1	109
HARTSHORN, Edney, m. Nathaniel AYER, Apr.. 23, 1780, at Norwich	2	113
George S., of Franklin, m. Sarah S. CUNNINGHAM, of Pomfret, Mar. 30, 1842, by Rev. n. S. Hunt, Of Abington	3	66
Lucretia, of Pomfret, m. Robert Howe GROSVENOR, of Killingly, Jan. 8, 1824, by Rev. James Porter	3	10
Sam[ue]l, m. Sarah TROWBRIDGE, Feb.. 5, 1793	2	111
Susanna, m Jonas CLEVELAND, Nov. 15, 1752	1	108
HARVEY, John, s. Zach[aria]h & Ame, b. Apr.. 18, 1736	1	70
Zach[aria]h, m Ame ADAMS, Aug. 27, 1734	1	2
HASKELL, Celestina b., of Pomfret, m. Edwin WARREN, of Killingly, [Apr.. 19, 1844], by Rev D. Hunt	3	72
Larned, inn keeper, b. THOMPSON, res. Pomfret, d. Nov. 9, 1849, ae 47	4	84
Melissa, ae 21, b. Southbridge ,Mass., m. Peleg ANTHONY, merchant, ae 31, b. Pomfret, res. Killingly, May 17, [1850], by Rev. Lucian Holmes	4	88
Malissa, m. Peleg ANTHONY, May 21, 1850, by Lucius Holmes, J.P.	3	85
HASSAUL, Susanna, m. Caleb LAMB, Jr., Aug. 29, 1746	1	100
HASSETT, [see also FOSSETT], Ann, m. Silas CHANDLER, Jan. 14, 1810	2	107
HAVEN, Elizabeth, wid, d. July 2, 1780	2	13
HAYWARD, [see also HOWARD], Charles, m. Rebeccah COLES, Dec..15, 1788	2	85a
Charles, m. Rebeckah COOLES, Dec.. 15, 1788	2	117
Edward Payson, s. [Lemuel & Cynthia], b. Oct.. 14 1815	2	160
Hyram, of Ashford, m. Susan BAYCON, of Norwich, Oct.. 2, 1823, by Walter Lyon, Clerk, Abington	3	9
Julia A., housekeeper, married, b. Groton, Conn., res. Pomfret, d. July 26, 1858, ae 33	5	8
Lemuel, s. Caleb 7 Martha, b. June 23, 1781	2	76
Lemuel, m. Cynthia PAYSON, Feb.. 25, 1812	2	160
Lemuel, farmer, married, d. Apr.. 30, 1857, ae 75 y. 10 m. 7 d.	5	7
Lewis, s. Charles & Rebeckah, b. Dec.. 16, 1796	2	117
Mary, m. John PARKHUSE, Apr.. 22, 1792	2	38
Mary, d. [Lemuel & Cynthia], b. Mar. 14, 1819	2	160

POMFRET VITAL RECORDS 181

	Vol.	Page
HAYWARD, Mary, m. Benjamin F. DERKEE, b. of Pomfret Apr.. 26, 1840, by Rev. D. Hunt	3	62
Mary E., d. Edward P., d. Sept. 17, 1868, ae 1 y. 6 m. 15 d.	5	17
Rebecca, m Bushnal HIBBARD, Dec.. 2, 1792	2	85a
Rufus, s. Charles & Rebeckah, b. Nov. 14, 1794	2	117
Susannah, d. Caleb & Martha, b. Dec.. 21, 1776	2	76
Thomas Cotton, s. Caleb & Martha, b. Oct.. 21, 1774	2	76
Tho[ma]s W., of Providence, R.I., m. Lucy J. WILLIAMS, of Pomfret, Sept. 13, 1847, by Rev. D. Hunt	3	81
Thomas W., warden at State Prison, ae 25, b Pomfret, res. Providence, R.I., m. Lucy J. WILLIAMS, of Pomfret, Sept. 12, 1848, by Rev. Daniel Hunt	4	79
Thomas Williston, s. [Lemuel & Cynthia], b. Dec.. 6, 1812	2	160
HAZARD, Mary, of Abington, m. Gurdon MALBONE, of Pomfret, Oct.. 31, 1831, by Rev. Charles Fitch, of Abington	3	32
HAZELTON, HAZELTINE, , Mary, w. Stephen ,d. Apr.. 8, 1738	1	7
Sam[ue]ll, s. Stephen & Mary, b. June 15, 1736	1	6
Stephen, m. Mary ALLIN, d. of Samuel, Sept. 5, 1735	1	2
Stephen, s. Stephen & Mary, b. Ape. 3, 1838	1	6
HEBBARD, [see under HIBBARD and HUBBARD]		
[HENDRICK], [see under HINDRICK]		
HENRY, Nancy, m. Elisha W. CARPENTER, June 21, 1826, by Job Williams., J.P.	3	21
Samuel, of Otsego, N.Y., m. Lucy AVERILL, of Pomfret, [Oct..] 9, [1821], by Rev James Porter	3	4
----, d. Jan. 1 ,1853, ae 3 d.	5	1
HERRICK, HERICK, Benjamin, m. Anna CHURCH, Sept. 11, 176[ ]	1	113
Hannah, d Rufus, Jr. & Prudence, b. May 5, 1767	1	6
Litey, d. Benj[amin] & Anna, b. Mar. 27, 1768	1	70
Lucretia, d. Benjamin & Anna, b. Feb.. 11, 1771	2	7
Martin, s. Rufus, Jr. & Prudence, b. Sept 1, 1774	1	6
Molly, d. Benjamin & Anna, b. May 4, 1769	2	7
Pattey, d. Rufus & Mary, b. June 5, 1761	1	86
Rufus, Jr. m. Prudence CADY, Dec.. 19, 176[ ]	1	113
Sarah, d. Rufus, Jr. & Prudence, b. May 9, 1769	1	6
HERRINGTON, Clarence, d. Sept. 14, 1784	1	99
HIBBARD, HEBBARD, [see also HUBBARD], Alathea, d. Bushnall & Rebecca., b. Dec.. 13, 1796	2	85a
Bushnal, m Rebecca HAYWARD, Dec.. 2, 1792	2	85a
Bushnal, d. Feb.. 10, 1839	2	85a
Evan, shoemaker, single, d. Mar. 10, 1858, ae 58 y. 3 m. 25 d.	5	8
Evan H., s. Bushnall & Rebecca, d. Mar. 28, 1855	2	85a
Evan Hayward, s. Bushnell & Rebecca, b. Dc. 5, 1799	2	85a
Martha, d. Bushnall & Rebecca, d. Mar. 6, 1851	2	85a
Oliver D., d. July 11, 1864, ae 2 y. 7 m. 15 d.	5	14
Rebecca, d. Bushnal & Rebecca, b. Jan. 2, 1795	2	85a
Rebecca, m. John RICHMOND, Jr., Oct.. 30, 1871	4	10
Rebecca, w. Bushnal, d. Mar. 11, 1852	2	85a
HICKEY, Alice, d. Nov. 24, 1865, ae 14 d.	5	15
John, d. May 26, 1864, ae 2 y. 2 m. 11 d.	5	14
Margaret, housekeeper, married, b. Ireland, res. Pomfret, d. Sept. 1, 1862, ae 28 y. 5 m. 27 d.	5	12

BARBOUR COLLECTION

	Vol.	Page
HICKEY, (cont.)		
——, st. b. male, Aug. 24, 1862	5	12
HICKS, [see also **HIKES**] Aaron, m. Mary **WEBBER**, Nov. 25, 1791	2	122
Arba, s. Israel, Jr. & Phebe, b. Dec.. 17, 1800	2	122
Benjamin, f. to Capt. Israel HICKS, d. June 9, 1798, ae 89 y.	2	122
Chloe, d. [Israel, Jr. & Phebe], b. Sept. 25, 1802	2	122
Chloe, d. [Aaron & Mary], d. Jan 17, 1806	2	122
Edward M., s. Isreal R., laborer, ae 37, & Emeline, ae 33, b. Oct.. 7, [1850]	4	91
Eliza, d. [Israel, Jr. & Phebe], b. Mar. 3, 1810	2	122
Emilia, d. [Zephaniah & Polly], b. July 12, 1804	2	137
Exper[i]ance, d. [Israel, Jr. & Phebe], b. June 14, 1804	2	122
Geo[rge], H., single, black, d. Sept. 18, 1853, ae 5 y. 4 m. 2 d.	5	2
Ira, s. Aaron &Mary, b. June 28, 1793	2	122
Israel, Jr., m. Phebe **GROW**, Dec.. 3, 1795	2	122
Israel, [twin with Jacob], s. [Zephaniah & Polly], b. May 18, 1802	2	137
Israel, d. Feb.. 12, 1813, ae 78 y. 6 m.	2	122
Israel R., m. Emeline **CHURCH**, Nov. 30, 1841, by Rev. Geo[rge] May	3	65
Israel Rodolphus, s. [Israel, Jr. & Phebe], b. Apr.. 10, 1812	2	122
Jacob, [twin with Israel], s. [Zephaniah & Polly], b. May 18, 1802	2	137
Jacob, of Homer, Courtland Cty., N.Y., m. Ophelia H. **STODDARD**, of Pomfret, Nov. 13, 1834, by Ebenezer Stoddard, J.P.	3	43
Loretta, d. Israel, Jr. & Phebe, b. Feb.. 2, 1797	2	122
Loretta, of Pomfret, m. Nathan **DAVIDSON**, of Brooklyn, Apr.. 4, 1822, by Rev. James Grow	3	5
Lucinda, domestic, b. Rehoboth, Mass., res. Pomfret, d. Oct.. 11, 1865, ae 79 y. 5 m. 7 d.	5	15
Nancy, housekeeper, b Windham, res Pomfret, d. Jan. 17, [1850], ae 69	4	89
Phebe, housekeeper, widow, d. Jan. 6, 1853, ae 80 y. 9 m. 3 d.	5	1
Sylvia S., of Pomfret, m. Percival **MATHEWSON**, of Bozrah, Apr.. 4, 1848, by Bela Hicks, Adm	3	82
Thomas, s. [Israel, Jr. & Phebe], b. Nov. 24, 1805	2	122
Zadoc, s. Israel, Jr & Phebe, b. Sept. 29, 1798	2	122
Zephaniah, m. Polly **PRESTON**, Jan. 15, 1801	2	137
Zephaniah, s. [Israel, Jr. & Phebe], b. Oct.. 6, 1807	2	122
——, child of Calvin, farmer, ae 31 & Mary, ae 26, b. May 15, 1847	4	76
——, d. Dec.. 31, 1855, ae 16 d.	5	5
HIDE, [see under **HYDE**]		
HIGGINBOTHAM, HIGINBOTHAM, Achsah, d. Obadiah & Dorcas, b. June 22, 1785	2	107
Darius, s. Obadiah & Dorcas, b. Dec.. 1 1780	2	107
Darius, m.Salla **BUCKLEY**, Feb.. 8, 1807	2	144
Darius, m. Mary **BROUGHTON**, Oct.. 28, 1812	2	144
Darius, laborer, widow, d. Sept. 8, 1855, ae 74 y. 9 m. 8 d.	5	5
Darius Parks, s. [Daruis & Salla], b. Dec.. 4, 1807	2	144
Dorcas, wife of a farmer, b. R.I., res Pomfret, d. July 1, 1849, ae 100	4	84
Elisha, s. Obadiah & Dorcas, b. Oct.. 5, 1772, in Cranston, R.I.	2	107
Gustus Israel, s. Obadiah & Dorcas, b. June 1, 1796	2	107

POMFRET VITAL RECORDS 183

	Vol.	Page
HIGGINBOTHAM, (cont.)		
Jerusha Abbe, d. [Darius & Salla], b. Jan.13, 1812	2	144
Maria Roberts, s. [sic] [Darius & Salla], b. Dec.. 2, 1809	2	144
Mary, housekeeper, b. Ashford, res. Pomfret, d. Nov. 26, [1849], ae 75	4	89
Mary A., m. Wincherster **TWIST**, b. of Pomfret, July 4, 1839, by Rev. Bela Hicks	3	59
Mary Almira, d. [Darius & Mary], b. Sept. 1, 1819	2	144
Obadiah, s. Obadiah & Dorcas, b. Nov. 3, 1775, in Cranston, R.I.	2	107
Obadiah, Jr., d. Aug. 16, 1786	2	107
Phebe, d. Obadiah & Dorcas, b. Nov. 8, 1783	2	107
Rhoba, d. Obadiah & Dorcas b. May 22, 1778, in Cranston, R.I.	2	107
Sally, w. Darius, d. Feb.. 16, 1812	2	144
Ziba, s. Obadiah & Dorcas, b. Feb.. 24, 1787	2	107
Ziba, laborer, married, d. Apr.. 9, 1861, ae 76	5	11
-----, d. Merick, shoemaker ae 40, & Cordelia, ae 36, b. Mar. 24, [1849]	4	81
HIKES, [see also **HICKS**], Issabell, m. Isaac **BACON**, Aug. 3, 1749	1	101
HILL, Hannah, Mrs., m. John **COLE**, Dec.. 3, 1767	1	113
Isaac, s. Isaac & Sarah, b. Aug. 7,1721	1	29
Jonathan, s. Isaac & Sarah, b. Mar. 14, 1719/20	1	29
Stephen s. Thomas & Mary, b. June 20, 1784	2	63
Thomas, m. Mary **WILLIAMS**, May 30, 1783	2	63
HILLHOUSE, William, of Montville, m. Marcy **GOODELL**, of Pomfret, June 13, 1822, by Rev Walter Lyon, of Abington	3	6
HINCKLEY, Elijah, s. Sam[ue]ll & Mary, b. Aug. 25, 1765	2	27
Elizabeth, d. Sam[ue]ll & Mary, b. Aug. 25, 1769	2	27
Garner, s. Sam[ue]ll & Mary, b. Oct.. 19, 1766	2	27
Lucy, d. Sam[ue]l & Mary, b. Jan. 21, 1768	2	27
Mary, d. Sam[ue]ll & Mary, b. June 3, 1762	2	27
Samuel, m. Mary **BACON**, Dec.. 13, 1761	1	115
Samuel, s. Sam[ue]ll & Mary, b. Nov. 13, 1763	2	27
Samuel, s. Sam[ue]ll & Mary, d. Jan. 27, 1768	2	27
HINDRICK, Sarah, m. Isaac **CADY**, Oct.. 1, 1760	1	108
HISTEED, Milleset, m. Josiah **CUMINS**, Apr.. 24, 1755	1	105
HODGES, HOGGES, Abigail, m beach **CUTLER**, May 14, 1746		
Cedy, d. David & Bethiah, b .May 9 1764	1	101
Eliphalet, s. David & Bethiah, b. June 27, 1762	2	6
Fanne, d. David & Bethiah, b. Mar. 3, 1772	2	6
John, s .David & Bethiah, b. Mar. E, 1772	2	6
John, s. David & Bethiah, b. Mar. 26, 1769	2	6
Zilpha, m. John **LAMB**, Nov. 25, 1773	2	49
HOGG, Pattey, m. Nathan **PAINE**, Mar. 21, 1776	2	79
HOLBROOK, HOLEBOOK, Amasa, s. Ephraim & Esther, b. Mar. 3, 1771	2	10
Anna, d. Eben[eze]r & Mehet[ab]le, b. Mar. 14, 17412	1	21
Anna, d John, Jr. & Rebeckah, b. Mar. 14, 1768	1	21
Anna, m. Alfred **KINGSBURY**, Apr.. 6, 1790	2	98
Anna, see under Anna **BUGBEE**	1	22
Appleton, s. Eben[eze]r & Mary, b. July 25, 1765	1	37
Appleton, s. Capt. Eben[eze]r &Mary, d. Apr.. 19, 1767	1	38
Artemus, s. Capt. Eben[eze]r &Mary, b. Feb.. 25, 1763	1	37

184   BARBOUR COLLECTION

	Vol.	Page
HOLBROOK, (cont.)		
Artemas, s. Eben[eze]r & Mary, d. May 3, 1767	1	38
Calvin, s. Eben[eze]r & Mary, b. Aug. 10, 1758	1	37
Calvin, m. Allis INGALLS, Feb.. 13, 1783	2	77
Ebenezer, m. Mehetable WARNER, Apr.. 30, 1719	1	1
Eben[eze]r, s. Eben[eze]r & Mehetabel, b. Jan. 24, 1724/5	1	21
Ebenezer Had servant Francis IUZE(?), d. Feb.. 20, 1731/2	1	22
Ebenezer, m. Sarah GRIFFIN, Nov. 5, 1746	1	99
Ebenezer, Jr., m. Mary OSGOOD, Feb.. 1, 1749/50	1	102
Ebenezer, [twin with William], s. Lieut. Eben[eze]r, Jr. & Mary, b. Apr.. 24, 1756	1	37
Ebenezer had servant Paul BUCKNAM, d. Nov. 7, 1759	1	22
Ebenezer, Dead. & his w. Mehetobel had d. Anna Bugbee, w. of Daniel, 3rd, d. Nov. 6, 1762	1	22
Ebenezer, d. Jan. 6, 1768	1	22
Elizabeth, d. Eben[eze]r & Mehetabel, b. Jan. 13, 1726/7	1	21
Ephraim, s. Eben[eze]r, Jr. & Sarah, b. July 6, 1747	1	37
Ephraim, m. Esther JOHNSON, Aug. 4, 1768	1	114
Esther, d. Eben[eze]r & Mehet[ab]le, b. July 17, 1737	1	21
George, s Dead. John & Rebeckah, b. Jan. 2, 1774	2	51
George, m. Ruth FIELDS, Apr.. 17, 1800	2	139
George, farmer, married, d. Nov. 10, 1856, ae 83	5	6
George Washington, s. [George & Ruth], b b. Mar. 2, 1801	2	139
George Washington, d .Feb.. 4, 1806	2	139
George Washington, s. [George & Ruth],b. Mar. 5, 1807	2	139
Griffin, s. Ephraim & Esther, b. July 13, 1769	2	10
Hannah, d. Eben[eze]r & Mehetabel, b. May 19, 1731	1	21
Hannah, m. Josiah CHANDLER, June 14, 1753	1	103
Harvey, s. Capt. Eben[eze]r & Mehetabel, b. Mar. 29, 768	1	37
Henry, s. John, Jr. & Rebecakah, b. Apr.. 17, 1760	1	21
Henry, s. Dead. John & Rebeckah, d. Feb.. 26, 1770	1	22
John, s. Eben[eze]r & Mehetabel, b. June 22, 1720	1	21
John, s. Eben[eze]r & Mehetabel, d. July 11, 1720	1	22
John, s Eben[eze]r & Mehetabel, b. Apr.. 29, 1729	1	21
John, sm. Rebeckah CHOTES, Dec.. 13, 1758	1	107
John, s John, Jr. & Rebeckah, b. Dec.. 31, 1769	1	21
John, Dead., d. July 31, 1778, "by a fall from a horse"	2	51
John, m. Lucy KINGSBURY, Sept. 15, 1799	2	135
John, attorney, widower, d. Apr.. 24, 1862, ae 92 y. 3 m. 24 d.	5	12
John, Dead., d. [ ] "Recorded in 2nd book, page 51	1	22
John Field, s. [George & Ruth], b. Aug. 18, 1803	2	139
John Field, d. Feb.. 28, 1806	2	139
John K., of Pomfret, m. Mary M. ADAMS, of Woodstock, Sept. 27, 1830, by Rev. Charles Fitch, of Abington	3	30
John Kingsbury, s. [John & Lucy], b. Mar. 21, 1804	2	135
Lucy, d. [John & Lucy], b. Sept. 9,1809	2	135
Lucy, m. Charles OSGOOD, b. of Pomfret, Feb.. 7, 1838, by Rev. Nathan D. Hunt, of Abington	3	53
Lucy, housekeeper, married, d. Aug. 17, 1858, ae 85	5	8
Luther, s. Eben[eze]r & Mary, b. Sept. 7, 1760	1	37
Luther, d. Ebenezer] & Mary, d. May 2, 1767	1	38
Margaret, of Pomfret, m. Septimus DAVISON, of Brooklyn, Oct..		

HOLBROOK, (cont.)

	Vol.	Page
16, 1826, by Rev. Sam[ue]l J. May, of Brooklyn	3	22
Martha, d. Eben[eze]r & Mehet[a]ble, b. Oct.. 14, 1735	1	21
Martha, d. Eben[eze]r & Mehetobel, d. Sept. 14, 1762	1	22
Mary, d Eben[eze]r & Mehetabel, b. Sept. 2, 1721	1	21
Mary, m. Jere[mia]h SCARBOROUGH, Feb.. 15, 1738	1	3
Mary, d. John, Jr. & Rebeckah, b. May 19, 1765	1	21
Mary, m. Nathan GROSVENOR, May 10, 176[ ]	1	111
Mary, d. Dead. John & Rebeckah, d. Jan. 24, 1770	1	22
Mary, d. John, Jr. & Rebeckah, b. Oct.. 6, 1771	1	21
Mary, d. Dead. John & Rebeckah, d. Dec.. 29, 1772	1	22
Mary M., housekeeper, married, b. Ledyard, res. Pomfret, d. Aug. 5, 1858, ae 54 y. 4 m. 1 d.	5	8
Mehetable, d. Eben[eze]r & Mehetabel, b. Mar. 12, 1722/3	1	21
Mehetable, wid. Eben[eze]r, d. Feb.. 3, 1789, in the 91st y. of her age	1	22
Molly, s. [sic] Eben[eze]r & Mary, b. Oct.. 19, 1772	1	37
Nehemiah, s. John, Jr. & Rebekah, b. July 10, 1763	1	21
Nehemiah, s. John & Rebeckah, d. Feb.. 10, 1770	1	22
Pegge, d. Eb[enezer] & Mehet[ab]le, b. Oct.. 19, 1744	1	21
Pegge, d. Eben[eze]r & Mehetobel, d. Oct.. 5, 1748	1	22
Pegge, d. Eben[eze]r, Jr. & Mary, b. Feb.. 8, 1754	1	37
Pegge, d. Eben[eze]r & Mary, d. Apr.; 27, 1767	1	38
Peggy, d. John & Lucy, b. Dec.. 16, 1799	2	135
Rebeckah, d. Dead. John & Rebeckah, b. Aug. 28, 1776	2	51
Rebeckah, Mrs., m. Capt. Zebediah INGALLS, Dec.. 20, 1781	2	18
Rebeccah, of Pomfret, m. Eleazer WILLIAMS, of Richmond, Mass., Feb.. 7, 1838, by Rev Nathan D. Hunt, of Abington	3	53
Rebecca C., d. [John & Lucy], b. July 4, 1811	2	135
Ruth, d. Eben[eze]r & Mehet[ab]le, b. Aug. 6, 1739	1	21
Ruth, m. Thomas LISCOMB, Jan. 27, 1780	2	85a
Ruth Field, housekeeper, widow, b. Providence, res Pomfret, d. Mar. 20, 1864, ae 89 y. 4 m. 4 d.	5	14
Samuel, s. John, Jr. & Rebeckah, b. Aug 27, 1766	1	21
Sarah, d Eben[eze]r & Mehetabel, b. Aug. 28, 1733	1	21
Sarah, w. Eben[eze]r, Jr., d. Oct.. 27, 1748	1	38
Sarah, d. Eben[eze]r, Jr. &Mary, b. Sept. 23, 1751	1	37
Sarah, m. Thomas COTTON, Jr., June 14, 1753	1	103
Sarah, d .Capt. Ebenezer, d. Apr.. 2, 1767	1	38
Sarah, d. Eph[rai]m & Esther, b. Mar. 13, 1773	2	10
Sarah, d John & Rebeckah, b. Mar. 18,1778	2	51
Sarah A., of Pomfret, m. Alonzo S. COPELAND, of West Greenwich, R.I., dec.. 5, 1853, by Rev. D. Hunt	3	90
Sarah Ann, d. [George & Ruth], b Aug. 11, 1802	2	139
Willard, s. Jon. & Rebeckah, d. Feb.. 7, 1770	1	22
William, [twin with Ebenezer], s. Lieut. Eben[eze]r, Jr. & Mary, b. Apr. 24, 1756	1	37
William, s. John, Jr. & Rebekah, b. Oct.. 14, 1761	1	21
William, s. Eben[eze]r & Mary, d. May 10, 1767	1	38
William, s. Capt. Eben[eze]r &Mary, b. June 17, 1770	1	37
HOLDEN, Elizabeth, m. Calvin CADY, Jan. 4, 1778	2	127
Mary, d. Robert & Mary, b. Aug. 10, 1717	1	25
HOLDRIDGE, Abigail, d. Sam[ue]ll & Sarah, b. July 15, 1732	1	54
Abigail, m. George SUMMER, Sept. 28, 1752	1	103

186 BARBOUR COLLECTION

	Vol.	Page
HOLDRIDGE, (cont.)		
Mehetable, m. Joseph **SABIN**, Apr.. 23, 1724	1	2
Mehetable, w. Samuel, d. Mar. 29,1729	1	55
Mehetabel, w. Samuel, d. Mar. 30, 1729	1	51
Sam[ue]ll, m. Sarah **LEEBRON**, Sept. 24, 1729	1	2
Samuel, d. Nov. 24, 1758	1	55
Samuel, d. [ ]	1	51
Sarah, d. Sam[ue]ll & Sarah, b. Sept. 30, 1730	1	54
Sarah, m. Samuel **DANA**, Jr., Mar. 6, 1750/51	1	102
HOLLAND, HOLLAN, Ann, m. Eben[eze]r **WEEKS**, Sept. 5, 1738	1	101
Elizabeth, m. Isaac **SABIN**, Sept. 5, 1738	1	2
Elizabeth, m. Isaac **SABIN**, Sept. 5, 1738	1	99
Eunice, d. Major Joseph & Elizabeth, b. July 24, 1735	1	55
Eunice, d. Major Joseph & Elizabeth, d. June 30, 1746	1	56
Huldah, d. Joseph & Elizabeth, b. Jan. 19, 1730/31	1	55
Huldah, m. Oliver Williams, Sept. 25, 1748	1	102
Jonathan, s. Joseph & Elizabeth, d. Jan. 4, 1724/5	1	56
Joseph, s. Major Joseph & Elizabeth, b. Apr.. 24, 1733	1	55
Sarah, d. Joseph & Elizabeth, b. Mar. 13, 1727/8	1	55
Sarah, m. Abiel **CHENEY**, Mar. 18, 1746/7	1	100
HOLMES, HOMES, Abigail, d. Johosaphatt & Sarah, b. Jan. 14, 1730/31	1	12
Abigail, Mrs., m. Daniel **CARPENTER**, b. of Thompson, July 4, 1847, by Bela Hicks, Adm	3	80
Abigail, m. David **BANCROFT**, Oct.. 1, 17[ ]	1	113
Abilena, d. [Lem[ue]l & Abilene], b. Feb.. 28, 1801	2	111
Abilene, Mrs., m. Capt. Asa **COPELAND**, Oct.. 9, 1809	2	94
Abilene, m. Bethuel **PARKHURST**, b. of Pomfret, Mar. 23, 1837, by Rev. D. Hunt	3	51
Alfred, m. Dorcas **RICHMOND**, Jan. 22, 1801	2	137
Ann, d. Jehosaphatt & Sarah, b. Aug. 28, 1719	1	1
Ann, d. Johosophatt & Sarah, b. Aug. 28, 1719	1	12
Ann, d. Jehosophatt & Sarah, d. Feb.. 25,1744	1	13
Ann, d. Ebenezer & Lucy, b. Jan. 20, 1758	1	12
Anna, m. John **GLEASON**, June 1, 1780	2	16
Benjamin, s. James, Jr. & Lydia, b. Nov. 11, 1751	1	17
Benjamin, m. Mary **CLEVELAND**, Dec.. 23, 1785	2	13
Benjamin, s. Benj[amin] & Mary, b. June 9, 1786	2	13
Caroline, d. Nov. 11, 1862, ae 11 d.	5	13
C[h]loe, d. James, Jr. & Lydia, b. Mar. 10, 1742/3	1	17
C[h]loe, d. James, Jr. & Lydia, b. Mar. 10, 1742/3	1	18
C[h]loe, d. Mar. 11, 1787	4	2
Cordelia Mathewson, d. [Lem[ue]l], b. Oct.. 30, 1832	1	12
David, s. Nath[anie]ll & Mary, b. Nov. 13, 1753	2	71
David, s. Jonathan & Eunice, b. May 15, 1779	2	137
David, s .[Lewis & Dorcas], b. Feb.. 7, 1809	1	12
Ebenezer, s. Johosaphatt & Sarah, b. Sept. 28,1728	1	103
Ebenezer, m. Luce **NICHOLS**, May 15, 1753	1	12
Eben[eze]r, s. Eben[eze]r & Lucy, b .Mar. 22, 1760	2	38
Ebenezer, Jr., m. Serena **DRESSER**, Sept. 20, 1787	1	13
Ebenezer, [Sr.], d. July 21, 1797	2	38
Ebenezer s. [Lem[ue]l & Abilene],b. Sept. 17, 1798	2	111

HOLMES, (cont.)

	Vol.	Page
Eben[eze]r, s Lem[ue]l, d. Oct.. 10, 1810	2	111
Elijah, s. Jonathan & Eunice, b. Aug.19, 1777	2	71
Emmeline, d. [Lewis & Dorcas], b Apr.. 22, 1804	2	137
Esther, d. Johosaphatt & Sarah, b Sept. 27, 1726	1	12
Esther, d. Eben[eze]r & Lucy, b. Oct.. 16, 1762	1	12
Frederick, s. [Lem[ue]l & Abilene], b July 10, 1803	2	111
Hannah, w. James, d. Mar. 10 ,1753	1	18
Hervey, s. [Lewis & Dorcas], b. Sept. 4, 1805	2	137
Holdah, d. Ebenezer, Jr. &Serena, b. May 9, 1792	2	38
Huldah, m. Jonas SAWYER, Oct.. 11, 1812	2	37
James, m. Hannah ALLEN, Apr.. 17, 1718	1	1
James, s. James & Hannah, b. Mar. 30, 1719	1	17
James, Jr., m. Lydia BARRAS, June 18, 1741	1	3
James, m. Lois DUNKIN, Nov. 14, 1753	1	103
James, d. Nov. 4, 1776	1	18
James, m. Lydia CROSSMAN, Apr.. 12, 1778	2	45
James, d. Jan. 21, 1785	1	18
Jeremiah, s. Nath[anie]ll & Mary, b. Jan. 20, 1763	1	12
John, s. Johosaphatt & Sarah, b Jan. 13, 1724/5	1	12
John, s. Nath[anie]ll & Mary, b. Dec.. 27, 1755	1	12
John, s. Nath[anie]ll &Mary, d. Oct.. 26, 1764	1	13
John, s. Jehosophatt & Sarah, d. Feb.. 11, 1850* (*Should be 1750)	1	13
Johosaphatt, m. Sarah WALDO, July 4, 1715	1	1
Johosaphatt, s. Johosaphatt &Sarah, b. June 13, 1721	1	12
Jehosophatt, [Sr.], d. June 1, 1745	1	13
Jonathan, s. Nath[anie]ll & Mary, b. Mar. 19, 1748	1	12
Jonathan, m. Eunice RICKARD, Oct.. 17, 1776	2	71
Joseph, s. James & Hannah, b. Mar. 5, 1722/3	1	17
Joseph, s. James & Hannah, d. Mar. 7, 1742/3	1	18
Joseph, s. James, Jr. &Lydia, b. Apr.. 18, 1748	1	17
Lemuel, s. Eben[eze]r & Lydia, b. FEb. 18, 1765	1	12
Lemuel, m. Abilene RICHMOND, Feb.. 29, 1792	2	111
Lemuel, sl. Lem[ue]l & Abilene, b. Sept. 16,1795	2	111
Lemuel, s. Lem[ue]l & Abilene, d. Sept. 26, 1795	2	111
Lemuel, 2d, s. [Lem[ue]l & Abilene], b. Mar. 5, 1797	2	111
Lemuel, {Sr.], d. Nov. 6, 1802, ae 38 y.	2	111
Lemuel, m. Huldah PERRIN, b. of Pomfret, Jan. 209, 1824, by Rev James Porter	3	11
Lemuel, farmer, married ,s. Lemuel, d.Oct. 8, 1869, ae 72 y 7 m. 3 d.	5	18
Lemuel Albert, s. Lem[ue]l, b. Dec.. 29, 1824	4	2
Lewis, s. [Lewis & Dorcas], b Jan. 16, 1802	2	137
Lucian Nichols, s. [Lem[ue]l], b. Sept. 1, 1827	4	2
Lucina, d. Eben[eze]r, Jr. & Serena, b. July 21, 1797	2	38
Lucy, d. Eben[eze]r, & Lucy, b. Feb.. 8,1754	1	12
Lucy, d. Jonathan & Eunice, b Feb.. 26, 1781	2	71
Lucy, [w. Ebenezer], d. Aug. 17, 1822	1	13
Lucy Nicholas, d. Oct.. 14, 1863, ae 11 m. 14 d.	5	13
Lydia, w. James, jr., d. Oct.. 11, 1775	1	18
Marian, d. [Lem[ue]l], b. Apr.. 11, 1835	4	2
Mary, d. James & Hannah, b. Mar. 7, 1720/21	1	17
Mary, m. John KING, May 2, 1740	1	3

188 BARBOUR COLLECTION

	Vol.	Page
HOLMES, (cont.)		
Mary, d. Nath[anie]ll & Mary, b. Oct.. 19, 1751	1	12
Mary, d. Nath[anie]ll & Mary, d. Oct.. 26, 1751	1	13
Mary, w. Nath[anie]ll, d. Feb.. 10, 1752	1	13
Mary, d. Nathaniel & Mary, b. Apr.. 24, 1765	1	12
Mary L., single, b. Woodstock, res. Pomfret, d. Mar. 17, 1865, ae 18 y. 4 m. 11 d.	5	15
Nabby, d. Ebenezer, Jr. & Serena, b. July 20, 1789	2	38
Nabby, m. Stephen **CHANDLER**, Oct.. 19, 1813	2	161
Nath[anie]l, s. Johosaphatt & Sarah, b. July 5, 1723	1	12
Nath[anie]l, m. Desire **SPICEE**, Nov. 11, 1742	1	3
Nathaniel, m. Mary **MOORE**, Apr.. 21 1748	1	100
Nathaniel, m. Mary **JORDAN**, Jan. 4, 1753	1	103
Nathaniel, s. Nath[anie]ll & Mary, b.. Aug. 14, 1760	1	12
Nath[anie]ll, m. Louis **ADAMS**, Dec.. 19, 1785	1	12
Nath[anie]ll, m. [ ]**ORMSBEE**, [ ]	1	12
Olive, m. Zebediah **PLANK**, Dec.. 7, 1780	2	93
Perly, s. Eben[eze]r & Lucy, b. Feb.. 24 1768	1	12
Persa, d. James, Jr. & Lydia, b. Mar. 20, 1745	1	17
Persa, d. James, Jr. & Lydia, d. Feb.. 17, 1748/9	1	18
Pitt, s. [Lewis & Dorcas], b. Nov. 29, 1802	2	137
Pitt, m. Caroline **PERRIN**, b. of Pomfret Jan. 26, 1829, by Rev. James Porter	3	26
Polly, d. Benj[amin] & Mary, b. May 20, 1787	2	13
Rebeckah, d. Johosaphatt & Sarah, b. Aug. 31, 1711	1	12
Rebeckah, m. Samuel **RUGGLES**, July 16, 1739	1	3
Rebeckah, d. Eben[eze]r & Lucy, b. Aug. 29,1770	1	12
Rebeckah, d. Eben[eze]r &Lucy, d. Mar. 12, 1771	1	13
Sally, d. Lem[ue]l & Abilene, b. Jan. 12, 1793	2	111
Sally, single, d. Oct.. 30, 1854, ae 61	5	4
Samuel, s. Benj[ami]n & Mary, b. Dec.. 31, 1790	2	13
Sarah, d. Johosaphatt & Sarah, b. Mar. 24, 1716	1	12
Sarah, m. Benj[amin] **MIGHILL**, June 12, 1740	1	3
Sarah, w. Jehosophatt, d. May 13, 1742	1	13
Sarah, d. Eben[eze]r & Lucy, b. Feb.. 21, 1756	1	12
Sarah, m. Amasa **GARY**, Feb.. 7, 1793	2	109
Sarah Elizabeth, d. Lewis, machinist, ae 46, & Philura C., ae 35, b Dec.. 9,1847	4	77
Thankfull, m. Edward **PAYSON**, Oct.. 29, 1712	1	1
Thomas Dresser, s. Ebenezer, Jr. & Serena, b. May 25, 1794	2	38
HOLT, Abigail, m. Richard **KIMBALL**, Dec.. 13, 1748	1	101
Abigail, w. Lieut. Daniel, d. Feb.. 9, 1752	1	40
Abigail, [twin with Keziah], d. Daniel, Jr & Keziah, b. Mar. 29, 1761	1	40
Alvah, s. Silas & Mary, b. Feb.. 10 ,1763	1	28
Asa, s. Daniel & Abigail, b. June 7,1745	1	39
Charles, of Woodstock, m. Nancy **INGALLS**, of Pomfret May 7, 1828, by Rev. Charles Fitch, of Abington	3	24
C[h]loe, d. Daniel, Jr. & Keziah, b. Feb.. 10, 1755	1	40
C[h]loe, m David **SHARPE**, Jan. 21, 1773	2	54
Clarke Sabin, s. [Tho[ma]s Morton & Ede], b.b Feb.. 21, 1794	2	11
Daniel, Lieut., m. Keziah **RUSS**, Dec.. 26, 1752	1	103
Daniel, m. Keziah **RUSS**, Jr. Dec.. 26, 1753	1	104

POMFRET VITAL RECORDS 189

	Vol.	Page
HOLT, (cont.)		
Daniel, Capt., d. Nov. 5, 1773	1	40
Deborough, d. Daniel, Jr. & Keziah, b. Feb.. 1, 1775	1	40
Dilla, d. Daniel, Jr. & Keziah, b. Aug. 13, 1757	1	40
Dille, d. Daniel, Jr. & Kezia, b. Aug. [ ], 1757	1	39
Dille, d. Daniel, Jr. & Keziah, d. May 26, 1775	1	41
Dille, d. Daniel, Jr. & Keziah, b. Jan. 23, 1778	1	40
Dinah, m. Seth **STOWELL**, June 30, 1778	2	96
Ellen, d. Hiram &Marian, b. May 12, 1834	4	27(2)
[E]unice, d. Daniel & Abigail, b. Aug. 22, 1741	1	39
Eunice, m. Josiah **WHEELER**, Nov. 28, 1760	1	108
George Chandler, s. Hiram &Marian, b. Dec.. 31, 1843	4	27(2)
Hezekiah, m. Harriet **GARY**, Apr.. 13, 1829, by Isaac Bonney	3	26
Hiram, Dr., m. Marian **CHANDLER**, b. of Pomfret, Feb.. 21, 1828, by Rev. James Porter	3	24
Joseph, [twin with Mary], s. Daniel, Jr. & Keziah, b. Apr.. 28, 1771	1	40
Joseph, s .Daniel, Jr. & Keziah, d. Mar. 6, 1773	1	41
Keziah, [twin with Abigail], d. Daniel, Jr. & Keziah, b. Mar. 29, 1761	1	40
Lester, s. Daniel, Jr. & Keziah, b. Aug. 30, 1759	1	40
Lester, s. Daniel, Jr. & Keziah, d. Sept. 11, 1764	1	41
Lester, s. Daniel, Jr. & Keziah, b. Feb.. 21, 1766	1	40
Lois, m. Moses **ROGERS**, Sept. 26, 1758	1	107
Louisa, of Pomfret, m. Lemuel **GOODELL**, of Detroit [M.T.], Oct.. 26, 1835, by Daniel G. Sprague ,Hampton	3	46
Lucy, d. Daniel & Abigail, b. Oct.. 10, 1747	1	39
Marian, d. [Hiram & Marian], b. Sept. 30, 1837	4	27(2)
Marian (Chandler), housekeeper married, d. Mar. 16, 1857, ae 56 y. 6 m. 1 d.	5	7
Mary, m. Joseph **TRUSDELL**, June 15, 1742	1	3
Mary, [twin with Joseph], d. Daniel, Jr. & Keziah, b. Apr.. 28, 1771	1	40
Mehetable, m. Jeremiah **PHELPS**, Nov. 27, 1789	2	117
Molley, d. Silas & Mary, b. July 7,1765	1	28
Olive, d. Daniel, Jr. & Keziah, b. Oct.. 15, 1768	1	40
Percy, d. Silas & Mary, b. Aug. 19, 1767	1	28
Phebe, m. Ebenezer **GOODELL**, Jr., Feb.. 13, 1755	1	105
Rockcelane, d. Silas & Mary, b Sept. 21, 1760]	1	28
Rockalane, d. Silas & Mary b. Sept. 21, 17[ ]	1	81
Sarah, m. Peletiah **LYON**, Feb.. 2, 1741/2	1	3
Silas, m. Mary **BROOKS**, Jan. 20, 1757	1	106
Silas, s. Silas & Mary, b. Dec.. 17,1757	1	28
Susan, of Pomfret ,m. Thomas C. **CLEVELAND**, of Hartland, Vt., Sept. 17 1838, by Rev. Nathan S. Hunt, of Abington	3	56
Tho[ma]s, s. Tho[ma]s Morton & Ede, b. July 8,1792	2	111
HOPKINS, Emeline, of Pomfret, m. James **WHIPPLE**, of Scituate, R.I., Dec.. 3, 1838, by Rev. Bela Hicks	3	57
James, m. Eleanor **BOYDEN**, b. of Pomfret, [Feb..] 16, [1834], by Nicholas Branch	3	40
Phebe, housekeeper, married, d. Dec.. 30, 1856, ae 53 y. 3 m. 17 d.	5	6
Phebe Catharine, d. Rowland & Phebe, b. Mar. 5, 1842	4	67
Rowland, of West Greenwich, R.I., m. Phebe **LYON**, of Pomfret, [Mar.] 14, [1841], by Rev. N. S. Hunt, of Abington	3	64

	Vol.	Page
HOPKINS, (cont.)		
—, s. Laton, farmer, ae 50, & Julia, ae 40, b. Aug. 1, 1849	4	81
HOPPIN, Anna Elizabeth, d. Levi & Nancy, b. Nov. 19,1827	4	14
Levi, of R.I., m. Nancy Page **SWEETING,** of Pomfret, [Feb.] 22, [1827], by Rev. James A. Boswell	3	22
HOUGHTON, Abijah, s. Edward & Abigail, b. May 9,1745, at Union	1	49
Asa, sl Edw[ar]d & Abigail, b. June 1, 1742	1	49
Cornelius, s. Edward & Abigail, b. Aug. 15, 1735	1	49
Edward, m. Abigail **MACCOY,** Nov. 16, 1727	1	2
Edw[ar]d, s. Edw[ar]d & Abigail, b. Apr.. 16, 1740	1	49
Experience, d. Edward & Abigail, b. Dec.. 29, 1730	1	49
Experience, of Lancaster, m. Timothy **SABIN,** of Pomfrett, Oct.. 14, 1746	1	99
James, s. Edward & Abigail, b. Sept. 13, 1728	1	49
Jonas, s. Edward & Abigail, b. Jan. 17, 1748, at Union	1	49
Mary, d. Edward & Abigail, b. May 8,1733	1	49
Nehemiah, s. Edw[ar]d & Abigail, b. Mar. 23, 1737/8	1	49
HOUSE, Ruth, m. Henry **CADY,** Sept. 11, 1746	1	106
HOVEY, Abigail, d. John & Susanna, b. Nov. 3, 1754	1	64
Daniel, Dr., m. Emeline **CHASE,** Nov. 3, 1830, by Daniel G. Sprague, Hampton	3	30
Hannah, d. John & Mary, b. Apr.. 14, 1762	1	64
John, m. Mary **WOODWARD,** Aug. 6, 1756	1	109
John, s. John & Mary, b. Mar. 11, 1758	1	64
Lydia, d. John & Mary, b. Apr.. 6, 1757	1	64
Mary, d. John & Mary, b. Feb.. 27, 1760	1	64
Silas, s. John & Mary, b. July 2, 1765	1	64
Susanna d. John & Susanna, b. July 26, 1751	1	64
Susanna, w. John, d. Jan. 3, 1755	1	65
HOW, HOWE, Abigail, d. James & Abigail, b. Aug. 23, 1795	2	13
Abigail, m. William **MOOR,** b. of Pomfret, Mar. 28, 1827, by Rev. James Porter	3	22
Abigail Marcy, d. [Asa & Marcy], b Sept. 15, 1805	2	103
Asa, s. James & Abigail, b. Feb.. 11, 1780	2	13
Asa, m. Marcy **BROWN,** Sept. 4, 1804	2	103
Barnabus, s. David & Silence, b July 9, 1735	1	62
Charity, d. [Silas & Zilpah], b. July 19, 1808	2	154
Clemetine, d. [Silas & Zilpah], b. May 2, 1810	2	154
Daniel, of Pomfret, m. Eliza **UTLEY,** of Ashford, June [11], 1820, by Rev Walter, Lyon, of Abington	3	1
David, Dead., d. May 12, 1768	1	63
George, s. [James, Jr. & Ruby M.], b. Mar. 3, 1821	2	170
Humphrey, s. David & Silence, d. Sept. 29, 1734	1	63
James, Jr., s. James & Abigail, b. May 16, 1797	2	13
James, Jr., m. Ruby M. **JOHNSON,** Oct.. 26, 1817, at Plainfield	2	170
Joel German, s. Johazaniah **HOW** & Hannah **FLING,** single woman, b. July 28, 1774	2	26
John, s. James & Abigail, b. Apr.. 30, 1784	2	13
Jonathan, s. Solomon & Mary, b. May 8, 1753	1	12
Martha, d. James & Abigail, b. May 2, 1775	2	13
Olive, d. James & Abigail, b. Dec.. 29, 1776	2	13
Olive, m. Zephaniah **WILLIAMS,** Mar. 24, 1803	2	144

POMFRET VITAL RECORDS 191

	Vol.	Page
HOW, (cont.)		
Samuel, s. James & Abigail, b. Feb.. 16, 1790	2	13
Sela, m. Benjamin **GRIGGS**, Nov. 21, 1792	2	119
Silas, s. James & Abigail, b. Feb.. 14, 1782	2	13
Silas, m. Zilpah **BRUCE**, Dec.. 16, 1807	2	154
Silence, d. David & Silence, b. Feb.. 28, 1732/3	1	62
Silence, w. Dead. David, d. July 5, 1768	1	63
Thankful, m. John **PAYSON**, Jan. 22, 1740/41	1	3
Zerviah, d. David & Silence, b Aug. 18, 1737	1	62
HOWARD, [see also **HAYWARD**], Aaron, s. John & Elizabeth, b. Jan. 11, 1759	1	52
Asa, s. Thomas & Prescilla, b. Apr.. 2, 1766	1	93
Asa, s. Thomas & Priiscilla, b. Apr. 2, 1766	2	76
Chester, s. John, Jr & Mary, b. Dec. 12,1763	1	54
Elisha, s. John, Jr. & Mary, b. June 1, 1759	1	54
Emmans, s. William & Mary, b Oct.. 14, 1777	2	59
Erepta, d. William Mary, b. Sept. 11, 1779	2	59
Harvey, s. Thomas & Prescilla, b. Apr.. 18, 1773	1	93
Hervey, s. Tho[ma]s & Prescilla, b .Apr.. 18, 1773	2	76
Hezekiah, s. John & Elizabeth, b. May 7,1747	1	52
Hezekiah, s Tho[ma]s & Prescilla, b. Feb.. 1, 1776	2	76
Jeremiah, s. John & Elizabeth, b. Aug. 17, 1749	1	52
John, Jr., m. Mary **ADAMS**, Mar. 1, 1758	1	107
John Chapin, Capt. Of Hampton, m. Sarah May **SUMMER**, of Pomfret, Oct.. 7, 1823, by Walter Lyon, Clerk, Abington	3	9
Joseph, s. John, Jr. & Mary, b. Mar. 8, 1766	1	54
Lois, d. Thomas & Prescilla, b. Apr.. 3, 1779	2	76
Mary, m. Moses **EARL**, May 4, 1759	1	108
Peg[g]e, d. John & Eliz[abe]th, d. Oct.. 11, 1757	1	53
Pegge, d. John, Jr. & Mary, b. May 24, 1761	1	54
Peggy, m. Jonathan **SIMON**, Dec.. 12, 1780	2	92
Prescilla, d. Thomas & Prescilla, b. May 22, 1769	1	93
Prescilla, s. [sic] Tho[ma]s & Prescilla, b. May 22, 1769	2	76
Samuel, s. Thomas & Prescilla, b. Oct.. 1, 1767	1	93
Samuel, s. Thomas & Priscilla, b. Oct.. 1, 1767	2	76
Sibbel, m. Reuben **DARBY**, Dec.. 26, 1739	1	2
Stephen, s. Tho[ma]s & Prescilla, b. July 16, 1777	2	76
Sybil, see under Sibbel		
Thomas, m. Martha **BARKER**, Apr.. 2, 1765	1	110
Thomas, m. Prescilla **GROW**, Nov. 25, 1765	1	112
Thomas, s. Thomas & Prescilla, b. Dec.. 2, 1770	1	93
Thomas, s. Tho[ma]s & Prescilla, b. Dec.. 2, 1770	2	76
Thomas, s. Tho[ma]s & Prescilla, b. Feb.. 27, 1772	2	76
Thomas, s. Thomas & Prescilla, d. Mar. 3, 1772	1	94
Willard, s. John, Jr. & Mary, b. May 11, 1780	1	54
William, s. John & Elizabeth, b. Aug. 2, 1753	1	52
William, m. Mary **DANA**, Dec.. 29, 1774	2	59
HOWE, [see under **HOW**]		
HUBBARD, [see also **HIBBARD**], Abigail, d. John, Jr. & Brigget b. Mar. 3, 1732/3	1	64
Abigail, m. Abner **ADAMS**, Dec.. 31, 1761	1	110
Abijah, s. Jos[e]ph & Deborah, b. May 12, 1751	1	7

	Vol.	Page
HUBBARD, (cont.)		
Abijah, s. Joseph & Deborah, d. Nov. 12, 1751	1	8
Albert, s. [Samuel Starr & Rebeckah], b. Oct.. 4, 1809	2	153
Anna, G., housekeeper, married, d. Jan. 28, 1861, ae 70 y. 9 m. 20 d.	5	11
Benjamin, s. John & Mary, b. Mar. 13, 1713/14	1	4
Benj[ami]n, m. Susanna **CADY**, Aug. 13, 1735	1	3
Benj[ami]n, s. Benj[ami]n & Susanna, b. June 15, 1741	1	69
Benjamin, s. Benj[ami]n, Jr. & Chloe, b. Feb.. 3, 1779	2	86
Benj[amin], s. Benj[ami]n, Jr. & Chloe, d. Nov. 12, 1785	2	86
Benjamin, s. Benj[ami]n, Jr. & Chloe, b. Dec.. 18, 1787	2	86
Benj[ami]n, d. June 17,1789	1	70
Benjamin, Major, d. Sept. 10, 1790	2	86
Benjamin Bussell, s. [Tho[ma]s & Betsey], b. Mar. 27, 1806	2	132
Bridget, d. John & Bridget, b. Sept. 9, 1755	1	64
Calvin, s. John, Jr. & Bridget, b. Aug. 15, 1749	1	64
Catharine, d. [William, Jr. & Lois], b. Nov. 2, 1810	2	143
Charles William, s. [William, Jr. & Lois], b. June 7,1806	2	143
Charlotte, d. [William, Jr. & Louis], b. Dec.. 11, 1816	2	143
Charlotte, 1st, d [William & Lois], d. Sept. 13, 1817	2	143
Charlotte, 2d, [d. William, Jr. & Lois], b. Nov. 11, 1818	2	143
Daniel, s. Jonas & Lydia*, b. May 1, 1769 (*First written "Mary". Corrected by L. b. b.)	2	15
Deborah, d. Joseph & Deborah, b. May 12, 1754	1	7
Ebenezer, s. John & Mary, b. Mar. 30, 1718	1	4
Ebenezer, s . John & Mary, d aug. 7, 1724	1	5
Eben[eze]r, s. John & Mary, b. July 1,1725	1	4
Ebenezer, s. John, Jr. & Bridget, b. Feb.. 20,1752	1	64
Eben[eze]r, s. John & Mary, d. Feb.. 22, 1752	1	5
Edward, [twin with William], s. [Tho[ma]s & Betsey], b. Aug. 24 1808	2	132
Eliza Ann, d. [William, Jr. & Lois], b. Feb.. 7, 1815	2	143
Fanny Elizabeth, d. Cha[rle]s W. & Lucy K., b. June 7, 1839	4	1
Francis Caroline, d. [Samuel Starr & Rebeckah], b. Apr.. 29, 1807	2	153
Frances Harriet, d. [Tho[ma]s & Betsey], b July 25, 1800	2	132
George, s. [Dr. Benj[amin], b. June 26, 1820	2	172
Hannah, d. Benj[amin] & Susanna, b. June 30, 1739	1	69
Hellen, d. May 6, [1851], ae 54	4	93
Henry, s. [William, Jr. & Lois], b. Sept. 14, 1804	2	143
Henry, s. Willard & Lois, d. Sept. [ ], 1804	2	143
Henry Augustus, s. Dr. Benj[amin], b Dec.. 4, 1818	2	172
Jeduthan, s. John & Bridget, b. Sept. 25, 1737	1	64
Jerusha, d. John & Bridget, b. July 18, 1747	1	64
Jesse, s. Joseph & Deborah, b. Oct.. 17, 1765	1	7
John, s. John & Mary, b. Nov. 15, 1712	1	4
John, s. Ben[ja]min & Susanna, d. Jan. 17, 1747/8	1	69
John, d. Apr.. 15, 1760	1	5
John, s. Benj[amin], Jr. & Chloe b. Jan. 22, 1785	2	86
John, s. Ben[ja]min &Susanna, d. Oct.. 22, 17[ ]	1	70
John, pauper, single, res. Abington Soc., d. June 17, 1855, ae 70	5	5
Jonas, s. John & Bridget, b. May 30, 1743	1	64
Jonas, m. Lyday **BROWN**, Jan. 10, 1768	1	114
Joseph, s. John & Mary, b. Sept. 22, 1720	1	4
Joseph, m. Deborah [ ], July 5, 1744	1	104

	Vol.	Page

HUBBARD, (cont.)

	Vol.	Page
Joseph, s. Joseph & Deborah, b. Apr.. 9, 1749	1	7
Joseph, d. Joseph & Deborah, d. Nov. 13, 1751	1	8
Joseph, s. Joseph & Deborah, b. Aug. 30, 1753	1	7
Julia, d. [Stephen & Zeruiah], b. Apr.. 14, 1807	2	156
Loies, w. Willard, d. Aug. 11, 1833	2	143
Lucina, d. Benj[amin], Jr. & Chloe, b. Oct.. 9, 1781	2	86
Lucina, d. Benj[amin], Jr. & Chloe, d. Dec.. 8,1785	2	86
Luce, [twin with Olive], d. John & Mary, b. Feb.. 13, 1733/4	1	4
Lucy, d. Benjamin & Susanna, b. Nov. 10, 1751	1	69
Lucy, d. John & Mary, d. Dec.. 10, 1751	1	5
Lucy, d. Benjamin & Susanna, d. Oct.. 12, 17[ ]	1	70
Lucy S., of Pomfret, m. Carr **LAWTON**, of Providence, R.I., Nov. 29,1831, by Rev. Charles Fitch	3	33
Lucy Starr, d. [William, Jr. & Lois], b. July 21, 1802	2	143
Luther, s. Joseph & Deborah, b. Dec.. 11, 1759	1	7
Mary, d. John &Mary, b. Apr.. 13, 1716	1	4
Mary, d. John &Mary, d. June 27, 1724	1	5
Mary, d. John & Mary, b. Sept. 15, 1728	1	4
Mary, d. Benj[ami]n & Susanna, b. Feb.. 18, 1745/6	1	69
Mary, d. Joseph &Deborah, b. Jan. 2,1746/7	1	7
Mary, m. Paul **ADAMS**, Oct.. 17, 1751	1	103
Mary, w. John, d. Oct.. 11, 1754	1	5
Mary, m. Thomas **ADAMS**, dec.. 11, 17[ ]	1	113
Mary Snow, d. [William, Jr & Lois], b. Aug. 31, 1808	2	143
Moses, s. Benjamin & Susanna, d. Oct.. 14, 17[ ]	1	70
Olive, [twin with Luce], d. John & Mary, b. Feb.. 13, 1733/4	1	4
Olive, d. Joseph & Deborah, b. Dec.. 31, 1763	1	7
Oliver Payson, s. [Stephen & Zeruiah], b. Mar. 31,1809	2	156
Pearly, s. Joseph & Deborah, b. June 3, 1769	1	7
Phila, d. Benjamin, Jr. & Chloe, b. Jan. 7, 1771, in Smithfield, R.I.	2	86
Phila, d. Benj[ami]n, Jr. Chloe, d. Nov. 8,1776	2	86
Prudence, d. Ben[ja]min & Susanna, b. Mar. 18, 1760	1	69
Rachal, d. John & Bridget, b. Dec. 8,1740	1	64
Rachel, m. Asael **WILLARD**, Aug. 27, 1770	1	116
Russell, s Benj[ami]n, Jr. & Chloe, b. Jan. 2, 1773, in Smithfield, R.I.	2	86
Russell, s. Benj[ami]n, Jr. & Chloe, d. Nov. 23, 1776	2	86
Russell, s. Benjamin & Chloe, b. July 14, 1790	2	86
Russell, s. Benjamin, Jr. & Chloe, d. Aug. 18, 1790	2	86
Samuel Star, s. Willard & Lucy, b. Aug 4, 1777	2	36
Samuel Starr, m. Rebeckah **COE**, May 25, 1806	2	153
Samuel Williams, s. [William, Jr. & Lois], b. Dec.. 29, 1821	2	143
Sarah, d. Joseph & Deborah, b. Dec.. 28, 1761	1	7
Sibbel, d. Joseph & Deborah, b. Jan. 12,1757	1	7
Stephen, s. Benj[ami]n, Jr. & Chloe, b. Dec.. 29, 1776, in Smithfield, R.I.	2	86
Stephen, m. Zeruiah **GROSVENOR**, Sept. 19, 1803	2	156
Susanna, d. Benj[ami]n & Susanna, b. Apr.. 30,1743	1	69
Thomas, s. Benj[ami]n, Jr. & Chloe, b. Dec.. 10, 1774, in Smithfield, R.I.	2	86
Thomas, Dr., m. Betsey **GRAY**, Apr.. 14, 1799	2	132
Thomas Gray, s. [Tho[ma]s & Betsey], b. Sept 12,1803	2	132
Willard, s. Willard & Lucy, b Apr.. 6, 1775, at New London	2	36

194 BARBOUR COLLECTION

	Vol.	Page
HUBBARD, (cont.)		
Willard, m. Anner G. **WARNER**, [Sept.] 11, [1835], by N. S. Hunt, Abington	3	46
Willard, farmer, widower, b. Montville, res. Pomfret, s. Willard & Lucy, d. Sept. 29,1866, ae 91 y. 5 m. 23 d.	5	16
William, s. John, Jr. & Bri[d]gget, b. Nov. 27,1731	1	64
William, s. Benj[ami]n & Susanna, b. Sept. 29,1737	1	69
William, Jr., b. Apr.. 6, 1775; m. Lois **WILLIAMS**, Apr. 19,1801	2	143
William, s. Benj[ami]n, Jr. & Chloe, b. Jan. 30,1784	2	86
William, s. Benj[ami]n, Jr. & Chloe, d. Feb.. 27, 1784	2	86
William, [twin with Edward], s. [Tho[ma]s & Betsey], b Aug. 24, 1808; d Aug 29,1808	2	132
William, s. [William, Jr. & Lois], b Mar. 14, 1813	2	143
William, s. [Willard & Lois], d. Apr.. 1, 1817	2	143
William Grosvenor, s. [Stephen & Zeruiah], b Dec.. 1, 1804, in Providence	2	156
Zachariah, s. John & Bridget, b Jan. 8,1735/6	1	64
Zachariah, s. John, Jr. & Bridget, d. Sept. 10, 1758, at Fort Edward	1	65
HUDSON, Betsey, m. David **BROWN**, Sept. [ ], 1778	2	123
HUNT, Daniel, clergyman, married, b. Columbia, res Pomfret, s. Daniel, d. July 2, 1869, ae 63 y. 2 m. 16 d.	5	18
Marg[a]ret, m Asa **WHITE**, Apr.. 4, 1802	2	147
Mary, d. Rev Daniel & Mary R., b. Nov. 11, 1840	4	27(2)
Mary, d. Rev. Daniel, d. Feb.. 20, 1841	4	27(2)
Nancy, m. Charles **CLARKE**, Dec.. 3, 1808	2	156
Olive, m. Jonathan **DRESSER**, Mar. 19, 1805	2	150
Submit, housekeeper, widow, b. Columbia, res. Pomfret, d. May 16,1857, ae 81 y. 3 m. 29 d.	5	7
HUNTER, Sally, m. Prosper **LEFFINGWELL**, Apr.. 30, 1795	2	116
HUNTINGOTN, Mary, m. Rev. Walter **LYON**, Sept. 1, 1785	2	106
Theophilus P., of North Hadley ,Mass., m Eliza T. **LYON**, Pomfret,Sept. 20,1837, by Nathan S. Hunt, Abington	3	52
HURLBUT Lydia, Mrs., m. Dr. Albigence **WALDO**, Nov. 19, 1772	2	39
HUTCHINS, HUTCHENS, HUTCHINGS, Alathea Lord, spinster b. Killingly, res. Pomfret, d. Apr.. 9, 1853, ae 48 y. 3 d.	5	2
Ann Maria, housekeeper, married, b Backenridge, N.J., res. Pomfret, d. William **BOYLE**, d. June 1, 1869, ae 49	5	18
Dorothy, m. Samuel **COLE**, Jr., Mar. 10, 1756	1	105
Fidelia F., of Pomfret, m. Jennison **EAGER**, of New Orleans, La., Sept. 7,1842, by Rev. N. S. Hunt, of Abington	3	68
Hannah, m. Joseph **SAWYER**, Nov. 4, 1750	1	103
Henry, of Brooklyn, m. Hannah **MILLER**, of Ashford, now of Abington, sept. 4, 1831, by Rev. Charles Fitch, of Abington	3	32
Mary, m Amos **GROSVENOR**, May 1, 1755	1	105
Sarah, m. Gideon **CADY**, May 23, 1753	1	107
Seril, s. Thomas & Prescilla, b. Apr.. 1, 1770	2	21
HYDE, HIDE, HIDES, Almariah, domestic, single, b. Killingly, res. Pomfret, d. Oct. 26,1865, ae 17 y. 4 m. 6 d.	5	15
Amasa, m. Lucy **ROBARDSON**, Jan. 30,1780	2	25
Asher Lewis, s. [Asher & Mary Ann], b. June 17, 1819	2	46
David, s. Jonathan & Elizabeth, b. Sept. 25, 1717	1	11
Earnest A., s. Henry & Ellen, d. Dec. 8, 1867, ae 8 m. 12, d.	5	16

POMFRET VITAL RECORDS 195

	Vol.	Page
HYDE, (cont.)		
Ebenezer, s. Jonathan & Elizabeth, b. June 4, 1720	1	11
Eben[eze]r, s. Jonathan & Elizabeth, d. June 22, 1720	1	12
Ebenezer, s. Isaac & Elizabeth, b Sept. 23, 1727	1	41
Elias, s. Amasa & Lucy, b. Mar. 23, 1781	2	25
Elizabeth, d. Jonathan & Elizabeth, d. May 3, 1724	1	12
Emma A., b. Killingly, res. Pomfret, d. Sept. 21, 1865, ae 14 y. 11 m. 5 d	5	15
Ephraim, m. Marg[a]ret b **GRIFFIN,** Aug. 7, 1735	1	2
Ephraim, s. Ephraim & Marg[a]ret, b. May 3, 1739	1	35
Ephraim, Lieut. , d. Dec.. 5, 1761	1	36
Eunice, d. Jabez & Elizabeth, b. July 26, 1770	2	73
Eunice, m. Silas **RECKARD,** Apr.. 8,1894	2	127
George, of Canterbury m. Aliza J **CHANDLER,** of Pomfret, Oct. 24, 1842, by b. Hicks, Adm.	3	68
Hannah, m. Willard **SHARPE,** Mar. 1, 1803	2	144
Isaac, m Elizabeth **STAR[R],** Aug. 27, 1724	1	2
Jabez, m. Elizabeth Glaizer, Jan. 25, 1770	2	73
James, s. Jabez & Elizabeth, b. Jan. 28,1773	2	73
James F., b. Warwick, res. Pomfret, s. James & Charlotte, d. Oct.. 11, 1866, ae 9 y. 6 m. 12 d.	5	16
Jedediah, s. Amasa & Lucy, b. Jan. 31, 1783	2	25
John, s. Jonathan & Elizabeth, b. June 21, 1721	1	11
Jonathan, s. Jonathan & Elizabeth, b. Aug. 5, 1715	1	11
Judeth, d. Isaac & Elizabeth, b. Aug. 29, 1725	1	41
Margaret, d. Ephraim & Marg[a]ret, b. May 16, 1736	1	35
Marg[a]rett, Jr., m. Samuel **PERRIN,** Jr. May 26, 1757	1	106
Persis, m. William **OSGOOD,** Jr., Jan. 27, 1803	2	147
Phebe Ann Frances, d. Asher & Mary An, b. Sept. 22, 1813	2	46
Prescilla, m. Abijah **DOWNING,** June 7,1778	2	100
Roxana, m. William **SHERMAN,** Sept. 13, 1808	2	155
Samuel, s. Jabez & Elizabeth, b. Apr.. 16, 1775	2	73
Sarah, m. Paul **DAVISON,** Nov. 16,1775	2	76
Silas, of Killingly, m. Livonia **RICHARD,** of Pomfret, Sept. 3, 1850, by Rev. Disney dean	3	86
Silas, tinman, b. Plainfield, res Killingly, m. Leeanna **RICHARD,** b. Pomfret, res. Killingly, Sept. 3, [1850], by [ ]	4	92
Thankful, m. Francis **BRAYMAN,** b. of Pomfret, Sept. 27,1818	2	109
Thankful, m. Francis **BRAYMAN,** b. of Pomfret, Sept. 27, 1818	2	116
INGALLS, INGALS, INGELL, Abiah, m. Nathaniel **ROGGERS,** Mar. 16, 1753	1	103
Allis, d. Ben[ja]min & Mary, b. Oct.. 17, 1742	1	80
Allis, d. Ben[ja]min & Mary, d. Feb.. 7,1744/5	1	81
Allis, d Benjamin & Mary, b. Sept. 13, 1756	1	80
Alis, d. Benj[ami]n & Mary, d. Jan.21, 1758	1	81
Allis, d. Zabadiah & Esther, b. Oct.. 28,1764	1	73
Allice, d. Sam[ue]l & Deborah, b. Feb.. 21, 1775	2	24
Allis, m. Calvin **HOLBROOK,** Feb.. 13, 1783	2	77
Allethiah, d. Zabadiah & Esther, b. Mar. 15,1774	2	18
Amanda, d. [David &Sarah], b. July 13, 1806	2	47
Anna, d. [David & DSArah]b. Aug. 4,1803	2	47
Anna, d. David, d. Dec. 7,1803	2	47

196   BARBOUR COLLECTION

	Vol.	Page
INGALLS, (cont.)		
Arathusa, of Pomfret, m. Rev. Nathaniel Breed **FOX**, of Granby Lower Canada, [May] 25, [1840], by Rev. Nathan S. Hunt, of Abington	3	63
Ardelia H., [d. Caleb & Clarris[s]a}, b. Apr.. 18, 1809	2	162
Asa, s Joseph & Sarah, b. Feb.. 29, 1756	1	24
Asa, s. Benj[ami]n, Jr. & Eunice, b. Mar. 31, 1772	2	20
Asa, s. Benj[ami]n, Jr. & Eunice, d. Mar. 28, 1776	2	20
Asa, s. Joseph & Sarah, d. Dec.. 25, 177[ ]	1	25
Asa, m. Mrs. Mercy **CRAIN**, b. of Abington, May 17, 1838, by Rev. N. S. Hunt, of Abington	3	55
Benjamin, m Mary **LYON**, Feb.. 4, 1741/2	1	100
Benjamin, s. Ben[ja]min & Mary, b. July 25, 1746	1	80
Benjamin, m. Eunice **WOODWORTH**, July 6, 1769	1	115
Benjamin, s. Benj[ami]n, Jr. & Eunice, b. Sept. 27, 1774	2	20
Benjamin, s. Benjamin, Jr. & Eunice, d. Feb.. 24, 1778	2	20
Benjamin, [Sr.], d. Oct.. 11, 1800	1	81
Betsey, d. Benj[ami]n, Jr. & Eunice, b. May 22,1780	2	20
Caleb, s. Benjamin, Jr. & Eunice, b. Jan. 29,1777	2	20
Caleb, m Clarris[s]a **DOWNER**, July 1, 1804	2	162
Caleb, [Sr.], d. Oct.. 14, 1824	2	162
Calvin, s. Joseph & Sarah, b. Nov. 22, 1760	1	24
Calvin, m. Catherine **FERINGTON**, Nov. 28, 1782	2	43
Catharine, w. Calvin, d. Dec.. 31, 1783	2	43
Charles, s. Ephraim & Mary, b. Sept. 16, 1768	1	73
Charles, s. Ephraim & Mary, b. Sept. 16, 1768	2	26
Charles, s. Ephraim & Mary, b. Sept. 16, 1768	2	30
Charles, s. Ephraim & Mary, d. Nov. 21, 1772	2	30
Chester, s. Joseph & Sarah, b. Aug. 7, 1762	1	24
Chester, m. Silva **STEVENS**, Apr.. 4, 1784	2	79
Chester, s. Peter & Sarah, b. Dec.. 27,1791	2	12
Chloe, d. Peter & Sarah, b. Oct.. 29,1789	2	12
C[h]loe, d. Zebadiah & Esther, d. Apr.. 26, 17 [ ]	1	74
Clarissa, m. Oliver **SHARPE**, June 6, 1802	2	153
Daniel, s Ben[ja]min &Mary, b. Aug. 3, 1751	1	80
Daniel, s. Benjamin &Mary, d. Oct.. 5, 1755	1	81
Daniel, sl Benj[ami]n, Jr. & Eunice, b. May 3, 1770	2	20
Derius, s. Joseph & Sarah, b. June 27, 1754	1	24
Darius, m. Lodema **LEE**, Jan. 25, 1776	2	65
David, s Ben[ja]min & Mary, b. Aug. 2, 1747	1	80
David, m. Mary **MAY**, Apr..1, 1772	1	116
David, m. Mary **MAY**, b. of Pomfret, Apr.. 1, 1772	2	47
David, m. SArah **BOWMAN**, Nov. 8,1802	2	47
Debby, m. Samuel **DRESSER**, 2d, Nov. 30, 1806	2	153
Deborah, m. Benj[amin] **SHARP**, Dec.. 19, 1751	1	103
Deborah, d. Ephraim & Mary, b Aug. 28, 1757	1	73
Deborah, d. Ephr[ai]m & Mary, b .Aug. 28, 1757	2	26
Deborah, m. Amasa **ALLIN**, Dec.. 14, 1780	2	94
Deliverance, d. Darius & Lodema, b. Apr.. 22, 1779	2	65
Dorcas, d. Ephraim & Mary, b. Nov. 9, 1755	2	73
Dorcas, d. Ephr[ai]m & Mary, b. Nov. 9, 1755	1	26
Dorcas, d. Ephraim & Mary, b. Nov. 9, 1755	2	30

INGALLS, (cont.0

	Vol.	
Dorcas. D. Ephraim & Mary, d. Oct.. 25, 1764	1	74
Dorcas, d. Eph[rai]m & Mary, d. Oct.. 25, 1764	2	30
Dorcas, d. Ephraim & Mary, b. Apr.. 3,1772	2	30
Dorcas, d. Ephraim & Mary, d. July 7, 1772	2	30
Dorcas, d. David & Mary, b. Dec. 6, 1774	2	47
Dorcas, d. Joseph & Sarah, b. June [ ]	1	24
Dorotha, d. Lemuel & Dorotha b. Dec.. 16, 1781	2	93
Dorothy, m. Thomas P. SMITH, b. of Abington, May 20, 1846 by H. Slade	3	79
Dorothy, b. Abington, res. Pomfret, d. Mar. 12, [1851], ae 11 y.	4	93
Edmund, s. Ephraim & Mary, b. Sept. 7,1770	2	26
Edward, s. Ephraim &Mary, b. Sept. 7, 1770	2	30
Elisha, s .peter & Sarah, b. Dec. 31, 1785	2	12
Elisha, m. Esther PALMER, Feb.. 9, 1814	2	159
Eliza, d. [Lemuel & Dorotha], b. July 16,1799	2	83
Eliza, m. Samuel ALLEN, Jr., b. of Pomfret, Oct.. 27, 1850, by Rev. R. V. Lyon, at his residence, in Abington Society	3	87
Eliza Ann, d. [Caleb & Clarris[s]a], b. Feb.. 8, 1806	2	162
Emma M., d. Feb.. 28, 1864, ae 1 y. 6 m. 28 d.	5	14
Ephraim, m. Mary SHARP, Dec.. 19,1751	1	103
Ephraim, s. Ephraim & Mary, b. Sept. 6, 1764	2	30
Ephraim, Jr., m. Lucy GOODELL, Apr.. 26, 1801	2	141
Ephraim, [Sr] d. May 16,1805, in the 80th y. of his age	2	30
Easther, d. Zabadiah & Esther, b. Nov. 26, 1762	1	73
Esther, w. Zebediah, d. Sept. 30, 1778	2	18
Esther, m Stephen ABBOTT, June 28,1781	2	103
Esther, d. David & Mary, b. Mar. 20,1782	2	47
George Dwight, s. [Elisha & Esther], b. July 30, 1818	2	159
George S., m. Delia GOODELL, Nov. 30, 1813	2	166
George Summer, s. Lemuel & Dorotha, b. Nov. 13, 1789	2	93
Hannah, mother of Ens[ign] James, d. May 3,1753	1	74
Hannah, d. Joseph & Sarah, b. Aug 22, 1769	2	12
Hannah, d. Benjamin, Jr. & Eunice, b. Feb.. 1,1784	2	20
Hannah, d. Benj[ami]n, Jr., d. Mar. 22, 1816, in the 33rd y. of her age	2	20
Hannah W., [d. Caleb & Clarrisa], b. Dec. 18, 1815	2	162
Henry Laurens, s. [Ephraim, Jr. & Lucy], b. June 9, 1804	2	141
Hervey, s. Joseph & Sarah, b. July 7 ,1775	2	12
James, s. Zabadiah & Esther, b. Dec.. 31, 1760	1	73
James, Ens[ign], d. Mar. 6,1767	1	74
James, Ens[ign], d. Mar. 6,1767	2	30
John, m. Mary WILLIS, Jan. 4, 1735/6	1	2
John, s. John & Mary, b. Dec.. 12, 1737	1	73
John, d. Jan. 5, 1747/8, ae 87	1	74
John, s. Zebadiah & Esther, b. Aug. 26,1776	2	18
John, s. Zebadiah & Esther, d. Jan. 23, 1777	2	18
John, m. Mary SMITH, Nov. 19, 1778	2	81
John, d. Apr.. 2, 1784	1	74
Joseph, m. Sarah ABBOTT, May 24, 1749	1	101
Joseph, s. Peter & Sarah, b. Sept. 8 ,1773	2	12
Joseph, the elder, d. Oct.. 28, 1790	1	25

BARBOUR COLLECTION

INGALLS, (cont.)

	Vol.	Page
Joseph Royall, s. Joseph & Sarah, b Aug. 24, 1764	1	24
Joseph Royal, m. Lidia **SPAULDING**, Nov. 26, 1807	2	155
Joseph Royal, d. Mar. 30, 1819	2	155
Lemuel, s. Zabadiah & Esther. b. Dec.. 6, 1755	1	73
Lemuel, [twin with Samuel], s. Samuel &Deborah, b. Aug. 24, 1770	2	24
Lemuell, m. Dorotha **SUMMER**, June 10, 1780	2	93
Lemuel, Jr., s. Lemuel & Dorotha, b. Sept. 22, 1793	2	93
Lemuel, s. Lewis, d. Nov. [ ], 1869, ae 12	5	18
Lewis g. S. [George S. &Delia], b. Apr.. 18, 1815	2	166
Lewis G., .Elizabeth **OSGOOD**, b. of Pomfret, June 13,1838, by Rev. N. S. Hunt, of Abington	3	56
Lucinda, colored, b. Brooklyn, Conn., res. Pomfret. D. Aug. 25, [1849], ae 58	4	89
Lucretia b., [d. Caleb & Clarrisa], b. July 23, 1811	2	162
Lucy, d. David & Mary, b. Mar, 31, 1777	2	47
Lucy, d. [Ephraim Jr. & Lucy],b. Apr.. 11,1807	2	141
Lucy, m. Grosvenor **STORRS**, b. of Pomfret, Jan. 8, 1833, at the residence of her deceases father, by Rev William H. Whittemore, of Abington	3	34
Lucy, m. Grosvenor **STORRS**, Jan. 8, 1833	4	14
Luther, s. Joseph & Sarah, b. Aug. 24, 1758	1	24
Lydia, d. [Ephraim, Jr. & Lucy], b. June 20, 1809	2	141
Lydia, of Pomfret, m William **POTTER**, of Foster, R.I., [Mar.] 20, [1823], by Rev. John Paine, of Hampton	3	8
Lydia Ann, d . [Marvin & Mirelia], b. May 28, 1815	2	159
Maleda, [d. Marvin & Mirelia], b Mar. 7, 1817	2	159
Mervin, s. Peter & Sarah, b. Nov. 6, 1787 (Marvin?)	2	12
Marvin, m. Mirelia **SPAULDING**, Dec.. 12, 1811	2	159
Mary, d. John &*Mary, b. Nov. 13, 1735	1	73
Mary d. Ben[ja]min & Mary, b. Mar. 19,1743/4	1	80
Mary, d. Ben[ja]min & Mary, d. Ape. 3, 1744	1	81
Mary, d. Be[ja]min &Mary, b. June 13, 1749	1	80
Mary, d. Ens[ign] James & Mary, d. Mar. 13, 1750/51	1	74
Mary, d. Ephraim & Mary, b. Dec.. 5, 1752	1	73
Mary, d. Ephraim & Mary, b. Dec.. 5, 1752	2	26
Mary, d. Ephraim & Mary, b. Dec. 5, 1752	2	30
Mary, m. John **FISK**, Jan. 9, 1755	1	105
Mary, d. Ephraim & Mary, d. Oct.. 29,1764	1	74
Mary, d. Ephraim & Mary, d. Oct.. 29, 1764	2	30
Mary, d. David & Mary, b. May 24, 1779	2	47
Mary, s. Benj[ami]n, d. Apr.. 20, 1784	1	81
Mary, w. David, d. Oct.. 12,1800	2	47
Mary, m. Jonathan **DEWEY**, b. of Pomfret, Dec.. 26, 1825, by Rev. John Paine, of Hampton	3	18
Mary housekeeper, single, d. Sept. 4, 1856, ae 77	5	6
Mary Maria, d. [Elisha & Esther], b June 15, 1821	2	159
Mary S., d. [Ephraim, Jr. & Lucy], b. May 7, 1802	2	141
Mary S., f Pomfret, m. Addison **FLETCHER**, of Cavindish Vt., Sept. 13, 1825, by Rev Walter Lyon, of Abington	3	17
Mason, s. [David & Sarah], b. Feb.. 2, 1805	2	47
Mehetabel, m. Benjamin **ALLIN**, dec.. 20, 1731	1	2

INGALLS, (cont.)

	Vol.	Page
Mercy, b. Canterbury, res. Pomfret, d. Jan. 8, [1850] ae 65	4	89
Molly, d. Ephraim & Mary, b. Jan. 27, 1766	1	73
Molly, d. Ephraim & Mary, b. Jan. 27, 1766	2	26
Molly, d. Ephraim & Mary, b. Jan. 27, 1766	2	30
Molly, Zabadiah & Esther, b. July 31, 768	2	18
Molly, d. Benj[ami]n, Jr. & Eunice, b Sept. 27, 1774	2	20
Molly, d. Benjamin, Jr. & Eunice, d. Mar. 8, 1776	2	20
Nancy, d. Tho[ma]s & Ruth, b. Nov. 16, 1790	2	75
Nancy, d. Lemuel & Dorotha, b. Nov. 23, 1796	2	93
Nancy, of Pomfret, m. Charles HOLT, of Woodstock, May 7, 1828, by Rev Charles Fitch, of Abington	3	24
Nancy, spinner & weaver, of Abington Soc., d. Dec... 7, 1847, ae 57	4	80
Nancy, single, black, d. July 11, 1853, ae 25 y. 2 m.	5	2
Neptune, farmer, black, b. Africa, res. Pomfret, married, d. Dec... 8, 1868, ae 78	5	17
Olive, d. Zabadiah & Esther, b. Oct... 29, 1766	1	73
Olive, d. Zabadiah & Esther, b. May 16, 1772	2	18
Olive, d. Peter & Sarah, b Nov. 12, 1781	2	12
Olive, w. Simeon, d. Apr... 1, 1782	2	100
Olive, d. Zebadiah & Esther, d. Feb.. 13, 17[ ]	1	74
Olive, d. [Marvin & Mirelia], b. Nov.13, 1819	2	159
Olive Grosvenor, d. Simeon & Eunice, b .Nov. 6, 1788	2	100
Oliver, s. Zabadiah & Esther, b. Apr.. 7, 1770	2	18
Peletiah, s. Ben[ja]min & Mary, b. Dec.. 11, 1753	1	80
Peletiah, s. Ben[ja]min & Mary, d. Nov. 11, 1776	1	81
Peter. S. Joseph & Sarah, b. Feb.. 19, 1752	1	24
Phebe, d. Joseph & Sarah, b. Aug. 22, 1750	1	24
Phebe, d. Joseph & Sarah, d. Sept. 22, 1759	1	25
Polly, d. Chester & Silva, b. Aug. 27, 1785	2	79
Rebeckah, w. Stephen, d. Jan. 30, 1762	1	74
Rebecca, w. Ephraim, d .Feb.. 9,1808	2	30
Rhoda, d Ephraim & Mary, b. Nov. 28, 1759	1	73
Rhoda, d. Ephraim & Mary, d.. Oct.. 15, 1764	1	74
Rhoda, d. Ephr[ai]m & Mary, d. Oct.. 15, 1764	2	30
Rhoda, d. Ephraim & Mary, b. Nov. 28,1759	2	26
Rhoda, d. Ephraim & Mary, b. Nov. 28, 1759	2	30
Roxy, d. Tho[ma]s & Ruth, b. Nov. 19 ,1788	2	75
Roxy, housekeeper, single, d. July 21,1857, ae 68 y. 8 m. 2 d.	5	7
Ruth, d. Stephen & Rebeckah, b .Jan. 27, 1739/40	1	73
Sally, d. Lemuel & Dorotha, b. Oct.. 30, 1786	2	93
Sally, m. Peter CUNNINGHAM, Jr., Apr.. 29,1807	2	156
SAMUEL, s. STephen & Rebeckah, b. Apr.. 22,1746 (1741?)	1	73
Samuel, [twin with Lemuel], s. Sam[ue]l & Deborah, b. Aug. 24, 1770	2	24
Samuel, m. Deoboarh MEACHAM, Nov.9, 17[ ]	1	115
Sarah, d. Stephen & Rebeckah, b. Nov. 7,1735	1	73
Sarah, m. James COPELAND, Feb.. 26, 1756	1	108
Sarah, d. Ephraim & Mary, b. Feb.. 17, 1762	1	73
Sarah, d. Ephraim & Mary, d. Feb.. 17, 1762	2	26
Sarah, d. Ephraim &Mary, b. Feb.. 17, 1762	2	30
Sarah, wid., d. May 25, 1764	1	74
Sarah, d. Joseph & Sarah, b. Dec.. 18, 1766	1	24

	Vol.	Page
INGALLS, (cont.)		
Sarah, w. Thomas, d. Oct.. 7, 1777	2	75
Sarah, m. Joshua GROSVENOR, Jr., Feb.. 10, 1784	2	35
Sarah, m. George W. **BUCK**, b. of Pomfret, Sept. 13, [1837], by Rev. John Paine	3	52
Selvester, s. Calvin & Catherine, b. Nov. 13, 1783	2	43
Selvester, s. Calvin & Catharine, d. Nov. 18, 1783	2	43
Silvanus, s. Zabadiah & Esther, b. Jan. 27, 1759	1	73
Salvenus, s. Zebediah & Esther, d. Sept. 25, 1776	2	18
Simeon, s. Ens[ign] James &Mary, d. Apr.. 4, 1753	1	74
Simeon, s. Ephraim & Mary, d .May 28, 1754	2	30
Simeon, s. Ephraim & Mary, d. May 28, 1754	1	73
Simeon, s. Ephr[aim] & Mary, b .May 28, 1754	2	26
Simeon, m. Olive **GROSVENOR**, Aug. 23, 1781	2	100
Simon, m. Eunice **WHEELER**, Jan. 10, 1786	2	100
Stephen, m. Rebeckah **GROW**, Jan. 16, 1734/5	1	2
Stephen, s. STephen & Rebeckah, b. Dec.. 13, 1737	1	73
Stephen, m. Mary **TERESCOTT**, Jan. 27, 1763	1	111
Stephen, Jr., s. Stephen & Rebeckah, d. Nov. 2, 1771, in the 34th y. of his age	1	74
Stephen, d. Dec.. 10,1771	1	74
Stephen, s. Sam[ue]l & Deborah, b. Sept. 10, 1772	2	24
Sylvanus, see under Silvanus		
Sylvester, see under Selvester		
Thede, d. David &Mary, b. Mar. 24, 1773	2	47
Tho[ma]s, d. [sic] Stephen & Rebeckah, b. June 9,1742	1	73
Tho[ma]s, m. Sarah **BOWIN**, June 26, 1777	2	75
Thomas, m. Ruth **WOODWORTH**, Nov. 8, 1786	2	75
Warrin, s. Lemuel & Dorotha, b. Aug. 18, 1783	2	93
Zebediah, m. Easther **GOODELL**, Feb.. 20,1755	1	105
Zabadiah, s. Zabadiah & Esther, b Apr.. 19, 1757	1	73
Zedekiah, s. Capt. Zeb[edia]h, d. Sept. 17,1779	2	18
Zebediah, Capt. M. Mrs. Rebeckah **HOLBROOK**, Dec.. 20, 1881	2	18
——, w. Ens[ig]n James, d. May 9,1773	2	30
INGRAHAM, INGRAM, Elizabeth, m. Barnabus **SABIN**, May 22, 1770	1	115
John D., m. Elizabeth **BADGER**, Apr.. 20,1795	2	120
ISAACS, Mary Easther, m. Evan **MALBONE**, Oct.. 13, 1781, at Branford	2	120
JACKSON, David, laborer, widower, black, b. Virginia, res. Pomfret, d June 29, 1854, ae 62	5	4
Eleazer, m. Huldah **DRESSER**, Feb.. 15, 1781	2	72
Elizabeth had s. John **CHENEY**, reputed f. Daniel **CHENEY**, b. Sept. 20, 1751, in Killingly	1	76
Harriet, housekeeper, married, black, d. Sept. [ ], 1869, ae 60	5	18
Henry G., illeg. S. Nancy Malbone, colored, domestic, ae 20, b. June 3, [1851]	4	91
Jane, ae 20, b. Pomfret, res Brooklyn, m. Peter **REYNOLDS**, farmer, colored, ae 23, b.Sterling, Nov. 28, 1847, by Rev Edward Pratt	4	79
Jane Sophia, of Abington, m. Peter **REYNOLDS**, of Brooklyn, [Person of color], Nov. 25, 1847, by Edward Pratt. Intention published in Abington Cong. Meeting House	3	82

POMFRET VITAL RECORDS 201

	Vol.	Page
JACKSON, (cont.)		
John, laborer, black, d. May 22,1853, ae 19 y.	5	2
Luther, farmer, colored, ae 22, b. Pomfret, res. Brookfield, Mass., m. Mary **MALBONE**, colored, ae 29, b. Providence, res. Pomfret, Nov. 12, 1847, by Edward Pratt	4	79
Nancy Ann, d. William, farmer, colored, ae 27, & Harriet W., ae 28, b. Oct.. 12, 1848	4	78
Otis Eugene, b. Woodstock, res. Pomfret, d. May 30, 1858, ae 2 y. 4 m. 9 d.	5	8
Will M., m. Harriet W. **CRAND**, May 1, 1843, by Rev b. N. Harris. Intention published	3	70
JACOBS, Eliza A., m . Clarke H. **NORTH[R]UP**, b. of Providence, R.I., Sept. 1, 1844, by Rev. N. S. Hunt, of Abington	3	73
JAMES, Amey A., m. Jesse **GRIGGS**, b. of Abington, Nov. 7,1831, by Rev. Charles Fitch, of Abington	3	32
Amos, m. Jane **SMITH**, Feb. 19,1761	1	109
Freeman, m. Joanna **WILLIAMS**, Feb.. 11, 1790	2	121
Harriet L., m. Virgal M. **PALMER**, Apr.. 30, 1838, by Rev D. Hunt	3	55
Joanna, housework, d. June 27, [1851], ae 83	4	93
Mary Caroline, d. William 7 Abby W., b. Feb.. 20, 1831	4	22
Ralph, s. Freeman & Joanna, b. July 28,1790	2	121
William, s. Freeman & Joanna, b. Oct.. 26, 1793	2	121
JANES, [see also **JONES**], Betsey, d. James & Annis, b. May 10, 1796	2	119
Cynthia, domestic, widow, b. Dedham, Mass, res. Pomfret, d. Feb.. 18,1862, ae 83 y. 5 m. 18 d.	5	12
James, m. Annis **MUNROUGH**, May 22,1794	2	119
JAQUA, JAQUAES, Elizabeth, d. Samuel & Prudence, b. Apr.18, 1757	1	85
Kezia, d. Samuel & Prudence, b. May 29,1755	1	85
Mary, d. Samuel & prudence, b. Aug. 27, 1761	1	85
Pruda, m. Isaac **ADAMS**, July 3, 1769	2	59
Samuel, m. Prudence **EARL**, Feb.. 3, 1755	1	109
Sarah, d. Sam[ue]ll & Pruda, b. June 17,1762	2	47
William, s. Samuel & Prudence, b. May 10, 1759	1	85
JEFFERDS, JEFFORDS, Elmer, s. John & Hannah, b. July 25, 1764	1	74
Elmore, s. John &Hannah, d. Jan. 21, 1761	1	75
Hannah, d. John & Hannah, b. Sept. 14,1766	1	74
John, m. Hannah **WILLIAMS**, Sept. 6,1757	1	106
Molly, d. John & Hannah, b. Sept. 21, 1759	1	74
Phyrilla, m. Thomas **ANGELL**, Apr.. 26, 1780	2	120
Prescilla, d. John & Hannah, b. Oct.. 2, 1762	1	74
Rebecca., m. Smith **BRUCE**, Jan. 24, 1804	2	87
Rhoda, d. John & Hannah, b. Sept. 2, 1761	1	74
Rhoda, d. John & Hannah, d. Sept. 15,1761	1	75
Sarah, d. John & Hannah, b. Feb.. 16, 1758	1	74
Sarah, m. Thomas **ANGELL**, Jr., Nov. 24, 1774	2	71
JENCKES, Welcome, m. Mercy **WHITMAN**, b. of Pomfret, Feb.. 27,1825, by John Holbrook, J.P.	3	15
JENKINS, Sarah, m. Henry **TAYLOR**, Aug. 27, 1730	1	2
JEPSON, Charles, m Ellen Maria **PARTRIDGE**, Oct.. 15, 1833, by E. B. Kellogg	3	38
Cha[rle]s Edward, s. [Charles & Ellen Maria], b. Apr. 28, 1838	4	40
Ellen, Mrs. M. Lewis **SESSIONS**, b. of Pomfret, Feb. 17, 1851,		

	Vol.	Page
JEPSON, (cont.)		
by Rev Roswell Park	3	88
Ellen M., ae 40, b. Woodstock, res. Pomfret, m. Lewis **SESSIONS**, her 2nd husband, cabinet maker, ae 29, of Pomfret, Feb.. 17, [1851], by Roswell Park	4	92
Ellen Maria, Mrs., m. Lucius **SESSIONS**, b. of Pomfret, Feb.. 17, 1851, by Roswell Park	3	88
William Ward, s. Charles & Ellen Maria, b. Aug. 28, 1835	4	40
JEWETT, Molly, m. Winthrop **OSGOOD**, Dec.. 25, 1806	2	152
JOHNSON, Abigail, w. Nath[anie]l, d. Apr.. 9, 1745, in the 86th y. of her age	1	47
Abigail, d. Nath[anie]l & Abigail, d. Jan. 15, 1782, in the 99th y. of her age	1	47
Albert, of Pomfret, m. Ellen **TRUESDELL**, of Killingly, Nov. 22, 1848, by Bela Hicks, Adm.	3	84
Albert b., soldier, single, d. Nov. 28, 1865, ae 27 y. 8 m.	5	15
Benjamin, of Warren, Mass., m. Mary **DERKEE**, of Pomfret, May 26, 1839, by Rev Bela Hicks	3	59
Drusil[l]a, single woman, had s. Abel **GROSVENOR**, b. Mar. 28, 1779	2	87
Esther, m. Ephraim **HOLBROOK**, Aug. 4, 1768	1	114
George C., of Thompson, m. Jane **WILKS**, of Pomfret, Sept. 1, 1850, by Rev Sidney Dean	3	86
Hannah, m. Samuell **CARPENTER**, Feb.. 3, 1713/14	1	1
Hannah D., ae 22, b. Rowley, Mass., res. Pomfret, m. Enos **FARROW**, farmer, ae 28, b. Thompson, res. Pomfret, Dec.. 9, 1848, by Rev. Daniel Hunt	4	79
Hannah E., of Newburyport, Mass., m. Enos **FARROW**, of Pomfret, Dec. 9, 1847, by Rev D. Hunt	3	82
Hezekiah, s. Smith & Sarah, b July 10,1764	1	94
Jemima, sm Silas **CHANDLER**, Oct.. 26,1817	2	59
Lucy, of Thompson, m. Stephen S. **STONE**, June 7,1818	2	171
Martha, m. Timothy **SABIN**, Feb.. 5, 1747/8* *(1717/8)	1	99
Mary Eliza, d. Mar. 29,1864, ae 1 m. 22 d.	5	14
Mehet[a]ble, m. Humphrey **GOODELL**, Jan. 12, 1726/7	1	2
Nathaniel, m. Mrs. Mary **LAURENS**, May 13, 1747	1	100
Nathaniel, d. May 4,1755, in the 90th y. of his age	1	47
Polly, m. Nahum **CADY**, Jr., Jan. 20, 1784	2	37
Rebecca., m. John **TUCKER**, Sept. 28, 1800	2	142
Ruby M., m. James **HOW**, Jr., Oct.. 26, 1817, at Plainfield	2	170
Sarah, d. Smith & Sarah, b. Jan. 13, 1764	1	93
Susan, housekeeper, married, b. Coventry, R.I., res Pomfret, d. [ ] **GONDON**, d. Feb.. 16, 1867, ae 70	5	16
William, m. Betsey **CUNDALL**, b. of Pomfret, Apr.. 8,1821, by Rev. James Grow	3	3
——, male, d. May 16, 1854, ae 1 d	5	4
JONES, [see also **JANES**], Abigail, w. Thomas, d. Aug. 17,1782	2	55
Ebenezer, s. John & SARAH, b .Aug. 29,1762	1	15
Elias, s. John & Sarah, b. Jan. 24, 1758	1	15
Elias, m. Easther **DANA**, Feb.. 8,1781	2	96
Elizabeth, d. John & Sarah, b. June 24, 1744	1	15
Elizabeth, d. John & Sarah, d. Oct. 22, 1756	1	16

POMFRET VITAL RECORDS 203

	Vol.	Page
JONES, (cont.)		
Elizabeth, d. John & Sarah, b. Jan. 4, 1766	1	15
Elizabeth, d. John & Sarah, db FJan 14, 1767	1	16
James, s. John & Sarah, b. Dec.Feb.,1759	1	15
John, m. Sarah **SAWYER**, d. of borDec.ius, Sept. 22, 1743	1	3
John, s. John & Sarah, b. July 27,1748	1	15
John, d. Aug. 31, 1766	1	16
Lucius, farmer, b. Ashford, res. Pomfret, d. Mar. 17,1849, ae 40	4	84
Lucy, d. Thomas & Sarah, b. Feb.. 12, 1790, at Cherry Valley, N.Y.	2	2
Mary, d. John & Sarah, b. Mar. 27, 1753	1	15
Mary, d. John & Sarah, d. Oct.. 16,1756	1	16
Nabby, d. Thomas & Sarah, b Dec.. 21, 1785	2	2
Sarah, d. John & Sarah, b. July 12, 1746	1	15
Thomas, s. John & Sarah, b. Jan. 6,1750/51	1	15
Thomas, m. Abigail **DRESSER**, Sept. 27, 1773	2	55
Thomas, m. SArah **FLING**, Sept. 11, 1783	2	55
Zerviah, d. John & Sarah, b. Mar. 21, 1755	1	15
Zerviah, m. Daniel **RICE**, Mar. 29,1781	2	105
JOPET, Benj[ami]n, Jr., m. Lydia **COPELAND**, Oct.. 29, 1740	1	3
JORDAN, Mary, m. Nathaniel **HOLMES**, Jan. 4, 1753	1	103
JUDSON, -----, m. Thomas G. **CLARK**, b. of Canterbury, [Sept. 30, 1854], by Rev. D. Hunt	3	91
KEENAN, John, laborer, single, b. Ireland, res Pomfret, d. Nov. 18, 1853, ae 33	5	3
KELLOGG, Ezra b., Rev. m. Ana **THOMPSON**, b. of Brooklyn, May 4, 1835, in Christ's Church, Pomfret, by Rev .l. H. Carson, of Windham	3	45
KELLY, Charles, s. Robert servant, ae 36, & Catharine, ae 26, b. July 31, 1848	4	77
[**KENNEDY**], **KENEDY, KENNADY,** John W., m. Lucy Ann **COOPER**, b. of Plainfield, June 26, [1831], by Job Williams, J.P.	3	32
Theodore P., m. Mary C. **ROWANDS**, b. of Killingly, Oct.. 25, 1847, by Orrin Summer, J.P., Abington	3	81
KENNEY, [see under **KINNEY**]		
KENT, Cyrel W., late of Ashford, now of Pomfret, m. Minerva **PECK**, of Pomfret, [Apr..] 2, [1839], by Rev. N.S. Hunt, of Abington	3	58
Edward A., s. Cyrel W., laborer, b. Dec.. 9, [1850]	4	90
Ellen Minerva, d. Cyrel W. & Minerva, b. Mar. 8, 1846	4	32
George E., d. Oct.. 27, 1852	5	1
Henry Alanson, s. [Cyrel W. & Minerva], b. Apr.. 28, 1843	4	32
Sarah Elizabeth, d. Cyrel W. & Minerva, b. Jan. 6, 1840	4	32
William R., of Ashford, m. Sally **PIKE**, of Pomfret, Apr.. 27, 1840, by Rev. Nathan S. Hunt, of Abington	3	62
KEYES, KYES, Abigail, d. Stephen & Abigail, b. Aug. 16, 1751	1	28
Amasa, s. Stephen &Abigail, b. Nov. 3, 1744	1	28
Amasa, m. Mrs. Penelope **WILLIAMS**, Nov. 26, 1772	2	37
Darwin, laborer, single, b. Eastford, Conn., res Pomfret, s. Edward Flagg **KEYES**, d. Sept. 27, 1868, ae 16 y. 6 m. 4 d.	5	17
Eleazer, s. Amasa & Penelope, b. Apr.. 17, 1774	2	37
Eleazer, s. Amasa & Penelope, d. Sept. 7,1775	2	37
Eleazer, s. Amasa & Penelope, b. Sept. 12, 1776	2	37

BARBOUR COLLECTION

	Vol.	Page
KEYES, (cont.)		
Elnathan, s. Stephen & Abigail, b. July 9, 1762	1	91
Luce, d. Stephen & Abigail, b. Nov. 15, 1758	1	28
Mary, m. John **FLING**, Mar. 20, 1754	1	104
Mary, d. Stephen &Abigail, b. Aug. 20, 1764	1	91
Mary, d. Stephen &Abigail, d. Aug. 6,1766	1	92
Mary, d. Stephen & Abigail, b. Feb. 13, 1769	1	91
Peabody, s. Stephen & Abigail, b. Apr. 24, 1756	1	28
Peega*, d. Stephen & Abigail, b Feb. 18, 1747 (*Perza?)	1	28
Perza, d. Stephen & Abigail, b. Apr. 16, 1749	1	28
Rhodah d. Zeb(?) & Mary, b. June 3, 1754 (Zeh?)	1	64
Rosie M., d. Dec. 16, 1865, ae 4 y. 11 m. 15 d.	5	15
Ruth, m, Bartholomew **DURKEE**, Oct. 6, 1761	1	109
Stephen, s. Stephen & Abigail, b. Dec. 6, 1753	1	28
Zachariah, d. Sept. 27, 1753	1	47
KIMBALL, Abigail, d. Richard & Abigail, b. Nov. 30, 1754]	1	79
Abigail, m. Benjamin **GOODELL**, Mar. 4, 1779	2	88
Abijah, s. David & Jane, b. Dec. 6, 1762	1	90
Achsarina, d. Elizabeth **KIMBALL**, single woman, b. Aug. 9, 1787	2	53
Asa, s. Daniel & Anna, b. Jan,. 6, 1760	1	72
Asa, of Hampton, m. Mary Ann **SHARPE**, of Pomfret, Dec. 6, 1830, by Rev Charles Fitch, of Abington	3	30
Cynthia, d. John & Jerusha, b. Mar. 29, 1769	1	82
Daniel, m. Anna **HAMMOND**, Mar. 27, 1751	1	102
Daniel, s. Daniel & Anna, b. Mar. 1, 1754 [sic]	1	72
Daniel, s. Daniel & Ann, b. Mar. 10, 1754	1	72
Elizabeth, single woman, had d. Achsarina, b. Aug. 9, 1787	2	53
Jacob, s. John & Jerusha, b. Aug. 8, 1779	1	82
Jared, s. John & Jerusha, b. Feb. 21, 1765	1	82
Jerusha, d. John & Jerusha, b. July 16, 1759	1	82
Jerusha, d. John & Jerusha, d. Aug. 7, 1759	1	83
Jerusha, d. John & Jerusha, b. Apr. 3, 1767	1	82
John, m. Jerusha **MACHAM**, Feb. 9, 1758	1	108
John, s. John & Jerusha, b. Oct. 9, 1760	1	82
Joseph, s. John & Jerusha, b. Apr. 10, 1776	1	82
Joseph, s. John & Jerusha, d. Oct. 28, 1776	1	83
Josiah, s. Daniel &Anna, b. Sept. 21, 1757	1	72
Josiah, s. Daniel & Anner, d. Sept. 10 ,1778	1	73
Libbeus, s. Richard & Abigail, b. Feb. 14, 1750/51	1	74
Lebbeus s. Richard & Abigail, b. Feb. 14, 1750/51	1	79
Libbeas, m. Sarah **CRAFT**, May 7, 1778	2	82
Lemuel, s. Daniel & Anner, d. Aug. 29, 1754	1	73
Mary, d. David & Jane, b. Aug. 1, 1760	1	90
Mary, m. James **TROWBRIDGE**, Aug. 29, 1782	2	57
Matilda, s. Libbeas & Sarah, b. Nov. 23, 1780	2	82
Percis, m. George **ELIOT[T]**, Jan. 18, 1781	2	95
Perry, s. Richard & Abigail, b. Nov. 5, 1760	1	79
Richard, s Samuel & Sarah, b. July 18, 1722, at Bradford	1	79
Richard, m. Abigail **HOLT**, Dec.-. 13, 1748	1	101
Richard, s John & Jerusha, b. Aug. 21, 1762	1	82
Samuel, d. Jan. 18, 1747/8	1	75
Samuel, s. Daniel & Anna, b. Mar. 14*, 1752 (*Perhaps "24")	1	77

POMFRET VITAL RECORDS 205

	Vol.	Page
KIMBALL, (cont.)		
Sarah, m. Jonathan **ORAMS**, June 23, 1773	2	78
Silvester, s. Libbeas & Sarah, b. May 27, 1783	2	82
-----, child of Andrew J., d. Aug. 17 1878, ae 8 d.	5	17
KINDYARD, Theodore, P., of Killingly, m. Mary C. **ROUNDS**, Oct.. 25, 1847, by Orrin Summer, J.P.	4	79
KING, Adeline, of Pomfret, m. Nathaniel C. **STORY**, of Canterbury, [Dec..] 19, [1824], by Rev. James Porter	3	14
Elizabeth Ann, d. [Asa], b. Feb.. 28, 1807	2	65
Eunice, d. Asa, d. Nov. 5, 1803	2	65
Isaac, m. Ruth **SNOW**, b. of Pomfret, Dec.. 22, 1834, by Nicho[las] Branch	3	43
Jeremiah, m. Caroline **SNOW**, b. of Pomfret, Dec.. 22, 1834, by Nic[ola]s Branch	3	43
John, m. Mary **HOLMES**, May 2, 1740	1	3
Nancy, of Pomfret, m. Lyman **BROWN**, of Leverett, Mass., [Dec..] 19, 1824], by Rev. James Porter	3	13
Oliver S., of Pomfret, m. Fanny **DEAN**, of Ashford, Oct.. 11, 1829, by Rev. Ambrose Edson, of Brooklyn	3	27
Peter, laborer, b. Ireland, res. Pomfret, d. Jan. 25, 1869, ae 48	5	18
Phila Ann, m. Hazard **SHIPPEE**, [Mar.] 23, [1833], by Rev. Nicholas Branch	3	36
-----, d. George, shoemaker, ae 19, b. June 21, [1850]	4	86
KINGSBURY, Alfred, m. Anna **HOLBROOK**, Apr.. 6, 1790	2	98
Betsey, d. [Joseph & Hannah], b. July 5, 1799	2	124
Deliverance, m. Joseph **SCARBORO**, Mar. 24, 1780	2	96
Deliverance, w. Capt. Joseph, d. Oct.. 31, 1782	2	61
Ebenezer, s. [Joseph & Hannah], b. Dec.. 25, 1805	2	124
Ebenezer, s. [Alfred & Anna], b. July 20, 1817	2	98
Eunice, m. Nehemiah **WILLIAMS**, Feb.. 21, 1788	2	35
George, s. [Joseph & Hannah], b. Apr.. 12, 1802	2	124
Joseph, Capt. D. Oct.. 28, 1788	2	61
Joseph, m. Hannah **SCARBORUGH**, May 7, 1795	2	124
Lucy, d. Ebenezer & Marg[a]ret, b. Jan. 3, 1774	2	61
Lucy, m. John **HOLBROOK**, Sept. 15, 1799	2	135
Lucy, m. William **NEWELL**, b. of Pomfret, Jan. 23, 1822, by Rev. James Porter	3	4
Lucy, d. [Alfred & Anna], b. [ ]	2	98
Marg[a]ret, m. David **WILLIAMS**, Jr., June 30, 1785	2	38
Maria, d. Joseph & Hannah, b. Dec.. 11, 1797	2	124
Mary Ann., d. Alfred & Anna, b Feb.. 28, 1794	2	98
Mary Ann, m. Danforth **NEWELL**, b. of Pomfret, Apr.. 23, 1823, by Rev. James Porter	3	8
Philo t., m. Lucretia T. **FAY**, b. of Pomfret, Nov. 29, 1849, by Rev. D Hunt	3	85
Philo T., shoemaker, ae 24, b. Willington, Conn., res. Pomfret, m. Lucretia T. **FAY**, ae 24, of Pomfret, Nov. 29, 1849, by Daniel Hunt	4	88
Polly, d. Alfred & Anna, b. June 9, 1791	2	98
Rawson, farmer, married, b. Hampton, res. Pomfret, s. Jonathan, d. Aug. [ ], 1869, ae 80	5	18
Rebeckah, d. [Alfred & Anna], b. Oct.. 22, 1800	2	98

	Vol.	Page
KINGSLEY, Apollas, s. [Uriah & Parnel], b. Nov. 5, 1801	2	139
Augustus, butcher, widower, d. May 8,1860, ae 22 y. 2 m. 19 d.	5	10
Benjamin Berry, s. Joseph & Bridget, b.. July 14, 1794	2	123
David Palmer, s. [Uriah & Parnel]. b/ Feb./ 4. 1799	2	139
Ebenezer, s. Jonathan & Experience, b Nov. 30, 1748	1	29
Elizabeth, d. Jon[atha]n & Experience, b June 23,1747	1	29
Elizabeth, d. [Uriah &Parnel], b. Dec.. 17, 1800	2	139
Experience, [twin with Jonathan], d. Jonathan & Experience, b. [ ]	1	29
Guy, s. Pardon & Susannah, b. Feb.. 20, 1791	2	118
Guy, farmer, single, s. Pardon, d. Oct.. 7, 1866, ae 74 y. 7 m.	5	16
Hannah, w. Joseph, d. Mar. 23, 1806	2	124
Irene, m. Abijah **FLING**, Jan. 1, 1756	1	105
Jerusha, d. Jonathan & Experience, b. Jan. 15, 175[ ]	1	29
Jonathan, m. Experience **SABIN**, Feb.. 17, [ ]	1	3
Jonathan, [twin with Experience,] s. Jonathan & Experience, b. [ ]	1	29
Joseph, m. Bridget **BERRY**, Mar. 10, 1794	2	123
Lucy T., d. Ralph N., farmer, b. Mar. 8, [1851]	4	90
Lucy t., d. Feb. 21, 1864, ae 13 y. 11 d.	5	14
Mary, of Hampton, m. Augustus **CONANT**, of Mansfield, [Dec.. 31, 1822], by Rev. James Porter	3	7
Nehemiah, s. Jonathan & Experience, b. Mar. 1, 175[ ]	1	29
Pardon, m. Susanna **BARRY**, May 19, 1790	2	118
Pardon, of Pomfret Landing, d. Aug. 23, 1847, ae 5 m.	4	80
Pardon, s. Ralph N., butcher, ae 38, & R.W., ae 28, b. Mar. 31, 1848	4	77
Phebe, d. Jonathan & Experience, b. Oct.. 16, 1745	1	29
Prudence, single woman, had s. John Barns, b. Oct.. 29, 1786	2	88
Ralph N., m. Roxa W. **THOMPSON**, b. of Pomfret, Aug. 25, 1839, by Rev. Roswell Whitemore	3	59
Silvanus, s. Jonathan & Experience, b. July 11, 1750	1	29
Uriah, m. Parnel **LATHROP**, Jan. 8, 1798	2	139
——, 1st w., d. Aug. 21, 1797	2	139
KINNEY, KENNE, KENNEY, KINNE, KINNEE, Amos, Jr., m. Esther **UTLEY**, Oct.. 4, 1764	1	112
Amos, s. Amos & Esther, b. Feb.. 1, 1774	1	81
Amos, Lieut., d. Sept. 19, 1775	2	54
Anne, m. John **TROWBRIDGE**, Nov. 27, 1766	1	112
Derius, m. Lydia **GOODELL**, Mar. 29, 1792	2	115
Dolley, d. Amos & Esther, b. Apr.. 18, 1784	2	11
Elias, s. Nathan & Deborough, b. Apr.. 12, 1775	2	54
Elias, s. Nathan & Deborough, d. Oct.. 15, 1775	2	54
Elisha, s. Nathan & Deborough, b. Oct.. 14, 1776	2	54
Elisha, s. Amos & Esther, b. Dec.. 19, 1790	2	11
Fanne Goodell, d. Derius &Lydia, b. Apr.. 15, 1796	2	115
Freelove, m. Isaac **WILLIAMS**, Dec.. 24, 1772	2	43
Freelove, m. Daniel **BALLARD**, Feb.. 14, 1782	2	40
Luther, s. Amos & Esther, b. Dec.. 15, 17[ ]	1	81
Mary, d. Amos & Esther, b. Nov. 25, 1772	1	81
Nathan, s. Amos &Esther, b. Sept. 2, 1770	1	81
Nathan, m. Deborough [K]nigh, June 17, 1773	2	54
Orson, s. Derius & Lydia, b. Apr.. 23, 1793	2	115

	Vol.	Page
KINNEY, (cont.)		
Phebe, d. Nathan & Deborough, b. Oct.. 29, 1773	2	54
Phebe, d. Nathan &Deborough, d. Oct.. 14, 1775	2	54
Phebe, s.[d] Amos & Esther, b. Dec.. 10, 1777	1	81
Rachel, m. Zachariah **OSGOOD**, Sept. 29, 17[ ]	1	111
Sarah, d. Amos & Esther, b. Jan. 19,1768	1	81
Simeon, s. Amos, Jr. & Esther, b. Mar. 2, 1766	1	81
-----, d. Amos &Esther, b. Jan. 3, 17[ ]	1	81
[K]NIGHT, Deborough, m. Nathan **KINNEY**, June 17, 1773	2	54
KNOWLTON, NOLTON, Hannah, of Mendon, Mass., m. Daniel F.		
SWEET, of Canterbury, [Dec..] 25, [1842], by Rev. N. S.		
Hunt, of Abington	3	69
Judeth, m. Solomon **SHARP**, Mar. 3, 1753	1	111
KYES, [see under **KEYES**]	1	2
LAMB, Caleb, m Lydia **GARY**, Sept. 14, 1733	1	100
Caleb, Jr., m. Susanna **HASSAUL**, Aug. 29, 1746	1	90
Caleb, s. Samuel & Orpah, b. [ ] 1, 1762	1	68
Caleb, [Sr.], d. May 22, 1769	2	49
Caleb, s. John & Zilpha, b. May 4, 1792	1	61
Elijah, s. Thomas & Deborah, b. Mar. 2, 1760	1	61
Elizabeth, d. Thomas & Deborah, b. Oct.. 1, 1766	1	61
Eunice, d. Thomas & Deborah, b. Oct.. 15, 1768	1	61
Israel, s. Thomas & Deborah, b. Feb.. 7, 1762	1	68
John, s. Caleb & Elizabeth, d. Sept. 25, 1746	1	67
Johns, s. Caleb, Jr. & Susanna, b Dec.. 23, 1746	1	67
John, s. John & Zilpha, b. Nov. 5, 1773	2	49
John, m. Zilpha **HOGGS**, Nov. 25, 1773	2	49
John Brown, s. Tho[ma]s & Deborah, b. Aug. 24, 1764	1	61
Josiah, s. Caleb & Lydia, b. Feb.. 27, 1738/9	1	67
Lucy, d. John & Zilpha, b. Dec.. 12, 1772	2	49
Lydia, d. Caleb & Lydia, b. Oct.. 14, 1736	1	67
Lydia, d. Caleb & Elizabeth, d. Mar. 12, 1767	1	68
Mary, d. Caleb & Lydia, b. June 1, 1746	1	67
Mary, d. Caleb, Jr. & Susanna, b. Mar. 5, 1748/9	1	67
Mary, d. Caleb & Elizabeth, d. Nov. 30, 1756	1	68
Mary, d. Thomas & Deborah, b. Aug. 16, 1757	1	61
Mary, d. John & Zilpha, b. Oct.. 12, 1774	2	49
Prescilla, d. Samuel & Orpha, b. MAR. 8, 1764	1	90
Sam[ue]ll, s. Caleb & Lydia, b. Aug. 11, 1734	1	67
Samuel, m. Orpha **HALL**, May 6, 1761	1	110
Sarah, d. Tho[ma]s & Deborah, b. Dec.. 30,1770	1	61
Sarah, d. John & Zilpha, b. Aug. 19,1786	2	49
Thomas, m. Deborah **BROWN**, Sept. 25, 1756	1	106
LARKIN, Rebecca, of Killingly, m. Alfred **HANDALL**, of Glocester, R.I., Apr.. 16,1848, by Rev. D. Hunt. Intention published in Killingly Apr.. 16, 1848, by Rev. J. D. Baldwin	3	82
LAR[R]ABEE, Elizabeth, m. Daniel **ADAMS**, Mar. 25, 1718	1	1
LATHROP, Deborah, Mrs., m. Rev. Ephraim **AVERY**, Sept. 21, 1738	1	3
Judeth, m. Edward **PAINE**, Mar. 12, 1800	2	140
Parnel, m. Uriah **KINGSLEY**, Jan. 8,1798	2	139
LAURENS, Mary, Mrs., m. Nathaniel **JOHNSON**, May 13, 1747	1	100
LAW, [see also **LOW**], Annah S., w. Nathan, d. Oct.. 12, 1834	4	12

BARBOUR COLLECTION

	Vol.	Page
LAW, (cont.)		
Annah, S., [twin with Harriet D.], d. Nathan & Harriet, b. Feb.. 6, 1839	4	12
Harriet D., [twin with Annah S.], d. Nathan & Harriet, b. Feb.. 6, 1839	4	12
Harriet D., w. Nathan, d. Aug. 27,1839	4	12
Isaac D., s. Nathan, d. Feb.. 8, 1838	4	12
Isaac D., s. Nathan & Harriet, b. July 23, 1836	4	12
Nathan, m. Anna **SMITH**, Mar. 6, 1831, by Rev. E. b. Kellogg, of Brooklyn & Pomfret	3	31
Prescott, s. Nathan & Annah S., b. Mar. 6, 1832	4	12
LAWRENCE, Abigail, m. Nath[anie]ll **ALLIN**, Nov. 15, 1753	1	104
Elizabeth, d. Elizabeth Barrrett, single woman, b. Nov. 27, 1765	1	79
Gar[d]ner, s Joseph & Betty, b. Oct.. 17, 1769	2	73
Gardiner, m. Silence **TISDALE**, May 1, 1796	2	125
Hannah, w. Samuel, d. Jan. 13, 1746/7	1	56
Hannah, d. Joseph & Betty, b. Dec.. 25, 1774	2	73
Joseph, d. Oct.. 14, 1775	2	73
Jos[ ]t (sic), s. Sam[ue]ll & Hannah, b. Aug. 9, 1745	1	55
Polly, d. [Gardiner & silence], b. May 20, 1799	2	125
Samuel, m. Hannah **PHELPS**, Nov. 15, 1744	1	99
Silence, d. [Gardiner & Silence], b. Mar. 3, 1797	2	125
Silence, d Gardiner ,d. Mar. 16, 1797	2	125
Ward, s. Joseph & Betty, b. Feb.. 20 1772	2	73
Ward, s. Joseph & Betty, d. Feb.. 15, 1782	2	73
LAWTON, Carr, of Providence, R.I., m. Lucy S. **HUBBARD,** of Pomfret, Nov. 29, 1831, by Rev Charles Fitch	3	33
Loretta H., of Pomfret, m. Stephen **BUNDY**, of Thompson, Jan. 3, 1838, by Rev. Bela Hicks	3	52
Maria, m. Reuben **SPAULDING**, Jr., b. of Pomfret, Sept. 6,1830, by Rev. Charles Fitch, of Abington	3	30
Rhoda Ann, of Pomfret, m. Thomas J. **SWEET**, of Woodstock, Jan. 25, 1830, by Rev. Amos Babcock, Intention published	3	28
Ruth, m Reuben **SPAULDING**, b. of Pomfret, Mar. 25, 1834, by Nicholas Branch	3	41
LEACH, LEECH, Clarissa, Mrs., o f Pomfret, m. Francis **WHITEMORE**, of Ashford, [Oct..] 10, [1843], by Rev. N. S. Hunt, of Abington	3	71
Levi, of Ontario, N.Y., m. Mary **SABIN**, of Pomfret, Sept. 10, 1826, by rev. John W. Hardy	3	21
Sarah, m. Stephen **PAINE**, July 18, 1727	1	2
LEARY, John, rr. laborer, single, b. Ireland, res. Pomfret, d. Jan. 13, 1868, ae 26	5	17
LEAVENS, LEVENS, Jerusha, m. Cyprian **MORSE**, Feb.. 22, 1732	1	2
Judeth, m. Tho[ma]s **TRUSDELL**, Nov. 20, 1734	1	2
Rowland, m. Hannah **WALDO**, Jan. 4, 1784	2	8
LEE, Albigence, s Cyril & Louisa, b. Aug. 7, 1794	2	115
Catharine, d Edward Irish, laborer, ae 31, & Margeret, ae 30, b. Apr.. 15, 1848	4	77
Charles, of Windham, m. Harriet **GORDON**, of Pomfret, Dec.. 15, 1828, by Rev. Charles Fitch, of Abington	3	25
Charlotte G., m. Thomas M. **GROSVENOR**, b. of Pomfret, Dec..		

POMFRET VITAL RECORDS 209

	Vol.	Page
LEE, (cont.)		
1, 1824, by Rev. James Porter	3	13
Syrrel, s. Jonath[a]n **LEE** & Esther **WEST**, single woman, b. Mar. 21, 1763	1	79
Cyrel, m. Louisa **SMITH**, Nov. 22, 1787	2	115
Cyrel, Jr., ms. Cyrel & Louisa, b. July 12, 1792	2	115
Ellve, d. Jonath[a]n **LEE** & Esther **WEST**, single Woman, b May 16, 1761	1	79
George, laborer, married, b. England, res. Pomfret, d. Dec.. 26, 1864, ae 50	5	14
Georgianna I., d. Arad, livery stable keeper, ae 24, of Burrillville, R.I., & Mary J., milliner, ae 23, of Burrillville, R.I., b. Mar. 31, [1850]	4	85
James, of Irish Parents, res. Pomfret, d. Apr.. 29, 1848, ae 2	4	80
Joseph, s. Cyrel & Louisa, b. May 18, 1788	2	115
Lewis, s [Cyril & Louisa], b. Sept. 1, 1799	2	115
Lodema, m. Darius **INGALLS**, Jan. 25, 1776	2	65
Lucretia, d. Cyril & Louisa, b. Oct.. 28, 1796	2	115
Nehemiah, m. Lavina **CARPENTER**, Mar. 4, 1800	2	134
Sally, Mrs. M. John **GROSVENOR**, b. of Pomfrett, Sept. 9, 1765, by John Curtiss, J.P., Canterbury	1	112
Simeon, m. Mehetable **CUTLER**, Oct.. 10, 1758	1	107
Susanna, d. Cyrel & Louisa, b. May 10, 1790	2	115
LEEBRON, Sarah, m Sam[ue]ll **HOLDRIDGE**, Sept. 24, 1729	1	2
LEECH, [see under **LEACH**]		
LEFFINGWELL, Abigail, d. Prosper & Sally, b. June 27, 1798	2	116
Calvin, s. Prosper & Marsylvia, b. July 23, 1792	2	116
Eliphalet Wright, s. Jeremiah & Sarah, b. Aug. 21, 1784	2	37
Eunice Marsylvai, d. Prosper & Marsylvai, b Nov. 4, 1794	2	116
Luther, s. [Prosper & Sally], b Sept. 9, 1804	2	116
Marsylvai, w. Prosper, d. Nov. 13, 1794	2	116
Polly, d Prosper & Sally, b. Oct.. 24, 1800	2	116
Prosper, m. Marsylvai **BOYDIN**, Aug. 25, 1791	2	116
Porsper, m. Sally **HUNTER**, Apr.. 30, 1795	2	116
Rebeckah, m. Nathan **DRESSER**, Jr., Mar. 26, 1795	2	122
William, s. Prosper & Sally, b. Jan. 3, 1797	2	116
LEONARD, Abigail, housekeeper, widow, b. Barre, Mass., res. Pomfret, d. Nov. 2, 1855, ae 92	5	5
Bette, d. Joseph & Hannah, b..Sept. 15, 1730	1	70
Lydia, m. Isaac **ALLIN**, May 9, 1733	1	101
LESTER, John R., of Providence, R.I., m. Barbary **ANTHONY**, of Pomfret, Jan. 10, 1833, by Rev. Nicholas Branch	3	35
LEWIS, Betsey, m. Charles **MALBONE**, Jr., negroes, July 25, 1824, by John Holbrook, J.P.	3	12
Betsey, m. Jeremiah **MALBONE**, colored, of Pomfret, May 7, 1827, by John Holbrook, J.P.	3	22
Elizabeth, m Thomas **LISCOMB**, Jan. 7, 1778	1	67
Elizabeth L., b. Mobile, Ala., res. Pomfret, d. July 2, 1856, ae 11 y. 4 d.	5	6
Francis, of Pomfret, m. Nancy **MALBONE**, of Brooklyn, Apr.. 4, 1824, by Rev. John Paine, of Hamp[ton]	3	11
Prince, of Burrillville, R.I., m. Caroline S. **PETERS**, of Pomfret,		

BARBOUR COLLECTION

	Vol.	Page
LEWIS, (cont.)		
June 22, 1840, by Rev. D. Hunt	3	63
Robert, m. Harriet L. **THOMAS,** Apr.. 2, 1831, by George Sharpe, J..P.	3	31
Thomas R., of Worcester ,Mass., m. Alice A. **BOWEN,** of Woodstock, Apr.. 2, 1849, by Bela Hicks, Adm	3	84
LINARD, [see under **LINNARD**]		
LINCOLN, ——, b. Hampton, m. Elias **BISHOP,** of New London, Oct.. 10, 1847, by Rev Edward Pratt	4	79
LINDLEY, Chloe, m Childs **WHEATON,** Nov. 29, 1798	2	103
LINDSEY, Benjamin Mumford, s. Ralph & Joanna, b. Feb.. 18, 1800 (The date "Feb.. 18, 1802 [sic]" follows entry.)	2	141
LINES, John, laborer, married, b. Ireland, res. Pomfret, d. Nov. 13, 1866, ae 27	5	16
LINNARD, LINARD, Mary Ann, housekeeper, married, d. Mar. 16, 1853, ae 49 y. 11 m. 22 d.	5	1
Peter, confectioner, widower, b France, res. Pomfret, d. July 13, 1863, ae 80 y. 6 m. 23 d.	5	13
LIPPITT, Nath[aniel] H., ae 24, mechanic, 1st marriage, m. Mary C. **STONE,** ae 18, 1st marriage, b. of Pomfret, Feb.. 6, 1853, by Edward A. Lyon, Thompson	3	90
LISCOMB, LISECOMB, LISCUMB, LYSCUM, LYSCUMB,		
Betsey, d. John & Betsey, b June 23, 1795	2	31
Betsey, w. John, d. Apr.. 17, 1807 (Corrected t 1801 by L.B.B.)	2	31
Elisha Pearl, s. [John & Hannah], b. Dec.. 12,1802	2	31
Elizabeth, d. Thomas & Elizabeth b. Nov. 10, 1778	1	67
Elizabeth, w. Thomas, d. Jan. 11,1779	1	68
Eryphena, d. Thomas & Sarah, b. Oct.. 7, 1759 (Tryphena?)	1	67
James, s. Thomas & Sarah, b. Apr.. 10, 1757	1	67
John, s. Tho[ma]s & Sarah, b. Jan. 25, 1770	1	67
John, m. Betsey **WATERS,** May 6, 1792	2	31
John, m. Hannah **WATERS,** Feb.. 28, 1802	2	31
John Augustus, s. John & Betsey, b. Feb. 17 ,1793	2	31
Juliana, d. John & Betsey, b. June 5, 1800	2	31
Lucia, d John & Betsey, b. Oct.. 5, 1797	2	31
Molle, d. Thomas & Sarah, b Apr.. 28, 1766	1	67
Nehemiah, s. Thomas & Sarah, b. Nov. 26, 1752, n.s.	1	67
Phebe, m. Elisha **BOWMAN,** Jan. 1, 1754	1	104
Rebeckah, Mrs., d. May 17, 1783	2	85a
Sarah, d. Thomas & Sarah, b. Dec.. 11, 1754	1	67
Sarah, d. Thomas & Sarah, b. Dec.. 27, 1754	1	68
Sarah, d. Thomas & Sarah, b. Apr.. 22, 1763	1	67
Sarah, w. Thomas, d. May 30, 1777	1	68
Thomas, m. Sarah **PARKHURST,** Nov. 9, 1749	1	102
Thomas, s. Tho[ma]s & Sarah, b. Aug. 10 1750	1	67
Thomas, m. Elizabeth **LEWIS,** Jan. 7, 1778	1	67
Thomas, m. Ruth **HOLBROOK,** Jan. 27, 1780	2	85a
Thomas, d. Feb.. 8, 1802	1	68
Tryphena, m. Amasa **COPELAND,** Jan. 24, 1788	2	152
Tryphena, see also Eryphena		
LOMBARD, LUMBARD, Albert, m Betsey **ROUSE,** b. of Brimfield, Mass., Nov. 6, 1831, by Amos Babcock	3	33

POMFRET VITAL RECORDS 211

	Vol.	Page
LOMBARD, (cont.)		
Cadelia, d. [Corlis & Armena], b Aug. 27, 1832	4	13
Collis, m. Armina **STODDARD**, May 31, 1826, by James. A. Boswell	3	21
Corlis, tailor, married, b. Brimfield, Mass., res. Pomfret, d. Feb.. 1, 1857, ae 54 y. 11 m. 6 d.	5	7
Erastus, of South Wilbraham, Mass, m. Olive **FERMIN**, of Monson, Mass., Apr. 14, last, [1834], by Nicholas Branch	3	41
Lucian, [s. Corlis & Armena], b. Dec.. 6, 1841	4	13
Sanford, s. Corlis & Armena, b. Apr.. 25, 1828	4	13
William, m. Wid. Sally **CHAPIN**, b. of Sturbridge, Mass., Sept. 23, 1832, by Rev Nicholas Branch	3	35
LOOMIS, Olive, m. Charles **CHILD**, Oct.. 22, 1810	2	27
LORD, Eleatheir, w. Dr. Elisha, d. May 24, 1762 (Alethia)	1	84
Alletheiah, d. Elisha & Tamison, b. Mar. 16, 1767	1	83
Aluthia, of Pomfret, m. Jared E. **WARNER**, of Utica, N.Y., May 13, 1821, by Rev. Walter Lyon, of Abington	3	3
Alethia Maria, d. [Elisha & Dolly Summer], b. Dec.. 16, 1832	4	48
Alethea Ripley d. Elisha, jr. & Lucy, b. Apr.. 22, 1794	2	105
Dolly Ingalls, d. Elisha & Dolly Summer, b. Dec.. 25, 1830; d. Feb.. 28, 1833	4	48
Dolly Summer, w. Elisha, d. Sept. 18, 1838	4	48
Eleatheir, see under Alethia		
Elisha, Dr., m. Athalia **RIPLEY**, Jan. 28, 1759	1	107
Elisha, s. Dr. Elisha & Eleatheir, b. Dec.. 20, 175[ ]	1	83
Elisha, Dr., m. Mrs. Tamison **COIT**, Nov. 16, 176[ ]	1	111
Elisha, Jr., Capt. M. Lucy **DANIELSON**, Dec.. 6, 1792	2	105
Elisha, d. Sept. 10, 1826	2	105
Elisha, m. Dolly **DRESSER**, b. of Pomfret, May 4, 1829, by Rev. Charles Fitch, of Abington	3	26
Emma Dresser, d. [Elisha & Dolly Summer], b. Sept. 28, 1834; d. Apr.. 22, 1835	4	48
Experience, d. Elisha & Tamison, b. Dec.. 16, 1764	1	83
Hezekiah, s. Elisha & Tamison, b. Feb.. 19, 1766	1	83
Hezekiah, s. Dr. Elisha & Tamison, d. Mar. 6, 176[ ]	1	84
Mercy Otis, housekeeper, widow, b. Montville, res. Pomfret, d. Sept. 1, 1855, ae 91 y. 11 m.	5	5
Sarah, d. Elisha & Tamison, b. Jan. 17, 1769	1	83
Sophia Whitney, d. [Elisha & Dolly Summer], b. Oct.. 21, 1836	4	48
LOVE, Sarah, m. Stephen **UTLEY**, Jan. 15, 1797	2	75
LOVELL, Elizabeth, m. Abel **CLARK**, May 31, 1769	2	43
LOW, [see also **LAW**], Jacob, s. Jacob & Sarah, b. Mar. 11, 1757	1	30
John, s. Jacob & Sarah, b. Mar. 9, 1755	1	30
John, Major, of Woodstock. m. Hannah **APLIN**, of Pomfret, Dec.. 25, 1820, by Rev. James Porter	3	2
Sarah, d. Jacob & Sarah, b. May 8, 1759	1	30
William, s. Jacob & Sarah, b Nov. 9, 175[ ]	1	30
LUBY, Michael, laborer, married, b. Ireland, res .Pomfret, d. Oct. 17, 1865, ae 49 y.	5	15
Thomas, laboret single, b. Ireland, res. Pomfret, d. Nov. 25, 1865, ae 21 y.	5	15
LUMBARD, [see udner **LOMBARD**]		

	Vol.	Page
LYNN, Samuel, of West Jefferson, O., m. Mary E. WEBB, of Pomfret, Nov. 15, 1852, by Rev. d. Hunt	3	89
LYON, Abel, s. Samuel & Zerviah, b. Oct. 8, 1757	1	22
Abiel, s. Abiel & Judeth, d. Mar. 30, 1724	1	23
Abiel, s Jona[than] & Elizabeth, b. May 10, 1735	1	63
Abiel, s. Jon[atha]n & Elizabeth, d. Aug. 19, 1735	1	64
Abiel, s. Jona[than] & Elizabeth, b. June 8, 1736	1	63
Abiel, m. Mrs. Susanna CRAFT, Apr. 26, 1748	1	100
Abiel, m. Mrs. Sarah TOMSON, Nov. 3, 1749	1	102
Abiel, d. Oct.. 9, 1756	1	23
Abiel, m Mehitobel OSGOOD, Nov. 27, 1760	1	108
Abiel, s. Abiel & Mehetabel, b. Apr.. 26, 1762	1	11
Abigail, d. Abiel & Judeth, b. Sept, 11, 1725	1	22
Abigail, m. Jabez GOODELL, Dec.. 19, 1744	1	99
Abigail, [twin with Dorcas], d. Jonathan & Elizabeth, b. Jun 20, 1749	1	63
Alanson, s. Jonathan, Jr. & Susanna, b. Jan. 11, 1762	1	65
Alanson, s. Jonathan & Susanna, d. Sept. 12, 1764	1	66
Alanson, s. Simeon & Martha, b. Sept. 20, 1767	2	5
Allethea, d. Jonathan, Jr. &Susanna, d. Aug. 8, 1763	1	66
Allethea, d Jonathan, Jr. & Susanna, b. Sept. 26, 176[ ]	1	96
Almyra, housekeeper, married, b. R.I., res. Pomfret, d. Oct.. 29, 1853, ae 14	5	2
Amarildge, d. Jon[a]t[han], Jr. & Susanna, b. Apr.. 2, 1755	1	65
Amarildge, d. Jonathan & Susanna, d. Sept. 11, 1766	1	66
Amaryllys, d. Jonathan, Jr. & Susannah, b. June 1, 1767	1	96
Amos, s. Jon[a]t[han] & Rebeckah, b. Feb.. 22, 1756	1	64
Amos, s. Jonathan & Rebeckah, b. Apr.. 13, 1756	1	63
Amos, s. Thomas & Eunice, b aug. 19, 1782	2	104
Amos, s. Thomas & Eunice, b. Oct.. 3, 1786	2	104
Annah, m. Benjamin WHEATON, Feb.. 17, 1803	2	128
Arlow Howe, s. Henry, farmer, ae 23, & Sophronia, ae 22, b. July 23, 1848	4	78
Asa, s. Jonathan & Rebeckah, b. Dec.. 31, 1763	1	63
Asael, s. Obediah & Patience, b Jan. 1, 1749/50	1	73
Azariah, s. Obadiah & Patience, b. Nov. 26, 1751	1	73
Azariah, s. Obediah & Patience, d. Nov. 21, 1752	1	74
Catharine, d. Jonathan, Jr. &Susanna, b. July 7, 1759	1	65
Catharine, d. John, farmer, ae 37, b. June 22, [1850]	4	86
Catharine, d. Jan. 19, 1857, ae 6 y. 7 m. 3 d.	5	7
Clary, d. Tho[ma]s & Eunice, b. Jan 7, 1793	2	104
Cyril, [see under Seril]		
Dolly, of Woodstock, m. Henry REED, of Brook field, Mass., Oct.. 26, 1823, by Walter Lyon, Clerk Abington	3	9
Dorcas, [twin with Abigail], d. Jonathan & Elizabeth, b. June 20 1749	1	63
Dorcas, d. Abiel & Mehetabel, b. Sept. 16, 1775	1	11
Eliza T., of Pomfret, m. Theophilus P. HUNTINGTON, of North Hadley, Mass., Sept. 20, 1837, by Nathan S. Hunt, Abington	3	52
Elizabeth, d. Jonathan & Elizabeth, b. Jan. 19, 1733/4	1	63
Elizabeth w. Jonathan d. June 1, 1752	1	64
Elizabeth, [twin with Ezra], d. [Tho[ma]s & Eunice], b. Sept 22, 1797	2	104
Eunice, d. Obediah & Patience, b. Aug. 8, 1743	1	73

POMFRET VITAL RECORDS 213

	Vol.	Page
LYON, (cont.)		
Eunice, d. Obediah &Patience, d. Apr.. 13, 1747	1	74
Eunice, housewife, d. Oct.. 25, [1849], ae 88	4	89
Experience, m. Ebenezer **GOODELL**, Oct.. 21, 1728	1	2
Ezra, [twin with Elizabeth, s. Tho[ma]s & Eunice], b. Sept. 22, 1797	2	104
George, farmer, married, b. Woodstock, res. Pomfret. D. Feb.. 26, 1860, ae 71 y. 1 m. 26 d.	5	10
Godfrey, d. Jan. 19, 1757, ae 10 y. 5 m.	5	7
Hannah, d. Sam[ue]ll & Zerviah, b. Mar. 5, 1750/51	1	22
Hannah, single woman, had d. Clarina Farrington, b. Mar. 10, 1767	1	22
Hartwell, of Woodstock, m. Emily **RICHMOND**, of Pomfret, [Sept.] 11, [1839], by Rev. N. S. Hunt, of Abington	3	60
Jerusha, d. Obediah & Patience, b. Aug. 16, 1745	1	73
Jerusha, d. Samuel & Zerviah, b. Feb.. 8, 1762	1	22
John, s. Jonathan & Rebeckah, [b.] Mar. 1, 1762	1	63
John, m. Almira **CLAPP**, b. of Pomfret, Mar. 23, 1845, by Rev. R.V. Lyon, Abington Society	3	75
Jonathan, s. Jonatha[n] & Elizabeth, b. Mar. 19, 1731/2	1	63
Jonathan, m. Elizabeth **SABIN**, Apr.. 29, 1735	1	2
Jonathan, m. Rebeckah **MOSELEY**, May 10, 1753	1	103
Jonathan, Jr., m. Susanna **STOELL**, May 16, 1754	1	104
Jonathan, d. Aug. 22, 1785	1	64
Joshua, s. Jona[than] & Elizabeth, . Oct.. 2, 1738	1	63
Joshua, s. Jonathan & Elizabeth, d. Sept. 29, 1756	1	64
Judeth, d. Abiel & Judeth, b. Sept. 5, 1713	1	22
Judeth, w. Abiel, d. Sept.12,1741	1	23
Judeth, Sam[ue]ll & Zerviah, b. May 12, 1749	1	22
Judeth, m. Jonathan **SABIN**, Oct.. 31, 1771	2	33
Lois, d. Thomas & Eunice, b. June 15, 1784	2	104
Lydia, d. Abiel & Mehetable, b. Apr.. 28, 1767	1	11
Lyman, of Ashford, m. Prmelia **WEEKS**, of Pomfret, yesterday, [July 12, 1841], by Rev. D. Hunt	3	65
Lyman, of Woodstock, m. Olive H. W. **BUCK**, of Pomfret, Apr.. 6, 1842, by Rev. D. Hunt	3	67
Maria W., housekeeper, widow, d. May 25, 1860, ae 70 y. 7 m. 24 d.	5	10
Marvin, [s. Tho[ma]s & Eunice], b. July 26, 1799	2	104
Mary, d. Abiel & Judeth, b. Oct.. 8, 1717	1	22
Mary, m. Benjamin **INGALLS**, Feb.. 4, 1741/2	1	100
Mary, d. Jonathan & Rebeckah, b. Mar. 10, 1754	1	63
Mary, d. Samuel & Zerviah, b. Jan. 23, 1760	1	22
Mary, d. Abiel & Mehetable, d. Feb.. 1, 1769	1	12
Mary, m. Joseph **WHITNEY**, June 15, 1780	2	89
Mary, m. Chester **GROSVENOR**, Dec.. 16, 1784	2	57
Mary Eliza, b. Abington, res. Pomfret, d. Oct.. 3, [1850], ae 3	4	93
Mehetabel, d. Abiel & Mehetabel, b. Mar. 1, 1765	1	11
Molly, d. Abiel & Mehetable, b. Dec.. 31, 1768	1	11
Nancy, m. James **WHEATON**, May 2, 1811	4	31d
Obediah, s. Abiel & Judeth, b. Oct.. 16, 1715	1	22
Obediah, s. Obediah & Patience, b. Aug. 18, 1747	1	73
Ora P., s. Henry, ae 26, & Sophronia, b. Dec.. 6, [1849]	4	85
Pelatiah, s. Abiel & Judeth, b. Sept. 20, 1711	1	22
Peletiah, m. Sarah **HOLT**, Feb.. 2, 1741/2	1	3

BARBOUR COLLECTION

LYON, (cont.)

	Vol.	Page
Peletiah, s. Peletiah & Rachel, b. Aug. 20, 1746	1	15
Peletiah, d. Sept. 18, 1745/6	1	16
[Pelatiah]*, s. Peletiah & Rachel, b. [Sept. 20, 1746]* (*Crossed out)	1	15
Peter, s. Abiel & Judeth, b. Aug. 26, 1722	1	22
Peter, s. Abiel & Judeth, d. Sept. 7, 1722	1	23
Phebe, [d. Tho[ma]s & Eunice], b. Sept. 13, 1803	2	104
Phebe, of Pomfret, m. Rowland HOPKINS, of West Greenwich, R.I., [Mar.] 14, [1841], by Rev. N. S. Hunt, of Abington	3	64
Phinehas, s. Jonathan] & Elizabeth, b. Nov. 27, 1740	1	63
Phinehas, s. Jonathan & Elizabeth, d. Oct.. 21, 1742	1	64
Phinehas, s. Abiel & Mehetabel, b. Jan. 13, 1770	1	11
Rebeckah, d. Jonathan &Rebeckah, b. June 3,1766	1	63
Rebeckah, d. Thomas & Eunice, b. Sept.6, 1788	2	104
Rebeckah, Mrs., d. Dec.. 1, 1788	1	64
Rhoda, d. Abiel & Mehetabel, b. Aug. 16, 1763	1	11
Robert, s. Peletiah & Sarah, b. Sept. 30, 1743	1	15
Sally, [d. Tho[ma]s & Eunice], b. Dec.. 2, 1806	2	104
Sam[ue]ll, s. Abiel & Judeth, b. Jan. 3, 1719/20	1	22
Samuel, m. Mrs. Zerviah GROSVENOR, Oct.. 20, 1748	1	101
Samuel, s. Samuel & Zerviah, b. Apr.. 13, 1753	1	22
Samuel, s. Samuel & Zerviah, d. Jan. 4, 1754	1	23
Samuel, s. Samuel & Zerviah, b. Sept. 24, 1755	1	22
Samuel, d. Aug. 23, 1774	1	23
Samuel H., m. Maria WARNER, May 14, 1816, by Rev. Walter Lyon, of Abington, AT Abington Society	2	161
Sam[ue]ll Huntington, s. Rev Walter &Mary, b. Sept. 29, 1786	2	106
Samuel Walter, s. Sam[ue]ll H., b. Dec.. 20, 1822	2	161
Sarah, w. Peletiah, d. Oct.. 11, 1743	1	16
Sarah, d Jonathan & Elizabeth, b. Feb.. 20, 1747	1	63
Sarah, m. Hezekiah COLE, Jr., July 9, 1767	1	112
Sarah, s. [d.] Abiel & Mehetabel, b. June 20, 1773	1	11
Sarah, do Pomfret, m. Harvey SCRANTON, of Ashford, Nov. 1, 1829, by Rev. Charles Fitch, of Abington	3	27
Seril, [s. Tho[ma]s & Eunice], b. Aug. 4, 1801	2	104
Seth, s. Jona[than] & Elizabeth, b. Mar. 23, 1742/3	1	63
Seth, s. Jon[a]than] & Rebeckah*, d. Sept. 23, 1762, at Havannah (*Corrected to "Eliz[abet]h, by L.B.B.)	1	64
Seth, s. Simeon & Martha, b. July 1, 1769	2	5
Simeon, s. Jonathan & Elizabeth, b. June 15, 1745	1	63
Simeon, m. Martha PRANSON, Apr.. 9, 1767	1	114
Stephen, d. July 22, 1825, at Stebbins Factory	2	0
Susannah, w. Abiel, d. Sept. 2, 1748	1	23
Susanna, d. Jonathan, Jr. & Susanna, b. July 15, 1757	1	65
Susannah, w. Jonathan, Jr., d. Sept. 22, 1768	1	97
Thomas, s. Jonathan & Rebeckah, b. Nov. 13, 1757	1	63
Thomas, m. Eunice DODGE, Oct.. 2, 1781	2	104
Walter, s. Rev. Walter &Mary, b. Aug.. 11, 1788	2	106
Walter, s. Rev Walter & Mary, d. Oct.. 21, 1788	2	106
Walter, Rev., m. Mary HUNTINGTON, Set. 1, 1785	2	106
Walter, s. Tho[ma]s & Eunice, b. Jan. 2, 1795	2	104
Warren, s. Tho[ma]s & & Eunice, b. Dec. m. 1790	2	104

POMFRET VITAL RECORDS 215

	Vol.	Page
LYON, (cont.)		
Zerviah, d. Samuel & Zerviah, b. Sept. 7, 1764	1	22
Zerviah, m. Joseph **GRIFFIN,** Jr., June 13, 1782	2	40
Zerviah, w. [Samuel], d. Dec.. 12, 1803	1	23
MACCOY, MACOY, Abigail, m. Edward **HOUGHTON,** Nov. 16, 1727	1	2
Abigail, d. Nehemiah & Mary, b. Apr.. 3, 1743, in Nichawague	1	72
Amasa, s. Edward, Jr. & Ame, b. July 31, 1757	1	60
Archibald, s. Nehemiah & Mary, b. May 6, 1739, in Nichawague	1	72
Archibald, d. Jan. 23, 1745/6	1	68
Asa, s. Edward, Jr. & Ame, b. July 24, 1759	1	60
Clark, s. William, & Alles, b. Oct.. 23, 1750	1	76
Clark, s. William & Alles, d. June 30, 1751	1	77
David, s. Nehemiah & Mary, b. May 14, 1745, in Nichawague	1	72
Edward, m. Susanna **BURGE,** [ ]	1	2
Elizabeth, d. Edward & Susanna, b. Mar. 12, 1738/9	1	67
Hannah, d. Edward & Susanna, b. Oct.. 14, 1736	1	67
Jenny, d. William & Alles, b. Feb.. 27, 1759	1	76
Levine, d. Edward & Ame, b. Aug. 30, 1761	1	60
Lucy, d. William & Alles, b .Sept. 17, 1754	1	78
Margary, d. Nehemiah & Mary, b. Jan. 9, 1749	1	72
Margary, w. Archibald, d. Apr. 1, 1752	1	68
Mary, w. Nehemiah, d. May 21, 1749	1	73
Molly, d. William & Alles, b. Apr.. 21, 1752	1	76
Nehemiah, m. Mary **CHURCH,** June 12, 1740	1	3
Sarah, d. Edward & Ame, b. July 15, 1755	1	60
Stephen s Edward & Susanna, b. May 7, 1734	1	67
Stephen s. Edward & Susanna, d. Oct.. 6, 1743	1	68
Stephen, s. Edward & Susanna, b. Aug. 13, 1744	1	67
Zedekiah, s. William & Alles, b. Dec.. 24, 1756	1	76
MACULLY, Mary, m. Nehemiah **ADAMS,** Oct.. 9, 1756	1	106
MADDEN, Francis H., of Pomfret, m. Eliza **DAILEY,** of Brooklyn, Feb.. 5, 1843, by Rev. D. Hunt	3	69
MAHER, MAHAR, MAYER, Eliza, d. Edward, farmer, ae 36, & Margaret, ae 34, b. Jan. 16, [1850]	4	85
Mary, d. Edward, Farmer, ae 35 & Margaret, ae 30, b. Aug. 17, 1748	4	81
----, st. b. female Mar. 3, 1865	5	15
MALBONE, Anna, s m. Samuel **VICXKARS,** Jr., b. of Pomfret, Apr.. 1, 1842, by Robert D. Sharpe, J.P. Recorded Jan. 10,1865	3	91
Anna, m. Samuel **VICKANS,** Jr., b. of Pomfret, Apr.. 14, 1842, by Robert D. Sharpe, J.P.	3	67
Betsey, widow, black, d. July 4, 1853, ae 45	5	2
Charles, Jr., m. Betsey **LEWIS,** negroes, July 25, 1824, by John Holbrook, J.P.	3	12
Evan, m. Mary Easther **ISAACS,** Oct.. 13, 1781, at Branford, Conn.	2	120
Evan, Jr. s. Evan & Mary Easther, b. Sept. 25, 1782	2	120
Evan, laborer, single, black, b. Brooklyn, res. Pomfret, d. Jan. 12, 1861, ae 39	5	11
Evan, Capt. Had negro **DINAH,** who was servant of Josiah **SABIN**	2	109
Francis, s. Evan & Mary E., b. Oct.. 23, 1794	2	120
Grace, d. Evan & Mary Easther, b. Apr.. 19, 1784	2	120
Gurdon, of Pomfret, m. Mary **HAZARD,** of Abington, Oct..		

MALONE, (cont.)

	Vol.	Page
31, 1831, by Rev. Charles Fitch, of Abington	3	32
Jeremiah, m. Betsey **LEWIS**, colored, of Pomfret, Mar. 7, 1727, by John Holbrook, J.P.	3	22
Maria b., of Pomfret, m. Henry **GARDEN**, of Plainfield, June 25, 1848, by Rev. J. Mather	3	83
Maria b., ae 27, of Pomfret, m. Henry **GORTON**, farmer, black, ae 24, of Plainfield, June 25, 1847, by James Mather	4	79
Mary, colored, ae 29, b. Providence, res. Pomfret, m. 2d, h. Luther **JACKSON**, farmer, colored, ae 22, b. Pomfret, res. Brookfield, Nov. 12, 1847, by Edward Pratt	4	79
Mary Ann, d. Evan & Mary E., b. Jan. 5, 1790	2	120
Nancy, of Brooklyn, m. Francis **LEWIS**, of Pomfret, Apr.. 4, [1824], by Rev. John Paine, of Hamp[ton]	3	11
Othello, laborer, black, widower, d. Nov. 24, 1853, ae 67	5	3
Ralph, s. Evan & Mary Easther, b. Dec.. 20, 1785	2	120
Sophia, m. Justin **WILLIAMS**, b. of Pomfret, Nov. 21, 1839, by Rev. D. Hunt	3	61
William, s. Evan & Mary E., b Feb.. 14, 1792	2	120
----, black, st. b. child of John, Aug. 17,1868	5	17
MANNING, Ephraim, s. [William H. & Lucy], b. Nov. 25, 1804	2	31
Ephraim, m. Mercy **SPAULDING**, b. of Pomfret, Apr.. 16, 1833, by Rev. Nicholas Branch	3	36
Frances Henry, d. [William H. & Lois], b. June 21, 1828	2	31
JAMES, s. [William H.] & Louis, b. Mar. 8, 1822	2	31
James W., m. Emily **FITTS**, b. of Pomfret, May 5, 1846, by Rev. I. J. Burgess	3	78
John, s. [William H. & Lois], b. Dec.. 18, 1824	2	31
Lucy, d. [William H. & Lucy], b. Sept. 24, 1807	2	31
Lucy, m. Thomas J. **ALLEN**, b. of Pomfret, [Mar.] 27, [1828], by James Boswell	3	24
Mary, d. William H. & Lucy, b. Jan. 11, 1802	2	31
Mary, of Pomfret, m. John **CHANDLER**, of Woodstock, Mar. 30, 1826, by Rev. George b. Atwell, of Woodstock	3	15
William, s. [William H. & Lucy], b. Aug. 6, 1819	2	31
William H., m. Lois **PAINE**, b. of Pomfret, June 12, 1821, by Rev. James Grow	3	4
William H., farmer, married, b. Woodstock, res. Pomfret, d. June 17, 1762, ae 85 y. 9 m. 17 d.	5	12
MARA, ----, Mrs., housekeeper, married, b. Ireland, res. Pomfret, d. Oct.. 18, 1855, ae 40	5	5
MARCY, Alvin, s. [Orin & Ann Jemima], b. May 29, 1835	4	24
Amy Ann, d. Orin & Ann Jemima, b. Feb.. 15, 1833	4	24
Charles, [twin with Mary], s. [Orin & Ann Jemima], b. May 25, 1842	4	24
Charles, farmer, single, d. Oct.. 26, 1865, ae 23 y. 5 m. 1 d.	5	15
Chloe, m. Noah **PERRIN**, Oct.. 2, 1792	2	116
Elisha, of Woodstock, m. Eliza **EASTERBROOKS**, of Pomfret, Apr.. 20, 1842, by Bela Hicks	3	67
James, shoemaker, married, b. Holland, Mass., res. Pomfret, d. Mar. 10, 1863, ae 62 y. 6 m. 18 d.	5	13
Mary, [twin with Charles], d. [Orin & Ann Jemima], b. May 25, 1842	4	24

POMFRET VITAL RECORDS 217

	Vol.	Page
MARCY, (cont.)		
Orin, m. Ann J. **FISHER**, b. of Abington, Nov. 8, 1831, by Rev. Charles Fitch, of Abington	3	32
Roger W., m. Sarah Jane **CHAFFEE**, Nov. 29, 1849, by Lucius Holmes, J.P. (Perhaps Morey?)	3	86
Uriah, of Holland, Mass., m. Mary Ann **FISK**, of Pomfret, Apr.. 11, 1838, by Rev. Bela Hicks	3	55
MARSH, Betty, [twin with Elizabeth], d. Caleb & Ruth, b. Sept. 13, 1762	1	51
Elizabeth, [twin with Betty], bd. Caleb & Ruth, b. Sept. 13, 1762	1	51
Pearley, s. Caleb & Ruth, .b Sept. 10, 1766	1	51
Tyler, s. Caleb & Ruth, b. July 31, 1760	1	51
Tyler, s. Caleb & Ruth, d. Aug. 1, 1761	1	52
Tyler, s. Caleb &Ruth, b. Sept. 20, 1764	1	51
MARTIN, Andrew, of West Woodstock, m. Sarah E. **BUCK**, of Pomfret, Jan. 14, 1834, by A. Benedict	3	39
MASCRAFT, Abigail, w. Jacob, d. Dec.. 4, 1781	2	85a
Jacob, m. Abigail **SUMMER**, Feb.. 21. 1781	2	85a
MASON, Horace, m. Eliza **BABBIT**, b. of Killingly, Sept. 8, 1845, by Rev. Benjamin Congdon	3	76
MATHER, Mary, Mrs. D. July 3, 1755, ae 77	1	6
Thomas, m. Mrs. Sarah **PIERSON**, Sept. 7, 1738	1	2
MATHEW, Luce, Mrs., m. Samuel **PORTER**, Sept. 7, 1757	1	106
MATHEWSON, Amaryllis, d. George b. & Hannah, b. Oct.. 9, 1835	4	46
Anna, d. [George b. & Hannah], b. Aug 30, 1842	4	46
Betsey, d. Nathan & Susannah, b. Apr..13, 1789	2	8
Caroline, d. [Darius], b. Mar. 20, 1780	2	172
Caroline, m. Edwin C. **SEARLES**, b. of Pomfret, Sept. 16, 1840, by Rev. D. Hunt	3	63
Charles, m. Olive F. **PAINE**, Apr.. 8, 1834, by A. Benedict	3	41
Charles, m. Mary G. **GROSVENOR**, b. of Pomfret, Oct.. 23, 1839, by rev. d. Hunt	3	60
Cordelia, of Pomfret, m. Rev. Cha[rle]s P. **GROSVENOR**, of Mendon, Mass, June 24, 1835, by Rev. James Porter	3	46
Darius, s. [George b. & Hannah], b. Jun 9, 1849	4	46
Edward, s. [George b. & Hannah], b. Aug. 18, 1837	4	46
Elizabeth, d. [George b. & Hannah], b. July 28, 1840	4	46
Emily, d. [Darius], b. Oct.. 15, 1822	2	172
George b., m. Hannah **PAYSON**, b. of Pomfret, Jan. 27, 1834, by A. Benedict	3	39
George Holt, d. Mar. 14, 1864, ae 5 d.	5	14
Hannah, m. Sam[ue]l f. **BAKER**, b. of Pomfret, Jan. 25, 1821, by George Sharpe, J.P.	3	2
Harriet, d. D[arius], d. Jan. 10, 1830	2	172
Huldah, m. John W. **ADAMS**, b. of Pomfret, Apr.. 11, 1838, by Rev. D. Hunt	3	54
Lucinda, see under Lucinda **MATTESON**		
Mary, d. Darius, b. Jan. 10, 1818	2	172
Mary, d. Darius, d. Sept. 26, 1829	2	172
Mary, d. Geo[rge] b. & Hannah, b. Aug. 1, 1844	4	46
Nancy, d. Nathan & Susanna, b. Apr.. 5, 1787	2	8
Nathan, m. Susannah **ARNOLD**, Dec.. 24, 1786	2	8

BARBOUR COLLECTION

	Vol.	page
MATHEWSON, (cont.)		
Olive, d. [George b. & Hannah], b. Mar. 11, 1847	4	46
Percival, of Bozrah, m. Sylvia S. **HICKS**, of Pomfret, Apr.. 4, 1848, by Bela Hicks, Adm.	3	82
Philip, s Nathan & Susannah, b. Apr.. 10,1791	2	8
Sabra, widow, b. Wyoming, Penn., res. Pomfret, d. Jan. 5, 1861, ae 94 y. 4 m. 9 d.	5	11
Susanna, m. John **CHANDLER**, June 1, 1797	2	128
----, s. Geo[rge] b., farmer, ae 45, & Hannah P., ae 43, b. June [ ], 1849	4	81
----, d. Charles, farmer, ae 37, & Mary G., ae 37, b. Aug. 13, 1849	4	81
MATTESON, , Lucinda, b. West Greenwich, res. Pomfret, d. Oct.. [ ], 1848, ae 34	4	84
MAY, Abigail, d. Eleazer & Abigail, b. Oct.. 21, 1756	1	21
Abigail, d. Oct.. 25, 1777	1	22
Abigail, d. Ithemer & Lucy, b. Oct.. 21, 1784	2	102
Abigail, d. Ithemer, d. June 23, 1797	2	102
Abigail, d. Ithemer & Abigail, b. June 24, 1797	2	102
Abigail, of Pomfret, m. Tho[ma]s **CHAPMAN**, of Thompson, Nov. 28, 1816, by James. Grow, Elder	2	62
Asenath, d. Ithemer & Lucy, b. Nov. 17, 1786	2	102
Asenath, spinster, d. Ithamer, dl. Mar. 6, 1868, ae 83 y. 3 m. 18 d.	5	17
Bethyiah, m. Eben **TRUSDELL**, Mar. 20, 1739/40	1	3
Dorothy, w. Eleazer, d. Apr.. 12, 1750	1	22
Dorothy, m. Amariah **DANA**, June 30,1763	1	111
Eleazer*, m. Abigail **SUMMER**, Dec.. 27, 1750 (*First Written "Ebenezer". Corrected by L. b. b.)	1	102
Eleazer, d. Feb.. 19,1783	1	22
Eliza Francis, d. Prescott, farmer, ae 24, & Harriet F., ae 22, b. Mar. 15, 1848	4	78
Esther Durfee, housekeeper, widow, b. Killingly, res. Pomfret, d. May 7, 1860, ae 58 y. 1 m. 4 d.	5	10
Hannah, m. Griffin **CRAFT**, Jan. 21, 1773	2	42
Harriet, m. Jedediah **PERRIN**, Jr., b. of Pomfret, July 8, 1847, by Rev. d. Hunt	3	80
Harriet, d. Feb.. 6, 1858, ae 2 y. 11 m. 11 d.	5	8
Henry, s. [Jude & Rispa], b. Nov. 3, 1819	2	174
Hezekiah, s. Ithemer &Lucy, b. Apr.. 3, 1782	2	102
Horace, d. Feb. 28, 1855, ae 2 y. 11 m.	5	5
Horace P., s. William R. & Elizabeth H., b. Apr.. 5, 1852	4	62
Ithamer, s. Eleazer & Abigail, b. Feb.. 8, 1754	1	21
Ithemer, m. Lucy **SABIN**, June 7, 1781	2	102
Ithemer, m. Abigail **FLING**, May 15, 1796	2	102
Ithemer, s. Ithemer & Abigail, b..Sept. 11, 1798	2	102
Ithemer, Sr., d. June 1, 1825	2	102
Ithamar, farmer, widower, d. Apr. 4, 1864, ae 65 y. 6 m. 24 d.	5	14
John, s. Eleazer & Dorothy, b. Nov. 24, 1748	1	21
Jude, s. Ithemer & Lucy, b. July 27, 1790	2	102
Jude, m Rispa **DURFEE**, Oct.. 15, 1817	2	174
Lucy, d. Ithemer & Lucy, b. Jan. 29, 1795	2	102
Lucy, w. Ithemer, d. Sept. 3, 1795	2	102
Lucy, m. William R. **MAY**, b. of Pomfret, Oct.. 4, 1824, by		

POMFRET VITAL RECORDS 219

	Vol.	Page
MAY, (cont.)		
Rev. James. Grow	3	13
Lucy, m. William Rufus MAY, Oct.. 4, 1824	4	65
Lucy, d. Feb. 5, 1858, ae 10 y. 3 m. 8 d.	5	8
Lucy Elizabeth, d. [William R. & Elizabeth H.], d. Oct.. 28, 1847	4	62
Lucy Elizabeth, d. William R., farmer, ae 22, & Horsey E., ae 18, b. Oct.. 28, 1847	4	78
Mary, d. Eleazer & Dorothy, b. Apr.. 10, 1743	1	21
Mary, m. Jonathan SABIN, Jan. 31, 1768	1	116
Mary, m. David INGALLS, Apr.. 1, 1772	1	116
Mary, m. David INGALLS, b. of Pomfret, Apr.. 1, 1772	2	47
Mary E., d. Orestes, Husbandry, ae 25, & Sarah, ae 23, b. Jan. 20, [1851]	4	90
Norman H., husbandman, b. Edministon, Otsego Cty., N.Y., res. Mantua, Ohio, d. Oct.. 1, [1850], ae 25	4	93
Orestes, s. [Ithamer & Esther], b. Jan. 10, 1824; d. Sept. 24, 1825	4	6
Orestes, butcher, ae 24, of Pomfret, m. Sarah TUCKER, ae 19, b. Charlestown, R.I., res. Pomfret, June 16, [1850], by Lucian Holmes, J.P.	4	88
Prescott, s. Ithamer & Esther, b. Nov. 30, 1823	4	6
Prudence, d. Eleazer & Dorothy, b. Oct.. 7, 1746	1	21
Prudence, m. Silas SABIN, Nov.9, 1779	2	91
William, d. Feb.. 6, 1858, ae 6	5	8
William R., m. Lucy MAY, b. of Pomfret, Oct.. 4, 1824, by Rev. James Grow	3	13
William R., m. Elizabeth H. CLARK, Nov. 27, 1846, at Ashford	4	62
W[illia]m R., s. William R. & Elizabeth H., b. Aug. 1, 1850	4	62
William R., s. William R., husbandry, ae 24, & Elizabeth H., ae 20, b. Aug. 1, [1850]	4	90
William Rufus ,m. Lucy MAY, Oct.. 4, 1824	4	65
William Rufus, of Pomfret had name changed from Smith Wilkinson BEAN at a General Assembly of the State of Conn., held at New Haven the first Wednesday of May 1844. Certified by Daniel P. Tyler, Secy., June 5, 1844	4	65
MAYER, [see under MAHER]		
MacCLOUD, Daniel, s. Daniel & Mary, b. July 25, 1769	2	9
Daniel, [Sr.], d. Nov. 19, 1771	2	9
Daniel, m. Mary CLEAVELAND, [ ]	1	112
Eli, s. Daniel & Mary , b. Sept. 2, 1771	2	9
Forest, s. Dan[ie]l & Mary, b. Nov. 25, 1764	2	9
Norman, s. Daniel & Mary, b. Oct.. 16, 1766	2	9
McCORMICK, McCORMICH, Bridget, housekeeper, married, b. Ireland, res. Pomfret, d. July 15, 1866, ae 36	5	16
John, laborer, married, b. Ireland, res. Pomfret, d. Jan. 21, 1869, ae 50	5	18
Margaret, housekeeper, b. Ireland, res. Pomfret, married, d. Oct.. 15, 1859 ae 50 y. 9 m.	5	9
Patrick, farmer, single, b. Ireland, res. Pomfret, d. May 30, 1862, ae 55	5	12
[McCOY], [see under MACCOY]		
[McCULLY], [see under MACULLY]		
McDONALD, Adaline, d. Amasa, laborer, ae 27, of Woodstock,		

BARBOUR COLLECTION

	Vol.	Page
McDONALD, (cont.)		
& Adaline, ae 22, b. Sept. 27, [1849]	4	85
McGANMIN, Margaret, m. John **CONERY,** b. of Pomfret, Aug. 18, [1849], by Harrison Johnson, J.P.	2	89
MacMANNERS, Hannah, m William **STONE,** Mar. 17, 1746/7	1	100
McMANUS, Susannah, d. Thomas, farmer, ae 30, & Rosa, ae 25, b. Feb.. 22, 1849	4	81
Tho[ma]s, Jr., s. Tho[ma]s, laborer, ae 36, b. June 10, [1851]	4	91
McMULLEN, McMULLIN, Ann Catharine, d. Tole, farmer, ae 40, & Margaret, ae 38, b. Feb.. 24, [1851]	4	91
Margaret, housekeeper, single, b. Ireland, res. Pomfret, d. Sept. 10, 1854, ae 36	5	4
MEACHAM, MACHAM, Deborah, .m Samuel **INGALLS,** Nov. 9, 17[ ]	1	115
Jerusha, m. John **KIMBAL,** Feb.. 9, 1758	1	108
Zuriah. ./ William, **FOSSETT,** Feb... 12, 1766	1	114
MEAGHER, Mary, d. Edw[ar]d, laborer, ae 34 & Margaret, ae, 30, b. Aug. 25, 1848	4	77
MEDBURY, Amelia S., d. [Daniel, Jr. & Sarah L.], b. Jan. 19, 1845	4	27(2)
Andrew b., m. Mary H. **CONGDON,** b. of Pomfret, Oct.. 14, last, [1833], by Nicholas Branch	3	39
Andrew Brown, s. [Daniel & Sall], b. Apr..17, 1812	2	160
Arnold Brown, s. [Daniel & Sall], b. July 8, 1808	2	160
Daniel, Jr., s. [Daniel & Candace], b. July 2, 1819	2	160
Daniel, Jr., m. Sarah L. **SAWYER,** Apr.. 1840, by Rev. D. Hunt	3	62
Dan[ie]l, farmer, married, b. Smithfield, R.I., res. Pomfret, d. Dec.. 16, 1853, ae 72 y. 9 m. 11 d.	5	3
Daniel, m. Sall **BROWN,** [ ]	2	160
Edgar., s. [Daniel, Jr. & Sall], b. Jan. 16, 1850	4	27(2)
Elizabeth, d. [Daniel & Sall], June 3, 1810	2	160
Elizabeth, m. Hezekiah **CONGDON,** b. of Pomfret, Aug. 16, 1830, by Elder Amos Babcock. Intention published	3	29
George C., s. [Daniel, Jr. & Sarah L.], b. Jan. 25, 1847	4	27(2)
Harriet, d. Daniel, Jr. & Sarah L., b. Jan. 20, 1841	4	27(2)
Huldah J., d. Daniel & Candace, b. May 14, 1817	2	160
Huldah J., of Pomfret, m. Lester **UNDERWOOD,** of Woodstock, Feb.. 7, 1839, by Rev. Bela Hicks	3	57
Lucian H., s. [Daniel, Jr. & Sarah L.], b. Apr.. 4, 1843	4	27(2)
Mary, d. [Daniel & Candace], b. Nov. 20, 1821	2	160
Phebe Ann, d. [Daniel &Sall], b. Nov. 3, 1806	2	160
Phebe Ann, of Pomfret, m. Augustus **STEN(?),** of Lawrens, N.Y., Feb.. 14, 1828, by Rev. James a. Boswell	3	24
Sarah, d. [Daniel & Sall], b. Dec.. 31, 1813	2	160
Sarah, m. William H. **SABIN,** b. of Pomfret, [Mar.] 2, [1836], by Nicholas Branch	3	48
Susan, d. [Daniel & Sall], b. Dec.. 8, 1803, in Glocester R.I.	2	160
Susan, m. Benjamin **CONGDON,** [Apr..] 5, [1827], by rev. James A. Boswell	3	23
——, s. Daniel, Jr., leather manufacturer, ae 31, & Sarah L., ae 29, b. Jan. 16, [1850}	4	85
MENAHAN, Michael, laborer, married, b. Ireland, res. Pomfret, d. Oct.. 26, 1863, ae 29 y. 24 d.	5	13

POMFRET VITAL RECORDS 221

	Vol.	Page
MENTIN, Anna, m. Ebenezer **STO[W]ELL,** Feb. 19, 1746	1	104
MERRELL, Marga Feb. J., of Hollowell, Me., m. Lewis **WHITE,** of Pomfret, yesterday, [June 3, 1844], by Rev. D. Hunt	3	72
Sam[ue]l b., of Springfield, N.Y., m. Eliza **AVERILL,** of Pomfret, June 15, 1835, by rev. D. Hunt, Jr.	3	45
MIAL, Eliz[a]beth, m. W[illia]m **EARL,** Jan. 12, 1725/6	1	2
MIGHILL, MIGELL, Amaril[l]ah, d. Samuel & Hannah, b. Jan. 10, 1740, o.s., at Mortlake	1	80
Benj[ami]n, m. Sarah **HOLMES,** June 12, 1740	1	3
Benj[a]min, s. Benj[a]min &Sarah, b. May 27,1741	1	80
Benjamin, s. Ben[ja]min & Sarah, d May 25, 1747	1	81
Benjamin, d. Dec.. 19, 1749	1	81
Dan[ie]l, . Susanna **DANA,** May 1, 1740	1	3
Elizabeth, d. Ezekiel & Elizabeth, b. Sept. 9, 1730	1	54
Joanna, m. Jonathan **WALDO,** Apr.. 7, 1773	2	25
Mary, d. Thomas, b. Oct.. 16, 1762	1	88
Sarah, d. Jan. 25, 1782	1	81
Thomas, d. Jan. 19, 1764	1	89
MILBURN, Julia Ann, of Pomfret, m. John H. **FREEMAN,** of Providence, R.I., Apr.. 7, 1836, by Rev. D. Hunt	3	48
MILES, Erepta, d. Jesse & Olive, b. Nov. 4, 1785	2	89
Jesse, m. Olive **ADAMS,** Feb.. 17, 1780	2	89
Reuben, s. Jesse & Olive, b. Apr.. 5, 1782	2	89
Roulane, s. Jesse & Olive, b. Feb.. 17, 1784	2	89
Sarah, d. Jesse & Olive, b. Jan. 16, 1781	2	89
Sarah, d. Jesse & Olive, d. Oct.. 7,1784	2	89
MILLARD, Elizabeth, d. David & Susanna, b. Oct.. 17, 1746	1	61
Mary, d. David & Susanna, b. Sept. 25, 1732	1	61
Mary, d. David & Susanna, d. June 10, 1755	1	62
MILLER, Hannah, Mrs. M. Amasa **SESSIONS,** Oct.. 24, 1744	1	99
Hannah, of Ashford, now of Abington. m. Henry **HUTCHINS,** of Brooklyn, Sept. 4, 1831, by Rev. Charles Fitch, of Abington	3	32
MINER, Carrie Elizabeth, b. Brooklyn, Conn., res. Pomfret, d. Jan. 24, 1862, ae 3 y. 9 m. 24 d.	5	12
MITCHELL, Tho[ma]s, Jr., m. Anna **DAVIS,** Mar. 16, 1780	2	86
MOFFETT, MOFFITT, Anna, d. William day laborer, ae 31, & Emeline, ae 27, b. Oct.. 18, 1847	4	76
Harriet Maria, d. Samuel L., farmer, ae 29, & Roseanna, ae 24, b. Apr.. 15, 1848	4	77
Howard, d. June 31 (sic), 1865, ae 7 d.	5	15
Meriam, d. John & Elizabeth, b. Mar. 8, 17[ ]	1	75
Samuel L., of Pomfret, m. Rosanna **ADAMS,** of Killingly, Jan. 3, 1847, by Rev. I. J. Burgess	3	80
William, m. Mary **BROWN,** b. of Pomfret, Mar. 28, 1826, by rev. James Porter	3	20
MOORE, MOOR, Mary, m. Nathaniel **HOLMES,** Apr. 21, 1748	1	100
William, m. Abigail, **HOW,** b. of Pomfret, Mar. 28, 1827, by Rev. James. Porter	3	22
MOREY,[see also **MOWRY**], David, of Brooklyn, m.Maria **ROATH,** of Pomfret, Oct.25,1820, by rev.Walter Lyon, of Abington	3	1
Roger W., m. Sarah Jane **CHAFFEE,** Nov. 29, 1849, by Lucius Holmes, J.P.	3	86

	Vol.	Page
MORRIS, MORRICE, MORRISS, MORRISE, Benj[ami]n, s. [John H. & Silence], b. Mar. 19, 1792	2	165
Benjamin, m Deborah **RICHMOND**, b. of Pomfret, Oct.. 1. 1815, by Rev. Daniel Dow, of Thompson	2	94
George Hide, s. [John H. & Silence], b. Jan. 30,1807	2	165
Jedediah, s. [John H. & Silence], b. Jan. 13, 1800	2	165
Jedediah, m. Olive **CONGDON**, b. of Pomfret, Nov. 15,1824, by Rev. James Porter	3	13
John, m. Nancy N. **STANLEY**, b. of Pomfret, Mar. 20, 1826, by Rev. James Porter	3	20
John, m. Bridget Amelia **WELCH**, Nov. 4, 1844, by Rev. Roswell Parke	3	73
John H., b. Feb.. 13, 1764, in Thompson; m. Silence **PERRIN**, May 25, 1788	2	165
John H., Jr., s. [John H. & Silence], b. Jan. 10, 1802	2	165
Lucy, d. [John H. & Silence], b. July 25, 1790	2	165
Margarett, m. Joseph **GRIFFIN**, Mar. 15, 1721	1	2
Mary, m. Seth **PAINE**, June 3, 1719	1	11
Mary, d. [John H. & Silence], b. July 31, 1794	2	165
Samuel, s. [John H. & Silence], b. Aug. 8, 1797	2	165
Samuel, d. Mar. 23, 1798, ae 7 m. 15 d.	2	165
Sarah, d. Feb.. 19, 1741/2	1	20
Sarah, m. Joseph **PAINE**, June 7, 1750	1	102
Sarah, d. [John H. & Silence], b. Aug. 31, 1809	2	165
Sarah, d. Apr.. 5, 1815, ae 5 y. 7 m. 4 d.	2	165
Sarah, d. [Benjamin & Deborah], b. Dec.. 28, 1816	2	94
Silence, d. [John H. & Silence], b. Mar. 11, 1804	2	165
Thomas, d. July 28, [1851], ae 16 d.	4	93
Woolcot, s. [John H. & Silence], b. Sept. 8, 1788	2	165
Woolcot, s. John H. Silence, d. May 25, 1789, ae 8 m. 13 d.	2	165
MORSE, MORS, MORCE, Cyprian, m. Jerusha **LEAVENS**, Feb.. 2, 1732	1	2
Jemima, m. Henry **COBB**, July 31, 1731	1	2
Prudence, of Thompson, m. STephen S. **STONE**, of Pomfret July 30, 1815	2	171
William, m. Demaris **SPALDIN[G]**, Oct.. 28,1741	1	3
MOSELEY, Buler, m. William **ALWORTH**, Jr., Oct.. 15, 1772	2	48
Hannah, m. Holland **WEEKS**, Sept. 4, 1766	1	114
Rebeckah, m. Jonathan **LYON**, May 10, 1763	1	103
Sara, m Stephen **WILLIAMS**, of Brooklyn Parish, Jan. 15, 176[ ]	1	113
——, st. b. male, July 22, 1861	5	11
MOULTON, William C., d. Sept. 24,1861	5	11
MOWRY, [see also **MOREY**], Olive J., d. July 20, 1865, ae 14 y. 2 m. 10 d.	5	15
Susan, m. Jonathan **HANDELL**, Mar. 27, 1843, by Charles Chandler, J.P.	3	70
——, d. Elisha, farmer, ae 32, & Phebe Ann, ae 28, b. May 19,1849	4	81
MULLETT, Sarah, of London, Eng., m. Charles H. **HALL**, of Pomfret Mar. 30, 1815	2	173
MUMFORD, Ann, m. Col. Tho[ma]s **GROSVENOR**, June 25, 1785	2	105
Bathsheba, m. Dr. Jona[tah]n **HALL**, Apr. 19, 1781	2	104
MUNROUGH, Annis, m. James **JANES**, May 22, 1794	2	119

	Vol.	Page
MURPHY, Edward, d. Feb.. 13, [1851], ae 1 ½	4	93
NARRAMORE, Alpheas, s. Sam[ue]l & Deborah, b. Aug. 29, 1765	2	6
Alpheas, s. Sam[ue]l & Sarah, d. Jan. 26, 1766	2	6
Alpheas, s. Sam[ue]l &Deborah, b. Dec.. 27, 1766	2	6
Elizabeth, d. Sam[ue]l & Deborah, b. June 15, 1769	2	6
Lucy, d. Joseph & Sarah, b Oct.. 12,1773	2	48
NEWELL, Abigail, d. Moses & Gratis, b. Nov. 26, 1792	2	52
Anna, single, d. Sept. 2, 1854, ae 20	5	4
Cady, s. Moses & Gratis, b. Feb.. 10, 1791	2	52
Danforth, m. Mary Ann KINGSBURY, b. of Pomfret, Apr.. 23, 1823, by Rev. James Porter	3	8
Daniel, Rev.,of Utica, N.Y., m. Elizabeth Ann PAYSON	3	83
Elizabeth Putnam, d. [W[illia]m & Lucy], b. Aug. 30, 1827	4	12
Jonathan, d. Apr.. 9, 1752	1	29
Lucy, Ann., d. W[illia]m & Lucy, b. Mar. 20, 1823	4	12
Lucy Harriet, d. [Seth & Sally], b. Oct.. 1, 1804	2	40
Moses, m. Gratis CADY, Nov. 17, 1790	2	52
Origen, s. Seth & Sally, b .Oct.. 5, 1802	2	40
Rhoda, m. [ ] FITCH, Oct.. 8, 1797	2	130
Seth Paine, s. Seth & Sally, b. Dec.. 5, 1800	2	40
William, m. Lucy KINGSBURY, b. of Pomfret, Jan. 23, 1822, by Rev. James Porter	3	4
William Henry, s. [W[illia]m & Lucy], b. Oct.. 19, 1829	4	12
NEWTON, Francis, d. May 15, [1850], ae 7	4	89
H. J., s. Josiah C., farmer, b. Oct.. 21, 1849	4	86
Russell F., d. Dec.. 12,1864, ae 9 y. 7 m. 17 d.	5	14
Sarah E., d. Josiah, laborer, b. May 11, 1848	4	77
----, female, d. Sept. 9,1854, ae 9 d.	5	4
NICHOLS, Franklin, of Thompson, m. Hanna F. FAIRFIELD, of Pomfret, Oct.. 17, 1839, by Rev. D. Hunt	3	60
Luce, m. Ebenezer HOLMES, May 15,1753	1	103
NIGHT, [see under KNIGHT]		
NIGHTINGALE, Abigail, d. Sam[ue]l & Abig[ai]l, b. Oct.. 8, 1745	1	6
John, s. Sam[ue]ll & Abigail, b. Apr.. 16, 1750	1	6
Joseph, s. Samuel & Abigail, b. Sept. 16, 1747	1	6
Sam[ue]ll, s. Sam[ue]ll & Abig[ai]l, b. Aug. 5, 1741	1	6
Sarah, d. Sam[ue]ll & Abig[ai]ll, b. Mar. 25, 1744	1	6
NILES, Huldah, d. Nathaniel & Lucy, b. Nov. 14, 1796	2	54
Huldah, of Pomfret m. James WHITNEY, of Brooklyn, [July] 2, [1820], by Rev James Porter	3	1
Lidia, d. Nathaniel & Lucy, b. July 11, 1799	2	54
Nathaniel, s. Nathaniel & Lucy, b. July 27, 1794	2	54
NOLTON, [see under KNOWLTON]		
NORTHUP, Alexander H., of Griswold, m. Mary Gleason, of Pomfret, Jan. 16, 1829, by Rev. James Porter	3	26
Clarke H., m. Eliza A. JACOBS, b. of Providence, R.I., Sept. 1, 1844, by Rev. N. S. Hunt, of Abington	3	73
NOURSE, Abigail, of Pomfret, m. David FISH, 3rd, of Amherst, N.H., [Jan.], 19, [1823], by Rev. James Porter	3	7
Czarina, m. Nathan G. STORRS, , b. of Pomfret, Jan. 10, 1826, by rev. James Porter	3	19
Eliza, of Merrimack, N.H., m. Rev. James PORTER, of Pomfret,		

	Vol.	Page
NOURSE, (cont.)		
Jan. 30, 1815	2	168
NYE, Nathan, farmer, married, b. Charlestown, R.I., res. Pomfret, s.		
John & Sarah, d. Dec.. 16, 1867, ae 69 y. 6 m. 8 d.	5	16
OAKS, Ruth, m. John **ROBINS,** Jr., Oct.. 9, 1753	1	103
OBRIEN, Betsey, d. William & Anna, b. June 4, 1787	2	42
George, s. William & Anna, b. Feb.. 2, 1786	2	42
OLIN, Malachi, day laborer, ae 22, b. Ireland, res. Pomfret, m. Ann **SHANLEY,** housewife, ae 21, b. Ireland, res. Brooklyn, Ct., Jan. 1, [1851], by elder Dean	4	92
OLNEY, Mary, m. John **SPENCER,** Dec.. 25, 1813	2	164
ORAMS, , Betty, d. Jonathan & Sarah, b. Dec.. 26, 1774	2	78
Daniel, s. Jonathan &Sarah, b. Apr.. 27, 1776	2	78
Jonathan, m. Sarah **KIMBALL,** June 23, 1773	2	78
Jonathan, d. Dec.. 4, 1777	2	78
ORMSBEE, Mary, wid., m. Nathaniel **ALLEN,** Nov. 28, 1780	1	16
----, m. Nath[anie]ll **HOLMES,** [ ]	1	12
OSGOOD, Aaron, s. Zechariah & Rachel, b. Aug. 22, 1770	1	95
Aaron, s. Zachariah & Rachel, d. Jan. 9, 1774	1	96
Abigail, d. Appleton & Abigail, b. Apr.. 9, 1787; d. Apr.. 9, 1787	2	34
Abigail, [w. Appleton], d. May 18, 1788	2	34
Abilena, w. Appleton, d. Jan. 10,1803	2	34
Abilene Ann, d. Israel & Lucy, b. May 5,1821	4	25
Abilene Ann, m. Ethan **ALLEN,** b. of Pomfret, [Nov.] 1, [1842], by Rev N. S. Hunt, of Abington	3	69
Appleton, m. Abigail **WELCH,** Nov. 11, 1784	2	34
Appleton, s. Appleton & Abigail, b. May 16, 1788;d. May 15, 1788	2	34
Appleton, m. Abilena **CLEVELAND,** Nov. 16, 1794	2	34
Appleton, [Sr], d. Apr.. 22, 1814	2	34
Appleton Edward, s. [Israel 7 Lucy], b. Nov. 16, 1828	4	25
Artemus, s. William, Jr. & May, b. May 19, 1778	2	63
Charles, s. [Winthrop & Molly], b. Mar. 20, 1811	2	152
Charles, m. Lucy **HOLBROOK,** b. of Pomfret, Feb.. 7, 1838, by Rev. Nathan D. Hunt, Abington	3	53
Daniel, m. Ruth **AMES,** Oct.. 12, 1756	1	107
Daniel, s. Daniel &Ruth, b. July 9, 1759	1	86
Daniel, s. Daniel & Ruth, d. July 15, 1759	1	87
Elizabeth, d. [William, Jr. & Persis], b. Oct.. 9, 1814	2	147
Elizabeth, m. Lewis G. **INGALLS,** b. of Pomfret, June 13, 1838, by Rev. N. S. Hunt, of Abington	3	56
Elizabeth Lavina, d. [Scarborough & Elizabeth], b. May 15, 1817	2	72
Elizabeth Lavina, d. [Scarborough & Elizabeth], d. Mar. 4, 1821	2	72
Elizabeth W., housekeeper, widow, b. Dudley, Mass., res. Pomfret, d. Sept. 27, 1863, ae 74 y. 3 m.	5	13
Emela, d. [William, Jr. & Persis], b. Oct.. 13, 1803	2	147
Emily, . James P. **DAVIS,** b. of Pomfret, Feb.. 23, 1825, by Rev. Walter Lyon, of Abington	3	15
Erastus, s. William, Jr. & Mary, b. Mar. 14, 1780	2	64
Everet Richardson, s. [Israel 7 Lucy], b. Dec.. 29, 1830	4	25
Isaac, s. Zechariah & Rachel, b. Nov. 20, 177[ ]	1	95
Israel, s. Appleton & Abilena, b. Oct. 15, 1795	2	34
John, s. W[illia]m, Jr. & Mary, b. Mar. 13, 1782	2	64

	Vol.	Page
OSGOOD, (cont.)		
John, s. Appleton & Abilena, b. Jan. 5, 1798	2	34
John, s. Appleton, d. Feb.. 22, 1798	2	34
John Scarborough, s. Scarborough & Elizabeth], b. Oct.. 7,1823	2	72
Lucian, s. [Winthrop & Molly], b. June 28, 1808	2	152
Lucy Cleveland, d. [Israel & Lucy], b. Oct.. 26, 1822	4	25
Lydia, m. Joseph **PHELPS,** June 6, 1749	1	102
Lydia, d. Daniel & Ruth, b. Dec.. 15, 1760	1	86
Marah, w. William, d. Nov. 12,1775	1	26
Mary, m. Ebenezer **HOLBROOK,** Jr., Feb.. 1, 1749/50	1	102
Mary, Mrs., d. Dec.. 1, 1822	2	64
Mary, housekeeper, married, d. Samuel & Sarah Chollar, d. Apr.. 7, 1867, ae 60 y. 4 m.	5	16
Mary Scarborough, d. [Scarborough & Elizabeth], b. June 19,1815	2	72
Mehitobel, m. Abiel **LYON,** Nov. 27, 1760	1	108
Moses, s Zachariah & Rachel, b. Nov. 28, 1766	1	95
Nabby, d. Appleton & Abilena, b. Oct.. 21, 1799	2	34
Nabby, d. Appleton, d. Mar. 2, 1806	2	34
Rachel, w. Zachariah, d. June 11, 1804	1	96
Rachel Maria, d [Winthrop & Molly], b.. Sept. 7,1816	2	152
Rebecca, d [William, Jr. & Persis], b. Apr.. 29, 1818	2	147
Rebecca, of Pomfret, m. James M. **CONGDON,** of Franklin, Mar. 12, 1845, by rev. Nathaniel b. Fox, Abington	3	75
Sarah, m. Jonathan **BLANCHARD,** Mar. 17,1760	1	108
Sarah, d. Zechariah & Rachel, b. Oct.. 3,1769	1	95
Scarborough, s. William, Jr. & Mary, b. Apr.. 13, 1775	2	64
Scarborough, s. William, Jr. & Mary, d. Apr.. 7,1776	2	64
Scarborough, s. W[illia]m, Jr. &Mary, b. Aug. 20, 1787	2	64
Scarborough, m. Elizabeth **WOOD,** July 5, 1814	2	72
Scarborough, farmer, married, d. Sept. 11, 1863, ae 76 y. 16 d.	5	13
Susanna, d. William & Mary, b. May 31, 1759	1	26
Susanna, d. [William, Jr . & Persis], b. Apr.. 26, 1811	2	147
Susannah, of Abington, m. Ira **ELLIOTT,** of Thompson, Apr.. 26, 1836, by Nathan D. Hunt, Abington	3	49
Thomas Craft, s. [Israel & Lucy], b. July 10, 1826	4	25
William, Jr., m. Mary **SCARBOROUGH,** June 11, 1774	2	64
William, s. William, Jr. & Mary, b. Oct.. 6,1776	2	64
William, d. Sept. 20,1791	1	26
William, Jr., m. Persis **HIDE,** Jan. 27,1803	2	147
William, s. [William, Jr. & Persis], b. Oct.. 27, 1805	2	147
William, [Sr.], d. Feb.. 8,1806	2	64
W[illia]m, Jr., m. Mary **CHOLLAR,** b. of Pomfret, Apr.. 1, 1830, by Rev. Charles Fitch, of Abington	3	29
William, s. W[illia]m, Jr. & Mary, b. May 13, 1836	4	32
William, farmer, widower, d. Mar. 26, 1862, ae 85 y. 5 m. 20 d.	5	12
Winthrop, s. Zechariah & Rachel, b. Mar. 4, 177[ ]	1	95
Winthrop, m. Molly **JEWETT,** Dec.. 25, 1806	2	152
Zechariah, s. Zechariah & Rachel, b. Sept. 8, 1765	1	95
Zachariah, s. Zachariah & Rachel, d. Jan. 25, 1775	1	96
Zachariah, m. Rachel **KENNE,** Sept. 29, 17[ ]	1	111
Zachariah, d. Oct.. 30, 1819	1	97
——, d.Charles, farmer, ae 39, & Lucy, ae 40, b. May 28, [1850]	4	87

BARBOUR COLLECTION

	Vol.	Page
PACBRIDGE, [see also **PARTRIDGE**], Emily, m. Cha[rle]s G.		
SABIN, Sept. 20, 1840, by Rev. R. Camp	3	63
PACKER, Louisa, m. Robert **POTTER**, b. of Abington, Feb. 13, 1831, by Rev. Charles Fitch, of Abington	3	31
Martha, m. David D. **ALLEN**, b. of Pomfret, Apr.. 4, 1824, by Rev. John Paine, of Hampton	3	12
PAINE, PAIN, Abigail, d. Edward, &Lois, b. May 24, 1741	1	66
Abigail b., housekeeper, widow, b. Ganterbury, res. Pomfret, d. Aug. 2, 1862, ae 80 y. 10 m. 13, d.	5	13
Abraham, s. Samuel & Ruth, b. July 9, 1722	1	26
Abraham, s Sam[ue]ll &Ruth, d. Jan. 22, 1740/41	1	27
Abraham, s. Sam[ue]ll &Lydia, b. June 22, 1743	1	26
Amaryllis, m. John H. **PAYSON**, Sept. 16, 1798	2	48
Amasa, s. Seth, Jr. & Mabel, b. May 7,1762	1	19
Amos Jr., of Woodstock, m. Cynthia F. **DAVIS**, of New York, [Mar.] 30, [1840], by Rev. N. S. Hunt, of Abington	3	62
Ann, d Sam[ue]ll & Ruth, b. Feb.. 11, 1719/20	1	26
Anna, d. Thomas & Ann, b. Apr.. 28,1760	1	64
Anna, w. Thomas & Anna, d. June 2, 1776	1	65
Anne, d. SETH, Jr. &Mabel, b. Mar. 20,1764	1	19
Asa, s Joseph & Sarah, b. Dec. 28,1752	1	63
Asa, d. Feb.. 10, 1786	1	64
Benjamin, s. Sam[ue]ll & Ruth, b. Oct.. 30, 1816	1	26
Cynthia, of Eastford, m. Amasa **SMITH**, of Pomfret, May 21, [1849], by Charles Osgood, J.P.	3	85
Cynthia, ae 18, housekeeper, b Eastford, m. Amasa **SMITH**, farmer, ae 24, May 21, 1849, by Cha[rle]s Osgood	4	83
Daniel, s. Seth, Jr. & Mabel, b. Jan. 19,1767	1	19
Dorcas, d. Nathan &Pattey, b. Dec.. 11, 1787	2	79
Ebenezer, s. Seth, Jr. & Mabel, b. Aug. 23, 1758	1	19
Ebenezer, s .Nathan & Pattey, b. Nov. 1, 1789	2	79
Ebenezer, s. Capt. Nathan, d. Jan. 28, 1826	2	79
Edward, s. Edward & Lois, b. Jan. 10, 1749/50	1	66
Edward, s Nathan & Pattey, b. Feb.. 8, 1777	2	79
Edward, m. Judeth **LASTROP**, Mar. 12, 1800	2	140
Edward Lathrop, s. Edward & Judeth, b. May 29,1801	2	140
Elijah, s. Seth & Mary, b. Sept. 13, 1724	1	19
Elijah, s. Seth Jr. & Mabel, b. Jan.21, 1757	1	19
Elisha, m. Anna **AYER**, May 19,1784	2	92
Elisha, m. Jerusha **WELCH**, June 16, 1808	2	168
Elisha, d. [ ]	2	168
Eliza, m. Caleb **ABBOTT**, Dec.. 31, 1731	1	2
Elizabeth, d. Sam[ue]ll & Ruth, b. Aug. 9, 1710	1	26
Eliza[be]th, d. Sam[ue]ll & Lydia, b. Dec.. 26, 1741	1	26
Esther, d. Thomas &Anna, b. Oct.. 2, 1772	1	64
Eunice, d. Edward & Lois, b. Mar. 20,1752	1	66
Ezra, s Thomas & Ann, b. July 3, 1770	1	64
Francis James, s. [Elisha & Jerusha], b. Aug. 3, 1809	2	168
Hannah, d. SEth &Mary, b. June 10, 1722	1	19
Hananh, d. Joseph & Sarh, b. Aug. 29,1759	1	63
Hannah, m. Solomon **RICHARDS**, Apr. 16, 1786	2	104
Huldah, d. Edward & Lois, b. June 28, 1747/8	1	66

POMFRET VITAL RECORDS 227

	Vol.	Page
PAINE, (cont.)		
James, s. Sam[ue]ll & Lydia, b. July 2, 1739	1	26
Joanna, d. Thomas & Anna, b June 2, 1776	1	64
John, s. Seth & Mary, b. July 4, 1731	1	19
John, s. Edward & Lois, b. May 17, 1735	1	66
John, s. Seth & Mary, d. June 2, 1754	1	20
John, s. Seth, Jr. & Mabel, b. Mar. 28,1755	1	19
John, s. Thomas & Ann, b. July 15,1756	1	64
John, s. Nathan & Pattey, b. Dec.. 15, 1793	2	79
John, m. Olive EDMUNDS, May 27,1818, by James Grow	2	171
Joseph, s. Seth & Mary, b. FEb. 9,1726/7	1	19
Joseph, m. Sarah MORRIS, June 7,1750	1	102
Joseph, s. Joseph & Sarah, b. Oct.. 8, 1750	1	63
Joseph, s. Seth & Mary, d. Mar. 18,1761	1	20
Joseph, d. Mar. 18, 1761, in the 35th y. of his age	1	64
Joshua, s. Seth & Mary, b. Mar. 18, 1734/5	1	19
Judeth, d. Stephen & Sarah, b. Dec.. 31, 1727	1	53
Judeth, d. Seth & Mary, b. Feb. 18, 1737/8	1	19
Judeth, m. Stephen WILLIAMS, May 18, 1757	1	106
Judeth, d Thomas & Anna, b. Sept. 11, 1767	1	64
Judith, w. Edward, d. June 5, 1801	2	140
Lois, d Edward & Lois, b. Mar. 25, 1737	1	66
Lois, m. Nehemiah DODGE, Nov. 16, 1757	1	106
Lois, d Nathan & Pattey, b. Aug. 4, 1791	2	79
Lois, m. William H. MANNING, b. of Pomfret, June 12, 1821, by Rev. James Grow	3	4
Luce, d. Noah & Mehetabell, b. Dec.. 6, 1739	1	63
Lydia, d. Sam[ue]ll & Lydia, b. Mar. 11, 1744/5	1	26
Marg[a]rett, d. Seth & Mary, b. Mar. 28, 1733	1	19
Mary, d. Seth & Mary, b. May 31, 1721	1	19
Mary, d. Noah & Mehetabell, b. Jan. 12, 1746/7	1	63
Mary, d. Seth & Mabel, b. May 4, 1753	1	19
Mary, w. Seth, d. May 7, 1762	1	20
Mary, d. Thomas & Ann, b. Mar. 22, 1765	1	64
Mary, m. robert WILLIAMS, Dec.. 23, 1786	2	14
Mehetabell, d. Noah & Mehetabell, b. Feb.. 17,1734/5	1	63
Milton, s. Nathan & Pattey, b. Sept. 30,1795	2	79
Nathan, s. Edward & Lois, b. June 25, 1733	1	66
Nathan, s. Edw[ar]d & Lois, d Oct.. 21, 1737	1	67
Nathan, w. Edward & Lois, b Dec.. 19, 1755	1	66
Nathan, m. Pattey HOGG, Mar. 21, 1776	2	79
Nathan, s. Nathan & Pattey, b. Oct.. 30, 1780	2	79
Nathan, Capt., m. Hannah EDMONDS, Dec.. 19, 1799	2	79
Noah, s Stephen & Sarah, b. Nov. 27, 1729	1	53
Noah, m. Mehitable STORY, Jan. 13, 1731	1	2
Noah, s. Noah & Mehetabell, b. Apr.. 1, 1742	1	63
Noah, d. Apr.. 2, 1753	1	64
Noah, s. Thomas & Ann, b. Feb.. 1, 1758	1	64
Olive, d Nathan & Pattey, b. Jan. 26, 1785	2	79
Olive F., m. Charles MATHEWSON, Apr. 8, 1834, by A. Benedict	3	41
Olive Fitch, d. [Elisha &Jerusha], b. July 21, 1814	2	168
Pattey, d. Nathan & pattey, b. Oct. 28, 1782	2	79

	Vol.	Page
PAINE, (cont.)		
Patty, d. Nathan & patty, d. Dec.. 7, 1791	2	79
Pattey, d. Nathan & Pattey, b. Apr.. 12, 1798	2	79
Patty, w. Capt. Nathan, d. June 14, 1799	2	79
Phebe, d. Edward, & Lois, b. Mar. 19, 1738/9	1	66
Ruth, w. Sam[ue]ll, d. June 5, 1725	1	27
Ruth, d. Sam[ue]ll & Lydia, b. July 23, 1737	1	26
Sally, d. Nathan & Pattey, b. Dec.. 31, 1778	2	79
Salmon, s. Joseph & Sarah, b. July 20, 1755	1	63
Salmon, d. July 17, 1778	1	64
Sam[ue]ll, s. Sam[ue]ll & Ruth, b. Mar. 21, 1711/12	1	26
Samuel, d. Feb.. 15, 1732/3	1	27
Samuel, m. Lydia **SMITH**, May 15, 1735	1	2
Samuel, S. Sam[ue]ll & Lydia, b. Feb.. 11, 1735/6	1	26
Sam[ue]ll, s Noah & Mehetabel, b May 11, 1744	1	63
Sarah, d. Sam[ue]ll & Ruth, b. Feb.. 16 ,1714/15	1	26
Sarah, d Seth & Mary, b. Jan. 14 1728/9	1	19
Sarah, m. Sam[ue]ll **WILLIAMS**, Dec.. 11, 1735	1	2
Sarah, d. Edward & Lois, b. Jan. 1, 1743/4	1	66
Sarah, d. Seth, jr. & Mabel, b. Apr.. 24, 1760	1	19
Sarah, d. Thomas & Anna, b. Jan. 21, 1775	1	64
Sarah, d. Thomas & Anna, d. Jan. 21, 1775	1	65
Sarah, d. Isaac **CUSHMAN**, Mar. 12, 1781	2	51
Seth, m. Mary **MORRIS**, June 3, 1719	1	1
Seth, s. Seth & Mary, b. Mar. 4, 1719/20	1	19
Seth, Jr., m. Mabel **TYLER**, Nov. 1, 1749	1	102
Seth, s. Seth, of Mortlake, & Mabel, b. Aug. 23, 1750	1	19
Seth, [Sr.], d. Jan. 18, 1772	1	20
Smith, s. Sam[ue]ll & Lydia, b. Jan. 7, 1746/7	1	26
Stephen, m. Sarah **LEACH**, July 18,1727	1	2
Stephen, d. Edward & Lois, b. Jan. 31, 1745/6	1	66
Thomas, s. Noah & Mehetabell, b. Oct.. 8, 1732	1	63
Thomas, m Ann **WILLIAMS**, Nov. 13, 1755		
(Written "Thomas **PERINE**")	1	105
Thomas Storrs, s Thomas & Ann, b. Jan. 7, 1763	1	64
Walter, farmer, married, b. Woodstock, res. Pomfret, d. Jan. 15, 1860, ae 83 y. 9 m. 15 d.	5	10
Zerviah, d. Noah &Mehetabele, b. May 17, 1737	1	63
Zerviah, m. Daniel **CHENEY**, June 23, 1757	1	106
PAIRL, [see under **PEARL**]		
PALMER, Calvin, of Pomfret, m. Abigail Peabody **SUMMER**, of Ashford, Dec.. 10, 1810	2	164
Chauncey, s. [Calvin & Abigail Peabody], b. Mar. 24, 1818	2	164
Esther, m. Elisha **INGALLS**, Feb.. 9, 1814	2	159
Joseph, s. Silas & Silence, b. July 24, 1778	2	95
Phinehas, s. Silas & Silence, b. Feb.. 13, 1780	2	95
Samuel, of Brooklyn, m. Eliza **PARISH**, of Pomfret, Nov. 5, 1826, by Rev. John Paine, of Hampton	3	22
Samuel Summer, s. [Calvin 7 Abigail Peabody], b. Mar. 18, 1812	2	164
Silas, m. Silence **TOWSET**, Aug. 28, 1777	2	25
Virgal M., m. Harriet L. **JAMES**, Apr. 30, 1838, by Rev. D. Hunt	3	55
----, d. Oct.. 20, 1854, ae 1 d.	5	4

	Vol.	Page

PALMER, (cont.)
-----, st. b. male Apr.. 20,1856 — 5, 6
PARISH, [see under **PARISH**]
PARKER, Alice, m. James **BRAYTON**, [   ] — 2, 163
David, m. Betsey **BOWEN,** b. of Pomfret, Abington Society, Apr..
  15, 1821, by Rev. John Paine, of Hampton — 3, 3
Rebeckah, d. Zachariah & Rebeckah, b. May 9,1735 — 1, 72
PARKHURST, [see also **PARKIS** and **PARKS**], Abigail, d John &
  Abigail, b. Mar. 3, 1722/3 — 1, 36
Abigail, m. Gillum **PHILLIPS,** Mar. 5, 1745/6 — 1, 99
Abigail, w. John, d. Nov. 2,1771 — 1, 37
Benj[ami]n **BROWN,** s. Nath[anie]l, b. July 15, 1825 — 4, 3
Bethiah, farmer, married, s. Darius, d. Mar. 12, 1866, ae 62 y. 7 m.
  12 d. — 5, 16
Bethuel, m. Abilene **HOLMES,** b. of Pomfret, Mar. 23, 1837,
  by Rev. D. Hunt — 3, 51
Darius, s. John & Abigail, b. June 7, 1739 — 1, 36
Darius, m. Anna **SABIN,** Sept. 5, 1776 — 2, 82
Darius, s. Darius & Anna, b. Nov. 21, 1778 — 2, 82
Darius, d. May 12, 1792 — 2, 82
Darius, carpenter, widower, d. May 3, 1863, ae 84 y. 5 m. 10 d. — 5, 13
Darius Sabin, s. Darius & Anna, b. July 22, 1777 — 2, 82
Darius Sabin, s. Darius & Anna, d. Feb.. 6,1778 — 2, 82
Edward, s. [John & Mary], b. Feb.. 20, 1804 — 2, 38
Edward, s. John, d. Mar. 24, 1806 — 2, 38
Edward Granville, [s. Nath[anie]l], b. Aug. 29, 1829 — 4, 3
Edward Sabin, s. [Simeon & Hannah], b. June 17, 1840 — 4, 44
Elizabeth, d. John & Abigail, b. Feb.. 15, 1728/9 — 1, 36
Elizabeth, of Pomfrett, m. Elisha **GLEASON,** of Oxford, Sept. 29,
  176[   ] — 1, 111
Emela, d. John & Mary, b. Jan. 31, 1795 — 2, 38
Emily Ann, [d. Nath[anie]l], b. Nov. 14, 1827 — 4, 3
John, m. Abigail **SABIN,** May 15, 1722 — 1, 2
John, s. John & Abigail, b. Mar. 22, 1724/5 — 1, 36
John, Jr., m. Martha **STONE,** June 21,1750 — 1, 102
John, s. John, Jr. & Martha, b. Oct.. 5, 1755 — 1, 36
John, s. John, Jr. & Martha, d. Oct.. 5, 1755 — 1, 37
John, s. John, Jr. & Martha, b. Jun 22, 1769 — 1, 36
John, d. Oct.. 23, 1775 — 1, 37
John, d. July 2, 1790 — 1, 37
John, m. Mary **HAYWARD,** Apr.. 22, 1792 — 2, 38
John, m. Mrs. Abigail **ADAMS,** May 29,1814 — 2, 38
John Adolphus, s. John & Mary, b. Feb.. 28, 1797 — 2, 38
John Adolphus, d. June 15, 1811 — 2, 38
John F., of Woodstock, m. Sarah C. **COMSTOCK,** of Pomfret,
  [   ], by Rev. N. S. Hunt, o Abington, Recorded Jan.
  29, 1844 — 3, 71
John Francis, s. [John & Abigail], b. Nov. 14, 1815 — 2, 38
Julia Elizabeth, d. [Simeon & Hannah], b. Dec.. 14, 1834 — 4, 44
Marcy, d. John & Abigail, d. Sept. 13, 1742 — 1, 37
Marcy, d. John, Jr. & Martha, b. Apr. 1, 1757 — 1, 36
Martha, d. John, Jr. & Martha, b. Aug. 9,1764 — 1, 36

BARBOUR COLLECTION

	Vol.	Page
PARKHURST, (cont.)		
Martha, d. John, Jr. & Martha, d. Aug. 14, 1761	1	37
Martha, Mrs., d. Jan. 20,1812, in the 81 st y. of her age	1	37
Mary, d. John &Martha, b. Oct.. 7,1759	1	36
Mary, m. Jonathan **WATERS**, Nov. 14, 1782	2	3
Mary, Mrs., d. June 11, 1812, in the 41st y. of her age	2	38
Mary Morton, d. John & Mary, b. Apr.. 6, 1793	2	38
Mary Physilla, d. [Simeon & Hannah],b . Dec.. 17, 1836	4	44
Mercy, d. John & Abigail, b. Dec.. 7, 1730	1	36
Mercy, m. Richard **GOODELL**, May 1, 1777	2	75
Molle, d. John & Abigail, b. May 2,1737	1	36
Molle, d. John & Abigail, d. Sept. 23,1742	1	37
Nathaniel Hayward, s.[John & Mary], b. June 30,1801	2	38
Nathaniel Stone, s. John, Jr. & Martha, b. Nov. 12, 1761	1	36
Nathaniel Stone, s. John & Martha, d. Aug. 11, 1779, at New London, a soldier	1	37
Nathaniel W., m. Susan **BROWN**, b. of Pomfret, [Sept.] 19, [1824], by Rev. James Porter	3	12
Nehemiah, s. John & Abigail, b. May 16, 1733	1	36
Nehemiah, s. John & Abigail, d. Feb.. 26, 1752	1	37
Physilla, w. Simeon Sabin **PARKHURST**, d. Nov. 18, 1832	2	70
Sabine, m Hannah **RICHMOND**, b. of Pomfret, Sept. 16, 1833, by Rev. Alpha Miller	3	37
Sarah, d. John & Abigail, b. Mar. 22, 1726/7	1	36
Sarah, m. Thomas **LISCOMB**, Nov. 9, 1749	1	102
Sarah, d. Darius & Anna, b. Dec.. 10, 1785	2	82
Simeon, m. Hannah **RICHMOND**, Sept. 16, 1833	4	44
Simeon Sabin, s. Darius & Anna, b. Feb.. 20,1781	2	82
Simeon Sabin, m. Phirilla **RICHMOND**, Mar. 1, 1803	2	70
Susanna, d. John & Abigail, b. Apr.. 26,1735	1	36
Susanna, m. John **SUMMER**, Jan. 25, 1759	1	108
Susanna, m John **SUMMER**, Feb.. 26, 1759(?)	1	108
Tho[ma]s, s. John & Abigail, b. May 6, 1741	1	36
Tho[ma]s, s. John & Abigail, d. Sept. 14, 1742	1	37
PARKIS, [see also **PARKHURST** and **PARKS**], Herbert N., of Plainfield, m. Caroline **CRAIN**, of Abington, Nov. 27,1837 by Rev. Nathan D. Hunt, of Abington	3	49
PARKS, [see also **PARKHURST** and **PARKIS**], Abel, s. Isaac & Rebeckah, b. June 13, 1755	1	10
Isaac, s. Isaac & Rebeckah, b. Apr.. 15, 1743	1	10
Jonas, s. Jonas & Mary, b. July 5, 1738	1	10
Loran C., of Holland, Mass., m. Hannah **HALL**, of Pomfret, Feb. 28, 1839	2	53
Luce, d. Isaac & Rebeckah, b. b. Dec.. 24, 1752	3	10
Lydia, d. Isaac & Reb[ec]k[ah], b Feb.. 6,1740/41	1	10
Margarett, m. Joseph **SPICER**, Aug. 2, 1715	1	2
Mary, m. John **ADAMS**, oct.. 29, 1735	1	2
Mary, d. Isaac & Rebeckah, b. Jan. 10, 1748/9	1	10
Olive, d. Isaac & Rebeckah, b. Nov. 1, 1757	1	10
Rebeckah, d. Isaac & Rebeckah, b. Apr.. 1, 1746	1	10
Richard, s. Jonathan & Mary, b. Sept. 28, 1733	1	10
Rich[ar]d, s. Jonath[a]n & Mary, d. Sept. 1, 1735	1	11

POMFRET VITAL RECORDS 231

	Vol.	Page
PARKS, (cont.)		
Rich[ar]d, s. Jonath[a]n & Mary, b. Feb.. 15, 1735/6	1	10
Theode, d. Isaac & Rebeckah, b. May [ ], 1760	1	10
PARISH, PARISH, Augustin, m. Clyanna **COLBURN,** b. of Pomfret, Mar. 30, 1824, by Rev. Walter Lyon, of Abington	3	11
Bridget, ae 20, b. Ireland, res. [Pomfret], m. Edward **PARISH,** farmer, ae 25, "b. U.S. Army", res. Pomfret. Sept. 11, 1848, by Marvin White	4	83
Edward, farmer, ae 25, "b. U.S.Army", res. Pomfret. M. Bridge **PARISH,** ae 20, b. Ireland, res. [Pomfret], Sept. 11, 1848, by Marvin White	4	83
Eliza, of Pomfret, m. Samuel **PALMER,** of Brooklyn, Nov. 5, 1826, by Rev. John Paine, of Hampton	3	22
Emily, of Pomfret, m. Elias **BURNAM,** Jr., of Hampton, Sept. 11, 1829, by Rev. Charles Fitch, of Abington	3	27
Emily Ann, d. Edwin, farmer & Bridget, b. Feb.. 4, [1850]	4	86
Jane J., m. Gurdon E. **WHITNEY,** b. of Pomfret, Sept. 7, 1845, by Edward Pratt. Intention published in the Abington Meeting House	3	76
William M., b. Wethersfield, Conn., res. Pomfret, d. Mar. 18, 1862, ae 7 y. 10 m. 14 d.	5	12
PARROTT, PARRETT, Adalia, m. Samuel H. **WILLIAMS,** Feb.. 15, 1830	4	28
Adaline, m. Samuel H. **WILLIAMS,** b. of Pomfret, Feb.. 17, 1730, by Rev James Porter	3	28
Adaliza*, d. Daniel & Lucinda, b. Feb.. 2, 1810	4	4
Daniel, shoemaker, widower, b. Lynn, Mass., res. Pomfret, d. Dec.. 25, 1865, ae 90 y. 22 d.	5	15
Lucinda, d. Daniel & Lucinda, d. Oct.. 16, 1826	4	4
Lucinda, w. Dan[ie]l, d. Oct.. 12,1832	4	4
Sophia S., m. Job **WILLIAMS,** May 10, 1826	2	162
Sophia S., m. Job **WILLIAMS,** b. of Pomfret, May 10, 1826, by Rev. James Porter	3	21
PARTRIDGE, [see also **PACBRIDGE**], Bathsheba, widow, d Oct.. 14, 1864, ae 76 y. 9 m. 9 d.	5	14
Ellen Maria, m. Charles **JEPSON,** Oct.. 15, 1833, by E.B. Kellogg	3	38
PATCH, Ephraim, m. Penellope **DAM*,** Jan. 4, 1753 (*Probably **DANA**)	1	103
Thomas, s. Ephraim & Penellope, b. May 24, 1753	1	25
PATRICK, Mary, d. Michael, Irish laborer, b Apr. 13, 1851	4	90
PAYERNE, Ann, widow, b. Philadelphia, res. Pomfret, d. Jan. 26, 1853, ae 80 y. 10 m. 1 d.	5	1
PAYSON, PAYON, Amaryllis, d. John H. & Amaryllis, b. Dec.. 14, 1803	2	48
Smaryillis, of Pomfret, m. Rev Orrin **FOWLER,** of Plainfield, [Oct.] 16, [1821], by Rev. James Porter (Amaryllis)	3	4
Betsey, d. John H. & Cynthia, b. Apr. 2, 1785	2	48
Cynthia, d. John How & Cyntia, b. Aug. 15, 1786	2	48
Cynthia, w. John H. D. Aug. 12, 1797	2	160
Cynthia, m.Lemuel **HAYWARD,** Feb. 25, 1812	1	1
Edward, m.Thankfu **HOLMES,** Oct. 29,1812	1	5
Edward, d. Dec. 26, 1763	1	48

PAYSON, PAYON, (cont.)

	Vol.	Page
Elizabeth Ann, of Pomfret, m. Rev. Daniel NEWELL, of Utica, N.Y., Apr. 25,1832, by Rev. Joshua P. Payson	3	83
Esther, d. Edward & Thankful, b. Sept. 29,1731	1	4
Esther, m. Joshua GROSVENOR, Jan. 31, 1750	1	102
George, s. John H. & Cynethia, b. July 12, 1789	2	48
Grata, d. John & Thankfull, b. May 15, 1757	1	4
Gratis, Mrs., m. Seth PAYSON, Sept. 19, 1782	2	2
Hannah, d. Edward & Thankfull, b. Jan. 13, 1713/14	1	4
Hannah, d. Edward & Thankfull, d. Jan. 18,1722/3	1	5
Hannah, d. Edward & Thankfull, b. May 26,1724	1	4
Hannah, d. Edw[ar]d & Thankfull, d. aug. 31, 1743	1	5
Hannah, d. John & Thankfull, b. Jan. 14, 1743/4	1	4
Hannah, Mrs., of Pomfret, m. Rev. Noah WILLISTON, of Easttown,Dec. 10, 1761	1	109
Hannah, d. John H. & Amaryllis, b. Dec.. 12,1805	2	48
Hannah, m. George b. MATHEWSON, b. of Pomfret, Jan. 27 1834, by A. Benedict	3	39
Jacob, s. Edward & Thankfull, b. June 27,1727	1	4
Jacob, s. Edw[ar]d & Thankfull, d. Nov. 22, 1743	1	5
Jacob, s. John & Thankfull, b. May 6, 1748	1	4
Jac ob, s . John & Thankfull, d. Sept. 21, 754	1	5
John, s. Edward & Thankfull, b. Mar. 20, 1717/18	1	4
John, m Thankful HOW, Jan. 22, 1740/41	1	3
John, m. Elizabeth PUTNAM, May 27, 1772	1	116
John, s. Edward, d. Apr.. 16, 1803, ae 86 y.	1	5
John H., m. Amaryvillis PAINE, Sept. 16, 1798	2	48
John How, s. John & Thankfull, b. Sept. 5, 1760	1	4
John How, m. Cynethia WILLISTON, Apr.. 22, 1784	2	48
John Otis, s. John H. & Amaryllis, b. Sept. 5,1807	2	48
Joshua Paine, s. John H. & Amaryllis, b. Aug. 14, 1800	2	48
Judith, d. Edward & Thankfull, b. Nov 22, 1720	1	4
Judeth, m. Samuel CRAFT, Feb.. 19, 1746/7	1	100
Mary, d. Edward & Thankful, b. Aug. 28, 1722	1	4
Mary, d. John H. & Amaryllis, b. Mar. 22, 1802	2	48
Mary, of Pomfret, m. Henry SABIN, of Plainfield, Feb.. 26, 1850, by Rev. d. Hunt	3	85
Mary, ae 49, m. Henry SABIN, merchant, ae 69, b. Pomfret, res. Plainfield, Feb.. 26, [1850], by Rev. Daniel Hunt	4	88
Nathan,of Woodstock, m.Betsey SHARPE, of Pomfret, Feb.1, 1810	2	158
Sarah, d. Edward & Thankfull, b. Mar. 17, 1715/16	1	4
Sarah, [twin with Silence], d. John & Thankfull, b. Oct.. 30, 1741	1	4
Sarah, d. John & Thankfull, d. Nov. 27, 1741	1	5
Sarah, d. [John H. & Amaryllis], b. Aug. 15, 1813	2	48
Seth, m. Mrs Gratis PAYSON, Sept. 19, 1782	2	2
Silence, [twin with Sarah], d. John & Thankfull, b. Oct.. 30,1741	1	4
Silence, d. John & Thankfull, b. Dec.. 3, 1741	1	5
Smaryllis, see under Amaryllis		
Thankful, w. Edward, d. Dec. 25, 1758	1	5
Thankfull, w. John, d. Oct. 18,1770	1	5
Zeniah*, d. John & Thankfull, b. Mar. 2, 1746 (*Zerviah?)	1	4
Zeruiah, m. Oliver GROSVENOR, Nov. 6, 1771	2	44

	Vol.	Page
PEABODY, Hannah, m. Reuben **SPAULDING**, Nov. 25, 1784	2	10
Rich[ar]d, s. Rich[ar]d & Ruth, b. Nov. 10, 1734	1	68
Ruth, d. Rich[ar]d &Ruth, b. Dec.. 13, 1736	1	68
PEAK, PEAKE, Ephraim s. Ephraim **PEAK** & Hannah **FLING**, single woman, b. Jan. 29, 1770	1	54
Ephraim, m. Peggy **SMITH**, Apr..1, 1773	1	116
PEARL, PAIRL, Mary, m. Daniel **TROWBRIDGE**, Jr, Feb. 15, 1770	1	115
Patrick H. Of Hampton, m. Deborah **WILLIAMS**, of Pomfret, Oct. 25, 1853, by Rev. Geo[rge] J. Tillotson, of Brooklyn, Ct.	3	90
Roxye, m. Moses **EDMUNDS**, Mar. 8,1796	2	126
PECK, Abigail, d. [Alanson & Abigail], b. July 16, 1839	4	49
Andrew Alanson, s. [Alanson &Abigail], b. Mar. 4, 1835	4	49
Benjamin, m., wid. Nancy **DODGE**, Aug. 12, 1804	2	136
Eliza Amelia, d. Alanson& Abigail, b. Mar. 12, 1830	4	49
Emily, d. [Alanson & Abigail], b. Aug. 30,1841	4	49
Hanson, s. Elisha & Sarah, b .June 30,1805	2	17
Hellen, d. Roswell, clergyman, ae 40, & Mary b, ae 33, b. Apr.. 13, 1848	4	77
Joseph Carpenter, s. [Alanson& Abigail], b. Mar. 11, 1837	4	49
Julia Cornelia, d. [Alanson &Abigail], b. Mar. 11, 1833	4	49
Mary, m. Aaron **WHITNEY**, Feb.. 1, 1759	1	107
Minerva, of Pomfret, m. Cyrel W. **KENT**, late of Ashford, now of Pomfret, [Apr..] 2, [1839], by Rev. N. S. Hunt, of Abington	3	58
Sarah, m. Peter **SABIN**, Nov. 7, 1739(?)	1	2
PELLETT, PELLET, Albert, s. Francis b.,farmer, ae 38, b. Oct.. [1849]	4	86
Betsey, widow, d. Oct.. 29, 1869, ae 84	5	18
Francis b.,of Canterbury, m. Sally **GRIGGS**, of Abington, [Mar.] 28, [1836], b Nathan Hunt	3	49
Luther, s. Jonathan & Hannah, b. May 30, 1783	2	6
PENDLETON, William C., of Westerly, R.I., m. Sarah A. **FRANKLIN**, of Pomfret, [Sept.] 19, [1843], by Rev. N. S. Hunt, of Abington	3	71
PEPPER, Elizabeth, m Thomas **GROSVENOR**, May 22, 1718	1	1
PERKINS, PURKINS, Edmund, of Norwich, m. Elizabeth M. **WILKINSON**, of Pomfret, Dec.. 29, 1845, by Rev. D. Hunt	3	77
Elisha Douglass, s. Elisha b.. & Emily, b. Mar. 23, 1823	2	174
Hannah, d. John & Hannah, b. Jan. 29, 1715	1	12
John, s. John & Hannah, b. Aug. 13, 1712	1	12
John, d. June 15, 1716	1	13
Mary Duick, d. [Elisha b. & Emily], b. Feb.. 1, 1825	2	174
Rebeckah, m. Benjamin **ALLIN**, Jan. 19, 1757	1	106
Rebeckah, m. Solomon **SHARPE**, Jr., Dec.. 18, 1772	1	116
Sarah, m. Lemuel **GROSVENOR**, Mar. 9, 1801	2	51
PERRIN, PERIN, Abel, m Anne **GOODELL**, Aug. 8, 1805	2	150
Abraham, s. Sam[ue]ll & Dorothy, b. Mar. 16, 1739/40	1	41
Abraham, s.[Dorothy], d. May 2, 1798, in the 69th y. of his age	1	42
Abraham, s. [Jedediah & Dianna], b. Jan. 13, 1806	2	140
Abraham, s. Jedediah & Diana, d. Mar. 22, 1806	2	140
Abraham, d. [Jedediah & Dianna], b. Dec.. 7, 1812	2	140
Augustus Willard, s. Noah & chloe, b. Mar. 8,1794	2	116
Caroline, [d. Jedediah & Dianna], b. Apr. 16, 1804	2	140

	Vol.	Page
PERRIN, (cont.)		
Caroline, m. Pitt **HOLMES**, b. of Pomfret, Jan. 26, 1829, by Rev. James Porter.	3	26
Caroline b., Mrs., m. Jonathan **PERRIN**, Jan. 26, 1829, by Rev. James Porter	3	32
Caroline May, d. Jedediah, Jr., farmer, ae 25, & Harriet, ae 20, b. June 15, 1748	4	78
C[h]loe, d. Sam[ue]l & Dorothy, b. June 8,1735	1	41
C[h]loe, m. John **WELD**, Jr.,Sept. 4, 1755	1	105
Chloe, d.[Noah & Chloe], b. Jan. 21, 1804	2	116
Chloe, of Pomfret, m. Charles **BRIGGS**, of Woodstock, Feb.. 1, 1832, by Rev. Benjamin Paine	3	34
Chloe, w Noah, d. June 4, 1841	2	116
Daniel, s. Sam[ue]l & Dorothy, b. July 26, 1745	1	41
Diana, [d. Jedediah & Dianna], b. Oct.. 23, 1809	2	140
Dianna, housework, b. R.I., res. Pomfret, d. May 3, [1851], ae 67	4	93
Dorothy, s. [Sam[ue]ll & Dorothy, b. Sept. 10,1731	1	41
Dorothy, d. May 8,1790	1	42
Erastus, [twin with Jonathan], s. Noah & Chloe, b. Apr.. 12, 1801	2	116
Erastus, d. Oct.. 19, 1824	2	116
George Hide, s. Noah & Chloe, b. Sept. 10, 1796	2	116
Hannah, d. D. Sam[ue]ll & Dorothy, b. Aug. 8,1738	1	41
Hannah, d. Sam[ue]ll & Marg[a]ret, b. July 30, 1764	1	68
Hannah, d. Samuel, Jr. & Mary, d. Jan. 15, 1766	1	42
Hannah, d. Sam[ue]ll & Marg[a]ret, b. Feb.. 13, 1767	1	68
Hannah, d. Samuel & Margaret, d. Sept. 14, 1773	1	69
Harriet, Mrs., Abiel L. **CLARK**, Sept. 15, 1850, by Lucius Holmes, J.P.	3	86
Harriet, housewife, ae 22, b. Pomfret, res. Thompson, m. 2d h. Abiel **CLARK**, goldsmith, ae 27, b. Woodstock, res. Thompson, Sept. 22, [1850], by Lucius Holmes, Esq.	4	92
Hezekiah, s. Sam[ue]ll & Dorothy, b. Apr.. 4, 1728	1	41
Hezekiah, s. Ens[ig]n Samuel, d. May 31, 1766	1	42
Huldah, m. Alexander **SESSIONS**, Jan. 28,1750/51	1	102
Huldah, d. [Jedediah & Dianna], b. July 29, 1802	2	140
Huldah, m. Lemuel **HOLMES**, b. of Pomfret, Jan. 29, 1824, by Rev. James Porter	3	11
Jedediah, s. Sam[ue]ll & Dorothy, b. Oct.. 22, 1729	1	41
Jedediah, s. Sam[ue]ll & Marg[a]ret, b. Feb.. 28, 1775	1	68
Jedediah, m. Dianna **ALDRICH**, Sept. 27, 1801	2	140
Jedediah, Jr., s. [Jedediah & Dianna], b. July 10, 1822	2	140
Jedediah, Jr., m. Harriet **MAY**, b. of Pomfret, July 8, 1847, by Rev. D. Hunt	3	80
Jedediah, Jr., farmer, d. Oct.. 13, 1847, ae 25	4	80
Jonathan, [twin with Erastus], s. Noah & Chloe, b. Apr.. 12, 1801	2	116
Jonathan, m. Mrs. Caroline b. **PERRIN**, b. of Pomfret, [Oct.] 16, 1831, by Rev. Robert Goold	3	32
Joseph, Marcy, s. Noah & Chloe, b. Jan. 11, 1799	2	116
Laura Anne, d. [Jedediah & Dianna], b. Oct.. 3, 1807	2	140
Lucia, d. [Jedediah & Dianna], b .Dec.. 9,1814	2	140
Lucy, d. Sam[ue]ll & Dorothy, b. Nov. 1, 1726	1	41
Luce, d. Sam[ue]ll & Dorothy, d. Dec. 5, 1736	1	42

POMFRET VITAL RECORDS 235

	Vol.	Page
PERRIN, (cont.)		
Lucy, s. Sam[ue]ll & Marg[a]ret, b. Nov. 15, 1772	1	68
Lucy, m. William **GARY**, Feb.. 4, 1799	2	132
Margaret, [w. Samuel], d. Mar. 12, 1786	1	69
Marinda, d. [Noah & Chloe], b. Oct.. 9, 1806	2	116
Mary, m. Samuel **PERRIN**, Nov. 10, 1787	1	68
Molly, 2d w. [of Samuel], d. Feb.. 27, 1808	1	69
Noah, s. Sam[ue]ll & Marg[a]ret, b. Jan. 27,. 1771	1	68
Noah, m. Chloe **MARCY**, Oct.. 2, 1792	2	116
Noah, s. [Noah & Chloe], b. July 26, 1810	2	116
Noah, widower, farmer, d. Oct.. 3, 1852, ae 83	5	1
Prudence, d. Sam[ue]ll & Dorothy, b. Sept. 28, 1733	1	41
Prudence, d. Sam[ue]ll & Dorothy, d. Dec. 5, 1736	1	42
Ruth, d. Abraham & Sarah, b. Mar. 30, 1688. "Taken from Rohobaths book of records Sept. 14, 1725"	1	26
Sam[ue]ll, s. Sam[ue]ll & Dorothy, b. Aug. 20, 1725	1	41
Samuel, Jr., m. Marg[a]rett **HIDE**, Jr., May 26, 1757	1	106
Samuel, Ens[ig]n, d. Dec.. 7, 1765	1	42
SAMUEL, m. Mary **PERRIN**, Nov. 10, 1787	1	68
Samuel, [Sr.], d. July 12, 1805	1	69
Sarah, d. Samuel, Jr. & Marg[a]ret, b. Oct.. 17, 1762	1	68
Sarah, m. Leonard **BARTHOLOMEW**, Mar. 10, 1788	2	27
Silence, b. [ ], in Pomfret; m. John H. **M ORRIS**, May 25, 1788	2	165
Susanna, m. Joseph **CHANDLER**, June 29, 1708	1	1
Theoda, m. Thomas **GROSVENOR**, 2d, Dec.. 11, 1800	2	7
Thomas, m. Ann **WILLIAMS**, Nov. 13, 1755 (Changed to "Thomas **PAINE**" by L.B.B.)	1	105
Willard, s. Sam[ue]ll], Jr. & Marg[a]ret, b. Nov. 1, 1758	1	68
Willard, s. Samuel & Margaret d. Sept. 17, 1776	1	69
William, s. Sam[ue]ll, Jr. &Marg[a]ret, b. Sept. 1, 1758	1	44
PERRY, George H., physician, res. Hopkinton, R.I., d. Aug. 30, 1854, ae 65	5	4
Isabella, m. Joseph W. **TORREY**, b. of North Oxford, Mass., [July] 4, [1841], by Rev. D. Hunt	3	65
Thomas W., m. Caroline D. **GROSVENOR**, b. of Pomfret, Sept. 14, 1847, by Rev. D. Hunt	3	81
PETERS, Caroline S., of Pomfret, m. Prince **LEWIS**, of Burrillville, R.I., June 22, 1840, by Rev.. D. Hunt	3	63
PETTIS, George Albert, [s. Welcome & Celinda], b. July 21, 1835	4	66
Isaac Arnold, eldest s. [Welcome & Celinda], b. Mar. 1, 1827	4	66
Isaac Arnold, m. Theresa Mary **BURNS**, Oct.. 8, 1850, by Rev. Henry J. Whitehorn, of St. Thomas Church, New York, at his house. Witnesses: James **BURNS**, Patrick **MCGUIRE**, Maria **TRACY**, Elizabeth **MCGUIRE**	3	87
Mary Elizabeth, [eldest d. Welcome & Celinda], b. Sept. 24, 1844	4	66
Welcome, b. Feb.. 22, 1805, in Foster, R.I., m. Celinda **ROUSE**, of Coventry, R.I., May 4, 1826, by rev.. Charles Stone, a Calvinistic Minister. Recorded Jan. [ ], 1845	4	66
PHELPS, PHELEPS, Eliz[abe]th, m Benoni **BARRET**, May 14, 1741	1	3
Elizabeth, w. Joseph, d. July 18, 1762	1	4
Elizabeth, d. Joseph &b Lydia, b.MAr. 1, 1765	1	26

236 BARBOUR COLLECTION

	Vol.	Page
PHELPS, (cont.)		
Hannah, m Samuel **LAWRENCE,** Nov. 15, 1744	1	99
Hannah, d. Joseph & Lydia, b. July 10, 1761	1	26
Jeremiah, m. Mehetable **HOLT,** Nov. 27, 1789	2	117
Joseph, m. Lydia **OSGOOD,** June 6, 1749	1	102
Joseph, s. Joseph, Jr. & Lydia, b. July 23, 1750	1	26
Joseph, s. Joseph & Lydia, d. Sept. 26, 1754	1	27
Joseph, s. Joseph, & Lydia, b. Oct.. 17, 1756	1	26
Joseph, Jr. m. Elizabeth **ABBOTT,** Sept. 28, 1761	1	110
Joseph, s. Jeremiah & Mehetable, b. Oct.. 7, 1795	2	117
Louisa, m. John **FRAZURE,** Dec.. 18, 1778	2	136
Lucy, d. Jeremiah & Mehetable, b. June 26, 1791	2	117
Lydia, d. Joseph & Lydia, b. Oct.. 3, 1753	1	26
Lydia, d. Joseph & Lydia, d. Oct.. 4, 1753	1	27
Lydia, d. Joseph &b Lydia, b. Feb.. 26, 1759	1	26
Lydia, w. Joseph, Jr., d. July 20, 1761* (*Perhaps 1767)	1	27
Lydia, d. Joseph, Jr. & Lydia, d. Mar. 27, 1762	1	27
Lydia, d. Joseph & Lydia, b. Feb.. 5, 1767	1	26
Ziba Holt, s. Jeremiah & Mehetable, b. Oct.. 14, 1793	2	117
PHILLIPS, PHILIPS, Abeline, Mrs., d. Apr.. 30,1809	2	58
Abigail, d. Barnard & Levina, b. Dec.. 19, 1778	2	58
Amasa, s. Elijah & Rhoda, b. Feb.. 14, 1771, in Smithfield	2	50
Anna, d. Jeremiah & Rachel, b. Mar. 13, 1766	2	56
Anna, d. Elijah &Rhoda, b. Oct.. 2, 1785	2	50
Anna, d. Oct.. 8, 1853, ae 14	5	2
Asa, s. Elijah & Rhoda, b. May 8, 1769, in Smithfield	2	50
Augustus, s. Elijah &Rhoda, b. Dec.. 18, 1765, in Smithfield	2	50
Barnard, s. Gillum & Abigail, b. Sept. 23, 1750	1	44
Barnard, m. Abelena **BOWMAN,** Oct.. 1, 1788	2	58
Barnard, Jr., s. Barnard & Abelena, b. May [ ], 1792	2	58
Barnard, s. Barnard, d. June 26, 1810	2	58
Betty, m. Elishiab **ADAMS,** May 3, 1753	1	103
Daniel, s. Barnard & Levina, b. June 21, 1781	2	58
Dinah, d. Jeremiah & Rachel, b. Feb.. 21, 1758	2	56
Edward, s. Jeremiah & Rachel, b. Feb.. 14, 1770	2	56
Edwin, s. [William & Phila], b. Nov. 20,1816	2	67
Eleazer, s. Jeremiah & Rachel, b. May 5,1768	2	56
Elijah, s. George & Prudence, d. July 18, 1751	1	80
Elijah, s. Elijah & Rhoda, b. Dec.. 1, 1775	2	50
Elisha, s. Jeremiah & Rachel, b. Feb.. 16, 1754	2	56
Emma, d. [William & Phila], b Feb.. 3, 1815	2	67
Ezeakel, s. Jeremiah &Rachel, b. May 6,1756	2	56
Ezra, s Barnard & Abelena, b. Oct.. 18, 1789; d. Nov. 21, 1789	2	58
Freelove, d. Elijah & Rhoda, b. Nov. 6, 1787	2	50
George, d. Nov. 25, 1756	1	80
George, s. Barnard & Abeline, b. Nov. 10, 1793	2	58
George, d. Sept. 29, 1810	2	58
Gillum, m. Abigail **PARKHURST,** Mar. 5, 1745/6	1	99
Gillum, d. June 25, 1790	1	45
Hannah, d. Elijah & Rhoda, b. Aug. 24,1779	2	50
Jeremiah, s. Jeremiah & Rachel, b. Oct.. 14, 1762	2	56
Jesse, s. Jeremiah & Rachel, b. Aug. 10, 1774	2	56
John. S. Gillum & Abigail, b. Feb.. 28, 1748/9	1	44

POMFRET VITAL RECORDS 237

	Vol.	Page
PHILLIPS, (cont.)		
John, s. Gillum & Abigail, d. Oct.. 29, 1754	1	45
John, s. Jeremiah & Rachel, b. July 5, 1760	2	56
John Lyon, s. Barnard & Levina, b. Dec.. 12, 1774	2	58
John Sales, s. Elijah & Rhoda, b. Dec.. 31, 1777	2	50
Lucina, Mrs., d. Apr.. 14, 1785	2	58
Martha, d. Elijah & Rhoda, b. Mar. 15, 1767, in Smith field	2	50
Micall, s. Jeremiah & Rachel, b. Apr.. 30, 1772	2	56
Michael, s. Elijah & Rhoda, b. Aug. 28, 1781	2	50
Michael, s. Elijah & Rhoda, d. Dec.. 15, 1785	2	50
Molle, d. Gillum & Abigail, b. Aug. 27, 1746	1	36
Molly, d. Gillum & Abigail, b. Aug. 27, 1746	1	44
Molly, d. Bernard & Levina, b. Oct.. 25, 1776	2	58
Molly, d. Barnard, & Levina, b. Oct.. 25, 1776	2	58
Molly, d. Gillum & Abigail, d. May 24, 1783	1	45
Perley, s. Gillum & Abigail, b. June 10, 1763	1	44
Polly, d. Elijah & Rhoda, b. Feb.. 26, 1784	2	50
Prudence, m. Jonas **CLEAVELAND**, Sept. 14, 1749	1	104
Rhoda, d. Elijah & Rhoda, b. May 24, 1773	2	50
Sally, d. Oct.. 24, 1810	2	58
Sarah, d. Barnard & Abelena, b. Sept. 18,1790	2	58
William, s. Barnard & Levina, b. July 26, 1783	2	58
William, m. Phila **STONE**, Jan. 26, 1814	2	67
PHIPPS, Celinda, see under Selinda		
Charles, s. [John & Selinda], b. Nov. 20, 1812	2	135
Grace, d. [John & Selinda], b. Jan. 3, 1808	2	135
Harriet, d. [John & Selinda], b. Dec.. 26, 1796	2	135
John, m. Selinda **SABIN**, July 21, 1795	2	135
John Sabin, s. [John & Selinda], b. Apr.. 19, 1806	2	135
Martha, m. Sam[ue]ll **WILLIAMS**, Jr., July 23, 1776	2	70
Mary King, d. [John & Selinda], b. Feb.. 25, 1799	2	135
Selinda, d. [John & Selinda], b. Sept. 12, 1803	2	135
William Haven, s. [John &Selinda], b. June 15, 1801	2	135
PIERCE, PEIRCE, PEARCE, Daniel, of Brooklyn, m. Elizabeth		
ALLEN, of Pomfret, May 15, 1832, by A. Benedict	3	34
Deborah, d. Rufus, & Sarah, b. June 2, 1779	2	74
Diadany, m. timothy **PRINCE**, Dec.. 16,1780	2	103
Naomy, d. Rufus & Sarah, b. June 13, 1781	2	74
Olive, m. Joseph **ABBOT**, Sept. 7, 1766	1	112
Rachel, m. John **GILBERT**, Jr., Dec.. 28, 176[ ]	1	115
Rufus, m. Sarah **WHITNEY**, May 16, 1776	2	74
Rufus, d. Aug. 10, 1784	2	74
Sarah, d. Rufus & Sarah, b .July 10,1783	2	74
Septimus, s. Rufus & Sarah, b. Mar. 31, 1777	2	74
William, s. Summers & Martha, b. Mar. 16, 1727/8	1	46
PIERPOINT, Elizabeth, d. Robert, of Boston, & Susannah, b. June 20, 1760; m. Peter **CUNNINGHAM**, s. of Major James, of Boston, & Elizabeth, May 20, 1779	2	138
PIERSON, Sarah, Mrs., m. Thomas **MATHER**, Sept. 7,1738	1	2
PIKE, Abner, s. Ebenezer & Abigail, b. Oct.. 7, 1753	1	61
Augusta, d. Willard & Molly, b. Nov. 19, 1778	2	54
Benjamin, s. Jabez & Esther, b. June 19,1749	1	55

238　BARBOUR COLLECTION

	Vol.	Page
PIKE, (cont.)		
Betsey, housekeeper, widow, b. Ashford, res. Pomfret, d. of Jonathan **CHAMBERLAIN**, d. Nov. 3, 1867, ae 44 y. 8 m. 23 d.	5	16
Cyrus, s. John, b. July 25, 1805	2	167
Erepta, d. Willard & Molly, b. Mar. 25, 1782	2	54
Jerome, s. [John], b. Nov. 7,1807	2	167
Peter, s. Ebenezer & Abigail, b. June 6, 1745	1	61
Rufus, s. [John], b. May 19, 1810	2	167
Sally, of Pomfret, m. William R. **KENT**, of Ashford, Apr.. 27,1840, by Rev. Nathan S. Hunt, of Abington	3	62
Willard, s. Ebenezer & Abigail, b. Apr.. 19,1747	1	61
Willard, m. Molly **SPAULDING**, July 20,1778	2	54
William, m. Dorcas **DAVIS**, b. of Pomfret, [Feb.] 14, [1836], by Nicholas Branch	3	47
Willis, s. [John], b. Sept. 30,1816	2	167
PINCKNEY, Francis, s. Sarah Downing, b. May 30,1822	4	39
PINNEY, Charles R., s. Nelson, carriage, maker, ae 33, & Roxania, ae 21, b. Aug. 6, 1848	4	77
PLANK, William, d. July 4, 1792, in the 65th y. of his age	2	16
Zebediah, m. Olive **HOLMES**, Dec.. 7, 1780	2	93
POOLE, POOL, Chester, s. Thomas & Sarah, b. Aug. 22, 1761	1	71
Thomas, m. Sarah **WARREN**, Nov. 17, 1757	1	106
William, s. Thomas & Sarah, b. Feb.. 25, 1759	1	71
POOLER, Amasa, m. Hannah **CADY**, Apr.. 22, 177[ ]	1	115
Anna, d Amasa & Hannah, b. Sept. 2, 1774	2	22
Pearly, s. Amasa & Hannah, b. June 22, 1770	2	22
Pearley, s. Amasa & Hannah, d. July 18,1770	2	22
Pearly, s. Amasa & Hannah, b. Mar. 18, 1777	2	22
Prisciller, d. John & Sarah, b. Aug. 19, 1753	1	66
Thirza, d. Amasa & Hannah, b. Nov. 10, 1772	2	22
Thomas, s. Amasa & Hannah, b. Oct.. 18, 1778	2	22
PO[O]LY, Patience, m. Samu[e]ll **ALLIN**, Nov. 5, 1706	1	1
Sarah, m. Daniel **BACON**, June 27, 1717	1	1
POPE, Joseph, s. Joseph & Hannah, b. Sept. 17, 174[ ]	1	80
Mary, m. Samuel **WILLIAMS**, Jr., Jan. 5, 1747/8	1	103
W[illia]m, s. Joseph & Hannah, b. May 19*, 175[ ] (*Perhaps 18)	1	80
PORTER, Ebenezer, s. Sam[ue]ll & Luce, b. Dec.. 4, 1757	1	63
Fanny Woodbury, d. [Reb. James & Eliza], b. Oct.. 4, 1820	2	168
James, Rev. , of Pomfret, m. Eliza **NOURSE**, of Merrimack, N.H., Jan. 30,1815	2	168
Jerusha, Mrs., m. Eben[eze]r **WILLIAMS**, Jr., Oct.. 13, 1748	1	101
Mary Duick, d. [rev.. James & Eliza], b. Mar. 16, 1817	2	168
Samuel, m. Mrs. Luce **MAT[T]HEW**, Sept. 7,1757	1	106
POTTER, Almira, of Pomfret, m. Luther **BURGESS**, of Canterbury, Nov. 27, 1823, by Rev.. Walter Lyon, of Abington	3	10
Eliza, m. Nelson W. **SLEAD**, b. of Pomfret, Apr.. 27,1831, by Rev. Charles Fitch, of Abington	3	32
Hannah F., m. John H. **BRADFORD**, b. of Pomfret, Nov. 6, 1842, by Rev. d. Hunt, Intention published	3	69
Martha J., ae 23, b. Salem, Mass., res. Boston, m. Lemuel S. **WILLIAMS**, clerk, ae 24, b. Pomfret, res. Boston, July 30, 1848, by Rev Edward Pratt	4	79

POMFRET VITAL RECORDS 239

	Vol.	Page
POTTER, (cont.)		
Oliver C., of Foster, R.I., m. Sabrina S. **BROWNELL**, of Pomfret, Apr. 9, 1846, by Rev. I. J. Burgess	3	78
Robert, m. Louisa **PACKER**, b. of Abington, Feb. 13, 1831, by Rev. Charles Fitch, of Abington	3	31
William, of Foster, R.I., m. Lydia **INGALLS**, of Pomfret, [Mar.] 20, [1823], by Rev. John Pain, of Hampton	3	8
William, of Southbridge, Mass., m. Hannah **COLLOR**, of Pomfret, Jan. 23, 1837, by Nathan S. Hunt	3	50
POWERS, John, laborer, married, b. Ireland, res. Pomfret, d. Aug. 29, 1868, ae 45	5	17
PRANSON, Martha, m. Simeon **LYON**, Apr.. 9, 1767	1	114
PRATT, Isaiah, m. Chloe **COMSTOCK**, Mar. 25, 1799	2	92
John Francis, s. Benjamin & Phebe, b. Dec.. 29,1819	4	12
Phebe, Mrs., of Pomfret, m. Richard **GRAYSON**, of Scituate, R.I., [Dec.. 23, [1838], by Rev. N. S. Hunt, of Abington	3	57
PRENTISS, PRINTICE, John P., farmer, married, b. Griswold, res. Pomfret, d. July 1, 1863, ae 52 y. 5 m. 1 d.	5	13
Tirza, b Brooklyn, res. Pomfret, d. Nov. [ ], 1847, ae 76	4	80
PRESTON, Abiah, d. W[illia]m & Mary, b. Oct.. 9, 1747	1	45
Abiah, d. W[illia]m & Mary, d. Jan. 5, 1748	1	46
Abiah, d. W[illia]m & Mary, b. Nov. 1, 1748	1	45
Almira, d. Foster & Sally, b. Mar. 11, 1799	2	55
Andrew, s. Sam[ue]ll & Louisa, b. Nov. 29, 1788	2	42
Harriet, d. Foster & Sally, b. July 17, 1801	2	55
Polly, m Zephaniah **HICKS**, Jan. 15, 1801	2	137
Ruth, d. W[illia]m & Mary, b. July 29, 1750	1	45
Walter, s. Sam[ue]ll & Louisa, b. June 30, 1787	2	42
William, m. Mary **AVERY**, Oct.. 9, 1746	1	99
PRINCE, Ahab, s Timothy &b Huldah, b. July 5, 1763	1	94
Eunice, d. William & Mary, b. Jan. 3, 1750/51	1	45
George, of Thompson, m Cynthia **BOWEN**, of Pomfret, Sept. 13, 1840, by rev.. Warren Cooper	3	64
Joseph, s. William & Mary, b. Apr.. 25, 1748	1	45
Joseph, s. W[illia]m & Mary, d. Feb. 13, 1779	1	46
Joseph, s. Timothy & Diadany, b. Feb.. 17, 1784	2	103
Luce, d. William & Mary, b. Oct.. 21, 1755	1	45
Lucy, d. Timothy & Diadany, b. Dec..6, 1781	2	103
Timothy, m. Diadany **PEIRCE**, Dec.. 16, 1780	2	103
William, s William & Mary, b. Mar. 6, 1753	1	45
----, housekeeper, married, d. Nov. 15,1853, ae 42	5	3
PROCTER, Charles, of Providence, R.I., m. SArah **ANTHONY**, of Pomfret, May 20 ,1827, by Rev. James Porter	3	23
PROFIT, [see also **PROPHET**], Eliza, servant, black, ae 21, of Pomfret m. John **BROWN**, servant, black, ae 24, of Providence, R.I., June 1, 1847, by Rev.. Bela Hicks	4	79
Eliza, of Pomfret, m. John **BROWN**, of Providence, R.I., June 1, 1848, by Bela Hicks	3	83
PROPHET, [see also **PROFIT**], Nancy, m. John **TANNER**, b. of Pomfret, Apr.. 3, 1831, by Rev. Orin Fowler	3	31
PULEYPHER, PULUSHER, David, m. Elizabeth **STOEL**, Oct. 2, 1740	1	3

	Vol.	Page
PULEYPHER, (cont.)		
David, s. David & Elizabeth, b. Oct.. 6, 1751	1	70
David, s. David & Elizabeth, d. Nov. 6, 1754	1	71
David, s David & Elizabeth, b. Sept. 28,1756	1	70
Elizabeth, d. David & Elizabeth, b. June 12, 1754	1	70
Easther, d. David & Elizabeth, b. Mar. 13, 1747	1	70
John, s. David & Elizabeth, b. July 8,1749	1	70
Mary, d. David & Elizabeth, b. Jan. 19, 1744	1	70
PUTNAM, Aaron, Rev., of Pomfret, m. Mrs. Rebeccah **HALL**, of Sutton, Oct.. 23, 1760	1	108
Aaron, s. Rev. Aaron & Rebeckah, b. July 30, 1761	1	87
Aaron, s. Rev. Aaron & Rebeckah, d. Apr.. 1, 1765	1	88
Aaron, s. Rev. Aaron, & Elizabeth, b. Oct.. 26, 1786	2	86
Bethiah, Mrs. D. Feb.. 14, 1790	1	88
Bettey, d. Israel, Jr. & Sarah, b. July 19, 1780	1	95
Dan[ie]l, s. Israel, Jr. & Sarah, b. Mar. 10,1741/2	1	49
Daniel, s. Major Israel & Hannah, d. Aug. 8,1758	1	50
Daniel, s. Col. Israel & Hannah, b. Nov. 18,1759	1	49
Davis, s. Col. Israel & Hannah, b. Oct.. 19, 1761	1	49
David, s. Col. Israel & Hannah, d. Nov. 21, 1761	1	50
David, s. Israel, Jr. & Sarah, b. Feb.. 24, 1769	1	95
Deborah, last w. Of Gen. Israel, d. Oct.. [ ], 1777, " a prisoner in the British Army at New York"	1	5
Deborah, d. Rev Aaron & Elizabeth, b. Feb.. 3, 1778	1	87
Deborah, m. Matthew **CAMPBELL**, Feb.. 11, 1796	2	124
Elizabeth, d. Israel & Hannah, b. Mar. 20,1747	1	49
Elizabeth, d. Col. Israel & Hannah, d. Jan. 24, 1765	1	50
Elizabeth, d. Rev. Aaron & Rebeckah, b. Jan. 25, 1765	1	87
Elizabeth, m. John **PAYSON**, May 27, 1772	1	116
Elizabeth, of Pomfret, m. Elijah **BELCHER** of Cherry Valley, Feb.. 15, 1802	2	126
Eunice, d. Col. Israel & Hannah, b. Jan. 10,1756	1	49
Frances Mary, d. Israel, Jr. & Claryna, b. Apr.. 12, 1793	2	114
George Washington, s. Israel, Jr. & Sarah, b. July 27, 1777[ ]	1	95
Hannah, d. Israel & Hannah, b. Aug. 25, 1744	1	49
Hannah, w. Col. Israel, d. Apr.. 6, 1765	1	50
Hannah, Mrs., m. John Winchester **DANA** Oct.. 26, 1765	1	111
Hannah, d. Rev. Aaron & Elizabeth, b. Feb.. 14, 1780	1	87
Harriet Wadsworth, m. Ebenezer **GROSVENOR**, May 3, 1815	2	163
Israel, s. Israel & Hannah, b. Jan. 29,1739/40	1	49
Israel, Col., had negro servant Pegge who d. Nov. 29, 1761	1	50
Israel, Col., m. Mrs. Deborah **GAR[D]NER**, June 3, 1767	1	113
Israel, s. Israel, Jr. & Sarah, b. Jan. 20,176[ ]	1	95
Israel, Major Gen., d. May 29,1790, at Brooklyn	1	50
Israel, Jr.,m. Claryna **CHANDLER**, Feb.. 26, 1792	2	114
Jason Waldo, s. Israel, Jr. & Sarah, b. Apr.. 18, 1767	1	95
Mehetobel, d. Israel & Hannah, b. Oct.. 21, 1749	1	49
Mehetabel, m. Daniel **TYLER**, Aug. 15, 1771	2	61
Molle, d. Israel & Hannah, b. May 10,1753	1	49
Molly, d. Rev. Aaron & Rebeckah, b. Jan. 25, 1767	1	87
Mollie, d. Israel, Jr. & Sarah, b. Aug. 5,1773	1	95
Molly, m. Samuel **WALDO**, Nov. 2, 1773	2	49

POMFRET VITAL RECORDS 241

	Vol.	Page
PUTNAM, (cont.)		
Peter Cayler, s. Col. Israel & Hannah, b. Dec. 31, 1764	1	49
Rebeckah, d. Rev. Aaron & Rebeckah, b. May 5, 1763	1	87
Rebeckah, d. Rev. Aaron & Rebeckah, d. Jan. 25, 1767	1	88
Rebeckah, d. Rev. Aaron & Rebeckah, b. May 4, 1769	1	87
Rebeckah, w. Rev. Aaron, d. July 1773, "by a fall from a chair and died three hours after"	1	88
Ruth, d. Rev. Aaron & Elizabeth, b. Oct. 31, 1783	1	87
Sally, d. Rev. Aaron & Elizabeth, b. Oct. 13, 1784	2	86
Sally, of Pomfret, m. Samuel P. **STORRS**, of Mansfield, Sept. 18, 1811	2	87
Sarah, d. Israel, Jr. & Sarah, b. Oct.. 25, 176[ ]	1	95
W[illia]m Pitt, s. Israel, Jr. & Sarah, b. Dec.. 11,1770		
William Pitt, Dr., s. Israel, Jr., d. Oct.. 8,1800, at Marietta, O., in the 30th y. Of his age	1	95
-----, had Mark s. Dinah slave, b. Mar. 12, 1779 and another child of	1	96
Dinah, b. Sept. 12, 1781; d. Sept. 15, 1781	2	96
RANDALL, Adaann, d. George & Patty, b. Aug. 10,1804	2	123
Deborah, d. Nathan & Eliz[abet]h, b. Oct.. 30,1801	2	146
Geo[rge], farmer, widower, b. Cranston, R.I., res. Pomfret, d. Aug. 28, 1857, ae 87 y. 10 m. 8 d.	5	7
Hannah, d. Jona[than] & Amey, b. Jan. 9,1780	2	92
James W., d. Nov. 14, 1864, ae 10 y. 4 m. 5 d.	5	14
Jenckes, s. Jonathan, Jr. & Amey, b. Oct.. 20, 1783	2	92
John, s. Nathan & Eliz[abet]h, b. Oct.. 23, 1787	2	146
John, m. Abigail **BUGBEE**, Mar. 14, 1811	2	159
Jonathan, Jr., m. Amey **SPRAGUE**, July 19, 1778	2	92
Julia A., Mrs. Of Killingly, m. Asa **GRAY***, of Pomfret, May 13, 1844, by Rev. Homes Slade (*crossed out/ **GARY** written under in ink)	3	72
Mary, d. Nathan & Eliza[bet]h, b. Sept. 27, 1790	2	146
Nathan, s. John & Mary, b. June 26, 1766	2	146
Nath[an], m. Eliz[abet]h, **WAIGHT**, Jan. 25, 1787	2	146
Nathan, Jr., s. Nathan & Eliza[bet]h, b. Apr.. 16, 1793	2	146
Polly, d. Jonathan, Jr. & Amey, b. FEb. 22, 1782	2	92
Russell, s. [George &Patty], b. Feb.. 28, 1796	2	123
Stephen, s. Nathan& Eliz[abet]h, b. Mar. 31, 1798	2	146
Susannah, d. Nathan & Eliz[abet]h, b. May 18, 1795	2	146
RAYMOND, RAYMENT, RAMOND, RAIMOND, Abigail, d. Joshua & Abigail, b. Feb.. 7, 1767	1	56
Amaziah, m.Joanna **CUTLER**, Nov. 26, 176[ ]	1	113
Elizabeth, m. Silas **RICKARD**, Mar. 14, 1746	1	100
James, m. Abigail **DOWNING**, Nov. 27,1760	1	108
James, s. Joshua & Abigail, b. Jan. 26, 1765	1	56
Joseph, s. Joshua Abigail, b. Nov. 14, 1761	1	56
Joshua, m. Abigail **SHAW**, Feb.. 5, 1761	1	109
Joshua, s. Joshua & Abigail, b. May 15, 1763	1	56
Lydia, d. Joshua & Abigail, b. June 25, 1769	1	56
Martha, m. Samuel **WINTER**, May 11, 1757	1	107
Rachel, d. James & Elizabeth, d. Dec.. 12, 1756	1	30
READ REED, Betsey, d. Oliver & Betty, b. Sept. 7,1776	2	31
Betsey, d. Oliver & Bettey, d. Sept. 14, 1777	2	31

	Vol.	Page
READ, (cont.)		
Chester, s. Oliver & Betty, b. Nov. 16, 1774	2	31
Chester, s. Oliver & Bettey, d. Aug. 19, 1777	2	31
Elizabeth, m. David **STODDARD**, Sept. 9,1762	1	110
Henry, of Brookfield, mass., m. Dolly **LYON**, of Woodstock, Oct.. 26, 1823, by Walter Lyon, Clerk, Abington	3	9
Mary, d. Reuben & Mary, b. May 12, 1776	2	56
Nabby, d. Oliver & Betty, b. Oct.. 12, 1771	2	31
Nabby, d. Oliver & Bettey, d. Aug. 24, 1777	2	31
Oliver, m. Betty **FORD**, Nov. 13, 1770	2	31
Oliver, s. Oliver & Betty, b. Mar. 4, 1773	2	31
Oliver, [Sr.], d. Oct.. 21, 1778	2	31
Sarah, m. Hezekiah **CADY**, Nov. 27,1745	1	101
RECKARD, [see also **RICHARD**], Alfred, s. Silas & Eunice, b. Dec.. 9, 1799	2	127
Eliza, d. [Silas & Eunice], b. Jan. 29,1802	2	127
George, s. Silas & Eunice, b. Dec.. 6, 1797	2	127
George, s Silas, d. Oct... 14, 1800	2	127
George, s .Silas & Eunice, b. Jun 6, 1806	2	127
Polly, d. Silas & Eunice, b. Jan. 27, 1795	2	127
Roswell Richard, s. Silas & Eunice, b. Aug. 24, 1810	2	127
Silas, m. Eunice **HYDE**, Apr.. 8, 1794	2	127
REYNOLDS, RENNELS, RENNELLS, RUNNELLS, Abby A., b. Voluntown, res. Pomfret, d. Nov. 14, 1857, ae 15	5	7
C[h]loe, d. Sam[ue]ll & Cynthia, b. Apr.. 28, 1753	1	49
Syrel, s. Samuel & Cynthia, b. June 26,1757	1	49
Daniel, s. Samuel & Cynthia, b. Apr.. 24, 1760, at Killingly	1	49
Huldah, d. Samuel & Cynthia, b. Apr..21, 1755	1	49
Isabella, d. Peter, farmer, colored, ae 23, & Jane, ae 26, b. Apr.. 20,1848	4	78
Lydia E., teacher, single, b. Voluntown, res. Pomfret, d. Oct.. 19, 1857, ae 19 y. 3 m. 17 d.	5	7
Peter, of Brooklyn, m. Jane Sophia **JACKSON**, of Abington, (persons of color, Nov. 25, 1847, by Edward Pratt. Intention published in Abington Cong. Meeting House	3	82
Peter, farmer, colored, ae 23, b. Sterling, m. Jane **JACKSON**, ae 20, b. Pomfret, res.Brooklyn, Nov. 28,1847, by Rev.Edward Pratt	4	79
Samuel, m. Cynthia **CARPENTER**, May 8,1752	1	103
Syrel, see under Cyril		
RHINDS, William, s. John & Sarah, b. Sept. 26, 1778	2	80
RHODES, James T., of Pawtucket, R.I., m. Susanna **CHANDLER**, of Pomfret, Dec.. 28,1823, by rev.. James Grow	3	11
RICE, Daniel, m. Zerviah **JONES**, Mar. 29, 1781	2	105
Dorcas, d Sam[ue]ll & Sarah, b. Aug. 22, 1734	1	61
Edward, s. Sam[ue]ll & Sarah, b. Sept. 5, 1732	1	61
James, m. Judeth **SABIN**, Oct.. 3, 1778	2	3
John Greene, s. Daniel & Zerviah, b. Feb.. 19, 1782	2	105
Mary, m. Nehemiah **SABIN**, May 12, 176[ ]	1	111
Nabby, d. Daniel & Zerviah, b. May 8,1784	2	105
RICHARD, RACHARD RICKARD, [see also **RECKARD**], Asa Paine, s. Solomon & Hannah, b. June 15, 1789	2	104
Asa Paine, s. Solomon Hannah, d. Dec. 25, 1761	2	104

	Vol.	Page
RICHARD, (cont.)		
Elizabeth, d. Silas & Elizabeth, b. Dec.. 25, 1761	1	84
[E]unice, d. Silas & Elizabeth, b. Mar. 14, 1755	1	84
Eunice, m. Jonathan **HOLMES**, Oct.. 17, 1776	2	71
George Paine, s. [George], b. Apr.. 7,1831	4	25
Hannah, d. Silas & Elizabeth, b. Apr.. 4, 1748	1	68
Hannah, d. Silas & Elizabeth, b. Apr.. 4, 1748	1	84
Hannah, m. John **CARPENTER**, Jan. 28,1768	1	114
James Helme, s. George & Sarah, of Abington, b. June 26,1838	4	55
John, b. Abington, res. Pomfret, d. Sept. 15, [1850], ae 4 y. 9 m.	4	93
Leionia Ann, d. George, b. Jan. 8,1829	4	25
Livonia, o f Pomfret, m. Silas **HYDE**, of Killingly, Sept. 3, 1850, by Rev. Sidney Dean	3	86
Leeanna, b. Pomfret, res. Killingly, m. Silas **HYDE**, tinman, b. Plainfield, res. Killingly, Sept. 3, [1850]	4	92
Livonia, see under Leeanna		
Lucy, d. Silas & Elizabeth, b. Mar. 14, 1747	1	68
Lucy, d. Silas & Elizabeth, b. Mar. 14, 1747	1	84
Ransom, of Ashford, m. Martha **WHITE**, of Pomfret, Feb. 19, 1837, by Rev. d. Hunt	3	51
Sally M., of Pomfret, m. Theophilus **CHANDLER**, of Thompson, Dec.. 23, 1824, by Rev. James Porter	3	14
Silas, m. Elizabeth, **RAYMENT**, Mar. 14, 1746	1	100
Silas, s. Silas & Elizabeth, b. Feb.. 27, 1758	1	84
Silas, d. Mar. 6, 1802	1	85
Solomon, m. Hannah **PAINE**, Apr.. 16, 1786	2	104
Stephen, s. Solomon & Hannah, b. Oct.. 25, 1790	2	104
Stephen, s. Solomon & Hannah, d. Sept. 1, 1792	2	104
Stephen, s. Solomon & Hannah, b. May 2, 1793	2	104
Stoughton, s. Solomon & Hannah, b. FEb. 23,1795	2	104
RICHARDSON, Anne, m. Benj[ami]n **CRAFT**, Mar. 12, 1761	1	109
Lucretia, m. Chester **CADY**, Aug.. 23, 1786	2	121
Martha, w. John, d. Oct..4, 1759	1	60
Mary C., Mrs., of Pomfret, m. Burrage **YALE**, of south Redding, Mass., Mar. 4, 1845, by Rev. d. Hunt	3	74
Phebe, m. JOhn **BROOKS**, June 2, 1719	1	1
R[e]uben, s. John & Martha, b. Dec.. 7, 1754	1	59
Sarah, d. John & Martha, b. Apr.. 22, 1758	1	59
Sarah, m. Jeremiah **ROUNDS**, Sept. 14, 1772	2	84
Sarah, m. Gershom **SHARPE**, Dec.. 11, 1783	2	65
Stephen, s. John &Martha, b. Sept. 26, 1759	1	59
RICHMOND, Abel, m. Deborah **RICHMOND**, Nov. 24, 1808	2	4
Abilene, m. Lemuel **HOLMES**, Feb.. 29, 1792	2	111
Andrew, [s. John, Jr. & Rebecca], b. May 26, 1827	4	10
Ardelia Augusta, d. [George & Nancy], b. Oct.. 18, 1818; d. Sept. 4, 1822	4	4
Ardelia Augusta, d. [George & Nancy], b. Nov. 23, 1822	4	4
Betsey, d. John &Rachel, b. Apr.. 19,1787	2	115
Calvin Cady, s. [Abel & Deborah], b. Nov. 8,1809	2	4
Debbe, d. John &Rachel, b. Apr.. 19, 1787	2	115
Deborah, m. Abel **RICHMOND**, Nov. 24, 1808	2	4
Deborah, m. Benjamin **MORRISS**, b. of Pomfret, Oct. 1, 1815,		

BARBOUR COLLECTION

	Vol.	Page
RICHMOND, (cont.)		
by Rev. Daniel Dow, of Thompson	2	94
Dorcas, m. Alfred **HOLMES**, Jan. 22, 1801	2	137
Edward, s. [W[illia]m P. & Susan], b. Jan 4, 1834	4	26
Edwin, s.[John, jr. & Rebecca], b. June 22, 1823	4	10
Emily, of Pomfret, m. Hartwell **LYON**, of Woodstock, [Sept.] 11, [1839], by Rev N. S. Hunt, of Abington	3	60
Eunice, d. John & Rachel, b. Oct.. 30,1795	2	115
Evan, s. [Philip & Hannah], b. Dec.. 13, 1800	2	131
Frederic Anderson, s. Nathan C. & Mary, b. Aug. 28,1826	4	60
George, s John & Rachel, b. May 8, 1785	2	115
George, s .John d. Feb.. 13, 1790	2	115
George, s. John & Rachel, b. Nov. 13, 1791	2	115
George, m. Nancy **WOODWORTH**, Oct.. 23, 1815	4	4
George Dennis, s. [John, Jr. & Rebecca], b. June 20, 1821	4	10
George Gilbert, s. [W[illia]m P. & Susan], b. Apr.. 87, 1840	4	26
Hannah, d. [Philip & Hannah], b. Oct.. 10, 1802	2	131
Hannah, m. Sabine **PARKHURST**, b. of Pomfret, Sept. 16, 1833, by Rev. Alpha Miller	3	37
Hannah, m. Simeon **PARKHURST**, Sept. 16, 1833	4	44
Henritta, d. [John & Rachel], b. July 28,1801	2	115
Henrietta, d. John & Rachel, d. Mar. 15, 1830	2	115
Henrietta, d. [John, Jr. & Rebecca], b. Mar. 2, 1831	4	10
Henrietta, teacher, d. June 20,1853, ae 22 y. 3 m. 18 d.	5	2
Henry, mariner, d. Jan. 31, 1848, ae 31	4	80
Henry Harrison, s. [George e& Nancy], b. Apr.. 18,1816	4	4
James, s. W[illia]m P. & Susan, b. Apr.. 28,1831	4	26
John, m. Rachel **CADY**, Feb.. 14, 1785	2	115
John, Jr., s. John & Rachel, b. June 20, 1789	2	115
John, Jr., m. Phebe **DAVENPORT**, June 18, 1815	4	10
John, Jr., m. Rebecca **HIBBARD**, Oct.. 30,1817	4	10
John, shoemaker, married, s. John & Rachal R., d. Mar 14, 1866, ae 76 y. 8 m. 27 d.	5	16
John Gilbert, s. [George & Nancy], b. July 28,1824	4	4
Lewis, s. [Nathan C. & Mary], b. Nov. 27,1828	4	60
Martha Jane, Frederic, livery stable keeper, ae 25, & Martha Jane, ae 24, b. July 25, [1851]	4	90
Mary, d. [John &Rachel], b. May 15, 1803	2	115
Mary, m. Peter M. **ALLEN**, b. of Pomfret, Mar. 28,1831, by Rev. C. Fitch, of Abington	3	31
Mary H., housekeeper, married, b. Woodstock, res. Pomfret, d. Jan. 27,1862, ae 62 y. 11 m. 23 d.	5	12
Nancy, d. John& Rachel, b. Mar. 24, 1793	2	115
Nancy, of Pomfret, m. Gideon **TABOR**, of Woodstock, Oct. 10,1836, by Nathan S. Hunt	3	50
Nancy Woodward, housekeeper, widow, b. Columbia, res. Pomfret, d. Feb.. 16,1854, ae 59 y. 6 m. 11 d.	5	3
Nathan C., m. Mary H. **FAIRFIELD**, Nov.24, 1825, by James A. Boswell	3	18
Nathan C., laborer, widower, d. Aug. 25, 1864, ae 64	5	14
Nathan Cady, s. [John & Rachel], b. Aug. 15, 1799	2	115
Phebe Davenport, d. [John, Jr.] & Rebecca, b. Mar. 15, 1819	4	10

POMFRET VITAL RECORDS 245

	Vol.	Page
RICHMOND, (cont.)		
Philip, m. Hannah **COLLAR**, Nov. 19, 1797	2	131
Philip, s. [Philip & Hannah], b. Sept. 1, 1798	2	131
Phirilla, m. Simeon Sabin **PARKHURST**, Mar. 1, 1803	2	70
Sam[ue]l, farmer, married, b. Killingly, res. Pomfret, d. Jan. 19,1860	5	10
William Peabody, s. [John & Rachel], b. Mar. 23, 1805	2	115
RICKARD, [see under **RICHARD**]		
RILEY, Charles, laborer, single, b. Ireland, res. Pomfret, d. July 20,1854, ae 22	5	4
RIPLEY, Athalia, m. Dr. Elisha **LORD**, Jan. 28,1759	1	107
Augustus, s. Rev. DAVID & Bettey, b. Nov. 1, 1765	1	87
Augustus, s. Rev. David & Betty, d. Mar. 24, 1769	1	88
Betsey, Mrs., had negro girl Jenney, b. July 5,1788	2	109
Celinda, see under Selinda		
David, Rev., m. Mrs. Betty **ELIOT**, Jan. 12, 1758	1	108
David, s. Rev. David & Betty, b. July 11, 1761	1	87
David, s. Rev. David & Betty, d. Sept. 4, 1764	1	88
David Bradford, s. Rev. David & Bettey, d. July 17,1777	1	87
David William, s. Rev. David & Bettey, b. July 17,1770	1	87
David William, s. Rev. David & Betty, d. Aug. 2, 1771	1	88
Elizabeth, d. Rev. David & Bettey, b. Sept. 3, 1768	1	87
James, s. William & Lydia, b. Apr.. 4, 1763	1	88
Mary, d. Rev David & Bettey, b. Aug. 26,1763	1	87
Polly, m. Dr Jared **WARNER**, dec.. 28, 1785	2	106
Selinda, d. William & Lydia, b. Apr.. 4, 1773	1	88
ROACH, Mary, m. Jonathan **SOULE**, Feb.. 12, 1778	2	43
ROATH, , Maria, of Pomfret, m. David **MOREY**, of Brooklyn, Oct. 25, 1820, by rev.. Walter Lyon, of Abington	3	1
ROBBINS, ROBINS, Almyra, d. Francis, b. July 5, 1791	2	113
Amos, m Frances **SHINGLETON**, Jan. 15, 1787	2	31
Benjamin, s. John & Ruth, b. Mar. 25, 1754	1	23
Charles, s. Amos & Frances, b. Nov. 21, 17897	2	31
John, Jr., m. Ruth **OAKS**, Oct.. 9,1753	1	103
Joseph, m. Abigail **CADY**, May [ ], 1756	1	107
Melecent, m. Elihu **ADAMS**, Nov. 14, 1771	1	116
Molle, d. Joseph & Abigail, b. Feb.. 17, 1757	1	55
-----, d. Nov. 20,1774	2	0
ROBERTS, Hannah, m. Nathaniel **DRAPER**, Sept. 1779	2	87
ROBERTSON, ROBARDSON, John, m. Esther **SHARP**, Jan. 22, 1784	2	2
Lucy, m. Amasa **HYDE**, Jan. 30,1780	2	25
Lucy, d. John & Esther, b. Nov. 23, 1784	2	2
ROBINSON, ROBISON, Allethea, m. Ebenezer **STODDARD**, Jan. 2, 1777	2	77
Amherst, m. Lydia **CHAFFEE**, June 19,1844, by Rev. Benjamin Congdon	3	73
Anna, of Ashford, m. Benjamin **CRESSEY**, Mar. 9, 1796	2	111
Daniel, m. Mary **SMITH**, Nov. 16,1749	1	105
Ebenezer, merchant & farmer, widower, b. Canterbury, res. Pomfret, d. Sept. 12, 1863, ae 81 y. 5 m. 13 d.	5	13
Elias, s. Timothy & Keziah, b. Sept. 29, 1759	1	23
Ella, d. Providence, res. Pomfret, d. Mar. 7,1853, ae 5	5	1

	Vol.	Page
ROBINSON, (cont.)		
Esther, m. Jabez **DIKE**, June 9,1748	1	101
Hannah, d. John & Alethea, b. Mar. 3, 1746/7, at Mortlake	1	62
Horace, single, b. Plainfield, res. Pomfret, d. Aug. 30,1860, ae 57 y. 8 m. 2 d.	5	10
Louisa E., m. Benjamin F. **DURKEE**, b. of Pomfret, & New York, Jan. 29,1854, by Rev. D. Hunt	3	90
Lucius, s. Newell & Sarah, b. May 24, 1797	2	116
Lucretia, m. George **SHARPE**, Mar. 28, 1816	2	166
Lucretia, m. George **SHARPE**, Mar. 28,1816	2	167
Luce, d. Timothy & Keziah, b. Oct.. 20,1757	1	23
Lucy, m. Samuel **RUGGLES**, Sept. 17, 1772	2	48
Nancy, d. Newell &Sarah, b. Apr.. 7, 1796	2	116
Newel[l], s. Newell, b. Sept. 21, 1794	2	116
Newell, s. Newell, d. Oct.. 5, 1794	2	116
Newell, m. Sally **BAKER**, Jan. 30,1798	2	116
Olive, d. Adrian Watkins & Elizabeth, d. Mar. 24, 1797	2	116
Sarah, Mrs. , d. July 11, 1797	2	116
Sarah G., housekeeper, married, b. Cranston, R.I., res. Pomfret, d. Nov. 30,1857, ae 75 y. 5 m. 15 d.	5	7
Syrena, m. Robert D. **SHARPE**, Jan. 26, 1820	2	167
Thomas Newell, s. Newell & Sally, b. Dec.. 19, 1798	2	116
Timothy, m. Kezia **GOODELL**, Jan. 5, 1757	1	105
ROGERS, ROGGERS, Abigail, [twin with Daniel], d. Moses & Lois, b. Mar. 23, 1769	1	49
Chester, s. Moses & Lois, b. Oct.. 10,1760	1	49
Daniel, [twin with Abigail], s. Moses & Lois, b. Mar. 23, 1769	1	49
Daniel, s. Moses & Lois, d. Apr.. 2,1769	1	50
Elias, s. Nathaniel & Abiah, b. Aug. 11,1759	1	51
Elisha, s. Moses & Lois, b. Feb.. 11, 1766	1	49
Lois, d. Moses & Lois, b. Dec.. 16, 1762	1	49
Mary, d. Stephen & Sarah, b. Feb.. 20, 1760	1	84
Mollie, d. Nathaniel & Abiah, b. Oct.. 6,1757	1	51
Moses, m. Lois **HOLT**, Sept. 26, 1758	1	107
Nathaniel, m Abiah **INGALLS**, Mar. 16,1753	1	103
Nathaniel, s. Nathaniel & Abiah, b. Nov.18, 1755	1	51
Olive, d. Moses & Lois, b. Mar. 7,1759	1	49
Stephen, s. Stephen &Sarah, b. July 29, 1757	1	84
ROSS, Abil, s. Eben[eze]r &Mary, b. Apr.. 23, 1784	2	9
Ebenezer, s. Joseph] & Mary, b. Mar. 24, 1744/5	1	19
Ebenezer, m. Molly **CLARK**, June 9,176[ ]	1	113
Elizabeth, d. Joseph & Jane, b. Jan. 10,1744	1	56
Elnathan, s. Eben[eze]r &Mary, b. June 15, 1772	2	9
John, s. Ebenezer & Mary, b. July 2, 1718	2	9
Joseph, m. Jane **SPARKS**, Feb.. 25,1741	1	104
Joseph, s. Joseph & Jane, b. Sept. 29,1753	1	56
Joseph, s. Joseph &Jane, b. Sept. 13,1756	1	56
Joseph, [Sr.], d. Feb.. 11, 1775	1	57
Lucy d. Eben[eze]r & Mary, b. Oct.. 16,1770	2	9
Lucy, d. Ebenezer & Mary, d. May 7,1771	2	9
Lucy, d. Ebenezer & Mary, b. Apr.. 7, 1776	2	9
Lydia, m. Jonas **SAWYER**, Nov. 11, 1746	1	100

POMFRET VITAL RECORDS 247

	Vol.	Page
ROSS, (cont.)		
Molly, d .Ebenezer & Mary, b. Mar. 18,1769	2	9
Royal, s. Ebenezer & Mary, b. Mar. 18, 1769	2	9
Sarah, m. Thomas **SAWYER**, Nov. 7, 1759	1	103
William, s. Joseph & Jane, b. Mar. 15, 1741	1	56
ROUND, ROUNDS, [see also **ROLAND**], Jeremiah, m. Sarah		
RICHARDSON, Sept. 14, 1772	2	84
Julia, A., m. Alfred **BURGESS**, b. of Killingly, Set/ 13, 1847, by		
Orrin Summer, J.P.	3	81
Mary Ç., m. Theodore P. **KINDYARD**, of Killingly, Oct.. 25, 1847,		
by Orrin Summer, J.P.	4	79
Polly, d. Jeremiah & Sarah, b. Oct.. 18,1780	2	84
Releaf, d. Jeremiah & Sarah, b. Apr.. 11,1776	2	84
W[illia]m, s. Jeremiah &Sarah, b. Dec. 24, 1777	2	84
ROUSE, Betsey, m. Albert **LUMBRAD**, b. of Brimfield, Mass., Nov.		
6,1831, by Amos Babcock	3	33
Celinda, b. Apr.. 13,1805, in Coventry, R.I.,; m. Welcome **PETTIS**,		
of Foster, R.I., May 4, 1826, by Rev. Charles Stone,		
a Calvinistic Minister, Recorded Jan.[ ], 1845	4	66
Susan, m. David **CHAFFEE**, b. of Thompson, [Mar] 16, [1835], by		
Nicholas Branch	3	44
ROW, ROWE, Anna, d. Isaac & Sarah, b. Aug. 18,1770	2	65
Dan, s. Isaac & Sarah, b. Aug. 22,1774	2	65
Diar, s. Isaac & Sarah, b .May 29, 1769	2	65
Elijah, s. Isaac & Sarah, b. FEb. 20, 1773	2	65
Isaac, m. Sarah **FOSSETT**, July 28,1768	2	65
Joseph, s. Isaac & Sarah, b. Sept. 25, 1776	2	65
Levi b., of Farmington, m.Joanna F. **COLGROVE**, late of Pomfret,		
now of Hartford, "last evening", [Jan.] 8, 1838, by Rev		
Nathan S. Hunt, of Abington	3	53
Lucy, d. Isaac &Sarah, b. Aug. 20,1781	2	65
Samuel, s. Isaac & Sarah, b. Aug. 20, 1781	2	65
ROLAND, (see also **ROUND**], Benjamin, s. [John & Anna], b. Mar.		
8,1830	2	172
David, s. [John &Anna], b. May 8, 1826	2	172
Elisha, s. [John & Anna], b .May 1, 1822	2	172
John, Jr., s. John & Anna, b. Aug. 9, 1817	2	172
Margaret, d. [John & Anna], b. Apr... 8,1819	2	172
Mary, d. [John & Anna], b. Aug. 19,1820	2	172
Mary C., m. Theodore P. **KEN[N]EDY**, b. of Killingly, Oct..		
25,1847, by Orrin Summer, J.P., Abington	3	81
Thomas, s. [John & Anna], b. Apr..11,1828	2	172
William, s. [John & Anna], b .June 10,1824	2	172
RUGGLES, ROGGLES, Abigail, d. Edw[ar]d & Ann, b. Jun 23, 1749	1	25
Anna, m. Robert **SESSIONS**, Apr..16,1778	2	81
Anne d. Dead Edward & Ann, b. Oct.. 4,1756	1	25
Austin, m. Martha **FIELD**, Oct.. 24, 1849, by Lucius Holmes, J.P.	3	85
Austin, farmer, ae 29, b. Hardwich, Mass., res. Chautaugua, N.Y.,		
m. Martha **FIELD**, ae 29, b. S[t]afford, Conn., res.		
Chautaugua, N.Y., Oct. 24, [1849], by Rev. Lucian Holmes	4	88
Benj[ami]n, s. Edw[ar]d, Jr. & Ann, b.Aug./ 10,1747	1	25
Benjamin, m. Elizabeth **DURKEE**, June, 7,1770	1	116

	Vol.	Page
RUGGLES, (cont.)		
Benjamin, s. Benj[amin] & Elizabeth, b. Feb.. 21, 1783	2	28
Betsa, d. Benjamin & Elizabeth, b. Dec.. 25, 1773	2	28
Betsa, d. Benj[amin] & Elizabeth, d. Sept. 5, 1775	2	28
Celesta, d. Edward, Jr. & Sybel, b. Mar. 6,1790	2	96
Ebenezer, s. Samuel & Lucy, b. Dec. 17,1773	2	48
Edward, Jr., m. Ann **SUMMER**, Apr.. 2, 1747	1	100
Edward, s. Edward & Ann, b. Apr.. 3,1763	1	25
Edward, Jr., m. Jerusha **WELLS**, June 6, 1784	2	12
Edward, Jr., m. Jerusaha **WELLS**, June 6,1784	2	96
Edward, Jr., m. Sybel **TAFT**, Feb.. 14, 1786	2	12
Edward, Jr., m. Sybel **TAFT**, Feb.. 14, 1786	2	96
Elizabeth, d. Edw[ar]d & Ann, b. Apr.. 20, 1754	1	25
Hanna, d. Sam[ue]ll & Rebeckah, b. Dec.. 20, 1741	1	25
Hannah, d. Dead. Edward & Ann, b. Aug. 15, 1758	1	25
Jerusha d. Edward &Jerusha, b. Dec. 31, 1784	2	12
Jerusha, w. Edward, d. Jan. 9, 1785	2	12
Jerusha, w. Edward, Jr., d. Jan. 9,1785	2	96
Jerusha Welles, d. Edward &b Jerusha, b. Dec. 31, 1784	2	96
John, s Benjamin & Elizabeth, b May 16,1771	2	28
John, s. Benjamin & Elizabeth, d. Sept. 6,1775	2	28
John, s Benjamin & Elizabeth, b. July 12, 1776	2	28
Mary, d. Benj[amin] &Elizabeth, b. Dec.. 14,1780	2	28
Nancy, d. Edward, Jr. & Sybel, b. Dec.. 1, 1786	2	96
Sam[ue]ll, s. Edward & Hannah, b. Mar. 29,1717	1	25
Samuel, m. Rebeckah **HOLMES**, July 16,1739	1	3
Sam[ue]ll, s. Sam[ue]ll & Rebeckah, b. Nov. 26, 1740; d. Nov. 26,1740	1	25
Samuel, d. Jan. 6,1741/2	1	26
Samuel, s. Edward & Ann, b. FEb. 26,1752	1	25
Samuel, m. Lucy **ROBISON**, Sept. 17,1772	2	48
Sam[ue]ll, s. Benj[ami]n & Elizabeth, b. Oct.. 20,1778	2	28
Samuel, s. Edward & Ann, d. Oct.. 23,1778, at Willington	1	26
Sam[ue]ll, s. Benjamin & Elizabeth, d. Jan.2, 1781	2	28
Samuel, s. Edward, Jr. & Sybel, b. Nov. 28,1794	2	96
Sophia, s. Edward, Jr. & Sybel, b. Sept. 26, 1792	2	96
Thomas, s. Edward & Ann, b. Aug. 11,1765	1	25
William, s. Edward, Jr. & Sybel, b. July 13,1788	2	96
RUNNELLS, [see under **REYNOLDS**]		
RUSS, Ebenezer, s. Ebenezer & Mary, b. June 17,1779	2	9
Keziah, m. Lieut. Daniel **HOLT**, Dec.. 26,1752	1	103
Kezia, Jr., m. Daniel **HOLT**, Dec.. 26, 1753	1	104
RUSSELL, Gardiner, m. Caroline L. **CHASE**, b. of Pomfret, [Oct.] 14, [1839], by Rev. N. S. Hunt, of Abington	3	60
Hannah, Maria, d. [Joseph & Larancy], b. Oct.. 14,1823	4	17
Joseph, m. Lorany **SPAULDING**, b. of Pomfret, June 14, 1820, by Rev Walter Lyon, Abington	3	1
Joseph, farmer, widower, b. Woodstock, res. Pomfret, d. Dec.. 6, 1865, ae 77	5	15
Joseph Francis, s. [Joseph & Larancy], b. Feb.. 18,1826	4	17
Reuben Spalding, s. Joseph & Larancy, b. June 1821	4	17
RUTHERFORD, —, d. Geo[rge] H. & M. , d. July 20, 1849, ae 3 d.	4	84

POMFRET VITAL RECORDS 249

	Vol.	Page
RYAN, Daniel, r.r. laborer, widower, b. Ireland, res. Pomfret, d. Feb.. 17, 1869, ae 48	5	18
SABIN, Aaron, s. Jeremiah & Abigail, b. Dec.. 14, [ ]	1	3
Abby Maria, d. [William H. & Sarah], b Mar. 11,1838	4	58
Abel, s. Elihu & Hannah, b. Sept. 5,1784	2	41
Abigail, m. JOhn **PARKHURST**, May 15,1722	1	2
Abigail, d. Jonathan & Mary, b. Apr.. 27,1780	2	28
Abigail, d. Feb. 1, 1782	1	11
Abigail, of Pomfret, m. Joshua **ADAMS**, of Canterbury, July 12, 1801	2	140
Abigail, d. Jeremiah & Abigail, b. June 20, [ ]	1	3
Abishae, s. Joshua &Mary, b. Sept. 10,1735	1	10
Abisha, d. Feb.. 4,1782	2	101
Allis, d. Joshua &Mary, b. Apr.. 20,1754	1	10
Allis, d. Joshua &Mary, d. Oct.. 13, 1754	1	11
Almarine, s. Ichabod &Sarah, b. Nov. 19,1768	2	35
Ambrose, s. Ichabod & Sarah, b. Dec.. 17,1769	2	35
Ambrose, s. Ichabod & Sarah, d. Jan. 10,1770	2	35
Anna, m. Darius **PARKHURST**, Sept. 5,1776	1	17
Anna w. Josiah, d. June 8,1790, in the 60th y. of her age	2	82
Anne, single woman, had s. Clement **SABIN**, b. July 17,1768	1	18
Asa, s. Peter & Sarah. b. Aug. 26, 1739	1	51
Asa, s Peter & Sarah, d. Sept. 8,1739	1	77
Barnabas, s. W[illia]m & Susanna, b. July 13,1745	1	78
Barnabus, m. Elizabeth **INGRAM**, May 22,1770	1	20
Benajah, s. John & Esther, b. Sept. 4, 1720	1	115
Benj[ami]n, s. Benj[ami]n & Elizabeth, b. June 12,1702	1	21
Benj[ami]n, Sr., Dead., d. July 21,1725	1	20
Benjamin, Dead., d. July 25, 1725	1	27
Benjamin, Dead., d. Dec.. 28,1750	1	20
Benjamin, s. Isaac & Elizabeth, b. Mar. 13,1756	1	21
Benjamin, s. Isaac & Elizabeth, d. Nov. 28, 1757	1	45
Benj[amin], s. Ichabod & Sarah, b Nov. 21,1767	1	46
Celinda, see under Selinda	1	17
Charles, s. Joseph & Mary, b. Oct.. 2, 1779	2	60
Cha[rle]s G., m. Emily **PACBRIDGE**, Sept. 20, 1840, by Rev,. R. Camp	3	63
Clara, d. Josh[u]a, Jr. & Ruth, b. May 15,1771	2	3
Clement, s. Anne **SABIN**, single, woman, b. July 17,1768	1	51
Damaries, d. SEth & Joanna, b. Mar. 21,1749	1	18
Daniel, s. Timothy & Martha, b. Jan. 31, 1734/5	1	17
Daniel, s. Ensign Timothy &Martha, d. Feb. 7,1753	1	18
Daniel, s. Ichabod & Sarah, b. Mar. 19,1763	1	17
Dorothy, d. Joseph & Mehitable, b. Dec.. 20,1726	1	40
Ebenezer, s. Ebenezer & Susanna, b. July 8,1696	1	10
Ebenezer, Sr., d. Sept. 18,1739	1	11
Ebenezer, s Nehemiah, Jr. &Ruth, b./July 1,1746	1	16
Eben[eze]r, s. Seth & Joanna, b. Aug.12,1751	1	18
Ebenezer, m. Anna **BAKER**, May 2,1776	2	68
Ebenezer, s. Elihu & Hannah, b. Mar. 22,1778	2	41
Ebenezer, m. Charlotte **AVERY**, Mar. 23,1800	2	134
Ebenezer, m. Charlotte **AVERY**, Mar. 23, 1808 (Marked "Error")	2	133

BARBOUR COLLECTION

	Vol.	Page
SABIN, (cont.)		
Ebenezer, s. Eben & Susanna, d. [ ]	1	11
Eleazer, s. Silas & prudence, b. FEb. 5,1783	2	91
Elihu, m. Hannah **BACON**, Apr.. 18,1770	2	41
Elijah, s. John &Esther b. Aug. 26, 1726	1	21
Elisha, s Benj[ami]n & Elizabeth, b. May 16, 1705	1	20
Elisha, s. Dead., Benjamin & Elizabeth, d. Sept. 26,1760	1	21
Elizabeth, [twin with Mary],d. Benjamin & Elizabeth, b. Dec.. 10,1714	1	20
Elizabeth, m. Jonathan **LYON**, Apr.. 29,1735	1	2
Elizabeth], m. Isaac **WILLIAMS**, June 10, 1736	1	2
Elizabeth, d. Isaac & Elizabeth, b. Aug. 25, 1736	1	45
Elizabeth, w. Dead. Benjamin, d. May 16,1753	1	21
Elizabeth, d. Joshua & Mary, b. Sept. 6,1756	1	10
Elizabeth, w. Nehemiah, d. Oct.. 7,1756	1	17
Elizabeth, m. Ephraim **FARRINGTON**, Feb.. 18, 1768	1	114
Elizabeth, d. W[illia]m, Jr. & Elizabeth, b. Sept. 29, 1775	2	19
Elizabeth, single woman, had d. Molly, d. Jan. 14,1784	2	4
Elizabeth, w. Isaac, d. Jan. 5, 1787	1	46
Elizabeth, w. W[illia]m, d. Mar. 11,1798	2	19
Elizabeth, housekeeper, widow, d. Stephen **WILLIAMS**, d. Aug. 20, 1868, ae 91 y. 7 m. 22 d.	5	17
Elizabeth Franklin, d. William H. & Sarah. b. Jan. 1, 1837	4	58
Emily Adaline, d Horace, farmer, & E.A., b. Apr.. 28, [1850]	4	86
Erepta, d Joshua, Jr. & Ruth, b July 18,1769	2	3
Erepta, housekeeper, d. July 6,1848, ae 78	4	80
Esther, d. Benjamin & Elizabeth, b. Aug.24,1719	1	1
Esther, d. Benj[ami]n & Elizabeth, b. Aug. 24,1719	1	20
Esther, d. John & Esther, b. Apr..7,1728	1	21
Esther, w. John, d. May 21,1728	1	22
Esther, d. W[illia]m & Susanna, b. Sept. 21,1743	1	20
Esther Mrs., m. Caleb **CLARK**, Jan. 7, 176[ ]	1	113
Eunice, d. Isaac & Elizabeth, b. Aug. 8,1746	1	45
[E]unice, m. Nathaniel **STEPHENS**, Nov. 27,1780	2	66
Experience, d. Nehemiah & Elizabeth, b. Aug. 12,1720	1	16
Experience, wid. Timothy, d. June 3,1789, in the 87th y. of her age	1	18
Experience, m. Jonathan **KINGSLEY**, Feb.. 17, [ ]	1	3
Hannah, d. Jeremiah & Abigail, b. Mar. 28,17[ ]	1	3
Henry, s. Joseph & Mary, b. Nov. 11, 1781	2	60
Henry, of Plainfield, m. Mary **PAYSON**, of Pomfret, Feb.. 26,1850, by Rev d. Hunt	3	85
Henry, merchant, ae 69, b. Pomfret, res. Plainfield, m. 3rd w. Mary **PAYSON**, ae 49, Feb.. 26, [1850], by Rev. Daniel Hunt	4	88
Henry May, s. [Capt. Samuel & Betsey], b. Dec. 3,1810	2	15
Hezekiah, s. Ichabod & Sarah ,b . Oct... 30, 1771	2	35
Horace, s. [Horatio & Betsey], b. Mar. 11,1810	2	157
Horace, m. Emily A. **GROSVENOR**, Mar. 24,1836, by D. Hunt	3	48
Horatio, s. Joshua, Jr. & Ruth, b. Apr.. 24,1778	2	3
Horatio, m. Betsey **WILLIAMS**, Jan. 4,1809	2	157
Huldah, d. Timothy & Martha, b. June 2,1719	1	17
Huldah, d. Josiah & Anna, b. Jan. 25, 1750/51	1	17
Huldah, Mrs., m. Dr. John **WELD**, Apr. 16,1772	1	116

POMFRET VITAL RECORDS 251

	Vol.	Page
SABIN, (cont.)		
Huldah, Mrs., m. Dr. John **WELD**, Apr.. 16,1772	2	40
Ichabod, s .Timothy & Martha, b. May 25,1726	1	17
Ichabod, m. SArah **COLE**, Aug. 24,1749	1	101
Ichabod, d. Apr.. 23,1783, at Win[d]sor	1	18
Isaac, s. Benjamin & Elizabeth, b. Aug. 2,1711	1	20
Isaac, m. Elizabeth **HOLLAND**, Sept. 5,1738	1	2
Isaac, m. Elizabeth **HOLLAN[D]**, Sept. 5, 1738	1	99
Isaac, d. Apr.. 8, 1797	1	46
Jedediah, s. Jonathan, 2d, & Mary, b. Aug. 7,1773	2	28
Jedediah, s. Jonathan, 2d, & Mary, d. Nov. 9,1773	2	28
Jedediah, s. Jonathan & Mary, b. Oct.. 26,1774	2	28
Jeremiah, s. Benj[amin] & Sarah, b. Mar. 10, 1684; d. Jan. 20, 1775, ae 90 y. 10 m.	1	4
Jeremiah, s. Jeremiah & Abigail, b. Feb. 7, 1717	1	3
Jerusha, d. John & Esther, b. Sept 5, 1724	1	21
Jerusha ,d. Seth & Joanna, b. Feb.. 2, 1746/7	1	18
Jerusha, m. Elisha **STOELL**, Jan. 27, 1769	1	114
Joanna, d. Seth & Joanna, b. Aug. 18,1744	1	18
Joanna, w. Seth , d. Oct.. 23,1780	1	19
John, m. Esther **DEMING**, Nov. 17,1719	1	1
John, s. John & Esther, b. July 26,1722	1	21
John, s. Capt. Noah &Mary, b. Oct.. 25, 1739	1	75
John, Major, d. Oct.. 25, 1742	1	76
John, s. William & Susanna, b. Mar. 5,1757	1	20
John, Dr. s Capt. Noah, d. Apr.. 29,1766	1	76
John, s. Jonathan, 2d, & Mary, b. Apr.. 14,1770	2	28
John, s. Joseph & Mary, b. Oct.. 19, 1777	2	60
John, s. William &Susanna, d. Apr.. 22,1779	1	21
John May, s. Silas & Prudence, b. Feb.. 18,1785	2	91
John Palmer, s.[Noah & Betsey], b. Mar. 31,1806	2	152
Jonathan, s. Isaac & Elizabeth, b. Aug. 13,1739	1	45
Jonathan, s. Isaac & Elizabeth, b. Aug. 13,1739	1	71
Jonathan, s .Capt. Noah &Mary, b. July 28,1742	1	75
Jonathan, m. Mary **MAY**, Jan. 31, 1768	1	116
Jonathan, m. Judeth **LYON**, Oct.. 31,1771	2	33
Jonathan, d. Feb.. 7,1800	2	33
Joseph, s. Ebenezer & Susanna, b. June 23,1701	1	10
Joseph, m. Mehetable **HOLDRIDGE**, Apr.. 23, 1724	1	2
Joseph, s. Joseph & Mehetable, b. May 31,1729	1	40
Joseph, s. W[illia]m & Susanna, b. Jan. 1, 1749/50	1	20
Joseph, m. Mary **SABIN**, Feb.. 2,1775	2	60
Joseph, Capt. D. Feb.. 10,1803	2	60
Joshua, s Ebenezer & Susanna, b. May 26, 1706	1	10
Joshua, m. Mary **SABIN**, Jan. 29, 1734/5	1	2
Joshua, s. Joshua &Mary, b. June 6,1740	1	10
Joshua, Jr., m. Ruth **WISWELL**, June 3, 1766	1	114
Joshua, s. Joshua, jr. & Ruth, b. Jan. 4,1768	2	3
Joshua, s. Joshua, Jr., d. Apr.. 25,1770	2	3
Joshua, s. Joshua, Jr. & Ruth, b. July 15,1773	2	3
Joshua, Jr. d. Sept. 16,1778	1	11
Joshua, 2d, s. Joshua, Jr., d. Sept. 20,1778	2	3

	Vol.	Page
SABIN, (cont.)		
Josiah, s. Timothy &Martha, b. Feb.. 8, 1730/31	1	17
Josiah, d. Feb. 22,1745/6	1	28
Josiah, m. Anna **DAVIS**, July 10,1750	1	102
Josiah, m. Sarah **WORKS(?)**, Mar. 7,1792	1	17
Jude, d. Jonathan & Mary, b. Apr.. 18,1782	2	28
Jude, s Jonathan, 2d, &Mary, d. Apr.. 6,1788	2	28
Judeth, d. Capt. Noah &Mary, b. June 4,1753	1	75
Judeth m. James **RICE**, Oct.. 3, 1778	2	3
Keziah, d. Jeremiah & Abigail, b. Sept. 19, [ ]	1	3
Lavina, m. Josiah **SMITH**, Feb.. 15, 1781	2	96
Levina, d. Josiah & Annah, b. Jan. 4, 1753	1	17
Levina, d. Seth & Joanna, b. Apr.. 29,1754	1	18
Levina, d. Elihu & Hannah, b. Feb.. 22, 1772	2	41
Levina, m. David **GOODELL**, Jr., June 7, 1779	2	90
Levina, m. Slade **CHASE**, Nov. 24, 1794	2	126
Lois, d. Nehemiah, Jr. & Ruth, b. Dec.. 21, 1738	1	16
Lucia, d. Silvanus &Lucia, b. Apr.. 3,1771	2	15
Lusinda, d. Joshua, Jr. &Ruth, b. Mar. 15,1776	2	3
Lucinda, d. Joshua, Jr. D. Aug. 27,1777	2	3
Lucretia, of Walworth, N.Y., m. W[illia]m b. **SWAN**, of Pomfret, Sept. 3, 1843, by Rev. Benjamin C. Phelps	3	71
Lucy, d. Joshua & Mary, b. Aug. 9,1749	1	10
Lucy, d. Joshua & Mary, b. Mar. 17,1752	1	11
Luce, d. Capt. Noah & Mary, b. Nov. 23,1755	1	75
Luce, d. Isaac & Elizabeth, b. Jan. 31, 1759	1	45
Lucy, m. Ithemer **MAY**, June 7, 1781	2	102
Martha, d. Timothy & Martha, b. Aug. 30,1728	1	17
Martha, w. Ensign Timothy, d. Oct.. 2, 1745	1	18
Martha, single woman, had s. Elihu **CUMMINGS**, b.. Dec.. 6, 1749	1	17
Martha, Mrs., m. Samuel **DANA**, Jr., May 7, 1767	1	113
Martha, d. Elihu & Hannah, b. Dec.. 8,1773	2	41
Mary, [twin with Elizabeth], b d. Benjamin & Elizabeth, b. Dec.. 10, 1714	1	20
Mary, d. Nehemiah & Elizabeth, b. June 5, 1718	1	16
Mary, m. Joshua **SABIN**, Jan. 29, 1734/5	1	2
Mary, d. Joshua &b Mary, b. May 6, 1742	1	10
Mary, d. Capt. Noah & Mary, b. Mar. 31, 1749	1	75
Mary, d. Capt. Noah &Mary, d. June 7,1750	1	76
Mary, d. Ichabod & Sarah, b. July 13, 1750	1	17
Mary, Capt. Noah & Mary, b. Apr.. 2, 1751	1	75
Mary, w. Capt. Noah, d. Apr.. 13, 1768	1	76
Mary, d. Joshua & Mary, d. Oct.. 23, 1774	1	11
Mary, m. Joseph **SABIN**, Feb.. 2, 1775	2	60
Mary, d .Joseph & Mary, b. Jan. 23, 1776	2	60
Mary, d. Jonathan & Mary, b. Apr.. 23,1784	2	28
Mary, d. Jonathan, 2d, & Mary, d. Mar. 4, 1786	2	28
Mary, d. Silas & Prudence, b. Mar. 5, 1788	2	91
Mary, w. Capt. Joseph, d. Dec.. 24, 1802	2	60
Mary, of Pomfret, m. Levi **LEECH**, of Ontario, N.Y., Sept. 10, 1826, by Rev. John W. Hardy	3	21
Mary Ann, single, d. Mar. 11, 1854, ae 17 y. 2 m. 5 d.	5	3

POMFRET VITAL RECORDS 253

	Vol.	Page
SABIN, (cont.)		
Metilda, d. W[illia]m, Jr. & Elizabeth, b. Mar. 4, 1767	2	19
Mehetable, d. Ebenezer & Susanna, b. July 21, 1711	1	10
Mehetabell, d. Eb[eneze]r & Susanna, d. May 19,1730	1	11
Mehetabel, d. William & Susanna, b. Apr.. 10,1736	1	20
Mehetable, m. John **DAVISON**, Jan. 6,1757	1	105
Molly, d. Ebenezer & Anna, b. Sept. 9,1778	2	68
Molly, m. Philemon **CHANDLER**, May 9,1781	2	97
Molly, d. Joshua, Jr. & Ruth, b. Sept. 16, 1781	2	3
Molly, d. Elizabeth **SABIN**, single Woman, b. Jan. 14, 1784	2	4
Moses, s. Jeremiah & Abigail, b. Jan. 27,1719	1	3
Nancy, d. Joseph & Mary, b. May 14, 1788	2	60
Nath[anie]ll, s. Timothy & Martha, b. May 18, 1721	1	17
Nath[anie]l, m. Elizabeth **STONE**, Dec.. 27,1744	1	3
Nathaniel, s. Ensign Timothy & Martha, d. Nov. 7,1746	1	18
Nathaniel, s. Ichabod & Sarah, b. Mar. 17, 1754	1	17
Nath[anie]ll, s. Jonathan & Mary, b. Sept. 16, 1776	2	28
Nath[anie]ll, s. Jonathan, 2d, & Mary, d. Mar. 4, 1778	2	28
Nehemiah, m. Ruth **COOPER**, Dec.. 3, 1734	1	2
Nehemiah, s. Nehemiah, Jr. & Ruth, b. Apr.. 8,1741	1	16
Nehemiah, Jr., d. July 4, 1746	1	17
Nehemiah, father of Nehemiah, Jr., d. July 5, 1746	1	17
Nehemiah, m. Mary **RICE**, May 12, 176[ ]	1	111
Noah, Capt. M. Mrs. Mary **WILLIAMS**, June 30, 1735	1	2
Noah, s. Capt. Noah & Mary, b. Apr.. 1, 1738	1	75
Noah, Capt. D. Aug. 7, 1759, ae 60 y.	1	76
Noah, s. Jonathan, 2d, & Mary, b. Sept. 15, 1771	2	28
Noah, s. Jonathan, 2d, & Mary, d. Nov. 15, 1776	2	28
Noah, s. Jonathan & Mary, b. Dec.. 30, 1778	2	28
Noah, m. Betsey **CLEVELAND**, Apr.. 7,1805	2	152
Obadiah, s. Joseph & Mehitable, b. Jan. 13, 1724	1	40
Oliver, s. Silvanus & Lucia, b. Mar. 9,1773	2	15
Oren, s. W[illia]m, Jr. & Eliz[abe]th, b. Jan. 31, 1770	2	19
Orrin, s. W[illia]m & Elizabeth, d. Sept. 17,1790	2	19
Pathena, d. Ichabod & Sarah, b. Oct.. 4, 1758	1	17
Pethence, d. Joshua & Mary, b. June 6, 1747	1	10
Pethance, d. Joshua & Mary, d. Feb.. 12, 1754	1	11
Patience, d. Ichabod & Sarah, b. Apr.. 10,1756	1	17
Patty, m. Archelaus **WHITE**, Apr.. 2, 1797	2	130
Percy, d. Jonathan & Judeth, b. May 2, 1772	2	33
Percy, m. James **COVEL**, Aug. 7,1791	2	65
Percy, m. James **COVEL**, Aug. 7,1791	2	69
Peter, s. Benj[ami]n & Elizabeth, b Sept. 15, 1707	1	20
Peter, m. Sarah **PECK**, Nov. 7,1739(?)	1	2
Peter, s. Peter & Sarah, b. Aug. 6, 1744	1	77
Peter, [Sr.], d. Aug. 25, 1792	1	78
Phebe, d Stephen & Eliza[be]th, d. May 22, 1745	1	27
Prudence, d. Silas & Prudence, b. July 30,1790	2	91
Rebeckah, w. Josiah, d. Aug. 27, 1717	1	28
Rufus, s. Elihu & Hannah, b. Jan. 13, 1792	2	41
Ruth, d. Jan. 1, 1858, ae 15 y. 11 m. 21 d.	5	8
Sam[ue]ll, s. Jeremiah & Abigail, b. Feb.. 18,1712	1	3

254 BARBOUR COLLECTION

	Vol.	Page
SABIN, (cont.)		
Sam[ue]ll, s. Jeremiah & Abigail, d. Apr.. 4, 1713	1	4
Sam[ue]ll, 2d, Jeremiah & Abigail, b. Apr.. 27,1714	1	3
Sam[ue]ll, s. Peter & Sarah, b. July 20, 1746	1	77
Samuel, s. Silvanus & Lucia, b. Nov. 11, 1769	2	15
Samuel, s. Silvanus &Lucy, d. Jan. 21, 1770	2	15
Sam[ue]ll, s. Silas & Prudence, b. July 28, 1780	2	91
Samuel, Capt. M. Betsey GLEASON, Feb.. 22, 1810	2	15
Sarah, d. Benj[ami]n & Elizabeth, b. Dec.. 24, 1703	1	20
Sarah, w. Dead. Benjamin, d. Jan. 17, 1717/18	1	20
Sarah, w. Dead. Benjamin, d. Jan. 22, 1717/18	1	27
Sarah, d. Timothy] & Martha, b. May 4, 1737	1	17
Sarah, w. Major John, d. Oct.. 1, 1738	1	76
Sarah, d. Peter & Sarah, b. May 3, 1741	1	77
Sarah, d. Peter & Sarah, d. June 15, 1742	1	78
Sarah, d. Peter & Sarah, b. Dec.. 26,1742	1	77
Sarah, d. Capt. Noah & Mary, b. July 10,1745	1	75
Sarah, d. Capt. Noah & Mary, d. Sept. 26,1745	1	76
Sarah, d .Capt. Noah & Mary, b. Apr.. 27, 1747	1	75
Sarah, d. Ensign Timothy & Martha, d. Dec.. 26, 1749	1	18
Sarah, d. Isaac & Elizabeth, b. Mar. 26,1751	1	45
Sarah, d. Ichabod & Sarah, b Feb.. 28,1752	1	17
Sarah, d. Seth & Joanna, b. July 14, 1756	1	18
Sarah, d. Seth & Joanna, d. Jan. 8,1759	1	19
Sarah, m. Asa SHARP, Sept 15, 1774	2	56
Sarah, w. Peter, d. [ ]	1	78
Selinda, d Elihu & Hannah, b. Sept. 12, 1775	2	41
Selinda, m. John PHIPPS, July 21, 1795	2	135
Seth, d .Ebenezer & Susanna, b. Oct.. 21 1714	1	10
Seth, m. Joanna CADY, Jan. 9, 1738/9	1	2
Seth, s. Seth & Joanna, b. Feb.. 25, 1740	1	18
Seth, d. Dec.. 26, 1791	1	19
Sibel, d. Nehemiah, Jr. & Ruth, b. July 18,1736	1	16
Sibal, m. Thomas COOK, Oct.. 19,1756	1	105
Silas, m. Prudence MAY, Nov. 9,1779	2	91
Silvanis, s. Joshua & Mary, b. Jan. 14, 1744/5	1	10
Silvanus, m. Lucia WISWELL, Mar. 28, 1769	1	114
Simeon, s. Seth & Joanna, b. May 20,1742	1	18
Stephen, s. Nath[anie]ll & Elizabeth, b. May 18, 1746	1	17
Stephen, s. Nathaniel & Elizabeth, d. June 30,1775, at Cambridge, in the Army	1	18
Stephen, s. Silas & Prudence, b. Apr.. 9, 1792	2	91
Stephen, s. Stephen SABIN & Lydia WALKER, single woman, b. [ ]	1	98
Susanna, d. Ebenezer & Susanna, b. Apr.. 5, 1704	1	10
Susanna, d. of Josiah, m Benjamin BURGESS, Nov. 17,1730	1	99
Susannah, d. Joshua & Mary, b. Aug 25, 1731	1	10
Susanna, d. W[illia]m & Susanna, b. Sept. 11, 1747	1	20
Susanna, d. W[illia]m & Susanna, d. Feb. 10, 1748/9	1	21
Susanna, d. William & Susanna, b. Mar. 1, 1752	1	20
Susanner, d. William & Susanna, d. Jan. 20,1756	1	21
Susanna, Sr., Mrs., d. Apr.. 26, 1801	1	21
Susanna, w. Ens[ig]n Ebenezer, d. [ ]	1	11

POMFRET VITAL RECORDS 255

	Vol.	Page
SABIN, (cont.)		
Tho[ma]s, s. Nehem[ia]h, Jr. & Ruth, b. Apr.. 9,1744	1	16
Timothy, m. Martha JOHNSON, Feb.. 5, 1717/18(?)* (*Written "1747/48" Corrected by L.B.B.)	1	99
Timothy, S. Timothy & Martha, b. Oct.. 11, 1723	1	17
Timothy, Jr., s. Ensign Timothy & Martha, d. Oct.. 7,1743	1	18
Timothy, of Pomfrett, m. Experience HOUGHTON, of Lancaster, Oct.. 14, 1746	1	99
Timothy, s. Ichabod & Sarah, b. Sept. 4, 1761	1	17
Timothy, d. May 9,1780, in the 86th y. of his age	1	18
Timothy, s. Elihu & Hannah, b. Aug. 28, 1780	2	41
Uriah, s. Jeremiah & Abigail, b. Apr.. 11, 171[ ]	1	3
Walter, s. Joshua & Mary, b. Feb.. 12, 1752	1	10
Walter, s. Joshua & Mary, d. Sept. 28,1774	1	11
William, s. Benjamin & Elizabeth, b .Feb.. 27,1708/9	1	20
Will[ia]m, m. Susanna CHANDLER, Dec.. 26, 1735	1	2
William, s. W[illia]m & Susanna, b. Apr.. 26, 1741	1	20
William, Jr., m. Mrs. Elizabeth SKINNER, Feb.. 27,1766	1	112
William, Sr., d. Aug. 12, 1790	1	21
William, Dead., m. Irena WELTCH, of Windham, Mar. 31, 1799	2	19
William H., m. Sarah MEDBURY, b. of Pomfret, [Mar.] 2, [1836], by Nicholas Branch	3	48
William Henry, s. W[illia]m, Jr. & Eliza[be]th, b. Jan. 21, 1779	2	19
William henry, s. [Horatio & Betsey], b. Nov. 29, 1812	2	157
Zerviah, d. William & Susanna, b. July 29,1738	1	20
Zerviah, m. John GILBERT, Jan. 18,1776	2	1
-----h, d Timothy & Martha, b. June 2, 1719	1	1
SAFFORD, Maurice, m. Schuyler G. CLARK, Apr.. 15, 1839, by Rev. James Grow	3	58
SALISBURY, Olney, of Brooklyn, m. Eliza DERKEE, of Pomfret, Apr.. 11, 1841, by Rev D. Hunt	3	64
SALTONSTALL, Nathaniel, apprentice to Benjamin CHAPLIN, d. May 25, 1754	1	66
SANGER, SANGAR, Allice, m. Caleb SHARP, Nov. 27,1782	2	23
Benjamin, s. Jonathan & Lucy, b. Aug. 13, 1782	2	11
Deidamia, m W[illia]m SAWYER, Oct.. 28, 1783	2	46
Jonathan, m Lucy SAWYER, May 24, 1781	2	11
Tirzah, m. Joseph GROW, Jr., Dec.. 13, 17[ ]	1	115
SAUNDERS, Benj[ami]n, s. Joseph & Judeth, b. Sept. 12, 1736	1	56
Clark, s. Edward & Lydia, b. Aug. 13, 1782	2	6
Elizabeth, m. Robert COTES, Sept. 7,1754	1	104
John, s. Joseph & Judeth, b .July 1, 1733	1	56
Joseph, s. Joseph & Judeth, b. Feb.. 10, 1730/31	1	56
Joseph, d. Dec. 29,1763	1	57
Judeth, w. Joseph, d. Feb. 15, 1776	1	57
SAWYER, Abigail, m. Amariah WINCHESTER, Nov. 26, 1761	1	109
Aelixa, d. W[illia]m & Deidamia, b. July 30, 1797	2	46
Alpheaus, farmer, d. Oct.. 1, [1849], ae 77	4	89
Anne, d .Joseph & Hannah, b. Oct.. 5, 1751	1	77
Benjamin, m. Mary ELMAR, Jan. 27,1721/2	1	2
Benjamin, s. Joseph & Hannah, b. Feb.. 3, 176[ ]	1	77
Benjamin, d. Sept. 24, 1761	1	43

256   BARBOUR COLLECTION

	Vol.	Page
SAWYER, (cont.)		
Catharine J., d. James J., farmer, ae 35, & Sophia, ae 33, b. Sept. 1, 1847	4	77
Charles, of Woodstock, m. Rebecca c. **UNDERWOOD**, of Pomfret, Nov. 11,1823, by Rev. James Porter	3	9
Chloe Stoddard, d. Prescott & Anne, b. Dec... 16,1790	2	107
Cornelius, s. Cornett James & Mary, b. Aug. 30,1712	1	11
Cornielus, s. Cornett James & Mary, d. Jan. 25, 1734/5	1	12
Cornelius, s. Jonas & Lydia, b. Nov. 20,1748	1	34
Cornelius, s. Jonas & Lydia, b. Nov. 20,1748[	1	42
Cornelius, s. Joseph & Hannah, b. Feb.. 6, 176[ ]	1	77
Eben[eze]r Holmes, s. [Jonas & Huldah], b. Sept. 7, 1815	2	37
Eleanor, [twin with Sarah], d. Joseph & Hannah, b. Jan. 6, 176[ ]	1	77
Elizabeth, d. James & Sarah, b. Jan. 13, 1775	2	60
Elizabeth, d. James & Sarah, d. Dec. 28, 1776	2	60
George M., of Boston, Mass., m. Adaline **GILBERT**, of Pomfret, Oct.. 18, 1854, by Rev. D. Hunt	3	91
Hannah, d. Joseph & Hannah, b. Feb.. 5, 1758	1	77
Hilyard, s. W[illia]m & Deidamia, b. Mar. 27,1789	2	46
James, s. Jonas & Lydia, b. Aug. 28, 1747	1	34
James, s. Jonas & Lydia, b. Aug. 28,1747	1	42
James, Cornet, d. Jam. 27, 1753, in the 99th y., of his age	1	12
James, [Sr.], d. Feb.. 4,1828	2	60
James Jonas, s. Jonas & Huldah, b. June 29,1813	2	37
John, s. Joseph & Hannah, b. Sept. 7, 1755	1	77
John, s. W[illia]m & Deidamia, b. Jan. 17, 1792	2	46
John Jones, s. James & Sarah, b. Mar. 31, 1779	2	60
John Jones, s. James & Sarah, d. Dec.. 17,1785	2	60
Jonas, s. Cornett James & Mary, b. Sept. 4, 1716	1	11
Jonas, m. Lydia **ROSS**, Nov. 11,1746	1	100
Jonas, s. James & Sarah, b. Sept. 23,1787	2	60
Jonas, d. Nov. 2, 1891, in the 76th y. of his age	1	35
Jonas, m. Huldah **HOLMES**, Oct.. 11, 1812	2	37
Joseph, s. Cornett James & Mary, b. Dec.. 5, 1721	1	11
Joseph, m. Hannah **HUTCHINGS**, Nov. 4, 1750	1	103
Joseph, s. Joseph & Hannah, b. Apr.. 14, 1753	1	77
Lucius E., of Pomfret, m. Patience S. **CARPENTER**, of Woodstock, May 16, 1842, by H. S. Ramsdell	3	67
Lucius Edwin, s. [Jonas 7 Huldah], b. Apr.. 27, 1817	2	37
Lucy, m. Jonathan **SANGER**, May 24, 1781	2	11
Lucy, d. W[illia]m & Deidamia, b. Aug. 14, 1784	2	46
Lidia, d. James & Sarah, b. Aug. 28, 1781	2	60
Lydia, Mrs., d. Sept. 3, 1781	1	35
Lydia, w. Jonas, d. Sept. 4, 1781	1	43
Manly, s. W[illia]m & Deidamia, b. Nov. 18, 1786	2	46
Martha, d. Cornett James & Mary, b. May 19,1719	1	11
Martha, m. Joseph **WHITE**, Nov. 9, 1745	1	101
Mary, d. Cornett James & Mary, b. Sept. 11, 1714	1	11
Mary, d. Benj[ami]n & Mary, b. Apr.. 16, 1723	1	42
Mary, m. John **ATHERTON**, May 25, 1735	1	2
Mary, m. Amariah **WINCHESTER**, Aug. 25, 1742	1	3
Mary, d. Joseph & Hannah, b. Aug. 9, 1762	1	77

	Vol.	Page
SAWYER, (cont.)		
Mary, w. Cornet James, d. Dec.. 28, 1763	1	12
Mary, d. James & Sarah, b. Apr.. 3, 1785	2	60
Nancy, d. Prescott & Anne, b. Oct.. 16, 1784	2	107
Olive, d. Thomas & Sarah, b. Dec.. 7, 1754	1	40
Prescott, m. Anne **STODDARD**, Oct.. 16, 1783	2	107
Sally, m. Alba **STONE**, b. of Pomfret, June 20, 1824, by John Nichols	3	12
Sarah, d. Benj[ami]n & Mary, b. June 30, 1724	1	42
Sarah, d. Cornett James &Mary, b. Aug. 9, 1724	1	11
Sarah, d. Of Cornelius, m. John **JONES**, Sept. 22, 1743	1	3
Sarah, m. Simeon **CARPENTER**, Nov. 1, 1744	1	99
Sarah, d. Jonas & Lydia, b. June 2, 1751	1	42
Sarah, [twin with Eleanor], d. Joseph & Hannah, b. Jan. 6, 176[ ]	1	77
Sarah, d. James & Sarah, b. Dec.. 30, 1776	2	60
Sarah L., m. Daniel **MEDBURY**, Jr., Apr.. 15, 1840, by Rev. D. Hunt	3	62
Sarah Lucretia, d. [Jonas & Huldah], b. Dec.. 24, 1820	2	37
Sibbel, d. Jonas & Lydia, b. [ ] 10, 1756, at Killingly	1	42
Tho[ma]s, s. Cornett James & Mary, b. Nov. 20, 1726	1	11
Thomas, m. Sarah **ROSS**, Nov. 7, 1759	1	103
William, s. Jonas & Lydia, b. Feb.. 11, 1754	1	42
W[illia]m, m. Deidamia **SANGER**, Oct.. 28, 1783	2	46
William, s. W[illia]m & Deidamia, b. June 27, 1795	2	46
Zeruiah, d. James & Sarah, b. Mar. 30, 1790	2	60
SCARBOROUGH, SCARBORO, [see also **SWANBOROUGH**],		
Betsa, d. Eben[eze]r & Hannah, b. Mar. 5, 1779	2	80
Charles, m. Sarah **WILLIAMS**, b. of Pomfret, Mar. 26, 1845, by Rev. D. Hunt	3	75
Eben[eze]r, s. Jer[emia]h & Mary, b. Mar. 1, 1743	1	11
Ebenezer, m. Hannah **AMIDON**, Apr.. 2, 1772	2	80
Esther, d. Apr.. 15, 1778	2	1
George, farmer, of Rochester, N.H., res. Lockport, N.Y., m. Harriet **WILLIAMS** of Pomfret, Nov. 11, [1850], by Rev. Roswell Whitmore	4	92
Godfrey, s. Samuell & Mary, b. Dec.. 28, 1778	2	78
Hannah, d .Jeremiah & Mary, b. Sept. 27, 1752	1	11
Hannah, d. Jeremiah & Mary, d. Oct.. 15, 1754	1	12
Hannah, d. Ebenezer & Hannah, b. Aug. 9, 1774	2	80
Hannah, m. Joseph **KINGSBURY**, May 7, 1795	2	124
Henrietta, d. Samuel & Mary, b. Aug. 21, 1782	2	78
Jered, s. Joseph & Deliverance, b. Feb.. 26, 1781	2	96
Jere[mia]h, m. Mary **HOLBROOK**, Feb.. 15, 1738	1	3
Joseph, s. Jeremiah & Mary, b June 17, 1756	1	11
Joseph, of Brooklyn Parish, d. July 13, 1771	1	12
Joseph, s. Ebenezer & Hannah, b. May 26, 1776	2	80
Joseph, m. Deliverance **KINGSBURY**, Mar. 24, 1780	2	96
Joseph, d. Feb.. 11, 1790	2	1
Mary, d. Jer[emia]h & Mary, b. Oct.. 20, 1744	1	11
Mary, w. Dead. Jeremiah, d. Oct.. 14, 1763	1	12
Mary, m. William **OSGOOD**, Jr., June 11, 1774	2	64
Mary D., d. Charles, farmer, & Zerah, b Jan. 5, [1850]	4	86

258 BARBOUR COLLECTION

	Vol.	Page
SCARBOROUGH, (cont.)		
Mehetable, d. Jeremiah & Mary, b. Apr.. 26, 1749	1	11
Nehemiah, s. Jer[emia]h & Mary, b. Feb.. 19, 1739	1	11
Nehemiah, s. Dead. Jeremiah & Mary, d. Mar. 18, 1762	1	12
Nehemiah, s. Samuel & Mary, b Apr.. 10, 1776	2	78
Polly, d. Samuel & Mary, b. Jan. 3, 1775	2	78
Rheode, d. Jeremiah & Mary, b. May 31, 1746		
Rheode, see also Theode	1	11
Sam[ue]ll, s. Jer[emia]h & Mary, b. Aug. 3, 1740/41	1	11
Samuel, m. Mary **AMNNIDON**, Oct.. 15, 1770	2	78
Sam[ue]ll, s. Samuel & Mary, b. Mar. 13, 1773	2	78
Thede, d. Samuel & Mary, b. Jan. 24, 1772	2	78
Theady, m. Major John **DAVIS**, Nov. 15, 1803	2	83
Theode, d. Dead. Jeremiah & Mary, d. Jan. 19, 1765	1	12
Theode, see also Rheode		
——, wid. Joseph, d. Sept. 6, 1790	2	1
SCRANTON, Asa F., s. Robert, farmer, ae 32, & Lydia, ae 35, b. Feb. 15, 1847	4	76
Betsey, housekeeper, widow, b. R.I., res. Pomfret, d. July 28, 1862, ae 86 y. 10 m. 15 d.	5	12
Esther L., d. Robert, farmer, ae 34, & Lydia, ae 36, b. Oct.. 10, [1849]	4	87
Harvey, of Ashford, m. Sarah **LYON**, of Pomfret, Nov. 1, 1829, by Rev. Charles Fitch, of Abington	3	27
Mary, m. Orin **SPENCER**, b. of Pomfret, Mar. 22, 1842, by Rev. Geo[rge] J. Tillotson, of Brooklyn	3	66
SCROGG, SCROGGS, Mary Ann, d. Robert, farmer, ae 21, & Mary, ae 21, b. July 8, [1850]	4	85
Robert, laborer, married, b. Ireland, res. Pomfret, d. Nov. 2, 1868, ae 40	5	17
SEARLES, SEARLE, Amey, housekeeper, widow, b. Warwick, R.I., res. Pomfret, d. Feb.. 28, 1865, ae 75 y. 9 m. 23 d.	5	15
Bela, shoemaker, married, b. Brooklyn, res. Pomfret, d. Sept. 28, 1859, ae 70	5	9
Charles Edwin, s. Edwin C. & Caroline, b Mar. 25, 1846	4	49
Daniel, s. Salter & Allice, b Mar. 10, 1767	1	85
Edgar, s. Henry S. & Elizabeth, b. Oct.. 1, [1849]	4	85
Edwin C., m. Caroline **MATHEWSON**, b. of Pomfret, Sept. 16, 1840, by Rev. D. Hunt	3	63
Salter, m, Allice **CADY**, Oct.. 24, 1765	1	110
Sarah, m. Samuel **WILLIAMS**, May 18, 1752	1	103
——, st. b. male, Dec.. 9, 1856	5	6
SEGAR, Abel, m. Mary **CONGDON**, b. of Pomfret, Feb.. 1, 1826, by James A. Boswell	3	19
Anna, housekeeper, b. S. Kingstown, R.I., res. Pomfret, d. Mar. 24, [1850], ae 88	4	89
Benjamin, of Windham, m. Martha **CONGDON**, of Pomfret, Mar. 29, 1830, by Amos Babcock, Elder. Intention published	3	29
Cha[rle]s Mathewson, d. July 6, 1860, ae 2 y. 5 m. 6 d.	5	10
Mary, m. Thomas **CONGDON**, b. of Pomfret, Dec.. 2, 1821, by Rev. James Grow	3	4
William, farmer, widower, b. S. Kingston, R.I., res. Pomfret,		

POMFRET VITAL RECORDS 259

	Vol.	Page
SEGAR, (cont.)		
d. Oct.. 13, 1852, ae 88 y. 9 m. 13, d.	5	1
SERMAN, [see also **SHERMAN**], Olive, of Pomfret, m. Alvan b. **BUGBEE,** of Woodstock, Mar. 7, 1838, by Rev Dexter Munger	3	54
SESSIONS, Abiah, d. Joseph &Elizabeth, b. July 13, 1722	1	34
Abijah, s. Lieut. Nath[anie]l & Joanna, b. Feb.. 1, 1726	1	9
Abijah, s. Lieut. Nath[anie]l & Joannah, d. Apr.. 12, 1753	1	10
Abijah, s. Abijah, late of Union & Joanna, b. June 2, 1753	1	39
Abner, s. Nath[anie]l & Joanna, b. May 4, 1722	1	9
Abner, s. Capt. Amasa & Hannah, d. Apr.. 17, 1763	1	30
Abner, s. Capt. Amasa Hannah, b. Feb.. 19, 17[ ]	1	29
Abner, s. Capt. Amasa & Hannah, b. Sept. 28, 17 [ ]	1	29
Alexander, s. Nath[anie]l & Joanna, b. Oct.. 4, 1713	1	9
Alexander, Jr. Nath[anie]l, had his ear bitten by a horse Dec. 5, 1717	1	10
Alexander, m. Silence **THAYER,** Jan. 12, 1740/41	1	3
Alexander, m. Huldah **PERIN,** Jan. 28, 1750/51	1	102
Alexander, Jr., m. Sarah **GROSVENOR,** Feb.. 24, 1774	2	52
Amasa, s. Nath[anie]l & Joanna, b. Aug. 13, 1715	1	9
Amasa, m. Mrs. Hannah **MILLER,** Oct.. 24, 1744	1	99
Amasa, s. Amasa & Hannah, b. Aug. 12, 174[ ]	1	29
Amasa, m. Esther **GROSVENOR,** Dec.. 15, 1775	2	67
Benjamin, s. Simeon & Sarah, b. Mar. 12, 1759	1	9
Betsey, d Robert & Anna, b. May 7, 1779	2	81
Charles, s. Robert & Anna, b. Dec.. 22, 1780	2	81
Charles D., s. Horace, laborer, ae 42, & Eliza, ae 27, b. June 9, 1849	4	82
C[h]loe, d. Simeon & Sarah, b. Oct.. 12, 1757	1	9
Darius, s. Nath[anie]l & Joanna, b. Aug. 17, 1717	1	9
Darius, s. Simeon & Sarah, b. Dec.. 6, 1747	1	9
Darius, s. [Hartley & Sally], b. Jan. 11, 1814	2	146
Eliakim Williams, s. Squire & Lucy, b. July 24, 1796	2	125
Elizabeth, d. Nath[anie]l & Joanna, b. Dec.. 11, 1707	1	9
Elizabeth, d. Joseph & Elizabeth, b. Sept. 17, 1725	1	34
Elizabeth, d. Simeon & Sarah, b. Nov. 4, 1754	1	9
Ellen Victoria, d. [Eliakim W. & Esther], b. Apr.. 10, 1837	4	51
Esther W., housekeeper, married, b. Woodstock, res. Pomfret, d. Dec. 20, 1863, ae 63 y. 3 m. 5 d.	5	13
Frances, d. Simeon & Sarah, b. Jan. 17, 1753	1	9
George Rhodes, s. Eliakim W. & Esther, b. Nov. 26, 1829	4	51
Hannah, d. Amasa & Hannah, b. Sept. 2, 175[ ]	1	29
Hannah, d. Capt. Amasa & Hannah, d. May 18, 1773	1	30
Hannah, d. [Hartley & Sally], b. Oct.. 23, 1811	2	146
Hartley, m. Sally **CRANDALL,** Aug. 21, 1803	2	146
Horace, s [Hartley & Sally], b July 2, 1804	2	146
Horace, laborer, married, d. Aug. 23, 1863, ae 59 y. 1 m. 21 d.	5	13
Isaac, s. Simeon & Sarah, b. Feb.. 4, 1761	1	9
Joanna, d. Lieut. Nath[anie]l & Joanna, b. Jan. 9, 1728/9	1	9
Joanna, d. Simeon & Sarah, b. Mar. 27, 1746	1	9
Joannah, w. Lieut. Nath[anie]l, d. Jan. 14, 1771	1	10
John, s. Nath[anie]l & Joanna, b. Aug. 14, 1711	1	9
John, s. Lieut. Nathaniel & Joannah, d. May 24, 1736	1	10
John, s. Amasa & Hannah, b. June 17, 1745	1	29
Joseph, m. Elizabeth **TAYLOR,** Oct. 16, 1721	1	1

SESSIONS, (cont.)

	Vol.	Page
Lewis, m. Mrs. Ellen **JEPSON**, b. of Pomfret, Feb.. 17, 1851, by Rev. Roswell Park	3	88
Lewis, cabinet maker, ae 29, of Pomfret, m. Ellen M. **JEPSON**, ae 40, b. Woodstock, res. Pomfret, Feb.. 17, [1851], by Roswell Park	4	92
Lucius, m. Mrs. Ellen Maria **JEPSON**, b. of Pomfret, Feb.. 17, 1851, by Roswell Park	3	88
Lucy, wid. [Squire], d. Sept. 19, 1834	2	125
Mary, d. Nath[anie]l & Joanna, b. Aug. 4, 1724	1	9
Mary, d. Capt. Amasa & Hannah, b. Feb.. 8, 1761	1	29
Nath[anie]l, s. Nath[anie]l & Joanna, b. Oct.. 22, 1709	1	9
Nathaniel, s. Amasa & Hannah, b. June 10, 175[ ]	1	29
Nath[anie]l, Lieut., & w. Joannah had d. Elizabeth Cutler, wid., who d. May 26, 1769	1	10
Nath[anie]l, Lieut., d. Sept. 26, 1771	1	10
Rebecca Garfield, d. [Hartley & Sally], b. May 1, 1809	2	146
Resolved, s. Simeon & Sarah, b. June 5, 1751	1	9
Resolved, m. Elizabeth **CHILD**, Dec.. 9, 1773	2	47
Robert, s. Amasa & Hannah, b. Mar. 4, 175[ ]	1	29
Robert, m. Anna **RUGGLES**, Apr.. 16, 1778	2	81
Sally, d. Simeon & Sarah, b. Jan. 30, 1770	2	17
Sally, d. Alexander, Jr. & Sarah, b. May 30, 1776	2	52
Sam[ue]ll, s. Amasa & Hannah, b. Nov. 26, 1746	1	29
Sarah, d. Simeon & Sarah, b. May 7, 1749	1	9
Silence, w. Elexander, d. Nov. 20, 1749	1	10
Simeon, s. Nath[anie]l & Joanna, b. Feb.. 11, 1719/20	1	9
Simeon, m. Sarah **DANA**, Mar. 7, 1744	1	99
Simeon, s. Simeon & Sarah, b. Mar. 17, 1762	1	9
Squire, s. Capt. Amasa & Hannah, b. Dec.. 23, 1761	1	29
Squire, m. Lucy **SUMMER**, Jan. 20, 1794	2	125
Squire, d. Sept. 26, 1826	2	125
Susan, m. Mason W. **SHERMAN**, b. of Eastford, Mar. 11, 1849, by Bela Hicks, Adm.	3	84
Susanna, m. William **STROBREDGE** [sic}, Jan. 13, 1774 (**TROWBRIDGE**)	2	53
Susanna, s. [d.] Amasa & Hannah, b Nov. 16, 17[ ]	1	29
Violette, d. Amasa & Esther, b. Mar. 5, 1777	2	67
William Fox., s. [Hartley & Sally], b. Jan. 11, 1816	2	146
Zoa, d. Simeon & Sarah, b. Feb.. 5, 1765	1	9
SHADDON, SHEDDON, Anna, d. John & Susannah, b. Jan. 31, 1772	2	33
John, m. Susannah **CADY**, May 21, 1771	2	33
John, s. John & Susannah, b. May 27, 1775	2	33
SHAIRES, SHARES, Thomas, s. Patrick & Maria, d. Dec.. 27, 1867, ae 70 y. 11 m.	5	16
——, s. Theodore & Maggie, d. Dec.. 22, 1867, ae 1 d.	5	16
SHANLEY, Ann, housewife, ae 21, b. Ireland, res. Brooklyn, Ct., m. Malachi **OLIN**, day laborer, ae 22, b. Ireland, res. Pomfret, Jan. 1, [1851], by Elder Dean	4	92
SHARPE, SHARP, Aaron, s. Solomon & Sarah, b. Sept. 19, 1756	1	47
Aaron, m. Elizabeth **THURBER**, Oct. 20, 1793	2	118
Abigail, m. Sam[ue]ll **GRIDLEY**, Jan. 31, 1722/3	1	2

	Vol.	Page
SHARPE, (cont.)		
Abigail, d. John & Dorcas. b. Apr.. 12, 1731	1	59
Abigail, d. John & Dorcas, d. Feb.. 19, 1740/41	1	60
Abigail, d. John & Dorcas, b. May 14, 1744	1	59
Abigail, w. William, d. Feb.. 15, 1753	1	60
Abigail T., of Pomfret, m. John P. **BARSTOW,** of Norwich, Aug. 27, 1850, by Rev. S. Haine, Abington Society	3	86
Abigail T., ae 25, b. Abington, m. John **BARSTOW,** merchant, ae 27, b. Canterbury, res. Norwich, Aug. 27, [1850], by Rev. S. Himes	4	92
Abigail Town, d. [George & Lucretia], b. Apr.. 1, 1825	2	167
Abishai, s. Isaac & Rebeckah, [b.] Oct.. 29, 1762	1	53
Abishai, s. Isaac & Rebecca., d. Oct.. 11, 1769	1	54
Abishai, s. W[illia]m & Sarah, b. Oct.. 25, 1772	1	96
Abishai, s. Asa & Sarah, b. Jan. 12, 1777	2	56
Abishai, m. Hannah **TROWBRIDGE,** Nov. 25, 1802	2	148
Abishai, farmer, b. Abington, res. Pomfret, d. Dec.. 2, [1850], ae 78	4	93
Abishai P., s. [Abishai & Hannah], b. Jan. 13, 1808	2	148
Alethea, d. William & Sarah, b. June 10, 176[ ]	1	96
Allice, w. Caleb, d. Nov. 8, 1834	2	23
Alice, [twin with Edwin], d. Pitt & Julia Ann, b. Sept. 1, 1843	4	35
Alvah, s. David & Chloe, b. Sept. 30, 1777	2	54
Amelia, d. David & Chloe, b. Feb.. 28, 1781	2	54
Andrew, s. [Abishai & Hannah],. Oct.. 3, 1810	2	148
Anna, d. Gershom & Hannah, b Sept. 12, 1761	1	59
Anna, d. Gershom & Hannah, d. Sept. 12, 1761	1	60
Artemus, [s. Abishai & Hannah], b. July 27, 1812	2	148
Asa, s. Isaac & Rebeckah, b. May 18, 1746	1	53
Asa, m. Sarah **SABIN,** Sept. 15, 1774	2	56
Asa Church, s. Asa & Sarah, b. Sept. 23, 1778	2	56
Augustus, s. David & C[h]loe, b. Nov. 4, 1775	2	54
Augustus, s. David & C[h]loe, d. Sept. 13, 1776	2	54
Augustus, s. David & Chloe, b. Sept. 9, 1779	2	54
Benjamin, s. Solomon & Sarah, b. Sept. 23, 1747	1	47
Benj[ami]n, m. Deborah **INGALLS,** Dec.. 19, 1751	1	103
Benjamin, m. Mary **CRAFT,** Mar. 5, 1755	1	105
Benj[ami]n, Jr., m. Ruth **FOSTER,** Sept. 26, 1771	1	116
Benj[ami]n, s. Benj[ami]n & Ruth, b. Sept. 27, 1786	2	55
Benj[ami]n, d. Apr.. 13, 1787	2	55
Betsey, d. Caleb & Allis, b. Sept. 22, 1784	2	23
Betsey, of Pomfret, m. Nathan **PAYSON,** of Woodstock, Feb.. 1, 1810	2	158
Caleb, s. Isaac & Rebeckah, b. Nov. 8, 1753	1	53
Caleb, m. Allice **SANGER,** Nov. 27, 1782	2	23
Caleb, [Sr.], d. Oct.. 22, 1833	2	23
Charles, [twin with Clement], s. William & Sarah, b. Nov. 10, 1778	1	96
Charles C., d. May 29, 1860, ae 7 y. 9 m. 29 d.	5	10
Charlotte, d. Elijah & Lois, b. Jan. 17, 1768	1	63
Charlotte, m. Noah **CARPENTER,** Apr.. 26, 1792	2	113
Chauncey Russ*, s. David & C[h]loe, b. Nov. 31 (sic), 1794 (*Perhaps "Rust"?)	2	54
Chester, s. William & Sarah, b. June 27, 1768	1	96

	Vol.	Page
SHARPE, (cont.)		
C[h]loe, d. Benj[ami]n, Jr. & Ruth, b. Apr.. 28, 1776	2	55
C[h]loe, d. David & C[h]loe, b. Aug. 6, 1789	2	54
Clarina, d. W[illia]m & Sarah, b Feb. 12, 1775	1	96
Clarina, d. William, d. Oct.. 14, 1779	1	97
Clarissa, of Pomfret, m. Henry T. **UTLEY**, of Hampton, Feb.. 25, 1839, by Rev. Nathan S. Hunt, of Abington	3	57
Clement, [twin with Charles], s. William & Sarah, b. Nov. 10, 1778	1	96
Clement, s. William, d. Oct.. 17, 1779	1	97
Clement, s. W[illia]m & Sarah, b. Nov. 15, 1782	1	96
Clement, m. Sarah **SHARP**, Mar. 15, 1811	2	166
Clement, [twin with Dwight], s. Clement & Sarah], b. Aug. 30, 1818	2	166
Clement, farmer, d. Sept. 20, [1849], ae 67	4	89
Clement D., m. Mary Ann **CHASE**, b. of Pomfret, [May] 11, [1842], by Rev. N. S. Hunt, of Abington	3	68
Clement D., m. Abby E. **AVERELL**, b. of Pomfret, Sept. 13, 1854, by rev.. D. Hunt	3	91
Clement Dwight, farmer, married, d. Apr. 8, 1858, ae 39 y. 7 m. 9 d.	5	8
Daniel, s. John & Dorcas, b. June 12, 1746	1	59
Daniel, s. Solomon & Sarah, b June 12, 1754	1	47
David, m. C[h]loe **HOLT**, Jan. 21, 1773	2	54
David, Holt, s. David & C[h]loe, b. Oct.. 30, 1791	2	54
Davis Ripley, s. [George & Lucretia], b. Feb.. 10, 1817	2	166
Davis Ripley, s. [George & Lucretia], b. Feb.. 10, 1817; d. Aug. 16, 1833	2	167
Deborah, d. Benjamin & Deborah, b. Nov. 27, 1752	1	59
Deborah, w. Benjamin, d. Dec.. 5, 1752	1	60
Deborah, d. Benjamin & Deborah, d. Apr. 17, 1753	1	60
Deborah Eliza, d. [willard & Hannah], b. July 26, 1804	2	144
Dolly, d. Robert & Sarah, b. Jan. 30, 1779	2	40
Dolly, m. Ebenezer **WITTER**, May 11, 1806	2	152
Dorcas, d. John & Dorcas, b. Jan. 20, 1737/8	1	59
Dorcas, w. Ens[ign] John, d. Oct.. 6, 1754 (The words "by Dorcas his wife" Inserted probably in error")	1	60
Dorcas, d. Elijah & Lois, b. Jan. 19, 1763	1	63
Dorcas, m. Moses **GROSVENOR**, Feb.. 10, 1765	1	110
Dorcas, d. Elijah & Lois, d. May 27, 1776	1	64
Dwight, [twin with Clement], s.[Clement & Sarah],b. Aug. 30, 1818	2	166
Edwin, [twin with Alice], s. Pitt & Julia Ann, b. Sept. 1, 1843	4	35
Elias, s. Elijah & Lois, b. July 12, 1765	1	63
Elias, s. Elijah & Lois, d. Feb.. 26, 1766	1	64
Elijah, s. John & Dorcas. b. Aug. 22, 1735	1	59
Elijah, m. Lois **HAMMON**, Aug. 3, 1762	1	110
Elijah, s. Elijah & Lois, b. June 12, 1773	1	63
Elijah, s. Elijah & Lois, d. July 8, 1776	1	64
Elizabeth, m. Nathan **GRIGGS**, June 26, 1740	1	100
Elizabeth, d. Gershom & Hannah, b. Oct.. 7, 1766	1	59
Elizabeth, d. Benj[amin], Jr. & Ruth, b. July 11, 1774	2	55
Elizabeth, m. William **WHIPPLE**, Feb. 1, 1798	2	55
Erastus, s. David & Chloe, b. Mar. 3, 1785	2	54
Easther, d. Isaac & Rebeckah, b. Oct. 3, 1749	1	53
Easther, d. Solomon & Sarah, b. Jan. 31, 1764	1	47

POMFRET VITAL RECORDS 263

	Vol.	Page
SHARPE, (cont.)		
Easther, d. Isaac & Rebecca, d. Oct.. 5, 1769	1	54
Esther, d. Asa & Sarah, b. June 12, 1775	2	56
Esther, d. Asa & Sarah, d. Sept. 4, 1777	2	56
Esther, m. John **ROBERTSON**, Jan. 22, 1784	2	2
Eunice, d. Gershom & Hannah, b. Sept. 30, 1764	1	59
Evan, s. Walter & Molly, b. Dec.. 4, 1800	2	121
George, s. Robert & Sarah, b. Jan. 23, 1786	2	40
George, s. [Walter & Molly], b. Sept. 30, 1802	2	121
George, m. Lucretia **ROBINSON**, Mar. 28, 1816	2	166
George, m. Lucretia **ROBINSON**, Mar. 28, 1816	2	167
George, farmer, married, d. Apr.. 15, 1862, ae 76 y. 2 m. 23 d.	5	12
George H., [s. Abishai & Hannah], b. Nov. 26, 1815	2	148
George H., butcher, married, s. Abishai & Hannah, d. Mar. 19, 1866, ae 50 y. 3 m. 21 d.	5	16
Gershom, s. Isaac & Rebeckah, b. Nov. 5, 1744	1	53
Gershom, m. Hannah **DANA**, June 5, 1755	1	105
Gershom, m. Sarah **RICHARDSON**, Dec.. 11, 1783	2	65
Hannah, d .Gershom & Hannah, b. Feb.. 27, 1760	2	37
Hannah, m. Solomon **CLEVELAND**, Apr.. 19, 1781	2	110
Hannah T., d. Geo[rge] H., farmer, ae 35, & Mary P., ae 35, b. July 2, [1850]	4	86
Hannah Trowbridge, d. [Abishai & Hannah], b. Nov. 1, 1803	2	148
Harriet, d. Walter & Molly, b. May 25, 1796	2	121
Harriet, of Pomfret, m. Samuel **TRUESDELL**, Jr., of Thompson, Dec.. 15, 1823, by Rev. James Porter	3	10
Harriet R., m. Charles **ALLEN**, [Sept.] 13, [1843], by Rev. N. S. Hunt, of Abington	3	71
Harriet Robinson, d. [George & Lucretia], b. Nov. 17, 1822	2	167
Harvey, s. David & C[h]loe, b. Dec.. 27, 1773	2	54
Herbert, s. [Pitt & Julia Ann], b. Dec.. 14, 1845	4	35
Hezekiah Davis, s. [clement & Sarah], b. Dec.. 9, 1811	2	106
Holland, s. Asa & Sarah, b. Dec.. 23, 1785	2	56
Huldah, s. Solomon & Sarah, b. Oct.. 3, 1749	1	47
Isaac, m. Rebeckah **CHURCH**, Jan. 5, 1743/4	1	3
Isaac, m. Rebeckah **CHURCH**, June 5, 1743/4	1	99
Isaac, s. Gershom & Hannah, b. Dec.. 3, 1758	1	59
Isaac, s. Gershom & Hannah, d. Apr.. 27, 1759	1	60
Isaac, s. Asa & Sarah, b. Nov. 16, 1780	2	56
Isaac, [Sr.], d. Nov. 20, 1798	1	54
Joanna, d. John, Jr. & Lucy, b. Oct.. 16, 1758	1	60
Joanna, d. John, Jr. & Lucy, d. Oct.. 26, 1764	1	61
Joanna, d. John, Jr. & Lucy, b. Aug. 5, 1769	1	60
Joanna, m. Nathaniel **AYER**, May 16, 1802	2	113
John, s. John & Dorcas, b. Feb.. 5, 1725/6	1	59
John, m. Dorcas **DAVIS**, Sept. 1, 1731 (1721?)	1	2
John, Jr., m. Lucy **WARREN**, Dec.. 5, 1754	1	104
John, s. John Jr. & Lucy, b. Aug. 30, 1767	1	60
John, Sr., d. May 10, 1779	1	60
John Alexander, s. [Willard & Hannah], b. May 24, 1808	2	144
John S. Dexter, s. [Tho[ma]s & Phebe], b. July 5, 1817	2	166
John Spring, s. [Abishai & Hannah], b. Mar. 29, 1805	2	148

	Vol.	Page
SHARPE, (cont.)		
John Warren, s. [Oliver & Clarissa], b. Mar. 16, 1803	2	153
Joseph, m. Elizabeth **CADY**, Nov. 10, 1738	1	109
Joseph, s. William & Abigail, d. Sept. 10, 1760, at Fort Brenton in His Majesties Service	1	60
Joseph K., [s. Abishai & Hannah], b. May 29, 1817	2	148
Julia A., housekeeper, widow, b. Woodstock, res. Pomfret, d. [ ] **DEAN**, d. Aug. 19, 1869, ae 60	5	18
Kezia, d. Solomon & Judith, b. Feb.. 2, 1768	1	47
Leonard, s. Asa & Sarah, b. Mar. 28, 1791	2	56
Levina, d. Gershom & Hannah, b. June 28, 1768	1	59
Liberty, s. Caleb & Allice, b. Dec.. 30, 1790	2	23
Lois, d. Gershom & Hannah, b. June 27, 1757	1	59
Louis, m. Elijah **CARPENTER**, Jan. 4, 1776	2	72
Lucia, d. Caleb & Allis, b. Mar. 29, 1787	2	23
Lucia, d. Caleb & Allice, d. Mar. 3, 1790	2	23
Lucretia Maria, d. [George & Lucretia], b. Aug. 31, 1820	2	167
Lucretia Maria, of Abington, m. George **AVERELL**, of Griswold, Mar. 17, 1846, by Rev. Edward Pratt. Intention published in Abington Cong. Meeting House	3	78
Lucy, d. Solomon & Sarah, b. Apr.. 22, 1746	1	47
Lucy, d. Robert & Sarah, b. Apr.. 17, 1777	2	40
Lucy, d. Aaron & Elizabeth, b. Sept. 28, 1794	2	118
Lucy, d. [Oliver & Clarissa], b. Feb.. 16, 1806	2	153
Lucy, of Pomfret, m. Capt. Lucius **CARTER**, of Canterbury, Mar. 29, 1830, by Rev.. Charles Fitch, of Abington	3	29
Luther, s. Walter & Molly, b. Nov. 26, 1797	2	121
Luther, s. Walter, d. Oct.. 5, 1799	2	121
Martha Hedge, [d. George & Lucretia], b. Dec.. 20, 1831	2	167
Mary, d. John & Dorcas, b. July 10, 1733	1	59
Mary, m. Ephraim Ingalls, Dec.. 19, 1751	1	103
Mary, d. Gershom & Hannah, b. Mar. 29, 1756	1	59
Mary, d. Robert & Sarah, b. June 21, 1774	2	40
Mary, d. Robert & Sarah, d. Nov. 27, 1775	2	40
Mary, d. Robert & Sarah, d. Feb.. 14, 1776	2	40
Mary, d. [Walter & Molly], b. Mar. 15, 1804	2	121
Mary, m. George **WILLIAMS**, b. of Pomfret, Apr.. 2, 1822, by Rev. Walter Lyon, of Abington Society	3	5
Mary Ann, of Pomfret, m. Asa **KIMBALL**, of Hampton, Dec.. 6, 1830, by Rev. Charles Fitch, of Abington	3	30
Mary Ann, housekeeper, married, Dec.. 6, 1853, ae 35	5	3
Metilda, d. John, Jr. & Lucy, b. Nov. 18, 1760	1	60
Metilda, d. John, Jr. & Lucy, d. Oct.. 25, 1764	1	61
Metilda, d. John, Jr. & Lucy, b. Apr.. 27, 1772	1	60
Metilda, d. John, Jr. & Lucy, d. Oct.. 24, 1772	1	61
Matilda, d. David & Chloe, b. May 13, 1783	2	54
Nancy, d. Walter & Molly, b. Aug. 24, 1799	2	121
Nancy, d. Walter, d. Oct.. 5, 1799	2	121
Oliver, s. John, jr. & Lucy, b. Apr.. 14, 1755	1	60
Oliver, s. John, Jr. & Lucy, d. Oct.. 15, 1764	1	61
Oliver, s. John, Jr. & Lucy, b. Sept. 15, 1765	1	60
Oliver, m. Clarissa **INGALLS**, June 6, 1802	2	153
Orinda, d. Benj[ami]n, Jr. & Ruth, b. Jan. 24, 1781	2	55

POMFRET VITAL RECORDS 265

	Vol.	Page
SHARPE, (cont.)		
Parley, s. Asa & Sarah, b. Aug. 23, 1787	2	56
Pitt, s. Caleb & Allice, b. Dec.. 25, 1792	2	23
Polly, d. Asa &b Sarah, b. Apr.. 23, 1789	2	56
Ralph, s. David & Chloe, b. Jan. 5, 1787	2	54
Rebeckah, d. Isaac & Rebeckah, b. Nov. 26, 1751	1	53
Rebecca, w. Isaac, d. Sept. 15, 1777	1	54
Rebeckah, m. Timothy **UNDERWOOD**, Nov. 8, 1787 (The words "error by mistake" follow this entry)	2	93
Rebeckah, m. Timothy **UNDERWOOD**, [ ]	2	102
R[e]uben, s. John, Jr. & Lucy, b. June 25, 1763	1	60
Robert, s John & Dorcas, b. Feb.. 14, 1728/9	1	59
Robert, s. Ens[ign] John & Dorcas, d. Feb.. 13, 1740/41	1	60
Robert, s. John & Dorcas, b. May 2, 1742	1	59
Robert, m. Sarah **DAVIS**, Dec.. 30, 1772	2	40
Robert, Dead., d. June 30, 1825	2	40
Robert D., m. Syrena **ROBINSON**, Jan. 26, 1820	2	147
Robert Davis, s. Robert & Sarah, b. Aug. 21, 1790	2	40
Rufus, s. Benj[ami]n, Jr. & Ruth, b. Dec.. 3, 1777	2	55
Sabra, d. Isaac & Rebeckah, b. Feb.. 10, 1747	1	53
Sally, d. Asa & Sarah, b. Aug. 12, 1782	2	56
Sam[ue]ll, s. Solomon & Judith, b. Oct.. 8, 1765	1	47
Sam[ue]l, s. Solomon, d. Jan. 16, 1766	1	48
Sarah, d. Solomon & Sarah, b. July 22, 1743	1	47
Sarah, w. Solomon, d. Aug. 1, 1762	1	48
Sarah, d. Robert & Sarah, b. Mar. 22, 1781	2	40
Sarah, m. Clement **SHARPE**, Mar. 15, 1811	2	166
Sarah, w. Dead. Robert, dl June 16, 1813	2	40
Sarah, d. [Clement & Sarah], b. Aug. 23, 1813	2	166
Sarah, w. Gershom, 2d, d. Dec.. 2, 1813	2	65
Solomon, m Sarah **GOODELL**, dec.. 14, 1739	1	99
Solomon, s. Solomon & Sarah, b. Sept. 13, 1744	1	47
Solomon, m. Judeth **NOLTON**, Mar. 3, 1763	1	111
Solomon, Jr., m. Rebeckah **PURKINS**, Dec.. 18, 1772	1	116
Sophia, d. Robert & Sarah, b. July 28, 1783	2	40
Sophia, d. Robert & Sarah, d. Mar. 21, 1784	2	40
Sophia, d. Robert & Sarah, b. Mar. 18, 1793	2	40
Stephen, s. Benj[ami]n, Jr. & Ruth, b. Dec. 17, 1782	2	55
Tho[ma]s, m. Phebe **DEXTER**, May 10, 1812	2	166
Walter, s. Gershom & Hannah, b. Dec.. 5, 1762	1	59
Walter, s. Gershom & Hannah, b. Aug. 1, 1772	2	37
Walter, s. M. Molly **FARRINGTON**, Sept. 19, 1793	2	121
Walter, s. Walter & Molly, b. Jan. 23, 1795	2	121
Wilkes, s. Caleb & Allis, bl July 28, 1789	2	23
Willard, s. Gershom & Hannah, b. July 12, 1774	2	37
Willard, m. Hannah **HIDE**, Mar. 1, 1803	2	144
Willard Fisher, s. [Tho[ma]s & Phebe], b. July 30, 1814	2	166
William, s. John & Dorcas, b. Mar. 27, 1740	1	59
William, d. Nov. 20, 1751	1	60
William, m. Sarah **FERRINGTON**, Feb.. 9, 17[ ]	1	111
William Farrington, s. [Abishai & Hannah], b. Dec.. 15, 1806	2	148
William Pitt, s. Pitt & Julia Ann, b. July 14, 1840	4	35

	Vol.	Page
SHARPE, (cont.)		
—, d. George H., farmer, ae 35, & Mary P., ae 38, b July 17, 1849	4	81
—, child of William & Sarah, b. [ ]	1	96
SHAVILIER, Elias, m. Mary **ADAMS,** May 1, 1735	1	2
Elias, s. Elias & Mary, b. Jan. 1, 1742/3	1	69
Hannah, d. Elias & Mary, b. Mar. 16, 1744/5	1	69
John, s. Elias & Mary, b. June 17, 1740	1	69
Peter, s. Elias & Mary, b. Jan. 25, 1735/6	1	69
Richard, s. Elias & Mary, b. Dec.. 10, 1737	1	69
SHAW, Abigail, m. Joshua Ra[y]mond, Feb.. 5, 1761	1	109
Anna, d. John & Thankfull, b. May 26, 1731	1	52
Benjamin, s. Joseph & Mary, b. Dec.. 31, 1761	1	52
Benjamin, s. Joseph & Mary, d. Dec. 31, 1761	1	89
Cheney, s. Joseph & Mary, b. Dec.. 10 1754	1	52
Cheney, s. Joseph & Mary, b. Dec.. 20, 1754	1	89
Foster, s. Joseph & Mary, b. Nov. 10, 1763	1	52
Foster, s. Joseph & Mary, b. Nov. 10, 1763	1	89
Gratis, d. Joseph & Mary, b. Nov. 10,1767	1	89
Hannah, d. Joseph & Mary, b. Mar. 27, 1770	1	89
Jemima, d John & Thankfull, b. Feb.. 19, 1734/5	1	52
Jemima, d. John & Thankfull, d. Mar. 7, 1734/5	1	53
John, s. Joseph & Susannah, b. Apr.. 16, 1704	1	23
John, m. Thankfull **FOSTER,** May 22, 1728	1	2
John, s. John & Thankfull, b. May 21, 1741	1	52
John, sm Mrs. Kezia **SNOW,** May 1, 1754	1	104
John, s Joseph & Mary, b. June 18, 1758	1	52
John, s. Joseph & Mary, b. June 18,1758	1	89
Joseph, s. John & Thankfull, b. Apr.. 15, 1729	1	52
Joseph, m. Mary **CHENEY,** Feb.. 11, 1754	1	103
Joseph, s. Joseph & Mary, b. Oct.. 22, 1756, at Woodstock	1	52
Joseph, s. Joseph & Mary, b. Oct.. 22, 1756	1	89
Kezia, d. Joseph & Mary, b. June 9, 1760	1	52
Kezia, d. Joseph & Mary, b. June 9, 1760	1	89
Lucinda Cheney, d. Joseph & Mary, b. July 26, 1774	1	89
Molley, d. Joseph & Mary, b. Dec.. 10, 1765	1	52
Susanna, d. John & Thankfull, b. May 26, 1733	1	52
Thankfull, w. John, d. Aug. 3, 1752	1	53
SHAWAN, Charles, m. Hannah **BADCOCK,** June 13, 1776	2	1
SHAYS, Daniel, laborer, married, b Ireland, res. Pomfret, d Mar. 19, 1868, ae 27	5	17
SHELLEY, Lorinda G., housekeeper, married, b. Canterbury, res. Pomfret, d. Feb.. 14, 1862, ae 49 y. 11 m. 30 d.	5	12
SHEPHARD, SHEPHERD, Dorcas, m. Edward **GOODELL,** Jr., Dec. 1, 1774	2	58
Luce, m. Ezek[ie]l **SPICER,** Aug. 30, 1739 (?)	1	2
SHERMAN, [see also **SERMAN**], Abigail S., of Pomfret, m. William M. **BALCKMAN,** of Coventry, Jan. 26, 1842, by R. V. Lyon, Elder	3	66
Benjamin, m. Roxey **UTLEY,** Feb.. 8, 1798	2	132
David, s. David & Abigail, b. July 12, 1785	2	29
Elizabeth, d. David & Abigail, b. Nov. 10, 1787	2	29
George Hastings, s. [Benjamin & Roxey], b. July 31, 1798	2	132

	Vol.	Page
SHERMAN, (cont.)		
Harvey Utley, s. [Benjamin & Roxey], b. Apr.. 7, 1800	2	132
Jane A., d. William E. & Lucy, b. Jan. 11, 1841	4	58
Louisa M., d. Daniel L., farmer, ae 31, & Olive M., ae 29, b. Oct.. 8, 1847	4	76
Lydia, m. John R. **STODDARD**, b. of Pomfret, Dec.. 11, 1832, by Rev. Nicholas Branch	3	35
Maria M., of Pomfret, m. Hiram **CORBIN**, of Union, Sept. 15, 1847, by Rev. Edward A. Lyon, Eastford	3	81
Maria M., ae 26, of Pomfret, m. Haman (?) **CORBAN**, farmer, ae 38, of Union, Sept. 15, 1848, by Edward A. Lyon	4	79
Mary, d. David & Abigail, b. Mar. 5, 1793	2	29
Mary W., of Ashford, m. Edward M. **WASHBURN**, of Killingly, May 18, 1846, by Benjamin Congdon	3	79
Mason Stead, s. David & Abigail, b. June 4, 1783	2	29
Mason W., of Eastford, m. Susan **SESSIONS**, of Eastford, Mar. 11, 1849, by Bela Hicks, Adm.	3	84
William, s. David & Abigail, b. June 29, 1781	2	29
William, m. Roxana **HIDE**, Sept. 13, 1808	2	155
William, s. [William & Roxana], b. Aug. 16, 1809	2	155
William, farmer, d. June 17, 1848, ae 67	4	80
William Harris, s. [Benjamin & Roxey], b. May 5, 1802	2	132
Zephaniah, s. David & Abigail, b. June 21, 1779	2	29
Zephaniah, m. Betsey **ALLTON**, Nov. 15, 1804	2	149
SHERN, Ellen J., housekeeper, married, b. Ireland, res. Pomfret, d. Patrick **FALLOW**, d. Dec.. 9, 1868, ae 28	5	17
-----, st. b. child of Patrick, d. Dec.. 9, 1868 (Perhaps Ahern)	5	17
SHINGLETON, Francis, d. Thomas **SHINGLETON** & Ann **WHIPWELL**, b. Mar. 10, 1763	1	92
Frances, m. Amos **ROBBINS**, Jan. 15, 1787	2	31
SHIPPER, Almy, married, d. Sept. 28, 1854, ae 28	5	4
Hazard, m. Phila Ann **KING**, [Mar.] 23, [1833], by Rev. Nicholas Branch	3	36
SHORT, Patience, m. Nehemiah **DODGE**, Apr.. 27, 1800	2	135
SHUMWAY, Alfred Leavens, s. Elijah & Chloe, b. Aug. 25, 1795	2	124
Betsey, d. Elijah & Chloe, b. Apr.. 10, 1788	2	124
Clarey, d. Elijah & Chloe, b. Mar. 18, 1790	2	124
Elijah, m. Chloe **GRIGGS**, Dec.. 12, 1787	2	124
Huldah, of Thompson, m. John E. **WILLIAMS**, of Pomfret, Dec.. 31, 1837, by Rev. Bela Hicks	3	52
Jeremiah, m. Mary **APLIN**, Aug. 23, 1825, by James A. Boswell	3	17
Sally, d. Elijah & Chloe, b. June 19, 1793	2	124
SIMMONS, Abigail, m. Calvin **CADY**, Apr.. 17, 1783	2	127
SIMON, Jonathan, m. Peggy **HOWARD**, Dec.. 12, 1780	2	92
SKELTON, Ame, m. Jacob **WILSON**, Nov. 12, 1748	1	101
SKINNER, Elizabeth, Mrs., m. William **SABIN**, Jr., Fb. 27, 1766	1	112
Sarah, m. Ephraim **TUCKER**, Jr., May 29, 1811	2	161
Susannah, single, b. Woodstock, res. Pomfret, d. Ebenezer, d. Sept. 13, 1866, ae 83 y. 4 m. 3 d.	5	16
SLADE, **SLEAD**, Abigail, d. Jonathan & Anna, b. Apr.. 13, 1778	2	39
Abigail, m. Daniel **FITTS**, Apr. 22, 1806	2	155
Anna, d. Jonathan & Anna, b. Sept. 11, 1772, in Swanzey, Mass.	2	39

268   BARBOUR COLLECTION

	Vol.	Page
SLADE, (cont.)		
Betsey, d. Jonathan & Anna, b. Jan. 24, 1790	2	39
Jobe, s. Jonathan & Anna, b. May 21, 1780	2	39
Jonathan, 2d, s. Jonathan & Anna, b. July 27, 1774, in Swanzey, Mass.	2	39
Jonathan, [Sr.], d. Sept. 4, 1806	2	39
Lucy, of Woodstock, m. Thomas G. **CHANDLER**, of Pomfret, Nov. 15, 1841, by Rev. N. S. Hunt, of Abington	3	65
Lydia, d. Jonathan & Anna, b. Apr.. 15, 1787	2	39
Mary, d. Jonathan & Anna, b. Mar. 31, 1782	2	39
Mercy, d. Jonathan & Anna, b. Nov. 26, 1792	2	39
Nelson W., m. Eliza **POTTER**, b. of Pomfret, Apr.. 27, 1831, by Rev. Charles Fitch, of Abington	3	32
Phebe, d. Jonathan & Anna, b. July 5, 1785	2	39
Russell Mason, s. Jonathan & Anna, b. June 3, 1795	2	39
SLEAD, [see under **SLADE**]		
SMALL, Lucinda, of Woodstock, m. Marvin **BALL**, of Pomfret, June 28, 1846, by Rev. D. Hunt	3	79
SMITH, Abigail, d. Tho[ma]s & Abigail, b. Apr.. 2, 1734	1	66
Abigail, d. Benj[ami]n & Abigail, b. July 3, 1755	1	52
Abigail, m. Sam[ue]ll Miller **BROWN**, Oct.. 19, 1780	2	92
Albert, s. [Daniel & Hannah], b May 6, 1845	4	47
Alexander S., of Stonington, m. Hannah **CHANDLER**, of Pomfret, May 14, 1822, by Rev James Porter	3	6
Amasa, of Pomfret, m. Cynthia **PAINE**, of Eastford, May 21, [1849], by Charles Osgood, J.P.	3	85
Amasa, farmer, ae 24, & Cynthia Paine, ae 18, housekeeper, b. Eastford, May 21, 1849, by Cha[rle]s Osgood	4	83
Ann C., of Pomfret, m. Wheeler **BARRETT**, of Thompson, Apr.. 24, 1825, by Milton French	3	16
Anna, m. Nathan **LAW**, Mar. 6, 1831, by Rev. E. b. Kellogg, of Brooklyn & Pomfret	3	31
Anson, of Glocester, R.I., m. Rispah D. **BROWN**, of Killingly, May 7, 1845, by Rev. Benjamin Congdon	3	76
Asa, s. Benjamin & Abigail, b. May 9,1752	1	27
Asa, s. Benjamin & Abigail, b. May 9, 1752	1	52
Asa, s. Henry & Rachel, b. Mar. 1, 1781	2	78
Ben[ja]min, m. Abigail **SPRAGUE**, Sept. 20, 1751	1	103
Benjamin, s. Benj[ami]n & Abigail, b. Dec. 6, 1753	1	52
Betsey, d. John R. & Molly, b. Sept. 22, 1797	2	39
Betsey, of Pomfret, m. David **TALBUT**, of Killingly, Apr. 14, 1822, by Rev. Joseph Ireson	3	6
Blodget, s. Tho[ma]s & Abigail, b. Aug. 9, 1744	1	66
Charles, s. Daniel, farmer, 45, & Hannah, ae 38, b. Mar. 27, [1850]	4	86
Charles, infant, d. Apr.. 23, [1850]	4	89
Charles P., laborer, married, d. Nov. 3, 1858, ae 28 y. 9 m. 12 d.	5	8
Daniel, s. Thomas & Elizabeth, b. June 4, 1770	1	40
Daniel, of Pomfret, m. Hannah S. **EASTERBROOKS**, of Woodstock, [Oct.] 15, [1834], by Nathan S. Hunt, Abington	3	42
Daniel, farmer, married, b. Woodstock, res. Pomfret, d. Mar. 10, 1861, ae 55 y. 11 m. 15 d.	5	11
Dorothy, [s. John], d. Mar. 6,1791	2	39

POMFRET VITAL RECORDS 269

	Vol.	Page
SMITH, (cont.)		
Ebenezer, s. John & Dorothy, b. Mar. 10, 1784	2	39
Elijah, s. Benjamin & Abigail, b. Apr.. 8, 1763	1	52
Elizabeth, d. Benj[ami]n & Abigail, b Apr.. 1, 1758	1	52
Ellen, d. [Daniel & Hannah], b. Nov. 1, 1838	4	47
Ellen, d. Daniel & Hannah, b. Nov. 1, 1838	4	62
Esther, d. Benj[ami]n & Abigail, b. Jan. 23, 1757	1	52
Eunice, d. Thomas & Elizabeth, b. Apr.. 13, 1767	1	40
Ezekiel, m. Mary **BARKER**, Aug. 11, 1748	1	103
George S., s.[Daniel & Hannah], b. Nov. 20, 1836	4	47
Hannah, d. Tho[ma]s & Abigail, b. Aug. 24, 1737	1	66
Hannah, d. Benj[ami]n & Abigail, b. Oct.. 8, 1772	2	31
Hannah, d. Daniel, plough maker, ae 42, Hannah, ae 37, b. Aug. 15, 1848	4	76
Henry, m. Rachel **FOSTER**, Jan. 25, 1775	2	78
Horace, single, black, d. Aug. 21, 1853, ae 9 m. 13 d.	5	2
James, s. John & Dorothy, b. July 20, 1781	2	39
Jane, m Amos James, Feb.. 19, 1761	1	109
John, m. Dorothy **BACON**, Oct.. 26, 1780	2	39
John, d. Feb.. 18, 1801	2	39
John Foster, s. Henry & Rachel, b. Oct.. 29, 1777	2	78
John R., m Molly **BACON**, Nov. 6, 1796	2	39
Jonathan, s. Phinehas & Rebeckah, b. Apr.. 11, 1744	1	65
Jonathan, s. Thomas & Elizabeth, b. Apr.. 25, 1775	1	40
Josiah, m. Lavina **SABIN**, Feb.. 15, 1781	2	96
Lewis, s. [Daniel & Hannah], b. July 2, 1851	4	47
Lewis, s. Daniel, plow maker, ae 46, b. July 2, [1851]	4	91
Louisa, m. Cyrel **LEE**, Nov. 22, 1787	2	115
Lydia, m. Samuel **PAIN**, May 15, 1735	1	2
Mary, m. Ezra **BOWMAN**, Nov. 3, 1748	1	101
Mary, m. Daniel **ROBINSON**, Nov. 16, 1749	1	105
Mary, m. William **COPELAND**, May 3, 1753	1	104
Mary, d. Benj[ami]n & Abigail, b. May 13, 1761	1	52
Mary, m. John **INGALLS**, Nov. 19, 1778	2	81
Mary, d. [Daniel & Hannah], b. Aug. 15, 1847	4	47
Mary C., single, b. Stonington, res. Pomfret, d. Nov. 19, 1853, ae 27 y. 2 m. 13 d.	5	3
Mary Elizabeth, m. Charles Edwin **HALL**, b. of N[ew] York, [June] 10, [1835], by Rev. L. H. Carson, of Windham	3	45
Matthews. S. Matthais & Comfort, b Aug. 30, 1759	1	79
Matthew, s. Thomas & Elizabeth, d. [ ], 1759, at Quebec "from a wound received from the enemies"	1	53
Matthew, s. Benj[ami]n & Abigail, b. Jan. 17, 1760	1	52
Matthias, m. Comfort **CARPENTER**, Sept. 28, 1758	1	107
Molle, d. Tho[ma]s & Abigail, b. Sept. 29,1740	1	66
Nancy Cady, d. John R. & Molly, b. July 18, 1800	2	39
Olive, d. Phinehas & Rebeckah, b. Aug. 17, 1736	1	65
Orrin, d. Oct.. 1, 1857, ae 2 y. 2 m. 18 d.	5	7
Patte, d. Benj[amin] & Abigail, b. Mar. 6, 1771	1	52
Peggy, m. Ephraim **PEAKE**, Apr.. 1, 1773	1	116
Ransford, s. Benj[ami]n & Abigail, b. May 4, 1767	1	52
Rhoda Bacon, d. John & Dorothy, b. June 4, 1786	2	39

	Vol.	Page
SMITH, (cont.)		
Rockwell, d. Jan. 6, 1853, ae 83	5	1
Samuel, s. Benj[ami]n & Abigail, b. May 6, 1769	1	52
Sarah, d. Phinehas & Rebeckah, b. Dec.. 12, 1734	1	65
Sarah, d. Benjamin & Abigail, b Aug. 2, 1765	1	52
Sarah, d. John & Dorothy, b. Sept. 20, 1788	2	39
Sarah, d. [Daniel & Hannah], b. Oct.. 13, 1840	4	47
Sarah, d. [Daniel & Hannah], b. Oct.. 13, 1840	4	62
Sibbel, d. Thomas & Elizabeth, b. Oct.. 25, 1763	1	40
Susanna, d. John & Dorothy, b. Aug. 27, 1790	2	39
Syrana, d. Henry & Rachel, b Aug. 6, 1776	2	78
Thomas, s. Phinehas & Rebeckah, b. Jan. 24, 1738/9	1	65
Thomas, m. Elizabeth **WHEELER**, Dec.. 16, 1762	1	110
Thomas P., m. Dorothy **INGALLS**, b. of Abington, May 20, 1846, by H. Slade	3	79
Trueworthy, s. Abiezeir & Luseann, b. July 16, 1799	2	4
William, s. Phinehas & Rebeckah, b. Apr.. 23, 1741	1	65
William, s. Daniel & Hannah, b. Feb.. 10, 1835	4	47
Zerviah, d. John & Mehetabel, b. Nov. 7, 1741	1	66
-----, d. Amasa, laborer, ae 28, b. Jan. 12, [1851]	4	91
SNOW, Caroline, m Jeremiah **KING**, b. of Pomfret, Dec.. 22, 1834, by Nich[olas] Branch	3	43
Fannie M., school-teacher, b. Chaplin, res. Pomfret, d. June 8, 1863, ae 22 y. 9 m. 25 d.	5	13
Hezekiah, of Woodstock, m. Sally Ann **WHITE**, of Pomfret, Mar. 2, 1823, by Rev. John Paine, of Hampton	3	8
Hezekiah, m. Nancy M. **STODDARD**, b. of Pomfret, Dec.. 28, 1846, by Rev. I. J. Burgess	3	77
Jemima, housewife, single, b. Ashford, res. Pomfret, d. July 10, 1854, ae 73	5	4
Kezia, Mrs., m. John **SHAW**, May 1, 1754	1	104
Lyman, of Ware, Mass., m. Almira **BUCK**, of Pomfret, May 9, 1832, by rev.. George J. Tillotson	3	34
Ruth, m. Isaac **KING**, b. of Pomfret, Dec.. 22, 1834, by Nicho[las] Branch	3	43
Wyman, of Ashford, m. Lucy **BAKER**, of Pomfret, Jan. 29, 1826, by John Holbrook, J.P.	3	19
SOLE, [see also **SOULE**], Toary s. Beza & Zurviah, b. July 3, 1800	2	3
SOULE, [see also **SOLE**], Jonathan, m. Mary **ROACH**, Feb.. 12, 1778	2	43
SPARKS, Jane, m. Joseph **ROSS**, Feb.. 25, 1741	1	104
Moses, d. June 12, 1757	1	4
SPAULDING, SPALDING, SPAULDEN, Abel, m. Mehetabel **CADY**, June 28, 1770	1	116
Abigail, d. Reuben & Hannah, b. May 19, 1786	2	10
Abigail, d. Reuben & Hannah, d. Mar. 2. 1788	2	10
Azubah, d. Reuben & Hannah, b. Oct.. 19, 1790	2	10
Azubah, d. Reuben & Hannah, d. June 7, 1810	2	10
Azubah, d. Rebuen, Jr. & Maria, b. Dec. 11, 1831	4	21
Barniss, m. Mary **ANGELL**, Jan. 8, 1807	2	2
Barnice, m. Lucressia **DRESSER**, Feb. 13, 1812	2	2
Benj[ami]n, d. May 8, 1747	4	9
Benjamin Carter, s. Benj[amin], b .Mar. 6, 1826	4	9

SPAULDING, (cont.)

	Vol.	Page
Betsey, m. Lathrop **CHANDLER**, Apr.. 30, 1811	2	74
Chandler A., of Killingly, m. Charity **GILBERT**, of Pomfret, "last evening" {Feb.. 12, 1835], by Rev. Job Hall, of Ashford	3	44
Cynthia, [d. Benjamin & Pamelia], b. Apr.. 14, 1831	4	9
Demaris, m. William **MORS**, Oct.. 28, 1741	1	3
Elizabeth, w. Capt. Zech[aria]h, d. Apr.. 12, 1752	1	79
Elizabeth, d. Abel & Mehetable, b. Dec.. 26, 1773	2	29
Elnathan, s. Tho[ma]s & Abig[ai]ll, b. Nov. 16, 1743	1	4
Erastus, s. Reuben & Hannah, b. June 22, 1795	2	10
Eunice, m. Abel **GROSVENOR**, Mar. 1, 1808	2	154
Hannah, w. Reuben, d. Mar. 9, 1823	2	10
Hannah, b. Brooklyn, res. Pomfret, d. Dec.. 2, 1847, ae 88	4	80
Hannah Jefferds, d. Barniss & Mary, b. June 29, 1807	2	2
Henry P., s. Benjamin] & P[amelia], b. June 24, 1829	4	9
Josiah, s. Reuben & Hannah, b. Feb.. 24, 1793	2	10
Loranny, d. Reuben & Hannah, b. Oct.. 30, 1797	2	10
Lorany, m. Joseph **RUSSELL**, b. of Pomfret, June 14, 1820, by Rev. Walter Lyon, Abington	3	1
Louisa b., of Thompson, m. Hezekiah **CONGDON**, of Pomfret, June 4, 1838, by Rev. T. Fitts, of Thompson	3	55
Lidia, m. Joseph Royal **INGALLS**, Nov. 26, 1807	2	155
Mary, m. John **WOODARD**, dec.. 28, 1727	1	2
Mary, d. Barniss & Mary, b. Jan. 27, 1811	2	2
Mary, d. Feb.. 5, 1811	2	2
Mary M. [d. Benjamin & Pamelia], b. May 12, 1833	4	9
Mercy, m. Ephraim **MANNING**, b. of Pomfret, Apr.. 16, 1833, by Rev. Nicholas Branch	3	36
Mirelia, m. Marvin **INGALLS**, Dec.. 12, 1811	2	159
Molly, m. Willard **PIKE**, July 20, 1778	2	54
Olive J., [d. Benjamin & Pamelia], b. Sept. 28, 1835	4	9
Pamelia, w. Benj[ami]n , d. Jan. 16, 1824	4	9
Phebe G., m. John W. **GROSVENOR**, May 21, 1838, at Plainfield	4	59
Phila, d. Reuben & Hannah, b. Nov. 5, 1799	2	10
Phila, d. Reuben & Hannah, d. Aug. 19,1801	2	10
Prisiller, d. Reuben & Hannah, b. Apr.. 29, 1802	2	10
Ruben, m. Hannah **PEABODY**, Nov. 25,1784	2	10
Reuben, s. Reuben & Hannah, b. May 24, 1788	2	10
Reuben, Jr., m. Maria **LAWTON**, b. of Pomfret, Sept. 6,1830, by Rev. Charles Fitch, of Abington	3	30
Reuben, m. Ruth **LAWTON**, b. of Pomfret, Mar. 25,1834, by Nicholas Branch	3	41
Rufus, s .Barniss & Mary, b. Mar. 11, 1809	2	2
Stephen F., s. Benj[ami]n & Pamelia, b. Aug. 9, 1827	4	9
Susan Sophia, of Pomfret, m. Pulaski **CARTER**, of Winsted, [Aug.] 5, [1839], by Rev. Nathan S. Hunt, of Abington	3	59
Thankfull, m. Elias **WELD**, Nov. 16, 1758	1	107
Thom[a]s, m. Abig[ai]l **BROWN**, Nov. 1, 1742	1	3
William Henry, s. Barniss & Lecretia, b. May 20, 1812	2	2
Zachariah, s. Abel & Mehetabel, b. Mar. 25, 1771	2	29
Zechariah, Capt., d. July 31, 1771	1	79
Zebulon, s.Capt. Zechariah & Elizab eth, d. May 2, 1752	1	79

	Vol.	Page
SPENCER, Ann, m. Ebenezer **GOODELL**, Oct.. 2, 1759	1	108
Charles Penniman, d. Dec.. 9, 1857, ae 8 d.	5	7
Daniel P., s. John F., farmer, ae 31, & Elizabeth, ae 24, b. Jan. 24, 1850	4	85
David Trowbridge, s. [David & Calista], b. May 28, 1832	2	170
Edward, s. [David & Calista], b. July 15, 1829	2	170
Eliza Ann, d. [John & Mary], b. Nov. 30, 1814	2	164
Elizabeth, m. Asa **ALLIN**, May 18, 1780	2	89
Elizabeth, m. Asa **ALLIN**, May 18, 1780	2	90
Hannah Spring, d. [David & Calista], b. Sept. 8, 1834	2	170
Harriet, d. [David & Calista], b. Aug. 8, 1822	2	170
Henry C., s. John Frank & Elizabeth, d. Sept. 11, 1866, ae 1 y. 6 m. 18 d.	5	16
John, m. Mary **OLNEY**, Dec.. 25, 1813	2	164
John, farmer, widower, b. Canterbury, res. Pomfret, s. Elijah, d. Aug. 13, 1868, ae 80 y. 9 m.	5	17
Lewis Trowbridge, s. [David & Calista], b. Sept. 12, 1835	2	170
Lucius O., of Pomfret, m. Harriet J. **WELCH**, of Chaplin, Feb. 3, 1851, by rev.. Urijah Underwood. Recorded Dec.. 20, 1864	3	91
Lucy, housewife, b. Brooklyn, res. Pomfret, d. June 17, 1851, ae 58	4	93
Mary Eliza, d. David & Calista, b. Aug. 7, 1820	2	170
Mary Elizabeth, d. [John & Mary], b. Apr.. 4, 1826	2	164
Mary O., d. Oct.. 24, 1863, ae 11 y. 2 m.	5	13
Orin, m. Mary **SCRANTON**, b. of Pomfret, Mar. 22, 1842, by rev.. Geo[rge] J. Tillotson, of Brooklyn	3	66
Orrin, farmer, married, b. Canterbury, res. Pomfret, d. July 5,1840, ae 62 y. 4 m. 2 d.	5	10
Rachel, m. Peter **ALLIN**, Dec.. 2, 1773	1	39
Russell Hubbard, s. [David & Calista], b. Oct.. 24, 1826	2	170
----, widow, b. Hampton, res. Pomfret, d. Jan. 15, 1853, ae 89	5	1
SPICER, Daniel, s. Ezekiel & Luce, b. Mar. 23, 1743/4	1	32
Desire, d. Jabez & Margarett, b. Feb.. 15, 1725/6	1	32
Desire, m. Nathaniel **HO[L]MES**, Nov. 11, 1742	1	3
Ebenezer, s. Jabez & Margaret, b. June 5, 1722	1	32
Ezekiel, s. Jabez & Margarett, b. Aug. 19, 1716	1	32
Ezek[ie]l, m. Luce **SHEPHERD**, Aug. 30, 1739(?)	1	2
Ezekiel, s. Ezekiel & Luce, b. Mar. 1, 1741?2	1	32
Jacob, s. Ezekiel & Luce, b. Aug. 28, 1739	1	32
Jacob, s. Ezekiel & Luce, b. Aug. 28, 1739	1	33
Jeremiah, s. Jabez & Margarett, b. Jan. 28, 1718/19	1	32
Jeremiah, s. Ezekiel & Luce, b. Jan. 5, 1740/41	1	32
Jeremiah, s. Ezekiel & Luce, b. Jan. 5, 1740/41	1	33
Joseph, m. Margaret **PARKS**, Aug. 2, 1715	1	2
Nathan, s. Jabez & Margaret, b Sept. 10, 1735	1	32
Phebe, d. Jabez & Margarett, b. Aug. 8, 1730	1	32
Samuel, s. Ezekiel & Luce, b. Sept. 3, 1746	1	32
SPRAGUE, Abigail, m. Ben[ja]min **SMITH**, Sept. 20, 1751	1	103
Amey, m. Jonathan **RANDALL**, Jr., July 19, 1778	2	92
Emeline, d. Jona[than] & Rezeriah(?), b. July 23, 1810	2	74
Lee, of Ware Mass., m. Olive H. **WILLIAMS**, of Pomfret, [May] 21, [1821], by Rev. James Porter	3	3
Nomey, m. William **COOK**, Oct.. 4, 1775	2	63

POMFRET VITAL RECORDS 273

	Vol.	Page
SPRAGUE, (cont.)		
Sarah, m. Josiah **GARY**, Jan. 12, 1746/7	1	100
SQUIRE, Asa, s. Stephen & Anna, b. May 28, 1764	1	94
STAGE, Phebe C., domestic, married d. Mar. 29, 1865, ae 23 y. 29 d.	5	15
STANLEY, Nancy M., m. John **MORRIS,** b. of Pomfret, Mar. 20, 1826, by Rev. James Porter	3	20
STANTON, Lydia, of Brooklyn, m. James W. **BROMLEY,** Jan. 3, 1830, by George Sharpe, J.P.	3	28
STAPLES, Abigail, Mrs., d. Sept. 9,1754	1	33
Amos, s. Jacob & Eunice, b. Oct.. 25, 1742	1	32
Asel, s. Jacob & Eunice, b. Aug. 30, 1757 (Pencil line drawn thru name and Abel in margin)	1	32
Hannah, d. Jacob & Eunice, b. Aug. 9, 1749	1	32
Isaac, s. Jacob & Eunice, b. Aug. 11, 1744	1	32
Jacob, m. Eunice **CADY,** Nov. 8, 1741	1	101
Jacob, s. Jacob & Eunice. b. Mar. 26, 1747	1	32
James, s. Jacob & Eunice, b. FEb. 4, 1751	1	32
James, s. Jacob & Eunice, d. Aug. 31, 1754	1	33
Joseph, s. Jacob & Eunice, b. Oct.. 13, 1759	1	32
Sarah, d. Jacob & Eunice, b. Aug. 24, 1754	1	32
STAR, Elizabeth, m. Isaac **HIDES,** Aug. 27, 1724	1	2
Susanna, m. Sam[ue]l **DANA,** Jan. 6, 1718/19	1	2
STEAD, [see also **SLADE**], Lucy, housekeeper, widow, b. Taunton, Mass., res. Southbridge, Mass., d. Apr.. 21, 1852, ae 75 y. 2 m. 20 d.	5	2
STEARNS, STERNS, Horatio, s. Levy & Lois, b. Dec.. 21, 1780	2	96
John, m. Elizabeth **CHANDLER,** Jan. 23, 1812	2	159
STEBBINS, Amelia, d. Erastus & Mary, b. FEb. 19, 1828	4	19
STEDMAN, Elizabeth, m. Joseph **ABBOTT,** Apr.. 20, 1758	1	110
Mary, m. John Wilks **CHANDLER,** Nov. 20, 1792	2	114
STEERE, Alice G., b. Glocester, R.I., res. Glocester, R.I., d. Mar. 12, 1861, ae 1 y. 1 m. 5 d.	5	11
STEN, (?), Augustus, of Lawrens, N.Y., m. Phebe Ann **MEDBURY,** of Pomfret, Feb.. 14, 1828, by rev.. James A. Boswell	3	24
STEPHENS, [see also **STEVENS**], Betsey, d. Nath[anie]l & Eunice, b. Dec.. 28, 1785	2	66
Bozwell, s. Lemuel & Mary, b. Nov. 9, 1782	2	89
Derias, s. Lemuel & Mary, b. Apr.. 1, 1787	2	89
John, s. Lemuel & Mary, b. July 25, 1784	2	89
Nathaniel, m. [E]unice **SABIN,** Nov. 27, 1780	2	66
Pol[l]ey, d. Lemuel & Mary, b. Dec.. 24, 1789	2	89
Sally, d. Nathaniel & Eunice, b. Sept. 23, 1784	2	66
Sarah, m. William **WILLIAMS,** Oct.. 20, 1720	1	1
STERNS, [see under **STEARNS**]		
STEVENS, [see also **STEPHENS**], Silva, m. Chester **INGALLS,** Apr.. 4, 1784	2	79
William, d. Dec.. 15, 1760, of small pox	1	81
STEWART, Horace, m. Nancy Ann **BROWN,** Aug. 26, 1833, by Rev. Nicholas Branch	3	37
STODDARD, Abigail, m. Ezekiel **CADY,** Jr., Mar. 12, 1744	1	104
Amasa, s. Eben[eze]r & Anna, b. Dec.. 5, 1757	1	69
Amasa m Tamarias **DEAN,** Sept. 30, 1804	2	140

	Vol.	Page
STODDARD, (cont.)		
Amasa, d. Apr. 22, 1807, in his 51st year	2	140
Anna, d. Eben[eze]r & Anna, b. Jan. 9, 1763	1	69
Anna, w. [Ebenezer], d. June 20, 1804	1	70
Anne, m. Prescott **SAWYER**, Oct. 16, 1783	2	107
Armina, m Collis **LOMBARD**, May 31,1826, by James A. Boswell	3	21
David, m. Elizabeth **REED**, Sept. 9,1762	1	110
Ebenezer, s. Eben[eze]r & Anna, b. Sept. 10, 1751	1	69
Ebenezer, m. Allethea **ROBISON**, Jan. 2, 1777	2	77
Ebenezer, d. July 2, 1806	1	70
John R., m. Lydia **SHERMAN**, b. of Pomfret, Dec.. 11, 1832, by Rev. Nicholas Branch	3	35
Judeth, d. Eben[eze]r & Anna, b. Sept. 24, 1749	1	64
Judeth, d. Eben[eze]r & Anna, b. Sept. 24, 1749	1	69
Lois, d. Eben[eze]r & Anna, b. Oct.. 10, 1759	1	69
Nancy M., m. Hezekiah **SNOW**, b. of Pomfret, Dec.. 28, 1846, by Rev. I. J. Burgess	3	77
Ophelia H., of Pomfret, m. Jacob **HICKS**, of Homer, Courtland Cty., N.Y., Nov. 13, 1834, by Ebenezer Stoddard, J.P.	3	43
Perle, s. Ebenezer & Allethia, b. Oct.. 11, 1777	2	77
Willard, shoemaker & farmer, married, b. Stonington, res. Pomfret, d. Sept. 23, 1860, ae 47 y. 1 m. 7 d.	5	10
STONE, Alba, m. Sally **SAWYER**, b. of Pomfret, June 20, 1824, by John Nichols	3	12
Albe, s. Albe & Mercy, b. Sept. 20, 1800	2	110
Albe, s. [Albe & Mercy], d. July 19, 1829, in the 29th y. of his age	2	110
Albemarle, s. William & Hannah, b. Nov. 11, 1762	1	72
Albemarle, m. Mercy **BROWN**, Nov. 29, 1792	2	110
Albermarle, d. July 20, 1841	2	110
Azubah, d. William & Hannah, b. June 27, 1756	1	72
Cyrus Southworth, s. W[illia]m & Hannah, b. Mar. 15, 1768	1	73
Cyrus Southwick, s William & Hannah, d. Jan. 21, 1773	1	74
Elizabeth, m. Nath[anie]l **SABIN**, Dec.. 27, 1744	1	3
George Swift, s. [Albe & Mercy], b. Sept. 13, 1803	2	110
Hannah, d. William & Hannah, b. Oct.. 6,1749	1	72
Hannah, w. William, d. Oct.. 17, 1788, ae 62	1	73
Joselin, s. William & Hannah, d. Dec.. 4 1761	1	73
Joselin, s. William & Hannah, b. Nov. 17, 1761	1	72
Julia, d. William & Hannah, b. Feb.. 20, 1760	1	72
Martha, m John **PARKHURST**, Jr., June 21, 1750	1	102
Mary C., ae 18, 1st marriage, m. Nath[anie]l H. **LIPPITT**, ae 24, mechanic, 1st marriage, b. of Pomfret, Feb.. 6, 1853, by Edward A. Lyon, Thompson	3	90
Mercy, w. Albermarle, d. Mar. 6, 1822, ae 55 y.	2	110
Molly d William & Hannah, b. Sept. 18, 1752	1	72
Phebe Ann, d. [Stephen S. & Prudence], b. Jan. 10, 1816	2	171
Phila, d. Albemarle & Mercy, b. June 4, 1794	2	110
Phila, m. William **PHILLIPS**, Jan. 26, 1814	2	67
Prudence, d. W[illia]m & Hannah, b. June 13, 1766	1	73
Prudence, w. [Stephen S.], d. Mar. 22, 1817	2	171
Roxey, d. Albermarle & Mercy, b July 5, 1798	2	110
Roxey, of Pomfret, m. Augustus **FULLER**, of Coventry, May		

	Vol.	Page
STONE, (cont.)		
19, 1825, by Rev. James A. Boswell	3	16
Sarah Sawyer, housekeeper, widow, d. Feb.. 19, 1858, ae 80 y. 1 m. 22 d.	5	8
Stephen S., of Pomfret, m. Prudence **MORCE**, of Thompson, July 30, 1815	2	171
Stephen S., m. Lucy **JOHNSON**, of Thompson, June 7, 1818	2	171
Thomas, s. William & Hannah, b. Aug. 14, 1754	1	72
Thomas, s. Albermarle & Mercy, b. Mar. 28, 1796	2	110
Vienna, d. William & Hannah, b. Sept. 7, 1764	1	72
Vianna, m. Emory **WILLARD**, Dec.. 11, 1797	2	141
William, m. Hannah **MacMANNERS**, Mar. 17, 1756/7	1	100
William, s. William & Hannah, b. Aug. 3, 1758	1	72
William, Jr., s. [William & Hannah], d. June 6, 1803	1	74
William, d. July 24, 1810, ae 87	1	73
STORRS, Cornelia F., d. [Grosvenor & Lucy], b. June 30, 1845	4	14
Grosvenor, m. Lucy **INGALLS**, b. of Pomfret, Jan. 8, 1833, at the residence of her deceased father, by Rev. William H. Whittemore, of Abington	3	34
Grosvenor, m. Lucy **INGALLS**, Jan. 8, 1833	4	14
Grosvenor, farmer, married, s. Amasa, d. Dec.. 13, 1867, ae 70 y. 13 d.	5	16
James Howe, s. [Samuel P. & Sally], b. Sept. 10, 1819	2	87
John, Rev. Of Barre, Mass, m. Mary **WILLIAMS**, of Pomfret, Oct.. 5, 1830, by Rev. James Porter	3	30
Lucy, m. Samuel **CRAFTS**, Jr., May 31, 1787	2	76
Lucy M., d. [Grosvenor & Lucy], b. Dec.. 28,1833	4	14
Maria, d. [Amasa & Gratis],b . Mar. 14, 1805	2	151
Mary Williams, w. Rev. John, d. Nov. 25, 1832, at Mansfield, Ct.	2	162
Nabby, of Mansfield, m. Joseph **COTTON**, Apr.. 14, 1819	2	162
Nathan G., m. Czarina **NOURSE**, b. of Pomfret, Jan. 10, 1826, by Rev. James Porter	3	19
Nathan Gillet, s. Amasa & Gratis, b. Feb.. 7,1803	2	151
Samuel P., of Mansfield, m. Sally **PUTMAN**, of Pomfret, Sept. 18,1811	2	87
Sarah C., d. [Grosvenor & Lucy], b. July 18,1838	4	14
Terphia, single, d. May 19,1853, ae 87 y. m.. 19 d.	5	2
STORY, Mehitable, m. Noah **PAIN**, Jan. 13, 1731	1	2
Nathaniel C., of Canterbury, m. Adeline **KING**, of Pomfret, [Dec..] 19, [1824], by Rev. James Porter	3	14
STOUGHTON, Record, m. Laura **GARY**, b. of Pomfret, Aug. 29, 1825, by Rev. John M. Hardy	3	17
STOWELL, STOELL, Anner, d. Eben[eze]r & Anna, b. Jan. 16, 1752	1	71
Austin, s. Lemuel & Susanna, b. Aug. 21, 1786	2	17
Austin, s. Lem[ue]l, d. Feb.. 20, 1814	2	17
Celia, d. Elisha & Jerusha, b. May 5, 1773	2	41
C[h]loe, d. Daniel & Anna, b. Sept. 14,1764	1	97
Chloe, d. Elisha & Jerusha, b. Dec. 15, 1779	2	41
Cynthia, of Pomfret, m. Thomas **WILLSON**, of Liverpool, Jan. 10, 1830, by rev.. Charles Fitch, of Abington	3	28
Cyrus, s. Nathaniel & Lois, b. Oct.. 30, 1769	1	92
Daniel, s. Nath[anie]ll & Margaretb, b. Aug. 2, 1737	1	65

BARBOUR COLLECTION

	Vol.	Page
STOWELL, (cont.)		
Daniel, s. Ephraim & Eliza, b. Dec.. 18, 1771	1	65
Daniel, s. Ephraim & Elizabeth, b. Dec.. 18, 1771	2	74
Daniel, m. Hannah **BUGBEE**, Apr.. 12, 17[ ]	1	111
David, s. David, b. July 7,1736	1	71
Ebenezer, m. Anna **MENTIN**, Feb.. 19, 1746	1	104
Eleathea, d. Nathaniel & Lois, b. Dec.. 12,1762	1	92
Elisha, s. Nath[anie]ll & Margarett, b. Feb.. 9, 1740	1	65
Elisha, m. Jerusha **SABIN**, Jan. 27, 1769	1	114
Elizabeth, m. David **PULUSHER**, Oct.. 2, 1740	1	3
Elizabeth, d. Ephraim & Elizabeth, b. June 3, 1777	2	74
Elizabeth, m. Archelaus **WHITE**, Dec.. 15, 1814	2	130
Elizabeth, m. Archelaus **WHITE**, Dec.. 15, 1814	2	135
Ephraim, s. Nathaniel & Margarett, b. Oct.. 2, 1732	1	65
Ephraim, m. Elizabeth **CUTLER**, Mar. 9, 1758	1	107
Ephraim, s. Ephraim & Elizabeth, b. May 19, 1763	1	65
Ephraim, s. Eph[raim] & Elizabeth, d. May 17, 1785; "was drowned at East Windsor"	1	66
Eunice, d. Eben[eze]r & Anna, b. Jan. 9, 1747	1	71
Hannah, d. Nath[anie]ll & Margarett, b. Apr.. 18,1747	1	65
Hannah, d. Ephraim & Elizabeth, b. Jan. 23, 1759	1	65
Isaac, s. David, b. Oct.. 6, 1739	1	71
Jerusha, m. William **ABBOTT**, May 9,1745	1	99
Jerusha, m. William **ABBOTT**, May 9, 1745	1	100
Jerusha, d. Elisha & Jerusha, b. Nov. 28, 1777	2	41
John, s. Ephraim & Elizabeth, b. Mar. 12, 1765	1	65
Jonathan, s. Eben[eze]r & Anna, b. Sept. 5, 1749	1	71
Josiah, s. Lemuel & Susanna, b. Dec.. 27, 1783	2	17
Josiah, s. Lem[ue]l, d. Jan. 4, 1805	2	17
Kezia, d Seth & Dinah, b. FEb. 4, 1781	2	96
Lemuel, s. Nath[anie]ll & Margarett, b. Mar. 4, 1750	1	65
Lemuel, m. Susanna **BARROWS**, Jan. 23, 1783	2	17
Lemuel, [Sr.], d. June 30, 1824	2	17
Lois, d. Nath[anie]ll & Lois, b. Jan. 23, 1764	1	92
Lory, m. Daniel **ARNOLD**, b. of Brooklyn, [Jan.] 5,]1823], by Rev. John Paine, of Hampton	3	7
Lucena, m. Edwin **DUNLAP**, b. Of Plainfield, Mar. 5, 1828, by Rev. Aaron Lummis	3	24
Margaret, d. Jonathan & Margarett, b. Dec.. 16, 1726	1	52
Marg[a]ret, w. Nath[anie]ll, d. Nov. 3, 1794	1	66
Martha, d. Lemuel & Susanna, b. Aug. 10,1788	2	17
Mary d. Jonathan & Margarett, b. Aug. 2, 1728	1	52
Mary, d. Elisha & Jerusha, b. May 3, 1771	2	41
Mehetabel, d. David, b. June 20, 1735	1	71
Molly, d. Nath[anie]ll & Lois, b. Nov. 28, 1765	1	92
Nath[anie]ll, m. Margaret **TROWBRIDGE**, Oct.. 21, 1734	1	2
Nath[anie]ll, s. Nath[anie]ll & Margarett, b. Dec.. 7, 1734	1	65
Nathaniel, d. Mar. 11, 1757	1	66
Nathaniel, s. Ephraim & Elizabeth, b. Aug. 15, 1760	1	65
Nathaniel, m. Lois **BUGBEE**, May 2,1 761	1	110
Olive, d. Seth & Dinah, b. Apr.. 2, 1779	2	96
Olive, d. Ephraim & Elizabeth, b. May 20,1780	2	74

STOWELL, (cont.)

	Vol.	Page
Oliver, s. Ephraim & Elizabeth, b. Feb.. 5, 1774	2	74
Oliver, s. Nath[anie]ll & Margarett, b. Dec. 7, 1744	1	65
Patience, d. David, b. Oct.. 16, 1744	1	71
Sam[ue]ll, s. David, b. Sept. 2, 1742	1	71
Sarah, d. David, b. Jan. 1, 1734	1	71
Sarah, d. Ephraim & Elizabeth, b. May 18, 1767	1	65
Sarah, d. Elisha & Jerusha, b. Oct.. 9, 1769	2	41
Seth, s. Nath[anie]ll & Margarett, b. May 29, 1742	1	65
Seth, s. Ephraim & Elizabeth, b. Oct..15,1769	1	65
Seth, m. Dinah **HOLT**, June 30, 1778	2	96
Susanna, m. Jonathan **LYON**, Jr., May 16, 1754	1	104
Susanna, d. Apr.. 9, 1822	2	17
Tirza, d. Lemuel & Susanna, b. July 17, 1792	2	17
Tirza, m. Ludovius **WILLIAMS**, Mar. 19, 1820	2	174
Wilkes, s. Elisha & Jerusha, b. Mar. 31, 1775	2	41

STREETER, John, of Southbridge, m. SArah FIELD, of Pomfret,

Sept. 16, 1821, by Rev. Walter Lyon, of Abington	3	4

SUMMER, Abigail, m. Ebenezer* MAY, Dec.. 27, 1750 (*Should be

Eleazer. Corrected by L. b. b.)	1	102
Abigail, d. John & Susanna, b. Oct.. 6, 1762	1	25
Abigail, [twin] with Ann], d. George & Abigail, b. Mar. 13, [17]64	1	40
Abigail, d. George &Abigail, d. Jan. 18, 1765	1	41
Abigail, m. Jacob **MASCRAFT**, Feb.. 21, 1781	2	85a
Abigail Peabody, of Ashford, m. Calvin **PALMER**, of Pomfret, Dec.. 10, 1810	2	164
Alverson, s. Jesse & Phila, b. Aug. 8, 1791	2	82
Ann, d. Sam[ue]l & Elizabeth, b. Sept. 25, 1724	1	40
Ann, m. Penuel **DEMING**, May 31, 1726	1	2
Ann, m. Edward **RUGGLES**, Jr., Apr.. 2, 1747	1	100
Ann, d. George & Abigail, b. June 16, 1753	1	40
Ann, d. George & Abigail, d. Dec.. 31, 1762	1	41
Ann, d. Ens[ig]n Samuel, Jr. & Dorothy, b. July 29 ,1763	1	57
Ann, [twin with Abigail], d George & Abigail, b. Mar. 13, [17]64	1	40
Ann, d. George & Abigail, b. Feb.. 2, 1765	1	41
An[n]a, d. Samuel, Jr. & Dorothy, d. Aug. 1, 1763	1	58
Annagusta, d. Samuel, Jr. & Dorothy, b. Oct.. 19 1764	1	57
Annagustee, d. Sam[ue]ll, d. Jan. 31, 1796	2	50
Betsey Tyler, d. [Samuel, Jr. & Molly], b. Aug. 15, 1801	2	112
Daniel, [s.] W[illia]m & Eleanore, b. Apr.. 12, 1753	1	24
Dorothy, d. Samuel, Jr. & Dorothy, b. Aug. 20 1759	1	57
Dorotha, m. Lemuel **INGALLS**, June 10 1780	2	93
Dorothy, [w. Samuel, Jr.], d. June 29,1800	1	58
Dorothy, w. Samuel, d. Aug. 29, 1800	2	50
Edward T., soldier, single, d. Aug. 13, 1864, ae 25 y. 5 m. 2 d.	5	14
Eleanore, d. W[illia]m & Eleanore, b July 27, 1746	1	24
Eleanor, d. W[illia]m & Eleanor, d. Nov. 17, 1748	1	25
Elizabeth, s. [d.], Sam[ue]l & Elizabeth, b. Oct.. 14, 1728	1	40
Elizabeth, m. Joseph **CHANDLER**, Jr., Dec.. 24, 1734	1	2
Elizabeth, d. Samuel, Jr. & Dorothy, b. Mar. 3, 1758	1	57
Elizabeth, d. Sam[ue]ll, Jr. & Dorothy, d. Apr.. 1, 1758	1	58
Elizabeth, d. George & Abigail, b. Dec.. 13, 1758	1	40

SUMMER, (cont.)

	Vol.	Page
Elizabeth, d. George & Abigail, d. Jan. 22, 1765	1	41
Elizabeth, d. Samuel, Jr. & Dorothy, b. Dec. 26, 1768	2	50
Elizabeth, w. Sam[ue]l, d.Nov. 13, 1772	1	41
Esther, d. W[illia]m & Eleanore, b. Dec. 17, 1743	1	24
Esther, d. W[illia]m & Eleanor, d. Nov. 7, 1748	1	25
Esther, d. W[illia]m & Eleanore, b. June 5, 1750	1	24
George, s. Sam[ue]l & Elizabeth, b. Nov. 22, 1730	1	40
George, m. Abigail **HOLDRIDGE**, Sept. 28, 1752	1	103
George, s. Samuel, Jr. & Dorothy, b. Dec.. 2, 1773	2	50
George, s. Dead. Samuel & Elizabeth, d. Sept. 27, 1778	1	41
George, s. Samuel, d. Dec. 14, 1788, "a student at Hanover College"	2	50
George, s. Samuel, Jr. & Molly, b. Dec.. 13, 1795	2	112
George, s. [Samuel P. & J. A.], b. Mar. 1,1833	4	50
George N., s. [Jesse & Phila], b. Aug. 19, 1802. Recorded Aug. 27, 1829	2	82
Harvey, s. Jon. & Susanna, b. Sept. 24, 1772	1	25
John, m. Susanna **PARKHURST**, Jan. 25, 1759	1	108
John, m. Susanna **PARKHURST**, Feb.. 26, 1759(?)	1	108
John, s. John & Susanna, b. Feb.. 24, 1770	1	25
Joseph, s. Sam[ue]l & Elizabeth, b. Mar. 31, 1735	1	40
Joseph, s. Sam[ue]l & Elizabeth, d. Apr.. 3, 1735	1	41
Joseph, s. Sam[ue]l & Elizabeth, b. Jan. 19, 1739/40	1	40
Joseph, Rev., of Shrewsbury, m. Mary **WILLIAMS**, of Pomfret, May 12, 1763	1	116
Joseph, s. [Samuel P. & J. A.], b. July 12, 1836	4	50
Lucese, d. John & Susanna, b. Nov. 1, 1764	1	25
Luce, d. George & Abigail, b. June 16, 1756	1	40
Lucy, d. Ens[ig]n Samuel, Jr. & Dorothy, b. Aug. 16, 1761	1	57
Lucy, d. George & Abigail, d. Jan. 25, 1765	1	41
Lucy, d. George & Abigail, b. June 6, 1766	1	40
Lucy, d. John & Susanna, b. Aug. 28, 1767	1	25
Lucy, m. Sam[ue]ll **CRAFT**, 2d, Mar. 30, 1785	2	101
Lucy, m. Squire **SESSIONS**, Jan. 20, 1794	2	125
Marian, d. Orrin, farmer, ae 55, & Maretta, ae 33, b. Aug. 31, 1848	4	81
Mary, m. Sam[ue]ll **DANA**, Dec.. 30, 1731	1	2
Mary, d. W[illia]m & Eleanore, b. Dec.. 1, 1736	1	24
Mary, d. Samuel, Jr. & Dorothy, b. June 12, 1771	2	50
Mary, d. Samuel, Jr. & Molly, b. June 3, 1799	2	112
Orrin, s. Jesse & Phila, b. Mar. 21, 1793	2	82
Orrin, farmer, married, b Woodstock, res. Pomfret, d. May 27, 1854, ae 61 y. 2 m. 6 d.	5	4
Ossian(?)*, m. Lucy A. **CADY**, Mar. 27, 1843, by Rev. George May {*Perhaps Orrin?)	3	70
Parker, s. John & Susanna, b. Aug. 25, 1775	2	66
Phila, d. Jesse & Phila, b. Mar. 17, 1795	2	82
S. P., m. J. Ann **GOFFE**, b. of Pomfret, Apr.. 19, 1830, by Rev. Charles Fitch, of Abington	3	29
Sally, d. Samuel, Jr. & Molly, b. July 25, 1796	2	112
Sam[ue]l, m. Elizabeth **GRIFFIN**, Nov. 20, 1723	1	2
Sam[ue]l, s. Sam[ue]l & Elizabeth, b. Aug. 22, 1726	1	40
Samuel, Jr., m. Dorithy **WILLIAMS**, Apr. 11, 1754	1	104

POMFRET VITAL RECORDS 279

	Vol.	Page
SUMMER, (cont.)		
Samuel, s. Samuel, Jr. & Dorothy, b. Nov. 17, 1766	1	57
Samuel, s. George & Abigail, b. Dec.. 8, 1769	2	14
Samuel, Dead., d. Feb.. 8,1782	1	41
Samuel, Jr., m. Molly **TYLER**, Jan. 23, 1793	2	112
Samuel, d. July 23, 1805	1	58
Samuel, s. Samuel P. & J. A., bl. Apr.. 24, 1831	4	50
Samuel Putnam, s. [Samuel, Jr. & Molly], b. Feb.. 3, 1807	2	112
Sarah, d. Sam[ue]l & Elizabeth, b. Apr.. 26, 1743	1	40
Sarah, d. Samuel, Jr. & Dorothy, b. Apr.. 13, 1756	1	57
Sarah, d. Dead. Samuel & Elizabeth, d. Jan. 5, 1777	1	41
Sarah May, of Pomfret, m. Capt. John Chapin **HOWARD**, of Hampton, Oct.. 7, 1823, by Walter Lyon Clerk, Abington	3	9
Theode, d. John & Susanna, b. Aug. 19 1759	1	25
William, s. W[illia]m & Eleanore, b. Oct.. 6, 1739	1	24
William, s. John & Susanna, b. Jan. 9, 1761	1	25
-----, d. Orrin, farmer, ae 56, & Marcetta., ae 34, b. June 15, [1850]	4	86
SWAN, W[illia]m b., of Pomfret, m. Lucretia **SABIN**, of Walworth, N.Y., Sept. 3, 1843, by REV. Benjamin C. Phelps	3	71
SWANBOROUGH, [see also **SCARBOROUGH**], Eunice, d. William & Rebecca, b Mar. 18, 1795	2	122
SWEET, Daniel F., of Canterbury, m. Hannah **KNOWLTON**, of Mendon, Mass., [Dec..] 25, [1842], by Rev. N. S. Hunt, of Abington	3	69
Elizabeth G., teacher, single, b Boston, Mass., res. Pomfret, d. Aug. 12, 1868, ae 25	5	17
Thomas J., of Woodstock, m. Rhoda Ann **LAWTON**, of Pomfret, Jan. 25, 1830, by Rev. Amos Babcock. Intention published	3	28
SWEETING, Charles Henry, s. Nath[anie]l & Catharine, b. May 28, 1826	4	6
Henry, Maj., d. Feb.. 18, 1840	4	6
Mary Lucinda, d. Nath[anie]l & Catharine, b. Nov. 23, 1836	4	6
Nancy Page, of Pomfret, m. Levi **HOPPIN**, of R.I., [Feb..] 22, [1827], by Rev. James A. Boswell	3	22
Nathaniel, m. Catharine **WALDO**, b. of Pomfret, May 26, 1825, by Rev. James A. Boswell	3	16
TABOR, Gideon, of Woodstock, m. Nancy **RICHMOND**, of Pomfret, Oct.. 10, 1836	3	50
TAFT, Sybel, m. Edward **RUGGLES**, Jr., Feb.. 14, 1786	2	12
Sybel, m Edward **RUGGLES**, Jr. Feb.. 14, 1786	2	96
TALBUT, David, of Killingly, m. Betsey **SMITH**, of Pomfret, Apr.. 14, 1822, by Rev. Joseph Ireson	3	6
TANNER, John, m. Nancy **PROPHET**, b. of Pomfret, Apr.. 3, 1831, by Rev. Orin Fowler	3	31
Sally, housekeeper, widow, b. Griswold, res Abington Soc., d. Jan. 24, 1853, ae 62	5	1
TAYLOR, Elizabeth, m. Joseph **SESSIONS**, Oct.. 16, 1721	1	1
Henry, m. Sarah **JENKINS**, Aug. 27 ,1830	1	2
Henry, s. Henry & Sarah, b. May 19, 1733	1	56
Isabel, m. Ezekiel **WHITNEY**, July 18, 1728	1	2
James, s. Dr. John & Ruth, d. Nov. 26,1773	2	83
James, [twin with John], s. Dr. John & Ruth, b. Nov. 26, 1778	2	83

280   BARBOUR COLLECTION

	Vol.	Page
TAYLOR, (cont.)		
John, [twin with James], s. Dr. John &Ruth, b. Nov. 26, 1778	2	83
John, s. Dr. John & Ruth, d. Dec. 2, 1778	2	83
Ruth, m. Zachariah **WHITNEY**, July 3,1730	1	2
Ruth, w. Dr. John, d. Nov. 30, 1778	2	83
Sally, Mrs. D. June 2, 1849, ae 57	4	84
Sam[ue]ll, d. Jan. 13, 1740/41	1	57
Sarah, d. Henry & Sarah, b. June 10, 1731	1	56
THAYER, THAIR, Betsey, d. Elijah & Anna, b. Oct.. 13, 1774	2	52
Billy, s. Elijah & Anna, b. Sept. 21, 1782	2	52
Deborah, d. Elijah & Anna, b Apr.. 8, 1776	2	52
Dinah, m. John **ALLIN**, May 8, 1758	1	114
Elijah, m. Anna **CADA**, Dec.. 30,1773	2	52
Hannah, m. Josiah **FOSSETT**, Aug. 31, 1752	1	103
John, s. Elijah & Anna, b. May 23, 1779	2	52
Polly, d. Elijah & Anna, b. Nov. 6, 1785	2	52
Rebeckah, m. Peter **ADAMS**, Oct.. 16, 1755	1	105
Silence, m. Alexander **SESSIONS**, Jan. 12, 1740/41	1	3
THOMAS, Harriet L., m. Robert **LEWIS**, Apr.. 2, 1831, by George Sharpe, J.P.	3	31
THOMPSON, Anna, m. Rev Ezra b. **KELLOGG**, b. of Brooklyn, May 4,1835, in Christ's Church, Pomfret, by Rev L H. Carson, of Windham	3	45
Charles S., s. Eben[eze]r &Ruth, b. June 2,1813	2	173
Charles Stockbridge, m. Clara **GROSVENOR**, b. of Pomfret, Aug. 7,1844, by Rev. Roswell Parke	3	73
Eleanor Stockbridge, m. Rev. Alexander Hamilton **VINTON**, Oct.. 15, 1835, by Rev. N. b. Crocker, of Providence, R.I.	3	46
Eleanor Stockbridge, m. Rev. Alexander Hamilton **VINTON**, b. of Pomfret, Oct.. 18, 1836, by Job Williams, J/P., to make valid their marriage of Oct.. 15, 1835, by Rev. N. b. Crocker, of Providence, R.I.	3	50
Roxa W., m. Ralph N. **KINGSLEY**, b. of Pomfret, Aug. 25, 1839, by Rev Roswell Whittemore	3	59
Ruth Otis, housekeeper, widow, b. Scituate, Mass., res. Pomfret, d. Oct.. 9,1862	5	13
Sarah, Mrs. M. Abiel **LYON**, Nov. 3, 1749	1	102
Thomas, s [Eben[eze]r & Ruth], b. Dec.. 26, 1815	2	173
Timothy, m. Charlotte **CHASE**, b. of Thompson, Oct.. 21, 1827, by Rev. James A. Boswell	3	23
THURBER, Elizabeth, m. Aaron **SHARPE**, Oct.. 20, 1793	2	118
Howard D., single, b. Pomfret, res. Putnam, s. H. Nelson & Mary **THURBER**, d. Feb.. 27, 1866, ae 1 y. 4 m. 9 d.	5 / 1	16 / 103
THURSTON, Martha, m. Samuel **GARY**, Nov. 10, 1752		
TIERNEY, James, farmer, married, b. Ireland, res. Pomfret, d. Mar. 12, 1869, ae 50	5 / 1	18 / 113
TIFFANY, Mary, Mrs. M. John **FRINK**, Oct.. 16, 1766		
TILLOTSON, George J., Rev. Of Brooklyn, m. Rebecca **WILKINSON**, of Pomfret, Jan. 8, 1834, by W. Bushnell	3 / 2	39 / 125
TISDALE, Silence, m. Gardiner **LAWRENCE**, May 1, 1796	1	104
TITUS, Ame, m Edward **COYE**, Jan. 2, 1755		
TOBEY, Ruth, of Pomfret, m. Parker **WILSON**, of Dover, Mass., May		

POMFRET VITAL RECORDS 281

	Vol.	Page
TOBEY, (cont.)		
8, 1826, by Rev. John Paine, of Hampton	3	20
TORREY, Erastus, of Killingly, m. Sybel E. **ALLEN,** of Pomfret, Mar. 3, 1839, by Rev. Erastus Benton, of Eastfort* (*Eastford?)	3	58
Joseph W., m. Isabella **PERRY,** b. of North Oxford, Mass., [July] 4, [1841], by Rev. D. Hunt	3	65
Mary Woodard, d. Joseph & Lucretia, b. Aug. 9, 1809	2	158
TOWN, TOWNE, Francis, s. David & Kezia, b. June 26, 1756	1	22
Jemima, m. James **WHITE,** May 18, 1757	1	106
Laureston, of Woodstock, m. Almira **BRANCH,** of Pomfret, Oct. 28, 1835, by Nicholas Branch	3	47
TOWSET, Silence, m. Silas **PALMER,** Aug. 28, 1777	2	95
TRESCOT[T], TERESCOTT, Charity, d. Jan. 28, 1734	1	5
Mary, m. Stephen **INGALLS,** Jan. 27, 1763	1	111
TROWBRIDGE, TROBRIDGE, STROBREDGE, TROWBREDGE, Abigail, d. Daniel, Jr. & Marah, b. Sept. 10, 1775	2	52
Amasa, s. W[illia]m & Susanna, b. May 30, 1779	2	53
Amos, s. James & Mary, b. Oct.. 16, 1790	2	57
Artemas, s. John & Anne, b. Sept. 29, 1767	1	66
Artemas, s. John & Anne, d. May 27, 1769	1	67
Artemus, s. Caleb & Zilpha, b. Dec.. 7, 1789 (Date Conflicts with date of marriage)	2	127
Caleb, s. Dan[ie]ll & Hannah, b. Dec.. 21, 1754	1	68
Caleb, m. Zilpha **BARROWS,** Dec.. 6, 1789	2	127
Calista, d. [W[illia]m & Cynthia], b. Sept. 9, 1792	2	53
Charles, s. Caleb & Zilpha, b. Feb.. [ ], 1800	2	127
C[h]loe, d. John & Anne, b. Mar. 29, 1772	2	34
Chloe, m. Benjamin H. **GROSVENOR,** Feb.. 24, 1795	2	114
Clement, s. James & Frances, b June 27, 1774	2	57
Cynthia, w. W[illia]m d. Oct.. 12, 1795	2	53
Cynthia, m. Sam[ue]l **WHITE,** Jr., Mar. 23, 1814	2	78
Cynthia Child, d. [W[illia]m & Cynthia], b. July 9, 1788	2	53
Dan[ie]ll, s. Dan[ie]ll & Hannah, b. Jan. 18, 1734/5	1	68
Dan[ie]ll, s. Dan[ie]ll & Hannah, b. July 20, 1738	1	68
Daniel, s. Daniel & Phebe, d. Dec.. 5, 1763	1	88
Daniel, s. Daniel & Phebe, b. Nov. 30, 1764	1	87
Daniel, m. Jerusha [ ], May 19, 1767, at Newton, Mass., by Rev. James Merrium	1	69
Daniel, m. Mrs. Jerusha **BOWEN,** May 20, 1767	1	114
Daniel, Jr., m. Mary **PAIRL,** Feb.. 15, 1770	1	115
Daniel, s. Daniel, Jr. & Mary, b. Nov. 21, 1773	2	52
Daniel, Jr., d. Oct.. 2, 1776	1	88
Daniel, s. Daniel & Phebe, d. Feb.. 25, 1777	1	88
Daniel, s. Will[ia]m & Susanna, b. Mar. 8, 1777	2	53
Daniel, farmer, single, d. Dec.. 1, 1857, ae 80 y. m..	5	7
Dorcas, housekeeper, widow, b. Woodstock, res. Pomfret, d. Nov. 21, 1856, ae 89 y. 3 m.	5	6
Elisha, s. Dan[ie]ll & Hannah, b. Oct.. 23, 1756	1	68
Elisha, s. Daniel & Hannah, d. Jan. 1, 1769	1	69
Elisha, s. John & Frances, b. Mar. 3, 1771	1	62
Eliza, d. [William & Dorcas], b. May 17, 1801	2	53

TROWBRIDGE, (cont.)

	Vol.	Page
Elizabeth, d. Sarah **BOWEN**, Single woman, b. June 16, 1774	2	1
Ephraim, s. Dan[ie]ll & Hannah, b. June 10, 1744	1	68
Ephraim, s. Daniel & Hannah, d. Sept. 17, 1773	1	69
Ephraim, s. James & Mary, b. Aug. 4, 1788	2	57
Evelina C., d. [Stephen & Sally], b. Aug. 6, 1720	2	174
Fanna, d. James & Frances, b. May 14, 1776	2	57
Frances, w. James, d. July 2, 1782	2	57
George, s. Caleb & Zilpha, b. Aug. 11, 1796	2	127
George, m. Julia Ann **ALLEN**, Sept. 17, 1829, by rev.. Samuel J. May of Brooklyn	3	27
Hannah, d. Dan[ie]ll & Hannah, b. Aug. 14, 1746	1	69
Hannah, d. Daniel & Hannah, d. Oct.. 19, 1748	1	69
Hannah, d. Dan[ie]ll & Hannah, b. Feb.. 14, 1752	1	68
Hannah, w. Daniel, d. June 26, 1763	1	69
Hannah, d. Daniel & Phebe, b .Sept 7, 1766	1	87
Hannah, d. John & Anne, b. Sept. 23, 1774	2	34
Hannah, d. Will[ia]m & Susanna, b. Feb.. 22, 1775	2	53
Hannah, d. William & Susannah, d. Sept. 18, 1776	2	53
Hannah, m. Abishai **SHARPE**, Nov. 25, 1802	2	148
James, s. Dan[ie]ll & Hannah, b. Feb.. 15, 1739/40	1	68
James, m. Frances **DARROW**, dec.. 4, 1766	1	113
James, m. Mary **KIMBALL**, Aug. 29, 1782	2	57
James, s. James & Mary, b. Feb.. 28, 1785	2	57
Jerusha, w. Daniel, d. June 27 1791	1	69
Joanna, d. Dan[ie]ll & Hannah, b. May 3, 1736	1	68
Joanna, d. Dan[ie]ll & Hannah, d. Aug. 25, 1741	1	69
Joanna, d. Daniel, Jr. & Phebe, b. Sept. 22, 1761	1	87
John, s. Dan[ie]ll & Hannah, b. Apr.. 11, 1742	1	68
John, m. Anne **KENNEY**, Nov. 27, 1766	1	112
John, s. James & Mary, b. Nov. 28, 1786	2	57
Lewis, s. [W[illia]m & Cynthia], b. Feb.. 26, 1795	2	53
Lewis, m. Edney **AYER**, b. of Pomfret, May 8, 1826, by Rev. John Paine, of Hampton	3	20
Lora, d. Daniel, Jr. & Mary, b. Mar. 23, 1777	2	52
Lucinde, d. James & Frances, b. Apr.. 10, 1782	2	57
Margaret, m. Nath[anie]ll **STOWELL**, Oct.. 21, 1734	1	2
Maria d. Caleb & Zilpha, b. May 28, 1792	2	127
Mary, d. Daniel & Phebe, b. Feb.. 19, 1771	1	87
Mary, d. Dan[ie]ll & Mary, b. Dec.. 29, 1771	1	87
Maryette, d. [Stephen & Sally], b. Sept. 3, 1819	2	174
Maryette, d. Stephen, d. Oct.. 6 ,1819	2	174
Phebe, d. Daniel & Phebe, b. Feb.. 13, 1769	1	87
Phebe, w. Daniel, d. Mar. 4, 1769	1	88
Phebe, d. John & Frances, b. Apr.. 2, 1769	1	62
Phebe, d. Daniel & Phebe, d. Apr.. 7, 1769	1	88
Phebe, d. Daniel & Phebe, b. Apr.. 17, 1772	1	87
Polly, d. James & Mary, b. Oct.. 27, 1783	2	57
Sarah, d. John & Anne, b. Mar. 14 1775	1	66
Sarah, m. Sam[ue]l **HARTSHORN**, Feb.. 5, 1793	2	111
Selena, d. W[illia]m & Susanna, b. Apr.. 10, 1781	2	53
Stephen, s. James & Mary, b. Mar. 31, 1793	2	57
Stephen, m. Sally **EASTERBROOKS**, of Woodstock, May 17		

POMFRET VITAL RECORDS 283

	Vol.	Page
TROWBRIDGE, (cont.)		
17, 1818	2	174
Stephen, farmer, married, d. Dec.. 30, 1859, ae 66 y. 9 m.	5	9
Susannah, w. W[illia]m, d. Feb.. 20, 1783	2	53
Susannah, d. W[illia]m & Cynthia, b. June 5, 1786	2	53
Susanna, d. Caleb & Zilpha, b. Aug. 13, 1794	2	127
Susannah, d. William & Cynthia, d. [ ]	2	53
Willard, Jr., s. John & Frances, b. Sept. 15, 1767	1	62
William, s. Dan[ie]ll & Hannah, b. May 1, 1748	1	68
William, m. Susanna **SESSIONS**, Jan. 13, 1774	2	53
William, m Cynthia **CHILD**, June 10, 1784	2	53
William, m. Dorcas **BARTHOLOMEW**, Mar. 12, 1798	2	53
Zilpha, housekeeper, widow, b. Thompson, ct., res. Pomfret, d. Oct.. 10, 1863, ae 95 y. 6 m. 1 d.	5	13
TRUESDELL, TRUSDEL, TRUSDELL, TRUSSELL, Abigail, d. Eben[eze]r & Rachal, d. Feb.. 18, 1720/21	1	4
Abigail, d. Eben[eze]r & Rachel, b. Jan. 31, [ ]	1	3
Asa, s. Joseph & Mary, b. Aug. 16, 1744	1	5
Darius, s. Joseph & Mary, b. Jan. 16, 1752	1	5
Eben, m. Bethyiah **MAY**, Mar. 20, 1739/40	1	3
Ebenezer, d. June 20, 1750	1	4
Eben[eze]r, s. Eben[eze]r & Rachel, b. Mar. 5, [ ]	1	3
Elisha, s. Jeduthan & Abigail, b. Apr.. 28, 1782	2	53
Ellen, of Killingly, m. Albert **JOHNSON**, of Pomfret, Nov. 22, 1848, by Bela Hicks, Adm.	3	84
Ephraim, s. Eb[eneze]r, Jr. & Bethyah, b. Oct.. 5, [ ]	1	3
Esther, d. Eben[eze]r, Jr. & Bethyah, b. Apr.. 29, [ ]	1	3
Hervey, s. Jeduthan & Abigail, b. Dec.. 28, 1783	2	53
Harvey, s. Jeduthan & Abigail, d. Aug. 29, 1789	2	53
Ichabod, m. Hannah **DRESSER**, Jan. 14, 1762	1	109
Ichabod, s. Tho[ma]s & Judeth, b. May 13, [ ]	1	3
Jeduthan, s. Joseph & Mary, b. Jan. 21, 1748, in Killingly	1	5
Jeduthan, m. Abigail **WHITE**, Jan. 20, 1774	2	53
Jeduthan, s Jeduthan & Abigail, b. Dec.. 25, 1789	2	53
Jeduthan, [Sr.], d. Apr.. 12, 1801, in the 54th y. Of his age	2	53
Jerusha, d. Eben[eze]r & Rachel, d. June 30, 1732	1	4
Jerusha, d. Ebenezer & Rachal, b. Nov. 4, 1735	1	3
Jerusha, d. Joseph & Mary, b. Apr.. 4, 1743	1	5
Jerusha, d. Seth & Esther, b. Apr.. 6, 1776	2	29
Jerusha, d. Joseph & Mary, d. June 30, 177[ ]	1	6
John, s. Eben[eze]r & Rachel, b. June 25, 1733	1	4
John, s. Tho[ma]s & Judeth, d. Aug. 22, 1738	1	4
John, s. Tho[ma]s & Judeth, b. June 1, [ ]	1	3
John, s. Tho[ma]s & Judeth, b. Nov. 22, [ ]	1	3
John, s. Ebenezer & Rachel, b. Dec.. 5, [ ]	1	3
Joseph, m. Mary **HOLT**, June 15, 1742	1	3
Joseph, d. Oct.. 8, 1762, at Havana	1	6
Joseph, s. Seth & Esther, b. Dec.. 20, 1772	2	29
Joseph, s. Seth & Esther, d. Sept. 1, 1777	2	29
Joseph, s. Jeduthan & Abigail, b. Aug. 27, 1779	2	53
Joseph, s. Eben[eze]r & Rachel, b. June 25, [ ]	1	3
Mary, d. Ebenezer & Rachel, b. May 24, 1733	1	3
Mary, m. John **WARNER**, May 30, 1734	1	2

284　BARBOUR COLLECTION

	Vol.	Page
TRUESDELL, (cont.)		
Mehetable, d. Eben[eze]r & Rachel, b. Feb.. 7, [　]	1	3
Molle, d. Joseph & Mary, b. July 9, 1756	1	5
Molly, single woman, had d. Hannah **ABBOTT,** b. Aug. 12, 1779	2	88
Rachal, d. Joseph & Mary, b. Oct.. 19, 1750, in Killingly	1	5
Rachel, w. Eben[eze]r, May 10, 1753	1	4
Rachel, d. Joseph & Mary, d. Jan. 29, 1767	1	6
Rachel, d. Seth & Easther, b. Aug. 10, 1771	2	29
Sam[ue]ll, s. Eb[eneze]r, Jr. & Bethyah, b. Sept. 16, 174[　]	1	3
Samuel, s. Seth & Esther, b. Sept. 22, 1774	2	29
Samuel, Jr., of Thompson, m. Harriet **SHARPE,** of Pomfret, Dec.. 15, 1823, by Rev. James Porter	3	10
Sarah, d. Joseph & Mary, b. Aug. 20, 1753	1	5
Sarah, d. Joseph & Mary, d. Mar. 27, 1787	1	6
Sarah, d. Juduthan & Abigail, b Aug. 11, 1787	2	53
Sarah, d. Juduthan & Abigail, d. Sept. 5, 1789	2	53
Seaman, of Thompson, m. Florette **FOX,** of Pomfret, [Jan.] 20, [1834], by Nicholas Branch	3	40
Seth, s. Joseph & Mary, b Mar. 23, 1746	1	5
Seth, m. Esther **WEST,** Jan. 10, 1771	1	116
Seth, d Oct.. 19, 1776	2	29
Silas, s. Jeduthan & Abigail, b .Nov.2, 1774	2	53
Silas, s. Jeduthan & Abigail, d. Nov 17,1774	2	53
Silas, s. Jeduthn & Abigail, b. Mar. 27, 1777	2	53
Silas, s. Jeduthan & Abigail, d. May 7, 1787	2	53
Tho[ma]s, m. Judeth **LEAVENS,** Nov. 20, 1734	1	2
Thomas, d. Feb.. 5, 1744/5	1	4
Thomas, s. Tho[ma]s & Judeth, b. Apr.. 19, [　]	1	3
Thomas, s. Ebenezer & Rachel, [b.] Nov. [　]	1	3
TRUSSELL, [see under TRUESDELL]		
TUCKER, Aaron, of Thompson, m. Bathsheba **BUGBEE,** of Pomfret, Dec.. 31, 1824, by Rev. Milton French	3	16
Adaline, m. Lucius **FITTS,** b. of Pomfret, Mar. 25, 1834, by A. Benedict	3	41
An[n], d. Joseph & Margarett, b. Aug. 3, 1721	1	8
Anna, m. Josiah **CUMMINGS,** Jr., Dec.. 20, 1740	1	100
Benj[amin], s. Joseph & Margarett, b. Apr.. 11, 1716	1	8
Benjamin, m. Lydia **GARDNER,** Sept. 8, 1748	1	100
Calvin, s. Ephraim & Mehetabel, b. Mar. 15, 1780	2	19
Calvin, m. Erepta **GILBERT,** June 19, 1804	2	149
David, s. Joseph & Margarett, b. Nov. 7, 1718	1	1
David, s. Joseph & Margaret, b. Nov. 7, 1718	1	8
David, s. Joseph & Margaret, d. May 21, 1737	1	9
David, s. Joshua, d. Sept. 9, 1762, at Havanah "in his Majesty's service"	1	9
Elijah Bugbee, s. [Aaron & Bathsheba], b Feb.. 16, 1833	4	7
Eliza Naomi, d. [Calvin & Erepta], b. Dec.. 22, 1810	2	149
Elizabeth, m. Benjamin **FOSSETT,** Jr., Dec.. 8, 1746	1	101
Emma Francis, d. Lucius, farmer & Sarah, b. Jan. 10, [1850]	4	90
Ephraim, s. Joseph, Jr. & Elizabeth, b. May 12, 1745	1	23
Ephraim, s. Eph[rai]m, Jr. & Lydia, b. Apr.. 11, 1767	1	96
Ephraim, 3rd, m. Mehetobel **CHANDLER,** May 4, 1767	1	115

POMFRET VITAL RECORDS 285

	Vol.	Page
TUCKER, (cont.)		
Ephraim, Jr., m. Lydia **WILLIAMS**, Nov. 15, 176[ ]	1	111
Ephraim, Capt. , d. Jan. 26,1774	1	5
Ephraim, s. Ephraim & Mehetabel, b. Aug. 28, 1782	2	19
Ephraim, d. (sic) [John & Rebecca], b. Dec.. 27, 1804	2	142
Ephraim, Jr., m. Sarah **SKINNER**, May 29, 1811	2	161
Erastus, of Scotland, Conn., m. Emma A. **DRESSER**, of Abington, Feb.. 6, 1838, by Rev. Nathan S. Hunt, of Abington	3	53
Erastus Milton, s. Aaron & Bathsheba., b. Mar. 24, 1826	4	7
Easther, d. Joshua & Mary, d. May 15, 1753	1	9
George, s. [John & Rebecca], b. Aug. 17, 1808	2	142
Gershom, s. Capt. Ephraim & Mary, d. Sept. 17, 1769	1	5
Hannah, d. [John & Rebecca], b. May 23, 1802	2	142
Henry, s. [Walter & Lotheta], b. Sept. 28, 1799	2	134
Jeduthan, s. Ephraim, Jr. & Lydia, b. Sept. 2, 1761	1	96
Jeduthan, s Ephraim, Jr. & Lydia, b. Jan. 13, 1769	1	96
John, s. Ephraim , 3rd, & Mehetabel, b. June 15, 1776	2	19
John, m. Rebecca **JOHNSON**, Sept. 28, 1800	2	142
John, s. [John & Rebecca], b. Oct.. 27, 1806	2	142
John, m. Peace **DAVIS**, Oct.. 24, 1813	2	142
John Gilbert, s. [Calvin & Erepta], b. Oct.. 22, 1806	2	149
Joseph, s. Joseph & Margarett, b Feb.. 1, 1714/15	1	8
Joseph, m. Mary **COLE**, Nov. 16, 1726	1	2
Joseph, Jr., m. Elizabeth **GARRETT**, Aug. 6, 1744	1	99
Joseph, Jr., d. Jan. 13, 1745/6, at Capt Brittain	1	24
Joseph, s. Ben[ja]min & Lydia, b May 29, 1749	1	60
Joseph, d. Sept. 11, 1753	1	9
Joshua, s. Joseph & Margarett, b. July 13, 1717	1	8
Joshua, d. Sept. 4, 1762, at Havanah	1	9
Lillis, d. Ephraim, Jr. & Lydia, b. Oct.. 11, 1770	1	96
Lucinda Allen, d. [Aaron & Bathsheba], b. Feb.. 27, 1828	4	7
Lucy, w. Benj[amin], d. May 7, 1772	1	61
Lucy, d. Ephraim, 3rd, & Mehetabel, b. Sept. 27, 1774	2	19
Lucy, d. Ephraim, Jr. & Lydia, d. Sept. 6, 1775	1	97
Lucy, d. Ephraim & Mehetabel, d. July 30, 1776	2	19
Lucy, d. Ephraim, 3rd & Mehetabel, b. Mar. 27, 1778	2	19
Lucy, d. [Walter & Lotheta], b. Oct.. 4, 1795	2	134
Luther, s. Ephraim & Lydia, b. Mar. 24, 1774	1	96
Lydia, d. Ephraim, Jr. & Lydia, d. Feb.. 25, 1773	1	97
Lydia, d. Ephraim, Jr. & Lydia, b. Feb.. 10, 177[ ]	1	96
Margaret, w. Joseph, d. June 29, 1725	1	9
Mary, d. Joseph & Margaret, b. Feb.. 7, 1719/20	1	8
Mary, m. Nahum **CADY**, July 8, 1747	1	100
Mary, m. Nahum **CADY**, July 8, 1747	1	103
Mary, w. Capt. Ephraim, d. June 12, 1759	1	5
Mary, w. Joseph, d. May 9, 1763	1	9
Mary, d. Ephraim, 3rd, & Mehetabel, b. Aug. 3, 1772	2	19
Mary, d Ephraim & Mehetabel, d. Aug. 7, 1776	2	19
Mary, d. John Pitcher & Abigail, b. June 15, 17 [ ]	1	98
Mary, d. [John & Peace], b. Oct. 2, 1814	2	142
Mehetabel, w. Ephraim, d. Mar. 4, 1815	2	19
Nancy, d. [John & Rebecca], b. Sept 15, 1801	2	142
Nancy, d. [John & Rebecca], d. Apr.. 9,1806	2	142

286 BARBOUR COLLECTION

	Vol.	Page
TUCKER, (cont.)		
Rebecca, w. John, d. Apr.. 20, 1813	2	142
Sarah, d. Ben[ja]min & Lydia, b. Nov. 28, 1750	1	60
Sarah, ae 19, b. Charlestown, R.I., res. Pomfret, m. Orestes MAY, butcher ae 24, of Pomfret, June 16, [1850], by Lucian Holmes, J.P.	4	88
Sarah, d. Ebenezer SKINNER, Housekeeper, married, b. Woodstock, res. Pomfret, d. Jan. 3,1866, ae 83	5	16
Sarah M., m. Daniel T. CHICKERING, Mar. 26, 1839, by Rev. Daniel Hunt	3	58
Sarah Maria, d. [Ephraim, Jr. & Sarah], b. Apr.. 3, 1812	2	161
Sarah S., housekeeper, married, b. Woodstock, res. Pomfret, d. Dec.. 4, 1865, ae 83 y. 3 m. 13 d.	5	15
Susan, d. [John & Rebecca], b. Nov. 4, 1810	2	142
Walter, s. Ephraim, 3rd, & Meheta[be]l, b. Apr.. 2, 1770	2	10
Walter, m. Lotheta FRANKLIN, Dec.. 7, 1794	2	134
Walter, s. [Walter & Lotheta], b. Oct.. 10, 1797	2	134
William S., m. Lucretia T. WHEELER, b. Of Pomfret, "yesterday" [Nov. 9, 1843], by Rev. D. Hunt	3	71
——, s. Ephraim, Jr. & Lydia, d. May 8, 1767	1	97
——, s. W[illia]m S., farmer, ae 36, & Lucretia, ae 36, b. Oct.. 1, [1849]	4	85
——, s. W[illia]m S., of Pomfret, d. Oct.. 1, [1849], st. b.	4	89
TURNER, Mary Francis, m. Sylvanus WRIGHT, Jr. , b. of Killingly, Oct.. 13, [1845], by Benjamin Congdon	3	76
TWIST, Asa, of Thompson, m. Abby BAKER, of Pomfret, Apr.. 8, [1849], by Charles Osgood, J.P.	3	84
Asa, laborer, married, b. Smithfield, R.I., res. Dudley, Mass., d. May 15, 1867, ae 76 y. 7 d.	5	16
Mary H., housekeeper, married, d. Darius HIGGINBOTHAM, d. Mar. 23, 1869, ae 49 y. 6 m. 23 d.	5	18
Winchester, m. Mary A. HIGGINBOTHAM, b. of Pomfret, July 4, 1839, by Rev. Bela Hicks	3	59
TWOGOOD, ——, d. Sterry, weaver, ae 26, & Dianna, weaver, ae 21, b. July 24, [1851]	4	90
TYLER, Almira, illeg. D. Caroline, pauper, ae 36, b. July 2, 1848	4	78
Daniel, m. Mehetabel PUTNAM, Aug. 15, 1771	2	61
Daniel Putnam, s. Dan[ie]ll & Mehetable, b. Mar. 1, 1776	2	61
Dianna, of Thompson, m. John G. COMAN, of Killingly, [Mar.] 22, [1833], by Rev. Nicholas Branch	3	35
Lucy, m. Abijah GOODELL, Feb.. 1, 1759	1	109
Mabel, m. Seth PAINE, Jr., Nov. 1, 1749	1	102
Mehetobel, Mrs., & d. of Gen. PUTNAM, d. Nov. 28, 1789, at Brooklyn	1	50
	2	61
Molly, d. Daniel & Mehetable, b. Aug. 1, 1772	2	112
Molly, m. Samuel SUMMER, Jr. Jan. 23, 1793	2	61
Paschal Paoli, s. Daniel & Mehetable, b. May 15, 1774	2	61
Septimas, s. Dan[ie]l & Mehetable, b. Sept. 12, 1779	5	6
UNDERWOOD, Albert b., d. Aug. 19, 1856, ae 7 m. 4 d.		
Almira, of pomfret, m. Leonard R. WILLIAMS, of Glocester R.I., Feb. 4, 1827, by rev. James A. Boswell	3	23
Bathshebee, d. Josiah & Lucy, b. Oct. 1, 1791	2	15

POMFRET VITAL RECORDS 287

	Vol.	Page
UNDERWOOD, (cont.)		
Benjamin, s. Lot & Zeruiah, b. Oct.. 1, 1788	2	93
Betsey, d. [Josiah & Lucy], b. Oct.. 4, 1798	2	45
Charles, s. Timothy & Rebeckah, b. Aug. 3, 1788	2	102
Charles, m. Nancy **CHILLSON,** June 23, 1811	2	158
Cha[rle]s, carpenter, married, d Sept. 25, 1854, ae 21 y. 3 m. 12 d.	5	4
Charles Chillson, s. Charles & Nancy, b. June 16, 1812	2	158
Elizabeth, d. [Lot & Zeruiah], b Dec.. 26, 1798	2	93
Elizabeth W., housekeeper, widow, b Thompson, res. Pomfret, d. Jonathan **WILLIAMS,** d. Sept. 30, 1869, ae 64 y. 5 m. 17 d.	5	18
George, s Josiah & Lucy, b. May 6, 1795	2	45
Israel, d. June 13, 1788	2	45
James Vial, s. [Charles & Nancy], b June 26, 1818	2	158
John, s. Josiah & Lucy, b. Oct.. 19, 1782	2	45
Josiah, s. [Jesse], b. July 7, 1816	2	53
Lamira, d. [Lot & Zeruiah], b. Jan. 12, 1802	2	93
Lester, of Woodstock, m. Huldah J. **MEDBURY,** of Pomfret, Feb.. 7, 1839, by Rev. Bela Hicks,	3	57
Lorany Francis, d. [Charles & Nancy], b. July 10, 1820	2	158
Lot, m. Zeruiah **COVEL,** Jan. 2, 1788	2	93
Lot, m. Mrs. Catharine **ARNOLD,** b. of Pomfret, [Jan.] 29, [1837], by Nicholas Branch	3	51
Lot, farmer, married, d. Oct.. 28, 1852, ae 88	5	1
Lucina, of Pomfret, m. William S. **ARNOLD,** of Woodstock, [Jan.] 24, [1836], by Nicholas Branch	3	47
Lucy, d. Josiah & Lucy, b. Apr.. 24, 1781	2	98
Lucy, m. Martin **CHAFFEE,** Mar. 6, 1807	2	155
Lydia, w. Charles, d. Nov. 29, 1810	2	158
Lydia darling, d. Charles & Lydia, b. Sept. 3, 1809	2	158
Lydia Darling, d. Mar. 27, 1810	2	158
Lydia Darling, d. [Charles & Nancy], b. Mar. 16, 1814	2	158
Nabby, d. Josiah & Lucy, b. Apr.. 26, 1788	2	45
Polly, d. Josiah & Lucy, b. June 12, 1785	2	45
Polly, d. Samuel & Susannah, b. Jan. 9, 1792	2	124
Rebecca C., of Pomfret, m. Charles **SAWYER,** of Woodstock, Nov. 11, 1823, by rev.. James Porter	3	9
Rebeckee Church, d. Timothy & Rebeckee, b. Jan. 4, 1791	2	102
Samuel, s. Sam[ue]l & Susannah, b. Mar. 7, 1794	2	124
Samuel, carpenter, married, d. July 5, 1862, ae 68 y. 3 m. 28 d.	5	12
Sarah, d. [Lot & Zeruiah], b. Dec.. 14, 1800	2	93
Sarah, of Pomfret, m. Lyman **WHITTEMORE,** of Thompson, May 10,1829, by Isaac Bonney	3	26
Sarah Ann, d. [Charles & Nancy], b. Nov. 2, 1826	2	158
Silas, s. [Lot & Zeruiah], b. July 18, 1805	2	93
Sophia, d. Josiah & Lucy, b. July 13, 1790	2	45
Stephen s. [Lot & Zeruiah], b. May 3, 1796	2	93
Susan, d. Jesse, b. Jan. 25, 1813	2	53
Susannah, d. Sam[ue]l & Susannah, b. Nov. 18,1795	2	124
Thomas Bingham, s. [Charles & Nancy], b. Dec.. 28, 1815	2	158
Timothy, m. Rebeckah **SHARPE,** Nov. 8, 1787 (The words "error by mistake" follow this entry)	2	93
Timothy, m. Rebeckah **SHARP,** [ ]	2	102

	Vol.	Page
UNDERWOOD, (cont.)		
William Givens, s. Lot & Zeruiah, b. Apr. 7, 1794	2	93
UPHAM, Benj[ami]n, s. Noah & Lydia, b. Apr. 10, 1723, ae Maldon	1	55
Lydia, d. Noah & Lydia, b. Jan. 3, 1725/6, at Maldon	1	55
Mary, d. Noah & Lydia, b. Oct.. 22, 1730	1	55
UTLEY, Andrew P., farmer, ae 27, b. Hampton, res. Pomfret, m. 2d w. Elizabeth **BROWN,** ae 22, b Hebron, res. Pomfret, Mar. 31, [1850], by Joel Arnold	4	88
Azel, s. Stephen & Zipporah, b. June 11, 1761	1	88
Azel, s. Stephen, Jr. & Elizabeth, b. Aug. 26 1795	2	125
Clarissa, housekeeper, married, d. Nov. 27, 1853, ae 37	5	3
Cynthia, d Stephen & Zipporah, b. Feb.. 12, 1780	2	75
Cintha, m. Elijah **GRIGGS,** Sept. 20, 1801	2	142
Dan, s Stephen &b Zipporah, b. Sept 24, 1781	2	75
Eliza, of Ashford, m. Daniel **HOWE,** of Pomfret, June [11], 1820, by Rev. Walter Lyon, of Abington	3	1
Esther, m. Amos **KENNEY,** Jr., Oct.. 4, 1764	1	112
Fanny J., d. Andrew, farmer, ae 28, & Elizabeth, ae 24, b. Feb. 19, [1851]	4	91
Harvey, s. STephen & Zipporah, b. June 2, 1778	2	75
Henry T., of Hampton, m. Clarissa **SHARPE,** of Pomfret, Feb.. 25, 1839, by Rev. Nathan S. Hunt, of Abington	3	57
Lois, d. Stephen & Zipporah, b. Apr.. 7, 1768	1	88
Mary, of Ashford, m. Ebenezer **DRESSER,** of Pomfret, Dec. 1,1812	2	158
Mary Eliza, d. [Stephen, Jr. & Elizabeth], b. June 16, 1806	2	125
Polly, d Stephen & Zipporah, b. Dec.. 25, 1775	2	75
R[h]odah, d. Stephen & Zipporah, b. Jan. 12, 1763	1	88
Roxey, d. Stephen & Zipporah, b. Oct.. 10, 1776	2	75
Roxey, m. Benjamin **SHERMAN,** Feb.. 8, 1798	2	132
Sally, d. Stephen, Jr. & Elizabeth, b. Apr.. 24, 1798	2	125
Stephen, s. Stephen & Zipporah, b. Apr.. 1, 1772	1	88
Stephen Jr., m. Elizabeth **CHASE,** Nov. 12, 1794	2	125
Stephen, m. Sarah **LOVE,** Jan. 15, 1797	2	75
Weltha, s. [d.] Stephen & Zipporah, b. Oct.. 25, 1769	1	88
Zelinda, d. Stephen & Zipporah, b. Aug. 12, 1771	1	88
VAN PELT, Reuben, lawyer, ae 23, b. New Jersey, res. New York City, m. Emily S. **CHANDLER,** ae 22, b. Pomfret, May 3, 1848, by Rev. Daniel Hunt	4	79
Reuben W., of New York, m. Emily S. **CHANDLER,** of Pomfret, May 3, 1848, by Rev D. Hunt	3	82
----, d. Reuben W., lawyer, ae 24, of New York City, & Emily S. ae 23, b. Mar. 6, [1849]	4	81
VICKARS, VICKANS, Samuel, Jr. m. Anna **MALBONE,** b. of Pomfret, Apr.. 1, 1842, by Robert D. Sharpe, J.P. Recorded Jan 10, 1865	3	91
Samuel, Jr., m. Anna **MALBONE,** b. of Pomfret, Apr.. 14, 1842, by Robert D. Sharpe, J.P.	3	67
VINCENT, Mary, m. Elisha **FREEMAN,** Nov. 13, 1752	1	103
VINERSON, Mary, m. Ephraim **BACON,** Feb. 20, 1754	1	105
VINTON, Alexander Hamilton, Rev., m. Eleanor Stockbridge **THOMPSON,** Oct. 15, 1835, by Rev. N. B. Crocker, of Providence, R.I.	3	46

POMFRET VITAL RECORDS

	Vol.	Page
VINTON, (cont.)		
Alexander Hamilton, Rev. m. Eleanor Stockbridge **THOMPSON**, b. of Pomfret, Oct. 18, 1836, by Job Williams, J.P., to make valid their marriage of Oct. 15, 1835, by Rev. N. b. Crocker, of Providence, R.I.	3	50
Caroline Dyer, d. Amos Maine **VINTON** & Frances **JONES**, of Providence, R.I., b. Nov. 19, 1828	4	15
Elizabeth, m. Geo[rge] Sears **GREENE**, July 14, 1828, by E. b. Kellogg	3	25
Frances, d. [Amos Maine & Frances **JONES** of Providence, R.I.], b. Nov. 5, 1830	4	15
Helena Lucretia, d. Capt. John R. & Lucretia D., b. Aug. 2, 1830	4	15
VORSE,[see also **VOSE**], Laodicia, m. Ebenezer **ALLIN**, Apr. 9, 1794	2	117
VOSE, [see also **VORSE**], Ann, d. Tho[ma]s & Experience, b. Apr.. 11, 1745	1	78
Anna, d. Lem[ue]ll & Prudence, b. Mar. 20, 1782	2	67
Betsey, d. Lem[ue]ll & Prudence, b Sept. 4, 1784	2	67
Jemima, d. Tho[ma]s & Experience, b. Sept. 24, 1739	1	78
Lemuel, m. Prudence **CADY**, Feb.. 1, 1777	2	67
Lucy, d Lemuel & Prudence, b. May 29 ,1780	2	67
Mary, d. Tho[ma]s & Experience, b. Mar. 23, 1743	1	78
Oliver, s. Lemuel & Prudence, b. Dec.. 16, 1792	2	67
Polly, s. [d.] Lem[ue]ll & Prudence, b. Aug. 23, 1789	2	67
Thomas, s. Tho[ma]s & experience, b. May 7, 1741	1	78
Thomas, s. Lem[ue]ll & Prudence, b. July 22, 1787	2	67
WADE, Aliph A., housekeeper, widow, b. Killingly, res. Pomfret, d. Aug. 6, 1865, ae 53 y. 8 m.	5	15
Samuel, m. Martha **BROWN**, [Apr..] 14, [1833], by Rev. Nicholas Branch	3	36
WADKINS, Alethiah, d. Hannah **WALKER**, single woman, b. June 30, 1776	2	8
WAIGHT, Elizabeth, d. John & Mary, b. July 9, 1759	2	146
Eliz[abet]h, m. Nath[an] **RANDALL**, Jan. 25, 1787	2	146
WALDO, WALDOW, Abigail, d. Zachariah & Abigail, b. June 17, 1731	1	49
Abigail, m. David **BUCKLIN**, July 31, 1749	1	101
Abigail, d. Jon[atha]n & Abigail, b. June 17, 1757	1	56
Abigail, d. Jon[a]t[han] & Abigail, b. June 17,1757	1	65
Abigail, d .Jonathan & Abigail, b. June 17, 1757	2	25
Abigail, w. Jonathan, d. Dec.. 20, 1772	2	25
Abigail, w. Zachariah, d. Oct.. 18, 1777	1	50
Albagence, s. Zach[aria]h & Abigail, b. Dec.. 30, 1744	1	49
Albagence, s Zach[aria]h & Abigail, d. Oct.. 9, 1749	1	50
Albagence, s. Zach[aria]h & Abigail, b. Feb.. 27, 1749/50	1	49
Albigen[c]e, s. Dan[ie]l & Lois, b. Jan. 9, 1764	2	8
Albigence, Dr., m. Mrs. Lydia **HURLBUT**, Nov. 19, 1772	2	39
Albegence, s. Albegence & Lydia, b. Jan. 29, 1775	2	39
Albegence, Dr. m. Mrs. Lucy **COWGELL**, July 16, 1787	2	39
Albagence, Dr. s. Zachariah, d. Jan. 29, 1794	1	50
Albegence, Dr., d. Jan. 29, 1794, in the 44th y. Of his age	2	39
Benjamin, s. Jonathan & Joanna, b. Aug. 28, 1778	2	25
Benjamin, s. Jonathan & Joanna, d.Sept. 13, 1778	2	25

WALDO, (cont.)

	Vol.	Page
Benjamin Whittemore, s. Jonathan & Abigail, b. Feb. 21, 1771	2	25
Benj[ami]n Whittemore, s. Jonathan & Abigail, d. Mar. 16, 1771	2	25
Betsey, d. Samuel & Molly, b. Sept. 22, 1774	2	49
Betsey, m. John Augustus **GLEASON**, May 12, 1799	2	133
Betsey Pierpoint, d. Jonathan & Joanna, b. Aug 11, 1781	2	25
Catharine, m. Nathaniel **SWEETING**, b. of Pomfret, May 26, 1825, by rev.. James A. Boswell	3	16
Catharine Mary, d. Frances & Lucinda, b. May 14, 1806	2	151
Daniel, Jr., d. Jan. 25, 1716/17	1	28
Daniel, s. Zachariah & Abigail, b. May 30, 1737	1	49
Daniel, Sr., d. Nov. 1, 1737	1	28
Daniel, m. Lois **DANA**, Oct.. 1, 1761	1	109
Daniel, s. Daniel & Lois, b. June 2, 1769	2	8
Daniel, s. Zachariah, d. Mar. 2, 1792, at Woodstock, S. Vt.	1	50
Elisha H., s. [Albegence & Lucy], d. July 25, 1801, in Charleston, S.C.	2	39
Elisha Hurlbut, s. Albegence & Lydia, b. Sept. 11, 1773	2	39
Frances m. Lucinda Clemmant **CHENEY**, May 12, 1805	2	151
Frances Lucinda, d. [Frances & Lucinda], b. Apr.. 12, 1815	2	151
Frank, s. Sam[ue]ll & Molly, b. Apr.. 22, 1763	2	49
Hannah, d. Jonathan & Abigail, b. Feb.. 1, 1759	1	65
Hannah, d. Jonathan &Abigail, b. FEb. 1, 1759	2	25
Hannah, m. Rowland **LEVENS**, Jan. 4, 1784	2	8
Harriet, d. Albegence & Lydia, b. Apr.. 14, 1777	2	39
Harriet, m. Sylvanus **BACKUS**, Jan. 1, 1797	2	131
Hiram, of Canterbury, m. Nancy **DRESSER**, of Pomfret, Oct.. 21, 1845, by Rev. D. Hunt	3	77
Israel Putnam, s. Sam[ue]ll & Molly, b. Dec.. 22, 1776	2	49
Israel Putnam, s. Sam[ue]ll & Molly, d. Jan. 2, 1786	2	49
John, s. Jonathan &Abigail, b. July 28,1772	2	25
Jonath[a]n, s. Zachariah & Abigail, b. Mar. 22, 1728/9	1	49
Jonathan, m. Abigail **WHITTEMORE**, Feb.. 23, 1757	1	106
Jonathan, [twin with Zachariah], s. Jonathan & Abigail, b. Dec.. 26, 1764	1	65
Jonathan, [twin with Zachariah], s. Jonathan & Abigail, b. Dec.. 26, 1864	2	25
Jonathan, s. Jonathan &Abigail, d. Jan. 3, 1765	1	66
Jonathan, s. Jonathan & Abigail, d. Jan. 3, 1765	2	25
Jonathan, s. Jonathan & Abigail, b. June 1, 1769	2	25
Jonathan, m. Joanna **MIGHELL**, Apr.. 7 ,1773	2	25
Jonathan s. Zachariah, d. Dec.. 21, 1788, at Canterbury	1	50
Jonathan, d. Dec.. 21, 1788, at Canterbury	2	25
Joseph Warren, s. Jonathan & Joanna, b. July 12, 1776	2	25
Laura, d. Dr. Albegence & Lucy, b. May 23, 1789	2	39
Laura, d. Albegence & Lucy, b. Nov. 18, 1795	2	39
Leis, s. Sam[ue]ll &Molly, b. June 25, 1787	2	49
Lewis, s. Sam[ue]ll & Molly, d. May 7,1788	2	49
Lewis Putnam, s. Sam[ue]ll & Molly, b. Mar. 22, 1796	2	49
Lewis Putnam, s. Sam[ue]ll & Molly, d. Mar. 28, 1796	2	49
Lois, d. Daniel & Lois, b. Jan. 23, 1762	1	86
Lois, d. Daniel & Lois, b. Jan. 23, 1762	2	8
Lois, d. Daniel & Lois, d. Feb.. 12, 1762	1	87

POMFRET VITAL RECORDS 291

	Vol.	Page
WALDO, (cont.)		
Lois, d. Daniel & Lois, d. Feb.. 12, 1762	2	8
Louisianna, d. Jonathan & Abigail, b. July 14, 1763	1	65
Louisaianna, d. Jonathan &Abigail, b July 14, 1763	2	25
Louisanna, d. Jonathan & Abigail, d. July 1, 1766	1	66
Louisianna, d Jonathan & Abigail, d July 1, 1766	2	25
Louisiana, d. Jonathan & Abigail, b. June 26, 1767	1	65
Louisianna, d. Jonathan & Abigail, b. June 26, 1767	2	25
Lucretia, d Jonathan & Joanna, b. Nov. 7, 1773	2	25
Lucretia, m. Frederick **AVERELL,** Jan. 24, 1796	2	128
Lucy, d. Daniel & Lois, b. Feb. 20, 1767	1	86
Lucy, d. Daniel & Lois, b. Feb. 20, 1767	2	8
Lucy, d. Dr. Albegence & Lucy, b Apr.. 3, 1788, at Woodstock	2	39
Lydia, w. Albegence, d. Feb.. 7, 1785	2	39
Marvel, m. Abiel **CHENEY,** May 3, 1720	1	1
Mary, m. Zara **CUTLER,** Aug. 23, 1812	2	60
Mary Putnam, d. [Frances & Lucinda], b Sept. 20, 1812	2	151
Nancy, d. Albegence & Lydia, b. Apr.. 8, 1783	2	39
Nancy, d. Albegence & Lydia, b. [ ], 17[ ]	2	39
Nancy, d. Albegence & Lydia, d. [ ]	2	39
Polly, d. Sam[ue]ll & Molly, b. Apr.. 13, 1789	2	49
Ralph, s. Albegence & Lydia, b. Nov. 27, 1775	2	39
Ralph, s. Albegence & Lydia, d. Aug. 10, 1777	2	39
Rebeccah, Mrs. m. Capt. Leicester **GROSVENOR,** Feb. 12, 1728/9	1	2
Samuel, s. Zach[aria]h & Abigail, b. Aug. 28, 1747	1	49
Samuel, m. Molly **PUTNAM,** Nov. 2, 1773	2	49
Sam[ue]ll, d. Feb.. 14, 1810, in the 63rd y. of his age	2	49
Samuel, s. [Frances & Lucinda], b. June 1, 1810	2	151
Samuel, d. Feb.. 14, 1810	1	50
Sam[ue]ll Putnam, s. Sam[ue]ll & Molly, b Mar. 12, 1779	2	49
Sarah, m Johosaphatt **HOLMES,** July 4, 1715	1	1
Sarah, d. Zachariah & Abigail, b. May 3, 1734	1	49
Sarah, d. Zach[aria]h & Abigail, d. July 23, 1735	1	50
Sarah, d. Zach[aria]h & Abigail, b. Jan. 7,1739	1	49
SARAH, d Jonathan & Abigail, b. Mar. 13, 1761	1	65
Sarah, d Jonathan & Abigail, b .Mar. 13, 1761	2	25
Susanna, w. Daniel, d. Mar. 16, 1741/2	1	28
Susannah, d. Zach[aria]h & Abigail, b. Oct.. 26, 1742	1	49
Susannah, d. Daniel &Lois, b. Mar. 21, 1763	2	8
Susannah, d. July 22, 1815	1	50
Thomas Fanning, s. Albegence & Lydia b. Sept. 19, 1779	2	39
Zachariah, m. Abigail **GRIFFIN,** June 25, 1728	1	2
Zachariah, Lieut., d. Nov. 22, 1761	1	50
Zachariah, [twin with Jonathan], s. Jonathan & Abigail, b. Dec.. 26, 1764	1	65
Zachariah, [twin with Jonathan], s. Jonathan & Abigail, b. Dec.. 26, 1764	2	25
WALKER, Alethiah Wadkins, d. Hannah Walker, single woman, b .June 30, 1776	2	8
Hannah, single woman, had d. Alethiah Wadkins, b. June 30, 1776	2	8
Lydia, single woman, had s. Stephen **SABIN,** reputed f. Stephen **SABIN,** b. [ ]	1	98

BARBOUR COLLECTION

	Vol.	Page
WALKER, (cont.)		
Mehetobel, d. Stephen & Mehetabel, b. Jan. 9, 1740/41	1	72
Rebeckah, m. Asa **CLARK,** Feb. 24, 1763	1	111
Sarah, d Stephen & Mehetable, b. May 7,1739	1	72
WALLING, George R., s. Dexter, farmer, ae 35, & Eliza, ae 29, b. Jan. 24, [1850]	4	85
WALTON, Elizabeth, d. William 7 Elizabeth, b. Aug. 6, 1767	1	84
John Pope, s. William & Elizabeth, b. Aug. 5,1764	1	84
Lucret[i]a, d. William & Elizabeth, b. Jan. 15, 1762	1	84
William, s. William & Elizabeth, b. Nov. 16, 1759	1	84
WARD, Artemus, s. [Tho[ma]s W. & Harriet], b July 16, 1828	4	8
Harriet, m. William **WILLIAMS,** May 13, 1817	2	163
Samuel Denny, s. Tho[ma]s W. & Harriet, b. Apr. 3,1826	4	8
Thomas W., m Harriet P. **GROSVENOR,** b. of Pomfret, Apr. 6, 1825, by Rev. James Porter	3	15
WARNER, Albigence Waldo, s. Jared & Polly, b. Aug. 18, 1794	2	106
Albigence Waldo, s. [Dr. Jared], d. Aug 28, 1794	2	106
Anner G., m Willard **HUBBARD,** [Sept.] 11, [1835], by N. S. Hunt, Abington	3	46
Augustus, s. Dr. Jared & Polly, b. Dec. 4, 1787	2	106
Augustus, laborer, single, d. Feb.. 11, 1857	5	7
Benjamin, s. Sam[ue]ll & Mehetabel, b. Nov. 29, 1695	1	7
Daniel, d. Jan. 1, 1766	1	80
Derius, s. John & Mary, b. Dec.. 20, 1745	1	7
Darius, s. John & Mary, d Nov. 14, 1748	1	8
David Ripley, s. Dr. Jared & Polly, b. Jan. 24, 1786	2	106
Ebenezer, s. John &Mary, b. Jan. 27, 1749	1	7
Ebenezer, s. John & Mary, d. Sept. 19, 1776	1	8
Elizabeth, d. Samuel &Mary, b Feb.. 19, 1713/14	1	7
Eliz[a]beth, m. Jonath[a]n **DRESSER,** Jan. 18, 1732/3	1	2
Elizabeth, m. Joseph **ALLIN,** Oct.. 13, 1761	1	109
Elliot, s. Jared &b Polly, b. Dec.. 1, 1792	2	106
Elliot, s. Dr. Jared, d. Dec.. 4, 1794	2	106
Jared, Dr., m. Polly **RIPLEY,** Dec.. 28, 1785	2	106
Jared, Dr., d. May 23, 1802	2	106
Jared E., of Utica, N.Y., m. Aluthia **LORD,** of Pomfret, May 14, 1821, by Rev. Walter Lyon, of Abington	3	3
Jared Elliot, s. Jared & Polly, b. Mar. 31, 1796	2	106
Joanna, m. Stephen **FARNUM,** Mar.2, 1752	1	103
John, s. Sam[ue]ll & Mehetabel, b. Aug. 4, 1711	1	7
John, m. Mary **TRUSDELL,** May 30, 1734	1	2
John, s. John & Mary, b. Sept. 18,1736	1	7
John, s. John & Mary, d. May 10,1738	1	8
John, s. John & Mary, b. Dec.. 15, 1741	1	7
John, s. John &Mary, d. Apr.. 29,1742	1	8
Maria, d. Dr. Jared & Polly, b. Oct.. 1, 1789	2	106
Maria, m. Samuel H. **LYON** May 14, 1816, at Abington Society, by Rev. Walter Lyon, of Abington	2	161
Mary, d. Sam[ue]ll & Mehetobel, b. July 4, 1709	1	7
Mary, m. Joseph **DAVISON,** Feb.. 12, 1729/30	1	2
Mary, w. Samuel, d. June 13, 1733	1	8
Mary, d. John & Mary, b Sept. 12, 1743	1	7

	Vol.	Page
WARNER, (cont.)		
Mary, w. John, d. Mar. 29, 1753	1	8
Mehetabel, d. Sam[ue]l & Mehetabel, b. Dec.. 22, 1698	1	7
Mehetable, m. Ebenezer **HOLBROOK**, Apr.. 30, 1719	1	1
Rachel, d. John & Mary, b. Aug. 29, 1747	1	7
Rachel, d. John & Mary, d. Nov. 19, 1748	1	8
Sam[ue]l, s. Sam[ue]l & Mehetabel, b. Feb.. 19,1700	1	7
Samuel, s. Sam[ue]l & Mehetable, d. June 3, 1732	1	8
Sam[ue]ll, s. John &Mary, b. Dec. 15, 1739	1	7
Sam[ue]l, s. John & Mary, d. Sept. 3, 1742	1	8
Samuel, d. Aug. 30,1752	1	8
Sarah, d. Samuel &Mehitobel, b. July 22, 1705	1	7
Susanna, s Sam[ue]l & Mehetabel, b. July 19 ,1703	1	7
WARREN, Edwin, of Killingly, m. Celestina b. **HASKELL**, of		
Pomfret, "yesterday", [Apr. 19,1844], by, Rev D. Hunt	3	72
Lucy, m. John **SHARP**, Jr., Dec. 5, 1754	1	104
Lydia, m. John **FOSSETT**, Oct. 17, 1745	1	99
Priscilla, m. Peter **ADAMS**, Sept. 27, 1750	1	102
Sarah, m Thomas **POOL** Nov. 17 1757	1	106
WASHBURN, Catharine L., of Pomfret, m. Daniel T. **CUSHMAN**, of		
Brooklyn, Mar. 25, 1840, by Rev. Bela Hicks	3	61
Edward M., of Killingly, m. Mary W. **SHERMAN**, of Ashford,		
May 18, 1846, by Benjamin Congdon	3	79
Leb[b]eus, Jr., m. Susan **ANTHONY**, b. of Pomfret, Nov. 19, 1820,		
by Rev. James Porter	3	2
WASHINGTON, The Great, d. Dec.. 14 1799, ae 68	2	140
WATERHOUSE, [see also **WATROUS**], Ruth, m. Henry **CADY**,		
Sept. 11, 1746	1	101
WATERMAN, Diantha C., black, b Woodstock, res. Pomfret, d. Oct..		
6, 1854, ae 32	5	4
Diantha C., black, b. Warren, Mass., res. Pomfret, d. Dec.. 25, 1854,		
ae 3 y. 6 m.	5	4
WATERS, Betsey, d. Jonathan & Mary, b. Oct.. 3, 1785	2	3
Betsey, m. John **LISECOMB**, May 6, 1792	2	31
Charles, s. Jonathan & Mary, b. Sept. 6, 1793	2	3
Hannah, m. John **LISECOMB**, Feb.. 28, 1802	2	31
Jonathan, m. Mary **PARKHURST**, Nov. 14, 1782	2	3
Lucy, d. Jonathan & Mary, b. July 28, 1791	2	3
Maryann, d. Jonathan & Mary b. Dec.. 6, 1795	2	3
Willard, s. Jonathan &Mary, b. Sept 19 1783	2	3
WATROUS [see also **WATERHOUSE**], William, m. Mary		
CHEDLE, Apr. 7, 1774	2	57
WEADON, Polly, m. Henry **BAXTER**, Oct.. 27, 1804	2	148
WEAVER, Almira, of Pomfret, m. robert **WILLIAMS**, of Woodstock,		
Aug. 21, 1848, by b. Hicks, Adm.	3	83
Faith T. T. W. P. G. , b. Cuba, res. Pomfret, d. July 30, 1862, ae 9 y.		
7 m. 18 d.	5	12
Jonathan, farmer, married, b. E. Greenwich, R.I., res. Pomfret, d.		
Apr. 24, 1862, ae 51 y. 11 m. 28 d.	5	12
WEBB, Almira, housekeeper, married, b. Brooklyn, res. Pomfret, d.		
Apr. 8, 1856, ae 33	5	6
Catharine, d. [Charles Lee & Catharine], b. Jan. 24, 1814	2	157

294 BARBOUR COLLECTION

	Vol.	Page
WEBB, (cont.)		
Charles Henry, s. [Charles Lee & Catharine], b. July 20,1809	2	157
Charles Lee, m. Catharine **CHENEY,** Sept. 17,1807	2	157
Ellethia, domestic, single, b. Brooklyn Conn., res. Pomfret, d. May 6, 1865, ae 21 y. 9 m. 2 d.	5	15
Mary E., of Pomfret, m. Samuel **LYNN,** of West Jefferson, O., Nov. 15, 1852, by Rev D. Hunt	3	89
WEBBER, WEBER, Benjamin, s. Benjamin & Abial, b Oct. 10, 1766	1	87
Benjamin, [Sr.], d. Nov. 1, 1769	1	88
Ellen Lucina, d. [Ariel &Lucinda], b. July 24, 1840	2	168
Erastus Chandler, s. Ariel & Lucinda, b. Feb.. 7, 1824	2	168
George Nelson, s. [Ariel & Lucinda, b Aug. 27, 1826	2	168
Harriet Serena, d. [Ariel & Lucinda], b. Feb.. 24, 1831	2	168
Jane Elizabeth, d. [Ariel & Lucinda], b. Sept. 9, 1828	2	168
Mary, m. Aaron **HICKS,** Nov. 25, 1791	2	22
Susanna, d. Benj[amin] &Abial, b. Aug. 29, 1763	1	87
William Ward, s. [Ariel &Lucinda], b Jan. 31, 1836	2	168
WEBSTER, Anne. Stephen & Sarah, b. Dec.. 4, 1788	2	45
Bathsheba, m. Jonathan **WHITE,** 2d, Dec.. 20, 1791	2	122
Candice Wheaton, d. Stephen & Lucy, b. Jan. 15, 1795	2	45
Cynthia, d. Stephen & Sarah, b. Dec.. 4, 1786	2	45
Lucy, d. Stephen & Sarah, b. May 6, 1791	2	45
Stephen, s. Stephen &Sarah, b. Sec. 1, 1783	2	45
WEDGE, WEDG, Daniel, s. John & Hannah, d. Mar. 20, 1737	1	74
Daniel, s. W[illia]m & Bridget, b May 5, 1748	1	73
Daniel, s. W[illia]m & Bridget, b. Sept. 8, 1748	1	73
Daniel, s. W[illia]m & Bridget, d. Sept. 8, 1748	1	74
John, s. Dec.. 26, 1753	1	74
William, m. Bridget **CLEAVELAND,** Mar. 7, 1748	1	102
William, d. July 7, 1754	1	74
WEEDEN, [see under **WEADON**]		
WEEKS, WEEKES, Anna, d. Eben[eze]r & Ann, b. Apr.. 15, 1749	1	27
Anna, d. Eben[eze]r & Anna, d June 8, 1749	1	28
Anna, d. Eben[eze]r & Ann, b. Dec.. 24, 1760	1	27
Anna, m Will[ia]m **COPELAND,** Dec.. 7, 1780	2	94
Eben[eze]r, m. Ann **HOLLAND,** Sept. 5, 1738	1	101
Eben[eze]r, s. Eb[eneze]r & Ann, b. Aug. 5, 1741	1	27
Eliakim, s. Eben[eze]r & Ann, b. Apr.. 13, 1750	1	27
Eliakim, s. Eben[eze]r & Anna, d. Jan. 7, 1752	1	28
Eliakim, s. Holland & Hannah, b. Mar. 6, 1771	2	8
Elizabeth, d. Holland & Hannah, b. Dec.. 24, 1772	2	8
Ellery, s. Paschall, d. Oct.. 3, 1869, ae 5 m. 8 d.	5	18
Esther, d. Holland & Hannah, b. Dec.. 25, 1776	2	8
Eunice, d. Holland & Hannah, b. Oct.. 7,1769	2	8
Frank L., s. Frank, farmer, ae 28, & Lueretty P., ae 28, b. Mar. 3, 1848	4	76
George, laborer, single, b. Ashford, res. Pomfret, d. Jan. 21, 1865, ae 48	5	15
George Griswold, s. Ebenezer, Jr. & Eunice, b. Apr.. 1, 1778	2	85b
Hannah, d. Holland & Hannah, b. FEb. 20, 1775	2	8
Hannah, d. Ebenezer, Jr. & Eunice, b. Dec.. 28, 1780	2	85b
Holland, s. Eb[eneze]r & Ann, b. Jan. 19,1743/4	1	27

POMFRET VITAL RECORDS 295

	Vol.	Page
WEEKS, (cont.)		
Holland, m. Hannah **MOSELEY**, Sept. 4, 1766	1	114
Holland, s. Holland & Hannah, b. Apr.. 29, 1768	2	8
Joseph, s. Eb[eneze]r & Ann, b. June 28,1739	1	27
Joseph, s. Eben[eze]r & Anna, d. Jan. 6, 1752	1	28
Minerva M., housekeeper, married, b. Ashford, res. Pomfret, d. Mar. 11, 1862, ae 35	5	12
Newell Allen, b. Eastford, res. Pomfret, d. Aug. 20,1864, ae 8 y. 6 m. 9 d.	5	14
Permelia, of Pomfret, m. Lyman **LYON**, of Ashford, "yesterday" [July 12, 1841], by Rev. D. Hunt	3	65
Sarah, d. Eb[eneze]r & Sarah, b. Apr.. 21, 1732, at Dorchester	1	27
Sarah, w. Eben[eze]r, d. Jan. 8, 1735/6	1	28
Sarah, d. Eben[eze]r & Sarah, d. Jan. 19,1749/50	1	28
Sarah, d. Eben[eze]r & Ann, b. Aug. 18,1755	1	27
Sarah, m. Eleazer **GILBERT**, Apr.. 23, 1772	2	36
Sophia, d. Holland & Hannah, b. Jan. 24, 1780	2	8
Sophia, b. Ashford, m. Nathan **BADGER**, b. Ashford, res. Eastford, June 21, 1848, by Rev. Edward Pratt	4	79
WELCH, WELTCH, Abigail, m. Appleton **OSGOOD**, Nov. 11, 1784	2	34
Bridget Amelia, m. John **MORRIS**, Nov. 4, 1844, by Rec. Roswell Parke	3	73
Harriet J., of Chaplin, m. Lucius O. **SPENCER**, of Pomfret, Feb.. 3, 1851, by Rev. Urijah Underwood. Recorded Dec.. 20,1864	3	91
Irena, of Windham, m. Dead. William **SABIN**, Mar. 31, 1799	2	19
Jerusha, m. Elisha **PAINE**, June 16, 1808	2	168
Julia Maria, d. Tho[ma]s & Loea, b. May 25, 1817	2	169
WELD, Allive, see under Olive		
Bersillai, s. John, Jr. & C[h]loe, b. Nov. 29, 1762	1	48
Barzilla, s. John & C[h]loe, d. Nov. 2, 1765	1	49
Eben[eze]r, s. John & C[h]loe, b. Dec.. 17, 1772	1	48
Elias, s. John & Esther, b. Apr.. 10, 1732	1	48
Elias, m. Thankfull **SPAULDEN**, Nov. 16, 1758	1	107
Elias, m. Thankfull **SPAULDEN**, Nov. [ ], 1758	1	107
Elisha, s. John, Jr & C[h]loe, b. Mar. 13, 1758	1	48
Elisha, s. John & C[h]loe, d. Dec.. 13, 1766	1	49
Elisha, s. John & C[h]loe, b. Oct.. 1, 1767	1	48
Elisha, s. John & C[h]loe, b. Sept. 6, 1777	1	49
Elizabeth, d .John & Esther, b. July 13, 1740	1	48
Erepta, d. Elias & Thankfull, b. Apr.. 16, 1760	1	83
Esther, d. John & Esther, b. July 30, 1728	1	48
Esther, m. Leicester **GROSVENOR**, Jr., Sept. 20, 1753	1	103
Esther, w. John, d. Jan. 11, 1777	1	49
Ezra, s. John & Esther, b. June 13, 1736	1	48
Grata, d. Elias & Thankfull, d. Aug. 28,1777	1	84
Grata, d. Elias & Thankfull, b. Jan. 12, 177[ ]	1	83
Hartley, s. Dr. John & Huldah, b. Jan. 31, 1773	2	40
Hartley, s. Dr. John & Huldah, d Aug. 26, 1777	2	40
Huldah, m. Asaph **GOODELL**, Nov. 22, 1778	2	82
John, s. John & Esther, b. Sept. 23, 1730	1	48
John, Jr., m. C[h]loe **PERRIN**, Sept 4, 1755	1	105
John, d. July 24, 1763	1	49

296   BARBOUR COLLECTION

	Vol.	Page
WELD, (cont.)		
John, s. John & C[h]loe, b. Sept. 8, 1764	1	48
John, s. John & C[h]loe, d. Dec.. 15, 1766	1	49
John, Dr., m. Mrs. Huldah **SABIN**, Apr.. 16, 1772	1	116
John, Dr., m. Mrs. Huldah **SABIN**, Apr.. 16, 1772	2	40
John, Dr. d. Feb.. 9, 1777	2	40
John, s. Dr. John & Huldah, b. Apr.. 21, 1777	2	40
Josiah Sabin, s. Dr. John & Huldah, b. Dec.. 25, 1774	2	40
Mary, d. Elias & Thankfull, d. Feb.. 27, 1767	1	84
Mary, d. Elias & Thankfull, b. Nov. 9, 176[ ]	1	83
Allive, d. John, Jr. & C[h]loe, b. June 27, 1756 (Olive)	1	48
Olive, d. John, Jr. & C[h]loe, d. Dec.. 19, 1757	1	49
Olive, d. John, Jr. & C[h]loe, b. Aug. 26, 1759	1	48
Pearly, s. John Jr. & C[h]loe, b. Apr.. 156, 1761	1	48
Prudence, d. John & C[h]loe, b. Feb.. 22, 1766	1	48
Prudence, d. John & C[h]loe, d. Dec.. 7, 1766	1	49
Thankfull, w. Elias, d. Apr.. 4, 1773	1	84
Thomas, s. John & C[h]loe, b. Dec.. 31, 1770	1	48
WELLES, WELLS, Jerusha, m. Edward **RUGGLES**, Jr., June 6, 1784	2	12
Jerusha, m. Edward **RUGGLES**, Jr. June 6, 1784	2	96
WEST, Esther, single woman, had d. Ellve **LEE**, reputed f. Jonath[a]n **LEE**, b. May 16, 1761	1	79
Esther, single woman, had s. Syrrel **LEE**, reputed f. Jonath[a]n **LEE**, b. Mar. 21, 1763	1	79
Esther, m. Seth **TRUSDELL**, Jan. 10, 1771	1	116
Joanna, m. Thomas **CASEY**, b. of Pomfret, Jan. 12, 1824, by rev.. James Grow	3	11
WESTCOT, Arthur, s. Amos & Abigail, b. Aug. 3, 1785	2	112
George, s. Amos & Abigail, b. Apr.. 4, 1792	2	112
John, s. Amos & Abigail, b. Feb.. 3, 1790	2	112
Olive, d. Amos & Abigail, b June 11, 1788	2	112
WETHERBEE, Doshia, d. Isaac & Elizabeth, b. Mar. 19, 1786	2	5
WETHERELL, WEATHERILL, WETHERILL, Bradford, farmer, d. Aug. 5, 1848, ae 17	4	80
Huldah, housekeeper, widow, b. Plainfield, Ct., res Pomfret, d. Sept. 20, 1862	5	13
Jane, d. Marshall, butcher, ae 31, & Roxa, ae 31, b. May 13, 1848	4	78
Roxianna, d. Marshall, ae 34, b. Apr.. 19, [1851]	4	91
William, farmer, married, b. Oxford, Mass., res. Pomfret, d. Nov. 14, 1857, ae 90 y. 9 m. 26 d.	5	7
WHEATON, Abiram, of Thompson, m. Meriah **CADY**, of Pomfret, Nov. 27, 1823, by Rev. James Grow	3	10
Angell, [d. James & Betsey], b. Jan. 22, 1820	4	31d
Angell, m. Lydia Ann **WILLIAMS**, b. of Pomfret, Mar. 7, 1847, by Bela Hicks, Adm.	3	80
Annah, d. [Benjamin & Annah], b Feb.. 2, 1804	2	128
Asa, s. James & Sarah, b. Sept. 13, 1793	2	38
Benjamin, m. Annah **LYON**, Feb.. 17, 1803	2	128
Betsey, d. James & Sarah, b. Jan. 31, 1783	2	38
Betsey A., housekeeper, married, b. Scituate, R.I., res. Pomfret, d. Sept. 19, 1857, ae 65 y. 3 m. 16 d.	5	7
Childs, m Chloe **LINDLEY**, Nov. 29, 1798	2	103

POMFRET VITAL RECORDS 297

	Vol.	Page
WHEATON, (cont.)		
Daniel W., s. [James & Betsey], b. Oct.. 3, 1833	4	31d
Edgar Mason, s. Angell, farmer, ae 27, & Ann S., ae 24, b. Apr.. 28, [1851]	4	90
Emila, d. [Levy & Emily], b. May 17, 1812	2	164
Gurdon, s. [James & Betsey], b Dec.. 26, 1822	4	31d
Henry W., s. [James & Betsey], b. Sept. 5, 1830	4	31d
Horatio G., s. [James & Betsey], b. Sept. 16, 1828	4	31d
Horatio G., s. James & betsey, d. Aug. 14, 1830	4	31d
James, Sr., b. Mar. 14, 1748	4	31d
James, s. James & Sarah, b. Aug. 20, 1779	2	38
James, m. Nancy **LYON,** May 2, 1811	4	31d
James, m. Betsey **ANGELL,** Dec.. 2, 1816	4	31d
James, Jr. d. Jan. 21, 1834	4	31d
James M., s. [James & Betsey], b. Sept. 28, 1824	4	31d
Jeremiah, s. James & Sarah, b. Mar. 6, 1796	2	38
Jerry Slade, m. Sally **WHITMAN,** b. of Brooklyn, [Jan.] 5, [1823], by Rev John Paine, of Hampton	3	7
Jesse C., s. [James & Nancy], b. May 27, 1813	4	31d
Job, s. Jeremiah & Phebe, b. Oct.. 7, 1780	2	75
Job, m. Sally **BARTHOLOMEW,** Apr.. 24, 1803	2	145
John Bartholomew, s. [Job & Sally], b. Mar. 24, 1808	2	145
Joseph, s. James & Sarah, b. Apr. 18, 1785	2	38
Joseph, Jr. m. Abigail M. **GRAVES,** b. of Thompson, Oct.. 7, 1838, by Rev. Bela Hicks	3	56
Julian Rachel Farnam, d. James, 2d, b June 23, 1807	2	46
Levy, m. Emily **BALLARD,** Apr.. 23, 1809	2	164
Lewis, s. [Childs & Chloe], b. Oct.. 30, 1799	2	103
Lucy, s. [sic] Levy & Emily, b. Mar. 8, 1810	2	164
Martial, [twin with unnamed d.], s. James & Betsey, b. Sept. 15, 1817	4	31d
Mason N., s. [James & Betsey], b. Dec.. 7, 1819	4	31d
Nancy, [w. James], d. Mar 14, 1815	4	31d
Nancy, w. of j. W., d. Mar 14, 1815	4	31d
Nancy L., d. [James & Betsey], b. Dec.. 8, 1826	4	31d
Sally, d. James & Sarah, b. Oct.. 24, 1789	2	38
Sally, d. [Levy & Emily], b. Mar. 17, 1814	2	164
Sarah, w. James, Jr., d. Nov. 21, 1809	4	31d
Seth T., s. [James & betsey], b. July 28,1821	4	31d
Sibel, d. Jeremiah & Phebe, b. Jan. 25, 1782	2	75
Warren L., s. [James & Nancy], b. Mr. 6, 1812	4	31d
William, s. [Benjamin & Annah], b. Sept. 20, 1806	2	128
William, s. Benjamin, d. July 3,1807]	2	128
-----, d. [J. W. & Nancy], b. Sept. 15, 1817; d. Sept. 16, 1817	4	31d
-----, [twin with Martial], d. James & Betsey, b. Sept. 15, 1817	4	31d
WHEELER, Abigail, [twin with Anna], d. Josiah & Eunice, b. Feb.. 20, 1777	2	73
Anna, d Josiah & Anna, b Mar. 26, 1752	1	69
Anna, d . Josiah & Anna, d. Oct.. 22, 1754	1	70
Anna, d. Josiah & Anna, b. Aug. 3, 1757	1	69
Anna, [twin with Abigail], d. Josiah & Eunice, b. FEb. 20, 1777	2	73
Elijah, s. Josiah, Jr. & Eunice, b. Aug. 28, 1767	1	92
Elizabeth, m. Thomas **SMITH,** Dec.. 16, 1762	1	110

WHEELER, (cont.)

	Vol.	Page
Easther, d. Josiah, Jr. & Eunice, b. Jan. 6, 1763	1	92
Eunice, m. Simon **INGALLS**, Jan. 10, 1786	2	100
Gamaliel, s. John & Hannah, b. May 2, 1786	2	44
Jared, s. John & Hannah, b. Sept. 1, 1792	2	44
John, s. Josiah & Anna, b. July 13, 1740	1	69
John, s. John & Hannah, b. Mar. 28, 1789	2	44
John, m. Hannah **WOOD**, [ ]	2	44
Josiah, m. Anna **GROSVENOR**, Dec.. 14, 1735	1	2
Josiah, s. Josiah & Anna, b. Mar. 21, 1737/8	1	69
Josiah, m. Eunice **HOLT**, Nov. 28, 1760	1	108
Leicester, s. Josiah & Anna, b. July 9, 1745	1	69
L[e]icester, s. John & Hannah, b. Dec.. 21, 1783	2	44
Lemuel, s. Josiah & Anna, b Mar. 11, 1742/3	1	69
Lemuel, s. John & Hannah, b. Apr.. 20, 1782	2	44
Lucretia T., m William S. **TUCKER**, b. of Pomfret, 'yesterday" [Nov. 9, 1843], by Rev. D. Hunt	3	71
Lydia, m. Amasa **GOODELL**, Dec.. 22, 1800	2	85b
Mary, d. Josiah & Anna, b. Mar. 17, 1835/6	1	69
Mary, d. Josiah & Anna, b. Feb.. 18, 1749/50	1	69
Mary, d. Josiah & Anna, d. Dec.. 16, 174[ ]	1	70
Mary, of Berlin, Mass., m. David **BRAYTON**, Nov. 11, 1800	2	133
Parthena, see under Perthene		
Persey, d. Josiah, Jr. & Eunice, b. Dec. 9, 1764	1	92
Perthene, d. Josiah, Jr. & Eunice, b. Sept. 19, 1762	1	92
Philadelphia, d. Josiah, Jr. & Eunice, b. Nov. 28, 1769	1	92
Resolved Grosvenor, s. Josiah, Jr. & Eunice, b. Mar. 8, 1772	1	92
Sarah, d. Josiah & Anna, b. Dec.. 23, 1747	1	69
Sarah, d. Josiah & Eunice, b. Dec.. 25, 1774	1	92
William, s. Josiah & Anna, b Aug. 12, 1754	1	69
William, s. John & Hannah, b. Oct.. 3, 1806	2	44
William, m. Diantha **BLACKMAN**, b. of Pomfret, Mar. 4, 1843, by Rev D. Hunt	3	69
WHIPPLE, Abigail, d. Nicholas & Prudence, b. Oct.. 26, 1775	2	80
Ann, had d. Sabra **BROWN**, reputed f. Stephen **BROWN**, b. Jan. 21, 1750	1	92
James, of Scituate, R.I., m. Emeline **HOPKINS**, of Pomfret, Dec.. 3, 1838, by Rev. Bela Hicks	3	57
Naomy, d. Nicholas & Prudence, b. Jan. 24, 1777	2	80
Thomas, s. Nicholas & Prudence, b. May 29, 1778	2	80
Wait, d. William & Elizabeth, b. Jan. 13, 1799	2	55
William, m. Elizabeth **SHARPE**, Feb.. 1, 1798	2	55
WHIPWELL, Ann, had d. Francis **SHINGLETON**, reputed f. Thomas **SHINGLETON**, b. Mar. 10, 1763	1	92
WHITAKER, WHITTIKER, Experience, w. Sam[ue]ll, d. Jan. 8, 1779	2	102
Marah, d. Sam[ue]ll & Marah, b. Sept. 18, 1780	2	102
Sam[ue]ll, m. Marah **CLOUD**, Oct.. 24, 1779	2	102
WHITE, Abel, s. Archelaus & Patty, b Jan. 30, 1799	2	130
Abel, s. Archelaus, d. Sept. 19 1802	2	130
Abigail, d. James & Jemima, b. Apr.. 16, 1767	1	80
Abigail, m. Jedutahan **TRUSDEL**, Jan. 20, 1774	2	53

POMFRET VITAL RECORDS 299

	Vol.	Page
WHITE, (cont.)		
Abigail, s. Antiphass & Lucinda, b. Apr.. 29, 1790	2	123
Ahaz, s. Antiphass & Lucinda, b .May 29, 1795	2	123
Ahaz, m. Sallinda **DYER,** b. of Pomfret, Mar. 24, 1822, by Rev Walter Lyon, of Abington	3	5
Alford, s. Jacob & Dinah, b. June 4, 1773	1	82
Alford, s. Jacob & Dinah, d. Sept. 5,1775	1	83
Alfred, s. George & Lucy Jane, b. Nov. 27, 1852	4	70
Alice Jane, d. July 2, 1856, ae 7 y. 16 d.	5	6
Anna, d. Daniel & Mehetabel, b. June 1, 1773	2	12
Ansemesa, d. Daniel & Mehetabel, b. July 4, 1789	2	12
Antiphass, m. Lucinda **BREWSTER,** May 12, 1783	2	123
Antiphass, s. Antiphass & Lucinda, b. Dec.. 28, 1785	2	123
Antiphass, s. Antiphass & Lucinda, d. Mar. 21, 1788	2	123
Apollus, s. Jonathan & Bathsheba, b. Sept. 9, 1794	2	122
Archelaus, m. Patty **SABIN,** Apr.. 2, 1797	2	130
Archelaus, m. Elizabeth **STOWELL,** Dec.. 15, 1814	2	130
Archelaus, m. Elizabeth **STOWELL,** Dec.. 15, 1814	2	135
Archelaus, m. Hannah **BUSHNALL,** Mar. 3, 1816	2	130
Arden, s. [Archelaus & Patty], b. Feb.. 10, 1803	2	130
Artimas, s. Antiphass & Lucinda, b. Apr.. 19,1788	2	123
Artimus, m. Lois **BAKER,** Mar. 29, 1812	2	83
Asa, m. Marg[a]ret **HUNT,** Apr.. 4,1802	2	147
Benjamin, s. [Samuel & betsey], b Feb.. 14. 1803	2	33
Benjamin, s. [Sam[ue]l & Cynthia], b. Dec.. 14, 1825	2	78
Benjamin Lewis, s. Lewis & Margarete J., b. Oct.. 26, 1845	4	34
Betsey, d. Samuel & Bettey, b. Aug. 3, 1794	2	33
Betsey, of Pomfret, m. Joseph **WILLIAMS,** of Brooklyn, [Nov.] 28, [1822], by Rev James Porter	3	6
Betsey, w. Samuel, d. Nov. 18, 1848	2	33
Charles Henry, s. [Sam[ue]ll, Jr. & Phebe], b Feb.. 19,1836	2	78
Chloe, m. Joseph **FOSTER,** Mar. 18,1784	2	63
Chloe, d. Samuel & Betsey, b. Dec. 7, 1798	2	33
Cornelius, s. Joseph & Martha, b. Mar. 13, 1746	1	48
Danforth, s. Dan[ie]l & Mehetabel, b Apr.. 9,1771	2	12
Daniel, s. Jonathan & Sarah, b Apr..3,1746	1	48
Daniel, m. Mehetabel **COMINS,** June 30, 176[ ]	1	113
Daniel, s. Daniel & Mehetabel, b. Dec. 26, 1777	2	12
Dorcas, d. Daniel & Mehetabel, b. July 10, 1782	2	12
Edward, s. [Archelaus & Patty], b. Apr. 11, 1812	2	130
Eliza, of Pomfret, m. Jacob **BULLARD,** of Killingly, Jan. 1, 1832, by rev.. Charles Fitch, of Abington	3	33
Elizabeth, d. Daniel & Mehetabel, b. Sept. 5, 1775	2	12
Elizabeth, w. Capt. A[rchelaus], d. Oct.. 26, 1815	2	130
Elizabeth Jane, d. [Sam[ue]l & Cynthia], b. July 23, 1823	2	78
Florrila, d. Jacob & Dinah, b. Oct.. 2, 178[ ]	1	82
George, s. Samuel & Bettey, b. Oct.. 6, 1790	2	33
George, s. [Sam[ue]l & Cynthia], b. Apr.. 23,1818	2	78
Hannah, d. [Samuel & Betsey], b. Nov. 14, 1800	2	33
Hannah, m. Charles C. **FIELD,** b. of Pomfret, Feb.. 20, 1823, by Rev. James Porter	3	8
Hannah, w. Capt. A., d. June 16, 1846	2	130

300   BARBOUR COLLECTION

	Vol.	Page
WHITE, (cont.)		
Harvey, s. Jacob & Dinah, b. June 8,1767	1	82
Hezekiah, s. Jacob & Dinah, b. June 8, 1767	1	82
In[n]ocent, d. [Archelaus & Patty], b. Oct.. 6, 1804	2	130
In[n]ocent, d.[Archelaus], d. Dec.. 1, 1804	2	130
Jacob, m. Dinah **CUTLER**, Nov. 14, 1758	1	107
Jacob, s. Jacob & Dinah, b. Aug. 31, 1761	1	82
James, m. Jemima **TOWN**, May 18,1757	1	106
James, s. Archelaus & Patty, b. Feb.. 5, 1798	2	130
Jared Baker, s. Sam[ue]ll, Jr. & Phebe, b. Mar. 27, 1834	2	78
Joanna, d. Jacob & Dinah, b. Jan. 16, 1763	1	82
John, s. Jacob & Dinah, b. Oct.. 21, 1762	1	82
Jonaith, m. Sarah **BACON**, May 19, 1743	1	3
Jonathan, s. Daniel & Mehetabel, b. Apr.. 15, 1769	2	12
Jonathan, 2d, m. Bathsheba **WEBSTER**, Dec.. 20, 1791	2	122
Jonathan, d. Apr.. 20, 1795	1	49
Joseph, [twin with Benjamin], s. Zachariah & Ruth, b. Nov. 5, 1743	1	57
Joseph, m. Martha **SAWYER**, Nov. 9, 1745	1	101
Joseph, s. James & Jemima, b. Feb.. 23, 1760	1	80
Joseph, [s. Archelaus & Elizabeth], b. Feb.. 10, 1820	2	130
Joseph, s. Arch[elaus] & Hannah, d. Feb.. 25, 1820	2	130
Julia, d. [Archelaus & Patty], b. Nov. 13, 1809	2	130
Laura, d. [Archelaus & Patty], b. Oct.. 7, 1807	2	130
Lewis, s. [Samuel & Cynthia, b. Jan. 11, 1821	2	78
Lewis, of Pomfret, m. Margaret J. **MERRELL**, of Hollowell, Me., 'yesterday", [June 3, 1844], by Rev. D. Hunt	3	72
Lucy, d. Jacob & Dinah, b. June 30, 1779	2	2
Lucy, d. Jacob & Dinah, b. June 30, 177[ ]	1	82
Lucy, d. Archelaus & Patty, b. Sept. 16, 1800	2	130
Lucy, d. [Archelaus], d Sept. 24,1802	2	130
Martha, d. James & Jemima, b. Feb.. 7, 1762	1	80
Martha, of Pomfret, m. Ransom **RICHARD**, of Ashford, Feb.. 19, 1837, by Rev D. Hunt	3	51
Marvin, m. Patty **BRUCE**, b. of Pomfret, Feb.. 7, 1820, by Rev. James Porter	3	2
Marvin, shoemaker, d. July 16, 1860, ae 67 y. 10 m.	5	10
Mary, d. James & Jemima, b. Mar. 9, 1764	1	80
Mehetabel, [twin with Sarah], d. Daniel & Mehetabel, b. Dec.. 17, 1792	2	12
Mima, d. [Archelaus & Patty], b. Oct.. 25, 1805	2	130
Nancy, d. [Samuel & Betsey], b. June 21, 1805	2	33
Olive, d. Jacob & Dinah, b. May 29, 177[ ]	1	82
Orre, d. Archelaus & Patty, b Jan. 4,1802	2	130
Orre, d. [Archelaus], d. Sept. 25, 1802	2	130
Orrin, s. [Asa & Margaret], b. Dec.. 12,1802	2	147
Patty, d. [Archelaus & Patty], b. Mar. 8,1814	2	130
Patty, w. Capt. Archelaus, d. Mar. 29,1814	2	130
Patty, widow, b. Somer, Conn., res. Pomfret, d. Artemus **BRUCE**, d. Apr.. 23, 1868, ae 78 y. 1 m. 19 d.	5	17
Paul, s. Jonathan & Bathsheba, b. Oct.. 13, 1792	2	122
Payson, s. Antiphass & Lucinda, b. Oct.. 22, 1783	2	123
Peregreene, s. Antiphass & Lucinda, b. Aug. 20, 1800	2	123
Percia, d. Jacob & Dinah, b. Dec. 8,1780	2	2

POMFRET VITAL RECORDS 301

	Vol.	Page
WHITE, (cont.)		
Persia, d. Jacob & Dinah, b. Dec.. 8, 178[ ]	1	82
Phebe, d. Jacob & Dinah, b. Aug. 7, 1771	1	82
Philip, s. Jacob & Dinah, b Feb.. 4, 1759	1	82
Philip, s. Jacob & Dinah, d. Apr.. 17, 1777	1	83
Polley, d. Jacob & Dinah, b. Apr.. 28, 177[ ]	1	82
Polly, d. Samuel & Bettey, b. Jan. 6, 1788	2	83
Polly, m. William Waldo **CHENEY,** Jan. 14, 1796	2	126
Polly, m. Job **WILLIAMS,** Oct.. 2, 1809	2	162
Resolved, s. Daniel & Mehetabel, b. Mar. 31, 1787	2	12
Sally Anna, d. Antiphass & Lucinda, b. Sept. 21, 1797	2	123
Sally Ann, of Pomfret, m. Hezekiah **SNOW,** of Woodstock, Mar. 2, 1823, by Rev. John Paine of Hampton	3	8
Samuel, s. James &Jemima, b. Apr.. 11, 1758	1	80
Samuel, m Bettey **CHANDLER,** July 1, 1785	2	33
Samuel, s. Samuel & Bettey, b. Feb.. 11,1786	2	33
Sam[ue]l, Jr., m. Cynthia **TROWBRIDGE,** Mar. 23, 1814	2	78
Samuel, Jr., m. Phebe **BAKER,** b. of Pomfret, Ape. 28,1833, by Amzi Benedict	3	37
Samuel, father of Tho[ma]s, d. [ ]	2	33
Sarah, m. Ebenezer **BACON,** Dec.. 28, 1748	1	101
Sarah, d. Jon[at]han & Sarah, b. May 9, 1749	1	48
Sarah, d. Daniel & Mehetabel, d. Nov. 7, 1781	2	12
Sarah, [twin with Mehetabel], d. Daniel &Mehetabel, b. Dec.. 17, 1792	2	12
Sarah, d. Samuel & Betsey, b July 20, 1796	2	33
Sarah E., d. Lewis, stone layer, & Margarate, b. May 22, [1848	4	77
Sarah Frances, d. [Sam[ue]l & Cynthia], bb. Mar. 12, 1828	2	78
Sarah Polly, d. Daniel & Mehetabel, b Feb.. 13, 1780	2	12
Schuyler, s. Antiphass & Lucinda, b Aug. 23, 1792	2	123
Susan, d. Artimus & Lois, b. Mar. 24, 1814	2	83
Susan Emily, d. [Sam[ue]l & Cynthia], b. Aug. 8, 1816	2	78
Thomas, s. Samuel & Betty, b Jan. 20, 1793	2	33
Thomas, s. Sam[ue]ll & Bettey, d. Oct.. 5, 1793	2	33
Walter, s. Daniel & Mehetable, b. Dec.. 18, 1784	2	18
William Trowbridge, s. Sam[ue]l & Cynthia, b. Dec.. 29,1814	2	78
WHITING, Daniel, s. Whitefield & Rachel, b. Jan. 1, 1778	2	79
WHTIMAN, Eliza A., housekeeper, married, b Attleboro, Mass, res. Pomfret, d. Dec.. 25, 1859, ae 64 y. 10 m. 8 d.	5	9
Mary, d George, shoemaker, ae 23, & Sarah, ae 19, b. July 9, [1850]	4	87
Mercy, m. Welcome **JENCKES,** b. of Pomfret, Feb.. 27, 1825, by John Holbrook, J.P.	3	15
Sally, m. Jerry Slade **WHEATON,** b. of Brooklyn, [Jan.] 5, [1823], by rev.. John Paine, of Hampton	3	7
——, male, d. Nov. 28,1859, ae 22 d.	5	9
WHITMORE, [see also **WHITTEMORE**], Jabez, s. Mary C., ae 25, b. Mar. 27, [1850]	4	86
Zeruiah, m. Jonah **CARPENTER,** Nov. 22, 17[ ]	1	115
WHITNEY, Aaron, s. Zachariah & Ruth, b Nov. 1, 1737	1	57
Aaron, m. Mary **PECK,** Feb. 1, 1759	1	107
Abigail, d. Rev. Josiah & Lois, b. June 10, 1772	2	85a

302 BARBOUR COLLECTION

	Vol.	Page
WHITNEY, (cont.)		
Anne, see under Anne **CUMINS**	1	46
Arminda, d. Joseph & Mary, b. Jan. 29,1783	2	16
Benjamin, [twin with Joseph], s. Zachariah & Ruth, b. Nov. 5, 1743	1	57
David, s. Rev. Josiah & Lois, b. Oct.. 15, 1762	1	44
David, s Rev. Josiah & Lois, b. Oct.. 15, 1762	2	85a
David, s Rev. Josiah & Lois, d. Mar. 16, 1782	1	45
David, s. Rev. Josiah & Lois, d. Mar. 16, 1782	2	85a
Eben[eze]r, d. Aug. 5, 1727	1	46
Ebenezer, [twin with Ezekiel], s. Ezekiel & Isabel, b. Oct.. 22, 1729	1	51
Eben[eze]r, s. Zach[aria]h & Ruth, b Mar. 25, 1750	1	57
Ebenezer, s. Zachariah & Ruth d. Mar. 11, 1756	1	58
Elizabeth, d. Rev. Josiah & Lois, b. May 30, 1770	2	85a
Ephraim, s. Zachariah & Ruth, b. Apr.. 27, 1740	1	57
Esther, m. W[illia]m **BIGGINGTON**, Jan. 18,1726/7	1	2
Eunice, d. Rev. Josiah & Lois, b .Jan. 22, 1759	1	44
Eunice, d. Rev. Josiah & Lois, b. Jan. 22, 1759	2	85a
Eunice, d. Rev. Josiah & Lois, d. Sept. 14, 1762	1	45
Eunice, d. Rev. Josiah &Lois, d Sept. 14, 1762	2	85a
Eunice, d. Rev. Josiah & Lois, b Mar. 28, 1766	2	85a
Ezekiel, m. Isabel **TAYLOR**, July 18, 1728	1	2
Ezekiel, [twin with Ebenezer], s. Ezekiel & Isabel, b. Oct.. 22, 1729	1	51
Ezekiel, m. Sarah **FARRAH**, July 22, 1731	1	2
George, s. Rev. Josiah & Lois, b. Dec.. 9, 1760	1	44
George, s. Rev. Josiah & Lois, b. Dec.. 9, 1760	2	85a
George, s. Rev. Josiah & Lois, d. Feb.. 8,1782	1	45
George, s. Rev. Josiah & Lois, d. Feb.. 8, 1782	2	85a
Isabell, d. Ezekiel & Isabell, b. Apr.. 15, 1731	1	51
Isabell, w. Ezekiel, d. Apr.. 15, 1731	1	52
Jonathan, s. Joseph &Mary, b. May 20,1785	2	16
Joseph, m. Mary **LYON**, June 15,1780	2	89
Joseph, s. Joseph &Mary, b. Mar. 9,1781	2	89
Josiah, Rev,. M. Mrs. Lois **BRISBY**, Sept. 1, 1756	1	105
Lois, d. Rev. Josiah & Lois, b. Mar. 9, 1768	2	85a
Mary, d. Zachariah & Ruth, b. June 25, 1731	1	57
Moses, s. Zachariah & Ruth, b. July 7,1735	1	57
Moses, s. Zach[aria]h & Ruth, d. Apr.. 24, 1756	1	58
Moses, s. Aaron & Mary, b. Sept. 30,1762	1	45
Patty, d. Rev. Josiah & Lois, b. Dec.. 2, 1779	2	85a
Rebeckah, d. Joseph & Mary, b. July 12, 1790	2	89
Robert Breck, s. Rev. Josiah & Lois, b. Sept. 15, 1757	1	44
Robert Breck, s. Rev. Josiah & Lois, b. Sept. 15, 1757	2	85a
Robert Breck, s. Rev. Josiah & Lois, d. Dec.. 21, 1763	2	85a
Robert Breck, s. Rev. Josiah & Lois, b. June 18,1764	2	85a
Ruth, s. Zachariah & Ruth, b. Apr.. 5,1746	1	57
Sarah, m. Rufus **PEIRCE**, May 16, 1776	2	74
Sophia, d. Rev. Josiah & Lois, b. July 29, 1774	2	85a
Zachariah, m. Ruth **TAYLOR**, July 3, 1730	1	2
Zachariah, s. Zachariah & Ruth, b. Oct.. 2, 1732	1	57
Zerviah, d. Ezekiel & Sarah, b. Mar. 11, 1731/2	1	51
WHITTEMORE, [see also **WHITMORE**], Abigail, m. Jonathan **WALDO**, Feb.. 23, 1757	1	106

	Vol.	Page
WHITTEMORE, (cont.)		
Francis, of Ashford, m. Mrs. Clarissa **LEACH**, of Pomfret, [Oct..] 10, [1843], by Rev. N. S. Hunt, of Abington	3	71
Lyman, of Thompson, m. SArah **UNDERWOOD**, of Pomfret, May 10,1829, by Isaac Bonney	3	26
WICKHAM, Hart, m. David **BISSELL**, Feb.. 7, 1791	2	69
Hart, m. David **FASSETT**, [ ]	2	70
WIGHT, Sylvanus, Jr., m. Mary Francis **TURNER**, b. of Killingly, Oct.. 13, [1845], by Benjamin Congdon	3	76
William W., of Killingly, m. Lucy **BURDICK**, Mar. 14, 1841, by Rev. D. Hunt	3	64
WILBUR, Mary, of Troy, Mass., m. Elisha **CARPENTER**, of Killingly, Mar. 26, 1815	2	166
WILCOX, James M., of Exeter, R.I., m. Susan E. **WILLIAMS**, of Pomfret, Oct.. 1, 1845, by rev.. Edward Pratt. Intention Published in R.I. & Pomfret	3	77
WILKINSON, Abbilene Howe, d. Smith, b. Sept. 20, 1809, in Thompson	4	23
Augustus Smith, s. [Smith], b. June 21,1813	4	23
Edmund, s. [Smith], b. Oct.. 12, 1815	4	23
Elizabeth, d. [Smith, b. Nov. 29,1817	4	23
Elizabeth M., of Pomfret, m. Edmund **PERKINS**, of Norwich, Dec.. 29, 1845, by Rev. D. Hunt	3	77
George, farmer, widower, b. N. Providence, res. Pomfret, d. Aug. 20, 1855, ae 57	5	5
Nancy Williams, d. [Smith], b. July 31, 1820	4	23
Rebecca, d. [Smith], b. Aug. 21, 1811	4	23
Rebecca, of Pomfret, m. Rev. George J. **TILLOTSON**, of Brooklyn, Jan. 8,1834, by W. Bushnell	3	39
Sarah DeWolf, housekeeper, married, b. Bristol, R.I., res. Pomfret, d. Nov. 3, 1853, ae 45 y. 6 m.	5	3
Smith, manufacturer, widowed, b. N. Providence, R.I., res. Pomfret, d. Nov. 6, [1852], ae 71	5	1
WILKS, Jane, of Pomfret, m. George C. **JOHNSON**, of Thompson, Sept. 1, 1850, by Rev. Sidney Dean	3	86
WILLARD, Asael, m. M. Rachel **HUBBARD**, Aug. 27, 1770	1	116
Emory, m. Vianna **STONE**, Dec.. 11, 1797	2	141
Hannah, Mrs., d. Dec.. 4, 1765	1	43
Polly, d. [Emory & Vianna], b. Apr.. 1, 1801	2	141
Thomas Emory, s. Emory & Vianna, b. Oct.. 21, 1799	2	14
WILLIAMS, Abiel, s. Sam[ue]ll & Sarah, b. Apr. 22, 1750	1	72
Abiel, s. Samuel & Sarah, d. Oct. 3, 1754	1	73
Abigail, d. W[illia]m, Jr. & Martha, b. Sept. 2, 1758	1	90
Abigail, Mrs., m. Lieut. John **COTTON**, Dec. 2, 1761	1	110
Abijah, s. John & Mary, b. June 6, 1722	1	34
Abijah, m. Eunice **DANA**, Nov. 17, 1748	1	101
Abijah, [twin with Eunice], s. Abijah & Eunice, b. Sept. 6, 1749	1	34
Abijah, d. Sept. 6, 1749	1	35
Abijah, Sr., d. Mar. 5, 1751	1	35
Abijah, s. Abijah & Eunice, b. May 20, 1758	1	34
Albemorl, s. Abijah & Eunice, b. Oct. 1, 1762	1	34
Albermarle, s. Abijah & Eunice, d. Dec. 20, 1769	1	35

WILLIAMS, (cont.)

	Vol.	Page
Albert, farmer, single, d. Dec..29, 1861, ae 27	5	11
Ambros[e], s Abijah & Eunice, b. June 28, 1754	1	34
Ambros[e], d. [s.], Abijah & Eunice, d. July 16, 1757	1	35
Ambros[e], s. Abijah & Eunice, b. June 5, 1760	1	34
Ambrose, s. Abijah & Eunice, d. Dec. 18, 1769	1	35
Andrew Gilbert, s. [Calvin D. & Marcia A.], b. Feb. 12, 1846	4	67
Ann, m. Thomas PERINE*, Nov. 13, 1755 (Changed to "PAINE" by L. B. B.)	1	105
Ann Elizabeth, m. John A. CARPENTER, b. of Pomfret, Mar. 31, 1852, by Rev. d. Hunt	3	89
Ann Maria, d. [Lodovius & Tirza], b. July 30, 1825	2	174
Anna, d. Oliver & Huldah, b. Dec. 20, 1749	1	37
Anna, d. John, Jr. &Sarah, b. Jan. 5, 1762	1	14
Anna, m. Seril DODGE, Mar. 4, 1783	2	136
Arthur, s. [Giles & Fanny M.], b. June 23, 1853, in Worcester, Mass.	4	29
Artimus Ward, s. [William & Harriet], b. Mar. 2, 1818	2	163
Betsey, d. Seth & Molly, b. Jan. 6, 1769	2	20
Betsey, d. Stephen & Sarah, b. Nov. 17, 1771	2	31
Betsey, of Brooklyn, d. Stephen & Sarah, d. Feb. 12, 1772	2	31
Betsey, Isaac & Freelove, b. Sept. 8, 1779	2	43
Betsey, d. Stephen & Sarah, b. Feb. 9, 1781	2	31
Betsey, d. James & Susanna, b. Jan. 22, 1784	2	7
Betsey, m. Appollos HALL, Feb. 22, 1787	2	20
Betsey, d. Joshua & Ruth, b. July 11, 1787	2	7
Betsey, m. Horatio SABIN, Jan. 4, 1809	2	157
Betty, d. Stephen & Judeth, b. May 28, 1773	1	84
Betty, d. Stephen & Judeth, d. Oct.. 2, 1775	1	85
Burham, s. Joshua & Ruth, b. Apr. 26, 1793	2	7
Caleb, s. Stephen & Sarah, b. May 30, 1775	2	31
Calvin D., s. Wareham & Mary, b. Apr. 13, 1813	4	5
Calvin D., m. Marcia A. GILBERT, b. of Pomfret, Mar. 24, 1840, by Rev. D. Hunt	3	61
Caroline, d. [Job & Polly], b. Dec. 5, 1823	2	162
Caroline, d. Job. ,d. May 5, 1843	2	162
Chester, s. Rev Ebenezer & Pennelope, b. June 29, 1781	1	14
Chester, s. Col. Ebenezer & Jerusha, b. Nov. 7, 1770	2	24
Chester, s. Col. Eben[eze]r & Jerusha, d. July 9, 1777	1	15
Chester, s. Nehemiah & Eunice, b. Feb. 8, 1793	2	35
Cornelia Maria, d. Calvin D. &Marcia A., b. Apr. 23, 1843	4	67
Daniel, s. Joshua & Ruth, b. Aug. 3, 1785	2	7
Daniel, s. Joshua, d. Jan. 10, 1790	2	7
Daniel, s. Joshua &Ruth, b. June 14, 1798	2	7
Daniel P., s. [Samuel H. & Adalia], b. Jan. 20, 1847	4	28
David, m. Elizabeth DANA, Feb. 2, 1743/4	1	99
David, s. David & Elizabeth, b. Sept. 13, 1761	1	79
David, Jr., m. Marg[a]ret KINGSBURY, June 30,1785	2	38
David F., railroad conductor, single, b. Woodstock, res. Pomfret, d. Aug. 23, 1862, ae 32 y. 5 m. 9 d.	5	12
Davis, s. Oliver & Huldah, b. Oct. 31, 1751	1	37
Davis, s. Oliver & Huldah, d. Oct. 19, 1754	1	38
Davis, s. Isaac & Eliz[abe]th, b. Oct. 24, 1754	1	34

POMFRET VITAL RECORDS 305

	Vol.	Page
WILLIAMS, (cont.)		
Davis, s. Oliver & Huldah, b. Jan 22, 1756	1	37
Davis, s. Isaac & Elizabeth, b. Mar. 28, 1776, in captivity	2	43
Debby, d. Joseph & Lucy, b Apr. 3, 1792	2	44
Deborah, of Pomfret, m. Patrick H. **PEARL**, of Hampton, Oct. 25, 1853, by Rev. Geo[rge] J. Tillotson, of Brooklyn, Conn.	3	90
Dorothy, d. Dead. William & Sarah, b. Oct. 30, 1734	1	30
Doritthy, m. Samuel **SUMMER**, Jr. Apr. 11, 1754	1	104
Ebenezer, Rev., m. Mrs. Pennelope **CHESTER**, May 24, 1716	1	1
Ebenezer, s. Rev. Ebenezer & Pennelope, b. May 26, 1720	1	14
Ebenezer, s. Rev Ebenezer & Penelope, d. June 11, 1720	1	15
Ebenezer, s. Rev. Ebenezer & Penelopy, b. Nov. 22, 1723	1	14
Eben[eze]r, Jr., m. Mrs. Jerusha **PORTER**, Oct. 13, 1748	1	101
Ebenezer, Rev., d. Mar. 28, 1753. Was the first minister in Pomfret	1	15
Ebenezer, s. Eben[eze]r & Jerusha, b. Jan. 17,1755	1	14
Ebenezer, s. Eben[eze]r & Jerusha, d. Apr. 6,1759	1	15
Ebenezer had negro Jude, d. Of Beck, b. Nov. 26, 1760	1	92
Eben[eze]r had negro Jude, d. May 30, 1761: Beck d. Apr. 25, 176[ ]	1	93
Ebenezer, s Ebenezer & Jerusha, b. July 18, 1764	1	14
Ebenezer, s. Col. Ebene[ze]r & Jerusha, d. May 28, 1777	1	15
Ebenezer, s. Joseph & Lucy, b . Aug. 28, 1777	2	44
Ebenezer, Col., d. Aug. 22, 1780	2	35
Ebenezer Kingsbury, s. Nehemiah & Eunice, b. Apr. 26, 1791	2	35
Edward*, Rev., d. Mar. 28, 1753 (*Changed to "Ebenezer" by L. B. B.)	1	0
Edward , s. Orrin, farmer, ae 41, & Maria, ae 35, b. Apr. 26, 1849	4	82
Edwin, s. [Job & Polly], b. Apr.. 3, 1820	2	162
Edwin, s. [Wareham & Mary], b. Sept. 29, 1832	4	5
Eleazer, s. Eben[eze]r & Jerusha, b. Oct. 13, 1759	1	14
Eleazer, s. Samuel & Susanna, b Nov. 29, 1764	1	38
Eleazer, s. Eben[eze]r &Jerusha, d Dec. 27,1764	1	15
Eleazer, s. Nehemiah & Eunice, b. Nov. 27, 1795	2	35
Eleazer, of Richmond, Mass., m. Rebeccah **HOLBROOK**, of Pomfret, Feb. 7, 183[ ], by Rev. Nathan D. Hunt, of Abington	3	53
Eliakim, s. Dead. William & Sarah, b. Feb. 30 (sic), 173[ ]	1	30
Eliakim, s. Dead William & Sarah, d. Nov. 10, 1746	1	31
Eliakim, s. W[illia]m, Jr. & Martha, b. Nov. 6, 1756	1	90
Eliakim, s. W[illia]m, Jr. & Martha, d Sept. 6, 1758	1	91
Eliel, s. Joshua & Ruth, b Nov. 21, 1779, in Raynham	2	7
Elijah, s. David & Elizabeth, b. Oct.. 25, 1744	1	79
Elijah, m. Abigail **CHANDLER**, Sept. 20, 17[ ]	1	115
Elisha, s. Stephen & Sarah, b Dec. 28,1785	2	31
Elisha, s. Stephen & Sarah, d May 28, 1786	2	31
Elisha, s. Col. Eben[eze]r & Jerusha, b. Aug. 18, 1772	2	35
Elisha, s. [Job & Polly], b Aug. 18,1825	2	162
Eliza, housekeeper, married, b. Abington Soc., res. Abington Soc., d. Apr.. 5, 1855, ae 39	5	5
Elizabeth, d. Sam[ue]ll & Sarah, b Sept. 19,1738	1	72
Elizabeth, d. David & Elizabeth, b. Oct.. 4, 1756	1	79
Elizabeth, d. John, 3rd, & Sarah, b. Feb.. 16, 1757	1	14
Elizabeth, d. John, Jr. & Sarah, d. Sept. 8, 1764	1	15
Elizabeth, b. Apr. 2, 1768	1	14

WILLIAMS, (cont.)

	Vol.	Page
Elizabeth, d. Col. Eben[eze]r & Jerusha, b. Apr.. 2, 1768	2	24
Elizabeth, d. Col. Eben[eze]r & Jerusha, b. Apr.. 2, 1768	2	35
Elizabeth, m. Tho[ma]s **WILLSON**, Feb.. 23, 1775	2	57
Elizabeth, d. Stephen & Judeth, b. Jan. 4, 177[ ]	1	84
Elizabeth, Mrs., d. Jan. 26, 1784	1	35
Elizabeth, d. Robert & Mary, b. Mar. 28, 1789	2	14
Elizabeth, d. Nehemiah & Eunice, b. Mar. 14, 1790	2	35
Elizabeth, d. Nehemiah & Eunice, d. May 19, 1790	2	35
Ellen Maria, d.[Giles & Fanny M.], b. Jan. 16,1838	4	29
Emily, d. [Wareham & Mary], b. June 10, 1827	4	5
Emma H., single, d. Oct.. 7,1856, ae 2 y. 2 m. 19 d.	5	6
Esther, d. Sam[ue]ll & Sarah, b. May 25, 1740	1	72
Easther, m. Amariah **CHAPMAN**, Oct. 26, 1751 (penciled in 1757)	1	107
Esther, d. James & Damaries, b. Nov. 21, 1766	1	86
Eunice, [twin with Abijah], d. Abijah & Eunice, b. Sept. 6,1749	1	34
Eunice, d. Abijah & Eunice, d. Sept. 6, 1749	1	35
Eunice, d. Abijah & Eunice, b. July 11, 1750	1	34
Eunice, d. Samuel, Jr. & Mary, b. Feb.. 18,1754	1	38
Eunice, d. Abijah & Eunice, d. Sept. 27,1754	1	35
Eunice, d. Abijah & Eunice, b. May 30, 1756	1	34
Eunice, d. Abijah &Eunice, d. July 14, 1757	1	35
Eunice, [twin with Wareham], d. Joseph] & Lucy, b. Mar. 28, 1785	2	44
Eunice, d. Joshua & Ruth, b. Sept. 20, 1795	2	7
Eunice, of Pomfret, m. Simon **BUCK**, of Killingly, Nov. 30, 1820, by Rev. James Porter	3	2
Experience, d. Abijah & Eunice, b. Apr.. 18, 1753	1	34
Experience, d. Abijah &Eunice, d. Apr.. 18, 1753	1	35
Flavell, s. Stephen & Sarah, b. Jan. 15, 1779	2	31
Flavell, s. Stephen & Sarah, b. Jan. 15, 1779	2	84
Franses, d. Isaac & Eliz[abet]h, b. Oct.. 4, 1758	1	34
Frances, d. Isaac & Elizabeth, d. Jan. 11, 1770	1	35
Fred, d. Oct.. 5, 1853, ae 1 y. 7 m.	5	2
George, m. Mary **SHARPE**, b. of Pomfret, Apr.. 2, 1822, by rev.. Walter Lyon, of Abington society	3	5
George, m. Mary **YOUNG**, b. of Pomfret, Sept. 22, 1846, by Rev. D. Hunt	3	79
George G., s. [Samuel] H. & Adalia], b. Apr.. 15, 1831	4	38
George Hamilton, s. [Job & Polly], b. Nov. 29, 1813	2	162
Giles, s. [Zephaniah & Olive], b. July 12, 1807	2	144
Giles, m. Fanny M. **GALLUP**, Sept. 16, 1833	4	29
Giles Albert, s Giles & Fanny M., b. Mar. 23, 1840	4	29
Hannah, d. Rev. Ebenezer & Penelope, b. July 3, 1726	1	14
Hannah, d. Samuel, Jr. & Mary, b. Nov. 20, 1751	1	38
Hannah, m. John **JEFFERDS**, Sept. 6, 1757	1	106
Hannah, d. Stephen & Judith, b May 7, 175[ ]	1	84
Hannah, d. Eben[eze]r & Jerusha, b. Sept. 12, 1762	1	14
Hannah, d. Eben[eze]r & Jerusha, d. Dec.. 6, 1764	1	15
Hannah, d. Abijah & Eunice, b. Jan. 2, 1765	1	34
Hannah, d. Abijah & Eunice, d. Dec.. 15, 1769	1	35
Hannah, d. Isaac & Freelove, b. Jan. 13, 1776	2	43
Hannah, d. [Job & Polly], b. June 9, 1817	2	162
Hannah, d. Jan. 12, 1819	2	162

POMFRET VITAL RECORDS 307

	Vol.	Page
WILLIAMS, (cont.)		
Harriet, d. [Zephaniah & Olive], b. Dec.. 17,1809	2	144
Harriet, d. [Wareham &Mary], b. Jan. 5, 1826	4	5
Harriet, m. Joseph **GILBERT**, b. of Pomfret, Oct.. 28, 1828, by Rev. James Porter	3	25
Harriet, of Pomfret, m. George **SCARBOROUGH**, farmer, of Rochester, N.H., res. Lockport, N.Y., Nov. 11, [1850], by Rev Roswell Whitmore	4	92
Harriet A., d. George & Mary, b. June 18,1829	4	16
Henrietta, d. Elijah & Abigail, b. Mar. 7, 1777	2	38
Henry, illeg. S. Mary, ae 29, b. Aug. [ ], 1847	4	77
Howell, s. William & Martha, b. June 24, 1769	1	90
Huldah, d. Oliver & Huldah, b. Nov. 22, 1753	1	37
Isaac, m. Elizabeth] **SABIN**, June 10, 1736	1	2
Isaac, Lieut. D. May 24, 1770	1	35
Isaac, m. Freelove **KINNE**, Dec.. 24, 1772	2	43
Isaac, d. Jan. 13, 1784, with small pox	2	43
Isaac Harvey, s. Isaac & Freelove, b. Aug. 9, 1781	2	43
Israel, s. David & Elizabeth, b. Nov. 19, 1763	1	79
James, m. Damaries **DRESSER**, Sept. 29, 176[ ]	1	111
James, s. James & Damaries, b. Oct.. 24, 1771	1	86
James, m. Susanna **ALLEN**, Apr.. 30, 1783	2	7
James, shoemaker, ae 23, b. Stonington, res. Pomfret, m. Mary **ADAMS**, ae 17, Nov. 26, [1850], by Urijah Underwood	4	92
Jannet, s. [dau.?] Joshua & Ruth, b. Jan. 31, 1782, in Raynham	2	7
Jason, s. Elijah & Abigail, b. Sept. 8, 1774	2	38
Jerusha, d. Eben[eze]r, Jr. &Jerusha, b. Dec.. 21, 1753	1	14
Jerusha, d. Eben[eze]r & Jerusha, d. Jan. 15, 1754	1	15
Jerusha, d. Eben[eze]r & Jerusha, b. Mar. 10,1757	1	14
Jerusha, d. James &Damaries, b. Mar. 30, 1769	1	86
Joanna, d. Stephen & Judeth, b. Nov. 7,1767	1	84
Joanna, m. Benjamin **DURKEE**, Aug. 25, 1768	1	114
Joanna, m. Freeman **JAMES**, Feb.. 11, 1790	2	121
Job, s. Samuel &Mary, b. Aug. 6, 1758	1	38
Job, m. Polly **WHITE**, Oct.. 2, 1809	2	162
Job, m. Sophia S. **PARRETT**, May 10, 1826	2	162
Job, m. Sophia S. **PARROTT**, b. of Pomfret, May 10,1826, by rev.. James Porter	3	21
Job, s. [Giles & Fanny M.], b. Mar. 1, 1842	4	29
Job, Dead., d. Mar. 5, 1863	2	162
Job, farmer, married, b. Raynham, Mass., res. Pomfret, d. Mar. 5, 1863, ae 78 y. 2 m. 6 d.	5	13
John, s. Isaac & Eliza[be]th, b. Mar. 6, 1736/7	1	34
John, s David & Elizabeth, b. June 20,1748	1	79
John, m. Sarah **COTTON**, Nov. 21, 1754	1	105
John, s. Elijah & Abigail, b. Oct.. 11, 1772	2	38
John, s. Stephen & Judeth, b. Dec.. 30, 1778	2	84
John, [Sr.], d. Sept. 15, 1796, in the 67th y. of his age	1	15
John, blacksmith, widower, d Oct.. 25, 1861, ae 82 y. 9 m. 25 d.	5	11
John E., of Pomfret, m. Huldah **SHUMWAY**, of Thompson, Dec.. 31, 1837, by rev.. Bela Hicks	3	52
John Edgar, s [Giles & Fanny M.], b. May 4, 1850, in		

WILLIAMS, (cont.)

	Vol.	Page
Worcester, Mass	4	29
John Hilton, s. Elijah & Abigail, b. Dec. 24, 1780	2	38
Joseph, m. Ruth **GROW**, Nov. 4, 1740	1	105
Joseeph. s. Dea. William & Sarah, b. Sept. 17,1741	1	30
Joseph, s. W[illia]m & Martha, b Dec. 20, 1767	1	90
Joseph, m. Lucy **WITTER**, Jan. 11, 1775	2	44
Joseph, d. Jan. 17,1813, in the 72d y. of his age	2	44
Jospeh, of brooJann, m. Betsey **WHITE**, of Pomfret, [Nov.] 28, [1822], by Rev. James Porter	3	6
Joseph, of Ashford, m.Eliza **GRIGGS**, orev.bington, June 8, 1835, by Rev. N. S. Hunt, of Abington	3	45
Josiah, s. Abijah & Eunice, b. Apr.. 20, 1769	1	34
Josiah Austin, s. [Lodovius &Tirza], b. Feb.. 23, 1832	2	174
Judeth, d. Stephen & Judeth, b. Apr.. 3, 1765	1	84
Judeth, s. Joshua & Ruth, b. Aug. 30, 1790	2	7
Justin, m. Sophia **MALBONE**, b. of Pomfret, Nov. 21, 1839, by Rev. D. Hunt	3	61
Katharine, d. Sam[ue]ll & Sarah, b. Mar. 16, 1747/8	1	72
Lemuel S., clerk, ae 24, b. Pomfret, res. Boston, m. Martha J. **POTTER**, ae 23, b. Salem, Mass., res. Boston July 30, 1848, by Rev Edward Pratt.	4	79
Leonard R., of Glocester, R.I., m. Almira **UNDERWOOD**, of Pomfret, Feb.. 4, 1827, by rev.. James A. Boswell	3	23
Lewis, s. [Job & Polly], b. July 12, 1815	2	162
Lewis, s. [Wareham & Mary], b .Feb. 24, 1818	4	5
Lloyd, m. Lavina **ANTHONY**, b. of Pomfret, Aug. 19, 1822, by Rev. James Porter	3	6
Lois, b. Mar. 14, 1779, in Raynham, Mass.;m. William **HUBBARD**, Jr. Apr. 19, 1801	2	143
Loren Gilbert, s. [Calvin D. & Marcia A.], b. Jan. 17,1849	4	67
Lorenzo G., s. Calvin D., farmer ae 36, & Marcia A., ae 31, b. Jan. 17,1849	4	82
Lucia, d. W[illia]m &Martha, b. Jan. 14,1764	1	90
Lucinda P., d. [Samuel H. & Adalia], b. Sept. 4, 1839	4	28
Lucy, d .Dead. William & Sarah, b. Feb. 5, 1739	1	30
Lucy, d. Stephen & Judeth, b. Feb.. 25, 1770	1	84
Lucy, b. Nov. 20, 1773; m. William **GOODELL**, Feb. 9, 1809	2	164
Lucy, d. Joseph & Lucy, b. Nov. 20, 1775	2	44
Lucy, m. Barnet **FIELDS**, June 26,1796	2	129
Lucy Harriet, d. [Giles & Fanny M.], b. Apr. 10, 1848, in Worcester, Mass.	4	29
Lucy J., of Pomfret, m. Tho[ma]s W. **HAYWARD**, of Providence, R.I., Sept. 13, 1847, by Rev. D. Hunt	3	81
Lucy J., ae 26, of Pomfret, m. Thomas W. **HAYWARD**, of Providence, R.I., Sept. 13, 1847, by Rev. D. Hunt	4	79
Ludovius, m. Tirza **STOWELL**, Mar. 19, 1820	2	174
Luke, s. John, 3rd, & Sarah, b. Apr. 19,1760	1	14
Luke, s. John, Jr. & Sarah, d. Apr. 28, 1765	1	15
Lydia, d. Elijah & Lydia, d. Apr. 19, 1767	1	97
Lydia, m. Ephraim **TUCKER**, Jr., Nov. 15, 176[ ]	1	111
Lydia Ann, m Angell **WHEATON**, b. of Pomfret, Mar. 7, 1847,		

	Vol.	Page
WILLIAMS, (cont.)		
by Bela Hicks, Adm	3	80
Margaret Phelps, d. [Giles & Fanny M.], b. July 16, 1836	4	29
Maria, s. [d.] Robert & Mary b. Feb.. 10, 1792	2	14
Mariana, d. May 28, 1864, ae 6 y. 8 m. 27 d.	5	14
Martha, m. William **WILLIAMS**, Jr., Mar. 28, 1754	1	109
Martha, d. W[illia]m, Jr. & Martha, b. Apr.. 29, 1755	1	90
Martha, d. John, 3rd, & Sarah, b. Jan. 20, 1756	1	14
Martha, d. John, Jr. & Sarah, d Nov. 16, 1764	1	15
Martha Ann, d. [Calvin D. & Marcia A.], b. Feb.. 1, 1854	4	67
Mary, Mrs., m. Capt. Noah **SABIN**, June 30, 1735	1	2
Mary, d. Sam[ue]ll & Sarah, b Mar. 6, 1736/7	1	72
Mary, w. John, d. Dec.. 5, 1751	1	35
Mary, d. David & Elizabeth, b. June 15, 1752	1	79
Mary, w. Samuel, Jr., d. Mar. 7, 1761	1	39
Mary, d. Stephen & Judeth, b. May 1, 1762	1	84
Mary, of Pomfrett, m. Rev. Joseph **SUMMER**, of Shrewsbury, May 12, 1763	1	116
Mary, d. Samuel & Susanna, 2d, w.; b. July 15, 1763	1	38
Mary, m Henry Johnson **FRANKLIN**, July 16, 1765	1	112
Mary, w. Samuel, d. Mar. 6, 1781	1	73
Mary m. Thomas **HILL**, May 30, 1783	2	63
Mar, m. Amasa **ADAMS**, May 24, 1801	2	143
Mary, d. [Job & Polly], b. Oct.. 5, 1810	2	162
Mary, of Pomfret, m. Rev. John **STORRS**, of Barre, Mass., Oct.. 5, 1830, by Rev. James Porter	3	30
Mary d., w. Wareham, d. July 20, 1848	4	5
Mary D., b. Killingly, res. Pomfret, d. July 22, 1848, ae 62	4	80
Mary G., d. [Wareham & Mary], bl. Aug. 16, 1819	4	5
Mary Jane, single, d. Sept. 29, 1853, ae 3 y. 4 m.	5	2
Mary S., d. [Samuel H. & Adalia], b. Sept. 8, 1832	4	28
Mary S., m. Joseph **CHANDLER**, b. of Pomfret, Apr.. 12, 1853., by Rev. D. Hunt	3	90
Mehetabel, d. Eben[eze]r & Jerusha, b. Jan. 14, 1760	1	14
Mehetabel, d. Eben[eze]r &Jerusha, d. Dec.. 8, 1764	1	15
Molton Morey, s. James, Jr & Napthali, b. Sept. 24. 1811	1	86
Nathan, s. William & Sarah, b. Apr.. 6, 1727	1	30
Nathan, s. Isaac & Elizabeth, b. Oct.. 8, 1738	1	34
Nathan, s. Isaac &Elisabeth, d. Dec.. 3, 1748	1	35
Nathan, s. Dead. William & Sarah, d. June 7,1753	1	31
Nathan, s .Joseph & Lucy, b. May 13, 1782	2	44
Nathan, farmer, married, d. June 18, 1860, ae 78 y. 1 m. 6 d.	5	10
Nathan Gallup, s. [Giles & Fanny M.], b. Oct.. 31, 1844	4	29
Nehemiah, s. Rev Ebenezer & Pennelope, b Sept. 15, 1721	1	14
Nehemiah, s. Rev Ebenezer & Penelope, d. Mar. 17, 1738/9	1	15
Nehemiah, s. Eben[eze]r & Jerusha, b. Jan. 15, 1766	1	14
Nehemiah, m. Eunice **KINKSBURY**, (sic), Feb.. 21, 1788	2	35
Olive, housewife, widow, b. Ashford, res. Pomfret, d. Jan. 6, 1855, ae 78	5	5
Olive H., of Pomfret, m. Lee **SPRAGUE**, of Ware, Mass., [May] 21, [1821], by Rev. James Porter	3	3
Olive Howe, d. [Zephaniah * Olive], b Nov. 27 ,1803	2	144

WILLIAMS, (cont.)

	Vol.	Page
Oliver, s. John & Mary, b. Feb. 27, 1723/4	1	34
Oliver, m. Huldah **HOLLAND**, Sept. 25, 1748	1	102
Parker, s. Benj[ami]n & Anna, b. June 19,1775	2	67
Peggy, d. Nehemiah & Eunice, b. Dec. 1, 1788	2	35
Penelope, d. Eben[eze]r, Jr. & Jerusha, b. Oct.. 25, 1752	1	14
Penelope, [w. Rev. Ebenezer], d. June 29, 1764	1	15
Penelope, Mrs. M. Amasa **KEYES**, Nov. 26, 1772	2	37
Polidore, s. Silas & Mary, b. July 16, 1778	2	74
Polydore, s. Silas & Mary, b. July 16, 1778	2	81
Polly, d. Stephen &Sarah, b. Apr. 5, 1773	2	31
Polly, w. Job, d. Sept. 4, 1825	2	162
Robert, m. Mary **PAINE**, Dec. 23, 1786	2	14
Robert, s. Stephen & Judeth, b. Feb. 5, 176[ ]	1	84
Robert, of Woodstock, m. Almira **WEAVER**, of Pomfret, Aug. 21, 1848, by b. Hicks, Adm	3	83
Robert Brick, s. Stephen & Sarah, b. Mar. 26, 1786	2	31
Roger, s. Thomas & Marian, b. Aug. 16, 1761	1	83
Roger, s. Thomas &Marian, d. Aug. 22, 1761	1	84
Roger Wolcott, s. Thomas & Marian, b. Aug. 12, 1764	1	84
Ruth, d. Sam[ue]ll & Sarah, b. Feb.. 4, 1746/7	1	72
Sallome, d. Isaac & Freelove, b. Oct.. 31, 1773	2	43
Samuel, s. Rev. Ebenezer & Pennelope, b. May 29,1717	1	14
Samuel, s. Rev. Ebenezer & Penelope, d. July 1717	1	15
Sam[ue]ll, s. W[illia]m & Sarah, [of] Mortlake, b. Aug. 12, 1721	1	30
Sam[ue]l, m. Sarah **PAIN**, dec.. 11, 1735	1	2
Samuel, Jr., m. Mary **POPE**, Jan. 5, 1747/8	1	103
Samuel, s. Abijah & Eunice, b. Mar. 4, 1752	1	34
Samuel, s. Abijah &Eunice, d. Mar. 28\9, 1752	1	35
Samuel, m. Sarah **SEARLES**, May 18, 1752	1	103
Samuel, s. Samuel, Jr. & Mary, b. Aug. 20, 1756	1	38
Samuel, Jr., m. Susannah **DANIELSON**, Aug. 25, 1762	1	110
Samuel, s. James & Damaries, b. Jan. 6, 1764	1	86
Samuel, m. Mrs. Mary **ALLIN**, Sept. 12, 1765	1	112
Sam[ue]ll, Jr., m. Martha **PHIPPS**, July 23, 1776	2	70
Samuel H., m. Adalia **PARROTT**, Feb.. 15, 1830	4	28
Samuel H., m. Adaline **PARROTT**, b. of Pomfret, Feb.. 17, 1830, by rev.. James Porter	3	28
Samuel Howe, s. [Zephaniah & Olive], b. July 4, 1805	2	144
Samuel Stowell, s. [Lodovius & Tirza], b. Aug. 14, 1823	2	174
Sarah, d. Dead William & Sarah, b. Feb.. 20, 1737	1	30
Sarah, d. Sam[ue]ll & Sarah, b. Mar. 1, 1741/2	1	72
Sarah, w. Samuel, d. Apr.. 30,1750	1	73
Sarah, d. Eben[eze]r, Jr. & Jerusha, b. May 8, 1750	1	14
Sarah, d. John, 3rd, & Sarah, b. Sept. 8,1758	1	14
Sarah, d. Thomas & Marian, b. May 12, 1760	1	83
Sarah, m. Jonathan **COLLER**, July 22, 1761	1	109
Sarah, 2d w. Samuel, d. June 11, 1762	1	73
Sarah, d. Eben[eze]r & Jerusha, d. Dec.. 5, 1764	1	15
Sarah, d. Abijah & Eunice, b. Jan. 3, 1767	1	34
Sarah, d. Abijah & Eunice, d Dec.. 16, 1769	1	35
Sarah, d. Stephen & Sarah, b Feb.. 5, 1783	2	31

POMFRET VITAL RECORDS 311

	Vol.	Page
WILLIAMS, (cont.)		
Sarah, m. Oliver **DODGE**, b. of Pomfret, June 23, 1802, by William Arnold, J.P., Glocester	2	143
Sarah, d. [Wareham &Mary], b. June 10, 1822	4	5
Sarah, m. Charles **SCARBOROUGH**, b. of Pomfret, Mar. 26, 1845, by rev.. d. Hunt	3	75
Silas, s. David & Elizabeth, b. Feb.. 4, 1749/50	1	79
Silas, m. Mary **FLYNN**, Apr.. 15, 1777	2	74
Stephen, m. Judeth **PAINE**, May 18, 1757	1	106
Stephen, of Brooklyn Parish, m. Sarah **MOSELEY**, Jan.15, 176[ ]	1	113
Stephen, s. Robert & Mary, b. Jan. 7, 1787	2	14
Steven, s. Sam[ue]ll & Sarah, b. June 17, 1744	1	72
Susan, d. [Wareham & Mary], b. Mar. 16, 1816	4	5
Susan, d. Wareham &Mary, d. Mar. 24, 1818	4	5
Susan E., of Pomfret, m. James M. **WILCOX**, of Exeter, R.I., Oct.. 1, 1845, by Rev. Edward Pratt. Intention Published in R.I. & Pomfret.	3	77
Susannah, w. Samuel, Jr., d. July 31, 1775	1	39
Susanna Elizabeth, d. Lodovius & Tirza, b. Mar, 15, 1821	2	174
Tho[ma]s, s. William & Sarah, b. May 6, 1725	1	30
Thomas, m Mrs. Meriam **WOLCOTT**, Dec.. 5, 1758	1	107
Thomas, s. Joseph & Lucy, b. Nov. 5, 1779	2	44
Tho[ma]s Moseley, s. Stephen & Sarah, b. Dec. 15, 1776	2	31
Thomas W., m. Lucy Ann **FAIRFIELD**, Dec. 28, 1825, by James A. Boswell	3	18
Thomas w., farmer, b. New London, res. Pomfret, d. Aug. 4, [1850], ae 46	4	89
Thomas Walter, s. [William & Harriet], b. Mar. 20, 1822	2	63
Timothy, s. Dead. Williams & Sarah, b. Nov. 20, 1729	1	30
Timothy, s. Dead. William & Sarah, d Nov. 10,1746	1	31
Timothy, s. Samuel, Jr. & Mary, b .June 7, 1750	1	38
Timothy, s. Sam[ue]ll & Mary, d. Nov. 6, 1759	1	39
Wareham, s. Olive & Huldah, b. Aug. 5, 1758	1	37
Wareham, [twin with Eunice], s. Joseph] & Lucy, b. Mar. 28, 1785	2	44
Wareham, d [ ]	4	5
William, m. Sarah **STEPHENS**, Oct.. 20, 1720	1	1
William, s. William & Sarah, b June 16, 1723	1	30
William, Jr., m. Martha **WILLIAMS**, Mar. 28, 1754	1	109
William, s. W[illia]m & Martha, b. Mar. 23, 1761	1	90
William, m. Harriet **WARD**, May 13, 1817	2	163
William Gardiner, s. [William & Harriet], b. Jan. 20, 1820	2	163
Zephaniah, m. Olive **HOWE**, Mar. 24, 1803	2	144
Zephaniah, s [Giles & Fanny M.],b. Feb. 20, 1835	4	29
-----, s. George, blacksmith, ae 40, & Mary, ae 26, b. May 8, 1848	4	76
-----, d. George, blacksmith, ae 44, & Mary, ae 27, b. May 29, [1850]	4	86
WILLIS, Charles, b. Windham, res. Pomfret, d. Aug. 31, [1850], ae 2	4	93
Mary, m. John **INGALLS**, Jan. 4, 1735/6	1	2
WILLISTON, Cynethia, m. John How **PAYSON**, Apr.. 22, 1784	2	48
WILLISTON, Noah, Rev., of Easttown, m. Mrs. Hannah **PAYSON**, of Pomfret, Dec. 10, 1761	1	109
WILLNOTT, James P., m. Frances F. **BENNETT**, b. of Pomfret,		

BARBOUR COLLECTION

	Vol.	Page
WILLNOTT, (cont.)		
Dec.. 24, 1854, by Rev. D. Hunt	3	91
WILSON, WILLSON, Abigail, m. Samuel **WOODARD,** Dec.. 14, 1794	2	100
Bettse, d. Sam[ue]ll & Bettse, b. Aug. 19, 1755	1	67
Chester, s. Tho[ma]s & Elizabeth, b. May 24, 1775	2	57
Easther, d. Sam[ue]ll & Bettse, b. Apr.. 23, 1746	1	67
Easther, d. Sam[ue]ll & Bettse, d. Nov. 1, 1749	1	68
Hannah, d. Sam[ue]ll & Bettse, b. Sept. 13, 1744	1	67
Hannah, d. Sam[ue]ll & Bettse, d. Oct.. 20,.1749	1	68
Ignatius, s. Samuel & Betsee, b. Oct.. 29, 1759	1	67
Jacob, m Ame **SKELTON,** Nov. 12, 1748	1	101
Jacob, m. Molly **DODGE,** Apr.. 22, 1777	2	60
Jacob, laborer, married, b Eastford, res. R.I., d. Nov. 21, 1859, ae 70	5	9
Joseph, s. Samuell & Bettse, b. June 25, 1753	1	67
Mabel, d. Samuel & Betsee, b. Aug. 15, 1764	1	67
Mary, m. Stephen **BOURGE,** Sept. 30, 1740	1	3
Mary, d. Sam[ue]ll & Bettse, b Oct.. 12, 1750	1	67
Mary Ann, m. Walter **COCKING,** b. of Woodstock, Sept. 16, 1851, by Rev. Roswell Park	3	88
Parker, of Dover, Mass., m. Ruth **TOBEY,** of Pomfret, May 8,1826, by Rev. John Paine, Of Hampton	3	20
Robert, s. Sam[ue]ll & Bettse, b. Dec.. 18, 1748	1	67
Robert, s. Samuel & Bettse, d. Oct.. 22, 1749	1	68
Rufus, s. Samuel & Betsee, b. Dec. 24, 1767	1	67
Samuel, m. Bettse **ADAMS,** Mar. 24, 1742	1	100
Sam[ue]ll, s. Sam[ue]ll & Bettse, b. Jan. 1, 1743	1	67
Sam[ue]ll, s. Sam[ue]ll & bettse, d. Oct.. 10, 1749	1	68
Sarah, d. Samuel & Betsee, b. June 10,1762	1	67
Tho[ma]s, m. Elizabeth **WILLIAMS,** Feb. 23, 1775	2	57
Thomas, of Liverpool, m. Cynthia **STOWELL,** of Pomfret, Jan. 10,1830, by Rev. Charles Fitch, of Abington	3	28
WINCHESTER, Amariah, m. Mary **SAWYER,** Aug. 25, 1742	1	3
Amariah ,m. Abigail **SAWYER,** Nov. 26, 1761	1	109
Anna, m. Shuba[e]ll **ADAMS,** July 30, 1778	2	67
Anne, m. Nathan **CADY,** Mar. 1, 176[ ]	1	111
Benj[ami]n, m. Bethiah **BENJAMIN,** June 16, 1774	2	62
Benjamin, s. Amariah & Mary, b. July 12, 1744	1	42
Elijah, s. Benj[ami]n & Bethiah, b. Aug. 10, 1776	2	62
Elijah, s. Benj[amin] & Bethiah, d. Oct.. 19,1776	2	62
Ephraim, s. Amariah & Mary, b. Oct.. 6, 1750	1	42
Ephraim, s. Amariah &Abigail, b. Sept. 12, 1762	1	74
Hannah, w. Amariah, d. Apr.. 27, 1757	1	75
Jemima, d Amariah & Hannah, b. July 7, 1743	1	74
Joel, s. Amariah & Mary, b. Sept. 20, 1745	1	42
Joel, s. Amariah & Mary, d. May 29,1746	1	43
Joel, s. Amariah & Hannah, b. [ ]	1	74
Lemuel, s. Amariah & Hannah, b. June, 11, 1756	1	74
Lucy, d. Amariah & Mary, b. May 9, 1748	1	42
Mary, d. Amariah & Abigail, b. July 12, 1764	1	74
Molly, d. Benj[ami]n & Bethiah, b. Jan. 13, 1775	2	62
Molly, d. Benj[ami]n & Bethiah, d. Oct. 27, 1775	2	62

POMFRET VITAL RECORDS 313

	Vol.	Page
WINCHESTER, (cont.)		
Sarah, m. Isaac **DANA**, May 9,1723	1	2
WINTER, Abigail, d. Samuel & Martha, b May 29, 1760	1	82
Asa, s. Samuel & Martha, b. Apr.. 27,1766	1	82
Asa, s. Samuel & Martha, d. Dec. 18,1767	1	83
Azuba, d. Sam[ue]ll & Martha, b. Mar. 18,1758	1	83
Hannah, m. Daniel **CADY**, June 25, 1713	1	2
Isaac, s. Samuel & Martha, b. June 18, 1764	1	82
Joseph, s. Joseph & Mary b. May 15, 1748	1	79
Juvenal, s. Samuel & Martha, b. Mar. 19,1762	1	82
Marsilva, m. Caleb **GOODELL**, May 6, 1773	2	53
Samuel, m. Martha **RAMENT**, May 11, 1757	1	107
WISWELL, WISWALL, Lucia, m. Silvanus **SABIN**, Mar. 28, 1769	1	114
Ruth, m. Joshua **SABIN**, Jr., June 3, 1766	1	114
Sarah, m. Sam[ue]ll **GRIFFIN**, Mar. 16, 1780	2	95
WITHEY, Amanda, servant, b. Eastford, res. Pomfret, d. Dec. 24, 1864, ae 8 m. 14 d.	5	14
Gurdon E., m. Jane J. **PARISH**, b. of Pomfret, Sept. 7,1845, by Edward Pratt. Intention published in the Abington Meeting House	3	76
James, of Brooklyn, m. Huldah **NILES**, of Pomfret, [July] 2, [1820], by rev.. James Porter	3	1
Sam[ue]ll, laborer, married, d. Sept. 13, 1859, ae 35	5	9
WITTER, Benjamin, m. Abiel **FISK**, Aug. 26, 1762	1	11
Cynthia, d. Nathan & Keziah, b. Mar. 27, 176[ ]	1	81
Ebenezer, s. Nathan & Keziah, b. Apr.. 10,1774	1	81
Ebenezer, m. Dolly **SHARPE**, May 11, 1806	2	152
Elizabeth, d. Nathan & Keziah, b. Feb.. 25, 1766	1	81
Jacob Baldwin, s. Nathan & Keziah, b. Mar. 26, 1772	1	81
Jonah, s. Nathan & Keziah, b. Apr.. 20,1759	1	81
Jonah, m. Eunice **CADY**, Jan. 16, 1783	2	6
Keziah, d. Nathan & Keziah, b. July 5, 1763	1	81
Lois, d. Nathan & Keziah, b. Feb.. 20, 1757	1	81
Lucy, m. Joseph **WILLIAMS**, Jan. 11, 1775	2	44
Mary, d. Nathan & Keziah, b. Nov. 2, 1755	1	81
Nathan, m. Keziah **BRANCH**, Nov. 15, 1753	1	108
Nathan, s. Nathan & Keziah, b. Feb.. 25, 1761	1	81
Ruame, d. Nathan & Keziah, b. Dec.. 6, 177	1	81
Sophia, d. Jonah & Eunice, b. Nov. 19, 1783	2	6
Zuriah, d. Nathan & Keziah, b. Nov. 28, 1779	1	81
WOLCOTT, Meriam, Mrs., m. Thomas **WILLIAMS**, Dec.. 5, 1758	1	107
WOOD, Benjamin, s. Barnabus & Sibel, b. May 23, 1762	1	88
Ebenezer, s. Isaiah & Bathsheba, b. Jan. 16, 1730/31	1	45
Elizabeth, m. Scarborough **OSGOOD**, July 5, 1814	2	72
Hannah, d. Isaiah & Bathsheba, b. Jan. 28, 1737/8	1	45
Hannah, m. Ephraim **CADY**, Jan. 30,1771	1	116
Hannah, m. John **WHEELER**, [ ]	2	44
Isaiah, s. Isaiah & Bathsheba, b. Feb.. 12, 1732/3	1	45
Jane, d. Isaiah & Bathsheba, b. July 26, 1727	1	45
Lucy, Mrs. M. Nathan **FRINK**, Aug. 11, 1757	1	106
Martha, d. Isaiah & Bathsheba, b. Dec.. 23, 1725	1	45
Mary, m. Phineahs **CADY**, Dec. 26, 1757	1	113

	Vol.	Page
WOOD, (cont.)		
Sarah, m. Nehemiah **DODGE**, Aug. 12, 1773	2	45
Sebrillah(?), d. Barnabus & Mary, b. Jan. 2, 1766	1	88
Sibel, w. Barnabus, d. July 25, 1762	1	89
William, s. Isaiah & Bathsheba, b. Oct.. 17, 1729	1	45
William, s. Isaiah & Preciller*, d. Feb.. 24, 1729/30 (*Changed to Bathsheba by L. b. b.	1	46
William, s. Isaiah & Bathsheba,. b. Aug. 31, 1735	1	45
William, s. Barnabus & Mary, b. July 2, 1764	1	88
WOODMANSEE, James, m. Azubah **CORBIN,** Feb.. 26,1792	2	118
WOODWARD, WOODARD, Augustus Bugbee, s. [Pliney & Lucy], b. Dec. 22, 1800	2	98
Bridget, d. John & Mary, b Feb.. 28, 1739/40	1	48
Eliza, d. Samuel & Abigail, b. Oct. 23, 1795	2	100
Elizabeth, m. Samuel **GRIGGS,** Oct.. 31, 1771	2	36
Ephraim, s. John & Mary, b. Sept. 16,1750, at Catemans Ferry, N.Y.	1	48
Hannah, d. John & Mary, b. Aug. 8,1728	1	48
John, m. May **SPAULDING,** Dec. 28, 1727	1	2
John, s. John & Mary, b. May 9,1730	1	48
Jonathan, s. John & Mary, b. June 12,1744	1	48
Joseph, s. John & Mary, b. Oct. 7,1754, at Catemans Ferry, N.Y.	1	48
Josiah, s. John & Mary, b. Apr. 28,1748	1	48
Mary, d. John & Mary, b. Mar. 26,1737	1	48
Mary, m. John **HOVEY,** Aug. 6,1756	1	109
Phinehas, s. John & Mary, b. Dec. 9, 1734	1	48
Pliney, m. Lucy **BUGBEE,** Apr..9, 1799	2	98
Sam[ue]ll, s. John & Mary, b. July 24, 1732	1	48
Samuel, s John & Mary, b. June 5, 1742	1	48
Samuel, s. John & Mary, d. Jan. 28, 1743/4	1	49
SAMUEL, m. Abigail **WILSON,** Dec. 14, 1794	2	100
Sibbell, d. John & Mary, b. Feb. 14, 1745/6	1	48
WOODWORTH, Eunice, m. Benjamin **INGALLS,** July 6, 1769	1	115
Lucretia, m. Zachariah **ANDREWS,** b. Of Pomfret, Feb. 27, 1825, by Rev. James Porter	3	14
Nancy, m. George **RICHMOND,** Oct. 23, 1815	4	4
Ruth, m. Thomas **INGALLS,** Nov. 8,1786	2	75
WORKS, Sarah, m. Josiah **SABIN,** Mar. 7, 1792(?) (Date is illegible)	1	17
WRIGHT, Ellen Maria, housekeeper, married, b. Providence, R.I., res. Pomfret, d. Sept. 7, 1857, ae 29 y. 9 m. 8 d.	5	7
Phebe, housekeeper, married, d. Aug. 4, 1863, ae 69 y. 2 m. 18 d.	5	13
WYETH, Sophia b., m. Palmer C. **CHANDLER,** b. of Pomfret, Sept. 30, 1844, by Rev. D. Hunt	3	73
WYLLIS, [see also **WILLIS**], W[illia]m Edgar, s. Philander farmer, & Harriet, b. July 28, [1850]	4	86
YALE, Burrage, of South Redding, Mass, m. Mrs. Mary C. **RICHARDSON,** of Pomfret, Mar. 4, 1845, by rev.. D. Hunt	3	74
YOUNG, Albert Henry, d. Dec. 3, 1860, ae 3 y. 5 m. 11 d.	5	10
Charles, s. Sept. 17, 1858, ae 2 m. 14 d.	5	8
Charles E., s. Gilford, mechanic, ae 22, & Eliza H., ae 20, by May 25, 1849	4	82

POMFRET VITAL RECORDS 315

	Vol.	Page
YOUNG, (cont.)		
Edmund, gardner & Miller, single, d. Nov. 22, 1859, ae 28 y. 22 d.	5	9
Eliza, m. Augustus H. **CUTTER**, b. of Pomfret, Sept. 23, 1851, by Rev. D. Hunt	3	89
Francis F., of Pomfret, m. Elizabeth M. **ABELL**, of Lebanon, [Feb..] 11, [1839], by Rev. Nathan S. Hunt, of Abington	3	57
Fred Elmer, b. Danielsonville, res. Pomfret, s. James H. & Emma E., d. Dec..5, 1866, ae 5 m. 27 d.	5	16
Gilbert A., b. Brooklyn, res. Pomfret, d. Sept. 2, 1855, ae 1 y. 8 m. 26 d.	5	5
Herbert, farmer, ae 22, b. Killingly, res. Pomfret, m. Celinda **BAKER**, ae 16, of Pomfret, Nov. 11, [1849], by Geo[rge] Greenslit	4	88
Mary, m. George **WILLIAMS**, b. of Pomfret, Sept. 22, 1846, by Rev. D. Hunt	3	79
Mary E., d. Sept. 19, 1864, ae 1 y. 7 m. 23 d.	5	14
Othniel, farmer, married, b. Killingly, res. Abington Soc., d. July 19, 1855, ae 63 y. 10 m. 22 d.	5	5
W[illia]m Francis, laborer, single, b. Voluntown, res. Pomfret, d. Mar. 15, 1866, ae 26	5	16
William Henry, s. William, farmer, ae 29, & Sarah, ae 19, b. Sept. 2, 1847	4	77
William M., m. Sarah A. **CASPER**, Mar. 5, 1845, by Rev. D. Hunt	3	74
YOUNGLOVE, Jane, m. Samuel **ALLIN**, Feb.. 18, 1713/14	1	1
NO SURNAME		
Amy, b. July 10, 1807; m. Elijah **ADAMS**, Dec.. 1, 1828	4	38
Deborah, m. Joseph **HUBBARD**, July 5, 1744	1	104
Jerusha, m. Daniel **TROWBRIDGE**, May 19, 1767, at Newton, Mass., by Rev. James Merrium	1	69
Phillis, negro, d. Aug. 15, 1774	2	0

www.ingramcontent.com/pod-product-compliance
Lightning Source LLC
Chambersburg PA
CBHW071231230426
43668CB00011B/1390